KB049968

페미사이드

페미사이드

여성혐오 살해의
모든 것

다이애나 E. H. 러셀 · 질 래드퍼드 엮음

전경훈 옮김

책세상

페미사이드라는 말이 생기기 오래전부터 그에 맞서 새로운 지평을 여는 활동을 펼친 니키 크래프트Nikki Craft, 페미사이드에 대한 인식을 제고하는 데 헌신했으며 미국 최초의 페미사이드 관련 기관인 페미사이드 정보교환소Clearinghouse on Femicide를 설립한 크리스 도밍고Chris Domingo, 이름이 알려졌든 알려지지 않았든, 가부장제 규율이 지배하는 오랜 세월 동안 여성 살육을 고발하고 그에 맞서 조직을 일군 모든 여성들, 그리고 우리가 살아가는 이 페미사이드 시대의 현실에 정신과 마음을 열고 그러한 현실을 끝내는 데 필요한 대담한 발걸음을 함께 내디딜 모든 여성들에게 이 책을 바친다.

_다이애나 E. H. 러셀

나의 친구 메리 브리스토Mary Bristow와 함께한 추억에 이 책을 바친다. 또한 남성 폭력에 사망한 다른 여성들과 자신의 삶에서 주도권을 회복하기 위해 애쓰며 살아가는 생존자들, 생활 속에서 폭력에 대응하며 살아가고 있는 여성들과 아동들, 남성들의 성폭력에 도전하고 저항하고 맞서 싸우고자 전 지구적 투쟁에 참여하고 있는 여성들, 모든 형태의 폭력·억압·페미사이드로부터 자유로운 세상의 비전을 지닌 여성들에게도 이 책을 바친다. 새로운 현실의 가능성은 바로 우리의 희망과 비전에서 비롯된다.

_질 래드퍼드

차례

머리말   11

서론 | 질 래드퍼드   21
페미사이드: 여성을 향한 성차별적 테러리즘 | 제인 카푸티·
    다이애나 E. H. 러셀   41

1부   페미사이드는 가부장제만큼 오래되었다

여는 글   63
여성에 대한 사회적 통제로서의 16~17세기 잉글랜드 마녀
    광풍 | 매리앤 헤스터   67
법률적 레즈비사이드 | 루샌 롭슨   89
잉글랜드의 아내 고문 | 프랜시스 파워 코브   100
미국의 페미사이드 린치 | 다이애나 E. H. 러셀   115
불태워지는 여성들: 규범으로서의 사티 | 도로시 K. 스타인   131
여성 제노사이드 | 마리루이제 얀센유라이트   141

2부   가부장제 가정: 여성에게 가장 치명적인 장소

여는 글   157
여성우발살인 | 팻 파커   161
죽음이 우리를 갈라놓을 때까지 | 마고 윌슨·마틴 데일리   167
"내가 가질 수 없다면 누구도 너를 가질 수 없다": 여성 파
    트너 살인사건에서의 권력과 통제 | 재클린 C. 캠벨   195
살인면허 | 리키 그레고리   221

인도의 여성과 구조적 폭력 | 고빈드 켈카르 227

수만 명이 사티를 보러 오다 | 라젠드라 바지파이 238

여성영아살해: 죽기 위해 태어나다 | S. H. 벤카트라마니 241

친밀한 관계에서의 페미사이드: 법률제정과 사회복지의

　효과 | 캐런 D. 스타우트 258

3부　페미사이드와 인종차별

여는 글 273

누가 우리를 죽이고 있는가 | 제이미 M. 그랜트 276

살인과 미디어에 의한 소멸: 잊힌 애틀랜타 페미사이드 |

　다이애나 E. H. 러셀·캔디다 엘리스 312

페미사이드 강간범이 아시아인 여성들을 노린다 | 다이애

　나 E. H. 러셀 315

여성 성노예와 페미사이드 | 다이애나 E. H. 러셀 321

아메리카 원주민 여성 살해: 테와족 여성의 관점 | 베벌리

　R. 싱어 326

4부　매스미디어, 포르노그래피, 고어노그래피

여는 글 335

비극적 영웅으로서의 여성살해자 | 샌드라 맥닐 337

그것은 오락?: 잭 더 리퍼 그리고 성폭력 판매 | 데버러 캐

　머런 349

스너프: 궁극적 여성혐오 | 베벌리 라벨 359

백인 남성이 우리에게 말해주지 않는 것: 버클리 페미사이
드 정보교환소의 보고서 | 크리스 도밍고   371
페미사이드 광고: 포르노그래피와 고어노그래피에서 여성
에게 가해지는 치명적 폭력 | 제인 카푸티   386

5부   페미사이드와 모조 정의

여는 글   425
재판에 대한 회고 | 질 래드퍼드   428
요크셔 리퍼 재판: 미친 놈, 나쁜 놈, 짐승 혹은 수컷? | 루시
블랜드   440
여성우발살인: 살인면허? 제인 애서 살인사건 | 질 래드퍼드   484
잔소리꾼, 창녀, 여성해방론자: 남성의 살인 충동을 도발하
는 여성 | 수 리즈   510
페이 스텐더와 살인의 정치학 | 다이애나 E. H. 러셀   553

6부   페미사이드에 맞서 싸우는 여성들

여는 글   581
여성들은 남성 폭력에 분노하여 말한다: "통행금지에 저항
하라!" | 더스티 로즈·샌드라 맥닐   585
정의를 위한 싸움 | 구르딥 카우르 캠페인   587
두 가지 투쟁: 남성 폭력과 경찰에 도전하기 | 사우설 블랙
시스터스   599
애도하며 분노하며(사전 분석) | 수잰 레이시   609

니키 크래프트: 저항을 격려하며   626

  본론에 앞서 ㅣ 다이애나 E. H. 러셀   626

  믿기지 않는 '통밀 팬케이크 더미' 사진 사건 ㅣ 니키 크래프트   630

  고통의 증거 ㅣ D. A. 클라크   639

  스트라이킹 래리 플린트 ㅣ 아이린 무센   649

  《허슬러》에 대한 저항 ㅣ 프레잉 맨티스 여성여단   652

  《펜트하우스》에 반대하는 전국적 파괴행동 ㅣ 멜리사 팔리   655

페미사이드에 맞서 우리가 할 수 있는 것?: 하나의 제안 ㅣ
  어노니위민   670

결론

이제 우리는 어디로 가나 ㅣ 질 래드퍼드   675

여자아이로 태어나는 것은 그리 좋지 않아(1) ㅣ 은토자케
  샹게   690

감사의 글   694

옮긴이의 글   698

수록 글 출처   702

참고문헌   709

더 살펴볼 자료들   741

찾아보기   756

엮은이 소개   768

여성이 살해된 개별 사건들은 때로 페미니스트들의 분노를 낳고 행동과 저항을 불러일으켰다. 그러나 이제까지 페미사이드femicide — 남성에 의한 여성혐오적misogynist 여성살해 — 그 자체가 페미니스트 분석의 주제가 된 일은 거의 없었다. 이 책에서는 이러한 빈틈을 메우고자 페미사이드에 관한 기존의 접근 가능한 글들을 취합하고 새로운 자료들을 제시하려고 한다. 저자들은 각기 미국, 영국, 인도의 페미사이드 문제를 논한다. 우리는 저자들의 집합적인 영향력이 독자들을 설득하여 페미사이드를 시급한 문제로 인식하게 하고 이 문제에 관한 페미니즘의 사고를 진작하며 일반적 이해가 증대되길 희망한다. 그리고 가장 중요하게는, 페미사이드에 맞선 저항을 불러일으키기를 기대한다.

　이 책은 크게 여섯 부분으로 나뉘어 있다. 많은 조직적 체계들이 그러하듯, 이 책의 구성에도 자의적 요소가 없지 않다. 여기 실린 글의 대다수는 한 분야에 국한되는 것이 아니다. 1부에서는 페미사이드의 역사를 탐구하면서, 페미사이드가 가부장제의 역사만큼이나 오래되었음을 증명한다. 2부에서는 가부장적 문화에 가장 만연해 있는 신화들 가운데 하나, 곧 가정이 여성들에게 가장 안전한 피난처라는 믿음을 깨부순다. 2부에 실린 글들은 남편이든 연인이든 아버지든 형제든, 남성과 공유하는 집이야말로 여성들이 가장 큰 위험에 처하는 장소임을 보여준다. 3부에서는 인종차별과 페미사이드의 복잡한 상호작용에 대해 탐구한다. 3부에 실린 글들은 페미사이드가 인종이나 계층 또는 문화를 가리지 않고 발생한다는 사실을 입증하고, 유색인 여성에게는 인종차별과 여성혐오가 복합적으로 작용한다는 점을 확인해준다. 여성의 인종과 민족을 표현할 때 영국과 미국에서 선호되는 용어들이 다르다는 점을 인정하자는 의도에서, 양국의 저자들이 사용한 각자의 용어를 그대로 허용했다. 따라서 영국 저자들이 쓴 글에서는 흑인과 소수민족 여성이라는 용어가 자주 보이는 반면, 미국 저자들이 쓴 글에서는 아프리카계 미국인, 아시아계 미국인, 아메리카 원주민 등의 용어가 쓰이고 있다. 재판의 경우에도 초판의 표현을 그대로 유지했다.

4부에서는 미디어에서 페미사이드가 재현되는 방식을 검토한다. 일반적으로 미디어는 페미사이드의 성 정치학을 규명하지 못하며, 심지어 여성 희생자 대신 남성 살인자에게 동정을 표하는 일까지 종종 일어난다. 4부에서는 포르노그래피에서 일어나는 성폭력이라는 중요한 주제도 다룬다. 5부와 6부를 보면 이 책에 실린 글들이 자의적으로 분류되고 조직되었다는 것이 드러난다. 사실 이 책에 실린 글 대부분이 '모조 정의'(5부)를 자세히 이야기하며, 또한 대부분의 글에 '페미사이드에 맞서 싸우는 여성들'(6부)의 이야기가 포함되어 있다. 하지만 5부에서는 특히 페미사이드에 대한 형사 사법제도의 반응을 집중적으로 다루며 6부에서는 여성들이 페미사이드에 맞서 싸우며 페미니즘 행동주의를 부르짖고 나선 방식들에 집중한다. 페미사이드에 맞선 투쟁이 이미 진행되고 있다는 사실을 인식하는 것은 힘과 능력의 중요한 원천이 되어, 문제 자체에만 초점을 맞출 때 발생하는 절망감에 맞서도록 도와줄 것이다.

페미사이드라는 주제 자체가 대면하기에 너무나 불편한 것이어서 이 책을 만드는 작업 또한 쉽지 않았다. 그러나 그 과정에서 힘을 얻을 수 있었던 것은 페미사이드로 인한 고통과 분노를 아는 데 그치지 않고 극단적인 형태의 성폭력에 맞서는 일에 투신하고 있는 여성들을 직접 만나거나 글을 통해 알게 되었기 때문이다.

***

이 책은 영국의 질 래드퍼드Jill Radford와 미국의 다이애나 러셀Diana Russell이 협력하여 만들어낸 결과물이다. 글을 한데 모아 묶으면서 우리는, 여성살해와 관련된 이용 가능한 자료들이, 이미 발표된 것이든 새로 쓰인 것이든, 이토록 많다는 사실에 놀랐다. 우리는 결국 원고가 책 두 권 분량에 달한다는 사실을 인정해야 했다. 그래서 여성혐오 살인에 관한 분석적인 글들과 여성살해에 관한 직접적인 이야기들을 구분하여 각각 책으로 만들기로 결정했다. 보다 학술적이고 이론적인 전자의 글들을 모은 것이 바로 이 책《페미사이드: 여성혐오 살해의 모든 것》이 되었고, 후자의 글들이《치명적 유혹Fatal Attractions》이 되었다.

대서양을 가로질러 소통하는 데 많은 어려움이 있었던 탓에, 우리는 각자 서론과 결론을 쓰게 되었다. 우리는 그 글들을 하나로 합치기 어렵다고 생각했고, 그래서 질 래드퍼드의 글을 보다 학술적인《페미사이드》에 사용하고, 다이애나 러셀의 글은《치명적 유혹》에 붙이기로 했다. 그러나 다이애나의 생각과 주장 또한 이 책의 서론과 결론에 통합되어 있다. 아래 이어지는 글은 질과 다이애나가 페미사이드에 관한 각자의 특별한 관심을 표명한 글이다.

**

나는 15년이 넘는 세월 동안 남성 폭력에 맞선 페미니즘 투쟁을 벌이며 활동해왔다. 페미사이드에 대한 나의 관심은 개인적인 이유에서 시작되었다. 1981년 10월 29일 밤, 가까운 친구였던 메리 브리스토가 윈체스터에 있는 자신의 집에서 전 남자친구인 피터 우드Peter Wood에게 살해되었다. 우드는 메리를 추행했고 위협했으며 결국엔 죽였다. 그가 밝힌 살인 동기란 그저 메리가 다시 자기와 사귀기를 거부했다는 것이었다.

메리가 죽기 한 해 전에 윈체스터 여성해방단Winchester Women's Liberation Group이 남성 폭력에 맞서는 활동을 시작했다는 것이 잔인한 역설처럼 느껴진다. 나 역시 이 단체에 속해 있었고, 메리는 창립 멤버이기까지 했다. 활동을 시작하고 얼마 지나지 않았을 때, 우리는 그 지역 여성 제인 애셔Jane Asher가 살해되었다는 기사를 보았다. 그리고 그녀를 죽인 남편은 재판을 받고 법원의 판결에 따라 석방되었다는 기사도 보았다. 우리는 이 살인사건을 두고 어떤 방식으로 법원과 언론 모두가 살해된 제인을 비난하고 있는지에 초점을 맞추어 캠페인을 벌였다. 우리 중에 제인을 아는 사람은 없었다. 하지만 우리는 어떠한 여성의 죽음도 이런 식으로 재현될 수 있음을 깨달았다. 여성을 통제하고, 폭력에 저항하는 여성들을 벌하며, 그러한 폭력을 유발한다는 이유로 여성들을 비난하는 가부장적 이데올로기가 지닌 힘을 인식하기 시작한 것이었다. 제인 애셔를 죽인 살인범과 사건을 맡은 판사는 모두 이러한 이데올로기를 공유하고 있었다. 그리고 이 이데올로기가 지닌 힘은 아내를 죽인 남자마저도 자유롭게 돌아다니도록 허락할 만큼 강력했다.

그로부터 거의 1년이 지났을 때, 윈체스터 여성해방단은 여성혐오 살해사건을 다시 한번 마주하게 되었다. 우리는 1년 전과 똑같은 분노를 느꼈지만, 이번에는 개인적인 상실의 충격과 고통까지 겪어야 했다. 우리 가운데 한 명이었던 메리 브리스토가 한 남자의 손에 죽은 것이었다. 메리가 살았던 삶 역시 심판대에 올랐고, 남성적 사법제도와 남성이 지배하는 언론에 의해 왜곡되었다.

재판이 있은 뒤, 우리 단체에 있던 다수의 사람들처럼 나 역시 윈체스터를 떠났다. 나는 런던으로 옮겨 왔고, 1980년대 초 영국의 여러 지역에서 활동하고 있던 '여성에 대한 폭력에 반대하는 여성들Women Against Violence Against Women(WAVAW)'의 런던 본부에서 일하기 시작했다. 우리는 포르노그래피에 표현되어 있는 여성에 대한 혐오에 저항하기 위해 거리로 나섰다. 여성들을 위해 '밤을 되찾자'고 외치며 행진했다. 또한 우리는, 여성에게 가해진 폭력에 대한 책임이 여성 스스로에게 있다고 판결 내리고 그러한 판결을 통해 남성의 폭력을 사소한 것으로 만들어버린 법원 앞에서 피켓을 들고 시위를 벌였다. 그리고 나는 연구활동을 시작했다.

나는 런던 시의회에서 나온 보조금과 지역 경찰감시단의 지원을 받아서 런던의 원즈워스 자치구에서 일어나는 남성 폭력 문제에 관한 연구조사 프로젝트에 착수했다. 이 프로젝트를 위해 300명의 여성들을 인터뷰했다. 그리고 이 여성들의 삶이, 방식은 모두 다르더라도, 남성 폭력에 의해 어느 정도까지 제약되고 있는지를 밝혀냈다. 이 프로젝트를 마무리하는 단계에서 나는 다이애나 러셀을 만났고, 여성혐오 살해의 모든 것에 관한 글들을 모아 책으로 엮자는 생각도 그때 하게 되었다.

페미니즘의 입장에서 페미사이드에 접근하게 되면, 많은 여성들의 삶을 구조화하고 있는 보다 일상적 형태의 추행, 학대, 폭력과 이 극단적 형태의 남성 성폭력을 연결할 수 있게 된다. 이 책은 페미사이드를 주제로 삼음으로써 남성 폭력에 대한 페미니즘의 이해와 저항에 기여하고자 한다.

_질 래드퍼드

***

내가 페미사이드라는 용어를 처음 접한 것은 1974년이었다. 아는 사람에게서 캐럴 올록Carol Orlock이라는 미국인 작가가 페미사이드에 관한 글을 모은 책을 준비하고 있다는 이야기를 들었다. 하지만 그 작가의 책은 출간되지 못했고, 나는 그녀가 이 새로운 단어를 어떻게 정의했는지 전혀 알지 못했다. 그럼에도 여성들이 단지 여성이기 때문에 남성에게 살해당하는 일을 지칭하는 용어로서 '페미사이드'는 내 안에 강력한 반향을 불러일으켰다. 우리는 젠더중립적인 인명살해homicide를 대체할 단어가 필요하다는 것을 오랫동안 느끼고 있었다. 여성에 대한 살해를 나타내는 단어를 정립하는 것은 여성에게 가해지는 폭력의 궁극적 형태를 세상에 알리는 데 필요한 중요한 과정이다. 불의에 이름을 붙이고, 그렇게 함으로써 그것에 대해 생각할 수단을 제공하는 일은 대체로 그 불의에 맞서는 운동을 일으키는 데까지 나아가기 마련이다.

내가 페미사이드라는 용어를 처음 사용한 것은 1976년 여성대상범죄 국제재판소International Tribunal on Crimes against Women(ITCW)에서 여성혐오 살해에 대해 증언했을 때였다. 나는 재판이 끝난 뒤에는 학교 수업과 대중 강연에서도 이 용어를 사용하기 시작했다. 불행하게도, 이 단어에 익숙한 사람은 아직 별로 없다. 물론 그보다 더 문제가 되는 것은 여성이 살해당한 많은 사건에서 여성혐오가 그 원인 요소로 인식되는 일이 거의 없다는 사실이다. 페미사이드가 실제로 일어나고 있음에도, 여성에게 가해지는 가장 극단적인 폭력의 형태는 강간과 구타라고 보는 것이 페미니즘과 비非페미니즘 양쪽의 공통 관점이다. 이런 관점에 의해 페미사이드는 암묵적으로 부정당한다.

1982년에 나온《배우자 강간*Rape in Marriage*》이라는 책을 쓰기 위해 조사활동을 벌이는 과정에서 나는 미국인 남편들의 페미사이드 위협이 무서울 정도로 만연해 있다는 사실을 알게 되었다. 우리 연구조사팀은 샌프란시스코에 사는 18세 이상의 여성 930명을 인터뷰했는데 그 가운데 644명은 기혼자였다. 이 644명의 여성 중 87명이 남편이나 전남편에게 적어도 한 번 이상 강간 당한 경험이 있었다. 이 배우자 강간 피해자들 중 22퍼센트(19명)는 남편이 죽이겠다고 위협한 사실을 자발적으로 진술했다. 그러한 살해 위협이 인터뷰가 진행된 시점까지는 실행에 옮겨지지 않은 것이 분명하지만, 앞으로 그중 몇 퍼센트가 정말로 실행될지 아무도 모른다.

　　페미사이드에 맞선 저항을 조직하는 일은 당연히 쉽지 않았다. 1981년 12월 6일, 나는 샌프란시스코 북쪽에 인접한 마린 카운티에서 소규모 청중을 앞에 두고 연설했다. 이들은 이곳에서 몇몇 여성이 살해당한 데 대해 저항하고자 모인 사람들이었다. 마린 카운티는 상류층이 주로 사는, 범죄율이 낮은 지역이었는데, 데이비드 카펜터David Carpenter라는 연쇄살인범이 전원지역에서 하이킹하는 여자들을 살해하는 사건이 벌어졌다. 나중에 이 살인범은 이 밖에도 여러 건의 페미사이드를 저지른 것으로 밝혀졌다. 이 지역에서나 근교에서 계속 하이킹을 하는 여성들은 이전보다 훨씬 큰 공격 위험을 느끼게 되었다. 그 결과 여성들은 자유로운 이동과 안전 사이에서 한 가지를 선택해야 하는 익숙한 상황에 직면했다.

　　그날 페미사이드에 관해 연설하면서 나는 미국 여성들이 단지 여성이라는 이유로 살해당할 위험 속에 살아가고 있음을 지적했다. 그리고 페미사이드에 대한 의식을 높이기 위해 단체를 조직하자고, 그 자리에 있던 사람들을 설득했다. 소수의 페미니스트들이 이에 응답하여, 페미사이드에 대한 전국 회의를 조직하는 것을 목표로 단체를 꾸렸다. 하지만 애석하게도, 많은 노력을 기울였지만 이 단체는 목표를 달성하지 못한 채 해체되고 말았다. 그 목표의 달성은 조직 초창기 멤버들이 모이기 시작한 때로부터 8년이 지났을 때, 크리스 포콕Chris Pocock이 페미사이드 정보교환소를 설립하고 거기에서 모인 정보를 활용할 수 있게 된 뒤에야 이루어졌다.

공교롭게도, 내가 마린 카운티에서 소수의 청중을 대상으로 연설을 했던 날로부터 8년이 지난 1989년의 같은 날짜에 몬트리올 대학에서는 14명의 공대 여학생이 총에 맞아 사망하는 일이 벌어졌다. 범인 마르크 레핀Marc Lépine의 범행이 여성혐오에서 비롯되었다는 사실은 그가 여성만을 목표로 삼았고 그들을 "망할 페미니스트"라고 불렀다는 점에서 명백하게 드러났다. 이 때문에, 적어도 어떤 이들은 페미사이드라는 현상을 무시할 수 없게 되었다. 그때 이후로 페미사이드라는 용어가 점점 더 많이 사용되었다. 나는 이 책을 통해 페미사이드라는 단어가 제대로 자리 잡기를 바란다. 성폭력의 가장 극단적 형태에 이런 이름을 붙임으로써 그에 맞선 저항이 널리 퍼져나갈 수 있기를 희망한다.

_다이애나 E. H. 러셀

© Ellen Shub

"길에서도 집에서도 여성은 안전하지 못하다. 여성들이여, 이제 맞서 싸우자!"
'밤을 되찾아라Take Back the Night' 행진, 1980년 매사추세츠 주 케임브리지.

서론

질 래드퍼드

페미사이드, 곧 남성에 의한 여성혐오적 여성살해는 성폭력의 한 형태다. 리즈 켈리Liz Kelly가 정의한 바에 따르면 성폭력이란 여성이 "그 즉시 또는 추후에 위협·침입·공격으로 경험하는 물리적·시각적·언어적·성적 행위로서, 여성에게 상처를 입히거나 모멸감을 주는, 그리고/또는 친밀한 접촉에 대한 여성의 통제 능력을 제거하는 결과를 일으키는 행위"다(Kelly 1988, 41). 이러한 정의에는, 사회적 세계와 성폭력에 대한 남성과 여성의 지각과 경험이 서로 달라 불화가 빚어지는 현실에 대한 인식이 깔려 있다. 이러한 정의는 남성의 의도보다는 여성이 경험하고 이해한 바에 우선권을 부여하는 것이다. 이는 페미니즘의 기본 교의라고 할 수 있는, 여성이 자신의 경험에 이름 붙일 권리와도 일맥상통한다.

　여기서 성폭력이라는 개념이 가치 있는 이유는, 이 개념이 예컨대 강간을 폭력행위와 성폭행 행위 중 어느 것으로 봐야 하는

가 운운하는 이전의 페미니즘 논쟁들을 넘어서 나아갈 수 있기 때문이다. 이러한 논쟁이 지닌 한계의 중심에는 '성'이라는 용어의 좁은 정의가 있다. 이때는 남자가 성적 쾌락을 추구했는지가 관건이다. 반대로 성폭력이라는 용어는 권력, 지배력, 통제력을 향한 남성의 욕망에 초점을 맞춘다. 이러한 정의는 가부장적 사회에서 여성에게 가해지는 전반적인 억압의 맥락에서 남성에 의한 성적 공격을 바라볼 수 있게 한다. 또한 이러한 정의를 통해 페미니스트 분석은 여성의 경험을 왜곡하고 부정할 수 있는 '성'과 '폭력'에 대한 개별적이고 협소한 정의에 기반한 법적인 담론에서 거리를 둘 수 있게 된다. 1980년대에 진행된 법과 질서에 관한 논쟁들을 도덕주의·인종주의·이성애주의적 보수주의가 지배했다는 점을 고려한다면, 이러한 거리 두기는 각별히 중요하다.

성폭력이라는 개념은 또한 성폭력의 다양한 형태들 사이에 연결고리들을 만들어낼 수 있게 한다. 이로써 켈리가 "성폭력 연속체continuum"라고 부른 것이 성립된다(Kelly 1988, 97). 강간, 성추행, 포르노그래피, 여성과 아동에 대한 신체적 학대는 개별적이고 분리된 사안들이라기보다 남성 성폭력이 형태만 달리해 표출된 것이다. 이러한 재개념화는 이론적으로 중대한 의미를 갖는다. 재개념화를 통해 여성과 아동이 명명하고 정의한 남성 폭력에 대한 경험들을 보다 세심하게 반영할 수 있는 더 넓은 시야를 확보할 수 있기 때문이다. 연속체 개념을 고안해냄으로써 성적 학대sexual abuse의 경험을 분리된 법적 범주들 속으로 억지로 밀어 넣는 대신, 강제되거나 강압적인 이성 간 성경험의 다양성을 규명하여 다룰 수 있게 된다. 연속체 개념은 남성 성폭력을 가부장제를 유지하는 핵심 통제력의 한 형태로서 분석하는 일을 용이하게 해주기도 한다.

게다가 페미사이드를 이러한 연속체 안에 위치시킴으로써 우리는 성폭력에 대한 급진적 페미니스트 분석에 의지할 수 있다. 그리고 법률 및 사회정책과 미디어에서 다른 형태의 성폭력을 다루는 방식과 페미사이드를 다루는 방식을 비교할 수 있다. 이 점이 중요한 이유는 다른 형태의 성폭력에 대한 논의들에 비해 페미사이드에 대한 페미니즘의 논의가 제한되어왔기 때문이다. 점점 증가하고 있는 연쇄살인을 포함하여 남성에게 여성이 살해당하는 살인사건들을 미디어에서도 광범위하게 다루고 있다는 점을 생각하면 그간에 페미사이드가 간과되어왔다는 사실은 특히 충격적이다. 이러한 살인사건들을 일으킨 여성혐오적 동기들은 미디어에 의해 종종 무시되곤 한다. 미디어에서는 여성들을 비난하거나, 종종 살인자를 짐승이나 동물로 묘사함으로써 인간성 곧 남성성을 부정한다. 언론매체가 여성살해를 다루는 방식은 페미사이드의 성 정치학을 덮어버린다. 페미사이드를 성폭력의 연속체 안에 위치시키는 일은 그것의 의미를 성 정치학의 관점에서 정립하는 것이다.

그러나 이것은 결코 쉬운 과제가 아니다. 많은 페미니스트들이 여전히 강간을 가장 극단적 형태의 성폭력으로 보고 있다. 여성을 살해한 남성에 대한 책보다는 살인을 저지른 여성에 대한 책이 더욱 많다. 1987년 데버러 캐머런Deborah Cameron과 엘리자베스 프레이저Elizabeth Frazer의《살인 욕망: 성적 살인에 관한 페미니스트 연구조사*The Lust to Kill: A Feminist Investigation of Sexual Murder*》,

제인 카푸티Jane Caputi의 《성범죄의 시대The Age of Sex Crime》가 나와서 새로운 지평을 열긴 했으나, 페미사이드의 존재를 인정하는 데 대한 일반적 저항을 타파하기에는 역부족이었다. 영국의 위민스 에이드Women's Aid, 미국의 전미가정폭력반대연합Natioinal Coalition against Domestic Violence(NCADV), 전미성폭행반대연합 National Coalition against Sexual Assault은 모두 남편에게 살해당한 아내나 살해당한 강간 피해자는 물론 여성혐오 살인 일반에 대해서는 그다지 많은 일을 하지 않았다.

하지만 페미니즘 저작에서 여성살해에 대한 논의가 제한되어 왔다고 해서, 페미니스트들이 이 사안에 대해 인식하지 못하고 있다는 말은 아니다. 지역 공동체 안에서 일어난 특정 페미사이드 사건을 둘러싸고 많은 단체들이 조직되었다. 이를테면, 보스턴에서는 컴바히 강江 집단Combahee River Collective이 조직되었고, 영국에서는 반복 공격과 살해에 대응하는 여성단체들Repeat Attacks and Murders of Women groups이 설립되었다. 그러나 페미사이드 사건들에 대한 반응은 전반적으로 임기응변식으로 나타났다. 페미사이드라는 사안은 아직까지 페미니즘의 의제로 견고히 자리 잡지 못했다. 대부분의 페미니스트 저술들은 남성 폭력의 가해자들보다는 생존자들에 초점을 맞춰왔다.

페미사이드를 인정하길 꺼리게 만드는 한 가지 요소는 그것이 피해자의 죽음으로 끝났다는 점이다. 이 때문에 페미사이드는 기존의 전통적 페미니스트 활동방식의 바깥에 놓이게 된다. 여성이 살해당한 경우, 그녀의 이야기를 들려줄 생존자는 아무도 없다. 폭력에 의한 죽음이라는 경험을 공유할 방법이 없는 것이다.

다만 그로 인한 상실을 경험한 사람들의 고통과 분노만 이야기 될 수 있다. 페미사이드가 남긴 이러한 고통은 성폭력을 견디고 살아남은 여성들에 대한 지원 단체에서처럼 일치와 강화의 토대가 되지 못하고, 오히려 그 토대를 약화시키고 사람들을 침묵시킬 수 있다. 여러 문화권에서 죽음은 사적인 문제로 여겨진다. 여성살해에 대해 목소리를 내려는 여성들은 사망한 여성과 가까웠던 사람들에게 자신의 말이 영향을 끼칠 수 있다는 사실에 주의를 기울여야 한다. 또한 비통한 일을 가지고 '정치적 자본political capital'을 형성하려 한다는 비난을 받게 될 위험도 있다. 이러한 이유들 때문에 페미사이드는 페미니스트들이 다루기에 가장 끔찍하고 가장 민감한 차원의 남성 폭력이라고 할 수 있다.

불행하게도, 이토록 중요한 주제에 대한 페미니스트들의 침묵은, 그것이 아무리 이해 가능한 것이라 하더라도, 더 큰 주류 문화에서 페미사이드를 정당화하거나 부인하도록 방치하는 결과를 낳는다. 16세기와 17세기에는 마녀라고 여겨지는 여성들이 선천적으로 악하다는 이유에 근거하여, 그들을 살해하는 것이 지배적 사고체계에 의해 정당화되었다. 보다 가까운 근대에 만연한 사고는 특정한 여성들의―레즈비언, 정절이 의심되는 기혼여성, 매춘부 등의―살해사건을 다른 종류의 살인보다 덜 심각하게 취급하는 법률체계로 이어졌다. 페미사이드에 대한 부정은 특히 영화를 통해―TV 스릴러와 포르노그래피 모두에서―재현되는 방식, 즉 여성을 고문하고 살해하는 것이 남성의 성적 만족과 희열로 그려지는 데서 뚜렷하게 드러난다. 이른바 스너프snuff라는, 여성을 실제로 살해하는 것으로 끝나는 포르노그래피에선 보통 흑인 여성이나 제3세계 여성이 속임수나 강요에 의해 제작에 참여한다. 여기 제시된 각각의 예들이 지닌 공통점은 바로 여성을 대상화한다는 것이다. 마녀나 레즈비언으로, 또는 남성의 성적 희열을 위해 고용된 육체로 간주될 때 한 여성은 여성 이하의―인간 이하의 존재가 된다. 그녀는 마음대로 처리되거나 쉽게 대체될 수 있는 대상이 되는 것이다. 여성을 대상으로 다루고, 여성의 주관적 경험을 부인하는 것은―페미니즘 담론의 중심 이슈 중하나―이 책에 실린 글 전부를 관통하며 반복적으로 이야기되는 주제다.

여기에 모아놓은 글들은 또한, 아내를 죽인 남성들이 자유롭게 돌아다니거나 명목상의 처벌만 받도록 허용하는 법률, 사법적 관행, 이데올로기에 도전한다. 페미사이드를 사소한 것으로 취급하는 일은 피해 여성들이 어떤 식으로든 죽음에 이를 만큼 비난받을 소지가 있었다는 식으로 정당화되는 경우가 많다. 이런 형태의 '피해자학victimology'은 여전히 만연해 있다.

피해자학은 범죄를 설명하는 한 가지 방식으로서 범죄학 내에서도 상당히 인기가 있다. 피해자학에서는 범죄에 대한 책임이 범죄 피해자에게 있는 경우가 많다고 주장한다. 또한 피해자학은 광범위한 범죄학의 맥락에서 사용되었지만, 특히 개인 간 폭력, 그중에서도 여성에 대한 폭력을 설명하는 데 가장 강력한 힘을 발휘해왔다. 1970년대 초 페미니스트들은 낯선 사람에게 강간당한 피해 여성들에 대해 피해자학에서 퍼뜨리는―여성들이 '그것을 요청'했다거나, 즐겼다거나, 또는 옷차림이나 이른바 행동거지로 도발했다고 하는―신화를 규명하고 그에 도전하는 데 상당한 관심을 기울였다. 강간에 관한 이러한 신화들은 페미니스트들에 의해 폭로되었음에도, 가정에서 벌어지는 여성에 대한 성폭력과 관련하여 계속해서 다시 등장했다. 여기에서도 여성의 행동은 과학적으로 검토되고 빈번하게 병리적인 것으로 다루어진다. 그리고 피해자 여성들은 자신이 당한 폭력과 학대에 궁극적으로 책임이 있는 것으로 간주된다.

1989년 12월 몬트리올에서 공대 여학생 14명이 마르크 레핀이라는 남성에게 살해되는 사건이 발생했다. 레핀은 살해된 피해 여성들뿐만 아니라 또 다른 여성, 곧 자신의 어머니까지 "망할 페미니스트"라고 탓했다. 《투데이*Today*》(런던)에서 인용한 한 심리학자는 이 살인사건의 동기에 대해 이렇게 추측했다. 아마도 "청년의 어머니가 우울증이나 질병으로 잠시 동안 아들에게 충분한 관심을 기울일 수 없었던 까닭에 청년이 감정적으로 건강하지 못한 상태에 이르렀을 수 있다. 그렇지 않다면, 어쩌면 어머니가 무의식적으로 아들을 유혹하여 결국 아들이 아버지 때문에 거절당한 데 대한 분노를 느끼도록 이끌었을 것이다"(*Today* 1989, 9). 그런 뒤에 이 기사는 영국에 있는 위기심리학센터Centre for Crisis Psychology 원장의 말을 인용한다.

마르크와 같은 대량살인범들은 여성에 대한 혐오를 품고 있는 경우가 많다는 데 동의한다. 그러나 왜 이 남성이 페미니스트들에 대한 혐오를 품었는지 나는 전혀 알 수가 없다. 다만, 그가 다른 많은 성폭력 가해자들과 마찬가지로 여성들에게 창피를 당했다는 강한 굴욕감을 느끼고 있었을 거라고 추측한다.

성폭력 가해자들이 느끼는 이런 굴욕감은 강력하고 지배적인 어머니에게서 비롯되는 경우가 많다.

남성의 성폭력에 대한 대부분의 페미니스트 분석은 이렇게 여성을 비난하는 이야기를 반박할 때 급진적 페미니즘 이론에 근거해왔다. 이러한 페미니스트 분석은 정치적인 것으로, 남성의 성폭력을 가부장제 사회의 성차별적 권력관계와 관련지어 해석한다. 1970년대의 급진적인 페미니스트 공식들 속에서 남성 지배와 여성 복속을 특징으로 하는 사회들은 가부장제 사회로 규정되었다. 젠더 관계는 권력관계로 규정되었고, 이러한 관계는 남성성을 활동적이고 공격적인 것으로, 여성성을 수용적이고 수동적인 것으로 규정하는 사회적 또는 정치적 구성 과정을 통해 구조적으로 정의된다고 보았다. 남성의 성폭력은 가부장제 사회를 정의하는 특성으로 간주되어왔으며(Kelly and Radford 1987), 여성과 아동 위에 군림하는 남성 권력을 유지하는 핵심 수단으로 여겨져왔다. 가부장제의 억압은 다른 형태의 억압들처럼 법적 차별과 경제적 차별을 통해 드러날 수도 있지만, 다른 모든 억압 구조들과 마찬가지로 그 뿌리는 폭력에 있다.

급진적 페미니스트 분석의 맥락에서 페미사이드는 정치적으로 크게 중요한 함의를 지닌다. 페미사이드는 사형의 한 형식으로서 그 피해자가 되는 여성들과 그들의 가족 및 친구들에게 영향을 끼친다. 보다 일반적으로, 페미사이드는 여성을 하나의 성계층sex class으로서 통제하는 수단으로 쓰이며, 그러한 방식으로 가부장제의 현상유지에 핵심적으로 기여한다. 페미사이드는 법정 재판과 미디어에서 재현되듯이, 여성 비난의 신화 체계에 둘러싸여 있다. 결국 남성이 이상적으로 구성한 여성성과 여성의 행동기준에 맞추어 여성들의 품행은 면밀히 조사되고 결점이 드러난다. 이러한 신화의 메시지는 분명하다. 그것은 여성들에겐 '선 밖으로 한 걸음이라도 내디디면 목숨을 내놓아야 할 것이다'라고 읽히며, 남성들에겐 '너는 그녀를 죽일 수 있으며, 그러고도 무사히 빠져나갈 수 있다'라고 읽힌다.

이러한 메시지는 경찰을 비롯한 다른 사람들이 여성들을 폭력 범죄로부터 보호하고자 제시하는 충고에서도 쉽게 읽힌다. 여성들은 혼자 살지 마라, 동행인 없이(즉 남자 없이) 밤에 외출하지 마라, 도시의 이러저러한 지역에는 가지 마라 따위의 충고를 일상적으로 듣는다. 영국에서는 6년 동안, 주간 야간 할 것 없이, 요크셔 리퍼Yorkshire Ripper* 때문에 웨스트요크셔 전체가 여성에게 안전하지 않은 지역으로 규정되었다. 이러한 충고는 여성들이 갈 수 있는 장소와 사람들 앞에서 취해야 할 행동방식에 제한을 둠으로써 여성을 통제하고자 한다. 공공장소는 남성들의 공간이며, 여성들은 남성들의 허락을 받고 조건부로만 그 공간에 들어갈 수 있음을 상기시키는 것이다. 가부장제 이데올로기에 따르면, 여성이 있어야 할 장소는 집이다. 그러나, 언급되는 일이 거의 없는 사실이지만, 집에서조차 여성들은 안전하지 않다. 핵가족 안에서 살아가는 여성들에게는 집이야말로 가장 치명적인 장소다.

---

* (옮긴이주) 1975년부터 5년간 영국에서 13명의 여성을 살해하고 그 밖에도 7명의 여성을 살해하려 시도한 피터 서트클리프Peter Sutcliffe의 별칭.

페미사이드를 페미니즘의 관심과 분석과 행동의 주제로 인식하고 확인하는 과제와, 1970년대 여성에 대한 폭력에 맞서 활동하던 페미니스트들의 과업 사이에는 상응하는 유사점들이 있다. 1970년대 이전 페미니스트들은 페미니스트가 아닌 이들과 마찬가지로 강간과 가정폭력이 도처에 편재한다는 사실과 그것이 여성들에게 나타내는 위협을 인지하지 못했다. 그 이후에야 페미니스트들이 이러한 위협에 대한 대중의 관심을 촉구하고 해결책을 요구했다. 다이애나 러셀과 나는 젠더 감수성이 높은 방식으로 페미사이드의 증거들을 출간함으로써 다시 한번 페미니스트들이 또 다른 형태의 성폭력에 도전할 용기를 발견하길 희망한다. 이 증거에 관한 학술적 논의를 넘어서고, 이 책의 주요 주제인 페미사이드에 맞서 싸움으로써, 이 책이 페미사이드에 대한 페미니스트의 저항을 굳건히 하는 데 전략적인 역할을 하게 되길 기대한다.

페미사이드의 형태는 다양하다. 예를 들면, 인종차별적 페미사이드(흑인 여성이 백인 남성에게 살해되는 경우), 레즈비사이드 lesbicide라고도 하는 동성애혐오적 페미사이드(동성애자 여성이 이성애자 남성에게 살해되는 경우), 배우자 페미사이드(아내가 남편에게 살해되는 경우), 집 바깥에서 낯선 사람에 의해 저질러지는 페미사이드, 연쇄 페미사이드, 대량 페미사이드 등이다. 에이즈의 시대라고 하는 이 시대에는 강간범들이 의도적으로 HIV 바이러스를 퍼뜨리는 일까지 페미사이드에 속한다. 페미사이드라는 개념은 또한 살인에 대한 법적 정의를 넘어서까지 확장되어, 여성혐오적 태도나 사회관습에서 빚어진 결과로 여성들이 사망하는 상황들까지 포함한다.

　이를테면 자신의 생식 능력을 통제할 수 있는 여성의 권리가 인정되지 않는 곳에서는 여성들이 서툰 낙태시술 때문에 죽는다. 1970년 미국 연방대법원이 사형제도가 헌법에 위배된다고 판결했을 때 케이트 밀릿Kate Millett은 이렇게 지적했다. "간접적으로, 오늘날 미국에서는 여전히 한 가지 형태의 '사형'이 유지되고 있다. 가부장제 법률체계는 여성들에게서 스스로의 신체에 대한 통제권을 박탈함으로써 그들을 불법 낙태시술로 내몰고 있다. 이러한 이유로 매년 2,000명에서 5,000명 사이의 여성이 사망하는 것으로 추산된다"(Millett 1970, 43-44). 영국에서는 1973년 낙태가 합법화되었음에도, 이후에 각 주에서 낙태에 대한 선택권이 축소되었으며, 더 심한 경우에는 제한되기도 했다. 많은 나라가 여성의 낙태할 권리를 부인하거나 제한하고 있다. 그 결과 매년 수천 명의 여성이 사망한다. 페미사이드의 다른 사례에는 자궁적출술과 음핵절제술을 포함해 불필요한 외과수술에서 비롯된 여성 사망, 대체로 남아들보다 여아들이 피해자가 되는 영아살해infanticide*, 그리고 여러 문화권에서 자행되는 의도적인 남아선호 관행 때문에 방치되고 굶주리는 여아들의 사망이 있다. 이렇게 사례들을 열거하는 것은 페미사이드를 예증하는 것일 뿐 정의하는 것은 아니다. 페미사이드의 형태는 변화하는 문화와 맥락에 따라 모습이 달라지기 때문이다.

---

* (옮긴이주) 맥락에 따라 범위가 달라지기도 하지만, 영국의 관련 법률에서는 생후 12개월 미만의 영아를 살해하는 것으로 정의하고 있다.

여기에서 다루는 페미사이드의 여러 형태에는 인종차별적 페미사이드와 동성애혐오적 페미사이드도 포함된다. 1980년대에 페미니즘이 전개됨에 따라, 경쟁적인 가부장제 권력구조가 사람들의 삶에—이 책의 맥락에서는 죽음에—미치는 영향을 고려해야만 했고, 다양한 인종, 문화, 계층에 속한 여성들을 고찰해야 했다. 흑인 여성들은 인종차별과 성차별 사이의 복잡한 상호작용에 관심을 기울여야 한다고 주장해야만 했다. 그리고 백인 페미니스트들은 인종차별이 흑인 여성의 성폭력 경험과 어떻게 결합하며 어떤 형태가 되는지 들어야만 했다. 예를 들어, 인종차별과 여성혐오는 어떻게 해서 그토록 빈번하게 폭력의 분리할 수 없는 측면을 이루게 되는지를 말이다. 또한 흑인 여성들의 경험이 백인 여성들과는 다른 역사에 뿌리내리고 있다는 점을 인식해야 했다. 백인들의 식민주의 및 제국주의 통치는 흑인 여성 강간이 노예 소유주의 특권이라고 간주했다. 이러한 역사의 영향은 오늘날까지도 지속되어, 미디어에서 그려지는 흑인 여성들에 대한 고정관념에서 표출되며 흑인 여성들에게 폭력을 가하며 즐거워하는 포르노그래피에서도 흔히 표출된다. 또한 남성 폭력을 경험한 흑인 여성들에 대한 경찰과 법조계 전문가들의 반응—종종 인종차별적인 반응—에서도 잘 드러난다. 백인과 남성이 지배하는 사회에서 여성의 경험과 문화와 역사에 담긴 차이를 인식하지 못한 분석들은 보다 넓은 범주의 차이, 말하자면 흑인이라거나, 레즈비언이라거나, 가난하다는 차이를 인식하지 못한 실패를 그대로 반복한다. 변화를 추구하는 어떠한 전략도 이러한 권력관계들을 인정하지 않고서는, 다른 여성들의 희생을 대가로 특정한 여성들에게만 혜택을 주게 될 가능성이 높다.

인종차별의 복잡성, 식민주의 및 제국주의의 역사적 유산, 그리고 성폭력이라는 주제의 민감성을 함께 인식함으로써 우리는 미국과 영국에서 벌어지는 흑인 여성들의 페미사이드를 어떻게 다루어야 할지 조심스레 생각할 수 있게 되었다. 백인 여성인 우리는 흑인 여성들의 경험을 백인 페미니즘의 정치적 의제를 진작하는 데 전용할 수 있다는 함정이 있음을 알고 있다. 그러나 우리는 흑인 여성들의 성폭력 경험과 그에 대한 백인 사회의 반응 모두를 형성하는 데서 인종차별과 여성혐오가 상호작용하는 복잡한 방식들을 규명해내길 원한다. 이것이야말로 인종차별적 페미사이드를 이해하는 본질적 출발점이다. 우리는 백인 남성이 흑인 여성에게 저지르는 인종차별적 페미사이드와 더불어, 흑인 공동체 안에서 행해지는 성폭력 및 페미사이드의 존재를 언급하고자 한다. 인종차별은 많은 여성들에게 후자의 이슈를 민감한 것으로 만들어왔다. 흑인 공동체 안에서 벌어지는 성폭력은 흑인 남성이 백인 남성보다 폭력을 저지르기 쉽다고 하는 고정관념을 영속시켜 문제를 과장하거나, 흑인 공동체 전체를 병리적이라고 여기며 거기에선 성폭력이 더욱 쉽게 용인된다고 주장해 심각성을 축소하는 식으로 다루어지는 일이 많았다.

이성애를 개인의 성적 선호라기보다 억압적 사회제도의 하나로 인정하는 것이 페미사이드에 관한, 구체적으로는 동성애혐오적 페미사이드에 관한 우리의 이해에 큰 영향을 주었다. 이성애주의heterosexism*를 강력하게 강제된 억압으로 여기는 인식은 급진적 페미니스트 분석에 필수적이다.

이성애현실heteroreality은 여성이 남성과의 관계 속에서만 존재한다고 하는 세계관을 묘사하는 데 사용되는 말이다(Raymond 1986). 영국에서는 '이성애가부장제heteropatriarchy'라는 말을 남성지배 또는 남성 우위에 기반한 사회적 관계들의 체계를 나타내는 데 사용하기 시작하고 있다. 이러한 체계에서는 남자와 여자 사이의 구조화된 관계들이 다른 모든 착취 체계들을 뒷받침한다.

남성 우위는 자본주의 신新식민지 사회에서 여성에게 불리하게 작용하는 권력구조에만 그치지 않는다. 모든 여자들이 남자와의 관계에서 열등한 사회적 지위에 영향을 받고 있긴 하지만, 적절한 이론적 분석에서는 체계적 불평등, 특히 계층, 인종, 성의 불평등에 기초한 다른 권력구조들을 인정해야 한다. 이러한 권력구조들은 서로를 배제하지 않고 오히려 상호작용한다. (Hanmer, Radford, Stanko 1989, 6)

이성애를 권력구조로 인정하는 것은 이론적으로 매우 중요하다. 하지만 페미사이드에 관한 글이면서 명백하게 레즈비언과 관련된 글을 여기에 추가하는 것은 그리 쉬운 일이 아니다. 피해자가 레즈비언이라는 사실이 공개적으로 밝혀진 사례들을 우리는 거의 찾을 수 없었다. 이성애주의 문화에서 피해자의 가족이나 친구들이 피해자가 레즈비언임을 인정하는 것은 살인사건에 결부된 낙인만 복잡하게 만들 뿐이다. 영국에서는 이성애주의가 최

---

* (옮긴이주) '강제적 이성애'라고 번역되기도 하나 이성애를 강요하고 동성애를 차별하는 가치체계와 태도 및 그 실천을 포괄한다는 의미에서 이성애주의라고 번역했다.

근 발효된 법률들에 암호처럼 들어가 있다.* 이러한 정치적 환경에서 레즈비언에 대한 폭력적 공격이 증가했으며, 그러하기에 반反레즈비언 페미사이드 이슈를 인정하는 것이 중요하다. 하지만 이 주제에 대해 레즈비언 저자가 기고한 글의 수가 상당히 제한적이라는 사실을 설명하기란 어려운 일이 아니다.

다양한 가부장제 사회들 사이에 존재하는 문화적 차이 때문에 페미사이드의 형태 또한 더욱 다양해질 수 있다. 이 책에서는 페미사이드를 전 지구적 이슈로 인정하면서, 그와 동시에, 서구의 산업화된 가부장제 국가인 영국과 미국, 그리고 개발도상국 인도의 서로 다른 페미사이드 형태들을 살펴본다. 페미사이드에 대한 종합적인 검토는 모든 문화를 가로질러 시행되어야 하겠지만 그렇게 하는 것은 이 책의 범위를 넘어선다. 이 책은 현재 우리의 지식 및 시간과 공간의 제약에 한정되기 때문이다. 이 책에 어떤 글을 넣고 어떤 글을 뺄 것인가 하는 문제를 놓고 우리는 지구상의 전 영역을 다루려다가 분석이 피상적이고 관음적인 수준에 머무는 일은 피하고자 하는 욕구를 따르기로 결정했다. 우리는 논의의 범위를 제한함으로써 과거와 현재의 영국, 미국, 인도에서 벌어진 페미사이드의 복잡다단한 측면과 그에 맞선 여성들의 저항

---

* (저자주) 1988년 지방정부법Local Government Act은 국가 교육에서 '동성애 장려'를 불법으로 규정했다. 1990년 인간배아 및 수정 법Human Embryology and Fertilization Act은 불임으로 인한 비非배우자 인공수정 및 치료에 대한 접근권에서 레즈비언을 배제했다. 자문 문서인 〈1989년 아동법 지침Guidelines to the Children's Act 1989〉에서는 '동등 권리 및 동성애자 권리equal rights and gay rights'가 위탁 양육에선 전혀 적용될 수 없다고 언명함으로써 레즈비언들이 아이를 위탁받아 양육하지 못하도록 금지하고자 한다. 더 많은 정보를 원한다면 Rights of Women 1991을 참고하라.

을 공정하게 다루고자 했다. 물론 우리는 세계 다른 지역들—아
프리카, 중남미, 중동, 동남아시아, 동유럽—에서 페미사이드가
여성들의 삶과 죽음에 끼친 영향을 충분히 인식하고 있다. 이 지
역 하나하나와 그 안에 있는 다수의 공동체들은 그 나름의 페미
사이드 역사와 그에 맞선 저항의 역사를 지니고 있다. 페미사이
드에 맞선 여성들의 완전히 반反인종차별적이고 국제적인 투쟁
을 일으키려면 그러한 역사를 알고 인정해야만 한다.

주로 서구에서 살아가는 여성들에 의해, 그리고 그 여성들을
위해 제작된 이 책에서 인도의 페미사이드를 언급하고 다루면
서 우리는 관음증적 시선과 문화적 고정관념을 피하고자 노력했
다. 문화인류학에서는 제1세계의 눈을 통해 제1세계 독자들에게
제3세계의 경험을 설명할 때 자민족중심주의ethnocentrism라는 용어
를 사용한다. 이 문제를 최소화하면서도 페미사이드가 지구적 이
슈임을 견지하기 위해 우리는 자신들이 대표하는 문화에 직접 속
해 있는 인도 여성들의 글을 함께 실었다.

페미사이드의 정의와 몇몇 형태, 그리고 그 맥락들을 다룬 뒤
에는 페미사이드가 실제로 얼마나 만연해 있는가에 대한 논의
가 필요하다. 우리의 주된 관심이 페미사이드에 관한 것이긴 하
지만, 여성이 남성보다 더욱 빈번하게 살해된다고 주장하는 것은
분명 아니다. 예를 들어, 미국 공공보건국 내 국립보건통계센터
(NCHS)에서 축적한 살인 통계에 따르면, 사망한 여성들 가운데
살해당한 여성은 전체 282명 중 1명꼴인 반면, 남성은 전체 84명
중 1명꼴이었다(*San Francisco Chronicle* 1985). 〈표 1-1〉에서 보듯,
미국에서 한 사람이 살해당할 확률은 성별과 인종에 따라 다르

전체	1/133
남성	1/84
백인 남성	1/131
흑인 남성	1/21
여성	1/282
백인 여성	1/369
흑인 여성	1/104

출처: *San Francisco Chronicle*, 6 May 1985.

다. 하지만 이 통계자료는 살인범의 성별이 나와 있지 않기 때문에 페미사이드를 측정하는 자료가 될 수 없다.

우리가 주장하는 바는 남성이 여성보다 살해당하는 빈도가 더 높긴 하지만 남성이 단지 남성이기 때문에 살해당하는 일은 거의 없다는 것이다. 드물긴 하지만 여성이 남성을 죽인 사례들을 보더라도 살인범이 피해자 남성을 단지 남성이라는 이유로 살해했을 가능성은 거의 없다. 반면 여성이 저지른 살인사건은 정당방위self-defense나 자기보존self-preservation을 위한 필사적 시도인 경우가 대부분이다.* 영국과 미국 두 나라 모두 정당방위권은 공공장

---

* (저자주) 1991년 영국의 몇몇 페미니스트들이—자기보존 차원에서—살인을 저지른 여성들을 위한 새로운 변호의 가능성을 논의하기 시작했다. '정당방위를 이유로 무죄'라는 것과 '도발을 근거로 한 우발살인 변론' 같은 기존의 변론으로는 여성들이 반복적으로 폭력적 학대에 처하게 되고, 그 결과 학대자를 살해하게 되는 상황을 다루지 못한

소에서 일어난 남성과 남성 사이의 폭력 상황을 반영하여 구성되어 있다. 이 권리를 보호하는 법률에서, 오랜 세월 폭력을 견디다 못해 자포자기의 시점에서 이것만이 스스로 살아남을 수 있는 유일한 방법이라 느끼며 파트너를 살해한 여성의 경우는 배제된다. 여성이 법률에서 정당방위로 인정되는 방식에 따라—생명이 위협받는 상황에 무기를 쓰지 않고 즉각 대응하는 방식으로—행동하는 것은 사실상 불가능하다. 정당방위에 대한 법률적 정의에선 힘에 대한 과잉금지 원칙을 요구하기 때문이다. 영국의 페미니스트들은 새로운 공식적 자기보존 변론을 위한 캠페인을 벌이고 있다.

　미국과 영국에서 나온 통계자료들은 페미사이드의 위험에 가장 많이 노출되어 있는 여성들은 남편 및 자녀와 함께 살고 있는 여성들임을 보여준다. 이성애 가정 안에 살고 있는 여성들이 가장 높은 페미사이드 위험에 직면해 있다는 사실을 부분적으로나마 설명해주는 것은, 폭력적인 파트너를 떠나고 싶어 하는 여성들이 겪는 어려움이다. 법집행 기관들은 페미니스트가 아닌 대중과 마찬가지로, 남편이나 남성 파트너에게 공격당하는 여성들보다는 낯선 타인에게 공격받는 여성들을 도울 준비가 더 잘 되어 있다. 가정폭력이란 여성들이 촉발하는 사적인 문제이며 여성은

다는 것을 인지했기 때문이다. 우리는 한정책임능력(피고가 법을 어겼으되 정신적으로 온전하지 못하다는 이유로 범죄에 대한 책임을 완전히 질 수 없다고 하는 변론—옮긴이주)으로 변호하면서 '피학대여성증후군battered woman syndrome'을 옹호하는 자들을 지지할 마음은 없다. 이러한 꼬리표의 문제는 그것이 피해자학의 언어와 이미지를 재생산한다는 점이다. 피해자학은 여성을 자신의 행동에 책임질 수 없는 존재로 재현하며 여성의 분노와 저항을 병리적인 것으로 취급한다.

남편의 소유물이라는 생각이 여전히 널리 퍼져 있으며, 이는 이러한 형태의 페미사이드가 만연하는 데 크게 기여한다.

가정폭력과 관련된 페미사이드가 증가하고 있는지 아닌지는 분명히 말하기 어렵다. 예를 들어, 1980년대 초 미국 연방수사국(FBI)에서 발표한 수치에 따르면 아내 살해는 다소 감소한 듯했다(Russell 1982, 294). 다이애나 러셀은 이혼율의 증가가 이러한 감소 추세의 원인으로 제시될 수 있다고 주장했다. 반면에 상당수 일화들의 증거에 따르면 아내가 남편을 떠나거나 이혼 절차를 시작하려 할 때 직면하는 페미사이드의 위험은 오히려 증가한 듯하다.

미국에서 여성을 대상으로 한 연쇄살인이 이전보다 더욱 자주 일어난다는 데는 보다 명백한 증거가 있다. 정확한 수치들을 사용할 수는 없지만, 법집행 전문가들은 "매년 미국 전역에서 발생한 미해결 살인사건 5,000건 가운데 3분의 2 정도[약 3,500건]는 연쇄살인범들이 저지른 것"으로 추산한다(Starr 1984, 100). 제인 카푸티의 보고에 따르면 1980년대 중반 경찰관들이 추산한 연간 연쇄살인 건수는 4,000건까지 증가했다(Caputi 1987, 117). 연쇄살인사건의 피해자가 남성인 경우도 있지만, 전문가들은 대다수의 피해자가 여성이라는 데 동의한다(Caputi 1987, 203). 대략 남성 연쇄살인범에 의한 피해자들 중 5분의 4는 여성이라고 전제하고,* 매년 4,000건의 연쇄살인이 발생한다는 1980년대 중반 법집

---

* (저자주) 연쇄살인사건 전문가인 제인 카푸티가 뒷받침하는 전제다(제인 카푸티, 개인적 전언, 1989. 12. 19).

행 전문가들의 추산이 틀리지 않았다고 전제하면, 1년에 3,200건, 10년이면 3만 2,000건의 페미사이드가 발생한다.

한 번의 범죄행위로 다수의 사람들을 살해하는 대량살인mass murder은 배타적으로 여성을 겨냥하는 경우가 더 적으며, 그렇기 때문에 보통 페미사이드로 해석되지 않는다. 하지만 1989년 몬트리올 대학에서 14명의 여성을 한꺼번에 살해한 마르크 레핀의 경우처럼, 주목할 만한 대량 여성살해 사례들도 있긴 하다.

공식 통계자료들은 페미사이드의 규모를 짐작하는 데 제한적인 도움밖에 주지 못하지만, 페미사이드가 존재한다는 것은—명백한 살인이든, 낙태권의 부정이든, 여성혐오적 사회관습이든—부인할 수 없는 사실이다. 이 책을 통해 우리가 의도하는 것은 이토록 급박하고 광범위한 문제에 대한 절망을 불러일으키려는 것이 아니라, 그에 맞선 저항을 이끌어내려는 것이다.

페미사이드:
여성을 향한 성차별적 테러리즘

제인 카푸티·다이애나 E. H. 러셀

페미니스트 암캐들을 죽여라

_1989년 몬트리올에서 마르크 레핀이 14명의 여성을 살해한 후
웨스턴 온타리오 대학에서 발견된 낙서

캐나다 소설가 마거릿 애트우드Margaret Atwood는 한 남성 친구에게 물었다. 남자들은 왜 여자들에게 위협을 느끼느냐고. 그 친구는 이렇게 답했다. "남자들은 여자들이 자기를 비웃을까 봐 두려워하지." 그런 뒤에 마거릿 애트우드는 일단의 여성들에게 물었다. 여자들은 왜 남자들에게 위협을 느끼느냐고. 그들은 이렇게 답했다. "우리는 살해당할까 봐 두려워요."

여성과 남성의 공포가 얼마나 심한 불균형을 이루고 있든, 이 공포들은 서로 깊이 연결되어 있다. 그리고 이러한 사실은 1989년 12월 6일 몬트리올 대학에서 여실히 입증되었다. 바로 그날, 전쟁잡지 마니아인 25세의 마르크 레핀은 전투복을 갖춰 입

고 공과대학으로 돌진했다. 그는 한 교실로 들어가 여자와 남자를 분리한 뒤, 남자들에게는 나가라고 명령했다. 그리고 "너희는 모두 망할 페미니스트야!"라고 소리치면서 여자들을 향해 총을 쐈다. 반시간가량 광란을 벌이는 동안 레핀은 14명의 여성을 살해하고, 다른 9명의 여성과 4명의 남성에게 중상을 입혔다. 그러고는 총부리를 자신에게 돌려 자살했다. 3쪽짜리 유서에는 자신의 실패를 전부 여성들의 탓으로 돌리는 내용이 가득했다. 그는 여성들이 자신을 거부하고 비웃었다고 느꼈다. 또한 그의 시신에서는 캐나다의 유력한 여성 15명의 이름이 적힌 처리 대상 목록이 발견되었다.

해당 공과대학의 지원 자격을 충족시킬 수 없었던 레핀은 그 자신이 '페미니스트'로 규정하는 여성들이 자신을 모욕했다고('비웃었다'고) 느꼈다. 그 여성들이 전통적인 남성 영역에 들어왔다는 이유 때문이었다. 백인 남성의 배타성과 특권이 침식당한 데 대한 그의 대응은 치명적이었으며, 또한 현저하게 정치적이었다.

학살이 벌어진 뒤, 미디어에서는 레핀의 범죄가 지닌 정치적 본질을 철저히 부인하면서, 캐나다 소설가 모데카이 리클러 Mordecai Richler가 한 말을 읊었다. "절대적으로 미쳐버린 한 남자가 벌인, 어떻게 해도 적절하게 설명할 수 없는 행동이었다." 리클러는 레핀 자신의 설명은 무시했다. 레핀은 여성, 특히 페미니스트를 혐오했다. 그러한 살인범이 '제정신이 아니었는지'는 논점에서 벗어난 문제다. 여성에게 폭력을 저지른 가해자들의 병리적 측면에 집착하는 것은 이러한 행위에 대한 사회적 통제 기능을 어렵게 한다. 인종차별적이며 성차별적인 사회에서는 정신질환

© Jane Philomen Cleland

"몬트리올 대량살인사건을 기억하라. 전 세계 여성들의 연대를 통해 밤을 되찾아라."

'밤을 되찾아라' 행진. 1989년 몬트리올에서 대량 페미사이드로 희생된 14명의 공대 학생을 기리기 위해 1990년 샌프란시스코에서 열린 행사.

자들뿐 아니라 정상으로 여겨지는 남자들 또한 편재하는 인종차별·여성혐오·동성애혐오 태도를 행동으로 옮기는 경우가 빈번하다. 그들은 그러한 태도 속에서 길러졌고, 그러한 태도가 정당화되는 것을 반복적으로 보아왔기 때문이다.

레핀이 저지른 살인은 인종, 종교, 민족 또는 성적 지향성이 아니라 성별에 따라 피해자를 겨냥한 혐오범죄hate crime였다. 흑인 린치나 유대인 학살의 경우, 가해자의 정신건강이나, 아프리카계 미국인이나 유대인과 관련된 과거의 개인적 경험들을 문제 삼으며 시간을 낭비하는 사람은 아무도 없다. 오늘날 대부분의 사람은 이런 린치와 학살이 정치적 동기가 부여된 폭력이며, 그 목적은 백인 및 비非유대인의 우위를 유지하려는 것임을 이해한다. 마찬가지로, 여성에 대한 폭력의 목적은—의식적인 것이든 아니든—남성 우위를 유지하기 위한 것이다.

또 다른 형태의 성차별적 폭력인 강간에 대한 초기 페미니스트 분석들은, 보통 신화에서 주장하듯 그것이 좌절된 유혹이라든가 피해자의 도발, 또는 통제 불가능한 생물학적 충동에서 비롯된 범죄가 아님을 확고히 밝혔다. 또한 강간은 일탈적인 주변부 인물만이 저지르는 범죄도 아니다. 오히려 강간은 성 정치학의 직접적 표현이며 남성중심적 성 규범에 순응하는 행위이고('유머러스한 작가' 오그던 내시Ogden Nash가 "유혹은 샌님이나 하는 것이다. 사내는 강간을 원한다"라고 말했듯이) 젠더를 현상유지하는 데 기여하는 테러리즘의 한 형태다.

강간과 마찬가지로, 남편, 연인, 아버지, 지인, 낯선 타인에 의한 대부분의 여성살해는 설명할 수 없는 일탈의 결과물이 아니다. 그것은 페미사이드, 곧 가장 극단적 형태의 성차별적 테러리즘이며, 그 동기는 여성에 대한 혐오, 경멸, 쾌락 또는 소유 의식이다. 페미사이드는 여성에 대한 신체 절단 살인, 강간 살인, 그리고 살인으로까지 치닫는 구타, 서유럽의 마녀사냥이나 인도의 신부와 과부 살해, 라틴아메리카와 중동 일부 국가에서 벌어지는 '명예살인'을 아우른다. 이 국가들에서 처녀성을 잃었다고 여겨지는 여성은 남성 친척들에 의해 죽임을 당한다. 여성혐오 살인사건들을 페미사이드라고 부르면, 살인이나 살해처럼 성별이 드러나지 않는 용어들이 만들어내는 모호한 베일을 걷어버릴 수 있다.

남성들이 자신을 살인자와 동일시하는 현상이 널리 퍼져 있다는 사실은 페미사이드가 성차별적 문화에 얼마나 깊이 뿌리내리고 있는지를 입증한다. 예를 들어, 앨버타 대학 공과대학의 성차별에 대해 불평해왔던 셀레스트 브루소Celeste Brousseau라는 학생은 레핀의 살인사건 직후에 있었던 공학협회의 스킷나이트 공연에 참여했다가 수백 명의 '동료' 학생들이 외치는 "암캐를 쏴라 Shoot the bitch!"라는 구호에 시달려야 했다.

여성혐오는 여성에 대한 폭력에 동기를 부여할 뿐 아니라 그러한 범죄들을 다루는 언론의 보도 방식을 왜곡한다. 페미사이드, 강간, 구타는 피해자의 인종, 계층, 매력(남성 기준에 의한)에 따라 미디어에서 다양한 방식으로 무시되거나 선정적으로 과장된다. 피해자가 유색인 여성, 빈민 여성, 레즈비언, 매춘부, 여성 마약사용자일 경우 그 범죄에 대한 경찰과 미디어와 대중의 반응은 특히나 참담하다. 경멸적인 고정관념과 피해자 비난(예를 들면 "모든 유색인 여성은 스스로를 위험에 빠뜨리는 약물중독자 그리고/또는 매춘부다")이 가미된 냉담한 무관심이 일반적이다. 더욱이 대중의 흥미는 백인이 아닌 가해자와 중산층 백인 피해자가 연루된 사건들에 과도하게 집중된다. 일례로 1989년 보스턴에서는 임신한 백인여성 캐럴 스튜어트Carol Stuart 살해사건을 두고, 피해자의 남편이 아내는 아프리카계 미국인 강도의 총에 맞았다고 거짓으로 주장함에 따라 큰 소란이 벌어졌다. 하지만 캐럴을 살해한 사람은 그녀의 남편이 만들어낸 윌리 호턴Willie Horton* 같은 환영이 아니라,

---

* (옮긴이주) 1970~1980년대에 강도, 살인, 강간 등의 중범죄를 저지르고 계속 종신형을 살고 있는 것으로 악명 높은 미국의 흑인 범죄자.

바로 부유한 백인 남편 자신이었다.

페미사이드는 광범위한 언어적 학대와 육체적 학대를 포괄하는 반反여성 테러 스펙트럼의 극단에 위치한다. 여기에는 강간, 고문, 성노예(특히 성매매)는 물론, 가족관계 안팎에서 이루어지는 아동 성학대, 신체적·정서적 폭행, 성추행(전화, 거리, 사무실, 교실에서), 생식기 절단(음핵절제, 적출, 음문봉합infibulation), 불필요한 부인과 수술(이유 없는 자궁적출), 이성애 강요, 불임수술 강요, 모성 강요(피임과 낙태를 범죄화함으로써), 정신과 치료, 몇몇 문화에서 나타나는 음식 금지, 미용 수술, 아름다움을 추구한다는 미명 아래 행해지는 여타 신체 훼손 등이 포함된다. 이런 형태의 테러리즘의 결과가 죽음이라면, 이것 역시 페미사이드가 된다.

미국 내 성차별 테러리즘의 규모

미국 연방정부의 통계자료들은 여성에 대한 폭력의 범위를 공개하지 않는다. 페미니스트 연구자 메리 코스Mary Koss는 강간에 관한 미국 전역의 통계자료를 수집하려는 연방정부의 노력을 "여성이 피해를 입게 될 위험을 드러내기보다 덮으려고 하는 잔인한 장난질"이라고 묘사했다. 독립 연구자들이 수행한 조사는 여성 피해자 비율이 충격적일 만큼 높다는 걸 보여준다. 일례로, 다이애나 러셀이 샌프란시스코 여성 930명을 표본으로 조사한 결과를 보면, 응답자 중 44퍼센트가 강간 또는 강간미수를, 38퍼센트가 가정 안팎에서의 아동 성학대를, 16퍼센트가 근친상간적 학대를, 14퍼센트가 아내 강간을 경험했다.

강간 및 아동 성학대의 경우와 마찬가지로, 페미사이드 또한 남성 가족, 친구 또는 지인에 의해 저질러질 개연성이 가장 높다. 역설적이게도 가부장제의 이상적인 가정 구성방식(이성애 짝짓기)에 페미사이드의 가능성이 가장 많이 잠재돼 있다. 남성에 의한 여성살해의 모든 경우에 여성혐오 요소가 있다고 전제하는 것은 적절하지 못하다 해도, 법적 남편 또는 사실혼 관계의 남편에 의해 여성이 살해당하는 대부분의 경우에는 그렇다고 할 수 있다. 〈표 1-2〉는 살인자와 살해된 여성의 관계가 확인 가능한 경우, 남편에 의한 살해가 다른 어떤 범주보다 많다는 것을 보여준다. 12년 동안 분석된 자료를 구체적으로 살펴보면, 살인자와 피

〈표 1-2〉 15세 이상 여성 살인사건 통계(1976~1987)

살인범과의 관계	살해된 여성 수	비율(%)	관계가 확인된 경우a 중 비율(%)
남편(사실혼 포함)	11,236	22.81	33.10
기타 가족	2,937	5.96	8.65
기타 친밀한 관계b	5,318	10.80	15.67
지인	9,930	20.16	29.26
모르는 사람	4,521	9.18	13.32
(관계 미확인)	15,320	31.10	
합계	49,262	100.01	100.00

출처: James A. Mercy, "Men, Women, and Murder: Gender-Specific Differences in Rates of Fatal Violence and Victimization", *The Journal of Trauma*, 33(1):1-5, August 1992.
a. 총 33,942건.
b. 친구, 데이트 상대, 동거인.

해자의 관계가 확인되는 경우 중에서 살인자의 3분의 1은 남편이었다.

여성에 대한 폭력범죄는 최근 수십 년 동안 계속 증가했다. 어떤 이들은 이러한 증가세가 나타난 것은 범죄 신고가 증가했기 때문이라 믿는다. 그러나 러셀이 진행한 (대체로 신고되지 않은) 강간에 대한 연구는 지난 50년 동안 이 같은 범죄가 극적으로 증가했음을 확실하게 보여주는 예다. 아직 특정 연도의 성적 살인sex murder* 건수를 가늠할 수는 없지만, 사실상 모든 전문가들이 1960년대 초부터 그러한 살인사건이 상당히 증가해왔다는 데 동의한다. 범죄학자들은 1950년대에 연쇄살인이 폭증하기 시작했으며, 20세기 후반 미국의 특징적 현상이 되었음을 인정하고 있다.

우리는 여성에 대한 폭력이 이렇게 급증한 현상을 페미니즘에 맞선 남성의 반격으로 본다. 그렇다고 그것이 페미니즘의 과오라는 말은 아니다. 우리가 맞서 싸우든 아니든, 가부장적 문화는 여성에게 테러를 가한다. 그러나 남성 우위가 도전받을 때 테러 또한 격렬해진다. 근대 초기 유럽에서 한계선 밖으로 걸음을 내디딘 다수의 여성들이 마녀로 몰려 괴이한 방식으로 고문을 당하고 살해되는가 하면(20만 명에서 900만 명이 살해된 것으로 추산된다), 오늘날 그러한 여성들은 암캐나 나쁜 년 취급을 당하고, 그들에게 벌어지는 일을 당해도 싸다고 여겨진다. 유죄판결을 받은 케네스 비앙키Kenneth Bianchi '힐사이드 스트랭글러'**는 물었다. "빌

---

* (옮긴이주) 성적 살인이란 범인의 살인행위에 성행위가 동반되는 경우는 물론, 살인행위 자체가 성행위로 여겨지는 경우를 모두 포괄하는 개념이다.
** (옮긴이주) 1970년대 말 로스앤젤레스 근교에서 젊은 여성들을 살해한 미국의 연쇄

어먹을 나쁜 년들을 좀 없애자는 게 왜 잘못인가?"

많은 법집행 관리들이 살인사건이 더욱 잔혹해지고 있다고 언급해왔다. 법무부 관리 로버트 헥Robert Heck이 말했듯이 "이제 저 바깥에 20명, 30명, 또는 그보다 많은 사람을 죽이는 사람들이 있다. 그리고 그들 중 몇몇은 단지 죽이기만 하지 않는다. 그들은 피해자를 죽이기 전에 끔찍한 방식으로 고문하고 신체를 훼손한다". 다음은 그에 해당하는 사례다.

- 십대 소녀 셜리 레드퍼드Shirley Ledford는 살려달라고 소리쳤다. 하지만 로스앤젤레스의 로이 노리스Roy Norris와 로런스 비터커 Lawrence Bittaker는 그녀를 강간하고 망치로 후려쳤으며, 펜치로 신체 일부를 훼손하고 얼음송곳으로 귀를 찔렀다. 두 남자는 고문-페미사이드를 처음부터 끝까지 오디오테이프로 기록했다.
- 65세의 잭 킹Jack King은 16세의 셰릴 베스Cheryl Bess를 강간하려 시도한 뒤 그녀의 머리에 산酸을 부어 얼굴을 망가뜨렸다. 베스는 공격을 받고도 살아남았으나, 영구적으로 시력을 잃었으며 청력 또한 심각하게 손상되었다. 그녀의 얼굴은 완전히 흉하게 일그러졌다.
- 성폭력 페미사이드의 한 피해자가 질과 사타구니에 자상을 입고 목이 베인 채 발견되었다. 유두가 제거되었으며 얼굴은 심하게 구타당했다. 잘린 머리카락은 근처 나뭇가지에 걸려 있었다.

살인범으로, 그가 죽인 시신들이 할리우드 힐스에서 주로 발견된 탓에 '힐사이드 스트 랭글러Hillside Strangler(산비탈의 교살자)'라는 별칭으로 불렸다.

• 1987년 경찰은 필라델피아의 백인 남성 게리 하이드닉Gary Heid-
nik의 가택에서 영양실조에 걸린 반라 상태의 아프리카계 미국
인 여성 세 명이 "이중벽으로 만든 지하 비밀고문실 하수도관
에 쇠고랑으로 묶여 있는" 것을 발견했다. "냉동고에서는 저장
해놓은 사람 팔다리 11킬로그램이 발견되었으며, 오븐과 스튜
냄비에서는 다른 신체부위들이 나왔다." (3부에 수록된 〈여성 성
노예와 페미사이드〉 참조.)

피해 여성과 친밀한 관계에 있는 남성이 이러한 잔혹행위를 한
경우들도 있다. 입양한 딸 리사Lisa를 살해하고 동거하던 여성 헤
다 누스바움Hedda Nussbaum을 수년에 걸쳐 고문한 조엘 스타인버
그Joel Steinberg, 커티스 애덤스Curtis Adams는 극단적이지만 결코 드
물지 않은 사례다.

• "스타인버그는 그녀[누스바움]의 눈을 발로 차고, 목을 조르고,
성기를 때리고, 그녀에게 오줌을 누고, 수갑을 채워 철봉에 매
달고, 눈의 안쪽 구석을 손가락으로 찔러 누관을 찢고, 여러 차
례 코를 부러뜨리고, 함께 살던 아파트 여기저기에 그녀를 내동
댕이치면서 머리카락을 뭉텅이로 뽑았다. [누스바움은 말했다.]
'때로는, 우리가 프리베이스freebase*할 때 쓰는 토치를 내 주위에
들이대며 내가 펄쩍펄쩍 뛰게 만들곤 했어요… 그래서 온몸이

---

* (옮긴이주) 코카인 등 수용성 약물을 스푼에 갠 뒤 밑에서 가열하여 그 증기를 병에
모아 흡입하는 것.

덴 자국투성이예요. 조엘은 내가 더 잘 협조할 수 있게 하느라 그러는 거라고 말했어요.'"

• 1989년, 커티스 애덤스는 아내를 10시간 동안 고문한 혐의로 징역 32년형을 선고 받았다. 아내가 항문성교를 거부하자 애덤스는 그녀에게 수갑을 채우고 여러 차례 반복해서 병과 빗자루를 그녀의 항문에 강제로 삽입했다. 그리고 그녀를 벌거벗겨 창문 밖에 매달았다. 중간중간 쉬는 시간에는 남편에게 순종할 것을 명하는 성경 구절을 읽게 했다.

남성 지배 문화의 특공대처럼 등장한 이 아마추어 고문기술자와 사형집행인을 양성한 토대는 20세기 후반 성-폭력의 문화다.

남성들의 권리 의식은 성적 테러리즘의 또 다른 원인이다. 많은 남성들이 자기가 원하는 것을 여성들로부터 취할 권리가 있다고 믿는다. 여성들이 그들의 요구를 좌절시키면 어떤 남성들은 난폭해지며, 때로는 페미사이드를 저지르기까지 한다. 아이오와 대학의 여학생들이 위층에 사는 남학생들의 시끄러운 오디오 소리에 항의하자 그에 대한 반응으로 등장한 엄청난 혐오 표현의 사례를 살펴보자. "아래층 암캐들에게 해줘야 할 열 가지 일"이라는 제목이 붙은 일련의 낙서가 남자 화장실 벽에 나붙었고, 얼마 뒤에는 대학 신문에 실렸다. 열 가지 일 목록에는 여자들을 "피투성이 곤죽이 될 때까지 망치로 때리고 웃어라"라는 권고와 "전기 트리머, 펜치, '빨갛게 달군 납땜용 인두'로 여성 생식기를 절단하는 방법"에 관한 지침들이 포함되어 있었다. 토론토 대학 공대 학생신문에도, 이와 비슷한 방식으로 여성에 대한 경멸을 드러내는

"성추행에 넌더리가 난다면 여성들은 가슴을 잘라내라"라는 제안이 실리기도 했다.

이 학생들이 그런 섬뜩한 생각들을 어디에서 습득했는지 알고자 한다면, 포르노그래피와 매스미디어의 '고어노그래피gore-nography'(엉긴 피gore와 포르노그래피pornography의 합성어로, 폭력을 자극적이고 선정적으로 묘사한 포르노그래피)만 살펴보면 된다. 다수의 페미니스트들이 그러하듯, 우리 또한 포르노그래피란 반여성 선전물의 한 형태라고 생각한다. 포르노그래피는 여성을 소유하고 사용하고 소비하는 대상, 상품, '물건'으로 바라보는 시각을 유포한다. 그리고 그와 동시에 다음과 같은 논리적 상관관계를 홍보한다. 모든 여성은 창녀이며, 따라서 만만한 사냥감이다. 성폭력은 용인될 수 있는 정상적인 것이다. 여성은 상처입거나 강간당하거나 심지어 살해당할 만하며, 스스로 그것을 원한다. 연구조사에 따르면, 포르노그래피와 고어노그래피에서 여성을 대상화하고 비하하는 폭력적 이미지들은 강간 및 여성에 대한 여타 폭력에 흥미를 느끼는 남성들의 성향을 형성하며, 그리고/또는 성폭력을 실행하려는 데 맞서는 억제력을 약화시킨다.

FBI가 36명의 성적 살인자를 대상으로 실시한 한 조사에서는 여러 성적인 관심사들 가운데 포르노그래피가 무려 81퍼센트의 응답률로 1위에 올랐다. 에드먼드 켐퍼Edmund Kemper('코에드 킬러Coed Killer*'), 테드 번디Ted Bundy, 데이비드 버코위츠David

---

* (옮긴이주) 코에드coed는 남녀공학을 나타내는 coeducational의 줄임말이지만, 남녀공학 학교에 다니는 여학생을 가리키는 말이기도 하다. 주로 여학생들을 죽였기 때문에 켐퍼에게 붙은 별명이다.

Berkowitz('샘의 아들'*), 케네스 비앙키와 공범 안젤로 부오노Angelo Buono('힐사이드 스트랭글러스') 등 악명 높은 연쇄살인범들은 모두 엄청난 포르노그래피 소비자들이었다. 번디는 포르노그래피에 대해 "내가 관여한 폭력행위를 개발하는 데 정말 핵심이 되는 중요한 영향을 주었다"고 주장한다. 이러한 그의 평가는 포르노그래피의 영향에 관한 연구조사 결과는 물론 다른 다수의 성폭력 가해자들의 증언과도 일치한다.

페미사이드에 가까운 신체 상해는 슬래셔slasher 영화**, '스플래터펑크splatter punk' 공포소설***, 또는 끊임없이 쏟아져 나오는 값싼 성적 살인 스릴러 소설의 핵심 소재다. 이 장르들은 모두 남성, 특히 젊은 남성을 방대한 규모의 팬클럽으로 거느리고 있다. 오늘날 슈퍼히어로 만화책을 보면 페미사이드에 관련된 시각적 요소들이 넘쳐난다. 예를 들어《그린 애로Green Arrow》최신호에서는 거의 벌거벗은 매춘부가 고문당한 뒤 십자가에 처형되는 장면이 묘사되었다. 한 만화책 배급업자이자 옹호론자는 이렇게 해명했다. "독자들은 십대 소년이다. 그들은 억압된 분노가 많아서… 등장인물들이 베이고 썰리는 모습을 보고 싶어 한다."

그렇다고 페미사이드 테마와 마주치려면 비주류 하위문화 속으로 들어가야만 한다는 말은 아니다. 주류 영화계에서도 브라이

---

* (옮긴이주) 버코위츠는 살해된 여성 곁에, 자신을 '샘의 아들'이라고 밝힌 편지를 두곤 했다.
** (옮긴이주) 정체 모를 인물이 무작위로 끔찍하게 살인을 저지르는 장면을 주로 보여주는 영화.
*** (옮긴이주) 유혈이 낭자한 장면을 자세하게 묘사하는 문학 장르.

언 드 팔마Brian De Palma 감독은 이렇게 푸념한 적이 있다. "나는 늘 여성에 대해 에로틱하고 성차별적으로 접근한다는 공격을 받는다. 여성을 토막 내고 심각한 위험에 빠뜨리고 하는 식으로 말이다. 내가 만드는 건 서스펜스 영화다! 여자들에게 달리 무슨 일이 일어날 수 있겠는가?" 〈할렘 나이츠Harlem Nights〉라는 '코미디' 영화에선 에디 머피Eddie Murphy가 재스민 가이Jasmine Guy와 하룻밤 자고 나서 그녀를 죽여버린다. 영화 속 그녀는 욕망의 대상일 뿐이다. 여성혐오와 페미사이드 테마들은 록음악에도 넘쳐난다. 20년 전 믹 재거Mick Jagger는 "강간, 살인, 그건 그저 키스일 뿐"이라고 위협했다.* 요즘에는 건스앤로지스가 부드럽게 노래하고 있다. "나는 그녀를 사랑했었네 / 하지만 그녀를 죽여야 했지/ 그녀는 암캐처럼 지나치게 투덜거리고/ 그녀는 나를 미치게 만들었네."**

페미사이드로 연결될 수 있는 잔혹행위가 어디에서나 정상적인 일로 여겨지고 장난으로 설명되고 표준적인 판타지 오락물로 만들어진다. 여성 말살이 공식적으로 제도화된 적은 없지만, 미디어에서 그려지는 여성 말살은―만화책에서 노벨상 수상 문학 작품까지, 인기 있는 대중 영화에서 스너프 영화까지―그러했다. 후렴구는 계속 반복된다. "자, 아가씨들, 이건 그냥 재미로 하는 거라고." 한편, FBI에서는 성적 살인에 대해 '기분전환용 살인recreational murder'이라는 용어를 사용한다.

---

* (옮긴이주) Rolling Stones, 'Gimme Shelter', 〈Let It Bleed〉(1969).
** (옮긴이주) Guns N' Roses, 'Used to Love Her', 〈G N' R Lies〉(1988).

대부분의 미국인들은 오늘날 우리가 살고 있는—그리고 죽어가고 있는—이 집단학살의 시대를 인식하고 인정하려 하지 않는다. 여성들에겐 길을 건너가는 일이 혹독한 시련이 되곤 한다. 핵가족은 수백만 여성에게 감옥이 된다. 어떤 남편들과 아버지들은 대들면 죽이겠다고 위협하는 상근 경비병처럼 군다. 이러한 위협이 진짜로 실행되는 경우도 너무나 많다. '헌신적인 성경 낭독자' 존 리스트John List는 18년이나 추적을 따돌리며 숨어 산 끝에 1990년 대량살인 혐의로 유죄판결을 받았다. 리스트는 자신이 다니던 교회 목사에게 쓴 편지에서 아내가 교회에 나가기를 거부하는데 이는 "자녀들에게 해를 끼치는" 행동이라고 불평했다. 더욱이 자기 딸이 배우가 되기를 원한다며 이것이 "딸이 계속 그리스도인으로 남는 데 어떤 영향을 끼칠까 봐 걱정"했다. 가족에 대한 통제권을 상실한 것으로 인한 분노 속에서 이 독실한 남자는 아내, 딸, 어머니, 그리고 두 아들까지 살해했다.

모든 페미사이드를 정확하게 계산한다면, 여성에 대한 치명적이지 않은 성폭행까지 모두 헤아린다면, (여러 해에 걸쳐 진행되는 경우가 많은) 근친상간 학대와 구타를 고문으로 인정한다면, 가부장제 가정이 현실에서 실제로 매우 빈번하게 그렇게 되고 말듯이 빠져나올 수 없는 감옥으로 간주된다면, 포르노그래피와 고어노그래피를 혐오 문학으로 인식한다면, 그러면 오늘날 미국에서 우리가 14~17세기 유럽에서 마녀로 몰린 여성들이 겪었던 박해와 고문과 말살에 비교될 만한 규모와 강도와 의도를 지닌 성차별 테러의 지배 아래 살고 있음을 인정하지 않을 수 없다.

리메모리, 그리고 저항

> 기본적으로, 나는 그를 숭배했어요. 그는 내가 만났던 사람 중에
> 가장 경이로운 사람이었어요. 나는 그가 초자연적인, 신과 같은
> 권능을 지녔다고 믿었어요.
>
> _헤다 누스바움이 조엘 스타인버그에 대해.

> 우리는 그들을 숭배하지 않는다.
> 우리는 그들이 만든 것을 숭배하지 않는다.
> 우리는 그들을 신뢰하지 않는다.
> 우리는 그들이 말한 것을 믿지 않는다 …
> 우리는 그들을 숭배하지 않는다.
>
> _앨리스 워커Alice Walker,
> 〈각자, 하나씩 뽑아라Each One, Pull One〉

개인적으로든 집단적으로든, 우리에게 가해지는 남성들의 폭력
에 대해 생각하는 것은 대부분의 여성들에게 말할 수 없이 고통
스러운 일이다. 그리고 생각할 수 없는 것을 생각하려 하고, 말할
수 없는 것을 말하려 할 때 우리가 마주치는 폭력과 불신과 경멸
이 너무나 압도적이어서 우리는 경험들을 부인하거나 억압하며
뒤로 물러난다.

1989년 11월, 캘리포니아 주 포스터 시티의 28세 여성 에일린
프랭클린립스커Eileen Franklin-Lipsker는 갑작스럽게 한 가지 기억이
떠올랐다. 자신의 아버지가 당시 여덟 살이었던 친구 수전 네이

슨Susan Nason을 성적으로 학대한 뒤 몽둥이로 때려서 죽인 것을 목격한 기억이었다. 그녀는 20년이 지난 뒤에야 아버지를 경찰서로 보냈다. 그러한 회상과 고발이 여성을 향한 폭력에 맞서는 페미니스트 운동 전체의 활동이다. 잊고 부인하고 침묵을 지키라는 아버지들의 명령을 거역하고, 학대하는 아버지, 남편, 형제, 연인, 아들, 친구를 있어야 할 곳으로 돌려보내는 것이다. 그토록 깊이 억압되어 있던 역사와 경험을 상기하고 인정하는 것, 이것이 바로 토니 모리슨Toni Morrison이 걸작《빌러비드Beloved》에서 말하는 리메모리rememory이다.《빌러비드》는 노예제라는, 생각할 수 없을 만큼 고통스러운 주제를 다룬다. 이 책에 대한 인터뷰에서 모리슨은 아메리카 대륙으로 오는 도중에 죽은 아프리카 사람들에 대한 기억이 사실상 아무것도—설화도, 노래도, 춤도—없다는 사실을 지적했다. "그 이유는 아마도 어떤 차원에서는 그런 기억 자체가 살아남을 수 없고, 또 사람들이 그런 기억 위에서 살아갈 수도 없기 때문이 아닐까 추측한다"고 모리슨은 말했다. "그 기억 위에서 살아간 사람들은 아마도 그 기억 때문에 죽었을 것이다. 그 기억 위에서 살아가지 않은 사람들이 아마도 앞으로 나아갔을 것이다… 참상을 반드시 기억할 필요가 있긴 하되… 기억이 우리를 파괴하지 않는 방식으로 기억해야 한다." 모리슨의 리메모리 개념은 아프리카계 미국인들에게 강요된 심리적 고통을 묘사하고자 고안된 것이다. 하지만 페미사이드 세계에 맞서 싸우는 여성들에게도 매우 중요한 개념이다. 우리 또한 참상을 직면하되, 우리를 파괴하는 것이 아니라 우리를 구원할 수 있는 방식으로 해야 한다.

마르크 레핀이 몬트리올에서 대량 페미사이드를 저지른 후, 피해자들의 장례식 날 의회를 휴회하고 대학은 휴교하자는 청원이 있었지만, 퀘벡 주 총리였던 M. 부라사M. Bourassa는 이를 거부했다. 공식적으로 애도의 날을 지정하는 것은 "국가에 중요한 누군가가 죽었을 때"만 합당한 조치라고 그는 주장했다. 몇몇 캐나다 페미니스트들은 12월 6일을 살해당한 여성들을 기리는 국가기념일로 제정하려는 활동을 벌이고 있다. 우리는 세계 전역의 여성들이 캐나다 자매들과 합세하여 12월 6일을 성폭력 피해 여성 모두를 위한 국제적인 애도와 분노의 날, 곧 '리메모리 데이'로 선포하는 데 동참하도록 격려하고 있다. 은토자케 샹게Ntozake Shange가 썼듯이 "우리는 거리와 기념비에 이름이 달리도록 해야 한다/ 나라를 위해 죽은 이 여자들과 아이들의 이름이".

그러나 그러한 기념행사는 완전한 치유가 아니라 일시적인 회복의 방법일 뿐이다. 페미니스트들은, 집합적으로 그리고 국제적으로, 페미사이드에 저항할 전략을 세우는 시급한 과업에 착수해야 한다. 아파르트헤이트apartheid가 계속되는 한 진보적인 사람들이 남아프리카에 대한 국제적 제재를 지지하는 것은 옳다. 그런데 왜, 폭력적이고 학대를 일삼는 남성과 남성 문화에 제재를 가할 때 얻게 되는 잠재적 효율성은 아무도 고려하지 않는 것일까? 아리스토파네스Aristophanes의《뤼시스트라테Lysistrate》에서 여성들은 전쟁을 끝내고자 남성들에게 성관계를 거부한다. 1590년 이로쿼이족 여자들은 세네카에 모여서 종족 간 전쟁의 종결을 요구했다. 이제 우리도 전 지구적으로 벌어지는 여성에 대한 가부장제 전쟁의 종식을 요구해야 한다.

페미사이드 문화는 남성이 숭배되는 문화다. 이러한 숭배는 폭정을 통해 얻어진다. 노골적으로든 교묘하게든, 멍든 우리의 정신, 얻어맞고 죽은 우리의 몸 위에 군림하여 우리를 때리는 사람, 강간하는 사람, 죽이는 사람을 지지하도록 흡수하고 동화시키는 폭정을 통해서다. 헤다 누스바움은 말했다. "기본적으로, 나는 그를 숭배했어요." 하지만 앨리스 워커는 "우리는 그들을 숭배하지 않는다… 우리는 그들을 신뢰하지 않는다"라고 쓴다. 수없이 많고 많은 방법들을 통해 보살핌과 위로와 지지와 승인을 거부하도록 하자. 우리의 숭배를 철회하도록 하자.

1부 페미사이드는 가부장제만큼 오래되었다

마녀로 간주되어 교수형에 처해진 여성들. 마녀광풍은 16세기와 17세기의 유럽에 전염병처럼 번졌다. 말을 탄 사람은 포고령을 내리는 관리, 사다리에 올라간 사람은 교수형 집행자다. 그 밑에 두명의 병사가 있고, 화면 오른쪽 끝에서는 마녀를 찾아낸 이가 보상으로 돈을 받고 있다. (1655년 초판. 대영도서관의 허가를 받아 전재함.)

여성에 대한 폭력의 문제는 새롭다거나 최근 들어 더욱 심각해졌다고 이야기되는 경우가 많다. 마치 한때는 여성들에게 길거리가 안전했던 황금시대라도 있었다는 듯, 여자들이 이제 더 이상 야간에 안전하게 외출할 수 없게 되었다고 말한다. 또한 집 안에서 행해지는 여성에 대한 폭력이란 1970년대 페미니스트들이 들추어내기 전까지는 마치 아무 문제도 아니었다는 듯한 암시도 담겨 있다. 여성들의 경험 대부분이 역사로부터 숨겨졌기 때문에 역사적 비교는 이루어지기 어렵다. 마찬가지로, 이러한 일반적 진술들의 타당성을 입증하는 것도 불가능하다. 특정한 역사적·문화적 맥락을 언급하고 있는 것이 아니기 때문이다.

　여성에 대한 폭력이 존재했음을 문헌을 찾아 역사적으로 입증하기는 매우 어렵다. 폭력의 정도나 규모를 문헌에서 확인하는 일은 훨씬 더 어렵다. 페미사이드는 공인된 법률적 범주가 아니다. 그러므로 과거로부터 현재에 이르기까지 사용 가능한 어떠한 공식적 통계자료도 남아 있지 않다. 이 책 1부에서 우리가 겨냥하는 목표는 페미사이드라는 개념이 새로운 것이긴 하지만, 그것이 기술하는 현상은 가부장제만큼이나 오래되었음을 밝히는 것이다. 1부에 모아놓은 일련의 논문들은 여타 성폭력과 마찬가지로 페미사이드 역시 가부장제 사회관계, 즉 남성의 지배와 여성의 복속을 확보하려는 남성들에 의해 역사적으로 사용되어왔음을 입증한다. 이에 더하여, 우리는 페미사이드가 구체적인 가부장제 사회 내부의 다른 위계질서들을 반영하며, 이러한 여타 권력구조 안에서 각기 다른—종교, 인종, 이성애에 대한 관계, 계층에 따라 달리 정의되는—위치에 처한 여성들에게 서로 다른 방식으로 영향을 끼친다는 사실을 드러내 보이고자 한다.

상이한 문화에서 일어나는 페미사이드에 대한 역사적 논의는 가부장제 사회들의 서로 다른 역사적 시점에서 취해진 페미사이드 형태의 연속성과 변화를 모두 보여준다. 매리앤 헤스터Marianne Hester가 논하고 있듯이, 마녀로 의심되는 여성들에 대한 박해와 같은 페미사이드 형태는 특정한 문화·정치·경제 맥락에 따라 매우 고유하게 드러난다. 이와 비슷하게, 다이애나 러셀은 미국 남부에서 아프리카계 미국인 여성에게 가해지는 린치가 그곳 문화에 내재한 인종차별의 고유한 본성에 의해 형성되었음을 명백하게 밝힌다. 마리루이제 얀선유레이트Marielouise Janssen-Jurreit는 또 다른 형태의 페미사이드인 여성영아살해를 고찰한다. 그녀는 여성영아살해가 여러 가부장제 사회에서 광범위하게 실행되는 성차별적 현상이라고 규정한다. 다른 형태의 페미사이드, 이를테면 남편에 의한 여성의 고문이나 살해는 1878년 프랜시스 파워 코브Frances Power Cobbe에 의해 규명되었으나 오늘날의 경험에도 명백하게 대응되는 점들이 있다. 1부에서는 중세 유럽과 현대의 미국 남부, 18~19세기 인도에 이르기까지, 페미사이드에 대한 역사적 논의를 한데 모아놓음으로써, 페미사이드가 이 모든 가부장제 사회들을 설명하는 주요 특징이 되긴 하지만, 페미사이드의 형태들은 서로 다른 시대, 서로 다른 문화의 사회·정치·경제 질서에 따라 형성되었음을 밝혀 보인다.

이러한 증거는 모든 가부장제 사회들에서 남성이 여성에게 가하는 일종의 징벌 또는 사회적 통제로 페미사이드를 사용해왔고 여전히 사용하고 있다는 주장의 근거가 된다. 이를테면 남자들은 자신들이 정의한 여성의 적절한 역할대로 살지 않으려는 여자들을 처벌하는 수단으로 페미사이드를 이용해왔다. 예컨대 루샌 롭슨Ruthann Robson은 영국과 유럽의 가부장제에서 일어났으나 거의 알려지지 않은 법률적 레즈비사이드—레즈비언이라는 이유로 여성을 법률에 의해 합법적으로 살해하는 것—의 사례들을 문헌을 통해 조사했다. 여성성에 대한 남성들의 개념들에 저항하거나 저항하는 듯 보이는 여성들을 이런 식으로 사형시키는 것은 보다 넓은 여성 집단에 대한 위협이나 사회적 통제의 한 가지 형태로 기능한다. 한계선을—남자들이 그은 선을—넘어서는 여성들에게 어떤 일이 일어날 수 있는지를 보여주는 것이다.

이러한 설명들을 검토함으로써 우리는 또한 페미사이드에 대한 법률적 대응을 연구할 수 있다. 페미사이드 중에서도 어떤 형태들은 법률로 보증되어왔다. 이는 보통 '마녀광풍witch-craze'이라는 용어로 불리는 것에 대한 매리앤 헤스터의 독해에서 잘 드러

난다. ('마녀광풍'이라는 용어는 마녀로 여겨진 여성들에 대한 박해와
학살을 가리키는 유감스러운 완곡 표현이다.) 다른 상황들에서는 페
미사이드가 법률과 법적 과정에서 일어난 분쟁 또는 논란의 주제
가 될 수도 있다. 이것은 신부를 태워 죽이는 인도의 사티suttee 관
습에 관한 도로시 스타인Dorothy Stein의 논의와, 린치에 대한 다이
애나 러셀의 논의에서 여러 방식으로 드러난다.

　1부에 실린 글들이 밝히고 있듯이, 아마도 가장 중요한 것은 여
성들이 역사적으로 페미사이드에 도전해왔다는 사실일 것이다.
저항의 형식은 서로 다른 문화 내부에서 여성들에게 열려 있는
가능성에 따라 제한되었다. 요컨대 페미사이드의 역사는 또한 여
성들의 저항의 역사와 나란히 흘러온 것이다.

여성에 대한 사회적 통제로서의
16~17세기 잉글랜드 마녀광풍

매리앤 헤스터

16세기와 17세기, 유럽 대륙과 스코틀랜드뿐 아니라 잉글랜드에서도 수천 명이 '마녀주술witchcraft'을 부렸다는 죄목으로 고발당한 뒤 투옥되거나 처형당했다. '마녀'사냥이 광포하게 휩쓸고 지나간 이 시대를 가리켜 '마녀광풍'의 시대라 불러왔다(Trever-Roper 1969). 이 시대의 가장 두드러지는 특징은 주술을 사용한다는 혐의로 유죄판결을 받은 사람들의 절대 다수가 여자였다는 점이다. 이것이 바로 페미니스트들이 이 시대를 연구하고 이해해야 하는 까닭이기도 하다. 당시에 잉글랜드에서 주술을 부린다는 이유로 고발당한 이들의 90퍼센트가 여자였다. 소수의 남자는 마녀로 고발당한 여성과 결혼하려 했거나 그러한 여성과 함께 다녔다는 이유로 고발당한 것이었다(MacFarlane 1970, 160).

마녀광풍에 대해서는 여러 가지 다양한 설명이 있다. 그러나 주로 페미니스트들이 이룬 소수의 연구성과(Daly 1979; Ehrenreich and English 1976; Dworkin 1974; Karlsen 1987; Larner 1983) 외에는

마녀로 고발당한 사람들이 거의 모두 여성이었다는 사실을 전혀 검토하지 않거나 적절하게 다루지 않는 경향이 있다.* 주로 여성들이 피해를 입었다는 문제에 구체적으로 초점을 맞추지 않고서는 마녀광풍을 제대로 적절하게 설명할 수 없다는 것이 나의 주장이다. 마녀광풍은―아무리 무의식적이었다 해도―남성 우위를 유지하고 복원하려는 시도였다고 생각되기 때문이다. 이런 시도가 택한 형식, 즉 마녀 고발을 이용하는 것은 사회역사적 맥락의 결과물이었다. 오직 특정한 여성들만―보통 나이 들고, 하위 계층이고, 가난하고, 미혼이거나 과부인 여성들이―직접적으로 마녀광풍에 걸려들었다. 그리고 이것 역시 특정한 역사적 맥락의 결과물이었다. 마녀광풍은 여성에 대한 남성의 폭력이 여성 섹슈얼리티를 특정하게 구성하는 데 행사된 페미사이드의 한 예로 볼 수 있다. 여성에 대한 사회적 통제가 이 특정한 시기에 이렇게 특정한 형식을 취하게 된 까닭을 이해하려면, 마녀광풍이 만연했던 시기에―잉글랜드에서는 대체로 16세기 중반에서 17세기 중반까지―벌어진 사건들과 마녀광풍이 일어나게 한 사건들을 검토할 필요가 있다.

마녀광풍 시기와 그 이전 시기는 매우 복잡했다. 사회가 크게

---

* (저자주) 영어 자료를 찾으려면 다음을 참조하라. L'Estrange Ewen, *Witch Hunting and Witch Trials*(1929); Christiana Hole, *Witchcraft in England*(1947); Wallace Notestein, *A History of Witchcraft in England from 1558 to 1718*(1968); Keith Thomas, *Religion and the Decline of Magic*(1978). 에식스의 마녀 고발 사건들을 구체적으로 가장 자세하게 다룬 자료는 다음과 같다. Alan MacFarlane, *Witchcraft in Tudor and Stuart England*(1970). 재판 기록들, 구체적으로는 순회재판들에 대한 기록들은 다음 책에 수록되어 있다. James Cockburn, *Calendar of Assize Records*(1978, 1982).

변하고 사회 구조가 재편되는 시기였기 때문이다. 마녀광풍이 불기 전에 (주로 유럽 대륙에서) 마녀사냥의 틀을 마련한 것은 종교재판이었다. 종교재판은 가톨릭교회로부터의 일탈과 가톨릭교회에 대한 반발을 — '이단heresy'이라 규정하여 — 뿌리 뽑으려는 것이었다. 여기서 특히 흥미로운 점은 이단 고발이 가톨릭 교리나 이데올로기에서 벗어난 '젠더 일탈gender deviation'이나 '성적 탈선'과 관련되는 일이 많았다는 사실이다. 여성의 사회 지위를 높인 집단들은 박해를 받았다. 알비파는 특히 동성애 혐의로 고발당했고 (Karlen 1971),* 여성 수도회인 베긴회도 박해받았다(Gracia Clark 1981).** 잔 다르크Jeanne d'Arc가 '남성' 복장을 했다는 이유로 고발당한 것과 마찬가지였다(Lea 1906).

마녀광풍 시기나 그 이전 시기의 지배적 젠더 이데올로기를 형성한 가톨릭교회의 여성관은 창세기의 창조신화에 기초한 것이었다. 이브는 아담의 갈비뼈로 만들어졌으며, 그러하기에 아담보다 열등하다. 여성을 대표하는 이브는 에덴동산에서 죄를 지었고, 따라서 모든 여성은 본질적으로 죄 많은 존재가 되었다. 여성을 죄스러운 존재로 만든 것은 특히 여성의 섹슈얼리티였다. 여성은 성적으로 만족할 줄 모르며, 그들의 몸과 결합한 남자들을 파멸로 이끈다고 여겨졌다. 이러한 관점은 마녀광풍이 잦아들 때까

---

* (저자주) 알비파는 자신들이 정통 교회보다 더 순수하다고 믿었던, 중세 그리스도교의 한 교파다. 그들은 집단 내에서 여성들이 높은 지위에 오르는 것을 허용했다. 하지만 알비파는 이단으로 지목되어 불법화되었다(Karlen 1971).
** (저자주) 베긴회는 중세에 설립된, 여성으로만 구성된 그리스도교 수도회였다. 그들은 정통 교회에서는 남성 영역으로 여겨지던 분야에서 종교적 활동을 펼쳤다.

지 줄곧 지배적 여성관으로 남아 있었다. 그리고 마녀광풍이 종식되는 데는 지배계층의 젠더 이데올로기 변화가 중요한 역할을 했지만, 그러한 변화는 방법만 달리했을 뿐, 똑같이 억압적인 방식으로 여성을 평가절하하는 것이었다. "새 이데올로기"는 여성에 대한 인식을 "강력하고 위협적인 마녀"에서 "히스테리가 있는 여성"으로 바꾸고, 결혼생활에서 여성의 예속적 위치를 강조했다 (Karlsen 1987; Hester 1988, 1992).

마녀주술과 마법에 대한 믿음은 마녀광풍 이전에도 존재했으나, 이전에는 그만큼 관심과 염려의 대상이 되지 않았다. 주술을 부리는 것이 사악하다고 여겨지지 않았기 때문이기도 했고, 중세 말기까지는 그러한 행위를 고발할 수 있는 법률 기구가 존재하지 않았기 때문이기도 했다(Cohn 1975, 163). 또한 중요한 사실은 하위계층(마녀광풍의 고발들은 주로 하위계층을 향했다)에 퍼져 있던 주술에 대한 전통적 믿음 안에서 마녀란 구체적으로 한 여성으로 여겨졌다는 것이다. 노먼 콘Norman Cohn이 설명하듯, "대규모 마녀사냥이 벌어지기 이전 여러 세기 동안, 유럽의 대다수 지역의 대중적 상상 속에서 눈빛이나 주문으로 불행을 가져올 수 있는 여성이란 매우 익숙한 존재였다. 마녀란 새 생명의 원수인 늙은 여자였는데, 젊은이와 어린이를 죽이고 남성에게 발기불능을 일으키며 여성을 불임으로 만들 뿐 아니라 농작물을 망친다고 여겨졌다"(Cohn 1975, 153).

이러한 대중적 상상 속의 모습이 《마녀의 망치Malleus Maleficarum》 (1486)에서 그려지는 마녀의 전형이 되어, 이후 빈번하게 인쇄되고 광범위하게 유포되는 마녀 색출과 여성사냥의 매뉴얼이 되었다(Kramer and Sprenger 1971). 또한 잉글랜드에서 벌어진 마녀 고발 사건들에서도 반향을 일으켰다. 이러한 전형을 통해 여성은 주민들의 안녕에 잠재적 위협이 되며, 통제될 필요가 있는 존재로 제시되었다.

그렇다면, 16세기와 17세기 잉글랜드에서 마녀의 주술에 대한 비공식적 비난이 공식적인 마녀사냥으로 변하게 된 까닭은 무엇이었을까? 다음과 같은 특징들이 특히 중요했던 것으로 보인다.

첫째, 16세기와 17세기에는 종교, 경제, 정치 측면에서 사회에 중요한 변화가 일어나고 있었다. 아주 간단히 말하자면, 가톨릭 교회보다 프로테스탄트, 소작농보다 임금노동자, 군주의 통치보다 의회의 영향력이 더 커지고 늘어났던 것이다. 인구는 빠른 속도로 증가하고 있었다. 법은 이제 교회로부터 세속적 집행기관으로 넘어왔다. 다시 말해, 여전히 교회(프로테스탄트)가 국가의 근간을 이루고 있음에도, 법은 이제 교회에 의하지 않고 국가에 의해 집행되었다. 이러한 변화들은 긴장과 분쟁을 일으켰으며, 사회를 불안정해 보이게 만들었다(Pennington and Thomas 1978; Hill 1975). 실비아 월비Sylvia Walby는 경제 영역에서 생산방식이 달라지는 것과 같은 변화가 일어나면, 남녀 권력관계를 둘러싼 분쟁이 일어나 결국 남성의 지배권을 보장하게 된다는 사실을 발견했다(Walby 1986). 물론 다른 사회 변화들 또한 남성의 권력과 관련된 비슷한 사회적 재편성을 불러일으킨다고 말할 수 있다. 여기에서 주장하듯이, 마녀사냥이 여성사냥과 관련되어 있다면, 커다란 변화가 일어나고 불안정성이 높아진 시대에는 마녀사냥 또한 더욱 심해진다고 예측할 수 있다. 그리고 헨리 캐먼Henry Kamen

이 지적한 것처럼 실제로 그랬다. "모든 유럽 국가에서 마녀박해가 가장 극심하게 벌어진 시기는 재난이 닥친 시기였다"(Kamen 1971). 이와 마찬가지로 잉글랜드에서도 내전* 기간에 마녀 고발이 크게 증가한 것을 볼 수 있다.

당시 남녀 분쟁이 명백하게 벌어진 곳은 경제적 자원을 둘러싼 분야였다. 특히 자본주의 발달에 각별하게 중요했던 경제 분야들 내부에서 분쟁이 심했는데, 방직업이 바로 그러한 분야였다. 방직업은 마녀광풍 시기에 주목할 만큼 크게 성장했으며, 또한 방직 분야는 마녀주술에 대한 기소가 이루어지는 중심무대가 되었다(물론 그러한 면에서만 중심무대가 된 것은 아니었다)(MacFarlane 1970, 149). 양모와 방직산업은 16세기와 17세기에 잉글랜드에서 일반적으로 매우 중요했을 뿐 아니라, 자본주의 발전에서 핵심적인 역할을 했다. 방직공에게 넘길 실을 잣는 일spinning은 모두 여성이 했다. 그러므로 스핀스터spinster란 용어는 실 잣는 일로 생계를 꾸리는 여성을 의미했다.** 이 일에 대한 보수는 앨리스 클라크 Alice Clark가 말한 바와 같이 끔찍하게 적었다. "이 임금으로는 자녀를 양육할 여유는 가질 수 없었다. 그러나 양질의 실을 자을 수 있는 여성이라면 독립적으로 스스로의 생계를 유지할 수 있었다"(Alice Clark 1982, 115). 달리 말하자면, 자녀가 없는 독신 여성은

---

* (옮긴이주) 청교도혁명의 여파로 1642년에서 1651년까지 세 차례에 걸쳐 벌어진 왕당파와 의회파 사이의 내전으로, 결국 의회파가 승리하고 청교도혁명의 주인공 올리버 크롬웰이 1653년 호국경으로 선출되었다.
** (옮긴이주) 오늘날 스핀스터는 결혼하지 않은 여성, 특히 나이 든 여성을 비하하는 말로도 쓰인다.

실 잣는 일을 하며 홀로 살아가는 것이 가능했던 것이다.

실을 잣는 것은 여자들이었지만, 방직공은 점점 더 남자가 많아졌다. "넓고 무거운 베틀을 사용하여 일할 수 있을 만큼 힘이 세지 못하다는 이유로 여자들은 옷감을 직조하는 일에서 배제되었다"(Alice Clark 1982, 103). 다만 방직공이 죽으면 아내가 이 방직업을 해나가거나 도제를 들일 수 있었다. 그러나 그러한 도제들은 방직공협회(동종업계 조직)에서 남자 방직공 밑에서 훈련받은 도제들처럼 받아들여지지 않을 수 있었다. 이런 식으로 여성은 상대적으로 열등한 지위로 강등되었다(Lewenhak 1980, chap. 7).

둘째, 당시에는 인구의 통계학적 특징들이 변화하고 있었다. 16세기와 17세기에는 여성이 남성보다 많았고, 특히 하위계층일수록 결혼이 늦어졌다. 로런스 스톤Lawrence Stone은 이러한 사실을 지적했다. "16세기 소규모 지주들과 노동자들의 평균 초혼 연령은 매우 높았으며, 17세기에는 훨씬 높아져서… 남자는 27세에서 28세, 여성은 25세에서 27세에 이르렀다"(Stone 1979, 44). 어려운 경제 환경은 그만큼 늦은 나이가 되어서야 재정적으로 결혼이 가능해진다는 것을 의미했다. 그 결과 인구 형태가 크게 변화하면서 결혼하지 않은 사람들, 특히 결혼하지 않은 여자들, 남자의 직접적 통제권을 벗어나 살아가는 여자들이 크게 증가했다(Wall 1981).* 이러한 맥락에서 여자들은 자원이 부족하고 인구가 늘어가는 환경 속에서도 스스로 생계를 꾸려가고자, 개별적이긴

---

* (저자주) 독신 여성들은 남성이 가장인 가정에서 가사를 담당하는 입주 하인으로 일하는 경우가 많았다. Peter Laslett 1977, 13-48 참조.

했으나 적극적으로 남자들과 경쟁했다. 특히 여성 소작농들이 그 랬는데, 이들은 마녀광풍의 가장 직접적 영향을 받는 집단이 되었다(Alice Clark 1982).

셋째, 잉글랜드에서 마녀광풍이 일기 시작한 16세기 중반에는 이전에 '남성' 영역이었던 몇몇 분야들이 여성에게 잠식되는 것이 눈에 보일 정도였다. 이를테면, 당시는 여성 군주들이 강력하게 떠오르던 보기 드문 시대였다. 메리 튜더, 엘리자베스 1세, 스코틀랜드의 메리, 아들들을 대신해 프랑스를 수렴청정하던 카트린 드 메디시스 외에, 합스부르크제국 안에도 여성 섭정 군주들이 많이 있었다. 하지만 여성들의 통치는 자연스럽지 못하고 바람직하지 않은 것으로 여겨졌다. 그 결과 다양한 비난과 여성혐오를 드러내는 반응이 나타났는데, 예를 들면 1558년 존 녹스John Knox가 "기괴한 여성 정권Monstrous Regiment of Women"에 반대하여 쓴 글이 있다. 직접적으로 스코틀랜드의 메리 여왕을 특정해 쓴 것이지만, 잉글랜드에서도 출간되었다(Fraser 1969, 178).

마지막으로, 남성 우월적 지위에 여자들이 가한 위협과 그에 대한 남자들의 반응이야말로 마녀광풍 시대를 관통하며 사회의 상류 식자층이 구체적으로 우려하던 사항이었음을 주지해야 한다. 이 사실은 무척 중요하다. 마녀인 여성들을 향해 법률 기구를 사용하여 여성을 사회적으로 통제하는 일은 상위계층 남성에 의해서만 승인될 수 있었다. 그 결과, 남성 대비 여성의 지위에 관한 논쟁이 벌어졌으며, 이는 '대중적 논란Popular Controversy'*이라는

---

* (옮긴이주) 16세기와 17세기에는 인쇄술이 널리 보급되어 각종 팸플릿이 쏟아져 나

이름으로 알려져 있다.

'대중적 논란'에서는 이브가 에덴동산에서 지은 '원죄'와, 하느님이 아담의 갈비뼈를 취해 이브를 만든 방식에 관한 종교적 언급들이 특징을 이루었다. 그리고 일반적으로는 남성에게 뒤떨어지는 여성의 열등성과, 출산이라는 덜 중요한 일을 수행하는 데만 적합한 '더 연약한 그릇'으로서의 여성의 역할을 입증하려는 주장이 특징적이었다. '좋음'과 '나쁨' 사이의 구분은 여성의 본질과 존재에 관한 이러한 정의에서 중요한 측면을 이루고 있었다. 16세기와 17세기의 과중하게 종교적인 맥락 속에서 좋음과 나쁨의 구분은 다음과 같은 방식으로 표현되었다. 여자는 연약하기에 남자보다 죄를 짓기(즉 성적으로 끌리기) 더 쉽다. 그 결과, 여자는 또한 악마와 한편이 되기 더 쉽다. 악마는 여자들에게 성적인 재주를 부리고 그러한 능력을 주겠다고 약속해서 그들을 자기편으로 끌어들인다. 그러므로 본래 연약한 여자들은 악마에 대한 충실한 주종관계를 통해 남자보다 더욱 강력해진다. 이러한 논리를 통해 당시의 지배적 젠더 이데올로기에서는 여성들의 행동을 지속적으로 통제하지 않을 경우 그들이 사회에 위협이 되리라고, 그러므로 남성들에게 위협이 되리라고 주장했다.

'대중적 논란' 내부에서 표현된 여성관은 조지프 스웨트넘Joseph Swetnam의 1615년 저작 속 외침에서 잘 드러난다. "그렇다면 여자들은 악마로부터 나왔으며, 그 머리도, 손도, 마음도, 정신과 영혼도 악하다고 말할 수밖에 없다. 여성은 모든 악의 고리라고 불

옴에 따라 일반 대중이 참여하는 사회적 논쟁이 빈번하게 벌어졌다.

린다. 남자들은 마치 낚시에 걸린 물고기처럼 여자들에게 걸려들어 붙잡히기 때문이다"(Swetnam 1615, 54). 스웨트넘은 또한 여성은 "아담의 구부러진 갈비뼈"에서 나왔다는 그 기원 때문에 결함이 있는 존재라는 생각을 지지했다. 흥미로운 것은 스웨트넘의 여성혐오에 대한 에스터 사워넘Ester Sowernam*의 대답이다. 이는 스웨트넘의 생각을 뒤집어서 그것이 얼마나 터무니없는지를 보여주는 한편 애초에 그런 생각을 만들어낸 남성들을 규탄하고 있다. 그녀는 이렇게 주장했다. "여성이 그 갈비뼈로부터 구부러진 본성을 받게 된 것이라고 하면, 당연히 그것은 남자로부터 온 것인데, 그렇다면 남자는 그렇게 구부러진 갈비뼈를 더 많이 지니고 있으니 구부러진 본성 또한 더욱 많이 지니고 있지 않겠는가?"(Sowernam 1617). 당대 식자층 여성들이(그리고 일부 남성들도) 반발하고 저항했음에도, '대중적 논란'을 통해 표현된 지배적 젠더 이데올로기는 여성을 억압하는 특이나 잔인한 수단을 결국 승인했다. 지속되는 마녀광풍은 폭력적인 심문과 야만적인 투옥, 그리고 사형 판결에 대한 공포를 불러일으킴으로써, 오늘날 여성에게 가하는 성폭력 위협과 실행을 통해 이루어지는 여성 통제와 비슷한 방식으로 사회적 통제를 강제했다. 게다가 앞서 언급한 바와 같이, 마녀주술에 대한 기소가 줄어들고 그리하여 마침내 마녀광풍이 잦아들게 된 것은 오직 지배적 젠더 이데올로기 안에

---

* (옮긴이주) 스웨트넘의 여성혐오적 팸플릿에 답한 세 여성 저자 중 두 번째 저자인데, 본명을 알 수 없는 필명이다. 에스터는 구약성경에서 히브리 민족을 구한 여성 영웅 에스더의 영어식 이름이며, 스웨트넘의 이름에서 '달다sweet'를 연상시키는 '스웨트' 대신 '시다sour'와 발음이 같은 '사워'를 넣어 패러디한 이름이다.

서 일어난 변화 때문이었다.

고발

잉글랜드 법정에서 다루어진 마녀주술에 관한 사건 대다수는 엘리자베스 1세 재위기간(1563~1603)에 일어났다고 기록되어 있다. 뒤이은 제임스 1세 재위기간(1603~1620)에는 기록된 사건의 수가 훨씬 줄어들었다. 그리고 그 이후부터 1736년 마녀주술에 관한 법률이 폐지될 때까지 공식 고발 건수도 계속 줄어들었다. 마녀광풍 시기에 잉글랜드에서 집행된 사형 건수는 다른 유럽 국가들과 스코틀랜드에 비하면 적은 편이었다. 잉글랜드에서 마녀로 고발된 여성들 가운데 실제로 처형당한 여성들의 비율은 상당히 낮았다. 레스트랑주 C. 유언L'Estrange C. Ewen의 추산에 따르면, 1542~1736년, 즉 마녀주술에 관한 첫 법령이 통과된 뒤로부터 마지막 법령이 폐지되기까지 (고발과 구분되는) 처형 건수는 "1,000건 미만"이었다(Ewen 1929, 122). 반면에 고발이 얼마나 이루어졌고, 고발의 결과가 어떠했는지에 대해서는 수치를 제시하기가 상당히 어렵다. 에식스는 잉글랜드에서 문서가 가장 잘 기록되고 보관된 지역인데, 그중에서도 하트필드 페버릴은 마녀 기소 빈도가 가장 높은 마을 가운데 하나였다. 주민이 대략 600명이었던 이 마을에서 30년 동안 법원에 접수된 마녀주술 고발 사건은 15건이었다. 기소된 15명가량의 개인들 중에서 6명은 무죄판결을 받았다. 2명이 교수형을 당했고, 나머지는 투옥되거나 궁핍하게 살아야 했다(MacFarlane 1970, 95).

마녀주술에 대한 비공식적 고발은 각 지방에서 19세기까지 계속 이어졌던 것 같다. 그리고 앞서 언급했듯이 마녀광풍 시기 이전에도 그런 고발이 있었다. 오늘날 우리는 모욕적인 언사로서의 마녀라는 단어에 익숙하다. 제한된 방식이긴 하지만 마녀라는 단어가 여전히 여성을 사회적으로 통제하는 메커니즘의 일부로 사용된다고 주장할 수 있다. 여성들은 여성에게 '용인된' 역할을 벗어날 때 '마녀'라는 비난을 받곤 한다.

절도나 강도 같은 다른 범죄와 달리, 마녀주술은 단순히 한 개인에 대한 범죄가 아니라―잉글랜드에서 벌어진 재판에서는 그렇게 보이는 경우도 많이 있었지만―신God에 대한 범죄였으며, 이를 바탕으로 추론한다면 남성인류mankind에 대한 범죄였다. 게다가 그것은 일단 고발당하고 나면 부인할 길이 거의 없는 범죄이기도 했다. 마녀주술 혐의로 고발당한 여성이 무죄선고를 받는다 해도, '마녀'라는 딱지는 계속해서 붙어 다녔다. 그러한 여자들 가운데 몇몇은 훗날 같은 혐의로 다시 고발당하기도 했다.[*]

마녀주술의 범죄행위들은, 특히 재판 팸플릿[**]에 개략적으로 기

---

[*] (저자주) 예를 들어 마거릿 웰스Margaret Welles(또는 갠스Gans)의 경우가 그러했다. 그녀는 마녀주술을 써서 살인을 초래했다는 혐의로 고발당했으나 1579년 무죄선고를 받았다. 그녀는 다음번 순회재판 기록에 다시 등장하는데, 돼지에게 마녀주술을 걸었다고 고발당했고 다시 한번 무죄선고를 받았다. 엘리자베스 프랜시스의 경우에 대해서는 본문에 이어지는 내용을 참고하라.

[**] (저자주) 잉글랜드의 마녀광풍에 관한 자료는 다양한 출처에서 찾을 수 있다. ① 법원 기록물. 순회재판 법정의 기록이 주를 이루지만, 사계법원의 기록도 있으며 교회법원과 자치구법원의 기록도 어느 정도 있다. ② 개별 재판에 대한 팸플릿. ③ 마녀주술의 본질과 처리를 논한 문헌들. 예를 들면 James I, *The Daemonology*(MacFarlane 1970 참조). 에식스 재판에 대한 팸플릿은 5개가 있으며, 그 가운데 2개를 내가 여기에서 사용했다. 참고문헌 목록에서 '에식스 팸플릿Essex Pamphlets'을 참고하라.

술된 바에 따르면, 진짜 범죄처럼은 보이지 않고 다만 마을에서 일어난 유쾌하지 못한 일에 대한 설명처럼 보인다. 마을사람들의 생활에서 일어난 사건들을 마녀주술이라는 맥락 속에 집어넣은 것은 특정한 그 사건들 자체라기보다는 초자연적 존재나 능력에 대한 일반적 믿음이었다. 달리 말하자면, 마녀주술은 실제로 존재한 것이 아니라, 존재한다고 상상되었다.

재판 자료를 검토해보면 여성들이 '마녀'라고 고발당한 과정이 잘 드러난다. 1566년 마녀주술로 고발당해 첼름스퍼드 순회재판 법정에 선 세 명의 여성 가운데 엘리자베스 프랜시스Elizabeth Francis라는 여인이 있었다. 나머지 두 사람은 엘리자베스의 자매인 애그니스 워터하우스Agnes Waterhouse와 애그니스의 딸 존 워터하우스Joan Waterhouse였다.

1566년 재판 팸플릿에 실린 엘리자베스 프랜시스의 이야기는 한 여성의 삶에 대한 매우 그럴듯한 시나리오를 제시한다. 엘리자베스는 앤드루 바일스Andrew Byles라는 남자에게 성적으로 학대당했다. 그녀는 그가 자신과 결혼할 거라고 생각했으나, 그는 결혼을 거부했다. 그런 뒤에 엘리자베스는 임신한 것을 알았고, 사생아를 낳은 독신 여성에 대한 사회적 압력과 재정적 부담에 직면했다. 그래서 그녀는 낙태를 계획했다. 재판에 기록된 기간 동안 그녀는 원하던 것을 얻었는데(물론 그녀가 그로 인해 언제나 만족스러웠던 것은 아니지만) 사탄Sathan이라는 '심부름꾼 마귀' 고양이의 도움을 받았다. (고양이는 악마의 권능에 직접 접근할 수 있는 심부름꾼 마귀로 여겨졌다.) 엘리자베스는 같은 마을 사람에게 상해를 입혔다는 이유로 유죄판결을 받고 징역 6개월을 선고받았다.

당시 재판 팸플릿에 개략적으로 기록된 엘리자베스의 재판이 실제 그녀의 경험을 그대로 드러낸 것이든 아니든, 언급된 사건들과 그 사건들이 묘사된 방식은 남성이 여성을 지배하던 사회의 산물로 볼 수 있다. 그러한 사회에서 여성은 남성에게 재정적으로 의존하며, 임신의 책임을 떠안고, 남성을 성적으로 학대하기보다는 남성에게 학대당했으리라고 추측하는 것이 가능하다. 더욱이 여성이 '맞서 싸우기' 위해서는, 이를테면 자신이 남성과 동등하게 접근할 수 없는 법적 처벌이나 재정적 응징보다는 초자연적 존재나 능력을 사용하게 되리라고 생각하는 것이 논리적이다. 그러므로 어떤 마녀재판들에서 피고가 실제로 마녀주술을 사용했다고 인정하는 듯 보이는 것은 그렇게 인정함으로써 자신의 삶에 대한 어떤 권한이나 능력을 갖고 있다고 느낄 수 있었기 때문일 것이다. 그러나 어떤 재판들에서 피고가 마녀주술 사용을 부인한 것은 짐작하건대 목숨을 부지하기 위해서였을 것이다.

1579년 첼름스퍼드에서는 엘리자베스 프랜시스에 대한 또 다른 재판이 열렸다. 환경은 조금 달라졌지만, 여기에도 똑같은 해석이 적용될 수 있다. 이전 재판과 마찬가지로, 이번 재판 역시 성취되지 않은 바람과 주술을 이용한 복수에 관한 이야기였다. 엘리자베스 프랜시스는 이웃인 '풀Poole의 아내'에게 이스트를 좀 달라고 했지만 거절당했다. 그래서 엘리자베스 프랜시스는 하얀 개의 모습을 한 악령을 시켜, 인색한 이웃 여자에게 끊이지 않는 두통을 일으키게 하는 것으로 '앙갚음했다'. 이런 일을 해준 대가로 엘리자베스가 이 악령에게 지불한 것은 빵 부스러기가 전부였다. 엘리자베스는 다시 한번 마녀주술을 사용해 이웃에게 상해를 입힌 혐의에 대해 유죄판결을 받았다. 그녀는 옥에 갇혔을 뿐 아니라 칼을 쓰고 비난과 조롱을 견뎌야 했다.

이러한 시나리오는 비슷한 재판들에 공통으로 등장한다. 이웃들은 서로 도움을 청하지만, 원하는 도움을 받지 못한다. 그래서 마녀주술을 동원해 인색한 그 이웃을 저주한다. 이러한 방식으로 여자들이 서로를 비난하는 일도 흔히 일어났고, 그런 과정에서 다른 여자들에게 죄를 씌우는 일도 잦았다. (엘리자베스 프랜시스도 마찬가지여서, 그녀는 위도 로드Widow Lorde와 마더 오스본Mother Osborne을 마녀로 몰아 죄인으로 만들었다.) 여자들이 서로에게 죄를 뒤집어씌우려 했다는 사실은 그리 놀랍지 않다. 그들 역시 여성 혐오와 미신이 판치는 사회의 구성원이었으므로, 남자보다 여자가 악마의 편에 가담하기 쉽다고 믿었을 것이다. 또한 자신이 의심을 받지 않고자 다른 여자들에게 마녀주술 혐의를 돌리려 했을 것이다.

어떤 재판 자료에서는 여성들이 압력에 굴복하여 마녀주술을 사용했다고 '고백'하는 경우들을 볼 수 있다. 판사와 기소자 측에서 피고에게 '거래'를 약속하거나 끊임없이 피고를 괴롭혔던 것이다. 1582년 에식스에서 진행된 어설라 켐프Ursula Kempe에 대한 재판은 그러한 사례들 가운데 하나였다. 어설라는 감옥에 갇혀 있는 동안 판사에게 압력을 받아 마녀주술은 물론 살인까지 포함된 다수의 범죄들을 자백했다. 판사는 그녀가 자백하면 관용을 베풀겠다고 약속했지만, 약속을 지키지 않았다. 최후의 자백후 어설라 켐프는 교수형에 처해졌다. '마녀 잡는 장군'이란 별명으로도 잘 알려진 매슈 홉킨스Matthew Hopkins는 특히 피고에 대한 '증거'를 얻어내는 방법으로 고문을 즐겨 사용했으며, 그 결과 끔찍할 만큼 많은 여성들이 마녀주술이라는 죄목으로 죽음에 내몰렸다. 단 3년 만에 200명의 여성이 처형될 정도였다. 홉킨스는 (1640년대에 '마녀 찾기'를 수행하면서) 피고 여성이 자신의 심부름꾼 마귀나 꼬마도깨비를 '보았다'고 할 때까지 잠을 재우지 않았으며, 이러한 '증거'는 이어지는 재판에서 핵심적인 역할을 했다.

여성에 대한 사회적 통제로서의 마녀광풍

이 글에서 나는 남성 우월적 종교와 이데올로기에 경도되고 여성의 섹슈얼리티는 적극적이며 탐욕스럽다는 관념을 만들어놓은 사회의 맥락 속에서 마녀광풍이 여성에 대한 사회적 통제를 수반하는 현상이었음을 주장했다. 이제는 마녀광풍이 여성에 대한 폭력의 한 예로서, 남성의 이해관계에 따라 여성을 사회적으로 통제하는 데 어떻게 기여했는지를 밝히고자 한다.

여기서 사용된 분석 안에서 마녀광풍이란 16세기와 17세기에 여성들이 겪은 여성에 대한 폭력의 한 형태다(Bashar 1983). 물론 마녀광풍은 오늘날 여성들이 겪는 폭력과 전적으로 유사하지는 않다. 이 점은 충분히 예상 가능한 것이다. 왜냐하면 마녀광풍이란 오늘날의 사회와는 다른, 특정한 사회역사적 맥락에서 발생한 현상이기 때문이다. 중요한 것은, 분석의 일반 틀은 여전히 적용 가능하다는 사실이다. 마녀광풍 현상을 본격적으로 분석하기 전에, 분석에 사용하고자 하는 틀을 개략적으로 설명하고자 한다.

내가 사용하는 분석 틀은 여성 위에 군림하는 권력의 유지와 영속, 그리고 장구한 남성 우위를 이해하는 데 관련된 것이다. 나는 '남성 우위male supremacy'라는 말을, 남성이 여성과의 관계에서 일반적으로 지배적 위치를 차지하는 사회 체계라는 뜻으로 사용한다. 이러한 사회 체계에서 남성의 지배적 위치는 남성의 우월성male superiority이라는, 어떻게 정의되든 사실은 이데올로기적이지만 자연법칙처럼 받아들여지는 개념에 의지하여 유지된다. 남성 우위 사회에서 살아가는 오늘날의 여성들의 경험에 근거하여 역사 연구를 활용해보았을 때, 여성 위에 군림하는 남성 권력을 유지하는 데 매우 중요한 역할을 하는 두 영역이 매우 분명하게 드러났다. 바로 섹슈얼리티와 여성에 대한 남성의 폭력이었다. 게다가 이 둘은 서로 긴밀하게 연결되어 있기까지 하다(Jeffreys 1983, 1985; Jackson 1984, 1987; Hester 1988, 1992).

그러므로 여기 사용된 페미니스트 분석의 핵심에서는 '정치적political'인 면만큼 '개인적personal'인 면에 초점을 맞추는데, 특히 섹슈얼리티의 영역에서 그러하다. 섹슈얼리티는 생물학적으로 주어진 것이기보다 사회적으로 구성되는 것으로 여겨진다. 섹슈얼리티란 남자와 여자의 행동을 다르게 규정하는 남성성과 여성성의 구성요소들의 근원적 측면으로 간주된다. 그리고 남성과 여성의 성적 구성요소들은 특정한 사회역사적 맥락에 따라 달라질 수 있다. 그러므로 남성 우위 사회에서 남성 섹슈얼리티와 여성 섹슈얼리티는 남성 우위가 유지되고 지속되는 방식으로 구성되는 경향이 있다.

그 결과로 나타나는 것이 남성 우위의 사회적 체계다. 이 체계 안에서 섹슈얼리티와 '개인적 관계들personal relations'은 남성의 지배적 위치를 행동으로 실천하고 유지하는 데 극도로 중요한 영역이 된다. 그리고 이렇게 불평등한 남성과 여성 사이의 권력관계들은 사회관계들에 일반적으로 반영될 뿐 아니라 여러 다양한 방식으로 제도화된다. 특히 이성애 제도는 여성에 대한 남성의 지배와 통제를 유지하는 핵심축이다. 이성애 관계에서 남성이 여성 위에서 '권력을 행사'하여 최대의 효과를 낼 수 있기 때문이다 (Jeffreys 1983, 1985; Jackson 1984, 1987; Hester 1992; Wise and Stanley 1987). 공식화된 이성애 혼인관계와 가족관계 안에서 남자들은 물질적으로도 이득을 얻을 수 있다. 이는 다양한 저자들에 의해 이미 지적되어왔다(Pahl 1980; Delphy 1984).

남성이 여성에게 가하는 폭력은 (그리고 폭력을 가하겠다는 위협은) 앞서 개략적으로 설명한 섹슈얼리티의 구성요소들에 의존하며 그것들을 강화한다(Edwards 1987). 최근 몇 년 동안 페미니스트들은 여성에 대한 남성의 폭력이 어떤 형태든—추행이든 강간이든 구타든—여성에 대한 남성의 지배력과 통제권을 유지하는 매우 중요한 기제라고 주장해왔다(Hanmer and Maynard 1987). 앞서 논한 여성의 섹슈얼리티 구성에는 그것의 대상화objectification가 늘 수반된다. 오늘날의 맥락에서 이러한 과정은 여성을 남성의 '욕구needs'에 순응하는 이성애의 수동적 대상으로 비하한다. 하지만 그와 동시에 대상화는 여성을 성적으로 유혹적이면서 잠재적으로 위협적인 존재로 제시하며 남성의 통제력을 재확인한다. 따라서 여성은 자신들을 억압하는 과정에 연루되는 것이다. 예를 들어, 이른바 요크셔 리퍼라 불린 피터 서트클리프 사건은 그렇게 구성된 관념이 어떻게 남성에 의한 여성살해 사건에서 남성 가해자는 책임이 덜한 위치에 놓고 오히려 여성들에게 더 책임이 있는 것처럼 보이게 만드는지 명확하게 입증한다(Stanley 1985). 남성의 지배와 통제는 어떤 여성들에게 폭력을 행사하는 어떤 남성들에 의해 확고해지는 것이다(Kelly 1987). 반면에 모든 여성들은 잠재적으로 어떤 남성이나 자신에게 폭력을 가할 수 있다는 위협을 받으며 살아가게 된다(LRCC 1984).

이제까지 개략적으로 설명한 시각은 남성 우위의 맥락에서 여성이 수동적 피해자가 되는 경향이 있다는 인상을 줄 수도 있지만, 실제로는 절대 그렇지 않다. 남성 우위의 사회 및 이데올로기의 구조와 제도는 여성의 행동을 제약하는 역할을 한다. 그러나 여성은 수동적이지 않다. 오히려 많은 여성들이 억압과 억압자들에 맞서 수많은 전략들을 활용해 저항하고 투쟁한다(Wise and Stanley 1987). 실제로 여성들의 그러한 활동이 없었다면 여성에 대한 남성 통제력의 복잡한 기제는 불필요했을 것이다.

나는 이제 이러한 유형의 시각이 16~17세기 잉글랜드에 불어닥친 마녀광풍에 대한 종합적이면서도 역사적으로 구체적인 분석을 어떻게 제시하는지 밝혀 보이고자 한다.

마녀광풍은 고발당한 사람들 절대 다수가 여성이었다는 점에서 여성에 대한 폭력이었다. 한 명의 남성이나 남성 집단이 여성에게 성적으로 폭행을 가하는 강간과 달리, 마녀광풍에서 남성 폭력이 구현된 방식은 더욱 복잡하다. 마녀광풍의 핵심 요소였던 법률 기구는 전적으로 상위계층 남성들로만 채워져 있었다. 매슈 홉킨스같이 마녀사냥을 업으로 삼은 개인들 또한 남자들이었다. 그러나 더욱 중요한 것은 마녀광풍의 일반적 맥락이다. 마녀광풍은 여성이 열등하며 죄가 많다는 믿음이 널리 퍼져 있던 시기에 발생했다. 또한 이 시기의 사회구조는 여성의 열등성을 가정하고 반영한 구조였으며, 당시 여자들은 사회 권력의 중요한 영역(예를 들어 교회와 국가의 위계구조)에서 늘 배제되었다. 이러한 맥락이 없었더라면, 마을 문제에 대한 책임을 물어 비난받은 이들 가운데 여성의 비율이 압도적일 만큼 높았을 리가 없다. 그러므로 일반적 차원에서 마녀광풍은 개별 남성이 여성에게 행한 폭력이기보다 남성 지배적 사회관계의 맥락 속에서 발생한 여성에 대한 폭력이었다.

앞서 언급했듯이, 마녀의 정의는 성적인 관점에서 구성된 여성 행위에 관한 통념을 따른 것이었다. 그에 따르면 여성 섹슈얼리티는 남성 섹슈얼리티와는 다르고 거기에서 일탈한 것이며, 또한 잠재적인 위협을 지닌 것으로 정의되었다. 이러한 정의는 에식스의 재판 팸플릿에 언급된 여러 사건들에 반영되어 있다. 예를 들면, 여성들은 '음란하다'든가, 사생아를 낳았다든가, 또는 레즈비언임이 분명하다든가 하는 식으로 성적인 '일탈'의 관점에서 묘사되었다(Hester 1988, 1992). 여자들의 행동을 탈선으로 구성한 결과 마녀주술 혐의로 여성을 고발하는 것이 합리적이고 필수적인 일로 보이게 되었으며, 여자들을 투옥하거나 사형하는 것 또한 그러했다. 그러므로 우리가 페미사이드라고 부르게 될 것이 사회질서—남성 사회질서—보장을 위한 필수조치로 여겨졌다. 더욱이 연약하고 죄가 많다는 것이 여성 본성의 본질적인 부분이었으므로, 마녀주술을 사용했다는 이유로 비난의 대상이 된 것도 여성이었다. 이는 여성들이 스스로 성적인 매력을 보이며 강간해주기를 '청한다'고 말하는 오늘날의 신화와 다르지 않다(LRCC 1984).

여성들의 삶은 마녀 고발이라는 위협을 통해 근본적으로 통제되었다. 오늘날 여성들의 삶이 폭력의 위협을 통해 통제되는 것과 마찬가지다(Hanmer and Saunders 1984). 16세기와 17세기 사회에서는 어떠한 대화나 도움 요청, 마을에 관한 어떤 움직임도 마녀 활동을 했다는 증거를 구성할 수 있었다. 나쁜 행동뿐 아니라 착한 행동을 하고서도 여성은 마녀주술을 행했다는 혐의를 쓸 수 있었다. 마녀를 알거나 마녀와 관련된 여성에게도 마녀라는 딱지가 붙을 수 있었다. 요컨대 마녀주술로 고발당하기는 매우 쉬웠으며, 그 고발은 죽음을 의미할 수 있었다. 많은 여성들이 서로에게 죄를 씌웠다는 사실은 마녀주술로 고발되는 일을 피하려는 압박감이나 선고될 형량을 줄이기 위한 시도를 드러낸다.

이러한 방식으로, 앞서 개설槪說한 오늘날 여성에 대한 폭력의 분석 틀은 우리가 마녀광풍 현상을 이해하는 데 많은 도움을 준다. 이러한 틀 안에서 어떤 여성이든 남성 폭력의 표적이 될 수 있다는 주장이 가능하다. 비록 오늘날 어떤 여성들이 남성들에게 비교적 위협적인 존재로 인식될지라도, 다른 어떤 여성들은 보다 취약한 상태에 놓일 수 있다. 수전 브라운밀러Susan Brwonmiller는 일명 보스턴 스트랭글러Boston Strangler라 불린 앨버트 데살보Albert De Salvo*에 대해 이렇게 썼다. "그는 육체적으로 덜 저항할 것이

---

* (옮긴이주) 1962년에서 1964년까지 보스턴 지역에서만 13명의 여성을 살해한 연쇄살인범.

분명해 보이는 나이 든 여성들을 '쓰러뜨림'으로써 계획적으로 자신의 살인 이력을 시작했으며, 그런 뒤에 자신감을 얻자 보다 젊은 여성들을 향해 자신의 힘을 시험하기 시작했다"(Brwonmiller 1976, 205). 마찬가지로, 마녀광풍의 시기에도 늙고 가난한 과부처럼 더 취약한 여성들을 고발하는 것이 더 쉬웠을 것이다. 마녀광풍 자체는 모든 여성이 일반적으로 위협적이므로 통제될 필요가 있다고 보는 종교적이고 남성 우위가 내재된 이데올로기에 근거했는데도 말이다.

결론

마녀광풍은 '역사적이며 반복될 수 없는 과거'라는 제목의 파일 속에 정리될 수 있는 독특한 사건이 아니다. 오히려 마녀광풍은 남성들이 ― 하나의 집단으로 행동하며 일부 여성들의 지원을 얻어서 ― 남성 우위의 지속을 보장하려는 계속되는 시도의 일부일 뿐이다. 마녀광풍은 구체적인 역사의 한 시기에 특별하게 한정되었다. 분명 그것은 악과 마법에 대한 미신적 믿음이 만연해 있던 사회의 산물이었다. 그러나 그것은 매우 오래된 문제에 대한 반응이기도 했다. 좀처럼 수동적으로 순응하려 들지 않는 여성들에 대한 지배력을 유지하기 위해 남성들이 하나의 집단으로서 적극적으로 시도한 역동적 과정의 일부였다. 마녀광풍을 이해하려면 특정한 역사적 배경을 들여다볼 뿐 아니라 보다 넓은, 그리고 계속해서 이어지는 사회적 통제 기제의 맥락을 반드시 살펴봐야 한다.

법률적 레즈비사이드

루샌 롭슨

여성동성애를 이유로 여성을 법률적으로 살해해온 일은 영국과 유럽의 가부장제 안에서 널리 알려지진 않았지만 오랜 역사를 지니고 있다.* 그럼에도 여성동성애는 (특히 남성동성애에 반대되는 것으로서) 전통적으로 법률과 아무런 상관이 없었다거나, 역사적으로 19세기 '성과학자sexologists의 부상' 이전에는 지적으로 인지되지 않았다는 가정이 대중적으로 알려져 있다. 나는 이제껏 해온 작업을 통해 법률적 레즈비사이드의 전통을 입증할 증거에 이르렀다. 많은 법률체계가 레즈비언의 섹슈얼리티에 대한 적절한 처벌로서 죽음을 승인해왔다.

법률적 레즈비사이드를 나타내는 역사적 예시들은 터무니없

---

* (저자주) 이 논문이 다루는 것은 유럽 및 영미의 법률 역사에 한정된다. 나의 역사적 연구 능력이 본질적으로 제한적이기 때문이다. 나는 역사학자가 아니라 변호사로 훈련받았다. 더욱이 이 논문이 기초로 삼은 법률 검토의 목적은 미국 법률 문헌에서 자주 반복되어 등장하는 "여성동성애는 절대 처벌되지 않았다"라는 언명에 맞서는 것이다.

고 추상적이며 우발적이다. 로마 문명에서는 아이를 요구되는 수만큼 낳지 않은 기혼여성이 어떠한 형태로든 동성애 행위에(심지어 서로 어루만지기만 해도) 연루된 것이 발각될 경우 간통 혐의로 고발당할 수 있었다. 그리고 유죄판결을 받을 경우 해당 여성은 "그녀의 범죄에 대한 정당한 형벌"로서 남편에게 죽임을 당할 수 있었다(Ide 1985, 49). 그러나 "일반 로마 주민들은 여성동성애를 술에 취해 일어나는 결과라며 용서했다. '레즈비언 경향'이 있는 것으로 의심되는 여성들에게는 종종 집 안의 포도주 저장고 접근이 금지되었다. 포도주 저장고에 있다가 발각되는 기혼여성은―다른 여성과 함께 낯 뜨거운 상황을 만들고 있지 않았다 해도―강제로 굶겨 죽일 수 있었다"(Ide 1985, 50). 수천 명의 여성들이 '바쿠스'를 기리는 의례에 참여했다는 이유로 사형을 선고받고 남성 친척들에게 넘겨져 은밀히 살해되어 '피바다'를 이루었다는 증거가 있다(Ide 1985, 50-52). 영향력 있는 시인이었던 마르티알리스Martialis는 로마의 레즈비언들이 소유한 재산을 빼앗아야 하며, 가능하면 그들의 목숨도 빼앗아야 한다고 주장했다.

고대 로마와 마찬가지로, 그리스도교가 지배한 로마와 중세 유럽에서도 레즈비언 섹슈얼리티는 계속해서 처벌당했다. 보통 처벌의 근거로는, 바오로의 로마서(1장 26절)에 나오는 "자연스러운 육체관계를 자연을 거스르는 관계로" 바꾸어버린 여성들에 대한 언급을 인용했다. 카를 5세 황제(1519~1556) 치하 신성로마제국에서는, "여성과 함께하는 여성"의 부정함은 화형에 처해 마땅하다는 내용이 헌법에 명백히 기술되었다(Faderman 1981, 49). 세속법률 또한 여성동성애에 사형을 언도했다. 프랑스의 유명한

1260년 오를레앙 법전은 여성동성애 금지 조항을 세속화하여, 처음 두 번 법을 위반한 여성은 "신체 일부를 잃게 될 것"이며, 세 번째 위반 시에는 화형당할 것이라고 규정했다(Bailey 1955, 142; Crompton 1981, 13). 1574년 이탈리아 베네치아 근처의 한 작은 도시에서는 "12세 이상의 여성이 여성과 함께하는" 성관계를 금지하는 법령을 채택했다. 이를 어긴 여성은 그에 대한 처벌로 "발가벗긴 채 로커스트 거리의 말뚝에 묶어놓고 믿음직한 보초의 감시 아래 그날 낮과 밤을 보내게 한 뒤 다음 날 도시 바깥에서 불태운다"고 규정했다(Crompton 1981, 16).

산 채로 불태우는 것은 스페인에서도 선호되던 여성동성애 처벌 방식이었다. 1256년에 제정된 국가 기본 법전에 대한 16세기 중반의 한 주해는 이 점을 분명히 밝히고 있다(Crompton 1981, 14). 그러나 스페인과 이탈리아의 법학자들은 레즈비언 행위의 본질에 맞는 형벌을 재단하는 데 관심을 쏟았다(Faderman 1981, 36, 419 n.14). 예를 들어 스페인의 법학자 안토니오 고메스Antonio Gomez는 "여성이 다른 여성과 무엇이든 물질적 도구를 사용하여 관계를 가진 경우에만 화형이 집행되어야 한다고 생각했다"(Faderman 1981, 36, 419 n.14; Crompton, 17; Brown, 165-66 n.5). 만약 "여성이 도구를 사용하지 않고 관계를 가졌다면" 그에 대한 처벌은 가변적이었다. 예를 들어, 그라나다에서처럼 비행을 저지른 여자에게는 매질을 할 수도 있었다(Crompton 1981, 19). 이탈리아도 마찬가지여서, 법학자 파리나치우스Farinaccius는 여성이 "다른 여성과 함께 있으면서 남자처럼" 행동했다면 "소도미sodomy*에 대한 형벌과 사형에 처해질 수 있다"고 결정했다(Brown 1986, 14).

그러나 여자가 예비적 접촉만 한 경우에는 공개적으로 대중 앞에서 질책당해야 한다. "다른 여자와 서로 문지르며 타락한 방식으로 행동했다면" 그녀는 "처벌받아야" 한다. 여자가 "다른 여자의 뱃속에 나무나 유리로 된 도구를 집어넣었다면" 사형에 처해져야 한다(Brown 1986, 14).

유럽의 역사에는 여성동성애 처벌을 강제하는 법률 문헌뿐 아니라, 레즈비언 성행위와 복장도착을 이유로 여성을 처형하거나 처벌한 경우들을 언급하는 다른 자료들도 있다. 스페인에서는 두 명의 수녀가 "물질적 도구들"을 이용했다는 이유로 화형당했다(Crompton 1981, 17). 1536년 프랑스에서는 한 여성이 "남편의 직분을 모방"해 화형당했다(Crompton 1981, 17; Faderman 1981, 51). 툴루즈 의회에서는 1553년과 1555년 레즈비언 섹슈얼리티 사건이 각각 한 차례씩 상정되었다(Brown 1986). 그리고 다른 두 여성이 심문과 고문을 당했으나 마침내 증거 불충분으로 무죄판결을 받기도 했다(Crompton 1981, 17). 1477년 독일 슈파이어에서는 한 소녀가 "레즈비언 사랑" 때문에 익사당했다(Crompton 1981, 17). 1580년 이탈리아에서는 "레즈비언 연애를 했다"는 이유로 한 여성이 교수형에 처해졌다(Brown 1986, 165 n.5). 이 모든 기록 자료들은 우연히 보존된 것들이다. 예를 들어 마지막에 언급한, 이탈리아의 교수형은 몽테뉴Michel de Montaigne의 일기에 기록되어 있었다(Crompton 1981, 18). 그러므로 발견 가능한 레즈비사이드 사

---

* (옮긴이주) 동성애를 죄로 여겨 비하해 부르는 말. 성경의 창세기에 나오는 타락하여 멸망하는 도시 소돔에서 비롯되었다.

례들은 레즈비언 행위를 했다는 이유로 법률적으로 승인된 여성 살해의 실제 통계자료를 정확하게 반영하지 못한다는 것이 확실하다.

1721년 카타리나 마르가레타 링크Catharina Margaretha Linck와 카타리나 마르가레타 물한Catharina Margaretha Muhlhahn에 대한 재판은 여성동성애로 형사 고발된 사건들 가운데 매우 드물게 의사록으로 기록되어 있는 경우다(Ericksson 1981). 이 의사록은 호의적이지 않은 시대에 레즈비언의 삶을 살고자 시도한 두 노동계층 여성의 보기 드문 초상을 제시해준다. 흥미롭게도 당시 사법절차는 두 여성 사이에서 행해진 성행위의 정확한 본질을 밝히는 데 강박적으로 집착하고 있다. "범죄의 심각성에 따라 형벌을 결정하는 것이 공정하기" 때문이었다(Ericksson 1981, 39). 카타리나 링크가 죽임을 당하리라는 데는 의심의 여지가 없었다. 법학자들이 고심한 이슈는 카타리나를 교수형에 처한 뒤 시신을 불태울 것인가, 칼로 참수할 것인가, 아니면 산 채로 화형에 처할 것인가 하는 것이었다.

레즈비사이드에 관한 논의는 어느 것이든 '마녀광풍'에 대해 언급하지 않고는 불완전할 수밖에 없다. '광풍'이라는 말로 특징지어짐에도, 마녀광풍은 페미사이드를 체계화하고 법률화하는 경우가 많았다. 당국과 대중의 의견은 마녀주술과 이단과 동성애를 서로 연결시켰다. 1460년 프랑스에서 고발당한 마녀들에 대한 재판 기간에 나돌던 익명 작가의 선전물에는 이러한 연관성이 기록되어 있다. "때로는 여자들을 교환하는 데서 정말 형언할 수 없는 무도한 행위가 저질러진다. 주관자 악마의 명령에 따라, 한 여자를 다른 여자들에게 건네주고 한 남자를 다른 남자들에게 건네주는데, 양쪽 모두가 여성의 본성을 거스르고, 마찬가지로 남성의 본성을 거스르는 패악이다. 또는 남자와 함께 여자가 정상적인 구멍 밖과 또 다른 구멍 안에서 서로를 욕보이기도 한다"(Evans 1978, 76; Robbins 1959, 468). 마녀주술 이야기 안에는 보다 이른 시기의 난교에 관한 풍문이 무척 풍부하게 들어 있으며, 그 속에는 동성애와 양성애에 관한 언급이 포함되어 있다. 그리고 페미나 쿰 페미누스femina cum feminus(여성과 함께하는 여성)라는 라틴어 구절이 마녀재판의 고발 혐의로 종종 등장했다는 점 또한 분명했다(Russell 1972, 94-95, 239).

가장 유명한 마녀재판들 가운데 하나가 바로 이단과 마녀주술 혐의를 받았던 잔 다르크의 재판이었다. 잔 다르크는 열여섯 살 때 아버지가 바라는데도 결혼하기를 거부했다. 그녀의 약혼자는 그녀의 아버지가 했던 약속에 근거하여 계약 파기 혐의로 그녀를 고소했다. 그녀는 이 고소에 맞서 스스로를 변호했고 승소했다(Russell 1972, 86). 군인으로서 성공적인 이력을 쌓는 동안 잔 다르크는 몸을 보호하기 위한 갑옷을 비롯해 남성용 복장을 착용했다. 그녀가 생포된 뒤에 벌어진 종교재판은 그녀의 범죄행위를 증명하기 위해 그녀가 착용한 남성용 복장에 초점을 맞추었다. 판사들은 또한 그녀와 다른 여성들의 관계에 대해 심문했는데, 이 여성들 가운데는 잔 다르크가 부모를 떠난 뒤에 함께 살았던 여성과, 그녀가 이틀 밤을 함께 잤다고 인정한 다른 여성도 포함되었다(Evans 1978, 6). 잔 다르크가 실제로 여성동성애를 했든 안 했든,* 그녀는 이성애주의에 순응하길 거부했고, 그 결과 화형당했다.

종교재판이 법적 수단을 통해 마녀주술을 복종시키고 있던 시기에, 스페인의 정복자들과 다른 유럽 국가들의 식민주의자들은 신세계의 다수 원주민 종족들 사이에서 발견한 레즈비언 섹슈얼리티를 진압하고 있었다. 물론 아메리카의 토착민들은 문화와 관습이 저마다 달랐다. 우리와 같은 시대를 살고 있는 아메리카 원주민 폴라 건 앨런Paula Gunn Allen은 라코타족 문화에 존재하는 코스칼라카koskalaka의 전통에 대해 이렇게 묘사한다. 결혼하기를 원하지 않는 이 여성들은 위야 눔파wiya numpa, 곧 이중여성Doublewoman의 추종자로 불린다. 위야 눔파는 두 여성을 하나로 연결해줄 수 있다(Allen 1981, 82).* 그러나 아즈텍 사람들과 "정복 이전의 멕시코인들" 사이에는 여성동성애를 죽음으로 다스리는 법이 있었다(Katz 1976, 20). 레즈비언 학자 주디 그란Judy Grahn이 기술한 바에 따르면, "인디언들 가운데 게이들이 가장 먼저 살해되곤 했으며, 백인들이 어떤 부족들을 용인해줄 때조차 그 부

---

* (저자주) 내 생각엔 잔 다르크가 처형당한 '진짜' 이유를 분석하는 일에 참여하는 것보다는, 레즈비언 섹슈얼리티와 복장도착과 이교 신앙─모두 남성 권위에 위협이 되는 것들─사이의 연결고리들을 만드는 것이 중요하다. 아서 에번스Arthur Evans는 잔 다르크가 여성들과 맺었던 관계가 그녀를 고발한 혐의들의 일부를 구성하고 있었음을 분명하게 지적하고(Evans 1978, 6) 복장도착과 이교 신앙 사이에 중요한 연결고리를 만들고 있다. "우선, 잔 다르크 재판에서 복장도착이 강조된 사실이 중요하다. 복장도착은 그리스도교 이전 유럽의 종교에서 주요한 역할을 했기 때문이다. 역사학자 페너손 휴스Penerthorne Hughes는 그에 대해 이렇게 말했다. "이성에게 적합한 옷을 입는 것은 언제나 마녀주술의 의식 가운데 하나였다. 복장도착은 세계 역사의 도처에서 원시[sic] 민족들이 다산을 기원하는 축제의 여러 의식 가운데 하나였다"(Hughes 1965).
* (저자주) 다음을 참조하라. Katz 1976, 193-98, 302-3, 304-11, 317-18, 320, 321-25, 327; Grahn 1984, 49-72.

족의 게이들은 자기 민족의 안전을 위해 스스로의 행동을 바꿀 때까지 조롱과 핍박을 당했다"(Grahn 1984, 56). 고백성사를 듣는 동안 선교사들은 레즈비언 섹슈얼리티에 대해 물었다(Katz 1976, 283, 286-87). 신세계가 식민지로 변해감에 따라, 유럽 열강들은 여성동성애를 금하는 자국의 법률을 확장해 적용했다. 예를 들어, 1521년 포르투갈인들은 브라질에까지 사형제도를 도입했고, 1602년에는 사형 대상 범죄목록을 확장하면서 레즈비언 행위를 포함시켰다(Greenburg 1988, 304).

가톨릭 선교사들과 마찬가지로, 프로테스탄트 선교사들 또한 자신들의 사법권 내에서 레즈비언 성행위를 억압하고자 노력했다. 1636년 존 코튼John Cotton 목사는 매사추세츠 주의회 요청에 따라 매사추세츠 만 식민지*를 위한 입법안을 준비했다. 코튼은 사형죄인 소도미에 대한 정의 안에 여성동성애—"여성과 함께 하는 여성"—를 포함시켰지만, 그의 입법안은 채택되지 않았다 (Katz 1976, 20). 얼마 지나지 않아 매사추세츠 만 식민지의 주지사는 플리머스의 신학자들에게 편지를 보내 사형으로 처벌해야 할 "소도미 행위는 무엇인지"에 대한 의견을 구했다. 신학자들 가운데 적어도 한 사람, 즉 이후에 하버드 대학 총장 자리에까지 오르는 찰스 촌시Charles Chauncy 목사만큼은 "여성과 함께하는 여성"을 사형에 처할 중죄에 포함시켰다(Katz 1976, 20-21; Oaks 1981, 81). 하지만 당시 매사추세츠에서 레즈비언 성행위에 대해 내렸다고

---

* (옮긴이주) 초기에 영국 청교도들이 정착한 미국 동부 연안 뉴잉글랜드의 중심 지역으로, 오늘날의 보스턴과 그 주변 지역을 말한다.

기록된 처벌이 사형이 아니었음은 분명하다.

　법률적 레즈비사이드의 실제 예시는 여성동성애에 대한 법률 체계의 굳은 침묵에 의해 가려진 것 같다. 법령과 재판이 있었음에도, 여성동성애를 인정하는 데 대한 저항은 오랫동안 깊숙이 뿌리내리고 있었다. 예를 들어, 15세기 교구 목사 진 거슨Jean Gerson은 성 토마스 아퀴나스Thomas Aquinas에 의지하여 여성동성애는 본성을 거스르는 범죄라는 결론을 내리고도, "여자들이 이름을 대거나 글로 써도 안 되는 역겹고 끔찍한 수단을 통해 서로를 갖는" 죄라고만 묘사했다(Brown 1986, 7, 19). 이러한 침묵은 세속 당국에 의해서도 실천되었다. 16세기의 유명한 법학자 제르맹 콜라동Germain Colladon은 이전에 레즈비언 범죄를 겪은 일이 없는 제네바 시 당국에 권고하기를, 사형 판결은 대중 앞에서 공개적으로 낭독되어야 하지만, 해당 범죄에 대한 관례적인 묘사는 생략되어야 한다고 했다. "그토록 끔찍하고 본성을 거스르는 범죄는 너무도 역겹다. 그 범죄의 끔찍함 때문에 거기에 이름을 붙일 수조차 없다"(Monter 1981, 41). 그러므로 1568년 한 레즈비언이 그 범죄를 이유로 익사당하는 일이 벌어졌을 때 콜라동은 이렇게 기술했다. "그러한 사건의 환경을 반드시 아주 자세하게 묘사할 필요는 없다. 다만 본성을 거스르는 역겨운 사통의 범죄라고 말해야 한다"(Monter 1981, 48). 이 같은 공식적 침묵을 감안하면, 기록된 것보다 더 많은 여자들이 레즈비언 성행위 혐의로 처벌받았을 것이다. 하지만 공식 기록에 남아 있는 그들의 범죄에는 이름이 붙어 있지 않거나 잘못된 이름이 붙어 있을 가능성이 높다.

　근대에 이루어진 법적 논쟁 또한 이러한 완고한 침묵을 재생산한다. 1921년 발의된 영국의 법률 수정안은 "여성들 사이의 저속한 외설" 행위를 처벌하고자 했다. 실라 제프리스Sheila Jeffreys가 설명하듯이, 이 법률 수정안이 통과되지 못한 것은 여성동성애의 존재 자체를 무시하기로 선택한 탓이었다. 의회의원들의 논쟁에서 나온 발언들을 인용하면서 제프리스는 여성동성애 자체를 무시하겠다는 선택은 "변태들"을 뿌리 뽑기 위한 가장 좋은 방법으로 신중하게 선정된 방안이었다고 단정한다. 영국 의회의원들은 사형선고가 "그들을 근절"할 것이며 레즈비언들을 미치광이로 취급하여 단속하는 것이 "그들을 제거"하겠지만, 그들을 무시하는 것이 가장 좋은 방법이라고 주장했다. 그들을 무시한다면 "이러한 경우들은 저절로 근절"되리라는 게 이유였다. 의회의원들은 여성동성애의 위험성을 명확하게 인지하고 있었다. 그들은 여성동성애가 그리스 문명의 "파괴"와 로마제국의 "몰락"을 초래했다고 믿었다. 또한 여성동성애가 "우리 민족"의 쇠락을 초래하고, 남성이 여성을 성적으로 이용할 수 없는 상황을 야기할까 봐 두려워했다("이 범죄에 가담한 여성은 누구나 이성과는 어떠한 관계도 갖지 않게 될 것이다." Jeffreys 1985, 114). 입법자들의 결정은 레즈비언 섹슈얼리티를 언급하는 것 자체가 그것을 범죄로 규정하지 않는 것보다 더 위험하다고 보았다.

법률적 레즈비사이드는 살과 피를 가진 여성에 대한 살인을─물에 빠뜨리고, 불태우고, 굶기고, 목매다는 방식을 통해─포함해왔다. 그러한 살인은 세속 권력은 물론 종교 권력을 통해서도 자행되었다. 이러한 제도와 기관은 또 다른 유형의 법률적 레즈비사이드─여성들 안에서 레즈비언이라는 선택지를 말살하는 것—를 지지해왔다. 그러므로 오늘날 여성동성애가 더 이상 사형에 처할 만한 중죄는 아니지만, 레즈비언 섹슈얼리티는 다수의 정부에서 범죄로 규정돼 있으며 대부분의 종교에서 죄로 여겨져 비난받는다. 국가나 교회 권력의 지원을 받지 않는다 해도, 로마 제국에서 남편이 아내를 굶겨 죽이는 '사적인' 행위가 법에 의해 허가되었듯이, 레즈비사이드는 여전히 '사적인' 행위로서 끈질기게 지속되고 있다. 레즈비언에게 가해지는 폭력에 대한 현대 법적 소송 사건들을 조사하면서, 나는 여성에 대한 남성의 폭력 속에 여성동성애에 대한 언어적 비난이 포함되어 있는 사례를 놀라울 만큼 많이 발견했다. 내가 찾는 것은 '진짜' 레즈비언이 살해된 사건이었기에, 나는 이러한 사례들을 무시하고 내 연구에 포함시키지 않았다. 이 사건들을 담당한 판사의 의견은 피해자를 이성애자로 상정하고 있었다. 그러나 어쩌면 그것이야말로 레즈비사이드의 핵심적 본질일 것이다. 레즈비언의 가능성 자체를 살해하는 것, 육체적으로나 정신적으로나.

잉글랜드의 아내 고문

프랜시스 파워 코브

프랜시스 파워 코브는 1878년 이혼법에 찬성하는 성공적 캠페인의 일환으로 이 글을 썼다. 1878년 이혼법은 학대당한 아내가 남편을 떨어뜨려놓고자 별거명령을 얻어낼 수 있게 했다. 잉글랜드의 법률과 그에 대한 법원의 해석은 아내의 행동에 대한 남편의 책임을 근거로 아내에 대한 신체적 처벌을 장려하고 있었다. 관습법에 따르면 남자는 자녀나 도제에게 하듯이 "집 안에서의 체벌을 통하여… 아내에게 적당한 교정을 가할" 권리를 가졌다. 관습법에서는 아내가 "남편이 허락하지 않은 사교모임에 가거나 남편의 정당한 권위에 거역하는 것을 방지하고자" 남편이 아내를 신체적으로 제지할 권리를 인정했다.

남편이 아내에게 가하는 공격은 익살이라는 후광을 두른 것 같다. 사람들은 그런 이야기를 들을 때마다 (실제 살인으로 끝나지 않은 경우라면 어디에서나) 웃음 짓고, 저녁식사 자리에서 그런 이야기가 나오면 너무나 재미있어한다. 아내 구타와 연결된 불가해한 재미는 실제로 이 주제에 대한 호기심을 유발하긴 한다. 오늘날 범죄 통계자료에 따라 밝혀진 상황을 감안하고 볼 때, 〈펀치와 주디Punch and Judy〉가 200년 이상 우리 잉글랜드의 국민적 거리 공연극이 되어버린 배경에는 무언가 불길한 데가 있다… 이 공연이 주는 재미의 상당부분이 불쌍한 주디를 찰싹찰싹 때리고 아기를 창문 밖으로 내던지는 장면에 집중되어 있다는 것은 주목할 만하다…

다른 남자들의 입장에 대해 암묵적인 공감을 상당히 지녀야 한다는 의식은 아마도 아내 구타를 부추기는 것과 관련이 있을 것이다. 술을 마시며 동료애를 쌓는다는 치명적인 생각이 수없이 많은 주정뱅이를 양산해낸 것처럼 말이다…

하나의 성으로서 여성을 일반적으로 평가절하하는 것도 이미 충분히 나쁘다. 하지만 우리가 살펴보고 있는 문제에서는 아내들에 대한 특별한 평가절하야말로 그들이 견디고 있는 잔학행위의 보다 직접적인 원인이 된다. 한 남자의 아내는 그의 소유property라고 하는 생각이야말로 헤아릴 수 없는 악과 고통의 치명적인 뿌리다. 모든 잔인한 남자들, 그리고 삶의 다른 관계에서는 잔혹함과 거리가 먼 수많은 남자들이 자신의 아내는 자신의 물건thing이라는 생각을 은근히 즐기고 있다. 이런 남자들은 (우리가 경찰의 사건보고서에서 읽고 또 읽게 되는 것처럼) 분개하면서 "내 것을 가지고 내 맘대로 못한단 말인가?"라고 물을 준비가 되어 있다. 이러한 생각은 가난한 남성들의 입장에서 옹호되기도 한다. 그들은 아내밖에 가진 것이 없기 때문이다. 그렇기 때문에 그들의 좁아터진 영역 안

에서 그들의 권력 행사에 관여하기란 이중으로 어려운 일이 되는 듯하다!···

남편이 저지르는 아내에 대한 모욕적 행위는 경미한 죄로 묵인된다. 그뿐 아니라, 아내가 저지르는 남편에 대한 모욕적 행위는 일종의 작은 반역죄Petty Treason*로 간주된다··· 아내가 '바가지 긁기'나 잔소리를 한다거나, 부정하다거나 술에 취하는 등의 잘못에 책임이 있다면, 그녀는 보통 아무런 관심도 호의도 얻지 못한다. 그녀를 살해한 행동을 정당화하지는 않겠지만, 인도적인 개인들조차 그녀가 한 모욕적 행위를 가지고 그녀가 살해된 까닭을 설명하려 든다. 요컨대 남자라면 절대 처벌받지 않거나 기껏해야 5실링의 벌금형을 받을 죄목 때문에 그녀는 판사나 배심원도 없이 사형을 선고받을 수 있다···**

그녀의 사건에서는, 일상적인 형식의 법률을 쓸데없이 번거로운 것으로 여겨 생략할 준비가 되어 있었다. 아내 구타 말고는 한 남자가 법을 자기 손에 쥐고 주무르는 구실이 될 수 있는 사건이란 없다. 우리는 문명화된 국가에서 '린치'란 허용될 수 없다는 원칙과, 올바른 시민을 위한 첫 번째 가르침으로 누구도 자신의 사건에서 판사, 배심원, 형 집행인이 되어서는 안 된다는 원칙에 익숙하다. 그러나 아내가 공격당한 사건이 문제가 될 때는 이렇게 건전한 규칙이 간과된다. 다른 때는 정신이 멀쩡하던 남자들도 이런 경우에는 아내가 술에 취했다거나 나쁜 언어를 사용했다는

---

* (옮긴이주) 종이 주인을 배반하는 것을 가리키는 죄목.
** (편집자주) 이 글은《강한 정신의 여인들Strong-minded Women》에서 가져온 것이다. 이하는《컨템퍼러리 리뷰Contemporary Review》에 실린 것을 가져왔다.

식으로 정상참작circonstance atténuante을 기꺼이 들먹인다. 마치 그것이 아내에게 잔혹행위를 한 데 대한 구실을 제공할 뿐 아니라, 여왕 치세의 평화가 깨어지고 그와 더불어 여성의 뼈도 부러지는 것을 적절하고 적합한 일로 만들어준다는 듯이…

악의 범위를 계산한다는 것은 무척 어려운 일이다. 법정에 이르게 된 사건들에 대해서만 이야기하자면—물론 그런 경우는 전체의 3분의 1도 되지 않겠지만—판결 이유를 구성하는 요소들은 다음과 같다.

1877년에 간행된 1876년도 잉글랜드 및 웨일스 사법 통계자료에는 1853년 즉결심판권 관할 항목으로 분류된 여성과 아동에 대한 가중폭행사건이 다음과 같이 보고되어 있다.

1876년 2,737건
1875년 3,106건
1874년 2,841건

이 가운데 남편이 아내에게 저지른 폭행사건이 몇 건이나 되는지를 구분해낼 방법은 없다. 그러나 다른 자료들을 가지고 판단해볼 때 전체의 5분의 4 정도는 될 거라고 생각된다.

최악의 경우들 중에서도, 피고가 재판에 넘겨지거나, (형사소송절차 책임자의 소관 아래 들어오게 되는) 순회재판이나 치안판사 재판소에 출두하기로 하고 보석으로 풀려났을 때는 의회 보고서에서 채택한 분류방식은 여성이 관련된 사건들만 가려내는 것을 허용하지 않는다. 모든 종류의 폭력범죄에서 남성 범죄자가 훨씬 더 많다는 사실로부터 어느 정도 어림짐작해볼 수는 있겠다. 1876년 살인죄로 기소된 67명 중 35명이 남자였고, 살인미수로 기소된 41명 중 35명이 남자였다. 사람을 총으로 쏘거나 칼로 찌른 혐의로 기소된 157명 중 146명, 우발살인으로 기소된 232명 중 185명, 신체 상해를 입힌 폭행으로 기소된 1,020명 중 857명이 남자였다. 요컨대 잔학행위 및 폭력범죄 혐의로 기소된 1,517명의 6분의 5 이상이 남자였으며, 여자는 235명뿐이었다. 물론 남자의 위법행위에는 아내 구타와 아내 고문 외에도 다양한 범죄가 포함되었다.

1876년 유죄판결을 받고 사형당한 남자 22명이 저지른 범죄에 대한 자세한 이야기들은 이 문제를 다루면서 특별히 주목할 만하다(《범죄 통계*Criminal Statistics*》, p. xxix). 그중 몇 가지 사례를 살펴보자.

> 에드워드 디컨Edward Deacon. 제화공. 큰 칼로 머리를 베어 아내를 살해함.
> 존 토머스 그린John Thomas Green. 화가. 권총으로 아내를 살해함.
> 존 에블스리프트John Eblethrift. 육체노동자. 칼로 찔러 아내를 살해함.
> 찰스 오도넬Charles O'Donnell. 육체노동자. 구타로 아내를 살해함.
> 헨리 웹스터Henry Webster. 육체노동자. 목을 베어 아내를 살해함.

이 사례들 외에도, 5명의 남자가 포악한 관계 속에서 함께 살던 여성을 살해했으며, 또 다른 3명의 남자(괴물 같은 윌리엄 피시

William Fish를 포함하여)가 아동을 살해했다. 전체적으로 보면, 그해에 유죄판결을 받고 처형된 사람들의 절반 이상은 죄목이 아내 살해, 또는 준準 아내 살해라고 부를 수 있는 것이었다…

내가 이 글의 제목을 '잉글랜드의 아내 고문'이라고 붙인 까닭은 독자들에게 '아내 구타'라는 익숙한 용어가, 실제 사건에서 드러내는 극도의 잔인함과는 아주 동떨어진 개념을 전달해준다는 사실을 인상적으로 알리고 싶었기 때문이다. 그것은 순수하고 천진한 동물 해부실험자들이 살아 있는 개를 태워 죽인다든가 신경을 분리해낸다든가 또는 일련의 실험을 진행하느라 아흔 마리의 고양이를 지독히 괴롭히면서, 다만 '도롱뇽 꼬리 긁기'라고 말하는 것과 마찬가지다.

아내 구타beating는 경주가 본격적으로 시작되기 전에 실시하는 예비 구보에 더 가깝다. 그것은 앞으로 이어질 심각한 문제의 서두인 것이다. 때로는 상대적으로 온화한 성품을 지니고 있어서 아내를 계속 때리는 것만으로 만족하는 남자들도 있는 게 사실이다. 이들은 해가 지나면서 아내의 눈에 시퍼런 멍이 들게 하거나 머리카락을 뭉텅이로 뽑고 얼굴에 침을 뱉거나, 아니면 아내의 부드러운 팔에 흉한 손가락 자국을 내놓기도 하지만, 이런 가벼운 상처를 넘어 죽을 만큼 위험한 상해를 가하지는 않는다.

그러나 여기에는 견딜 수 없는 해악이 있다. 내가 발견하고 공공의 관심을 불러일으키고자 노력하고 있는 사실은, 수없이 많은 경우에 아내 구타는 시간이 흐르면서 아내 고문으로 발전하며, 아내 고문은 대개 아내를 불구로 만들거나, 아내의 눈을 멀게 하거나, 또는 아내를 살해하는 결말에 이른다는 것이다. 아내에게 여섯 차례 '주먹질한' 남자는 거기에서 얻은 즐거움에 물리게 되고, 다음번에 화가 났을 때는 징이 박힌 구두를 신은 채 아내를 걸어찬다. 그리고 서 있거나 앉아 있는 아내에게 몇 차례 발길질을 한 뒤에는 아내를 발로 차서 쓰러뜨리고 배나 가슴이나 얼굴을 짓밟게 된다. 그가 밑창이 두껍거나 징이 박힌 신발을 신고 있지 않다면, 칼, 부지깽이나 망치 같은 흉기를 가지고 아내를 때리거나, 황산이나 등불을 들고 와서 아내에게 들이붓거나 불을 질러 버릴 것이다. 결국 그런 뒤에야 이 불행한 피조물의 고통은 끝이 난다.

나는 특히, 이 글이 도움을 주기보다 고통을 주게 되는 것을 피하고자 한다. 그러나 어떤 종류의 고문들을 언급해 독자들의 눈앞에 펼쳐 보이는 것은 불가피하다. 나는 지난 3, 4개월 동안 보고된 사례들만을 인용할 것이다. 1, 2년 더 뒤로 간다면, 더욱 '선정적인' 사례들을 찾기가 쉬울 것이다. 이를테면 마이클 코플랜드Michael Copeland는 아내를 타오르는 불길 속에 집어던졌고, 조지 엘리스George Ellis는 아내를 창밖으로 던져 살해했다. 애시턴 키프Ashton Keefe는 아내를 때리고, 어린 딸이 맥주를 너무 느리게 가져온다는 이유로 불붙은 성냥갑을 가슴에 던졌다. 찰스 브래들리Charles Bradley에 대해서는 《맨체스터 이그재미너*Manchester Examiner*》에서 다음과 같이 보도했다.

집에 온 그는 문을 걸어 잠근 뒤 아내에게 죽이겠다고 말했다. 그는 그 즉시 커다란 불도그를 아내를 향해 풀어놓았다. 개는 그녀의 상체로 뛰어들면서, 그녀가 스스로를 보호하기 위해 들어 올린 오른팔을 물고 갈가리 찢어지도록 놓지 않았다. 그러는 사이에 이 피고인은 그녀의 얼굴을 계속 가격하고 그 짐승이 그녀를 물어뜯도록 부추겼다. 개는 팔의 살점을 물어뜯으며 그녀를 위아래로 끌고 다녔고, 피고인은 소파에 올라가서 그녀의 가슴을 손으로 때리고 발로 찼다.

하지만 지난 3, 4개월 동안, 즉 9월에서 1월 말까지 일어난 사건들만으로도 내가 입증하고자 하는 바를 충분히 정립할 수 있다. 그리고 나는 이 지점에서 그러한 사례들을 수집하고 유용한 관찰과 도표를 제공해준 쇼어A. Shore 씨에게 감사한다. 그녀는 내게 그 자료들을 마음대로 이용할 수 있도록 허락하는 친절을 베풀었다.

자료들을 읽을 때는, 신문에 등장하는 그러한 사건들에 대한 보도란 절대 신뢰할 만한 것이 못 된다는 점, 아니면 실제 재판 광경과 똑같은 인상을 주려고 추정한 것이라는 점을 염두에 두어야 한다. 다음에 제시되는 사례들에서도 나는 다만 범법 사실에 대한 최초의 고지만을 얻을 수 있었을 뿐, 그 뒤에 법정에서 이어지는 절차들을 통해 그것을 체크해볼 수는 없었다. 한편으로 이 가운데 몇몇 사건은 과장되었거나 날조된(내가 생각하던 대로, 아내의 눈에 고추 식초를 부었다는 남자의 이야기는 조작된 것으로 판명되었듯이) 것일 수 있다. 그렇다면 이렇게 공개된 참혹한 사건 하나당, 전혀 보고된 바 없는 사건이 적어도 서너 건은 더 있을 것이다. 그리고 그렇게 보고된 적 없는 사건들의 가엾은 피해자는 마치 상처 입은 짐승처럼, 법률에 따라 제공되는 엉터리 배상도 구하지 못한 채 부상당한 몸으로 조용히 죽어간다.

제임스 밀스James Mills는 잠자리에 누워 있던 아내의 목을 벴다. 그는 당시에 술에 취해 있지 않았다. 이전에 그는 아내의 왼쪽 가슴을 거의 도려낸 적이 있었다.

J. 콜먼J. Coleman은 이른 아침 집으로 돌아와 아내가 잠들어 있는 것을 발견했다. 그는 무거운 나무토막을 들어 올려 그녀의 머리와 팔을 내리쳐서 타박상을 입혔다. 이전에 그는 아내의 갈비뼈를 부러뜨렸었다.

존 밀스John Mills는 일부러 황산을 쏟아 아내의 얼굴에 뿌렸다. 그녀가 그의 봉급 가운데 얼마를 달라고 부탁했기 때문이었다. 이전에 그는 그녀의 눈을 멀게 하겠다고 말했었다.

제임스 로런스James Lawrence는 이전에도 치안을 어지럽히지 말라는 경고를 받고 풀려난 일이 많았으며, 여러 해 동안 아내의 부양을 받아 살아왔으나, 어느 날 부지깽이로 아내의 얼굴을 쳤다. 그녀가 법정에 출석했을 때 그녀의 얼굴에는 너무나 끔찍한 흔적이 남아 있었다.

프레더릭 나이트Frederick Knight는 징 박힌 부츠를 신은 발로 아내의 얼굴을 걷어찼다(그는 아내를 이미 한 달간 감금해두고 있었다).

리처드 마운틴Richard Mountain은 아내의 등과 입을 때렸다. 그리고 부부의 방 침대에 한 시간 동안 감금했다가 나오게 했다.

앨프리드 로버츠Alfred Roberts는 아이를 품에 안고 있던 아내를 바닥에 넘어뜨렸다. 그리고 그녀를 무릎 꿇린 뒤 멱살을 잡았다. 이전에 그녀는 세 번이나 남편에 대한 소환장을 발부받았지만 그는 절대 소환에 응하지 않았다.

셰필드의 제화공 존 해리스John Harris는 아내와 아이들이 잠자리에 든 것을 보고 아내를 끌고 나왔다. 그는 아내를 억지로 오븐에 밀어 넣으려 했으나 뜻대로 되지 않자 아내의 잠옷을 찢고 "마치 소고기 덩어리처럼" 불 앞에서 그녀를 빙글빙글 돌렸다. 그동안 아이들은 계단에 서서 엄마가 내지르는 고통의 비명소리를 듣고 있었다.

리처드 스컬리Richard Scully는 아내의 이마를 쳐서 전두골을 부러뜨렸다.

석공 윌리엄 화이트William White는 불붙은 파라핀 램프를 아내에게 던지고는 조용히 서서 그녀가 불길에 휩싸이는 모습을 지켜보았다. 이 사건의 결과로 아내는 사망했다.

도축업자 윌리엄 허셀William Hussell은 아내를 칼로 네댓 차례 찔러 살해했다. 그는 이전에도 그렇게 하겠다고 여러 차례 협박했었다.

기관사 로버트 켈리Robert Kelly는 아내의 볼을 물어뜯었다.

보일러 제조공 윌리엄 제임스William James는 아내의 팔과 입을 심하게 칼로 찔렀다. 이후에 그는 "두 사람 모두(아내와 장모)를 죽이지 못한 것이 유감스럽다"고 말했다.

대장장이 토머스 리처즈Thomas Richards는 생활비를 좀 달라고 간청하러 온 아내를 열네 칸 계단 아래로 내던졌다. 그는 자신이 아파서 입원했던 병원의 간호사와 함께 살고 있었다.

쥐잡이꾼 제임스 프리킷James Frickett의 아내는 갈비뼈가 부러지고 얼굴에 자상과 타박상을 입은 채 죽어가는 상태에서 발견되었다. 그녀의 얼굴 위에는 피 묻은 지팡이가 놓여 있었다. 프리킷은

"내가 당신 때문에 교수형을 당한다 해도, 나는 당신을 사랑한다"
고 말했다.

제임스 스타일스James Styles는 시티로드에서 아내를 만나자 그
녀의 머리를 때렸다. 그녀는 여러 해 동안 파출부로 일하며 그를
부양했고, 그 기간 내내 그는 그녀를 버릇처럼 구타했다. 심하게
폭행당한 그녀는 한쪽 눈의 시력을 잃기도 했다. 그는 그녀가 벌
어온 돈으로 늘 술에 취해 지냈다.

조판공 존 할리John Harley는 살해할 의도를 가지고 아내에게 자
상 및 부상을 입힌 혐의로 재판에 회부되었다.

육체노동자 조지프 무어Joseph Moore는 강철 연장으로 아내의
머리를 쳐서 죽음에 이르게 한 혐의로 재판에 회부되었다.

석유업자 조지 랠프 스미스George Ralph Smith는 집 안쪽 응접실
에서 손도끼로 아내를 쳐서, 의사가 표현한 대로 '토막' 냈다. 그
녀는 죽었으나 그는 무죄판결을 받았다. 그녀의 죽음이 이 상처
에서 비롯된 것인지 확실하지 않다는 이유에서였다.

재단사 앨프리드 커민스Alfred Cummins는 아내를 쳐서 한쪽 눈
을 멀게 만들었다.

세탁부 토머스 패짓Thomas Paget은 거리에서 아내를 쳐서 넘어
뜨린 뒤 그녀가 정신을 잃을 때까지 발로 찼다. 그녀가 술 마실 돈
을 주지 않았기 때문이었다.

제화공 앨프리드 에더링턴Alfred Etherington은 위험한 방식으로
아내에게 발길질을 했다. 그리고 일주일 뒤에 잠자리에서 끌어낸
뒤 달려들어 가격했다. 그는 아내와 모든 자녀들의 목숨을 빼앗
으려 했다고 말했다. 그는 가족(여섯 자녀)을 부양하는 데 필요한

돈을 전혀 주지 않았으며, 아내가 생활비를 벌지 못하게 막았다. 그녀는 예닐곱 번이나 경찰에 그를 소환했었다.

육체노동자 제러마이어 피츠제럴드Jeremiah Fitzgerald는 아내를 쓰러뜨린 뒤 이마를 발로 세게 찼다. 그는 이전에 두 차례 유죄판결을 받았었다. 그의 아내는 얼굴에 붕대를 감은 채 법정에 출석했다.

패트릭 플린Patrick Flynn은 아내를 쓰러뜨린 뒤 과격하게 발로 찼다. 그리고 그녀를 구하기 위해 끼어든 남자도 발로 찼다. 그는 이미 아내를 폭행한 혐의로 6개월간 강제노역을 한 적이 있었다.

다음의 내용은 한 치안판사 서기가 개인적으로 관찰하여 기록한 사건이다.

나는 한 주정뱅이의 집에서 죽어가는 여인의 증언을 녹취했다. 남편은 경찰의 책임 아래 동석했다. 비참한 몰골의 가여운 아내는 갈비뼈가 여러 개 부러진 상태로 누워 있었다. 한쪽 어깨와 팔도 부러졌고, 머리를 너무 심하게 맞은 상태여서 그녀의 생김새를 알아보기가 불가능할 지경이었다. 마지막 고뇌에 잠긴 그녀는 남편이 목재 침대 기둥으로 후려쳤다고 말했다. 남편은 엉엉 울면서 말했다. "네, 사실입니다. 그렇지만 저는 취해 있었습니다. 그렇지 않았다면 이런 일을 했을 리 없습니다."

그리고 다음의 내용은 내가 이 글을 쓰고 있는 동안에 들어온 것이다.

블랙번 경찰법정에서는 어제 존 차녹John Charnock이 살인미수 혐의로 재판에 회부되었다. 그는 아내의 머리를 찬장에 묶고 강철 밑창이 달린 신발로 걷어찼으며, 고의로 그녀의 팔을 부러뜨렸다고 진술했다. (1878년 2월 3일)

여기에 또 다른 사례가 있는데(2월 5일자《맨체스터 쿠리어Manchester Courier》에 보도) 아내 살해의 동기가 자세히 기술되어 있다. 즉 어떤 유형의 여성이 살해당했는지, 어떤 유형의 남성이 살해했는지, 또 여성의 '도발'을 구성하는 요건에 대한 배심원들의 정서는 어떠했는지에 대해 잘 알 수 있는 보도이므로 길지만 발췌하여 싣기로 한다.

더킨필드의 살인사건

1877년 11월 30일 더킨필드에서는 토머스 할로Thomas Harlow (39세)라는 파업노동자가 아내 엘런 할로Ellen Harlow(45세)를 살해한 혐의로 기소되었다. 구속된 피고는 치안판사들에 의해 고의적인 살해 혐의로 재판에 회부되었으나 대배심에서 기소 혐의가 우발살인으로 축소되었다. 담당 검사는 마셜Marshall이다. 피고는 변호인단의 변호를 받지 않고 스스로 작성한 진술서에서 자신이 아내를 쳤을 때는 죽일 의도가 없었다고 주장했다.

피고는 더킨필드와 그 주변 지역에서 고용되어 일했으며, 아내 및 세 자녀와 함께 해당 도시의 워털루 스트리트에 살았다. 사망한 피해자는 11월 30일 아침 평소처럼 물건을 팔기 위해 거리로 나갔다가 정오가 지나 곧 집으로 돌아왔고, 저녁을 준비하느라 바쁘게 일했다. 피고는 잠시 외출했고, 오후에는 두세 시간 드러누워 잠을 잤다. 약 다섯시경 피해자와 마거릿 데일리Margaret Daley라는 하숙인, 그리고 다른 사람 몇 명이 집 안에 앉아 있을 때 피고가 와서 아내에게 2펜스를 달라고 말했다. 그녀는 자신에겐 2펜스가 없으며, 밖에 나가 온종일 빗속에서 배고픈 상태로 물건을 팔고 온 것만으로도 충분히 고생을 했다고 말했다. 그러자 그는 아내에게 욕을 하기 시작했고, 먹을 것을 달라고 말했다. 그녀는 피고에게 감자와 베이컨을 주었다. 이것을 먹고 나서 피고는 아내에게 더 심하게 욕을 하기 시작했다. 그는 다시 한번 그녀에게 2펜스를 달라고 말했다. 그러자 소란이 일어날 것 같은 상황을 보고 마거릿 데일리가 그에게 2펜스를 주면서 나가서 맥주를 한잔 마시고 오는 게 좋겠다고 말했다. 하지만 피고는 맥주를 마시러 가는 대신 어린 딸에게 석탄을 사 오라고 시키고는 다시 아내에게 욕을 퍼부었다. 그리고 얼마 지나지 않아 그가 고함치는 소리가 들렸다. "오늘 밤에는 목숨이 하나 줄어들 거다. 그리고 그 목숨은 내가 가져갈 거야." 이때쯤에는 피고가 왔을 때 집 안에 앉아 있던 다른 사람들이 외출했고, 할로와 그의 아내, 두 사람의 아들인 토머스, 그리고 데일리만 남아 있었다. 피고는 아내와 언쟁을 계속했고, 결국 그 언쟁은 그가 아내의 오른쪽 귀 아랫부분을 심하게 때려서 그녀를 바닥에 쓰러뜨리는 것으로 끝이 났다. 그녀는 몇 분 뒤에 사망했다. 사망원인은 뇌진탕이었다. 피고는 구속되어 있는 동안 내내, 자신이 저지른 행위는 아내의 도발 때문이었다고 진술했다.

배심원은 피고가 유죄라고 판결했다. 그리고 도발에 의한 범죄라는 이유로 사면을 권고했다. 선고는 유예되었다.

이 끔찍한 사례들을 모두 읽은 독자들에게 잠시 숨을 돌리고 나서 나에게 동의해주기를 부탁해도 무방하지 않을까 생각한다. 이 사례들을 제대로 검토하지 않고, 같은 사건들의 재발을 방지하지 않고, 이 죽어가는 비참한 존재들을 구원하려는 어떤 노력도 없이 그대로 둘 수는 없으며, 그래서도 안 된다⋯ 그저 참을성 있게 곁에 앉아서 그들의 삶이 고통 속에 짓밟혀 뭉개지도록 내버려두어서야 되겠는가?

미국의 페미사이드 린치

다이애나 E. H. 러셀

대부분의 사람들 마음속에서 린치—"3명 이상의 무리에 의한 살인"*—는 아프리카계 미국인 남성들의 운명과 불가분의 관계에 있다. 아프리카계 미국인 남성들이 이렇게 야만적인 관행의 주요 표적이 되었던 것은 분명한 사실이지만, 아프리카계 미국인 여성들 또한 린치를 당했음을 기억하는 것 또한 매우 중요하다. 사실, 대부분의 사람들은 백인 또한 린치를 당한다는 것을 알게 되면 깜짝 놀란다. 폴라 기딩스Paula Giddings는《내가 들어가는 시간과 장소When and Where I Enter》(1984)에서 주장한다. "남부에서 언제나 흔히 볼 수 있던 린치는 노예제 종식과 더불어 더욱 섬뜩해졌다. 린치의 피해자 다수는 백인보다 흑인이 되었으며 흑인들의 이미지는 어린아이에서 위험한 짐승으로 바뀌었다." 보다 구체적으로 보자면 "1840년에서 1860년 사이에 무리에 의해 목매

---

* (저자주) 폴라 기딩스에 따르면, 이것이 린치의 법적 정의다(Giddings 1984, 18).

달리거나 불태워진 것으로 기록된 피해자는 300명이었으며, 이 가운데 흑인은 10퍼센트밖에 되지 않았다"(Giddings 1984, 79).

《밧줄과 장작단*Rope and Faggot*》(1969)에서 월터 화이트Walter White가 보고하는 바에 따르면 1882년에서 1927년 사이에* 3,513명의 아프리카계 미국인과 1,438명의 백인 미국인이 린치를 당했다. 비율로 보자면 각각 79퍼센트, 21퍼센트였다. 대략 5,000명의 린치 피해자 가운데 여성은 92명이었는데** 아프리카계 미국인이 76명, 백인 미국인이 16명이었다(White 1969, 227). 따라서 린치를 당한 아프리카계 미국인 여성은 전체 여성 린치 피해자의 83퍼센트, 전체 아프리카계 미국인 린치 피해자의 2퍼센트, 전체 린치 피해자의 1.5퍼센트를 차지했다. 화이트는 개별 주에서 여성이 린치를 당하는 빈도를 제시하고 있다(〈표 1-3〉참조). 라틴아메리카 출신 여성 린치 피해자의 수치를 기록한 자료는 구하지 못했다. 아마 라틴계 여성은 미국 인구조사국이 지금까지 하는 관례대로 백인 범주에 포함되었을 것이다.

페미사이드라는 개념은 여성혐오에서 비롯된 여성살해를 의미한다. 백인 미국인이 아프리카계 미국인에게 가하는 린치는 주로 인종차별적 동기에서 비롯되므로, 아프리카계 미국인 여성이 린치를 당한 모든 경우가 페미사이드 사건에 해당한다고 간주

---

* (저자주) 화이트에 따르면 "1882년 《시카고 트리뷴*Chicago Tribune*》이 그해의 범죄, 재난 및 기타 현상 정리 기사에 무리에 의한 살인사건을 포함시키기 전의 기록에서는 린치가 충분히 중요하게 고려되지 않았다".
** (저자주) 화이트는 전체 여성 린치 피해자 수가 92명이라고 언급했으나, 〈표 1-3〉에 기록된 주별 여성 린치 피해자 수의 총합은 91명이다(White 1969, 227).

⟨표 1-3⟩ 미국 각 주별 여성 린치 피해자 수(1882~1927)

주	여성 린치 피해자 수
미시시피	16
텍사스	12
앨라배마	9
아칸소	9
조지아	8
사우스캐롤라이나	7
테네시	7
켄터키	5
루이지애나	5
플로리다	3
오클라호마	3
미주리	2
노스캐롤라이나	2
네브래스카	1
버지니아	1
와이오밍	1
총계	91

화이트는 자신이 사용한 통계자료에 이렇게 덧붙였다. "텍사스 주의 피해자 12명 가운데 3명은 어머니와 두 딸이었다. 이들은 1918년 '한 백인 남성에게 위협을 가하던' 도중 무리에 의해 살해되었다. 이렇게 해서 백인 문명은 유지되었다!"
출처: White 1969, 227.

할 수는 없다. 그러나 린치에 성차별적 행위 ― 가장 흔하게는 강간 ― 가 수반된 경우라면 확실히 인종차별뿐 아니라 여성혐오 또한 관여된 것이다. 다음에 묘사된 다섯 건의 린치사건은 모두 인종차별 페미사이드 사건을 구성하는 요건들을 분명하게 갖추고 있다. 앞의 네 개 이야기는 아프리카계 미국인 여성들에 초점이 맞추어져 있고, 마지막 이야기는 멕시코계 미국인 여성에 대한 린치를 다룬다.

유색인 여성의 페미사이드 린치

조지아 주. '남부의 기사도Southern chivalry'는 성별을 구분하지 않는다. 남부 조지아의 파렴치한 농장주 하나가 검둥이 인부에게 지불해야 할 임금을 주지 않았다. 며칠 뒤에 이 농장주는 총에 맞아 사망했다. 그 검둥이 인부가 살인 용의자 명단에 없는 것을 확인한 사람들은 무리를 이루어 피해자 및 살인 혐의자 인부와 조금이라도 관계가 있는 모든 검둥이를 죽이기 시작했다. 이 검둥이들 가운데 헤이스 터너Hayes Turner라는 남자가 있었는데, 그의 잘못이란 살인자로 의심되는 인부를 안다는 것뿐이었다. 그러나 함께 관련된 주목할 만한 정황이 있었던 것은 전혀 아니었고, 다만 두 사람 모두 살해된 농장주를 위해 일했을 따름이었다. 터너의 아내에게 남편이 죽었다는 소식이 전해졌을 때 그녀는 해산날을 한 달도 남겨놓지 않은 상태였다. 그녀는 서럽게 소리치며 울었고, 갑작스럽고 잔인하게 자신을 과부로 만든 이들의 머리에 대고 저주를 퍼부었다.

　남편을 살해한 이들이 반드시 체포되게 하겠다고 위협하며 쏟아낸 그녀의 말이 바로 그 당사자들에게도 전해졌다. 그들은 "이

망할 검둥이년이 정신 좀 차리게 해줘야겠군"이라 답했다. 그리고 그녀를 찾아 나섰다. 슬픔에 빠진 그녀의 친구들은 두려움에 떨며 그녀를 멀리 떨어진, 잘 알려지지 않은 농장 안에 숨겨주었다. 일요일 아침, 뜨거운 5월의 태양이 내리쬐던 날 폭력배들이 그녀를 찾아냈다. 그들은 그녀의 발목을 단단하게 한데 묶은 뒤, 근처 나무에 매달았다. 흘러내린 그녀의 옷자락에 가솔린과 윤활유가 뿌려졌다. 그리고 성냥 하나가 던져지자 그녀는 순식간에 불길에 휩싸였다. 고통과 공포에 사로잡힌 무력한 여인의 비명에 오직 그녀를 조롱하는 박해자들만이 상스러운 웃음소리로 대답했다. "선생님, 선생님도 그 검둥이년이 소리 지르는 걸 들으셨어야 하는데 말입니다!" 며칠 뒤 메리 터너가 죽은 자리에 우리가 서 있을 때, 그 무리에 가담했던 한 사람이 자랑스러운 듯 말했다.

바싹 구워진 그녀의 몸에서부터 옷들이 불탔다. 그리고 불행히도 그녀의 목숨은 희미하게나마 이어지고 있었다. 한 남자가 그녀를 향해 걸어가서 칼로 그녀의 배를 갈라 아무렇게나 제왕절개수술을 했다. 조산된 아기가 굴러떨어졌다. 아기는 희미하게 두번 울음소리를 냈고, 그에 대한 응답으로 건장한 남자의 뒤꿈치에 눌렸다. 자그마한 형태의 생명은 그렇게 뭉개지고 말았다. 처형대가 된 나무 밑에 빈 구덩이를 팠다. 까맣게 타버린 메리 터너의 발목에 묶여 있던 밧줄을 끊자 그녀의 시신이 곧장 무덤 속으로 떨어졌다. 폭력을 행사한 무리 중에는 유머감각이나 적절한 개념이 없지 않은 이들도 있었다. 그들은 1리터들이 빈 위스키 병으로 묘비를 세웠다. 병목에는 반쯤 태운 시가를 꽂았다. 예민한 콧구멍을 지닌 무리 중 한 사람을 인육이 타는 고약한 냄새로부터 구해주었던 시가였다.

검둥이와 아내 불태워지다

미시시피 주 도즈빌, 2월 7일. 오늘 검둥이 루서 홀버트Luther
Holbert와 그의 아내가 천 명이 넘는 사람들 무리에 의해 불태워지
는 일이 벌어졌다. 지난 수요일 명망 있는 백인 농장주 제임스 이
스틀랜드James Eastland와 검둥이 존 카John Carr를, 도시에서 3킬로
미터 떨어진 이스틀랜드 플랜테이션에서 살해했다는 이유에서
였다.

　홀버트와 그의 아내가 불살라짐으로써, 8명의 사망자를 내고,
나흘 동안 네 개 카운티를 가로지르는 추격전에 200명의 사람들
과 두 무리의 블러드하운드 사냥개가 동원되고, 미시시피 주의
주변지역을 광기에 가깝도록 헤집어놓았던 비극이 막을 내렸다.

　사망자는 다음과 같다. 검둥이 루서 홀버트와 그의 아내, 군중
에 의해 불태워져 사망. 백인 농장주 제임스 이스틀랜드, 홀버트
에 의해 살해. 검둥이 존 카, 홀버트에 의해 살해. 검둥이 존 윈터
스John Winters, 이스틀랜드에 의해 살해. 3명의 신원미상 검둥이,
치안대에 의해 살해. 이스틀랜드, 카, 윈터스 살해사건은 지난 수
요일 이스틀랜드의 농장에서 발생했다. 홀버트와 윈터스가 카의
오두막에 있을 때 이스틀랜드가 들어와서 홀버트에게 농장을 떠
나라고 명령했다. 이에 다툼이 이어졌고, 싸우던 중에 홀버트가
총을 쏴서 이스틀랜드에게 중상을 입히고 카를 죽였다. 이스틀랜
드도 총으로 반격했고 윈터스를 죽였다.

이 비극적 소식이 도즈빌에 닿자 치안대가 꾸려져 즉각 이스틀랜드의 농장으로 떠났다. 치안대가 농장에 도착하자 더 격한 총격전이 일어났고 신원미상의 검둥이 한 명이 죽었다. 홀버트와 그의 아내는 이미 달아나고 없었다. 그린빌, 이타벤, 클리블랜드를 비롯하여 여러 지역에서 치안대가 꾸려졌고, 말과 블러드하운드를 동원해 홀버트와 그의 아내를 잡으려는 추격전이 시작되었다. 수요일 아침에 시작된 추격전은 어젯밤까지 이어졌다. 홀버트와 그의 아내는 등나무숲과 늪지대를 통과하며 160킬로미터가 넘는 거리를 걸어서 이동한 끝에 셰퍼즈타운으로부터 동쪽으로 5킬로미터 정도 떨어진 빽빽한 삼림지대 안에서 잠들어 있다가 발각되어 생포되었다. 검둥이 부부는 도즈빌로 이송되어 오늘 오후 검둥이 교회의 그늘에서 수많은 군중에 의해 불태워졌다.

어제도 야주 카운티의 벨조니 근처에서 치안대에 의해 두 명의 검둥이가 살해당했다. 둘 가운데 한 검둥이가 놀라울 만큼 홀버트와 닮았던 탓에 치안대가 그를 홀버트로 오인했던 것이다.

이스틀랜드는 미시시피 주의 부유한 집안 출신으로, 그를 살해한 범인들을 생포한 데 대한 보상금으로 친척들이 1,200달러를 제공했다. 이스틀랜드의 두 형제가 홀버트 추격과 생포에 참여했으며, 두 사람 모두 홀버트와 그의 아내를 불태우는 자리에 참석했다.

사망한 부부의 유족으로는 어린 아들 한 명이 있다.

강간과 린치를 당하는 여동생을 구하기에는 무력했다

뉴멕시코 주 클로비스, 4월 27일. 몇 주 전 오클라호마 주 와그너 근교에서 어린 유색인 소녀가 백인 불량배에게 린치를 당했다. 이 소녀의 오빠가 멕시코로 가는 길에 클로비스를 통과했다. 이곳에서 그는 유색인 시민들에게 가해지는 린치에 대한 애처로운 이야기를 털어놓았다.

청년의 누이는 불과 열일곱 살이었으며, 부모님은 모두 점잖은 분들이었다. 반쯤 술에 취한 백인 남자 두 명이 그들의 집에 들어왔을 때 어머니는 집에 없었고 누이는 옷을 입는 중이었다. 두 남자는 누이의 방으로 들어가 문을 걸어 잠그고 그녀를 폭행하는 범죄를 저질렀다. 도움을 구하는 누이의 비명소리를 들은 청년은 달려가 방문을 발로 차서 넘어뜨리고 누이를 구했다. 누이를 보호하는 과정에서 청년은 두 짐승 가운데 하나에게 총을 쏘았다. 다른 하나는 달아났다.

그날 저녁 지역 당국에서는 청년을 찾는 데 실패하고 그 누이를 체포했다. 다음 날 새벽 네시 폭력배들이 그녀를 구치소에서 끌어내 린치를 가했다. 21세의 청년은 숨어 있던 장소에서 도움을 구하는 누이의 비명소리를 들었지만 그녀를 구하기에는 무력했다.

검둥이 엄마를 강간하고 린치하다

미시시피 주 콜럼버스, 12월 7일. 일주일 전 목요일 이른 아침, 코

델라 스티븐슨Cordella Stevenson이 발가벗겨진 채 나뭇가지에 사지
가 묶인 모습으로 발견되었다. 수요일 밤 폭력배가 그녀의 오두
막을 찾아와 남편에게서 그녀를 끌어내고 나서 그녀를 잔혹하게
학대한 뒤 린치를 가하고는 나무에 매달았다. 시신이 발견된 것
은 모바일 앤 오하이오 R. R.에서 북쪽으로 45미터 정도 떨어진
곳이었다. 지난 목요일 아침 도시를 드나들던 수만 명의 승객이
이 광경을 보고 두려움에 떨었다. 그녀는 전날 밤부터 그곳에 매
달려 있었다. 피에 굶주린 폭력배가 그녀의 집에 찾아와 잠들어
있던 그녀를 잡아채서는 아무런 제지도 받지 않은 채 여러 거리
를 지나 멀리 떨어진 외딴 곳까지 끌고 가서 온갖 추악한 짓을 한
뒤에 묶어서 매달았던 것이다.

몇 개월 전, 게이브 프랭크Gabe Frank라는 백인의 헛간이 불에
탔다. 스티븐슨 부인의 아들이 방화용의자로 의심되었다. 스티븐
슨 부인과 남편 아치Arch는 같은 고용주를 위해 11년이나 일해온
근면성실한 사람들로 인정받았던 데 반해, 두 사람의 아들은 무
기력한 사람으로 여겨졌다.

스티븐슨 부인은 경찰서에 불려 가 아들이 프랭크 씨의 헛간에
불을 질렀을 가능성에 대해 심문받았다. 스티븐슨 부인은 자신의
아들이 화재가 일어나기 몇 달 전에 집을 나갔으며, 아들의 행방
을 알지 못한다고 말했다. 그녀가 사실을 말한다고 확신한 경찰
은 그녀를 풀어주었고 그녀는 집으로 갔다.

목요일 아침까지는 이 사건에 대해 더 이상 생각할 것이 없었
다. 폭력배가 아내를 데려간 뒤 시내까지 먼 길을 달려왔던 남편
아치 스티븐슨에 따르면, 전날 밤 스티븐슨 부부는 평소처럼 일

찍 잠자리에 들었는데 문 두드리는 소리가 들렸다. 그가 대답하기도 전에 이미 폭력배 무리가 문을 부수고 들어와 아내를 붙잡았다. 그리고 그의 머리에 권총을 겨누고는 움직이지 말라고 위협했다. 첫 번째 기회가 왔을 때 그는 우박처럼 쏟아지는 총알 사이로 달아났다. 그는 이 이야기를 한 뒤에 자신이 아직 알지 못하는 부분들을 파악하기 위해 자리를 떠났다. 무리가 스티븐슨 부인을 데려간 것은 밤 열시쯤이었다. 그런 뒤에 무슨 일이 일어났는지 정확히 아는 사람은 아무도 없다. 발견된 시신의 상태로 보아 그녀는 잔혹하게 학대당했음이 분명했다. 보안관 벨Bell은 치안판사 매켈라McKellar에게 전화를 걸어 사인을 규명하라고 말했다. 그는 다른 지방에 나가 있었으므로 목요일 밤까지 돌아올 수 없었다. 시신은 그 광경을 보기 위해 몰려든 소름 끼치는 군중의 시선에 노출된 채 그대로 매달려 있다가, 금요일 아침이 되어서야 줄을 끊고 내려졌고 검시가 진행되었다. 배심원은 그녀가 신원불명의 사람들의 손에 죽임을 당했다는 평결을 내렸다.

이러한 종류의 사건에서 남부의 모든 배심원들이 내린 평결은 늘 이와 같았다. 미국은 이교도들을 가르치기 위해 선교사들을 보내고 있다. 포드Ford는 평화봉사단을 데리고 유럽에 갔으며, 목사들은 인류의 선에 대하여 설교한다. 그러나 여기 남부에서는 변함없이 똑같은 비열한 범죄가 벌어지고 있으며, 같은 인류의 구성원에게 자행되는 이러한 범죄에 맞서 자발적으로 목소리를 높이는 사람은 아무도 없다. 그러나 응징은 모두에게 돌아온다. 벨기에는 콩고의 흑인들에게서 상아와 고무를 강탈했고, 이 선량한 사람들의 노동을 팔아 금을 챙겼다. 그들이 하는 일이 벨기에

인들의 마음에 들지 않을 때는 팔이 잘리거나 그와 비슷한 잔혹한 일을 당해야 했다. 이제 벨기에는 고통받고 있다. 심판의 날이 왔다. 그러므로 이 나라도 마찬가지일 것이다. 모두들 뿌린 대로 거둘 것이다. 오늘날 사업가들은 남아메리카에서 최선을 다해 일하고 있는데, 라틴 국가들은 특정한 조건하에서만 그들에게 허가를 내주려고 할 것이다. 그곳엔 인종 차별과 린치를 지지하는 사람이 없다. 그곳 사람들은 미국인들에게 린치 가해자라는 딱지를 붙인다. 미국인들이 달리 그들을 설득하는 것은 어려운 일이 될 것이다.

후아니타: 골드러시 시절에 린치 당한 유일한 여성

"배심원은 이 여성, 호세파Josefa가 프레더릭 알렉산더 오거스터스 캐넌Frederick Alexander Augustus Cannon을 살해한 혐의에 대해 유죄이며, 두 시간 후에 사형에 처해져야 한다고 판결한다."

"이 남성, 호세Jose는 무죄라고 판결한다. 그러나 배심원은 로즈Rose 판사가 그에게 24시간 안에 이 도시를 떠나도록 권고할 것을 진심으로 요청한다. 에이모스 L. 브라운 포먼Amos L. Brown Foreman."

호세파는 돌처럼 굳은 얼굴을 한 채, 선발된 몇몇 교도관이 이끄는 대로 작은 방으로 끌려가 마지막 운명을 기다렸다. 그녀는 자신이 선택한 친구들을 만날 수 있다고 허락받았다. 그사이 군중이 다시 술집에 모여들었으며, 처형 준비가 진행되었다. 이제 단 두 시간밖에 남지 않았다. 이 두 시간은 린치에 미친 광부에게는 영원처럼 느껴졌다. 하지만 무릎을 꿇고 하느님과 화해하고 있는 자그마한 멕시코 여인에게는 쏜살같이 흘러갔다.

이제 거의 끝이 났다. 성급한 광부들이 강을 타고 내려오기 시작했다. 교수형은 저지 다리에서 치러질 것이라는 말이 돌았다. 일찍 도착한 이들은 일단의 남자들이 임시 교수대를 준비하는 모습을 열성적으로 지켜보았다. 철썩이며 굉음을 내는 강이 소나무에 덥수룩하게 덮여 있는 산들 사이를 굽이쳐 돌아가는 아름다운 장소였다. 이러한 배경 속에서 그토록 추한 드라마가 전개될 가능성은 없어 보였다. 그러나 시간은 속절없이 똑딱똑딱 흘러갔다.

알려진 바로는, 죽을 운명의 호세파를 구하기 위한 노력은 마지막 순간까지 시도되지 않았다. 상당수의 남자들이 시내에 있었다는 사실에도 불구하고, 재판 절차가 진행되는 내내 아이켄Aiken 박사와 다른 한두 사람을 빼고는 어느 누구도 판결과 교수형에 저항하지 않았다. 한 역사학자에 따르면* 웰러Weller 대령은 재판에 출석하거나 이 여성 편에서 재판에 관여하기를 거부했다. 사건 전체의 목격자인 데이비드 바스토David Barstow는 웰러가 재판 내내 연단에 앉아 있었지만, 이상할 만큼 침묵을 지켰다고 진술했다. 웰러는 당시 상당히 인기가 있는 연설가였으므로, 그가 이 비극을 뒤집고자 힘을 좀 썼더라면 다른 이들도 그를 지지했을 수 있었다. 온갖 의혹이 있지만, 웰러에게 유리한 입장에서 생각하자면, 아마도 그토록 린치에 열광하는 군중에 맞서 일어서는

---

* (저자주) 역사학자 밴크로프트Bancroft는 〈민중 재판소Popular Tribunals〉(1887)에서 웰러가 아예 재판에 출석하기를 거부했거나, 호세파의 편에서 관여하는 것을 거부했다고 썼다.

데는 엄청난 용기가 필요했을 것이다. 어떻게 2,000명의 유권자 광부들을 투표권도 없는 멕시코 여성과 동일시할 수 있겠는가? 시내에는 웰러만큼이나 명망 있는 다른 남자들도 있었다. 하지만 그들 모두 꼼짝도 할 수 없는 마지막 순간까지 침묵을 지켰다. 사실 기병대도 없이 무엇으로 호세파를 구할 수 있었을지 의심스럽다. 또한 이 비극을 멈추려는 어떠한 시도가 더 큰 폭력을 불러올지도 몰랐다.

처형대는 건설현장에 있던 통나무 들보를 이용해서 간단하게 만들어졌다. 무거운 통나무의 양쪽 끝을 높이가 120센티미터 정도 되는 다리의 각 측면에 묶었다. 통나무는 다리에 밧줄로 단단히 묶여 있었는데, 신호가 주어지면 두 사람이 동시에 도끼를 내리쳐 밧줄을 끊을 것이다. 그러면 죄수의 발밑에 있던 통나무가 떨어진다. 원시적이지만 효과적인 방식이었다.

그날 불길한 징소리가 마지막으로 울려 퍼지자 호세파는 시내 아래쪽 끝에 있는 다리로 끌려 나왔다. 2,000명이 넘는 사람들이 강둑에 줄지어 서 있었다. 바스토는 그들을 가리켜 "내가 이제까지 어느 곳에서도 보지 못한 가장 굶주렸고, 가장 미쳤고, 가장 사나운 폭도들이 둘러서 있었다"고 묘사했다. 《퍼시픽 스타 *Pacific Star*》의 통신원은 자신이 목격한 이 드라마의 마지막 장을 다음과 같이 기록했다.

"집행 예정 시간이 되자 죄수가 교수대로 나왔다. 그녀는 조금도 떨지 않고 교수대로 다가갔다. 내가 알기로, 사형대 옆에 서 있는 동안 그녀는 이렇게 말했다고 한다. 자신은 캐넌이라는 남자를 죽였으며 그에 대한 벌을 받으리라 예상했다. 유일한 부탁은 자신이 처형된 뒤 시신을 친구들에게 건네주어 품위 있게 매장할 수 있도록 해달라는 것이었다.* 이 요청은 받아들여졌고, 그녀는 주변에 바로 붙어 서 있던 구경꾼 한 명 한 명에게 손을 내밀며 '아디오스 세뇨르adios senor'라고 작별인사를 하고는 자진해서 처형대로 올라갔다. 그리고 자기 손으로 직접 밧줄을 잡아 걸고 자신의 목에 맞춘 뒤 풍성한 머리를 풀어서 자유롭게 흘러내리도록 했다. 그런 뒤에 그녀가 완강하게 저항하는 가운데 두 팔이 결박되고 옷도 끈으로 묶였다. 그리고 두건이 그녀의 머리 위에 씌워졌다. 한순간에 처형대를 받치고 있던 밧줄이 끊기면서 그녀는 하늘과 땅 사이에 매달렸다." 그녀의 몸이 천천히 뒤틀려 돌아가자 군중은 재빨리 흩어졌다가 다우니빌 술집에 모여들었다. 오후 네시가 조금 지나 있었으므로 저녁식사 전에 몇 잔 더 마실 시간이 아직 남아 있었다. 그날 밤 술집에서는 다우니빌의 호세파—또는 후아니타Juanita**—의 교수형에 관한 이야기와 전설이 시작되었다.

이 비극에 관한 이야기가 캘리포니아 전역에 퍼지자, 캘리포니아 신문들은 만장일치로 이 사건을 비난했다. 아마도 《새크라멘토 타임스 앤드 트랜스크립트Sacramento Times and Transcript》의 다

---

* (저자주) J. J. 매클로스키J. J. McClosky의 회상에 따르면, 호세파는 당시에 그가 관리하고 있던 오래된 극장 뒤편에 묻혔다. 바턴Barton은 호세파와 캐넌이 지역 묘지에 나란히 묻혔다고 기억했다. 이후 1870년대에 옛 묘지 구역을 광산 개발에 사용할 수 있게 되어 시신들을 다시 매장했다. 바턴의 말에 따르면 이때 호세파의 두개골이 옮겨져서, 몇 해 동안 지역 비밀조직의 입문 의례에 사용되었다고 한다.
** (옮긴이주) 후아니타는 작은 후아나라는 뜻이며, 후아나Juana는 잔 다르크의 이름 잔Jeanne의 스페인식 이름이다.

음과 같은 언급은 당시 캘리포니아 주 전체를 대변하는 것이었으리라.

"분노에 차서 흥분한 군중이 일으킨 폭력적인 과정들이 이 불행한 여인의 적들에 의해 주도되어 우리 주 역사에 오점을 남겼다. 그녀가 정말로 극악무도한 성격의 범죄를 저질렀다고 해도 진짜 미국인이라면 친구도 없고 보호도 받지 못하는 이 외국인을 향해 밀고 나간 방침에 크게 반감을 느꼈을 것이다. 우리는 이 이야기가 지어낸 것이길 바랐다. 사실 그대로 가해자들은 그들 자신과 그들의 동족을 부끄럽게 만들었다."

다우니빌의 주민들은 린치사건에 대해 점점 더 예민해졌고, 적어도 시민 가운데 한 사람이 나와 이쯤 하면 됐다고 결심하고 나섰다. 그는 1852년 1월 29일자 《데일리 알타 캘리포니아*Daily Alta California*》에 실린 편지에서, 린치사건은 매우 그럴 만한 일이었으며 캐넌의 죽음은 매우 잔혹한 살인사건이었다고 주장했다. "이 사건의 피해자는 이 여성의 칼에 찔린 첫 번째 사람도 아니고 두 번째 사람도 아니었다… [다우니빌의] 주민들은 피에 굶주린 악마 같은 괴물처럼 묘사되고 있지만 사실은 그렇지 않다. 오히려 그때까지 우리 주민들은 범법자들을 처벌하는 데 너무나 온건했다. 그리고 우리 앞에 놓인 이 사건에서도 우리 주민들이 밀고 나간 방침을 택한 것은 오직 인과응보의 정의에 이끌렸기 때문이다." 이 편지에는 단순히 '베리타스*Veritas*'라고만 서명되어 있었는데, 이는 라틴어로 '진실'을 뜻한다.

캘리포니아의 마더 로드 컨트리* 연감에서는, 대부분의 역사적 현장이 그러하듯, 유명한 인물들과의 연관성을 중요하게 다루었다. 호아킨 무리에타Joaquin Murrieta* 전설로 유명한 장소가 있는가 하면, 마크 트웨인Mark Twain이나 브렛 하트Bret Harte 때문에 알려진 도시도 있다. 그리고 캘리포니아에는 매우 독특한, 하지만 골드러시 초기 시절까지 거슬러 올라가는 불길한 기억이 서려 있는 한 도시가 있다. 49번 고속도로를 따라 점점이 늘어서 있는 박물관이나 잡화점 가운데 한 곳에서 그 지역에 오래 산 사람에게 이 도시 이름을 언급한다면, 아마도 그는 이렇게 말할 가능성이 높다. "다우니빌이요? 네, 저 북쪽에 있지요. 네, 1851년에 다우니빌에서 주민들이 여자 하나에게 린치를 가해서 죽였어요."

---

* (옮긴이주) 골드 컨트리라고도 불리는, 골드러시의 중심을 이룬 캘리포니아 북부 지역을 말한다.
* (옮긴이주) 골드러시가 한창이던 1850년대 캘리포니아에서 멕시코인 로빈 후드라고 불린 의적.

불태워지는 여성들:
규범으로서의 사티

도로시 K. 스타인

남편이 죽으면 아내를 산 채로 함께 화장하거나 매장하는 관습[사티Suttee]은 그 기저에 깔린 여성을 소유물로 보는 시각의 표현이라는 점에서 기괴하고 낯설며, 인도 힌두교의 정체성을 담은 관습이라는 점에서 더욱 기괴하고 낯설어 보인다. 인도 북부를 방문한 고대 그리스인들이 이미 기원전 4세기경에 사티 관습에 관한 이야기를 기록해놓긴 했지만, 스칸디나비아인, 슬라브족, 그리스인, 이집트인, 중국인, 핀족, 마오리족, 일부 아메리카 원주민에게도 과부 희생에 관한 이야기들이 있다. 이러한 관행은 거기에 첨부된 신화를 정교하게 만들어내기도 한 전사들 사이에서 비롯된 것이 분명해 보인다. 사티sati(희생된 여성)*의 영웅담은 사실상 전사의 영웅담과 동등하게 다루어졌다. 사티를 전사 및 통치

---

* (옮긴이주) 저자는 관습으로서의 사티Suttee와 거기에서 희생되는 사티sati를 구분해서 다른 철자로 표기하고 있지만, 둘 다 같은 산스크리트 어휘인 사티सती를 로마자로 표기한 것이다. 이하 후자의 의미는 고딕체로 표기해 구분했다.

자 카스트(크샤트리아)와 연결함으로써 사티에 사회적 위신을 부여했고 그러한 위신은 절대 상실되지 않았다. 14세기에서 16세기까지 통치자가 죽으면 다음 계승자가 권좌에 오르기 전에 죽은 통치자의 여자들이 살던 숙소를 청결하게 일소하는 것이 통상적이었다. 때로 이러한 일소 작업에는 관료들까지 포함되어, 왕비와 후궁들을 비롯하여 남녀 시종들까지 아울러 태워 죽이는 인명이 도합 수천 명에 이르렀다(Conti 1857).

이러한 관례는 사회적 서열에서 가장 높은 계층인 브라만에게는, 적어도 근본적으로는, 금지되었다고 한다. 그러나 사티 관습이 획득한 명예에 결부된 관념들은 너무나 강력하다는 것이 입증되었다. 결국 브라만 여성들 또한 크샤트리아 여성들만큼이나 자유로이 불태워졌다. 더욱이 군주들의 권력과 그 수행원이 감소함에 따라 브라만 여성들이 오히려 더 많이 불태워지기도 했다. 1868년《캘커타 리뷰*Calcutta Review*》에 톰슨Thompson은 다음과 같이 썼다.

> 19세기 초 또는 18세기 말 벵골에서는, 별로 중요하지 않은 한 남자와 더불어 스무 명 또는 마흔 명가량의 여자를 불태운 경우들이 있다. 우리는 멀리서 데려온 과부들이 계속 새로이 투입되는 동안 화장터의 불꽃이 사흘 동안 타올랐다는 이야기를 읽었다. 죽은 남자는 (쿨린kulin)브라만*이었으며, 이 여자들 가운데 다수는 다만 명목상으로만 그의 아내였다… 거의 모두가 남편과 함께 산 적이

---

* (옮긴이주) 쿨린브라만은 벵골 지역 최상위 카스트에 속한다.

없었고, 결혼 이후 남편을 본 적도 없었다. 화장용 장작더미에 올라가던 순간을 제외하면 말이다. (Thompson 1928, 36)*

아마도 이 의례의 형식을 경전과 희생제사 전통에 동화시킨 데 대한 책임은 사티와 결부된 브라만의 관념에 있었을 것이다.

사티의 가장 일반적인 형식은 남편의 시신을 화장하는 장작더미 안이나 위에서 아내를 산 채로 태우는 것이었다. 여자가 생리 중이거나(생리는 불결이나 부정과 동일하게 여겨졌다), 임신했거나, 혹은 불가피하게 어린 자녀를 돌봐야 하는 동안에는 이 의례를 금지하는 경전의 규칙이 있었다. 그러한 경우, 또는 남편의 죽음이 그가 집에 부재하는 동안 일어난 경우, 어떤 여성들은 죽은 남자의 옷이나 개인적인 물품과 함께 스스로를 불태웠다. 이렇게 "뒤를 따르는 것"이 브라만을 포함해 특정 카스트에서는 금지되기도 했다. 죽은 이를 화장하기보다는 매장하는 카스트에서는, 과부를 산 채로 묻었다. 톰슨은 다음과 같이 덧붙였다.

일반적이지는 않지만, 익사시키는 것도 가능했다. 특히 여자가 화장 장작더미에서 달아났을 때 그러했다. 우리는 알라하바드의 강 한가운데 떠 있는 배에서 한 브라만이 여자 열여섯 명의 자살을 감독했다는 목격담을 들었다. 그러나 내가 생각하기에《인도 백과사전Cyclopaidia of India》에서 이것을 사티라고 본 것은 착오였던

* (저자주)《캘커타 리뷰》(46[868]: 221~226)에 실린 서명 없는 글을 톰슨의 저술을 비롯해 다른 영문자료들에서도 권위 있는 출처로 취했다. 여기에서는 그 글이 쓰인 당시의 사티 관습에 대한 영국의 태도를 예증하는 데 주로 이용할 것이다.

것 같다. 낮은 카스트에서는 사티가 흔하지 않았다. 그러나 그들 역시 때로는 더 높은 계층을 따라 하기도 했다. 그리고 이슬람 신자들조차 죽은 뒤 과부가 된 아내들과 함께 화장된 경우들이 기록되어 있다. (Thompson 1868, 39)

때로는 어머니가 죽은 아들을 화장하는 장작더미에서 죽는 경우가 있었으며, 여기에는 최고의 사티라는 명예가 주어졌다. 가끔씩은 누나나 여동생이 죽은 형제를 따라 죽기도 했다. 이 예식의 가장 흔한 형식에 따르면, 과부 자신이나 과부의 장남이 불을 붙여야 했다. 화장 장작더미로 가는 길에서 과부는 (이번만큼은) 모든 대중의 이목을 끄는 대상이 되었다. 그녀는 돈과 보석들을 군중에게 나누어 주었다. 예언의 재능과 더불어 저주와 축복의 능력을 부여받은 그녀는 화려한 축하연 속에서 불태워진다. 남편에게 충실하지 못한 여자는 누구도 불태워질 수 없었으므로, 사티 예식 자체가 사티를 고결하게 만드는 것이 아니라, 그녀가 평생 고결하게 살았음을 입증하는 것이었다. 따라서 과부에게는 다만 두 가지 선택지가 있었다. 하나는 고통스럽지만 상대적으로 간단하고 영웅적인 죽음을 맞는 것이고, 다른 하나는 죄를 짓고 참회하는 사람으로서 비참하고 굴욕적으로 숨어 사는 것이었다.

왜 과부들이 죽음을 선호했는지를 이해하기는 그리 어렵지 않다. 자주 반복해서 강조되는 과부의 적절한 행위 규정을 보면 다음과 같은 내용이 들어 있다. 과부는 하루에 소박한 한 끼 식사보다 더 많이 먹어선 안 된다, 가장 천한 일들을 해야 한다, 절대 침대에서 자면 안 된다, 사원에 갈 때 말고는 집 밖으로 나가서는 안

된다, 축제 때 사람들 눈에 띄지 말아야 한다(과부는 자신의 자녀들 외에 다른 모든 이들에게 불길한 존재였으므로), 가장 단조로운 옷만 입고 당연히 보석류는 착용해서는 안 된다. 아마도 높은 신분으로 태어난 여성에게 가장 굴욕적이었을 일은 매달 불가촉천민 남자 이발사의 손에 머리를 삭발당해야 한다는 것이었다(Felton 1966). 이 모두가 죽은 남편의 영혼을 위해서 반드시 필요하며, 또한 과부 본인이 다음 생에 암컷 동물로 태어나는 것을 막아준다고 여겨졌다. 이론적으로는 과부가 이 모두를 거부할 수도 있었다. 그러나 실제로 과부는 상당한 압력을 받을 수밖에 없었다. 한 포르투갈인 연대기 작가는 이렇게 적어두었다. "애도를 마친 친척들이 과부들에게 스스로를 불태워 자신들의 세대를 욕보이지 말 것을 권고한다"(Sewell 1962, 372). 과부가 적절한 표징과 시험을 수행함으로써 자신을 바치겠다는 뜻을 보이고 나면, 마음을 바꾸거나 감히 가족의 명예를 더럽힐 수 없게 된다. 그러한 일이 일어나는 것을 방지하기 위해 가족들과 예식의 진행을 맡은 사제들이 취하는 방법에는 여러 가지가 있었다. 화형대를 불구덩이 쪽으로 기울게 만들었고, 일단 여자가 불구덩이로 떨어지면 출구가 막히고 머리 위쪽이 무너져 내리도록 장작을 쌓았으며, 여자를 장작과 장대에 묶어 무게 때문에 아래로 처지게 하기도 했다. 이런 방법들이 모두 실패하고 여자가 불타는 장작더미에서 달아날 경우 강제로 다시 끌려왔는데, 아들이 직접 끌고 오는 경우도 더러 있었다.

어떻게 이러한 일이 합리화될 수 있었을까? 정통 힌두교 신앙에 따르면 과부는 자신보다 먼저 떠난 남편의 죽음에 책임이 있었다. 이번 생이 아니라면 지난 생에 아내가 지은 죄 때문이라는 것이었다. 인생사의 정상적인 경로를 따르면 부인이 먼저 죽어야 했다. 남편보다 오래 살아남은 죄는 평생 금욕한다고 해도 용서받을 수 없었다. 사티는 무엇보다도 남편의 통제 없이는, 여자들은 그 본성상 성적으로 신뢰할 수 없으며 정숙한 삶을 이끌어갈 수 없다는 믿음에 기초한 것이었다. 하트Hart는 초기 타밀(인도 남부) 문학에서 여성을 어떻게 묘사하고 있는지 우리에게 알려준다. 여성은 원래 신성한 능력이 깃든 존재이지만 남편이 죽은 뒤에는 위험하게 변해버리는 존재라는 것이다.

여성에게 배어든 신성한 능력은 통제가 가능하다면 언제나 그녀의 삶과 남편의 삶에 상서로움과 신성한 올바름을 가져다준다. 그러나 그 능력은 반드시 확고한 통제 아래 있어야 한다. 그렇지 않으면 큰 혼란을 일으키게 된다. 그러므로 여성은 조심스레 정결을 지켜야 한다… 남편이 죽은 뒤 여자는 특별히 위험한 존재가 되므로 반드시 삭발하고 머리에 진흙을 두껍게 발라야 하며, 돌로 만든 침대에서 잠을 자고, 쌀 대신 백합 씨앗을 먹어야 한다… 정결하고 젊은 과부는 마법의 힘에 오염되었으니 스스로 목숨을 끊어야 한다. (Hart 1975, 43-44)

과부는 오직 불태워져야만 확실히 "스스로에게서 여성의 신체를 제거"할 수 있다. 더욱이 과부가 불태워짐으로써 그녀 자신과 남편, 남편의 가족, 어머니의 가족, 아버지의 가족은 3,500만 년 동안 낙원에 머물게 된다. 그들 모두가 얼마나 죄를 많이 지었는지는 상관이 없다. 낙원에 이른 과부는 남편과 다시 결합한다. 설령 남편이 원하지 않는다 해도 그렇다.

경전에 따라 이러한 유인책이 주어진 한편, 내세뿐 아니라 이 승에서는 살아남은 가족들에게 관습에 따른 위신이 주어졌다. 경제적으로 풍족한 상위계층의 가족들에게는 매우 실제적인 이득도 있었다. 힌두교도 아가씨가 결혼을 하면 그녀는 공식적으로 아버지의 부계 가계에서 남편의 부계 가계로 이전된다. 동시에 그녀의 가족은 앞으로 그녀의 생계에 대한 도덕적 책임으로부터 벗어난다. 그런데 일단 과부가 되면 그녀는 시집 식구들 사이에서 잠재적으로 아들을 출산할 수 있는 존재로서의 가치를 잃게 된다. 실제로 시집 식구들이 지닌 최악의 공포는 그녀가 혹시라도 임신하게 되어 이전 자녀들의 적법한 혈통에 그늘을 드리울 수 있다는 것이다. 광적일 만큼 부계 혈통에 집착하는 전통 속에서 과부의 죽음은 자녀들에게 남편 가족들의 후견을 보장해주고, 논쟁의 여지가 없는 명망을 남겼다. 그리고 과부가 남편의 부동산에 대한 평생 권리를 계속 누리는 일을 방지했다.

실제 의례에 참여하는 브라만 사제들과 다른 개인들 또한 이득을 얻었다.

1824년 쿠타크 지역에서 저자가 목격한 사티의 비용은 푼디트 pundit*에 따르면 다음과 같다. "기 버터 3루피, 옷감 1루피, 여성용 새 옷감 2루피, 장작 3루피. 아달루트 푼디트는 3루피를 받았다.

---

* (옮긴이주) 힌두교의 성직자 또는 현자.

여자는 다음과 같은 용도로 1루피를 낸다. 쌀 1아나*, 대마 3아나, 강황 1아나, 마티안레트, 찬단, 둡, 코코넛 1아나 1파이사**, 짐꾼 5아나, 악기연주자 반 루피, 손톱 깎기 4아나, 장작 패기 3아나. 통합 15루피 5아나 3파이사. 이후 예정된 슈라다shraddha[장례 축제] 15루피에서 20루피. 따라서 30루피(3~4파운드)가 지출되었다. 당사자들은 매우 가난해 보였다."(Peggs 1831)

짐작하건대, 참가자들이 부유할 경우 비용은 더 올라갔다. 사제는 사티의 금붙이 장신구들을 받았다. 군중은 그녀가 나누어 주는 선물을 받았고 여러 가지 이유에서 이 행사를 축제처럼 즐겼다. 분명한 것은 가족들이 부자가 아닐 경우 어떠한 경제적 이점도 사라진다는 것이었다.

보다 가난하고 낮은 지위의 카스트 사이에서는 본래 사티 관습으로부터 이득을 얻었을 사람들도 때로는 엄청난 비용을 치러야 한다. 그럼에도 사티를 행하는 이유는 다만 상위계층을 따라 하고 싶은 열망으로밖에 설명되지 않는다. 이 관습은 원래 상위계층에 속한 것이었음에도, 19세기에 이르러 사회구조의 하층부까지 퍼졌으며 그 결과, 이 예식을 행하고자 하는 데 너무 낮은 계층이란 없는 것처럼 느껴지게 되었다.《캘커타 리뷰》에서는 한 무리의 낫족 사람들이 사회적 신분이 너무 낮다는 이유로 사티를 허가받지 못한 일을 언급하고 있다. 1823년 벵골 지역에서 벌어

---

* (옮긴이주) 1루피는 16아나.
** (옮긴이주) 1루피는 100파이사.

진 사티 예식을 카스트에 따라 분류해보면, 총 576명의 사티 가운데, 235명이 브라만, 34명이 케트리(귀족은 아니지만 존중받았던 계층), 14명이 바이샤(전통적으로 사제와 전사 아래로 분류되는 상인 계층), 292명이 수드라(전통적으로 '종')였다(Mukhopadhyay 1957, 99-115). 1825년 무코파댜이Mukhopadhyay가 한 지역에서 일어난 사티에 대해 카스트와 상관없이 경제적 지위에 따라 추산한 바로는 사티로 희생된 여성들 가운데 26명이 부유한 남자의 과부였으며, 52명이 '중간', 26명이 가난했다. 하지만 이러한 추산의 기준은 제공되지 않았다. 희생된 사티들은 8세에서 80세까지 모든 연령대에 걸쳐 있었다. 적대적인 관찰자였던 페그스Peggs*가 정리하여 제시한 통계표에는 4세 아동이 적어도 한 명 포함되어 있었다.

인도 국경선 안에서도 지역별 편차가 상당히 컸다. 19세기 초에는 인도 각지에서 사티 관행이 늘고 있긴 했지만, 대부분 벵골 지역에 집중되었다. 1815년에서 1824년까지 영국 동인도회사의 직접 통치를 받던 세 지역 즉 벵골, 봄베이**, 마드라스***에서 6,632건의 사티가 집계되었는데, 이 가운데 5,997건이 벵골 지역에서 이루어진 것이었다. 더욱이 벵골 지역에서는 1824년에서 1828년까지 2,137명의 여성이 사티로 사망했다(Mukhopadhyay 1957, 105). 이 수치들은 그 자체로 매우 끔찍하다. 하지만 이 수치들은 과부들 가운데 매우 소수만이 실제로 사티에 참여했음을 보여준다. 예를 들어, 벵골 지역의 바케르간지에서는 1825년 한 해

---

* (저자주) 페그스는 쿠타크의 선교사였다.
** (옮긴이주) 현재의 뭄바이.
*** (옮긴이주) 현재의 첸나이.

동안 콜레라로 사망한 사람만 2만 5,000명으로 추산되는데, 같은 해에 이루어진 사티는 총 63건밖에 되지 않았다(Mukhopadhyay 1957, 105). 지역별 편차는 특정 카스트 계층과 그 계층들 안에 살고 있는 분파들의 전통과도 관련되어 있었을 것이다. 하지만 이런 식으로 그러한 편차를 설명하려는 시도는 전적으로 만족스럽지는 못하다. 무코파댜이가 검토한 자료에 따르면 각 지역별 편차는 일반적 정통 신앙과도 일관된 관련성이 없고, 쿨린의 일부 다처제 같은 특정한 관습과도 관련성이 없었다. 그는 오랜 기간 자리 잡은 지방 전통과, 자살에 대한 관용을 수반하고 인간의 목숨을 평가절하하는 일반적 풍조를 들먹이는 것으로 정리하는 데 그쳤다. 그러나 사티의 중대한 의미는 희생당한 사티가 무엇을 위해 가치 있다고 여겨졌는가 하는 관점에서, 그리고 제시된 다른 대안들과 인도 사회에서 여성이 차지하는 규범적 위치와 관련해서 이해하려 할 때 가장 잘 이해될 수 있다. 사티의 개념과 실행을 구별하는 것은 덜 중요한 일이다.

여성 제노사이드

마리루이제 얀센유라이트

> 딸은 태어나지 않거나 살아남지 않는 것이 더 낫다. 태어났다면,
> 땅 아래 있는 것이, 출생과 장례를 겸하는 것이 더 낫다.
>
> _위구르 시가

> 성별을 선택할 경우 한쪽 성별이 선호될 수 있다. 이는 성비 왜
> 곡을 초래할 수 있다. 남성인구 과잉은 인구성장을 제한하겠지
> 만 사회 내 공격성 수준 일반을 상승시킬 수 있다.
>
> _앤 매클래런Anne McLaren

남성과 여성이 조화롭게 서로를 보완하는 성별 분업이 자연스러
운 현상이라는 생각은 서구의 사회연구에서 거의 당연한 것으로
여겨지는 전제다. 이는 과거의 현상을, 오늘날 우리 문명에도 영
향을 미칠 수 있는 행위의 구성요소라기보다 민족학이나 민속학
적 관심 대상으로 보이게 한다. 이 글에서는 여성영아살해 관습

과 그러한 행위의 원인들에 관한 의문을 다룬다.

19세기의 가장 중요한 민족학자 가운데 하나인 스코틀랜드 출신의 존 퍼거슨 매클레넌John Ferguson MacLennan은 여성영아살해를 원시 민족들 사이에 널리 퍼져 있던 현상으로 보았으며, 이것이 족외혼exogamy의 원인이라고 여겼다. 여아를 살해함으로써 초래된 남성인구 과잉은 자동적으로 다른 부족의 여성이나 십대 소녀를 강탈이나 입양, 또는 매입하는 결과를 낳았다.

영아살해는 인류 사회의 보편적 현상이다. 그에 대한 증거는 모든 대륙의 원시 민족들만이 아니라 위대한 역사적 문명들에서도 발견된다. 어떤 민족들의 경우, 영아살해는 적대적인 환경과 빈약한 영양상태에 대한 반응으로 나타난다. 이미 한 아이에게 젖을 먹이고 있는 엄마가 아이를 또 낳으면 두 아이를 먹이기에는 모유가 부족하기 때문에 새로 태어난 아이를 죽인다. 신생아를 살해하거나 유기하는 것은 집단의 생존이 걸린 문제이며 부적절한 피임 기술에 대한 보완책이다. 이유가 무엇이 되었든, 영아살해를 실행하는 대다수의 사회들에서 여성 신생아들이 남아에 비해 더욱 빈번하게 유기되거나 살해당한다는 사실, 그리고 다수의 사회에서는 배타적으로 여아만 살해당한다는 사실을 간과해서는 안 된다. 여성 제노사이드는 심지어 부유층에서도 시행되었다.

실제로 델포이의 거룩한 명문銘文만이 아니라 귀화 관련 명문에서도 거의 배타적으로 부유한 가정에서만, 무엇보다도 상인들 무리에서 여성 제노사이드가 벌어졌다는 사실이 드러난다.

사실 자녀 유기나 신생아 살해는 그리스도교 이전의 유럽에서 흔한 일이었다. 아버지 쪽에서 행하는 이런 끔찍한 행위는 거친 환경을 이유로 정당화되었으며, 반드시 필요한 책임 있는 인구 정책으로 해석되었다. 그러한 행위가 반복적으로 결혼생활의 지배관계를 명확히 한다는 점은 역사학자들에 의해 고려된 적이 없다. 신생아를 내다 버리거나 죽이는 행위는 매번 엄마의 내적 저항을 무너뜨렸다. 더욱이 여성영아살해는 장차 여성들을 도와줄 일손을 앗아갔으며, 딸과 함께하는 여성 동맹의 가능성을 없애버렸다.

여러 사회에서 성비性比 변화는 남성 동성애를 확산시키고 독신 기간을 증가시켰다.

그리스의 통계수치에서 많은 정보를 얻을 수 있다. 수세기에 걸쳐 그리스인들은 인구과잉을 걱정하며 살았다. 기원전 3세기와 2세기 그리스 가정에서는 자녀를 하나 또는 둘밖에 갖지 않았다. 영국인 고대 역사학자 탄W. W. Tarn은 이렇게 썼다. "기원전 228~220년 밀레토스 시민권을 받은 그리스인 수천 가구 중 자녀가 있는 79가구에 대한 세부 기록이 남아 있다. 이들이 데려온 자녀는 아들 118명, 딸 28명이었으며 그중 다수가 미성년자였다. 아들과 딸의 비율이 이러한 이유는 어떤 자연적인 원인으로도 설명할 수 없다"(Tarn and Griffith 1964, 101).

[기원전] 4세기 아테네의 성비를 보면, 61가구에 87명의 아들과 44명의 딸이 있었다. 이러한 성비 불균형은 꾸준히 심화됐다.

이상적인 가정에는 아들이 하나나 둘(전쟁에서 하나가 죽는 경우에 대비하기 위해서였다) 있었다. 그리스의 성비는 가끔씩 1:7까지 오를 만큼 남자가 많았다. 여기에는 다수의 그리스인 아들들이 해외로 이주했다는 사실이 포함되어 있지 않기 때문에 실제 성비는 훨씬 더 크게 벌어졌을 것이다. "[기원전] 2세기의 델포이 명문에 등장하는 600가정 가운데 딸을 둘 기르는 가정은 1퍼센트밖에 되지 않았다. 밀레토스의 근거 자료도 이와 비슷해서 전체 명문을 살펴보아도 자매가 있는 경우는 한 손으로 꼽을 수 있을 정도다…"(Tarn and Griffith 1964).

역사학자들뿐 아니라 다수의 민족학자들도 여성영아살해를 단지 인구조절정책 수단으로 볼 뿐, 남성의 권력, 자의성, 기질, 질투를 드러내는 방식으로는 보지 않는다. 이렇게 여성 제노사이드가 지닌 적응조정이라는 가치만 일방적으로 강조된다. 여성영아살해의 심리학적 성격을 지적하는 연구자는 드물다.

한 가지 예외적인 사례는, 미국인 밀턴 R. 프리먼Milton R. Freeman이 넷실리크 에스키모 공동체에서 체계적 여성영아살해는 생태적 원인보다는 다른 원인들에 의해 일어난다는 결론에 이른 것이다(Freeman 1971). 이 현상을 고찰했던 여섯 명의 뛰어난 에스키모 학자들은 여성영아살해가 성비 균형을 맞추는 데 기여한다는 일반론에 만족했다. 이 부족의 남성 구성원 수가 여러 사고 때문에 심각할 만큼 줄었기 때문에 여성영아살해가 성비를 맞추는 합리적 수단이었다는 것이었다. 어떤 저자들은 여아에게 몇 년간 수유를 하면, 노후에 부모를 부양할 아들을 얻게 될 가능성이 줄어든다는 의견을 인용하기까지 했다. 프리먼은 이를 '뒤늦은 합리화'라고 본다. "요컨대, 내 논지는, 상호의존적이고 보완적인 역할들 때문에, 분명하게 남성 지배를 지적할 필요가 있다는 것이다. 넷실리크 에스키모 가운데 정보 제공자들이 했던 말들은 여성에 대한 남성 지배를 밝혀 보여주고 있다."

프리먼은 1913년 한 덴마크 과학자가 방문한 기간 동안에 일어났던 사건을 언급하고 있다. 이 덴마크 과학자는 아들만 셋을 둔 유명한 사냥꾼과 접촉했다. 이 사냥꾼은 딸이 태어날 때마다 일관되게 죽였고, 그렇게 죽인 딸이 아홉이었다. 또 딸이 태어났다는 소식을 들었을 때 사냥꾼은 작살로 물고기를 잡는 중이었는데 ─ 그건 그가 가장 좋아하는 일 가운데 하나였다 ─ 엄청나게 많은 물고기를 잡았다. 그는 집으로 돌아와 아내의 텐트로 가서 이번만큼은 딸이 계속 살 수 있도록 허락했다. 프리먼은 이렇게 쓰고 있다. "여아의 운명을 결정하는 데 아버지의 마음 상태가 매우 중요하다는 것이 너무나도 분명해 보였다." 그는 1918년에 있었던 또 다른 사례에 대해서도 언급하고 있다. 딸아이를 기르고 싶어 했던 한 어머니가 이렇게 말했다고 한다. "나는 아무것도 할 수 없었어요. 그 시절에 우리는 남편이 너무 무서웠거든요."

프리먼이 자신의 조사 내용으로부터 내린 결론은 아버지가 어머니를 질투한다는 것이었다. 어머니는 조력자이자 동반자로 딸을 기르지만 아버지에겐 그러한 존재가 없기 때문이다. "그는 새로 태어난 아이에게는 아무런 불만이 없다. 그러나 아내에 대한 자신의 지배를 다시 한번 확실하게 해둘 필요가 있다고 생각한다. 그는 아내가 자신을 속였다고 생각할 수도 있다."

프리먼은 에스키모 공동체 안에서 여성영아살해의 의도치 않은 부작용인 인구정치학적 이점을 거의 믿지 않았으나, 기능주의 이론의 지지자들이 모두 그러하듯 그 역시 이러한 관습을 환경에 적응하는 것으로 정의해야 했다. "왜냐하면 이 관습이 넷실리크 사회의 의사결정 단위, 즉 가정 안에서 긴장을 줄여주기 때문이다." 다시 말하자면, 에스키모 남자는 딸을 죽임으로써 자신의 내적 긴장을 보상할 수 있고, 아이의 엄마인 에스키모 여자를 해치지 않게 된다. 사회 안에서 그녀는 무력한 존재이기 때문에 그녀의 고통은 그들이 함께하는 삶을 위협하는 긴장이 되지 않는다.

인도에는 체계적인 여성영아살해가 환경적 압박에서 비롯되는 것이 아니라 남성의 과도한 명예의식의 결과임을 입증하는 사례들이 있다. 20세기 초 펀자브와 카슈미르 지방에는 여자아이가 한 명도 살아남지 못한 카스트와 부족이 있었다. 시크교도의 한 갈래인 베디는 코리 마르koree mar 즉 '딸 백정'이라는 별칭으로 알려져 있었다. 여성영아살해는 이들에게 3,000년을 이어온 전통이었다. 다른 카스트들, 즉 라지푸트와 차우한 안에서도 같은 관습이 "태곳적부터" 있었다고 한다.

여성영아살해에는 세 가지 주요 원인이 있다고 이야기된다. 차우한 사람들은 딸의 결혼식과 지참금에 들어가는 비용을 걱정했다. 그리고 어느 누구의 장인이나 사위가 되는 걸 감내하기에는 너무나 자존심이 강했다. 마지막으로, 딸을 살아 있는 채로 두는 것을 불길한 일이라고 여겼다. "세 가지 이유 가운데 마지막 이유가 가장 깊이 뿌리박혀 있다."

1840년대 민푸리의 라자Rajah가 살려둔 조카딸이 아마도 차우한의 성채가 지어진 이래 그곳에서 태어나 양육된 첫 번째 여자아이였을 것이다. 그러나 그녀의 아버지가 죽고, 곧이어 라자마저 죽자, 그 어린 소녀가 살아남은 탓에 두 사람의 죽음이 초래되었다고 하는 차우한 공동체의 확신이 더욱 깊어졌다(Das 1956).

에타와 시의 라지푸타나와 줌나에서는 한 가지 이유가 더 있었다. 카스트 정신에 따르면, 딸은 반드시 같거나 더 높은 계층의 남자에게만 결혼을 약속할 수 있었다. 그러나 그러려면 무척이나 많은 선물을 준비해야 했으므로, 딸 가진 아버지들은 거지가 될 지경이었다. 한 영국군 소령에 따르면 남성의 명예라는 개념이 라지푸트 사람들에게 "아버지의 행복을 희생하거나, 아니면 딸의 생명을 희생하는" 선택지를 제시했다.

베디 사람들 사이에는 그들 카스트의 시조인 두름 찬드Dhurm Chand가 했다는 말이 전한다. "베디가 그들의 신앙에 진실되고 거짓말과 독한 술을 멀리하면, 신의 섭리가 그들에게 축복을 내려 오직 아들만 낳게 될 것이다"(Das 1957).

베디의 산파들은 태어난 아이를 목 조르거나 찬 바닥에 누이고 바람을 쏘이는 방식으로 죽였다. 낳은 아이가 딸이면, 소똥으로 입을 막거나 우유에 빠뜨리는 방법으로 태어난 즉시 죽였다. 구자라트에서는 여자아이들을 산 채로 묻었다. 시신을 도자기그릇에 넣고 입구를 밀가루 반죽 같은 것으로 막았다. 아편으로 만든 작은 알약을 아이에게 주어서 몇 시간 뒤에 죽게 만들기도 했다. 많은 경우에 산모 자신이 딸을 죽여야 했다. 산모는 젖꼭지에 아편 연고를 바르고 아이에게 빨게 한 뒤 아이가 죽기를 기다렸다.

"선교사들이 개종시킨 아메리카 원주민 사이에도 여자아이들을 태어나자마자 죽이는 관습이 있다. 특히 부부에게 이미 여러 명의 딸이 있을 때 그렇다." 오리노코 강 상류에 사는 와이카족의 당시 관습에 대한 보고서에 기록된 내용이다(Pollak-Eltz 1963-64, 1968-69).

이슬람 경전 쿠란에는 이런 단락이 있다. "아랍 사람이 그에게 딸이 태어났다는 이야기를 들으면, 슬픔이 그의 얼굴을 검게 물들인다. 이 소식이 엄청난 해악처럼 그를 덮쳐, 그는 누구에게 도 모습을 드러내지 못한다. 그가 태어난 딸을 그대로 두어 굴욕을 겪을지, 아니면 즉시 땅에 묻을지 의심스럽다"(Ploss and Bartels 1963-64, 1968-69).

이미 정복된 지 오래된 지역의 관습에 대한 이 같은 묘사들이 가리키는 요점은 무엇일까? 20세기 후반기에도 이러한 관습을 따르는 것이 가능하리라고 진지하게 자진하여 주장할 사람이 있겠는가?

이에 대한 대답으로 '아니요'는 적절하지 않다. 인도의 상위 카스트에서 벌어진 것과 같은 여성 제노사이드가 이번 세기에 다시 일어날 가능성은 분명 별로 없다. 반면, 그러한 전개과정을 가능하게 만든 심리적 구조는 여전히 우리 문화에 깊이 심어져 있다. 즉 여성은 원치 않았던 성이라는 것이다.

다음은 여아의 출생을 폄하하는 경향이 앞으로도 이어지게 할 수 있는 방식의 몇 가지 예다.

정상적인 남녀 출생 성비는 여아 100명이 태어날 때 남아 105에서 106명이 태어나는 것이다. 산업화된 나라들에서 최근 까지도 유전적 결점 때문에 남아의 사망 가능성이 더 높았으므로 아이들이 자라나 성적으로 성숙할 무렵에는 남녀 성비 수치가 대강 균형을 이루었다. 그러나 20세 무렵부터 여성 비율이 높아지기 시작해 오늘날 모든 서구 사회는 여초 현상을 겪고 있다.

대다수의 국가에서 산모와 영아의 사망률이 감소한 데다가 여성이 남성보다 기대수명이 더 길기 때문에 세계 인구에서 여성이 차지하는 비율은 남성이 차지하는 비율보다 어느 정도 높을 수밖에 없다.

하지만 실제로는 1985년까지 여성인구 비율이 49.91퍼센트에서 49.78퍼센트까지 떨어질 것으로 예측되었다. 즉 남성보다 여성이 2,100만 명가량 적을 것이라는 이야기다(UN paper 1975).

여성 부족은 산업화된 국가들과 저개발 국가들을 대조하는 것으로 설명될 수 없다. 하지만 극도의 가부장적 사회구조를 지닌 개발도상국가와, 문화적 이유 때문에 여성에 대한 적대적 태도가 보다 적게 존재하는 개발도상국가 사이에는 선명한 차이가 존재한다.

아랍의 이슬람 국가들에서 여성인구 비율이 가장 낮다.

이집트: 49.54%

레바논: 49.21%

요르단: 49.15%

튀니지: 48.95%

시리아: 48.73%

말레이시아: 48.17%

리비아: 48%

이란: 46.92%

쿠웨이트: 43.19%

여성인구 비율이 가장 낮은 나라는 아랍에미리트(UAE)로 38.14퍼센트에 지나지 않는다. 이러한 수치가 의미하는 바는 둘

중 하나다. 여성들이 너무나 하찮게 여겨지기 때문에 여성인구를 조사하는 것 자체가 부적절하다고 간주되거나, 새로 태어난 여아를 방치하고 산모와 영아에 대한 위생 관리를 제대로 하지 않음으로써 여아를 의식적으로 많이 죽인 것이다.

남아메리카 나라들(콜롬비아, 에콰도르, 쿠바, 파나마, 과테말라)과 아프리카 나라들(중앙아프리카공화국, 로디지아*, 적도 기니) 또한 여성인구 비율이 뚜렷하게 낮다. 인도는 여성에게 적대적인 경향이 퇴행의 원인이 되었음을 입증할 수 있는 대표적 사례다.

인도 여성의 상황에 관한 인구학적 연구를 담당하는 경제성장연구소Institute of Economic Growth의 아시시 보스Ashish Bose 교수에 따르면, 1901년 남자 1,000명당 972명의 여자가 있었지만, 1971년에는 930명으로 줄었다. 여성 영아사망률[1971년]은 출생아 1,000명당 148명이었으나, 남성 영아사망률은 1,000명당 132명이었다. 이러한 수치들은 남아 사망률이 여아 사망률보다 훨씬 높은 서구 국가들과 대조된다. 이는 인도에서 여아들이 남아들만큼 관심을 받지 못한다는 사실을 입증한다. 내과 의사들은 여아들이 남아들만큼 젖이나 음식을 잘 먹지 못하며, 인도 여성의 거의 절반은 매일 남편과 아버지, 그리고 아들이 식사를 마친 뒤에야 밥을 먹는 것으로 보고 있다. 이러한 관습 때문에 보다 가난한 계층의 여성들은 심각한 영양실조를 앓고 있다(WIN 1975, 54).

몇 해 전에 이러한 성별 분리와 남성 특권이라는 전통이 대소

---

* (옮긴이주) 오늘날의 짐바브웨.

동을 초래했다. 비아프라*에서 사람들이 굶어 죽었는데, 아이들이 가장 먼저 죽었고, 그다음으로 여자들이, 그리고 마지막으로 남자들이 죽었던 것이다. 사헬 지대**에서 기아 사태를 직접 목격한 사람들에게서도 비슷한 보고들이 나왔다.

하지만 남성인구가 늘어나 성비 변화가 일어날 때는 사회의 공격성도 고조된다. 유전학자들과 생물학자들은 만장일치로 이에 동의해왔다(Jungk and Mundit 1971). 성별 선택은 얼마 지나지 않아 인구정치학에 중대한 결과를 가져올 것이다.

성별 선택은 영아살해를 바꾸어놓을 가능성이 매우 높다. 일부 인구학자들과 통계학자들, 의학박사들이 이 주제에 대해 이미 연구한 바 있다. 1941년 미국 중서부 기혼 부부들을 대상으로 실시한 조사에 따르면, 아이를 한 명만 낳을 경우 아들을 선호하는 남편은 그러한 아내보다 두 배 많았다(Westoff and Rindfuss 1974). 1947년 갤럽Gallup이 실시한 비슷한 연구조사에서도 첫째아이가 아들이기를 바라는 남자가 그러한 여자보다 훨씬 많았다. 1970년 결혼하지 않은 대학생들을 대상으로 이루어진 설문조사에서는 질문을 받은 남학생의 90퍼센트와 여학생의 78퍼센트가 자녀를 한 명만 가질 수 있다면 아들을 원한다고 응답했다.

학생이 아닌 남자들의 경우에도 아들을 선호하는 비율은 같았다. 하지만 하위계층 여성들의 경우 70퍼센트가 딸을 원했다.

다른 통계자료를 봐도 상황이 그리 밝아 보이진 않는다. 첫아

---

* (옮긴이주) 아프리카 나이지리아의 동부지방.
** (옮긴이주) 아프리카 사하라 사막 남쪽의 초원지대.

이가 아들일 경우, 부모는 첫아이가 딸인 경우에 비해 다음 아이를 가질 때까지 평균적으로 3개월을 더 기다렸다. 미국인 어머니들은 딸을 낳은 뒤에 현저하게 더 많은 정서적 장애를 경험했다. 임신한 여성들은 아이가 딸인 꿈보다는 아들인 꿈을 두 배 더 자주 꾸었다(Sherman 1974).

이러한 결과들은, 태아의 성별을 미리 결정하는 것이 가능하다면 남편은 아들을 원할 것임을 보여준다.

그러나 성별 선택을 실행하는 데는 저항감이 있다. 최근 미국에서 실시된 설문조사에서는 46.7퍼센트가 성별 선택에 반대하고 38.4퍼센트만이 찬성했다(Westoff and Rindfuss 1974). 그럼에도 아이의 성별을 결정하려는 성향은 단호하게 바뀔 수도 있다. 성별 선택의 기술이 간단해지면, 그 방법을 사용하려는 동기도 분명히 증가할 것이다. 만약 방법이 복잡하다면 첫아이 출산 이후에야 성별 선택의 동기가 높아질 것이다.

이상적인 가정 형태는 두 자녀 가정인데, 첫째아이는 아들, 둘째는 딸인 경우다. 자녀가 하나 또는 셋 있는 가정에서 남자아이를 더 빈번하게 원한다는 사실은 남초 현상을 낳을 것이다. (자녀가 셋인 가정에서는 여아 100명당 남아 125명이 출생한다.)

성별 선택의 결과 첫 자녀의 경우 압도적으로 남아가 많아졌다. 이러한 현상이 여성들에게 초래하는 심리적·사회적 결과는 이제까지 거의 분석된 적이 없다. 반면에 형제자매 간의 출생순서가 미치는 영향과 외동 자녀의 발달과정에 관한 연구는 엄청나게 많이 이루어졌다. 여러 연구 결과에 따르면, 지적 수행 능력, 창의력, 신경증 요인들이 첫째아이에게서 더 높게 나타났다. 대개 부모들은 아들 교육에 더 많이 투자할 뿐 아니라 첫째아이 교육에 더 많이 투자한다.

서구 과학자들은 성별 선택의 결과들을 하찮게 여기는 경향이 있는 듯하다. 그러나 직업 능력 개발을 비롯해 전반적인 미래 전망은 자녀 성별 선택에 결정적으로 영향을 끼친다. 어머니가 아들을 원한다고 해서 반드시 아들의 가치를 더 높게 평가할 필요는 없다. 아마도 난폭한 경쟁이 벌어지는 이 세상에서 아들이 자기 몫을 더 잘 챙길 수 있기를 바라는 것뿐이리라.

정치 진영 사이의 긴장도 아들을 생산하는 데 결정적인 역할을 한다. 군인이 필요하기 때문이다. 강력한 가부장제 전통이 있는 나라들은 모두 자녀 성별 선택 기술이 너무 비싸거나 너무 복잡하지만 않다면 아들이 더 많기를 기대할 수밖에 없다. 예를 들어 일본 같은 산업화된 가부장제 사회에서 어떤 결과가 일어날지는 추측하기 어렵지 않다. 인구과잉이 벌어지고 있는 모든 나라의 정부는 높은 남아 출생 비율이 장기적으로 인구 문제를 해결한다는 이유만으로 그러한 방법에 관심을 갖게 될 것이다. 제국주의적 경향을 띠고 강력한 가부장제 구조를 지닌 모든 개발도상국가들에게 남초 현상은 너무나 매력적인 것이므로 정부에서는 태아 성별을 미리 결정할 수 있는 화학적 조제약품 도입을 장려할 것이다. 여성들이 그러한 해결책을 취하려는 동기는 아마도 피임을 실천하려는 동기보다 훨씬 높을 것이다. 모든 저개발 국가에서 여성의 지위는 아들을 얼마나 많이 낳았는지에 달려 있기 때문이다. 그러나 그러한 성비 변화가 가져올 결과는 아이를 낳는 여성들에게 절대적으로 긍정적이지만은 않을 것이다. 아마도 여자에

대한 수요가 많아진다면 여성이 결혼할 가능성은 늘겠지만, 해방
될 가능성은 늘지 않을 것이 분명하다.

2부   가부장제 가정:
여성에게 가장
치명적인 장소

© Ellen Shub

"성차별이 사람을 죽인다. 아내 학대를 멈춰라."
구타당하는 여성들의 자유발언, 미국 매사추세츠 주 보스턴, 1976년.

2부에 실린 글들은 여성이 전에 관계가 있었거나 현재 관계를 맺고 있는 남성에 의해 자신의 집에서 살해된 경우에 초점을 맞춘다. 집은 여성들이 가장 안전하다고 느끼는 장소지만, 역설적이게도 남성과 함께 살 때는 치명적인 성폭력으로부터 가장 덜 안전한 장소가 된다. 또한 여성들이 신뢰하고 사랑과 보호를 구하도록 장려되는 그 남성들, 즉 남편이나 연인 또는 이전 남편이나 연인이 여성들에게 가장 큰 위험을 가한다는 사실 역시 역설적이다.

2부는 〈여성우발살인Womanslaughter〉*이라는 시에서 발췌한 구절로 시작한다. 작가 팻 파커Pat Parker는 이 시에서 경찰보호를 요청했으나 거부당한 한 아프리카계 미국인 여성이 남편에게 살해당한 사건에 대해 개인적으로 이야기한다. 파커는 이렇게 목숨을 위협받는 상황에 처한 여성들을 지원하지 못하는 책임을 물어 경

---

* (옮긴이주) 우발살인manslaughter에 man 대신 woman을 넣어서 만든 새로운 단어다.

찰과 사법체계를 비판한다.

파커의 개인적 증언 뒤에는 두 편의 학술논문이 이어진다. 〈죽음이 우리를 갈라놓을 때까지Till Death to Us Part〉에서 마고 윌슨 Margo Wilson과 마틴 데일리Martin Daly는 남자들이 친밀한 관계의 여성 파트너들을 살해하는 이유를 분석하고, 친밀한 관계의 페미사이드가 일어날 가능성이 높은 환경을 가늠한다. 그 뒤에 실린 재클린 C. 캠벨Jacquelyn C. Campbell의 논문은 미국 오하이오 주 데이턴에서 4년간 일어난 살인사건들을 통계학적으로 연구한 결과물이다. 이 논문은 여성에 대한 살해 위협이 어떻게 언론뿐 아니라 사회과학자들에 의해 체계적으로 지워져왔는지를 보여준다. 언론과 마찬가지로 사회과학자들 또한 폭력의 피해자인 여성들을 비난하는 경향이 있다.

이 두 학술논문 다음에는 이들 논문에서 제기된 이슈들에 어떤 직접성을 첨가하는 개인적인 이야기가 실려 있다. 리키 그레고리 Rikki Gregory는 자신의 친구 맨디Mandy가 겪은 남편의 폭력을 묘사한다. 폭력적인 관계 속에서 살고 있는 다른 많은 여성들과 마찬가지로 맨디 역시 현실을 부인하는 대응 전략을 택했다. 이러한 전략은 그녀가 기존의 관계 속에서 조금 더 오래 살아남을 수 있게 해주었을지 모르지만, 궁극적으로는 그녀의 목숨을 대가로 요구했다.

그다음 세 편의 글은 인도에서 일어나는 페미사이드를 다룬다. 고빈드 켈카르Govind Kelkar는 신부 화형 관행을 오늘날 힌두 사회의 가부장제 가정과, 남성에 대한 여성의 의존을 강화하는 보다 폭넓은 경제 및 정치 구조와 연결 짓는다. 그러한 의존관계는 전통적인 결혼 양식에 의해 더욱 강화된다. 결혼한 직후, 여자는 보통 자신의 가족을 떠나 멀리 떨어진 곳에서 남편의 가족과 함께 산다. 원 가정으로부터 분리되고 새로운 가정에 의존해야 하는 상황 때문에 신부는 취약한 위치에 놓인다. 저자는 이러한 취약성을 힌두 사회의 신부 화형 관행과 연결한다. 또한 신부 화형에 맞서는 힌두 여성들의 저항에 대해서도 탐구한다. 이는 이 여성들을 수동적으로만 보는 서구적 관점의 고정관념을 반박한다.

고빈드 켈카르의 연구조사에 기초한 논문 뒤에는 라젠드라 바지파이Rajendra Bajpai가 《샌프란시스코 크로니클San Francisco Chronicle》에 기고한 보도 기사가 실려 있다. 저자는 사티 관행이 정부 당국에 의해서는 폐기되었으나 여전히 근처 수 킬로미터 내에 사는 구경꾼들을 끌어들일 만큼 인기 있는 구경거리로 남아 있는 현실을 알린다.

S. H. 벤카트라마니S. H. Venkatramani는 또 다른 형태의 페미사이드인 여성영아살해에 초점을 맞춘다. 남자아이를 선호하고 우대하는 관행은 가부장제 사회—여기서는 인도—에서 긴 역사를 지니고 있다. 이런 사회에서 남자들은 삶의 모든 영역에 걸쳐 여자들보다 높은 사회적·정치적·경제적 가치를 부여받는다. 어떤 가부장제 문화들에서는 이러한 남아선호가 여성영아살해라는 관행을 낳았다. 벤카트라마니는 영아살해를 여성 태아에 대한 선택적 낙태와 연결 짓는다. 저자의 의도는 낙태가 일종의 살인임을 암시하려는 것이 아니라, 특정한 낙태가 외부의 강압에 의한 것인지 자발적 선택에 의한 것인지 물으려는 것이다.

2부의 마지막에서 캐런 D. 스타우트Karen D. Stout는 안전하지 못한 집에서 살고 있는 여자들이 취할 수 있는 대안들을 살펴보고, 친밀한 관계에서 벌어지는 페미사이드의 범위와 여성을 위한 법적인 해결책 및 피난처 마련 가능성 사이의 연결고리들을 가늠한다.

여성우발살인

팻 파커

여보세요, 여보세요, 죽음이죠
조용한 남자가 있었는데
조용한 아내와 결혼했다
함께, 그들은 살았다
조용한 삶을.

아니, 아니, 그렇지 않아
그녀의 자매들이 말했다,
진실은 드러난다
그녀가 숨져 누워 있을 때.
그는 그녀를 때렸다.
그는 끔찍한 일들로
그녀를 비난했다
그리고 그는 그녀를 때렸다.

어느 날 그녀가 떠났다.

그녀는 자매의 집으로 갔다
그녀 또한 홀로 사는 여인이었다.
그 조용한 남자가 와서 그녀를 때렸다.
두 여인 모두 두려웠다.

"여보세요, 여보세요, 경찰이죠
나는 여자예요
그리고 나는 두려워요.
남편이 나를 죽이려 해요."

"부인, 우리가 할 수 있는 일은 없습니다
남편이 부인을 해치려 할 때까지는요.
판사에게 가시면 판결해줄 겁니다
남편이 부인을 그대로 내버려두도록!"
그녀는 친구와 함께
아파트를 구했다.
그녀는 시작할 것이다
새로운 삶을 또다시.
임시 이혼 판결
그 조용한 남자의 결말.

그는 그녀의 집으로 왔다.

그리고 그는 그녀를 때렸다.
두 여인 모두 두려웠다.

"여보세요, 여보세요, 경찰이죠
나는 혼자 사는 여자예요
그래서 나는 두려워요.
전남편이 나를 죽이려 해요."

"걱정 마세요, 부인
남편은 조사를 받을 겁니다."
이미 너무 늦었을 때에야
그는 체포되었다.
어느 날 한 조용한 남자가
자신의 조용한 아내를 쏘았다
뒤에서 세 발.
그는 아내의 친구도 쏘았다.
아내는 죽었다.

이 남자를 어떻게 해야 하나?
이건 1급 살인인가?
아니요, 남자들이 말했다.
이건 치정 범죄야.
그는 화가 나 있었거든.

이건 2급 살인인가?

네, 남자들이 말했다.

하지만 우리는 그걸 그렇게 부르지는 않겠어.

우리는 그의 이력을 생각해야 해.

우리는 그걸 우발살인이라 부르겠어.

그대로 선고가 내려진다.

우리는 이 남자를 어떻게 해야 하나?

그의 상사인 백인 남자가 왔다.

이이는 조용한 흑인 남자다, 그가 말했다.

그는 나를 위해 일을 잘한다

남자들이 그 조용한

흑인 남자를 감옥으로 보냈다.

그는 낮에 일하러 갔다.

그는 밤에 감방으로 가서 잠들었다.

한 해 뒤에 그는 집으로 갔다.

언니, 나는 이해할 수 없어,

나는 화가 나, 이해할 수 없어.

텍사스에서라면, 그는 석방되었을 거야.

한 흑인이 또 한 명의 흑인을 죽이고

텍사스에는 흑인이 하나 줄고.

하지만 여긴 텍사스가 아니다.

여긴 캘리포니아.

천사들의 도시.

그의 범죄가 그토록 가벼웠나?

조지 잭슨은 강도 혐의로

여러 해 동안 복역했다.

엘드리지 클리버는 강간 혐의로

여러 해 동안 복역했다.

내가 아는 텍사스의 한 남자는

마리화나를 지니고 있었다는 혐의로

40년째 복역하고 있다.

그의 범죄가 그토록 가벼웠나?

그의 범죄는 무엇이었나?

그는 다만 아내를 죽였을 뿐.

하지만 이혼 판결을 내가 말하자,

최종 판결은 아니었다고 그들이 말한다.

그녀의 것은 그의 것

그녀의 목숨까지도.

남자는 아내를 강간할 수 없다!

남자는 아내를 죽일 수 없다.

남자의 격정이 아내를 죽음에 이르게 한다.

셜리 존스의

세 자매가

와서 그녀를 화장했다.

그들은 강하지 않았다.
이제 나의 말을 들어라─
거의 3년이 지나
나는 다시금 강하다.
나는 많은 자매들을 얻었다.

그리고 누군가 맞거나,
강간당하거나, 살해되거나
나는 검게 입고 조문하지 않겠다
나는 알맞은 꽃을 골라 집지 않겠다
나는 그녀의 죽음을 기리지 않겠다
그녀가 흑인이든 백인이든
그녀가 여자를 사랑하든 남자를 사랑하든
그건 문제가 되지 않을 것이다
나는 많은 자매들과 함께 오겠다
그리고 그들 여성우발살인으로 맺어진 형제들의
내장을 가지고
거리를 장식하겠다.
더는 분노를 누그러뜨릴 수 없다
남자들의 법정을 향한
경의와 알코올 속에서는.
나는 자매들에게 가겠다,
순종적이지 않게
나는 강하게 갈 것이다.

죽음이 우리를 갈라놓을 때까지

마고 윌슨·마틴 데일리

아내의 부정이 발각되면, 이는 너무도 극단적인 도발이어서 '합리적인 남자reasonable man'[*]라도 죽음에 이르는 폭력으로 대응하는 경향이 있다. 이러한 충동은 너무나 강력하고 너무나 자연스러운 것이므로 오쟁이 진 남자가 살인을 저지른다 해도 그 무시무시한 행위에 완전히 책임이 있다고 할 수 없다. 이것이 바로 관습법이 말하는 바이다.

배우자의 다른 나쁜 행실—코를 곤다거나, 음식을 태운다거나, 집안 경제를 잘못 운영하는 것—은 도발이라고 할 수 없다. 합리적인 남자라면 아내의 낭비벽, 우매함, 게으름, 무례함에 폭력적으로 반응하지 않는다. 사실 부인이 간통을 저지른 경우 외에 살인자의 법적 책임을 경감시켜줄 동일한 권한이 부여되는 유

---

[*] (옮긴이주) 이성으로 합리적 판단을 할 수 있는 '사람'을 의미하지만, 축자적으로나 현실적으로나 여성을 배제하는 개념이다.

일한 도발은 자신이나 친인척에 대한 신체 폭행밖에 없다(Dressler 1982).

도발에 관한 법은 남자의 마음에 대한 통속적 이론을 반영하고 있다. 여자의 부정에 대한 염려가 특유의 강력한 추동력으로 폭력을 불러일으킨다는 것이다. 이러한 통속 이론은 서구 사회 특유의 것이 아니라 전 세계에 심하게 널리 퍼져 있다. 하지만 이것이 현실에 부합하는지는 의문스럽다.

도발과 '합리적인 남자'

연쇄살인, 강간살인, 강도살인 등 오늘날 여러 범죄들이 저질러지고 있지만, 살해된 여성 대부분은 자신의 남성 파트너에게 당했다.

아내를 죽인 남자들 가운데 적은 일부만이 '재판을 받기에 부적합'하다거나 '정신질환이 있다'는 이유로 무죄 판결을 받는다. 그러한 남자들은 종종 '병적인 질투morbid jealousy'라 불리는 정신질환을 앓고 있는 것으로 여겨진다(Mowat 1966). 이는 의심되는 부정에 관한 강박적인 염려와 그 의심을 뒷받침하는 기이한 '증거'를 언급하는 경향에 기초하여 진단된다. 그러나 질투로 인한 분노 속에서 살인을 저지른 남자들 대부분은 정신이상으로 간주되지 않는다. 질투는 '정상적'일 뿐 아니라, 폭력적인 질투조차 적어도 남자가 격정의 열기 속에서 저지른 경우에는 정상적으로 여겨진다.

잉글랜드의 관습법은 '합리적인 남자'는 올바르게 행동하리라

기대할 수 있다는 관념에 크게 의존하고 있다. 이 가설상의 인물은 부부관계와 남자의 격정이라는 자연질서에 관한 법관들의 가정을 구현한다. 그리고 이러한 가정은 법학자들이 말하는 요약적인 성격묘사에 고스란히 깔려 있다. "판사들은―도발에 대한 법에 관한 한―합리적인 남자의 기질과 반응에 관한 표준적 모습을 정립하는 데까지 상당히 나아갔다. 합리적인 남자는 무력하지 않고, 보통 술 취해 있지 않다고 그들은 말한다. 단지 간통 고백을 들은 것만으로 자제력을 잃지는 않지만, 간통 현장을 보고 자신과 결혼한 여자가 간통을 범했음을 알게 된다면 당연히 평정심을 잃는다"(Edwards 1954, 900).

이 '합리적인 남자'는 독자들에게 기묘하게 영국적인 발명품이라는 인상을 줄지도 모르겠다. 하지만 그는 그 이상의 존재다. 솔론Solon의 법에서도 오쟁이 진 그리스 남자들에게 똑같은 권리를 주었으며, 로마법에서는 간통이 집 안에서 일어났다면 오쟁이 진 남편이 살인을 저질러도 죄를 면해주었다. 오늘날에도 유럽 대륙에서는 그와 같은 다양한 법조항들이 효력을 지닌 채로 남아 있다.

1974년까지 텍사스 주의 법(1925년 텍사스 주 형법 1220조)은 "남편이 간통한 아내와 그 간통행위에 참여한 이들 가운데 어느 누구를 살해하더라도 간통의 당사자들이 분리되기 전 살해행위가 이루어진 경우" 그 살인행위를 정당화했다. 즉 범죄행위가 아니므로 아무런 처벌도 받지 않는다는 것이었다. 다른 지역에는 이 같은 내용이 '비非성문법'으로 존재한다. 그리고 텍사스는 물론 선례에 기초한 유사 관행을 지닌 다른 여러 주에서도, 잘못을 저지른 아내, 아내의 정부, 혹은 그 둘 모두에게 치명적 폭행을 가하는 것까지 범위를 확장해 정당하다고 간주해왔다. (하지만 오쟁이 진 남자가 아내의 정부가 아니라 아내를 폭행할 개연성의 전조가 되는 요인들이 무엇인지는 아직 더 분명하게 설명되어야 한다.)

우리의 전통과 상당히 다른 여타 법적 전통들은 "피해자가 된" 남편이 비슷한 방식으로 행하는 적법한 대응에 대한 의문을 다룬다. 아내가 간통을 저질렀을 때 남편은 결혼생활에서 부당한 대우를 당한 피해자임을 공식적으로 인정받는 것은 물론, 다른 경우에서라면 범죄로 취급될 폭력적 수단을 사용하는 것이 정당화된다. 예를 들어, 멜라네시아의 보게오족 사람들에게 법과 도덕의 가장 주요한 주제는 간음이다. 그리고 "부당한 대우를 당한 남편의 격분"은 예견되고 변명될 수 있는 당연한 것으로 여겨진다. 보게오 사람들은 말한다. 오쟁이 진 남자는 다만 화가 더 나 있을 뿐, "돼지를 도둑맞은 남자와 같다"(Hogbin 1938, 236-37). 동아프리카에 사는 누에르족에게는 "간통하다 들킨 남자는 여자의 남편에게 심각한 상해, 또는 심지어 죽임을 당할 위험을 무릅쓴다는 것이 대체로 당연하게 여겨진다"(Howell 1954, 156). 야프 사람들의 경우, 간통하고 있는 아내를 현장에서 잡은 남편에게는 "아내와 아내의 정부를 죽이거나 그들을 집과 함께 태울 권리가 있었다"(Muller 1917, 229). 수마트라 섬의 토바바탁이라는 부족에게는 "상처 입은 남편은 논에서 돼지를 죽이듯이, 간통하다 걸린 남자를 죽일 권리가 있었다"(Vergouwen 1964, 266). 일반적으로 민족지학의 기록에 따르면, 오쟁이 진 남편이 격분하여 저지르는 폭력은 보편적으로 예측할 수 있는 당연한 것으로 여겨졌으며, 광범위한 곳에서 적법한 것으로 간주되었다.

남성의 성 전유

남자들은 여자들을 자신이 소유하고 교환할 수 있는, 성과 생식을 위한 '소유물'이라고 생각하는 경향을 공공연히 드러낸다. 남자들이 성을 '전유專有'한다고 말하는 것은 남자들이 성적으로 '질투'한다고 말하는 것과 개념상 유사하다. 하지만 '질투'는 때로 과도하다거나 사회적으로 바람직하지 않다는 함의를 내포해 이를 제약하려는 암시가 있는 반면, '전유'에는 그러한 제약이 없다. 전유라는 용어에는 보다 폭넓은 경향성이 함축되어 있어서, 한 개인이 자신에 주어진 자격 또는 권리에 대해 느끼는 감정의 기세만이 아니라, 사회적 관계들에 대한 보다 만연한 태도를 가리킨다. 사람을 전유할 수 있는 자격이나 권리는 부동산과 동산 및 다른 경제적 자원들을 전유할 수 있는 자격이나 권리와 마찬가지로 인식되고 제도화되어왔다. 역사적으로나 비교문화적으로나 노예와 하인 그리고 아내와 자녀를 소유한 주인들에게는 이 소유권에서 얻는 이득을 어떤 방해도 받지 않고 충분히 즐기며, 자신의 소유물을 자유롭게 처분하고 사고팔 자격과 권리가 있었다. 반면에 소유물인 사람은 "그것의it's" 권리로서 법적 지위나 정치적 지위를 거의 또는 아예 갖지 못했다(Dobash and Dobash 1979; Russell 1982; Sachs and Wilson 1978).

　남자가 여성의 섹슈얼리티와 생식 능력을 전유한다는 관점은 다양한 문화적 관행에서 그대로 드러난다(Wilson 1987; Wilson and

Daly 1992). 영미권의 법은 아내와 딸의 섹슈얼리티 및 생식 능력을 전유할 수 있는 남성의 자격과 권리에 대한 예들로 가득하다. 여자들의 섹슈얼리티와 생식 능력을 도난당하거나 훼손당한 경우 그 여자들을 소유한 남자들이 금전적 배상을 받을 수 있도록 하는 법적 도구들은 정복왕 윌리엄 시대 이전부터 꾸준히 정교하게 만들어졌다. 최근까지도 성별에 따라 비대칭적으로 적용되어 온 이러한 불법행위에는 '배우자친교상실loss of corsortium'*, '유인enticement'**, '간통criminal conversation', '애정이전alienation of affection'***, '유혹seduction'****, '유괴abduction'가 포함된다(Attehnborough 1963; Backhouse 1986; Brett 1955; Sinclair 1987; Wilson and Daly 1992). 이모든 불법행위가 발생했을 때, 배상을 요구할 자격과 권리를 지닌 개인은 바로 여자의 소유주였다. 이때 기본적으로 전제되는 것이 여자의 미덕과 정결이었다. 그래서 매춘부나 평판이 미심쩍은 여자들에 대해서는 배상을 요구할 법적 사유가 성립되지 않았다. 더욱이, 여성이 동의했다고 해서 죄가 가벼워지는 것도 아니었다.

인류 역사에서 세계 전역의 힘 있는 남자들은 할 수 있는 한 많은 가임 여성들을 모아두는 경향이 있었으며 다른 남자들로부터

---

* (옮긴이주) 배우자 한쪽이 상해를 입어 부부관계의 유익을 구할 수 없게 되었을 때 법적으로 혼인관계를 해소하게 되는 것.
** (옮긴이주) 잉글랜드의 옛 관습법common law에서 '유인'이란 제3자가 남편이 아내의 애정, 봉사, 위안 등을 잃게끔 유도하는 행위를 의미했다. 간통은 대표적인 유인 행위다.
*** (옮긴이주) 제3자가 부부의 결별에 원인을 제공하는 행위를 가리키는데, 간통과 같은 직접적 원인 제공은 물론, 이혼 권유와 같은 간접적 원인 제공까지 포함한다.
**** (옮긴이주) 간통보다는 넓고 유인보다는 좁은 개념으로, 넓은 의미의 성행위가 포함되는 유인 행위를 의미한다.

여자들을 격리시키기 위해 상당한 노력과 자원을 투입했다(Betzig 1986). 그리고 여성들은 다양한 방식을 통해 '봉쇄claustration'되었다. 남자들은 여성의 섹슈얼리티와 생식 능력을 배타적으로 전유하고자 여성에게 베일을 씌우거나 전족을 시키거나 여성 구역에 감금하는 방식 외에도 정조대 같은 장치나 음문봉합 같은 기계적·외과적 개입까지 동원했다(Dickemann 1979, 1981; Hosken 1979). 부계사회에서 신랑과 그의 가족이 신부의 아버지에게 지불하는 신부값bride-price은(Comaroff 1980, Borgerhoff Mulder 1988) 사실 매번 자녀가 태어날 때마다 분할 지불해야 할 자식값인 셈이다. 그러므로 아내의 불임은 남편 쪽에서 청구하는 이혼 및 신부값 반환소송의 타당한 근거가 되는 일이 많았다(Stephens 1963). 한 여성의 생식 능력에 대한 권리 획득에는 그 여성이 생산하는 자녀들의 노동과 여타 가치에 대한 권리 및 그들의 아버지가 될 권리가 수반된다. 남편에게는 거의 예외 없이 아내의 성생활을 통제할 자격과 권리가 주어지며, 이는 곧 남편이 성적 접근권을 본인에게만 한정하여 유지한다는 것이다. 결혼한 여성과의 성교를 그 여성의 남편에 대한 범행으로 규정하는, 성적으로 비대칭적인 간통법은 전 세계 모든 문명에 마련된 토착 법전의 한 특징을 이룬다(Daly, Wilson, and Weghorst 1982).

남편은 아내의 성에 배타적으로 접근할 수 있을 뿐 아니라, 그것을 강제로 취할 수 있는 권한과 자격도 부여받았다. 결혼생활 내에서 부부 사이에 이루어지는 강간을 범죄화하는 것, 즉 아내에게 섹스를 거부할 법적 자격과 권한을 부여하는 것은 아주 최근에야 이루어졌다(Edwards 1981; Russell 1982). 잉글랜드에서 남편은 순종하지 않는 아내를 감금할 권한과 자격이 있었다. 1973년에 이르러서야, 다른 남자에게로 떠나려는 아내를 남편이 감금한 경우 납치 혐의로 유죄판결을 받게 되었다(Atkins and Hoggett 1984). '엄지 법칙rule of thumb'*이라는 표현은 남편이 과도하게 독립적인 아내를 통제하고자 할 때 자신의 엄지손가락보다 더 굵지 않은 막대기만을 사용할 수 있다고 한 사법적 판결에서 유래했다(Edwards 1985).

살인과 성 전유

남자들이 아내를 통제하기를 바라고 그렇게 하고자 힘을 쓸 준비가 되어 있음을 당연한 사실로 인정할 경우, 왜 그들이 아내를 죽이는가 하는 의문이 남는다. 겉보기엔 역설적인 듯하지만, 아내 살해uxoricide가 남성의 성 전유의 징후라는 강력한 증거가 있다.

살인의 '동기'에 관한 대부분의 연구조사들은 경찰의 요약된 수사기록에 의존해왔고, 거기에 기록된, 산재된 특별 목적 정보에 의해 제약을 받아왔다. 필라델피아에서 일어난 살인사건들의 경향을 규명하는 마빈 울프강Marvin Wolfgang의 연구를 한 예로 살펴보면, 살인에는 두 가지 주요 동기가 있는데, 하나는 '비교적 사소한 원인에서 시작된 언쟁'이고 다른 하나는 '집 안에서 일어난 다툼'이다. 이 두 동기 범주 가운데 어떤 것도 우리에게 많은 사실

---

* (옮긴이주) 정확한 계산이나 측정보다는 어림짐작이나 실제 경험에 근거한 방법을 가리킨다.

을 알려주지 않는다. 그러므로 볼프강의 목록에서 3위에 오른 '질투'가 실질적으로 가장 중요한 살인 동기가 된다. 이는 다른 여러 연구조사에서도 입증된 바이다(Wolfgang 1958).

캐나다에서는 모든 개별 살인사건에 대해 경찰이 수사파일을 작성하여 캐나다 통계청에 보고하는데, 이때 표준화된 선다형 양식을 사용한다. 경찰에게 제공된 살인 동기 선택지는 12개이며, 그중 하나가 '질투'다. 캐나다 경찰은 1974년부터 1983년까지 1,060건의 배우자 살인 가운데 1,006건의 살인 동기를 파악했다(Daly and Wilson 1988a). 이 1,006건 가운데 214건(21.3퍼센트)의 살인 동기가 질투였다. 남편이 저지른 812건 가운데 195건이, 아내가 저지른 248건 가운데 19건이 질투 때문에 일어났다. 그러나 이러한 통계는 배우자 살인사건에서 질투의 역할에 대해 전체적인 어림짐작만 가능하게 할 뿐이다. 절대 다수의 배우자 살인은 어떤 실질적인 갈등의 원인과 직접 연결되지 않기 때문이다. 경찰에서는 513건의 살인사건 동기를 단지 '언쟁 또는 다툼'으로 분류했으며 다른 106건의 동기는 '분노 또는 혐오'로 분류했다. 이러한 동기 범주들은 해당 사건이 미리 계획되었는지(모의살인murder), 충동적인 반응이었는지(우발살인manslaugter)에 대한 수사경찰과 검찰의 관심을 반영한다. 그러므로 부부 사이 갈등의 실질적 원인에 대해서는 알려주는 바가 아무것도 없다. 이 사건들 가운데 어떤 경우라도 배우자의 부정에 대한 의심이나 발견에 의해 촉발되었을 수 있다.

캐나다 통계청의 살인 동기 데이터에서 간통과 질투가 부부 사이 갈등에서 차지하는 중요성이 과소평가되고 있다는 우리의 주장은 단순한 추측이 아니다. 캐서린 칼슨Catherine Carlson이 캐나다 온타리오에 있는 한 경찰서의 수사기록을 토대로 수행한 배우자 살인 연구는 이 점을 분명하게 제시한다(Carlson 1984). 칼슨은 통계청의 동기 범주에 따라 분류·보고된 36건의 배우자 살인을 검토했다. 경찰은 36건 가운데 오직 4건의 동기만 '질투'로 분류했지만, 다른 몇몇 사건에도 남성의 성 전유가 관련되어 있었다. 다음은 별거 중인 42세의 아내에게 총을 쏜 53세의 실직자 남성이 경찰에서 진술한 내용이다.

> 나는 이 여자가 여기저기 싸돌아다니며 놀아나는 걸 알았어요. 거의 5분이나 기다린 끝에 이 여자가 탄 택시가 멈춰 서는 걸 봤어요. 그래서 나는 차를 그리로 몰고 가서 택시 뒤에 세웠죠. "주말에 잘 즐겼나?" 하고 내가 말했더니, 이 여자가 "젠장, 그래, 그랬다. 앞으로도 더 많이 즐길 거다" 하고 말하더군요. 그래서 내가 말했죠. "아니, 그렇게 못할걸. 오랫동안 나한테 허튼소리만 해왔지. 이젠 더 이상 못 들어주겠군." 그리고 나한테 다시 돌아오지 않겠냐고 계속 물어봤어요. 이 여자가 나더러 꺼지라고 하더군요. 내가 말했죠. "그럴 일 없을걸. 내가 꺼지면 우리 둘 다 꺼지게 될 테니까." (Carlson 1984, 7-8)

경찰에서는 캐나다 통계청에 이 사건을 보고하면서 '정신질환, 정신지체'라는 동기 범주로 분류했다.

'분노 또는 혐오'라는 범주로(36건의 배우자 살인 가운데 11건에 해당할 만큼 경찰 보고에서 가장 인기 있는 항목) 분류된 다른 사건에서는 31세의 남자가 20세의 사실혼관계 아내를 스무 차례 칼로 찔렀다. 6개월간의 임시 별거를 거친 뒤였다. 경찰에 한 진술에서 그는 죽음을 야기한 언쟁에 대해 이렇게 이야기했다.

그때 그녀가 말했습니다. 자신이 4월에 돌아온 이후로 이 남자와 열 번은 잤다고. 그래서 나는 어떻게 사랑과 결혼을 이야기하면서 다른 남자랑 잘 수가 있느냐고 그녀에게 말했습니다. 난 정말 제정신이 아니었습니다. 부엌에 가서 칼을 가지고 우리 방으로 돌아와서는 아내에게 물었습니다. 그 이야기를 나에게 할 때 진심이었느냐고. 그랬다고 하더군요. 우리는 침대 위에서 싸웠는데, 내가 그녀를 칼로 찌르고 있었습니다. 그녀의 할아버지가 들어와서 칼을 빼앗으려고 했습니다. 할아버지에게 경찰을 부르라고 말했습니다. 내가 그 여자를 왜 죽였는지 모르겠습니다. 나는 그녀를 사랑했습니다. (Carlson 1984, 9)

경찰의 사건 개요들과 정부의 통계자료들이 살인사건의 동기에 관한 이상적인 정보원이 아니라는 사실은 명백하다. 다행히도, 배우자 살인으로 끝난 분쟁의 원인을 조사한 연구자들이 살인범들을 직접 인터뷰한 철저한 자료가 적긴 하지만 있다. 이러한 연구조사 자료들은 모두, 배우자 살인에서 살해되는 사람이 남편이든 아내든 상관없이, 남성의 성 전유가 결혼생활에서 바로 그 위험한 이슈를 구성한다는 것이 사실임을 확인해준다.

기소된 살인범들은 모두 정신질환 검사를 의무적으로 받아야 한다. 그들이 '재판을 받기에 적합'한지를 결정하기 위한 것이다.

1955년 볼티모어 시의 적합성 검사요원이었던 맨프레드 구트마커Manfred Guttmacher는 배우자를 살해한 31명, 즉 남자 24명과 여자 7명에 대한 검사 결과를 요약한 보고서를 출간했다. 이들이 볼티모어에서 연이어 발생한 가정 내 살인사건 36건 가운데 배우자를 살해한 살인범 전부였다. 구트마커는 범죄자들과 직접 인터뷰한 결과에 기초하여, 자신이 '명백한 동기 요소'라고 부른 것들을 표로 그려 일목요연하게 정리했다. 자료가 조금 모호하게 제시되어 있긴 하지만(어떤 사건들은 2개 이상의 모티브에 중복 해당된다), 31건의 배우자 살인 가운데 25건(81퍼센트)의 동기가 성 전유인 것으로 보인다. 그중 14건은 배우자가 새로운 파트너를 찾아 떠난 데서 도발되었으며, 5건은 배우자의 '난잡함', 4건은 '병적인 질투', 1건은 간통 현장 발각, 마지막 1건은 살인범의 아내와 사위 간의 간통에 대한 망상에 의해 도발되었다.

버지니아 대학 법의학 정신과 병동에서 유사한 보고서가 나온 적이 있다. 이 보고서는 볼티모어의 보고서보다 남성의 성 전유가 훨씬 더, 극적일 만큼 우세하다는 사실을 드러낸다. 쇼월터Showalter, 보니Bonnie, 로디Roddy는 법적 혼인관계 또는 사실혼관계의 배우자를 '살해하거나 심각한 부상을 입힌' 사건 17건에 대해 기술했다. 저자들은 이 가운데 6건이 정신질환 때문인 것으로 판단했지만, 나머지 11건에서 본질적 유사성이 발견되었다는 점에 무척 깊은 인상을 받았다. 자신들의 보고서를 '배우자살인증후군The Spousal Homicide Syndrome'이라 부를 정도였다. 이 11건의 배우자 살인사건에서 가해자는 모두 남자였으며, 모두 희생자를 깊이 사랑했다고 고백했다. 11명의 가해자 중 10명은 '즉각적인 결별 위협'에 의해 충동질되었으며, 11명의 피해자 아내 중 8명은 이전에 적어도 한 번 범죄자 남편을 떠났다가 돌아온 적이 있었다. 게다가 "11건 모두에서 희생자는 다른 남자와 관계를 맺었거나, 가해자가 희생자의 부정을 믿게 유도했다. 그 가운데 10건에서 희생자는 자신이 맺은 다른 관계를 감추려는 시도를 전혀 하지 않았다"(Showalter, Bonnie, Roddy 1980, 127). 바너드Barnard 등이 플로리다에서 조사하여 보고한 결과 역시 매우 유사하다(Barnard et al. 1982).

유죄판결을 받은 배우자 살인범들에 관한 캐나다의 연구조사도 남성의 성적 질투와 전유가 배우자 살인의 여러 동기 가운데 압도적으로 많은 부분을 차지하고 있음을 지적한다. 사회학자 피터 침보스Peter Chimbos는 34명(남자 29명, 여자 5명)으로 이루어진 배우자 살인범 '접근 가능 표본'을 인터뷰했다. 인터뷰는 살인사건이 발생한 후 평균 3년이 지난 뒤에 실시되었다. 인터뷰 대상 가운데 30명은 여전히 수감 중이었고, 4명은 최근에 석방된 상태였다. 범행 당시 17명은 희생자와 법적으로 결혼한 상태였고, 다른 17명은 사실혼관계에 있었다(Chimbos 1978). 이들 가운데 22쌍의 부부가 이전에 배우자의 부정 때문에 별거했다가 화해한 경험이 있었다는 사실은 버지니아 대학 보고서의 '배우자살인증후군'을 생각나게 한다.

침보스의 연구조사에서 가장 두드러지는 결과는 살인범들이 불행하게 끝난 결혼생활에서 일어난 갈등의 주요 원인으로 거의 모두 동일한 문제를 지적하고 있다는 점이다. 34명 가운데 29명 (85퍼센트)이 '성적인 문제'(외도와 거부)를 지적했고, 3명이 '과도

한 음주'를 탓했으며, 2명은 심각한 분쟁은 전혀 없었다고 진술했다. 주목할 만한 사실은 이 몇 개 되지 않는 이슈들이 목록의 전부라는 것이다. 대부분의 살인범들은 교육수준이 낮고 직업 면에서 지위가 낮았지만, 경제적인 문제를 갈등의 주된 원인으로 꼽은 사람은 아무도 없었다. 34쌍의 부부 가운데 28쌍이 자녀가 있었지만, 자녀 문제를 분쟁의 주요 원인으로 꼽은 경우도 전혀 없었다. 갈등은 성적인 문제를 둘러싸고 일어났으며, 주로 간통을 의미했다.

안타깝게도 침보스는 배우자의 부정에 관한 다툼을 성별에 따라 분류하지 않았다. 그럼에도, 싸움의 끝에 어느 쪽이 죽게 되었는지와 상관없이, 부인의 간통이 남편의 간통보다 싸움의 더 큰 뼈대를 이루었다는 것은 분명하다. 인터뷰에 참여한 살인범들의 말을 그대로 인용한 부분들이 침보스의 논문 곳곳에 흩어져 있다. 그 가운데 남성 범죄자의 인터뷰에서 발췌한 13개 인용문에 부정을 암시하는 내용이 담겨 있으며, 이 13개 인용문 모두가 아내의 정조를 비난하는 내용이다. 이와 비교하자면, 여성 살인범의 인터뷰에서 발췌한 인용문 중 부정을 언급하는 것은 4개인데, 이는 남성 살인범의 불평에 상응하지 않는다. 이 4개 인용문에 담긴 간통을 암시하는 내용은 모두 남편이 자신에게 가하는 비난에 관한 것이었고, 그 가운데 단 하나만이 남편과 아내가 서로 비난한 경우였다.

침보스는 그 가운데 6건을 선택하여 자세하게 기술했다. 4건은 남자가, 2건은 여자가 저지른 사건이다. 저자에 의하면, 전체 표본에서 드러난 다양한 분쟁을 대표하는 것으로 선정된 이 6건의 사건 모두에서 살인사건이 벌어지기 전에 남편이 분노하며 아내가 간통을 저질렀다고 비난했다. 남편과 아내 상호 간에 비난을 주고받은 것은 3건이었다.

내가 가질 수 없다면 누구도 너를 가질 수 없다

남자는 쉽사리 여자를 떠나보내지 않는다. 남자는 자신을 떠난 여자를 찾아 나설 뿐 아니라, 간청하고 위협하며, 때로는 살해한다. 일리노이의 한 남자는 아내와 이혼하기 여섯 달 전에, 그리고 아내의 집에서 총으로 아내를 죽이기 일곱 달 전에 그녀에게 이렇게 말했다. "맹세컨대, 네가 나를 떠나면 세상 끝까지 따라가서 죽여버리고 말겠어"(*People v. Wood*, 391 N.E. 2d 206).

별거 중인 아내를 남편이 추적하여 살해하는 사건은 경찰 수사 파일에선 매우 흔한 항목이다. 그와 반대로, 버림받은 아내가 복수하고자 벌이는 살인사건은 소설에선 인기 있는 주제일지 몰라도 현실에선 극도로 드물다. 1974년에서 1983년 사이에 캐나다에서는 정식 혼인신고된 남편에게 살해당한 여성 524명 가운데 117명(22퍼센트)이 남편과 이미 별거 중이었다. 이와는 대조적으로, 혼인신고된 아내에 의해 살해된 남자 118명 중에서는 11명(9퍼센트)만이 별거 중이었다. 별거 중이었던 이 부부들 중에서 아내 피해자와 남편 피해자의 비율은 10.6대1(117대11)이었다. 이러한 비율은 함께 거주하는 부부들 사이에서의 비율이 3.8대1(407대107)이었던 것과 대조된다(Wilson 1989). 경찰에 따르면, 별거 중인 남편이 저지른 아내 살해사건 117건 가운데 43퍼센트가 '질투' 때문에 촉발된 반면, 아내가 저지른 남편 살해사건 11건 가운데 오직 2건만이 '질투' 때문이라고 한다. 여성이 별거 중인 남편을 살해하는 사건은 매우 드물며, 있더라도 자신을 놓아주지 않는 남편에 대한 정당방위인 경우가 대부분이다. 윌리스 A. Wallace는 오스트리아의 사례들을 조사한 결과, 별거와 아내 살해 사이에 훨씬 더 큰 상관관계가 있음을 발견했다(Wallace 1986). 남편에게 살해된 217명의 여성 가운데 98명이 별거 중이었거나 별거 절차를 밟는 중이었던 반면, 아내에게 살해당한 79명의 남성 가운데 3명만이 같은 상황에 있었다.

경찰과 범죄학자들이 '질투' 때문에 발생한 것으로 보는 살인 사건들에는 보통 유효하게 구별될 수 있는 상이한 극적 요소가 포함되어 있다. 한쪽에는 범죄학자들이 '삼각관계'라고 부르는 상황, 즉 알려졌거나 의심되는 제3자가 있는 경우들이 있다. 하지만 다른 한쪽에는 특정한 제3자가 관련되어 있다는 것이나 그렇다고 의심된다는 것이 불분명한 경우들이 있다. 단순히, 질투하는 쪽에서 상대방이 관계를 끝내려는 것을 참지 못한 경우들이다. 삼각관계보다 이러한 경우에 질투하는 쪽이 남자인 사례가 훨씬 더 많다. 예를 들면, 1972년 디트로이트에서 일어난 40건의 '삼각관계' 살인사건 중에 30건에서 남자가 질투하는 쪽이었던 반면, 살인범이 단순히 버림받는 것을 견딜 수 없어서 저지른 18건의 살인사건 중 17건에서 남자가 질투하는 쪽이었다(Daly, Wilson, and Weghorst 1982).

아내가 간통한 경우와 아내가 가출한 경우를 구분하면 남성의 질투 아래 깔린, 각기 분리되면서도 상호 연결된 문제들을 자세히 설명할 수 있다(Daly and Wilson 1988a; Wilson and Daly 1992). 아내가 간통을 저지른 경우만이 남자를 오쟁이 진 남편이 되는 위험과 다른 남자의 아이의 아버지가 되는 위험에 빠뜨리는데 이 두 위험은 부분적으로 동일하다. 하지만 아내가 가출한 경우에도 남자는 아내의 생식 능력에 대한 통제력을 상실하는 위험에 처한다(Wilson 1987). 이 두 가지 경우에 존재하는 생식에 관한 전략적 공통점에는 분명히 어떤 심리적 공통점 또한 공유되어 있다. 연구자들이 두 경우를 합쳐 '질투' 사건으로 다루어온 것은 아내의 간통이나 가출을 모두 자신의 권리에 대한 침해라고 여기는 남편의 공격적인 전유 때문이다. 자신을 떠난 여성을 추적하여 살해하는 남자는 확실히 헛된 앙심에 빠져들어, 흔적으로만 남은 지배의제를 행동으로 옮긴 끝에 아무 소용 없는 결말에 이르고 만다.

세계 전역의 부부 간 질투와 폭력

우리가 논하고 있는 현상들은 산업화된 사회에 특정한 것이 아니다. 우리가 배우자 살해 사례를 찾을 수 있는 모든 사회에서 모든 이야기는 기본적으로 동일하다. 대부분의 사건은 남편의 질투와 전유, (실제이든 상상이든) 아내의 부정이나 가출에 대한 폭력적 반응에서 비롯된다.

이를테면 인도의 다양한 원주민들 사이에서 벌어진 살인사건을 주제로 다룬 몇몇 논문이 단행본으로 출간되었다. 여기에는 비손혼 마리아족(Elwin 1950), 문다족(Saran 1974), 오라온족(Saran 1974), 빌족(Varma 1978)에 관한 연구조사가 포함되어 있다. 주로 원예에 종사하는 이 부족민 사이에서는 치명적인 폭력이 발생하는 비율이 매우 높고, 살인사건의 99퍼센트는 남성에 의해 자행된다. 여기에는 남편에 의한 아내 살해 사례들이 포함되는데, 비손혼 마리아족 20건, 문다족 3건, 오라온족 3건, 빌족 8건이다. 이네 부족사회에서 벌어진 배우자 살인의 다수는 아내의 부정을 남편이 알거나 의심하는 경우, 또는 여성이 남편을 떠나거나 거부하는 경우에 촉발되었다. 더욱이 이들 부족사회에 대한 각각의 연구조사에 따르면, 남성이 남성을 죽이는 살인사건은 훨씬 더 빈번하게 발생하는데, 그중 20퍼센트 정도는 한 여자를 둘러싼 경쟁관계 때문에, 혹은 딸이나 다른 여성 친족에게 성적으로 접근하는 남자들에 대한 분노 때문에 일어났다.

L. A. 폴러스L. A. Fallers와 M. C. 폴러스M. C. Fallers는 원예를 주로 하면서 일부다처제의 부계사회를 이루고 있는 우간다의 바소가족 사이에서 1947년에서 1954년까지 연속적으로 발생한 98건의 살인사건(98명의 피해자)에 관한 정보를 수집하여 분석했다(Fallers and Fallers 1960). 이 가운데 8건은 분명히 사고였으므로 나머지 90건을 대상으로 삼았다. 42건이 남자가 여자를, 보통 자신의 아내를 죽인 경우였으며, 이 가운데 32건에서 이러저러한 동기가 밝혀졌다. 10건은 아내가 간통을 저질러서, 11건은 아내가 떠나거나 섹스를 거부해서, 다른 11건은 여러 다양한 동기 때문에 발생했다. 남자가 남자를 죽인 다른 5건의 사건은 성적 경쟁관계가 문제였음이 분명했다. 여성 살인자는 단 두 명밖에 없었는데, 한 사람은 남자를, 다른 사람은 여자의 목숨을 빼앗았다. 후자의 경우는 분명하게 여성의 성적 질투 또는 경쟁에서 발생한 유

일한 사건이었다. 이에 반해 남성이 질투 때문에 일으킨 살인사건은 26건에 달했다. (일부다처제 사회에서 한 남자의 여러 아내는 맹렬한 경쟁관계가 될 수 있지만, 남자들에 비해 살인을 저지르는 경우는 극히 적다.)

소이에Sohier는 1948년에서 1957년까지 벨기에령 콩고에서 유죄판결로 이어진 275건의 살인사건에 대한 법원기록을 검토했다(Sohier 1959). 많은 사건들이 특정한 동기 범주로 분류되지 않았는데, 동기가 확인된 사건들 중에서 남자의 질투로 인한 것이 59건, 여자의 질투로 인한 것이 단 한 건이었다. 오쟁이 진 남편이 간통을 범한 아내나 그녀의 정부 또는 둘 모두를 죽인 경우가 16건이었다. 그리고 아내가 가출하거나 가출하겠다고 위협하자 살해한 경우가 10건이었다. 이혼한 아내를 죽인 경우는 3건, 전처의 새 남편을 죽인 경우도 3건이었다. 부정한 약혼녀 또는 정부를 죽인 경우는 13건이었다. 단 20건의 배우자 살인만이 남성의 질투와 관련이 없었으나, 이 사건들의 살인 동기는 확인되지 않았다. 여성의 질투에서 비롯된 단 한 건의 사건은 아내가 남편의 정부를 죽인 것이었다.

부부 간에 발생하는 강압과 폭력에 대한 이토록 음울한 기록에 예외는 없는 것일까? 물론 살인사건의 발생 빈도가 예외적으로 낮은 사회들이 있다. 그러나 남자들이 폭력을 기피하고, 아내의 섹슈얼리티에 대해 전유적 시각을 취하지 않으며, 합의된 혼외정사를 선하고 청결하고 재미있는 것으로 받아들이는, 그런 이례적인 곳이 있을까? 많은 이들이 그러한 사회를 찾고자 노력했고, 몇몇 사람들은 찾았다고도 생각했지만, 그런 사회는 실재하지 않는다.

평화로운 신화적 왕국이 존재한다고 많은 사람들이 생각했던 곳은 남양군도다. 예를 들어 마거릿 미드Margaret Mead는 셀 수 없이 많은 글을 통해서 사모아를 자유롭고 순수한 섹슈얼리티의 목가적인 땅으로 묘사했으며, 그곳 사람들은 성적 질투 따위는 알지 못한다고 주장했다.

> 질투가 바람직하지 못한 태도일 뿐 아니라, 모든 개개인의 인격속에서 가장 고통스러운 곪은 지점이며, 어떤 목적을 이루기보다는 잃게 만들기 쉬운 비효율적이고 소극적인 태도라는 걸 인정한다면, 그것을 제거하거나, 적어도 조금씩 더 인간 생활에서 배제해나가는 것 말고 다른 어떤 일이 가능하겠는가? 사모아는 강력한 감정, 중요한 이해관계, 개성에 대한 강조, 경쟁에 대한 관심을 제거함으로써 하나의 길을 택했다. 그러한 문화적 태도는 인류를 괴롭혀온 다수의 태도들을 제거한다. 그 가운데 가장 중요한 것은 아마도 질투일 것이다…. (Mead 1931, 46)

하지만 1983년 마침내 데릭 프리먼Derek Freeman이 사모아에서도 간통과 성적 경쟁관계에 대한 폭력적 대응이 정말 자주 일어나며 그곳 사회의 풍토병이라고 할 만큼 오랫동안 계속된 것임을 밝혀 보임으로써 미드의 신화를 깨뜨렸다.

마거릿 미드의 사모아가 하나의 환상에 불과했다는 사실적 증거는 이미 오래전부터 얻을 수 있었다. 그러나 그런 사실들은 간과되었다. 학자들은 자료를 비판적으로 봐야 했음에도 질투와 폭력을 알지 못하는 열대의 섬이 있다는 것을 믿고 싶어 했다. 사회과학에 만연한 이데올로기에 의해, 갈등은 악이며 조화는 선이라는 전제―도덕적 입장으로는 매우 타당하나 사회에 대한 과학적 연구와 관련해서는 의심스러운―가 자연은 선으로 인공은 악으로 보는 '자연주의적 오류naturalistic fallacy'와 결합된다. 여기서 도출되는 최종 결론은 분쟁이란 결국 어떤 근대적이고 인공적인 불결함(이를테면 자본주의 또는 가부장제)의 산물로서 설명되어야 한다는 것이다. 반면 성적인 소유욕을 포함한 모든 갈등 동기들이 부재하는 상태라고 고결하고 환상적으로 해석되는, '고귀한 야만noble savage'이라는 낭만적 이상은 계속 유지된다.

질투를 모르는 이례적인 부족들이 존재한다는 주장과 거기에서 비롯된 혼란의 일부는 사회적 제재와 사적인 폭력 사용을 정확히 구분하지 못한 데서 비롯된다. 예를 들어,《비교문화 관점에서 본 가정Family in Cross-cultural Perspective》이라는 영향력 있는 책에서 윌리엄 스티븐스William Stephens는 39개의 표본 사회 가운데 4개 사회에서 "근친상간이 아닌 간통에 대한 제약이 거의 없는 것처럼 보인다"고 주장했다(Stephens 1963, 251). 그러나 스티븐스가 4개 사회 가운데 한 사회, 즉 마르키즈 제도 섬사람들의 상황에 대해 논하면서 사용한 자료에는 다음과 같은 이야기가 있다. "한 여성이 한 남자와 함께 살기로 하면, 그녀는 자신을 남자의 권위 아래에 둔다. 그녀가 이 남자의 허락 없이 다른 남자와 함께 살 경우 그녀는 매를 맞았다. 만약 남편의 질투가 충분히 고조되었다면, 여자는 죽임을 당했다"(Handy 1923, 100). 사실, 스티븐스가 사용한 민족지리학적 출처를 살펴보면, 그가 말한 네 개의 성적으로 관대한 사회 모두에서 간통에 대한 처벌로 아내를 구타한다는 이야기를 발견할 수 있다(Daly, Wilson, and Weghorst 1982). 스티븐스가 간통에 대한 '제약이 거의 없다'고 주장하면서 명백하게 의미한 바는, 간통을 범한 이들에게 더 큰 사회 차원에서 형사적 제재를 가하지 않는다는 것이었다. 오쟁이 진 남편들은 직접 자신의 손으로 문제를 처리했다.

이제는 고전이 된 포드Ford와 비치Beach의 《성행위의 패턴*Patterns of Sexual Behavior*》에는 스티븐스의 주장과 매우 비슷하지만, 훨씬 더 독자를 오도하는 주장이 담겨 있다. 두 저자는 139개의 표본 사회 중 7개 사회에서 발견한 바를 다음과 같이 주장했다. "관습적 근친상간 금지만이 부부관계 바깥에서 이루어지는 성관계에 대한 유일한 주요 장벽인 듯 보인다. 이 사회들에서 남자와 여자는 성관계가 자유로우며, 실제로 근친상간 금칙이 지켜지는 한 그러할 것으로 기대된다"(Ford and Beach 1951, 113). 여기에서도 포드와 비치의 '장벽'이란 보다 넓은 사회에서 적용하는 법률이나 유사법률을 통한 제재를 말한다는 가정하에서만 이러한 주장들이 이해될 수 있다. 스티븐스의 표본이 그러했듯이, 본래의 민족지들은 7개 사회 모두에서 남자들은 성적으로 문란한 아내에게 극단적인 폭력으로 대응하는 경향이 있었음을 분명히 밝히고 있다(Daly, Wilson, and Weghorst 1982). 이 사회에서 오쟁이 진 남자들은 간통을 저지른 아내를 죽이는 경우도 있었으며, 때로는 그들의 성적 경쟁자까지 죽였다. 폭력적인 보복에 대한 공포가 '성관계'에 대한 '주요 장벽'이 아니었다면 대체 무엇이 주요 장벽이었을지 생각하기 어렵다.

강압적 통제수단으로서의 폭력

여성의 섹슈얼리티와 생식 능력에 대한 전유 권리를 행사하고자 남자들은 아슬아슬한 줄타기를 한다. 자신의 아내를 실제로 살해하는 남자는 보통 효용의 경계를 넘어서게 된다. 효용의 개념을 어떻게 이해하든 그렇다. 살인은 형사 사법제도나 피해자 친척에 의한 응징을 촉발한다. 적어도 살해된 아내를 대체하는 일엔 비용이 많이 든다.

그러나 살인은 단지 빙산의 일각에 불과하다. 살해된 아내 한 명이 있다면 구타와 강압과 협박을 겪는 아내는 수백 명이기 때문이다. 살인은 아마도 살인범의 이익에 도움이 되지 않는 경우가 많겠지만, 치사致死에 가까운 폭력에 대해서도 같은 이야기를 할 수 있을지는 분명치 않다. 앞에서 언급했듯이, 남자들은 성공을 장담할 수 없음에도 여성을 통제하기 위해 애쓴다. 여자들은 강압에 맞서 자신들의 결정권을 유지하고자 몸부림친다. 이러한 대결에서는 언제 어느 쪽이든 벼랑 끝 전략을 쓸 수 있으며 재난의 위험을 감수해야 한다. 그러므로 어느 쪽 배우자든 살인을 저지른다면 그건 이 위험한 게임에서 벌어진 실수로 간주될 수 있다.

우리가 말하려는 것은 대부분의 배우자 살인이 실제로는 기본적으로 동일한 갈등의 상대적으로 드물고 극단적인 사례들이라는 점이다. 같은 갈등이 훨씬 더 큰 규모로 벌어져 치사에 가까운 폭력을 고취한다. 아내 살해와 마찬가지로 아내 구타에서도 문제가 되는 주요 이슈들은 간통, 질투, 남성의 성 전유다. 예를 들어 화이트허스트R. N. Whitehurst는 아내에 대한 남편의 폭력 사용을 둘러싸고 캐나다 법원에서 소송을 벌인 부부 100쌍의 사례를 조사했다. 그는 특정한 수치를 제시하지는 않았지만 다음과 같이 서술했다. "거의 모든 경우에 그 핵심은… 아내를 통제할 수 없게 되었다는 좌절감 때문에 남편이 반응했다는 것이다. 남편은 아내를 향해 창녀가 되었다거나 바람을 피웠다고 비난하는 경우가 많았다"(Whitehurst 1971, 686). R. E. 도바시R. E. Dobash와 R. P. 도바시R. P. Dobash는 남편의 구타를 겪은 스코틀랜드 아내 109명을 인터뷰하면서 '전형적인' 구타사건에서 분쟁의 주요 원인이 무엇인지 물었다(Dobash and Dobash 1984). 48명의 여성이 구타를 가한 쪽의 소유욕과 성적인 질투를 지적했다. 이것이 압도적으로 가장 많은 응답이었다. 돈 문제로 일어난 언쟁(18명)이 그다음으로 많았고, 아내의 가사활동에 대한 남편의 기대치(17명)가 세 번째로 많았다. 쉼터와 병원에 있는 구타당한 미국 여성 31명을 대상으로 한 비슷한 면접 연구조사에서도 유사한 결과가 나왔다. "질투는 폭력적 언쟁으로 이어지는 주제 가운데 가장 빈번하게 언급되는 주제였다. 인터뷰 대상 여성들의 52퍼센트가 질투가 폭력을 유발한다고 말했으며, 94퍼센트가 폭력의 빈번한 원인 가운데 하나로 질투를 언급했다"(Rounsaville 1978, 21). 아내를 구타한 남편들은 거의 인터뷰에 응하는 일이 없지만, 인터뷰에 나선 경우에는 본질적으로 피해자들이 했던 이야기와 같은 이야기를 한다. 예를 들어 브리슨N. J. Brisson은 덴버에서 아내를 구타한 122명의 남성에게 '폭력이 발생하게 한 문제들'을 제시해달라고 부탁했다. 그 결과 질투가 목록의 제일 윗자리를 차지했고 알코올이 그 뒤를 이었으며, 돈은 큰 격차를 두고 3위에 올랐다(Brisson 1983).

아내 구타는 아내의 부정에 대한 의심 때문에 일어나는 경우가 많지만, 이는 보다 일반화된 남성의 성 전유에 따른 결과물일 수 있다. 구타당한 여성들은 공통적으로 자신이 오랜 우정을 지속하는 것을 남편들이 난폭하게 반대했다고 말한다. 우정의 대상이 여자인 경우에도 마찬가지였다. 사실상 남편들은 자신의 아내가 가정생활 이외에 그 어떤 사회생활을 하는 것도 반대했다. 힐버먼E. Hilberman과 먼슨K. Munson이 노스캐롤라이나 농촌 지역의 한 클리닉에 도움을 요청한 60명의 구타당하는 아내들을 조사한 결과, '병적인 질투'를 보였다. 60명 가운데 놀라울 정도로 많은 57명(95퍼센트)의 사례에서 "어떤 이유로든 집 밖으로 나갔을 경우에는 반드시 부정을 의심하는 비난이 쏟아졌고 폭행으로 끝이 났다"(Hilberman and Munson 1978, 461). 우리 사회에서라면, 아내가 혼자 가게에 가는 것을 허락하지 않는 남편은 정신질환자로 여겨질 위험을 감수해야 할 것이다. 그러나 여성을 감금하고 제약하는 것이 정상적이며 바람직하다고 여기는 사회들은 여전히 많다(Dickemann 1981).

배우자 살인사건 역학조사

앞에서 검토한 자료들에 따르면, 아내 구타 및 아내 살해사건들은 성을 전유하려는 남편들이 아내가 혼인관계를 배신하거나 중단할 것 같다고 생각하게 만드는 어떤 요인들에 의해 더욱 악화될 가능성이 높다.

그러한 요인 가운데 하나가 바로 여성의 나이다. 젊은 여성은 남성 경쟁자들에게 더욱 매력 있게 보인다(Symons 1979). 핀업 사진과 포르노 스타들의 연령 분포를 보면 이를 확인할 수 있다. 또한 젊은 이혼녀일수록 재혼 가능성도 더 높다(Glick and Lin 1987; Sweet and Bumpass 1987). 강간 피해 비율은 20대 중반 이후의 여성부터 급격히 떨어진다(Thornhill and Thornhill 1983). 그러므로 배우자 살인이 강압적 폭력이라는 빙산의 일각을 드러낼 뿐이라면, 젊은 아내들은 어떤 의미로는 남편에게 매우 소중한 한편, 남편에 의해 가장 큰 위험에 처할 수도 있다. 캐나다에서는 실제로 젊은 아내들이 남편에게 살해당하는 위험을 가장 크게 겪고 있다(〈표 2-1〉 참조)(Daly and Wilson 1990). 이 결과는 최근 미국의 연구에서도 마찬가지로 나타났다(Mercy and Saltzman 1989). 젊은 아내들이 가장 큰 위험에 노출되는 것은 그들이 대개 젊은 남자와 결혼했기 때문이라고 생각할 수도 있다. 젊은 남자들이야말로 피해자와의 관계에 상관없이 살인을 저지를 가능성이 가장 높은 연령 및 성별 집단이다(Daly and Wilson 1990). 하지만 더 나이 많은 남성과 결혼한 젊은 여성이라고 해서 위험을 덜 겪는 것은 아니다(Daly and Wilson 1988a, 1988b).

이혼 가능성을 높이는 인구학적 요인들과 환경적 요인들이 살인사건 발생 위험률을 높이는 것과 관련되어 있으리라는 예측이 가능하다. 여기에는 두 가지 이유가 있다. 첫째 이유는 우리가 살인사건을 개인 간 분쟁을 드러내는 일종의 '시금석'으로 여기고 있으며 이혼 역시 또 하나의 시금석이라고 생각하기 때문이다. 더욱이 여자가 자신을 떠날 거라고 생각하게 되는 상황에서 남자들이 여성을 폭행하거나 죽인다고 하면, 아내 살해가 발생하는 그런 환

〈표 2-1〉 1974~1983년 캐나다 아내 살해사건 피해자의 연령대별 수
(총 피해자 수 812명)

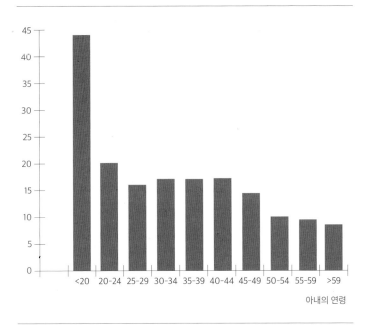

아내의 연령

출처: Margo Wilson, "Marital Conflict and Homicide in Evolutionary Perspective",
Sociobiology and the Social Sciences, ed. R. W. Bell and N. J. Bell, 45-62 (Lubbock, Texas:
Texas Tech University Press, 1989).

경에서는 (남성이 간통을 저지른 아내에게 요구하는 이혼뿐만 아니라)
여성이 먼저 시작하는 별거와 이혼 역시 상대적으로 빈번하게 발
생할 가능성이 높다. 남편과 아내의 큰 나이 차이는 이혼의 위험
성을 높이는 요인일 뿐 아니라(Day 1964; Bumpass and Sweet 1972),
살인의 위험성을 높이는 요인이기도 하다(Daly and Wilson 1988a,
1988b; Mercy and Saltzman 1989). 짧은 혼인 기간도 아내 살해의
또 다른 위험 요소가 되고(Wallace 1986), 이혼에서도 위험 요소가

되지만(Morgan and Rindfuss 1985; Sweet and Bumpass 1987), 아직까지 살인사건 통계 분석에서 혼인 기간과 나이가 적절하게 구분된 적은 없다. 이전 관계에서 출생한 자녀들은 분쟁의 잠재적 원인이 되어 이혼 가능성을 높이는 데 분명하게 관련되어 있으며(Becker, Landes and Michael, 1977; White and Booth 1985), 배우자 살해의 가능성을 높이는 데도 관련되어 있는 듯 보인다(Daly and Wilson 1988a). 혼인신고가 되지 않은 사실혼관계는 상대적으로 해체되기도 쉽고, 그 안에서 살인사건이 발생하기도 쉽다(Wilson 1989). 이러한 사실들은 별거 위험과 살인 위험의 패턴이 비슷한 경우가 많다는 것을 가리킨다. 그러나 아내를 죽이는 것이 성을 전유하려는 남편의 행위인 한, 그것을 유발하는 환경은 아내가 별거를 원하고 실행하려는 환경과 일치하고, 남자들이 더 이상 소중히 여기지 않는 아내를 버리려는 이유와는 구분될 가능성이 더욱 높다.

아내 살해의 동기들은 여러 문화와 시대를 가로지르며 음울한 일관성을 보일뿐더러, 더 젊은 여성들에 대해서나 사실혼관계 안에서 위험성이 더 높아지는 강력한 역학적epidemiological 패턴을 나타낸다. 그럼에도 여성이 남편에게 살해당하는 실제 비율은 상당히 가변적이라는 것에 주목할 필요가 있다. 오늘날 미국 여성들이 남편에게 살해될 위험성의 통계치는 유럽 여성들에 비해 5배 내지 10배가량 높다. 더욱이, 가장 폭력적인 미국 도시들에서는 그 위험성이 5배가량 더 높아진다. 남성이 아내를 전유하려는 성향을 지녔다는 것은 어디에서나 사실이다. 그러나 남자들이 아내를 전유할 자격과 권한을 부여받았다고 느끼는 정도가 어디에서나 똑같은 것은 아니다.

"내가 가질 수 없다면
누구도 너를 가질 수 없다":
여성 파트너 살인사건에서의 권력과 통제

재클린 C. 캠벨

살해는 15세에서 34세 사이 아프리카계 미국인 여성의 제1사망 원인이다(Farley 1986). 하지만 이러한 사실은 좀처럼 언급되지 않으며, 분석된 적도 거의 없다. 여성 불임, 월경전증후군(PMS), 임신 합병증에 관한 연구조사와 보건정책에 비용을 들이는 데 비해, 젊은 여성의 건강을 위협하는 주요 원인 가운데 하나인 페미사이드를 이해하고 방지하는 데는 별다른 비용을 들이지 않고 있다. 1940년대 이후 보건복지 분야에서 이루어진 발전 덕분에 여타 원인에 따른 여성들의 사망률은 현저히 감소한 반면, 유럽계든 아프리카계든 살해당하는 미국 여성의 수는 계속 증가해왔다(Farley 1986).

아프리카계 미국인 남성은 살해당하는 비율이 가장 높은 집단이다. 1983년 아프리카계 미국인 남성 10만 명당 50.6명이 살해당했다. 아프리카계 미국인 여성이 살해당하는 비율(10만 명당 11.3명)은 유럽계 미국인 남성의 경우(10만 명당 8.4명)보다 높다. 유럽계 미국인 여성은 살해당하는 비율(10만 명당 2.8명)이 일관되게 가장 낮다(Wilbanks 1986). 그럼에도, 1976년에서 1984년까지 해마다 평균 2,746명의 유럽계 미국인 여성이 살해당했다(O'Carroll and Mercy 1986). 같은 기간에 아프리카계 미국인 여성은 해마다 평균 1,761명이 살해되었다.

살인사건 방지를 위한 학계의 관심과 우려는 대부분 남성에게 초점을 맞추어왔다. 하지만 여성이 관련된(가해자로든 피해자로든) 살인사건들은 전적으로 다른 역동을 지니고 있음이 분명하다(Block 1985; Mercy and Saltzman 1989). 내가 1980년 미국 중서부에 있는 중간 규모의 한 도시에서 여성 살인사건들을 조사하기 시작한 것은 페미사이드의 동기가 무엇인지에 대한 연구가 너무나 부족해서였다. 나의 연구는 그러한 살인사건들을 방지하는 데 쓸모가 있을 만한 많은 양의 지식을 모아서 엮어내려는 노력으로 시작되었다.

배경

1980년 오하이오 주 데이턴의 인구는 거의 20만 명이었다. 1인당 평균소득은 대부분의 도시지역 미국인의 평균 수입과 비슷했다. 1980년 인구조사에 따르면 데이턴에는 아프리카계 인구와 유럽계 인구가 거의 비슷한 비율로 거주하고 있었으며, 그 밖에 소수의 다른 민족 집단들도 존재했다. 유럽계 미국인들 가운데 가장 큰 문화적 단일 집단은 애팔래치아 지방 사람들이었다. 1980년 당시 실업률은 6퍼센트로 전국 실업률에 가까웠다. 노동 인구의

30퍼센트는 공장에 고용되어 있었고, 35퍼센트는 정부 공공기관에서 일했으며, 31퍼센트가 전문직·관리직·소매업에 종사했다.

1968년에서 1979년까지 데이턴의 살인사건 발생률은 전체 도시지역의 중간지에 근접했다. 1978년 교외지역을 포함해 데이턴에서 살해당한 인구 비율은 10만 명당 9명으로 전국 평균과 같았다(Webster 1979). 인종과 성별 구성, 변동 비율, 절대 비율 등 이 시기에 데이턴에서 발생한 살인사건의 패턴 역시 전국 도시지역 살인사건의 패턴과 유사했다(Campbell 1981).

자료 출처

1975년 1월 1일부터 1979년 12월 31일까지 오하이오 주 데이턴에서 일어난 모든 살인사건이 분석 대상에 포함되었다. 피해자로서든 가해자로서든 여성이 관련된 사건들에 관한 경찰의 수사기록이 정밀하게 검토되었다. 경찰의 수사기록은 FBI의《표준범죄보고서*Uniform Crime Report(UCR)*》를 위해 수집하여 편집된 개략적 종합 통계자료들보다 자세하고, 따라서 보다 정확한 정보를 제공한다. 경찰의 수사기록에는 부검 정보는 물론 실제 살인에 선행하는 사건들에 대한 분석을 용이하게 하는 세부사항들이 포함되어 있다. 하지만 개략적인 통계자료는 그렇지 않다. 예를 들어, 경찰은 FBI 보고서 작성을 위해 모든 살인사건의 '동기'를 부호로 처리한다. 가해자와 피해자가 서로 아는 사이일 경우 가장 흔한 살해 동기는 '언쟁'으로 분류된다. 데이턴 경찰서에서 FBI 보고서를 작성하면서 '언쟁'이라는 라벨을 붙인 사건들은 다음과 같이 매우 이질적이다. 금전문제를 둘러싼 이웃 간 논쟁, 서로 거의 알지 못하는 두 젊은이가 운동 기량을 두고 벌인 대결, 남편이 시작한 일련의 아내 구타 중 마지막이 된 치명적 구타까지 모두 '언쟁'이라는 항목으로 묶여 있다. 그러므로 이러한 개략적인 살해 동기 자료를 사용한 분석으로는 (이를테면 강도 같은 다른 동기와 '언쟁'이라는 동기의 비율을 비교하는 식의 분석으로는) 기저에 깔려 있는 보다 중요한 이슈들을 다룰 수 없다.

개략적인 살인사건 통계자료는 정확성도 떨어진다. 피해자-가해자 관계를 정의하는 데 있어서 특히 그렇다. '현장에서on the scene'라는 분류 항목은 사건 발생 이전의 성관계 및/또는 도시 내부에 흔한 비공식적 친족관계를 놓치는 경우가 많다. 옛 연인은 기존의 명명 체계에 들어맞지 않기 때문에 단순히 지인이라는 범주에 묶이기도 한다. 그러므로 경찰 수사기록을 자세히 검토해야만 FBI의 '지인'이나 '친구' 범주에 들어 있는 숨겨진 관계들을 들추어낼 수 있다. FBI 보고서에서는 장기간 성적으로 친밀한 파트너 관계를 보통 '남자친구/여자친구'라는 항목으로 분류하는데, 연인들이 마흔 살이 넘은 경우에도 그렇게 분류한다.

경찰의 살인사건 수사기록을 조사하는 것 외에도, 나는 같은 기간 5년 동안 발행된 데이턴의 주요 일간지 둘을 샅샅이 검토하여 여성 관련 살인사건에 관한 이야기들을 찾았다. 그리고 발견한 자료들을 주제 분석과 기술통계를 이용하여 분석했다.

페미사이드 전반

1975년에서 1979년까지 데이턴에서 살해당한 여성은 73명이었으며, 그 가운데 65명(89퍼센트)이 남성에게 살해당했다. 그리고 이 65명 가운데 12명(19퍼센트)이 남편에게, 5명(8퍼센트)이 남자 친구에게, 11명(17퍼센트)이 헤어진 남편이나 남자친구에게 살해 당했다(〈표 2-2〉 참조). 어린 소녀 3명을 포함한 다른 7명은 남자 가족(2건은 아들, 2건은 아버지, 2건은 어머니의 남자친구, 1건은 조카) 에게 살해되었다. 친구들 그리고/또는 친척들이 진술한 바에 따르면, 5명(8퍼센트)의 여성이 가벼운 관계의 이전 섹스 파트너에게 살해되었다. 그리고 11명(17퍼센트)이 지인에게, 1명이 친구에게 살해당했다. 따라서 남성에게 살해된 전체 여성의 80퍼센트가 살인범을 잘 알고 있었다. 게다가 72퍼센트는 집 안에서 살해됐

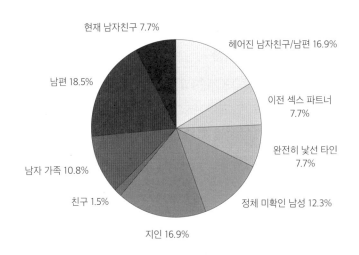

〈표 2-2〉 1974~1979년 데이턴에서 일어난 페미사이드 사건(총 65건)의 가해자 - 피해자 관계 친밀도에 따른 분류

현재 남자친구 7.7%

헤어진 남자친구/남편 16.9%

남편 18.5%

이전 섹스 파트너 7.7%

완전히 낯선 타인 7.7%

남자 가족 10.8%

정체 미확인 남성 12.3%

친구 1.5%

지인 16.9%

다. 이렇게 세분화된 관계 범주 분석은 살해당한 여성에 관한 전국적 통계자료에 기록된 패턴과 매우 유사하다(Wilbanks 1986).

사례 분석 결과

결혼했거나, 동거하고 있었거나, 다른 방식을 통해 성적으로 가까웠거나, 혹은 이미 헤어진 파트너들이 관련된 살인사건을 심도 있게 분석해보면 권력과 통제의 역동이 잘 드러난다. 배우자, 연인 또는 헤어진 파트너를 살해한 남자(28명)와 여자(29명)가 거의 동수이기 때문에 대조군 비교를 실시할 수 있었다.

살인 이전의 폭력

남편이나 남자친구, 또는 헤어진 남편이나 남자친구에게 살해당한 여성 28명 가운데 적어도 18명(64퍼센트)은 페미사이드 발생 이전에 자신을 살해한 남자에게 육체적 학대를 당했던 것으로 알려져 있다. 이는 살인범의 이전 체포기록이나 목격자 또는 가족들이 사건 담당 경찰관에게 자발적으로 언급한 내용을 통해 입증되었다. 1975~1979년 경찰은 이전의 학대에 대해서는 묻지 않았다. 경찰이 문서로 기록한 학대 사례만이 이 통계자료에 포함되었으므로, 살해된 여성이 구타당한 사실을 숨겼거나, 학대로 인해 응급실에서 처치를 받았지만 간호사가 경찰에 알리지 않은 경우들은 이 통계자료를 통해선 알 수 없다. 또한 이 18명이라는 통계수치에는 살인범이 즉각 범행을 자백한 경우들도 포함되지 않는다. 왜냐하면 범인이 자백한 경우 경찰은 더 이상 법정 증거용으로 과거의 학대 사실에 관한 정보를 캘 필요가 없기 때문이다. 이 64퍼센트에 들지 않는 두 사건에서 경찰이 사건 이전에 '가정폭력'을 이유로 출동 요청을 받은 적이 있는 것으로 기록되어 있으나, 당시엔 체포된 사람도 없었고, 집 안에서 누가 누구에게 폭력을 행사했는지에 대한 문서기록도 전혀 남아 있지 않다. 이 모든 이유 때문에 64퍼센트라는 수치는 실제 학대 발생 비율보다 훨씬 낮은 수치다. 앞에 수록된 글의 저자인 윌슨과 데일리를 비롯해 여타 저자들이 밝혀 보였듯이, 데이턴에서뿐만 아니라 세계 어디에서나 여성 구타는 정해진 순서처럼 페미사이드에 선행하여 발생한다(Counts, Brown, and Campbell 1992; Wallace 1986).

이전에 학대가 있었다고 기록된 18건 가운데 15건에서 페미사이드 사건 이전 2년 내에 '가정폭력' 신고를 받고 경찰이 출동한 적이 있었다. 그중 한 사건에서는 경찰이 다섯 차례나 방문하기도 했다. 살인사건 이전의 2년 동안 경찰이 같은 가정을 56차례나 방문했는데, 그중 열두 번이 '가정폭력' 신고 때문이었던 경우도 있었다.

남성 범인 19명은 피해자와 맺었던 친밀한 관계에서 가한 신체적 잔혹행위 이전에, 폭력범죄와 관련된 체포기록이 있거나, 타인에게 폭력적이었다는 믿을 만한 목격자들의 증언이 있었다. 범인들 중 한 남성은 그 지역에서 싸움으로 악명이 높은 오토바이 폭력집단에 속해 있었다. 또 다른 사건에서는 범인이 다른 주에서 이미 이전 아내를 살해한 적이 있었으나 비자발적 우발살인(과실치사)으로 유죄판결이 나서 보호관찰 처분을 받았음을 경찰이 주지하고 있었다. 이러한 사건들은 아내를 학대하는 이들이 단지 자신의 아내에게만 폭력적일 뿐이라는 생각과 배치된다. 다른 연구조사 결과 역시 특별히 사악한 학대자들은 보통 폭행 이력을 갖고 있다는 결론을 뒷받침한다(Berk et al. 1983).

따라서 이 남자들 대부분은 그들의 친밀한 파트너를 살해하기 오래전부터 이미 형사 사법계에 알려져 있었다. 경찰은 보통 여성 피해자들을 위협하는 극단적 위험을 예견할 수 있을 만큼 충분한 정보를 가지고 있었다. 여성들도 경찰만큼 충분한 사전 정보를 가지고 있었다고 생각할 수 있으나, 구타당하는 여성들은 대부분 페미사이드가 얼마나 흔하게 일어나는지 알지 못했거나, 공포로 마비되지 않기 위해서 자신이 처한 위험을 최소화할 필요가 있었을 것이다. 경찰이 경고했다면 여성 편에서 어떤 행동을 취할 수 있었을 것이다. 그러나 그러한 시도가 기록된 사건은 단한 건밖에 없었으며, 그마저도 경찰은 보호는커녕 경고만 제공하는 데 그쳤다. 이러한 '노력'에는 결국 피해자가 되고 마는 여성에게 경찰이 그녀의 폭력적인 옛 파트너로부터 그녀를 충분히 보호해줄 수 없다고 한 충고도 수반되었다. 해당 여성은 숨을 곳을 찾으라는 말을 들었다.

사디즘과 과도한 폭력

친밀한 파트너 관계에서 일어난 페미사이드 28건 중 4건(14퍼센트)에서 사디즘을 암시하는 가해자의 특별히 잔인한 행위들이 수반되었다. 한 남자는 여성 파트너를 6개월 동안 감금한 채 구타하여 천천히 죽게 만들었다. 경찰의 탐문기록에 따르면 이웃들은 그녀가 그에게 붙잡혀 있다는 것을 알았지만, 폭력적인 것으로 악명 높은 남자의 사적 영역에 개입하기를 원하지 않았다. 또 다른 사건의 법의학 검증 사진과 부검 보고서에 따르면 피해 여성은 먼저 수갑이 채워진 뒤 사원에서 총을 맞고 사망했다. 반면 성인 여성이 남성을 살해한 사건에서 시디즘을 나타내는 행위가 드러난 경우는 단 한 건도 없었다.

'과도한 폭력excessive violence'이란 용어는 보스L. H. Voss와 헵번R. J. Hepburn이 살인사건 관련 논문에서 처음 도입한 것이다(Voss and Hepburn 1968). 그들은 (이를테면 언쟁이 벌어지는 동안) 죽일 의도 없이도 한순간 통제력을 잃고 총을 한 발 쏘거나, 주먹으로 치거나, 칼로 찌르는 일이 발생할 수 있다는 이론을 제시했다. 이에 반해, 과도한 폭력이란 죽이려는 의식적인 결심을 겉으로 드러내는 것이다. 데이턴에서 벌어진 친밀한 파트너 관계의 살인사건 중 17건(61퍼센트)은 남자가 과도한 폭력(두 번 이상 총을 쏘거나 칼로 찌르거나, 혹은 죽을 때까지 구타하거나)을 사용한 경우다. 한 사건의 경우, 피해 여성이 남편의 총에 너무 여러 발을 맞은 탓에, 총알이 들어오고 나간 구멍을 구분하기 어렵다는 검시관의 분노에 찬 메모가 부검 보고서를 가득 채웠다. '과도한 폭력' 테스트와 경찰이 해석한 사전계획 증거에 기초해서 보면 친밀한 파트너 관계에서 벌어진 페미사이드 사건들 중 다수는 의식적인 살인 의도가 있었음이 드러났다. 친밀한 관계의 남성 파트너를 살해한 여자들은 페미사이드를 저지른 남자들에 비해 과도한 폭력을 사용한 경우가 훨씬 적었다. 〈표 2-3〉에는 친밀한 관계에서 일어난 살인사건에서 남성과 여성 가해자의 차이가, 〈표 2-4〉에는 남성과 여성 피해자의 차이가 확연하게 드러나 있다.

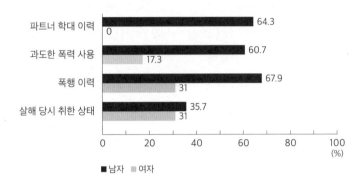

〈표 2-3〉 1974~1979년 오하이오 주 데이턴에서
친밀한 관계의 파트너를 살해한 남성(29명)과 여성(28명)의 특징

한 사건이 둘 이상의 범주에 중복 해당될 수 있다.

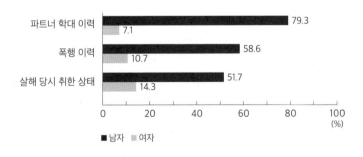

〈표 2-4〉 1974~1979년 오하이오 주 데이턴에서
친밀한 관계의 파트너에게 살해당한 남성(29명)과 여성(28명)의 특징

한 사건이 둘 이상의 범주에 중복 해당될 수 있다.

취한 상태

피해자와 친밀한 관계를 맺고 있던 남성 가해자 가운데 10명(약 36퍼센트)은 살인을 저지를 당시 취해 있었다. 반면에 여성 피해자 가운데 취해 있던 사람은 단지 4명(약 14퍼센트)밖에 되지 않았다(〈표 2-4〉). 남성 가해자의 36퍼센트, 여성 가해자의 31퍼센트가 취해 있었지만(〈표 2-3〉) 대다수는 살인을 저지를 당시 취해 있지 않았다는 사실에 주목해야 한다. 취한 상태는 이 살인사건 대다수를 설명한다고 할 수 없다(Berk et al. 1983 참조).

동기

범인의 자백에 대한 주제 분석, 경찰의 탐문 및 여타 증거 해석, 그리고/또는 목격자 보고서 등을 이용해 이 살인사건들의 동기를 분류하기 위한 범주를 고안했다. 〈표 2-5〉는 이 범주에 따라 남녀 가해자의 살인 동기들을 대조하여 제시한 것이다. 가장 많은 사건(18건, 약 64퍼센트)이 남성의 질투와 관련 있었다. 여성의 질투는 남성이 친밀한 관계를 맺고 있는 (또는 그러한 관계를 맺기 원하는) 여성을 통제하고 소유하려는 시도에서 나온 부산물이다. 요컨대, 질투란 소유의식ownership을 함의한다(Daly, Wilson, and Weghorst 1982). 역설적이게도, 데이턴의 페미사이드 사건들 가운데 남성 범인들이 자신과 친밀한 관계에 있는 파트너가 다른 누군가와 성관계를 가졌다는 직접적인 증거를 가지고 있었던 경우는 단 한 건도 없었다. 사실 이런 증거가 있을 경우 가부장제 전통 안에서 페미사이드는 '용납 가능한excusable' 것으로 여겨진다 (Greenblat 1985; Lundsgaarde 1977). 한 남자는 집에 들어왔을 때 자

〈표 2-5〉 1974~1979년 오하이오 주 데이턴에서 발생한
페미사이드(남성에 의한 여성 살해)의 '이유'

	비율(%)	건수
여성의 질투	0.0	0
피해자 유발	7.0	2
기타	17.9	5
남성의 지배	17.9	5
남성의 질투	64.3	18

한 사건이 둘 이상의 범주에 중복 해당될 수 있다.

신의 파트너가 전화 통화를 하고 있는 것을 보고 그녀를 죽였다. 그녀가 남자친구와 통화하는 거라고 확신했기 때문이었다. 경찰은 그녀가 한 친척과 통화하고 있었음을 확인했으며, 모든 이야기를 종합해볼 때 그녀에게는 남자친구가 없었다. 이러한 데이턴의 기록들을 살펴보면 이처럼 믿기지 않을 만큼 엉성한 질투가 동기로 작용하는 일이 드물지 않다. 어떤 남자는 자신의 파트너가 직업적인 열망을 품는 것이 싫어서 죽였으며, 또 어떤 남자는 아내가 자녀들에게 관심을 두는 것에 화가 나서 죽였다.

남성의 지배와 관련한 이슈들은 모든 페미사이드의 한 부분을 이루고 있다고도 주장할 만하지만, 여기에서는 여성이 남성 범인에게 술을 더 주지 않으려 하거나, 돈 달라는 요구를 거절하거나, 혹은 성적 접근을 거부하는 등의 상황을 망라해 별개의 한 범주로 분리시켰다. 이에 해당하는 사건들은 총 8건(약 18퍼센트)으로, 데이턴에서 벌어진 페미사이드의 동기 가운데 남성의 지배는

2위에 올랐다.

3위 범주는 본래 '피해자 유발victim precipitation'이라는 이름이 붙어 있었다. 이 용어는 때로 범죄 피해를 당한 것에 대해 피해자를 비난하는 데 부정확하게 사용되어왔다. 하지만 원래 이 용어가 만들어졌을 때와 마찬가지로, 여기에서는 살해당한 사람에 의해 처음 폭력행위가 시작된 경우만을 가리키는 용어로 사용되었다. 마빈 울프강이 정의한 바에 따르면, 피해자 유발 살인사건이란 피해자가 먼저 무기를 보이거나 먼저 상대를 가격함으로써, 일반적으로(법률적으로는 반드시 그렇지 않더라도) 살인행위가 정당방위로 해석될 수 있는 상황을 만든 경우다(Wolfgang 1957). 친밀한 파트너를 살해한 페미사이드 가운데 2건(7퍼센트)에서 여성이 먼저 무기를 꺼냈으며, 이 행위 때문에 정당방위를 근거로 남성에게 무죄가 선고되었다. 페미사이드의 단 7퍼센트만이 피해자 유발에 해당한 반면, 사건 당시 교제 중이었거나 헤어진 여성 파트너가 저지른 살인 중 79퍼센트(총 29건 가운데 23건)가 남성 폭력에 의해 유발되었다. 여타 도시의 살인사건 통계자료들 역시 성별에 따라 구분되는 비슷한 패턴을 보인다(Curtis 1975; Wolfgang 1957).

여성 피해자가 먼저 공격한 2건의 페미사이드 모두에서 남성 가해자는 무죄를 선고받은 반면, 남성 피해자가 유발한 23건 중에서는 단지 8건에서만 여성 살인범이 정당방위를 근거로 처벌을 피했다. 이 8명 중 2명은 법정 재판에서 무죄를 선고받았으며, 6명은 아무런 혐의도 받지 않았다. 나머지 15건 중 다수(12건) 사례에서, 여성 살인자 각각은 과실치사라고 변론했으나 그렇게 심리되지 않았다. 남성 파트너를 죽인 여성들에 대한 가부장제 사회의 공포는 남성 피해자가 먼저 폭력을 사용했다는 명확한 증거가 있는 경우에도 이 여성들에게 우발살인 혐의가 적용되었다는 사실에 암시되어 있다. 살인사건 수사기록에는 선고에 관한 모든 정보가 담겨 있지는 않다. 그러나 적어도 과실치사 유죄로 변론했던 여성 4명은 금고형에 처해졌다. 피해자 유발 범주에 해당하는 나머지 여성 3명은 배심원 재판에서 고의적 우발살인으로 유죄선고를 받고 모두 징역형에 처해졌다. 이 기간에는 23건의 사건 모두에 존재했던 구타 이력의 효력을 증거로 삼은 판례가 없었다. 이러한 판례들의 처리 방식을 보면, 학대당한 여성이 자신을 학대한 이를 살해한 경우, 여성이 남편으로부터 스스로를 방어할 필요성을 부정하는 가부장제 사법체계의 그릇된 성향에 대응하려면 전문가의 증언이 필요하다는 사실이 더욱 강조된다 (Walker 1988).

'기타'라는 이름이 붙은, 페미사이드 동기 중 마지막 범주에는 관련된 동기가 없거나 동기가 발견되지 않은 경우, 그리고 무죄 주장을 한 경우가 포함되었다.

페미사이드 동기를 보다 깊이 통찰하고자 나는 인구학 자료를 검토했다. 일반적으로 페미사이드에 연관된 남성과 여성은 같은 인종과 연령대의 친밀한 파트너 관계인 경우가 많다. 직업에 관한 정보를 보면, 여성 희생자보다는 남성 살인자에 관한 정보가 더 많이 기록되어 있다. 고용 자료가 기록되어 있는 남성 24명 중 12명이 실업상태였다. 이러한 비율은 표본의 인종 구성(79퍼센트가 아프리카계 미국인)을 고려하더라도 데이턴 지역 평균실업률보다 훨씬 높은 것이었다. 실업은 기존 남성들이 지녔던 부양자 이미지를 흩어버린다. 그리고 자기 회의에 빠진 남성들로서는 다른 영역에서 권력과 통제를 확보하려는 필요성이 더욱 증대될 수 있다(Goode 1971). 일자리가 있던 남성 12명은 일터에서 상대석으로 통제권을 거의 발휘할 수 없는 블루칼라 노동자였다. 그 가운데 한 명은 경비원이었고 다른 한 명은 퇴직한 경찰관이었다. 둘다 권력과 통제가 핵심을 이루는 직종이다.

그녀가 떠나려 할 때

권력과 통제를 되찾으려는 남자들의 노력이 헤어진 파트너에 대한 살인의 기저에 깔린 이슈다. 경찰 보고서는 살해 당시 이미 이전 파트너와 헤어진 상태였던 여성 11명 외에 떠나겠다는 의도를 분명히 밝힌 아내 한 명과 '여자친구' 한 명이 있었음을 보여준다. 공식적으로 관계가 해소되지 않았기 때문에 헤어진 파트너 범주에 포함되지 않은 한 사건에서는 한 여성과 그녀의 할머니, 그리고 두 자녀가 소이탄으로 살해되었다. 이전 남자친구가 자신을 떠났다는 이유로 여성에게 분노를 표출한 것이었다. 경찰도 이남자를 유력한 용의자로 보았다. 하지만 이 남자가 거짓말 탐지기 테스트를 통과하지 못했는데도, 사건을 담당한 지방검사는 기소할 만한 충분한 증거가 없다고 판단했다.

옛 파트너에게 살해당한 남성 4명은 살해당하기 직전 별거 상태의 아내에게 폭력을 행사했다. 이러한 폭력은 여성에 대한 소유권을 되찾으려는 동기에서 시작된 것이 분명했다(경찰 증언에 따르면, 남자는 여자의 새 남자친구를 질투했거나 그녀와 '예전처럼 함께하기를 원했다'). 특별히 이러한 사실을 잘 드러내는 한 가지 사례를 보면, 한 남자가 이혼 후 몇 달이 지나도록 옛 아내를 꾸준히 추행하고 여러 차례 집으로 찾아가 폭력적으로 접근해 말을 걸었다. 그녀는 결국 자신을 보호하고자 총을 사서 침실에 두었다. 그녀의 십대 자녀들이 확인해준 이야기에 따르면, 옛 남편이 다시 집으로 찾아왔을 때 아이들 중 한 명이 그를 집 안에 들였다. 그는 옛 아내가 문을 잠근 채 들어가 있던 침실로 찾아가 문을 부쉈고, 그녀가 총을 들고 쏘겠다고 경고했음에도 그녀에게 다가갔다. 그가 계속 다가가자 그녀는 바닥에 총을 한 방 쏘았다. 하지만 그는 멈추지 않았고, 그래서 그녀는 그를 쏘아 죽였다. 이 여성은 고의적 우발살인으로 유죄판결을 받고 20년 징역형에 처해졌다. 사법정의를 흉내 냈을 뿐인 이 조악한 판결에 대해서는, 판사와 배심원 모두 죽음이 부부를 갈라놓을 때까지 남편은 아내에 대한 소유권을 갖는다고 확신했다는 것 말고는 다른 어떤 타당한 설명도 불가능하다.

헤어진 파트너를 살해한 15건 가운데 오직 2건에서만 이전에 여성 파트너가 학대당한 기록이 문서로 남아 있다. 학대당한 여성들의 운동조직에서도, 학대당하는 여성이 남편 또는 파트너를 떠날 때, 아니면 그녀가 영원히 떠나리라는 것을 남편 또는 파트너가 확신하게 되었을 때 페미사이드 위험이 가장 커진다는 것을 깨닫기 시작했다(Hart 1988).

남성들 가운데 2명은 옛 여성 파트너를 살해한 뒤 곧바로 자살했다. 이 두 경우 말고는, 해당 기간 데이턴에서 발생한 모든 살인사건에 자살이 이어진 일은 없었다. 살인에 뒤이은 자살이라는 패턴은 파트너를 살해한 남성들의 특유한 현상이다(Humphrey, Hudson, and Cosgrove 1981-82; Wallace 1986). 데이턴에서 일어난 두 사건 모두에서 여성에게 극단적 폭력이 가해졌다. 여성 파트너에 대한 통제권을 유지하는 것이 어디에서나 중요하다는 사실은 오랜 학대 때문에 남편과 이혼한 한 여성의 사례에서 전형적으로 드러난다. 옛 남편이 그녀를 죽이겠다고 협박하자, 그녀는 경찰의 보호를 요청하는 한편 여러 차례 그를 피해 옮겨 다녔다. 하지만 그는 그녀가 자매의 집에 있는 것을 찾아내 과도하게 폭력적이고 가학적인 방식으로 살해했다. 또한 그는 그녀의 어머니와 자매까지 죽였다. 그가 자살하며 남긴 유서에는 멀쩡한 정신으로 냉정하게 살인을 모의했다는 사실이 잘 드러나 있었다. 자신을 떠난 아내는 죽어 마땅하다고 그는 확신하고 있었다. 짐작하건대, 그는 마음속에서 그녀를 소유하고 있었을 것이다.

두 번째 페미사이드-자살은 한 젊은 남자가 자신의 십대 여자친구가 관계를 끝내길 원한다는 것을 알고는 한바탕 총을 '난사'한 경우였다. 그는 여자친구를 죽였고, 마구 쏘아댄 탄환에 젊은 여성 셋이 맞아 그중 한 명은 사망했다. 그리고 그는 우연히 그의 도주를 방해한 다른 남자 한 명도 죽였다.

남자를 죽인 여자들

데이턴 지역에서 여성이 남성을 살해한 사건들을 분석한 목적은 무엇보다도 그 반대 사건들과 비교하는 데 있으므로, 이 사건들 특유의 세부사항들은 여기에 제시되지 않을 것이다. 그러나 통계자료 분석은 여기에서도 충분히 의미가 있다. 여성이 관계된 전체 살인사건에서 피해자 116명 중 37퍼센트(43명)가 여성에게 살해당한 남성인 데 비해, 56퍼센트(65명)는 남성에게 살해된 여성이었다. (나머지 8명은 다른 여성에 의해 살해된 여성이었으며, 그중 6명은 아동이었다.) 남성 피해자 중 3명은 아동이었다.

남성 피해자 가운데 11명(27퍼센트)은 이전에 친밀한 관계를 맺은 적이 없는 여성에게 살해되었다. 여성 가해자가 관련된 성인 살인사건 70건 중, 여성이 아무 관계도 없는 남성을 살해한 경우는 총 6퍼센트를 차지했다. 반면 페미사이드에서는 가해자 남성이 피해자 여성을 아주 조금 알거나 전혀 알지 못하는 경우가 43퍼센트나 됐다. 살인범이 남성이든 여성이든, 조금 아는 사이든 낯선 사람이든, 살해의 가장 흔한 동기는 강도였다. 하지만 여성이 가해자로 관련되어 유죄판결이 난 사건 중 3퍼센트에서만 여성 자신이 직접 살인을 저질렀다. 5명의 여성이 연인인 남성이 범죄를 저지르는 동안 함께 그 자리에 있음으로써 살인의 수동적 공범자가 되었다는 사실은 가족이나 다른 친밀한 관계 외부에서 여성이 살인을 주도하는 일이 거의 없음을 다시 확인시켜준다. 이러한 현상은 데이턴의 자료에서만 독특하게 나타나는 것은 아니며, 일반적으로 여성의 공격행동은 수위가 낮다는 관점에서 설명된다(Jason, Flock, and Tyler 1983). 그러나 질리언C. Gillian은 대안적 설명을 제시한다. 질리언에 따르면, 여성들은 도덕적 결정을 내릴 때 획일적인 기준보다 관계를 더 중요하게 여긴다(Gillian 1982). 따라서 남자는 여러 다양한 상황에서 행동기준 때문에 폭력을 사용할 가능성이 여성보다 높다(이를테면 대결에서 뒤로 물러

〈표 2-6〉 1974~1979년 오하이오 주 데이턴에서 발생한
친밀한 관계의 파트너 살인사건(여성에 의한 남성 살해)의 '이유'

	비율(%)	건수
여성의 질투	6.9	2
기타	13.8	5
남성의 지배	17.8	8
남성의 질투	34.5	10
피해자 유발	79.3	23

한 사건이 둘 이상의 범주에 중복 해당될 수 있다.

나는 것은 남자답지 못한 행동이며, 따라서 피해야 할 일이다). 통계자료가 뒷받침하듯이, 여성이 살인을 저지르는 것은 무엇보다 개인적 관계가 연루되었을 때다.

이 보고서에서 특히 눈에 띄는 내용은 여성이 남성을 살해한 살인사건의 67퍼센트에서 피해자 남성은 현재 교제 중이거나 헤어진 남편 또는 남자친구였다는 사실이다. 〈표 2-6〉은 이 사건들을 요약해서 보여준다. 적어도 23건(약 79퍼센트)에서 남성 피해자는 여성 가해자를 사건 이전에 구타한 적이 있었다. 사실 해당 표본에서 남편이나 남자친구 또는 헤어진 남편이나 남자친구를 살해한 여성 가운데 해당 남성이 구타를 한 적이 없고 먼저 무기나 주먹질로 살인을 유발하지 않은 경우는 단 3건밖에 되지 않았다. 최근에 이루어진 다른 연구조사에서도 비슷한 사실들이 보고되고 있다(Browne 1987; Daly and Wilson 1988; Wilbanks 1983).

기타 연구조사 결과

가족이나 친밀한 관계 바깥에서 일어난 페미사이드 30건 가운데 70퍼센트에서 과도한 폭력 그리고/또는 사디즘 행위가 발생했다. 이 사망사건들의 93퍼센트는 사전에 언쟁이 없었으며, 피해자 유발로 사건이 일어난 것은 단 1건(3퍼센트)이었다. 이와 매우 대조적으로, 친밀한 관계 바깥에서 여성이 남성을 살해한 사건 11건 중 과도한 폭력이 사용된 경우는 한 건도 없었으며 4건(36퍼센트)은 결국 정당방위로 판결되었다.

단 5명(8퍼센트)의 여성만이 낯선 이에게 살해되었으며, 그중 4명은 강도사건 도중에 살해되었다. 8명(12퍼센트)이 신원미상의 남성에게 공격을 받아 살해되었으며, 5명은 강간까지 당했다. 이 5명이 해당 기간에 데이턴에서 낯선 이에게 성적 살인을 당한 사람의 전부였다. 이러한 살인사건은 비교적 드물게 일어남에도, 미디어의 주목을 많이 받는다. 성과 관련되었다는 사실은 사람들의 이목을 끌기 때문이다. 하지만 이런 사건들에만 관심이 집중되는 탓에, 여성들이 낯선 사람보다 남편이나 남자친구에 의해 더 많은 위험에 처한다는 사실이 간과되는 불행한 결과가 빚어진다.

그 밖에 부검 보고서에 따르면 데이턴에서 발생한 살인사건 피해자 가운데 3명이 각각 '안면이 있는' 사람, '친구', 이전에 가벼운 관계를 맺었던 섹스 파트너에게 성폭행당한 뒤 살해되었다. 이 중 2건은 페미사이드로 이어진 '데이트강간'으로 분류될 수 있다. 나머지 1건에는 강도행위가 수반되었다.

경찰이 기입해둔 기록을 보면, 비극적이게도 15세 미만 아동 12명이 살인사건을 목격했거나 시신을 처음 발견했다. 많은 경우에 피해자나 가해자는 (또는 둘 모두) 목격자 아동의 부모였다. 살인사건에 영향을 받은 아동들이 장기간 불안과 행동장애를 겪는다는 결과가 보고된 바 있음에도, 이들에 대한 개입 조치는 사법제도를 통해 자동적으로 시행되도록 마련되어 있지 않다(Cowles 1988). 많은 경우에 이 아동들은 아프리카계 미국인이고 가난하기 때문에 특수화된 전문적 지원을 받기 어렵다. 계속되는 폭력을 방지하려는 대책에는 이 아동들을 고위험에 노출된 집단으로 규명하고 처우하는 일도 포함되어어야 할 것이다.

신문 보도

데이턴에서 발생한 살인사건 대부분은 신문 지면 구석에 숨겨진 이야기들 틈에서 최소한의 사실만을 전달하는 단 몇 문장으로 보도되었다. 피해자가 남성인 경우와 여성인 경우 신문에서 살인사건을 보도하는 데 할애한 공간이나 묘사하는 방식에는—《데이턴 저널 헤럴드*Dayton Journal Herald*》든 《데이턴 데일리 뉴스*Dayton Daily News*》든— 별 차이가 없었다. 사건에 연루된 인물들은 대부분 아프리카계 미국인이었고 가난했다. 이들의 사망 소식을 최소화한다는 것은 인종차별 사회에서 그들을 가치 없고 중요하지 않다고 여기고 있음을 드러낸다(Hawkins 1986, 117).

선별되어 데이턴 지역신문에 상세히 보도된 살인사건들을 살펴보면 미디어가 여성 피해자의 성적 순결에 집착하고 있음을 알 수 있다. 젊은 유럽계 미국인 여성이면서 외관상 처녀로 보이는 (적어도 범행을 겪기 전에는) 살인사건 피해자들은 사진과 함께 신문 전면에 크게 보도되었으며, 특히 사건에 강간이 수반되었을 때는 더욱 그러했다. 젊은 아프리카계 미국인 피해자들은 성적으로 학대당한 경우에도 안쪽 지면에 몇 단락에 걸쳐 보도될 뿐이었다. 나이 들었고, 성적으로 활동적이고, 술이나 약물에 취했고, 결혼했다는 조건 가운데 하나라도 해당되는 여성 피해자들은 (짐작하건대 '중고물품' 항목으로) '단신 보도' 섹션에 단 몇 줄로 처리되었다. 예외적일 만큼 잔인하거나 흔치 않은 환경에서 사건이 일어난 경우에도 제한적으로 다루어졌다.

경찰 살인사건 보고서도 순결에 집착했다. 결혼하지 않은 모든 여성 피해자들에 대해서는 기존 성생활에 관한 정보가 상당히 많이 기록되었다. (반면에 남성 피해자들의 성생활에 대해서는 아무런 정보도 기록되지 않았다.) 흔치 않게 적극적인 성생활 이력이 있는 여성들을 죽인 두 남자가 유책성 감면을 주장한 경우도 있었다. 이 두 남자의 주장은 경찰의 지지를 받았다. 경찰은 피해자 중 한 여성이 매춘부였으며, 다른 한 여성은 '문란했다'는 주장을 뒷받침할 광범위한 보강 증거를 해당 여성의 남성 지인들로부터 수집했다. 메리 데일리Mary Daly의 연구조사는 피해자의 순결에 대한 사회의 집착을 전족이나 음핵절제 같은 집단학살적 관습들과 연결했다(Daly 1978).

페미사이드에 대한 몇 줄 이상 되는 신문 보도에는 여성에 대한 미묘한 비난이 명백히 담겨 있었다. 거의 언제나 기자들은 친밀한 파트너 관계에서 일어난 살인사건들을 시시한 '집안싸움'이나 '언쟁', '집안 다툼'이라고 언급했다. 이를테면, 여성이 수갑을 찬 채로 있다가 총을 맞아 살해된 경우, 수갑이 채워졌다는 사실은 누락된 채 '가정불화'라는 말로 사건의 배경을 설명했다. 남성이 자신의 연인을 직장으로 찾아가 일곱 차례나 총으로 쏴서 살해한, 사전에 모의된 페미사이드를 묘사하는 데도 '명백한 언쟁의 결과'라는 말이 사용되었다. 이런 식으로 보도된 여성살해 기사들은 여성 또한 살인사건에 대해 똑같이 책임이 있다는 인상을 준다. 비슷한 방식으로 여성의 학대당한 이력과 정당방위 근거는 감추어진다. 경찰이 처음 친밀한 파트너 살인사건을 기자들에게 보고할 때 그런 용어와 표현을 사용하는 경향이 있지만, 기자들은 오직 사건을 더 정확히 묘사하기 위해 질문할 수 있다. 핼로런J. D. Halloran은 폭력사건에 대해 미디어가 "정의하고, 강조하고, 확대하고, 지위를 부여하고, 의미와 관점을 제시하고, 꼬리표와 고정관념을 공급하고, 인정과 비난을 명시할" 수 있음을 지적한다(Halloran 1975, 211). 저널리스트들은 페미사이드의 역동을 모호하게 지워버리는 일에 참여해왔다.

토의

공식적 학술연구에서도 여성이 관련된 살인사건에서 권력과 통제라는 이슈들을 모호하게 지워버렸다. 제이슨J. Jason, 플록J. Flock, 타일러C. W. Tyler의 1급(가족)살인과 2급살인 비교와 침보스의 부부 살인 분석처럼 많은 분석연구들에서 남성과 여성을 같은 범주에 몰아넣고 있다(Jason, Flock and Tyler 1978).

    게다가 아프리카계 미국인 여성들이 친밀한 파트너 살인사건의 피해자나 가해자로서 과도하게 대표되는 현상 밑에 어떠한 역동이 깔려 있는지는 거의 연구된 바가 없으며, 그렇기 때문에 매우 빈약하게 이해되고 있을 따름이다. 연구조사에서 인종 또는 민족집단이 끼치는 영향이 있다는 것은 당연하게 여겨지지만, 빈곤과 혼동되는 경우가 많다. 민족과 주거 위치와 경제적 지위를 아울러 표현하는 데 쓰일 수 있는 용어가 문화지향cultural orientation이다. (인종보다도) 문화지향이 가치에 더 많은 영향을 끼친다. 그러므로 문화지향과 페미사이드 사이의 상관관계에 관한 조사와 분석이 필요하다. 이를 시작하는 작업으로 록하트L. L. Lockhart의 연구조사를 들 수 있는데, 중산층 유럽계 미국인 부부 사이에서보다 중산층 아프리카계 미국인 부부 사이에서 아내 구타가 더 적게 발생한다는 내용을 담고 있다(Lockhart 1987). 인종보다는 가난하고 인구가 과밀한 환경이 폭력에 더 많은 잠재적 영향을 끼친다는 사실을 입증한 살인사건 연구들도 타당하다(Hawkins 1986). 그러나 권력과 통제라는 문제야말로 젊은 아프리카계 미국인 남성에게 특히나 두드러지는 핵심 이슈일 것이다. 성취와 실현을 향한 다른 통로들이 막혀 있는 그들에게는 아프리카계 미국인 여성만이 그들이 가진 모든 것이다(Wallace 1978). 이러한 권력 및 통제 욕구는 도심지역 청년들의 지위 획득 욕구, 길거리와 미디어에서 보이는 폭력행위 모델, 총기소지 규범, 크랙*의 공격성 제고 효과, 그리고 가난과 관련되어 불안정한 상황을 만들어내고 쉽게 파트너 학대와 페미사이드로 이어지는 여러 가지 압도적인 문제들과 상호작용할 수 있다.

---

* (옮긴이주) 강력한 코카인의 일종.

모든 여성이 페미사이드의 위험에 처해 있다. 이 위험은 특히 친밀한 파트너에 의해 초래되고, 아내 구타의 이력이 있을 때와 여성이 남성 파트너를 떠나려고 결심했을 때 가장 높아진다. 이러한 현실은 살인사건 분야의 학자보다는 학대당한 여성이 더 잘 알고 있다. "내가 가질 수 없다면 누구도 너를 가질 수 없다." 학대당한 여성들은 자신을 학대한 파트너가 이런 말을 했다고 이야기하는 경우가 많다. 이 말은 극단적인 여성 소유 관념과 잠재적 페미사이드를 가리키는 특별히 위험한 언어적 위협으로 인식되어 가는 중이다(Stuart and Campbell 1989).

이 장에 제시된 통계자료는 전유한다는 소유와 권력과 통제, 이 세 가지가 남녀 파트너 사이에서 벌어지는 살인사건의 핵심임을 생생하게 보여준다. 여성에 대한 남성의 소유 전통과 권력을 향한 남성의 욕구가 발휘되어 끔찍할 만큼 폭력적인 결말에 이른다. 페미사이드에 담긴 메시지란 결국 많은 남성들이 여성을 죽임으로써 여성 파트너에 대한 통제라는 자신의 특권을 수호할 수 있다고 믿는다는 것이다. 이러한 메시지, 그리고 여성이 처한 위험은 대부분의 학술연구와 미디어, 형사 사법체계에 의해 모호해진다.

여성이 가장 심하게 위협받는 장소는 집이며, 위협을 가하는 사람은 '사랑하는' 남자다. 가족과 집이야말로 남성뿐 아니라 여성의 성역이라고 하는 오늘날 사회의 신화는 페미니스트들의 도전을 받고 있다. 엘리자베스 스탠코Elizabeth Stanko는 안전한 집이라는 이데올로기가 여성이 그 안식처에서 멀리 떠나는 것을 무서워하게 함으로써 그들을 종속시키는 데 기여했다고 설득력 있게 주장한다(Stanko 1988). 그러나 이미 살펴보았듯이, 데이턴의 여성들은 집과 남편의 '보호'에서 멀리 있을 때 오히려 더욱 안전했다.

최근 주간지《타임*Time*》에서 미국 내에서 한 주간 일어난 총기 살인을 조사한 결과 또한 데이턴의 살인사건 분석과 동일한 주제를 되울리고 있다. 242건의 살인사건을 설명하는 간단한 한 문장에서조차, 적어도 42건의 살인사건에 여성에 대한 권력과 통제를 원하는 남성들이 연루되었다는 사실이 드러났다. 11건의 페미사이드에서 남성 살인범이 파트너를 살해하고 곧이어 자살했는데, 피해자 여성 가운데 한 명은 죽기 직전 이런 말을 들어야 했다. "네가 나랑 살지 않겠다면, 아예 살 수가 없을 거다"(*Time* 1989, 35).

살인면허

리키 그레고리

1989년 2월 10일 일곱시 사십오분경, 맨디Mandy는 가슴과 등을 부엌용 가위에 열다섯 차례 찔렸다. 이 가운데 한 번이 심장을 관통했다. 그리고 가위에 찔린 직후 그녀는 목이 졸렸다.

맨디를 죽인 것은 그녀의 남편이었다. 그녀는 2주 전에 남편을 떠났었다. 그리고 남편은 그녀가 더 이상 자신과 함께하기를 원하지 않는다는 걸 분명히 깨달았을 터였다. 체포된 뒤 그는 자신이 그녀를 가질 수 없다면 다른 어느 누구도 그럴 수 없다고 진술했다.

두 사람은 9년가량 관계를 맺은 터였다. 그는 5년 정도 사우디아라비아에서 일하다 완전히 돌아와서 1985년 맨디와 결혼했다. 두 사람의 관계가 맨디에게는 쉽지 않았을 게 분명했다. 남편은 그녀보다 열네 살이나 많았고, 성격과 기질이 정반대였다. 맨디가 활기차고 친근하며 외향적인 반면, 남편은 침울하고 내향적이며 시무룩했다. 맨디는 자신이 그를 충분히 사랑해주면 그 역시 달라지고 행복해질 거라고 생각했다.

1986년 맨디는 딸을 낳았다. 그녀는 매우 행복했고, 그래서 "하늘을 나는 것 같다"고 할 정도였다. 하지만 아이가 태어나고 얼마 되지 않아서 맨디와 남편 사이의 문제는 더욱 악화되었다. 딸아이는 활동적이고 요구하는 것이 많았고, 맨디는 그 딸아이를 돌보느라 매우 피곤했다. 남편이 부동산에 집을 내놓고 맨디와 아기를 떠나겠노라고 했다는 이야기를 우리가 들은 것도 그 당시였다.

맨디는 이내 다시 임신했다. 임신기간 내내 그녀는 우울했고 몸이 좋지 않았다. 1987년 아기가 태어났을 때 상황은 더욱 나빠지고 있었다. 맨디는 결혼생활에 매우 충실했고 실제로 무슨 일이 일어나고 있는지에 대해서는 거의 말하지 않았다. 이 무렵부터 남편이 그녀를 때리기 시작하고, 다시금 집을 팔고 그녀를 떠나겠노라고 위협했다고 한다.

이쯤이면 상황이 매우 잘못되어가고 있음이 분명해졌다. 하지만 당시에는 그것을 받아들이기가 매우 어려웠다. 맨디를 걱정한 그녀의 가족들은 그녀가 위험에 처했으며, 위험에서 빠져나와야 한다고 말했지만, 불행히도 그 일은 절대 그렇게 간단하지 않다.

그리하여 결국 28세의 젊은 여인이며 어린 두 아이의 어머니로서 아직도 살아야 할 이유가 많았던 맨디는 남편에 의해 잔인하게 살해되었다.

그리고 그 뒤에 일어난 사건들은 영국 사회와 법률체계가 여성과 아동을 어떻게 다루는지 확인하게 되는 과정이었다.

첫째, 살인범은 여전히 아버지로서 친권을 지니고 있다. 폭력적으로 자녀들의 어머니를 살해했음에도 그는 여전히 자녀들이 어디에 가야 할지를 지시할 수 있었다. 그의 허락 없이는 누구도 그의 자녀들에게 어떤 일도 해줄 수 없었다. 그에게 모든 권력이 있었다. 그는 감옥에서 법원의 명령을 얻어 자녀들이 맨디의 큰 언니인 제니와 함께 머무르지 못하도록 막았다. 제니와 함께 산다면 아이들은 보호시설에 맡겨지지 않아도 되었을 것이다. 그러나 그는 자신의 자녀들이 아내의 언니에게 가는 것을 원하지 않았다. 그가 말하기로는 "그녀는 고집이 세고 의지가 강하기" 때문이었다. 하지만 실제 이유는 제니가 레즈비언이어서였다. 그녀는 나의 7년 된 파트너다.

둘째, 맨디는 부검을 두 번이나 받아야 했다. 한 번은 사인을 밝히기 위한 것이라고 했다. 사람들은 마치 그녀가 죽은 원인이 명확하지 않다는 듯이 말했다. 또 한 번은 그녀가 자연사했을 수도 있다는 근거로 피고 측 대리인이 요청해서 이루어졌다. 두 번째 부검이 이루어지기까지 맨디의 시신은 6주 동안 냉동보관된 상태로 있었다. 이는 장례식이 지체되어야 한다는 의미였으므로 가족들은 더 많은 고통을 겪었다. 또한 이미 한 차례 부검을 했고 가위에 심장을 찔린 것이 직접적 사인으로 확정되었음에도, 그녀의 시신이 다시 한 번 조사를 받아야 한다는 뜻이기도 했다.

셋째, 그러는 사이, 맨디의 자녀들은 우리의 바람과는 달리 보호시설로 보내졌다. 사회복지국에서는 무지와 편견과 무능으로 이 비극을 다루었다. 제니는 맨디의 아이들에게 집을 제공하는 것과 관련하여 사회복지국 사람들과 소통하고자 했으나, 그들은 그녀의 모든 노력을 무시하고 방해하고 가로막았다. 그런 뒤 그들은 맨디의 가족과는 상의도 하지 않은 채 그녀의 아이들을 장차 입양할 부모에게 맡겼다.

우리는 이 사실을 맨디의 장례식이 있던 주간에야 알았다. 제니는 즉각 주의회 의원들과 사회복지국 부국장에게 전화해서 사회복지국의 조처에 항의했다. 그녀는 벌어지고 있던 일을 설명했다. 그리고 아이들의 아버지가 그런 일을 저질렀는데도, 왜 그의 편을 드는지 따졌다. 그리고 그가 첫 번째 아내의 집을 불태웠으며 그 아내와 낳은 두 딸에게 접근금지 명령을 받았었다는 사실을 알고는 있는지 물었다. 이 남자는 폭력 전과가 있는 사람임에도 사회복지국에서는 그를 우선시하고, 단지 레즈비언이라는 이유로 아이들의 이모는 배제했던 것이다.

사회복지국은 그러한 정보를 가지고 있지 않았고, 결국 이것이 효과를 발휘한 것이 틀림없어 보였다. 아이들을 장래 입양할 부모에게 맡기기로 한 결정이 철회되었기 때문이다. 하지만 사회복지국에서는 제니와 다른 가족들이 겪고 있던 슬픔과 충격 위에 극도의 고통을 더했다. 가정 내 살인사건에서 으레 그러하듯, 그들은 살인범의 권리를 가장 중요시했다.

맨디는 자신의 아이들을 무엇보다도 사랑했으며, 당연히 아이들에게 가장 좋은 것을 주고 싶었을 것이다. 하지만 아이들이 너무 어려서 아이들을 위한 법률조치를 마련해둘 수 없었다. 그래서 그녀는 마치 자녀들에 대한 아무런 권리도 없는 것처럼 되고 말았다. 변호사나 사회복지국 직원들은 그녀의 바람을 전혀 고려하지 않았다. 그녀는 마치 아예 존재하지 않았던 것처럼 취급되었다.

맨디는 분명 자녀들이 자신의 가족들과 함께 살며 가족들에게 양육되기를 바랐을 것이다. 그런데 그 아이들은 완전히 낯선 이들에게 입양될 뻔했다. 그랬더라면 아이들은 어머니를 잃었을 뿐 아니라, 자신들이 필요로 하게 될 어머니 쪽 가족의 사랑과 지지마저 잃었을 것이다. 그리고 자신의 뿌리에서 잘려 나가, 어머니의 가장 가까운 친족인 두 이모에게 사랑과 보살핌을 받을 권리마저 잃었을 것이다.

아이들은 법원의 피보호자가 되었다. 이 때문에 맨디의 가족은 아이들을 다시 데려오는 데 수천 파운드의 비용을 지불해야 했다. 이제 아이들은 맨디의 다른 언니에게 맡겨져 그 가정에 속해 있다.

사회복지국이 제니에게 한 처우는 정말 비열했다. 그토록 큰 충격과 슬픔이 몰려온 시기에 감당하기에는 참으로 불쾌하고 힘겨운 일이었다.

기소국Crown Persecution Service(CPS)*의 기술적 실수 때문에 살인자는 1989년 5월 공휴일이 낀 주말 직전에 보석으로 풀려 나왔다. 노동절 전날 밤에 그는 결혼생활을 했던 그 집에서 스스로 목을 매달았다.

사실상, 그가 맨디를 살해했다는 사실은 전혀 입증되지 못했다. 그가 자신의 살인행위를 인정했음을 확인해주는 경찰의 서면 진술문이 있었으나 그는 재판에 회부되지 않았다. 그 결과 사인 규명 심리에서는 맨디에 대해 '불법 살인unlawful killing'을, 그에 대해 '자살'을 선언할 수 있었을 뿐이다. 이 때문에 부동산을 둘러싼

---

* (옮긴이주) 우리나라의 검찰과 같이 형사사건의 기소를 독점적으로 담당하는 영국의 국가기관.

법률문제도 복잡해지고 말았다.

　이제 더 이상 그가 아이들의 삶을 방해할 일은 없으며, 아이들은 공포와 거짓과 어머니에 대한 왜곡 없이 자랄 수 있음을 우리는 잘 알고 있다. 하지만 맨디를 기억하고, 그의 손에서 그녀가 얼마나 고통을 겪었을지 떠올릴 때마다 커다란 슬픔이 밀려든다.

인도의 여성과 구조적 폭력

고빈드 켈카르

올해 5월 24일에서 6월 4일까지 열흘간 이 도시에서 불에 태워져 죽임을 당한 여성이 열다섯 명이다. 죽음의 불길은 대중의 반감을 불러일으켰다. 하지만 결국 단 세 건을 제외하고는 아무도 처벌받을 가능성이 없다. (*Indian Express*, 19 June 1983)

델리에서 신부 화형은 새로운 현상이 아니다. 연방정부 내무부 장관은 1980년 한 해 동안 델리에서 발생한 '여성 화형사건'이 394건에 이른다고 1981년 국회에서 진술한 바 있다. (*Indian Express*, 20 May 1983)

공식 통계수치에 따르면, 1981년에는 305건, 1982년에는 332건의 '우발적' 신부 화형이 발생한 것으로 보고되었다. 이러한 수치는 인도의 수도에서 거의 매일 여성 한 명이 불태워진다는 것을 보여준다. 그러나 다양한 여성조직들에 따르면, 보고된 것만큼이나 많은 신부 화형사건이 보고되지 않은 채 묻힌다고 한다. 많은 경우, 경찰이 사건 등록을 거부하기 때문이다(Indian Express, 20 May 1983).

지참금 마녀사냥의 가장 큰 피해자는 도시지역 중산층 여성들이다. 그러나 지참금이라는 형태로 현금이나 가정용품을 얻고자 여성을 불태우는 일은 빈민가나 시골지역에도 상당히 널리 퍼져 있다.

조사에 따르면 여성 화형은 전국에 만연해 있지만, 특히 델리, 하리아나, 펀자브, 서부 우타르프라데시, 그리고 구자라트의 사우라시트라 지역에서 특히 심하다. 우타르프라데시에서 나는 시골지역 여성의 노동 참여와 성 역할에 관한 연구조사에 참여했는데, '지참금 사망'은 대부분 타쿠르*와 브라만 카스트 집단에서 보고되었다. 타쿠르와 브라만은 모두 최상위 카스트에 속하는 힌두교도이며, 기록된 여성영아살해 역사를 지니고 있다(State Archives, File No. 1544/VIII 661 A-4 of 1892). 15년도 더 전에 구자라트 자살 조사위원회가 제시한 보고서에서는 자살한 사람의 90퍼센트가 여성이었으며, 그 가운데 867명의 여성은(남성 302명과 대비되는 수치) '가족긴장family tension'** 때문에 자살했다고 한다. 그리고 보고서에는 "특히 가난한 여성들의 자살사건에서는 긴장의 원인이 지참금과 관련된 경우가 많았다"는 내용도 기록되어

---

* (옮긴이주) 인도의 왕족·무사 계급인 크샤트리아 카스트 사이에서 서로를 부르는 경칭.
** (옮긴이주) 현재 갈등이 표출되고 있진 않지만 잠재적 갈등이 긴장을 불러일으키고 있는 가족 상황.

있다(Ram 1980).

이는 단지 범죄 관련 통계자료에 그치지 않는다. 여기에는 인도의 정치 불안과 사회경제 체계의 병폐가 고스란히 드러나 있다. 우리가 오늘날 인도에서 여성에게 가해지는 구조적 폭력의 본질을 이해하고자 한다면, 물질적 생산 구조에서 여성이 처한 예속상태를 반드시 살펴보아야 한다. 제3세계 사회에서 평화와 여성이라는 이슈는 역사적 맥락에서만 연구될 수 있다. 나는 이 주제에 대한 역사적 시각을 획득하고자, 인도 민족주의운동의 지도부가 독립을 쟁취한 과정과 그 이후 사회재건 과정에서 여성을 어떻게 참여시키려 했는지 검토했다. 인도에서 가족은 여성을 예속시키는 사회구조와 이데올로기를 창조하고 유지하는 데 어느 정도까지 책임이 있을까? 분명한 것은 의사결정에 여성이 참여하는 것을 본래부터 가로막는 구조들이 존재하며, 성/젠더 체계에 의해 창조되어 기존 권력관계와 착취형태를 유지하는 이데올로기들이 존재한다는 사실이다.

가족 안의 권력

성/젠더 체계에서 폭력이 권력의 계보를 따라 흐른다는 사실은 우리의 이해에 매우 중요하다. 성별에 따라 노동분업이 이루어지는 가족은 성/젠더 체계의 바탕을 이루는 주요 제도이다. 집에서 이루어지는 여성화형이라는 폭력은 가족 체계와 관련하여 검토되어야 한다. 따라서 이 논문에서는 여성에게만 해당되는 폭력의 종류들을 기술하는 것 이상의 내용을 포괄하고자 한다. 우리는 그 주변에서 지참금 폭력이 조직되는 가족의 권한관계를 살펴보아야 하며, 이 권한관계가 뿌리를 내리고 있는 재산관계 또한 살펴볼 필요가 있다. 가족 안에서 여성의 예속적 역할은 전체 사회에서도 똑같이 복제된다. 여성들이 받는 낮은 임금, 빈약한 보건과 교육 등 사회경제학적 격차는 여성의 고용과 복지가 남성에 비해 덜 중요하다는 가정에 의해 정당화되었다. 그러므로 가족과 정치경제학 체제 내의 조직 사이에는 밀접한 관련이 있다. 달리 말하자면, 가족 구조는 정책 결정과 경제 조직에서 여성의 예속을 합법화한다.

인도 헌법은 양성 평등을 선언하고 있으며, 그에 따라 가족은 기본적으로 평등한 단위공동체가 되어야 함을 인정하고, 가족 개개인에게 평등한 권리와 자유로운 선택을 허용한다.* 그러나 실제로는 인도의 모든 계층과 카스트를 막론하고 가정생활에서 여성은 남성에게 예속되고 연소자는 연장자에게 예속된다. 예속이라는 관념은 물질생산 구조에 의해 요구된다. 여성은 남성에게 예속되며, 그러하기에 남성에게 의존한다. 남성이 땅을 소유하고 소작하는 반면, 여성은 대체로 그럴 수 없기 때문이다. 관습적 관행들은 남성 상속자가 부재할 경우를 제외하고는, 토지 상속에서 딸을 배제한다. 여성이 결혼 시점에 지참금 형태로 아버지의 유산 가운데 자기 몫을 상속받는다고 하는 주장은 잘못된 것이다.

힌두 승계법에 따르면, 재산 상속에서 딸과 아들이 동등한 자

---

* (저자주) 가족에 대한 헌법의 정의와 그 개념상의 혼란에 관한 논의는 다음을 참조하라. A. R. Desai, *Urban Family and Family Planning in India*(Bombay: Popular Prakashan, 1980), Chaps. I and II.

격을 갖지만, 대부분의 경우 딸들은 형제들을 위해 토지에 대한 자신의 권리를 양보한다. 그렇지 않을 경우에는 '이기적인' 누이라고 호된 비난을 받고, 자신이 태어난 가족으로부터 소외되거나 단절되는 위험을 감수해야 한다. (현재의 논의는 힌두 여성들에 대한 것이다. 인도 무슬림 여성들과 크리스천 여성들이 처한 상황은 중요한 세부사항에서 서로 다르다. 하지만 법률과 관습 면에서 볼 때 그들의 처지가 반드시 더 나은 것은 아니다.)

여성들은 결혼할 때 부모의 집을 떠나 매우 멀리 떨어진 남편의 가정으로 들어간다. 젊은 여성들은 일단 결혼하고 나면 죽은 뒤에라야 남편의 집을 떠날 수 있으며 모든 고통과 굴욕을 참아내야 한다는 권고를 받는다. 며느리는 새 가정에 적응하려면 늘 최선의 행동을 해야 한다. 며느리는 시가 식구들에게 고분고분 순종해야 하며, 자신이 소유한 물건에 대해서도 사심 없는 자세를 보여야 한다. 남편의 가족은 현금은 물론 특별히 지참금 용도로 제작하거나 구입한 보석 및 가정용품을 받는다. 지참금을 딸이 받는 상속 재산이라고 보는 것은 옳지 않다(Goody 1976).*

이와 관련해서 짚고 넘어가야 할 두 가지 중요한 사항이 있다. 첫째, 지참금은 신부가 아니라 신랑 가족에게 전달된다.** 시부모는

---

* (저자주) 나는 구디가 지참금에 대해 유라시아의 여러 사회에서 딸이 재산을 상속받는 수단이라고 본 것에 동의하지 않는다.
** (저자주) "힌두 법전 초안을 작성하는 동안 암베드카르Ambedkar 박사(불가촉천민 출신의 인도 독립운동가이자 정치가로서 인도 건국헌법 제정을 주관했다―옮긴이주)는 지참금으로 주어진 것은 무엇이 되었든 딸에게 속해야 한다고 명확하게 규정하는 법 조항을 제안했었다. 그러나 이러한 제안은 강조되지도, 추구되지도 않았다. 지참금을 선사하고 요구하는 관행이 급격히 증가함에 따라 이전에 그러한 관행이 전혀 없었던 공

지참금의 분배에 관한 완전한 통제력을 갖는다. 둘째, 내가 아는 한, 토지는 절대 지참금으로 주어지지 않는다. 결론적으로 여성에겐 재산이 없다. 이른바 그녀의 재산으로부터 아무런 부를 창출할 수 없기 때문이다. 이러한 구조 속에서 젠더에 따라 특정된 성격이 만들어진다. 남자들은 국가 경제에 공헌하고 생계비를 벌어 가족을 부양하는 사람으로서의 역할을 소중히 여기는 경향이 있다. 반면에 여자들은 남자에게 의존하고, 외부세계에 대해 무지하며, 자녀양육과 가사에 몰두한다. 그런 이유로 여자들은 지나치게 과소평가된다. 내가 생각하기에 이것이 바로 지참금 마녀 사냥에서 핵심이 되는 문제다.

여성들의 저항

인도 여성들이 가족 안팎에서 점증하는 억압을 견디며 수동적으로만 불평을 하고 있다고 가정하는 것은 옳지 못하며, 이를 지적하는 것은 매우 중요한 일이다. 여성들은 강간, 성추행, 여성 불태우기나 살해에 저항하기 위해 함께 뭉쳤다. 여성에 대한 직접적이고 구조적인 폭력에 맞서고자 전국에 걸쳐 시위와 회합이 조직되었다. 지난 몇 년 동안 델리와 여타 주요 도시에서는 여성을 불태우거나 다른 방식으로 살해한 사건에 연루된 남편과 남편의 가족, 법률가, 경찰관에게 항의하고자 여성들이 산발적 시위를 주

동체에서조차 지참금을 주고받기 시작했기 때문이다." Laktika Sarkar, "Legal Aspects of Dowry", *How* 6, no. 3(March 1983).

도해왔다. 1982년 8월 초, 델리에서는 여성단체 서른 곳이 함께 모여 지참금 관습에 저항하는 시위를 벌이고 행진했다. 이를 바라보던 수백 명의 여성들 또한 즉석에서 자발적으로 동참했다.

이러한 시위들은 여성에 대한 폭력이나 범죄(보통 추행과 학대가 장기간 이어진 뒤에 불태우기 그리고/또는 살해가 이어졌다)의 본질을 드러냄으로써 남편과 시집 식구들을 견제하고, 그리하여 여성의 자살이나 우발적 사망이라는 신화를 깨뜨리는 역할을 해왔다. 게다가 시위에 참여한 이들은 여성을 보호하는 법률을 효과적으로 실행하고, 여성 관련 범죄에 대한 경찰의 조사 방식을 재조직하도록 요구하며 압력을 가했다. 이렇게 조직화된 노력들을 오랫동안 무시할 수 없었던 정부는 델리에 반反지참금 경찰서를 설치하고 여성 부서장을 임명하는 것으로 응답했다. 이 경찰서의 임무는 결혼생활 6년 이하의 여성들이 지참금 문제로 괴롭힘을 당하거나 부자연스러운 죽음을 맞은 사건들을 조사하는 것이다. 하지만 기이하게도 담당 여성 경찰관은 최근에 다음과 같이 말했다. "여성이 불에 타 죽은 경우 그것이 자살인지 타살인지 결정하기란 매우 어렵다. 자살과 타살 모두, 피해자는 머리에서 발끝까지 기름을 뒤집어쓴 채 심하게 불에 탔다. 우리에게 보고되는 사건들의 80퍼센트는 자살이라고 생각된다. 남편과 시집 식구들에게 책임이 있는 것은 분명하다. 사망자가 이러한 행동을 하도록 몰고 간 것은 결국 그들의 괴롭힘이기 때문이다"(*Patriot*, 24 June 1983).

그럼에도 의식 있는 여성 활동가들은 빠르게 앞으로 나아갔다. 그들은 여성 억압과 착취에 관한 촌극과 연극과 영화를 제작

© Sue Darlow/Format

1985년 봄베이 시청 건물 바깥에서 지참금 제도에 항의하는 시위대. 인도의 지참금 제도는 기혼 여성 수천 명이 불태워져 사망하는 결과를 낳았다.

했다. 시위를 벌이고, 고통을 겪는 여성들이 정서적 지지와 법률적 지원을 받을 수 있도록 여성 센터들을 세웠다. 페미니스트 잡지와 네트워크 회보를 만들어 여성 문제와 그 문제를 완화시키려는 그들의 시도를 모두 보도했다. 페미니스트 학자들 또한 이러한 노력에 기여했다. 기념비적 보고서가 된《평등을 향하여*Towards Equality*》는 여성에 대한 국가적인 무시를 언급하고 고용, 보건, 교육 분야에서 여성을 위한 프로그램 개발이 부족한 현실을 지적했다(Government of India et al. 1974). 페미니스트 연구자들은 저항운동과 국가 건설에 참여한 여성들의 역할을 조사했다. 이러한 연구조사에서는 사회경제 및 정치 체계에 있던 기존의 불평등을 다시 지적하는 한편 여성들의 연구 결과물이 가정과 공동체 안에서 평등한 사회구조를 건설하는 데 새로운 관점들을 제시할 수 있음을 입증해 보였다.

여성들의 저항은 여성 불태우기라는 폭력범죄를 심각한 사회 문제로 드러내 보였다. 가족 안에서의 사랑과 지지와 보살핌이라는 초상 뒤에 숨겨져 있던 억압과 갈등과 폭력에 대한 관심을 불러일으킴으로써 여성들은 완전히 새로운 전망을 펼쳐 보였다. 여기에는 널리 퍼져 있던 가족에 대한 기존의 사고방식을 비판적으로 바라보는 새로운 시각이 있다. 그럼에도 우리가 평등과 정의를 향한 사회구조의 근본적 변화가 일어나려는 시작점에 이르렀다고 하는 것은 지나치게 단순한 생각이다. 나는 윌리엄 J. 구드William J. Goode의 말에 동의한다. "우리는 책임을 맡고 있는 이들의 교활함이나 지구력을 절대 과소평가해서는 안 된다"(Goode 1982, 132).*

게다가 인도 여성운동에는 만족스러운 이론 토대가 없다. 남성 패권의 물질적 기원과 영구 보존을 고찰하는 진지한 시도가 아직 이루어지지 못했다. 인도에서 가족이란 순수하게 기능주의적 관점이나 인도 아대륙의 두드러지는 문화적 특징이라는 차원에서만 설명되어왔다. 사회과학자들은 인도에서도 대가족의 핵가족화 현상이 진행되고 있는지 아닌지를 계속 논하고 있다(Narain

---

* (저자주) 구드는 남성의 위치를 다른 지배집단들의 위치와 비교한다. 그리고 특히 친밀성과 상호의존성을 지닌 가족 관계 내에서 남성의 통제와 남성의 통제에 맞서거나 그것을 피하려는 여성의 노력이라는 복잡한 변증법에 남성의 위치를 비유한다.

1978 ; Kulkarni 1982). 그러나 이러한 주제에 관한 연구조사는 가족의 기저를 이루는 젠더와 세대 사이의 복잡한 권력관계는 물론, 여성과 아동이 겪는 불평등과 억압의 패턴을 더욱 강화하는 이데올로기와 의존구조 또는 성별 노동분업 등을 탐구하지 못했다.

정부 정책

최근 몇 년 동안 인도에서는 가족이 정치 이슈로 부상했다. 정부는 가족을 더욱 강화하는 정책들을 마련했다. 반면 여성운동에서는 가족의 경계에 대한 의문을 제기했다. 1980년대 후반 6차 5개년계획에 대한 토론으로 여성과 가족에 관한 정책논쟁이 시작되었다. 계획을 입안한 이들은 여성의 위상을 향상시키는 최선의 방법은 가족의 환경을 개선하는 것이라고 주장했다. 여성조직들에서는 이러한 가족 내 여성이라는 접근방식은 사회에 더 큰 평등을 가져오지 못하고, 다만 성별에 따른 양극화만 가중시킬 뿐임을 지적했다. 여성 활동가들과 학자들이 압력을 가한 결과, 계획 입안자들은 '여성과 발전'에 관한 장을 6차 5개년계획에 포함시키는 데 동의했다. 이 장은 여성들이 '가족에서 가장 취약한 구성원'이며 '미래에도 한동안'은 계속 그러하리라는 사실을 인정한다. 그리고 이에 덧붙여 '취약한 구성원'의 이익에 '특별한 관심'을 기울일 것을 약속한다. 그럼에도 6차 5개년계획은 '빈곤퇴치 프로그램의 단위는 가족이다'라고 주장하고 있다.

가족 내 여성 억압의 문제가 인정되었음에도 경제발전의 기본 단위로서 가족의 지위는 계속 유지되었으며 건설적인 분석은 금지되었다. 이런 것이 복지국가의 본질이다(Wilson 1979). 그럼에도, 논쟁은 계속될 것이다. 여러 가지 방식으로 가족은 국가를 위한 억압적 역할을 수행한다. 그러나 동시에 대부분의 여성과 남성에게 가족은 성관계와 부모관계를 맺을 수 있고 애정과 보살핌, 정서적 지지를 구할 수 있는 유일한 장소이다.

수만 명이 사티를 보러 오다

라젠드라 바지파이

어제, 정부의 금지조치가 내려졌음에도 엄청난 수의 인도인 군중이 죽은 남편과 함께 화장되는 신부에게 찾아와 경의를 표했다. 18세의 신부는 화장용 장작더미 위에서 남편의 머리를 무릎에 뉘고 조용히 앉은 채로 불태워졌다.

지난 9월 4일, 결혼한 지 8개월 된 신부 루프 칸와르Roop Kanwar는 무늬를 넣은 비단으로 지은 결혼예복 사리를 입고 불타는 장작더미 위에 앉아 사티를 거행했다. 이 분신자살은 예부터 인도에서 정절을 드러내는 궁극적 행위로 여겨진 관습이지만, 이미 몇 세기 전부터 불법화되었다.

이 젊은 신부의 행동 덕분에 라자스탄 주의 서부에 위치한, 자이푸르에서 80킬로미터가량 떨어져 있는 이 사막 마을은 순례객들의 성지가 되었다.

겁에 질린 정부 관리들은 해당 장소에서 거행하는 의식들을 금지하고 이 마을로 이어지는 대중교통을 차단했다. 그리고 신부의 시동생을 사티 장작더미에 불을 붙인 혐의로 체포했다.

그러나 수십만 명의 사람들이 이러한 금지조치를 무시했다. 그들은 걷거나 낙타를 타고 사막을 가로질러 와서 현장의 힌두 사제들과 합류했다. 사티 현장에는 닫집을 설치하고, 향을 피우고, 꽃을 놓아 13일간의 애도기간을 마무리했다.

목격자들은 20만 명 이상이 어제 데오랄라를 찾았다고 말했다. 하지만 프레스 트러스트 오브 인디아 통신사는 군중이 40만 명에 이르렀다고 전했다.

예식을 금지한 정부의 조치 때문에, 그 젊은 여성이 불길 속에서 죽는 모습을 보았다고 인정하는 마을사람들은 몇 명 되지 않았다.

어떤 목격자들은 불꽃이 젊은 신부를 집어삼키는 와중에 5,000명이 넘는 마을사람들이 '사티 마타 키 자이sathi matha ki jai' (어머니 사티는 불멸이시다) 찬가를 불렀다고 말했다.

사티를 보았다고 인정한 20세의 학생 라진데르 싱Rajinder Singh은 기자들에게 말했다. "그녀에겐 아우라가 있었어요. 불꽃이 그녀를 감쌀 때도 그녀는 고요했습니다. 내가 도착했을 때 이미 그녀의 몸은 반쯤 타 있었어요. 화장용 장작더미 위에 두 손을 모으고 앉아 있었는데, 얼굴에 공포의 기색은 하나도 없었습니다. 그녀는 만트라를 부르고 있었습니다."

칸와르는 2주 전까지만 해도 라지푸트 전사 카스트 출신의 평범한 마을 주부였다. 9월 4일, 남편 만 싱Man Singh이 위장염으로 사망한 뒤, 그의 시신이 마을 화장터로 옮겨지자 그녀는 신부 예복을 차려입고 장작더미 위에 올라앉았다.

칸와르는 지난 100년 사이에 데오랄라에서 사티를 통해 자신을 희생한 네 번째 여성이다. 그 전에 사티가 마지막으로 거행되었던 것은 70년 전이었다. 그때 희생된 여인을 기리는 사원이 칸와르가 죽은 현장 근처에 있다.

영국인들은 100년도 더 전에 사티를 금지했다. 무굴제국의 황제들 또한 이미 17세기에 사티가 불법임을 선언했다.

여성영아살해:
죽기 위해 태어나다

S. H. 벤카트라마니

여자는 진흙 덩어리다.

운이 없는 남자는 말馬을 잃고, 운이 좋은 남자는 아내를 잃는다.

아들 백 명의 어머니가 되어라.

뱅골, 펀자브, 마하라슈트라 지방에서 나온 이 속담들은 여전히 살아 있는 인도 민속문화의 일부를 이룬다. 그리고 이러한 민속문화는 전국의 도시와 마을에서 수천만 인도인의 삶을 지배하는 사회 관습들을 주입하고 있다. 현대 세계 대부분이 계몽된 페미니즘의 부름에 깨어나고 있는 20세기에조차 인도는 여전히 여성혐오라는 원시적 진창에서 뒹굴고 있음을 기억하게 하는 암울한 표지다. 여성혐오란 결국 여성을 향한 남성의 비인간성이다.

인도 대부분 지역에서 여성은 여전히 부담스러운 부속물로 취급된다. 여성은 돈이 빠져나가는 구멍이다. 여성은 비인격으로서 착취되거나 소거되어야 한다. 여자아이는 결혼과 지참금 비용으로 가족을 파탄 낼 것이므로, 유년시절부터 경제적으로나 육체적으로나 무시하며 길러야 한다. 인도 여러 지역에서, 갓 태어난 여자아이를 맞이하는 것은 가족의 침묵, 더 정확히는 비탄이다. 남자아이는 조개껍데기를 부딪치는 기쁨의 소리와 함께 세상에 나온다. 차별은 날 때부터 시작된다.

인도인 사회과학자들뿐 아니라 유니세프UNICEF에서 실시한 종합적 연구조사 결과는 인도에 어린 여자아이와 나이 든 여성에 대한 조직화된 차별 패턴이 있음을 드러낸다. 이런 발견은 놀라울 따름이다.

인도는 전 세계에서 남성에 대한 여성의 비율이 수십 년에 걸쳐 줄어들고 있는 유일한 나라다. 인도의 성비 변화를 보면, 남자 1,000명당 여자의 수가 1901년에는 972명이었으나 1981년에는 935명으로 줄었다. 또한 인도는 여성 영아사망률이 남성 영아사망률을 초과하는 몇 안 되는 국가 가운데 하나다. 갓 태어난 여아는 남아에 비해 생물학적으로 튼튼하다는 것이 일반적 사실임에도 그러하다.

여아들은 남아들보다 젖을 먹이는 횟수가 적고 기간도 짧다. 여아들은 성장하는 동안에도 남자 형제들보다 더 적은 영양을 공급받는다. 최근에 영아, 유아, 미취학 아동을 연령별로 통합해 실시한 조사에 따르면 심각한 영양실조를 겪고 있는 비율이 남자아이는 28퍼센트인 반면 여자아이는 71퍼센트에 이르렀다. 이와 관련된 통계자료에서 남자아이들이 일상적 질병으로 병원에서 치료를 받는 연간 횟수는 여자아이들보다 두 배나 많았다. 남자아이들이 여자아이들보다 자주 병에 걸리는 것은 아니지만, 딸보다 아들을 소중히 여기는 부모들이 아들에게 더 많은 의료서비스를 받게 하는 것이다.

인도에서 성별 격차를 더욱 크게 벌리고 있는 요인은 문자해독률이다. 글을 읽을 수 있는 여성의 비율은 24.88퍼센트로, 남성의 문자해독률 46.74퍼센트의 절반 수준에 불과하다. 게다가 격차는 점점 더 벌어지고 있다. 6세에서 14세 연령집단에서 학교에 등록한 비율은 남자아이들이 거의 84퍼센트에 이르는 반면 여자아이들은 54퍼센트밖에 되지 않았다.

상황은 결코 좋아 보이지 않는다. 곤경에 처한 15세 이하 인도 여자아이들이 ― 대략 1억 4,000만 명 ― 보살핌과 세심한 관심을 필요로 하며 울부짖고 있다. 이들은 전체 인도 인구의 20퍼센트를 차지하지만 적절한 음식과 보살핌을 받지 못하고 있다. 그들의 부모가 잔인한 전통과 경제 상황의 피해자이며 포로이기 때문이다. 이런 환경 속에서 여자들은 지독하게 무서운 책임을 어깨에 짊어져야 한다. 남편이 죽었을 때 성인 신부는 지참금 요구 때문에 자신의 죄를 탓하며 불태워져야 하고, 아직 미성년인 신부는 평생 가난하게 과부로 살아야 한다. 심지어 결혼식 후 초야를 치름으로써 혼인이 완성되기도 전일지라도 그렇다.

인도 대부분 지역에서 어린 여자아이와 늙은 여성은 생계수단을 인정받지 못한다. 이 잔인한 논리에 따르면 이들은 삶 자체를 인정받지 못하는 것이다. 갓난아기의 목숨을 빼앗는 여성영아살해는 궁극적으로 이 나라 여성들의 비극적 삶의 카타르시스다.

뒤에 이어지는 이야기는 여성영아를 살해한 가족들이 겪는 시련과 고통에 관한 생생하고 무서운 이야기다. 이야기의 초점은 타밀나두 마두라이 지역의 칼라르Kallar — 토지를 소유하지 못한 노동자들의 공동체 — 에 맞추어져 있다. 한 주, 한 지역공동체에서 벌어지고 있는 일일지 모르지만, 이는 모든 인도인들이 자신들을 둘러싼 추한 현실을 바라보고 마주하게 될 거울이다.

인도를 사회 정의와 경제 정의가 실현되는 나라로 발전시키려는 도전은, 네루Pandit Jawaharlal Nehru가 말했듯 단지 공장을 짓고 기계를 만들고 거창한 계획을 세우는 문제가 아니다. 네루는 말했다. "결국 중요한 것은 인간이다. 그리고 인간이 중요하다면, 성인보다 아이가 더 중요하다."

그날은 서른다섯 살 된 남편 쿠푸사미Kuppusamy와 스물여섯 살인 아내 친남말Chinnammal에게 커다란 기쁨의 날이 되었어야 했다. 부부는 둘 다 마두라이 지역 우실람파티 자치구에 있는 출리베찬마티 마을의 농업 노동자였다. 햇살이 반짝이는 5월의 어느 이른 아침에, 임신했음에도 여전히 날씬하고 매력적인 친남말은 진흙 초가집 안에서 일을 하고 있었다. 불과 몇 분 뒤면 그녀의 둘째아이가 태어날 것이었다. 이제 세 살인 첫딸 첼람말Chellammal은 밖에서 놀고 있었다.

갓 태어난 아기는 세상으로 나오면서 우렁차게 울었다. 살결이 흰, 아주 예쁜 아기였다. 비쳐든 햇살에 아기는 눈을 찡그렸다. 하지만 아기를 바라보는 산모의 눈에는 눈물이 가득 차올랐다. 결코 기쁨의 눈물은 아니었다.

친남말은 아기의 성별을 알아보았던 것이다. 딸이었다. 그녀의 마음을 가로지르는 것은 모성의 기쁨이 아니라 앞으로 겪어야 할 시련이었다. 하루 벌어 하루 사는, 테바르 지역의 칼라르 집단에 속한 농업 노동자 가족이 어떻게 딸 둘을 키워 시집을 보낸단 말인가? 신랑이 요구하는 지참금은 언제나 천문학적일 만큼 많은데 어떻게 마련할 수 있겠는가? 부부는 아들이기만을 간절히 바라며 둘째를 갖기로 결심했던 터였다. 그러나 이 화창한 날에 두 사람의 꿈은 산산이 흩어졌다.

딸을 둘이나 키워야 하는 평생의 짐으로부터 벗어나는 길은 하나밖에 없었다. 쿠푸사미는 어떻게 해야 할지 결정했다. 그는 불안해 보이는 무거운 걸음으로 가까운 밭으로 걸어 들어가서 협죽도 열매를 한 줌 뜯어 집으로 돌아왔다. 이 열매는 치명적인 독이 들어 있는 것으로 잘 알려져 있었다. 친남말은 협죽도 열매를 빻아서 우유로 반죽해 울고 있는 아기에게 먹였다. 부모는 오두막집의 작은 문을 닫고 밖에 나와 앉아서 열매의 독이 효과를 나타내길 기다렸다.

한 시간도 되지 않아 아기는 경련을 일으키며 발작적으로 떨기 시작했다. 그리고 천천히 아기의 입과 코에서 피가 흘러나왔다. 부모는 딸이 칭얼거리는 소리를 들었다. 다시 몇 분이 더 지나자 모두가 잠잠해졌다. 친남말은 모든 것이 끝났음을 알았다. 그녀는 가까이에 있는 자기 어머니의 오두막으로 걸어가서 땅바닥에 작은 구멍을 파고 죽은 아기를 데려와 묻었다.

"지참금을 충분히 낼 형편이 안 되는 가난한 가족의 딸이라는, 평생의 굴욕에서 구해주려고 나는 내 아이를 죽인 거예요." 친남말은 목소리가 갈라지는 것을 막으려고 물을 한 모금 마시고 이야기했다. "하지만 다 마찬가지예요. 그렇게 하느라 마음을 단단히 먹는 일은 극도로 어려웠으니까요. 아이를 낳은 엄마는 아이가 잠시라도 고통을 겪는 걸 볼 수가 없는 법인데, 아이를 죽이는 일은 말해 뭐하겠어요. 하지만 나는 그렇게 해야만 했어요. 아이가 평생 고통을 겪느니 한두 시간 괴로워하다가 죽는 것이 낫다고 남편과 결론 내렸으니까요." 쿠푸사미는 처음에는 내키지 않아 했다가, 나중에야 인터뷰에 응했다. "나는 농사일을 하고 하루에 13루피를 받습니다. 그것도 일거리를 찾을 수 있는 날에나 그렇지요. 아내는 하루에 6루피를 법니다. 딸 둘을 모두 시집보낸다는 건 꿈도 꿀 수 없어요. 지참금 문제가 걱정돼서 여자아이를 죽이는 건 우리 칼라르 공동체에선 아주 흔한 일입니다."

《인디아 투데이스*India Today's*》의 조사에 따르면 지난 10~15년 동안 마두라이 지역의 칼라르 공동체(인구 20만 명 정도의 전사 카스트 하위집단)에서는 지참금 문제에서 벗어날 수 있는 유일한 방법으로서 여성영아살해가 점점 많이 받아들여지고 있다. 파라이파티 마을에 작은 농장을 갖고 있는 사이드 S. 무투라말린감Said S. Muthuramalingam은 이렇게 말했다. "지난 10년 동안 칼라르 공동체에서는 이런 관행이 증가해왔습니다. 그리고 1980년 이후 매우 널리 퍼진 관습이 되었습니다." 마두라이 지역 칼라르 집단은 우실람파티 자치구에 집중되어 있으며, 마을 300곳을 이루고 있다. 이 자치구의 인구 26만 5,000명 가운데 거의 80퍼센트가 칼라르 사람들이다. 아요디아파티 마을의 농업 노동자 무니암마Muniamma를 채근하자 끔찍한 고백이 나왔다. "지난 10년 동안 여자아기가 살해된 적 없는 가난한 칼라르 가정은 하나도 없을 겁니다."

　지난달에 독약을 만들어 딸아이에게 먹인 어머니는 칼라르 집단 안에 친남말 혼자만이 아니었다. 에참파티 마을에 사는 스물다섯 살의 친나칼Chinnakkal은 마을 영화극장의 매표원인 고팔Gopal의 아내로, 5월 10일 우실람파티 정부 병원에서 꼭두새벽에 둘째딸을 낳았다. 보통 며칠 동안 병원에서 휴식을 취한 후 퇴원해야 한다는 의사의 권고를 무시하고, 산모는 출산 한 시간 뒤에 갓난아기를 데리고 병원에서 도망쳤다. 친나칼은 병원에서 달아나 아기를 죽이길 원했다. 병원 장부에 기록된 바에 따르면 산모와 아기 모두 병원에서 무단이탈한 것으로 되어 있다.

　친나칼은 일주일 뒤 병원에 다시 찾아왔으나, 아기는 데려오지 않고 자신의 어머니하고만 함께 왔다. 그녀는 젖이 말라붙어서 부인과 의사인 수탄티라데비Suthanthiradevi 박사와 상담하러 온 것이었다. 젖이 말라붙은 까닭은 그녀에게 젖을 먹일 아기가 없어서였다. 의사들이 아기는 어떻게 되었느냐고 묻자 친나칼은 이렇게 설명했다. "그 어린 것이 태어난 지 나흘 만에 열이 나고 발작을 일으키더니 죽었어요." 친나칼은 왜 아기를 데리고 병원으로 달려오지 않았을까? 그에 대한 대답은 거의 알아들 수 없었다. "그럴 형편이 되지 않았어요."

　그런 뒤에 질문이 계속 이어지자 친나칼은 차츰 비극적 진실을 밝히기 시작했다. "이 어려운 시절에 어떻게 내가 딸을 둘씩이나 키울 수 있겠어요? 우리는 정말 가난한 가족이에요. 첫째딸을 기르는 것만도 감당할 수 없는 큰 짐이 될 거예요. 내가 둘째딸을 낳은 뒤로 남편은 보러 오지도 않고 있어요. 또 딸이라는 걸 알고는 내가 미워진 게 틀림없어요. 내가 아기를 없앴다는 걸 남편에게 알려야겠어요."

수탄티라데비 박사는 친나칼과 친남말이 칼라르 공동체에서 예외적인 경우가 아니라 오히려 일반적인 경우에 해당된다고 말했다. 우실람파티에서 의사로 일한 지 5년이 넘은 그녀가 밝힌 바에 따르면, 해당 병원에서 한 해 평균 이루어지는 분만이 1,200건이다. 이 가운데 거의 절반은 여자아이를 낳는다. 박사는 이렇게 말했다. "딸을 낳은 여성 중 95퍼센트 이상이 아기가 태어난 즉시 병원에서 몰래 빠져나갑니다. 그리고 우리는 이것을 장부에 기록해왔습니다. 우리는 산모들이 무단이탈하는 동기에 대해 나름의 결론을 내릴 수 있습니다."

통계수치는 충격적이다. 우실람파티 정부 병원에서 매년 태어나는 칼라르 집단의 여자아기는 거의 600명에 달한다. 그런데 그중 대략 570명의 아기가 세상에 나와 눈을 뜨기도 전에 산모와 함께 사라진다. 병원 측에서 추산한 자료에 따르면, 이렇게 사라진 아기들의 80퍼센트가―즉 450명 이상이―영아살해의 피해자가 된다.

이뿐만이 아니다. 출산은 1차 보건진료소에서도 이루어지고, 해당 자치구에 우후죽순 생겨난 민간 요양원이나 조산원에서도 이루어진다. 이 기관들에서 이루어진 출산에 대한 종합적인 기록은 입수할 수 없다. 마을 가정집에서 이루어진 출산은 말할 것도 없다. 산모를 받는 민간 요양원이 우실람파티 시내에만 스무 곳 넘게 들어섰다. "우리같이 작은 요양원에서도 한 해에 12건에서 15건 정도 분만을 합니다. 그리고 그중에 딸이 태어나는 경우는 대략 7건 정도 되지요. 딸을 낳으면 산모 대부분이 출산 직후에 달아납니다. 그리고 일주일이나 열흘 뒤에 예외 없이 다들 젖이 말라붙는 문제를 상담하러 병원에 다시 오는데, 호르몬 약을 먹으면 괜찮아집니다. 여자아기들은 어쩔 수 없이 죽습니다. 그리고 우리는 그 아기들이 어떻게 죽는지 알지요. 무척 슬픈 일이지만 계속해서 벌어지고 있어요. 나는 여기에서만 오륙 년째 일하는 중인데, 여자아기들에게 무슨 일이 일어나는지 이 지방에선 다들 알고 있습니다."

우실람파티 자치구 안에 있는 300곳이 넘는 칼라르 마을은 인구가 500~1,500명 정도인데, 지난 5년간 각 마을마다 20~50명가량의 여자아기들이 극도로 잔인한 지참금 문제 때문에 살해되었다. 인구 300명 정도의 출리베찬파티 마을에서는 지난 6개월 동안 적어도 여자아기 세 명이 살해되었다. 살해된 아이들의 부모는 범죄 사실을 인정했다. 쿠푸사미 외에도 두 가족, 시바라지 Sivaraj 가족과 오오타파 테바르Oothappa Thevar가족이 있었다. 인구가 400명가량인 파라이파티 마을에서는 농부 S. 무투라말린감이 마을사람들 앞에서 이렇게 말했다. "지난 5~7년 동안 우리 마을에서만 50명이 넘는 여자아기들이 살해되었을 겁니다."

대강 계산해보아도, 거의 6,000명이나 되는 여자아기들이 지난 10년 동안 우실람파티 자치구에서 독살되었다. 이 가운데 기록이 남아 있는 경우는 거의 없다. 아기의 출생이 등록되는 경우는 병원에서 분만이 이루어졌을 때뿐이다. 법률에 따르면, 의심스러운 정황에서 아기가 사망한 경우 마을 행정관리와 판차야트panchayat* 또는 지방기관에 보고해야 한다. 그러나 대부분의 경우, 무슨 일이 일어나고 있는지 모두가 알고 있다 해도, 그에 대한 정보는 집안사람들끼리만 간직한다. 보통 첫째아이는 딸이라도 살해되지 않는다. 그러나 둘째딸부터는 일련의 살인이 시작되는 것이다. 가족계획은 아직 칼라르 공동체에 미치지 못했다. 그들이 아이들을 원하지 않는 것은 아니다. 그들은 다만 아들을 간절히 원할 뿐이다. 나중에 지참금을 받을 수 있기 때문이다. 출리베찬파티의 초등학교에서 가르치는 N. 날라사미N. Nallasamy는 이렇게 증언한다. "칼라르 사람들 사이에는 딸을 죽이면 다음 아이는 아들이라는 믿음이 널리 퍼져 있습니다."

여성영아살해 관행이 널리 퍼져나감에 따라 이제는 칼라르 집단의 남녀 성비가 변하고 있다. 자신의 신분을 노출하길 원하지 않은 마두라이 지역 행정관리는 이렇게 밝혔다. "전체 칼라르 인구의 52퍼센트가 남자입니다. 10년 전에는 여자가 52퍼센트였습니다."

많은 칼라르 가족들이 범죄를 자행하고 있음을 서로 알고 있다. 그러나 그들은 어려운 환경 속에서 그들에게 허락된 길은 단 하나밖에 없다고 확신한다. 마얌파 마을에 살고 있는 스물여섯 살 된 여성 농업 노동자 칸탐말Kanthammal은 작년에 둘째로 태어난 딸을 낳자마자 죽였지만, 자신이 저지른 살인행위를 전혀 개의치 않았다. "우리같이 가난한 사람들이 이렇게 지참금을 많이 물어야 하는 상황에서 어떻게 딸들을 다 뒷바라지할 수 있겠어요? 판차야트나 마을 행정관리도 우리네 개인적인 일들을 조사

---

* (옮긴이주) 인도의 마을회의.

하거나 상관할 권리는 없어요. 나랑 내 남편한테 애를 가질 권리가 있다면, 애를 죽일 권리도 있지요. 그 애가 딸이고 우리가 딸을 기를 형편이 안 된다고 결정한 경우에는 말이에요. 외부 사람들과 정부는 이 일에 코를 들이밀 권리가 없어요." 그녀의 남편 안디Andi 역시 말했다. "우리가 받는 불확실한 임금만 가지고는 딸을 시집보낸다는 게 불가능합니다."

원치 않으면서도 자신의 아기에게 독을 먹이고 아기가 몸을 비틀며 죽어가는 모습을 지켜봐야 하는 칼라르 여성들의 슬픈 운명의 원인은 잔인한 지참금 문제에 있다. 민간에 의해 운영되는 농촌통합개발회Society for Integrated Rural Development(SIRD)의 선임 코디네이터 M. 제에바M. Jeeva는 이렇게 말했다. "여성영아살해는 단지 드러난 증상에 불과합니다. 질병의 기저에 깔린 문제는 지참금입니다." 결혼 적령기 칼라르 청년의 부모가 요구하는 지참금 내역을 보면 제에바의 말이 그대로 입증된다. 출리베찬파티의 소농 V. 고팔Said V. Gopal은 이렇게 말했다. "땅 한 평 갖지 못해서 하루 벌어 하루 사는 가난한 농장 일꾼한테 딸을 시집보내려고 해도, 신랑한테 현금으로 2,000루피는 줘야 하고, 딸한테는 5소버린* 상당의 금붙이 장신구를 해줘야 됩니다. 미래의 신랑한테 땅이 조금이라도 있으면 지참금은 만 루피에 금도 10소버린까지 자동으로 올라갑니다. 칼라르 가족이 딸의 결혼식을 그런대로 괜찮게 치러주려고 하면 지참금으로 줄 현금과 패물, 그리고 결혼식 비용을 모두 포함해 최소 3만 루피에서 4만 루피는 들어갑니다.

---

* (옮긴이주) 옛 영국의 금화로 하나의 무게가 7.98그램이다.

장래 사위가 사회적으로나 경제적으로 지위가 있는 엔지니어, 법률가, 의사, 의회의원이라고 하면 10만 루피는 써야 하고, 거기에 더해서 금붙이를 1킬로그램은 줘야 됩니다."

지참금 제도가 칼라르 공동체에 뿌리를 내린 것은 25년 전 바이가이 강에 댐이 생기면서 관개용수가 우실람파티에 들어온 다음부터다. 지역이 번성하자 지참금 요구가 늘어났고 오늘날에는 칼라르 문화의 일부가 되었다. 마얌파티 마을의 일용 농업 노동자로 일하는 무키아Mookiah의 사례는 그 결과 벌어진 사태를 잘 보여준다. 서른한 살인 무키아의 하루 수입은 13루피에서 15루피 정도로 일정하지 않으며, 그나마 한 달에 일을 구할 수 있는 날은 며칠밖에 되지 않는다. 일이 없는 날에는 영혼이 육신을 떠나는 일이 없도록 묽은 귀리죽으로 버텨야 한다. 하지만 형편이 이러한데도, 그와 그의 부모는 몇 해 전 그가 결혼하게 되었을 때 과도한 지참금을 요구하는 데 망설임이 없었다. 그의 신부가 될 마하라니Maharani 역시 농업 노동자였다. 그녀의 부모는 수입이 불확실하고 굶주림에 시달릴 것이 빤한 집안에서 딸을 받아주는 데 대한 대가로 10소버린의 금붙이(오늘날의 가치로는 대략 2만 루피)를 주어야 했다.

하지만 그것이 전부가 아니었다. 마하라니의 부모는 빌리고 짜낸 돈으로 9소버린의 금붙이밖에 구할 수 없었다. 무키아는 자신이 1소버린을 덜 받았다는 것을 알게 되자 아내를 집에서 쫓아냈다. 그의 이야기는 이러했다. "약속된 10소버린이 아니라 9소버린밖에 없는 걸 보고는 아내를 쫓아냈습니다. 나머지 1소버린을 가져오지 않으면 절대 내 집에 들어올 수 없을 거라고 아내한테 말했습니다. 우리는 2년 동안 떨어져 살았습니다. 마침내 아내가 나머지 1소버린을 더 가지고 와서 내가 받아주었습니다."

이렇게 낙후된 칼라르 공동체에서 사람 목을 조르는 지참금 문제를 피하는 방법으로 여성영아살해를 생각할 수밖에 없었으리라는 것은 이해할 만하다. 역시 SIRD의 선임 코디네이터인 M. 바수데반M. Vasudevan은 이렇게 설명한다. "칼라르 사람들과 테바르 사람들은 약 천 년 전에 타밀나두의 여러 지방들을 다스린 촐라Chola 황제들을 위해 싸운 전사들이었습니다. 그들은 기본적으로 전사 카스트에 속하므로 낫으로 누군가의 목을 자르는 일에 주저하지 않습니다. 살인은 그들의 피를 타고 흐르는 것입니다." 이러한 설명이 믿을 만한 것이라면, 사람들의 피를 빼는 지참금 문제에 직면한 칼라르 사람들이 갓 태어난 여자아기들을 살해하기로 선택한다는 것은 논리적으로 필연적일 따름이다.

거의 모든 가난한 칼라르족 가정이 적어도 한 명 이상의 여자아기를 살해했을 것이다. 그리고 어머니들이 솔직하게, 슬프지만 해마다 딸아이를 죽이고 또 죽였음을 인정하는 경우도 있다. 파라이파티 마을의 35세 여성 안남말Annammal은 채석장에서 돌을 쪼개는 일을 하며 힘들게 생계를 유지하는 일용 노동자다. 마흔 살인 그녀의 남편 시라마이Siramai는 자기 것이라고 할 만한 땅이 조금 있는 농업 노동자다. 그들은 처음에 연달아서 딸을 셋이나 낳았다. 안남말은 슬픔을 주체하지 못하며 말한다. "이 딸 셋을 모두 죽여야 했어요. 기를 형편이 안 됐으니까요. 딸 셋 모두에게 신랑을 찾아주려면 엄청난 돈이 들거든요. 게다가 우리는 딸을 하나 죽이고 나면 다음 아이는 아들일 거라고 믿었어요. 하지만 그렇게 되지 않았어요. 딸을 셋이나 죽이고 네 번째 가진 아기도 딸이었어요. 달리 어떻게 할 방법이 없었어요. 뭘 해야 할지 알지 못했으니까요. 결국 아들을 하나 낳았지만, 마지막엔 또 딸을 낳았죠."

안남말의 사례는 전형적으로, 여자아기를 살해하는 현상 전체에 대해 생생하게 말해준다. 자리에 앉은 채 충혈된 눈을 문지르면서 뒷마당의 딸 셋을 묻어놓은 지점을 가리킬 때, 그녀는 가차없이 냉정한 살인자처럼 보이지 않는다. 오히려 절망적이고 잔인한 환경의 불행하고 무력한 피해자로 보인다. 그녀의 딸들이 모두 낡은 옷을 입은 반면 하나뿐인 아들은 말쑥하게 차려입었다는 사실이 칼라르 전체의 문화를 말해준다. 아들은 값을 매길 수 없는 소중한 자산이고, 딸은 날 때부터 엄청난 부채다. 안남말의 이야기는 또한 칼라르 사람들 사이에서 원치 않은 딸을 죽이는 것이 엄마의 의무임을 보여준다. 남편에게 아들을 낳아주지 못한 것을 상쇄하는 셈이다.

여성을 대하는 칼라르 남성의 잔인함은 끔찍할 정도다. 마얌파티 마을의 무키아는 아내가 낳은 첫아이가 딸임을 알게 된 뒤 6개월 동안 아내를 멸시하며 아내와 눈도 맞추지 않았다. 작년에 에참파티 마을의 바산티 순다이Vasanthi Sundayi는 판드얀 도로공사의 우실람파티 지역 운전사로 일하는 남편 바수Vasu에 의해 집에서 쫓겨났다. 그녀가 딸만 둘을 낳았기 때문이었다. 그녀는 이렇게 말했다. "뭘 어떻게 해야 할지 몰랐어요. 남편이 말했죠. 두 딸을 죽이든가, 아버지한테 가서 현금 만 루피에 금붙이 10소버린을 더 가져오든가 하라고요. 아버지는 이미 결혼식 때 5소버린에 현금 5,000루피를 주셨어요. 나는 남편한테 쫓겨나서 이제 다시 부모님과 함께 지내고 있어요."

다음에 이어지는 사례들은 칼라르 공동체에서 남편이 바라는 대로 해주길 거부하고 쫓겨난 아내들의 상황을 보여준다. 이들은 그 때문에 고통을 겪고 있다. 파라이파티 마을의 마흔 살 된 남편 무투카루판Muthukkaruppan은 서른다섯 살 된 아내 나감말Nagammal 을 집에서 쫓아냈다. 아내가 두 번째 딸을 낳고도 아이들을 죽이 길 거부했기 때문이었다. 그녀는 여섯 달 동안이나 떨어져 지내 다가 다시 남편과 결합했다. 부부가 다시 결합할 수 있었던 것은 남편 무투카루판의 아버지가 쏟은 노력 덕분이었다. 아버지는 아 들에게 자신이 딸을 다섯이나 길렀던 경험에서 얻은 유익함을 일 러주었다. 나감말은 다시 딸 하나와 아들 둘을 낳았다. 무투카루 판은 돌 자르는 일을 하는 자신의 불안정한 수입을 가지고 딸을 셋이나 돌봐야 한다는 사실에 여전히 불만이 많다. 그는 이렇게 묻는다. "내가 내 딸들을 돌볼 수 없는데 왜 죽일 수도 없나요? 도 대체 왜 그걸 금지한 겁니까?" 그러나 어머니로서 헌신하는 나감 말의 얼굴 앞에서는 소리쳐 묻는 그의 질문도 잦아든다.

여성과 딸을 무시하는 문화가 칼라르 사람들의 핏줄 속에 깊이 흐르고 있다. 사실 칼라르의 남편들은 새로 태어난 아이가 딸일 경우 병원으로 가서 아이를 보려 하지 않는다. 지난 2주 동안 우 실람파티 병원 산부인과 병동을 돌아보면서 관련된 많은 것들을 알게 되었다. 아로자파티 마을의 라니Rani는 방금 아들을 낳고 매 우 기뻐하며 들떠 있었다. 그녀는 앞으로 일주일 정도 병원에 머 무르면서 새로 태어난 아들에게 아무 문제가 없는지 확인할 거라고 이야기했다. "제 남편 자야라만Jayaraman은 딘디굴에 있는 직물 공장에서 일하는데, 아이를 보려고 달려오고 있어요."

한편 카타테반파티 마을에 사는 서른세 살 친나카루판Chinna-karuppan은 아내 콘다이암말Kondaiammal 곁에서 미소도 짓지 못한 채 우울하게 서 있었다. 그녀는 방금 아이를 낳았는데, 부부에게 는 일곱 번째 자식이자 여섯 번째 딸이었다. 콘다이암말은 원망 하며 말했다. "나는 의사가 적어도 우리한테 아기를 즉시 치워버 릴 수 있게끔 허락해주길 바랐어요. 빨리 아기를 죽일 수 있도록 말이에요. 내가 도대체 무슨 죄를 저질렀기에 딸을 여섯씩이나 짊어져야 되나요?" 같은 마을의 산토샴Santosham, 그리고 아요디 아파티 마을의 라마칼Ramakkal은 둘 다 첫딸을 낳은 뒤에 똑같이 정신이 나간 듯 보였다. 그리고 칼루투 근처 도라이사미푸두르 마을의 옐라칼Yellakkal은 셋째아이 출산을 기다리고 있었는데(첫 째는 딸이었고 둘째는 아들이었다) 딸일지 아들일지 무척이나 불안 해하고 있었다. 그녀는 자신의 두려움을 이렇게 표현했다. "딸이 라면, 남편 친니아Chinniah가 저한테 죽이라고 할 게 분명해요. 안 그러면 나를 집에서 쫓아낼 거예요."

칼라르 아버지가 아내에게 둘째딸을 죽이라고 강요하지 않는 다면, 그것은 보통 첫째딸이 이미 자연사한 경우다. 예를 들어, 초 카데반파티 마을의 로삼말Rosammal은 5월 17일 아침에 넷째아이 를 낳았는데 딸이었다. 놀랍게도 이 여자아이는 여전히 살아 있 다. 하지만 그녀의 남편 라만Raman은 이 미스터리를 이렇게 설명 했다. "먼저 낳은 딸 둘이 죽었습니다. 우리에게는 아들 하나랑 이 딸아이만 남았죠." 여성영아살해 관행이 칼라르 사람들 사이에서 획일적으로 편재해 있지만, 거기에 사용되는 섬뜩한 방식은 다양하다. 아기를 죽이는 한 가지 방법은 거칠거칠한 쌀알 몇 개를 입에 넣는 것이다. 숨을 쉬는 과정에서 쌀알이 목구멍으로 들어가 기도를 막으면 신생아는 질식해서 죽는다. 그러나 쌀알로 충분하지 않은 경우도 있다. 파라이파티 마을 주민 안남말의 경우가 그러했다. 그녀는 마다르madar(왕관꽃, 학명은 칼로트로피스 기간테아calotropis gigantea)에서 짠 즙을 사용해야 했다고 말했다. 아내가 임신하면서부터 남편이 마다르를 기르는 가족도 있다. 태어난 아이가 딸이면 쉽게 독을 만들어 쓰려는 것이다.

신가라사푸람 마을의 안나마야칼Annamayakkal이라는 중년 여성이 여성영아살해 문화 전체를 압축적으로 요약했다. "우리 공동체에서 남자아이가 어떤 이유로 불행하게 죽으면, 우리는 1년 동안 귀리죽을 먹지 않아요. 아들이 죽은 건 커다란 재정적 손실이거든요. 그리고 딸을 죽이지 못한 경우에도 우리는 슬퍼하며 하루에 한 끼를 거릅니다. 그렇게 해서 딸의 결혼식을 위한 돈을 좀 저축하는 거죠." 지참금이라는 악습 때문에 여성을 태어나는 순간부터 부채로 바라보는 이러한 시선은 칼라르 공동체와 테바르 공동체에 깊이 뿌리내렸다. 이것이 바로 이 여성해방의 시대에, 여성성의 위대함을 걸고 맹세한 주지사가 통치하는 주에서, 여성 총리가 20년 가까이 통치했던 나라에서 벌어지고 있는 현실이다.

친밀한 관계에서의 페미사이드:
법률제정과 사회복지의 효과

캐런 D. 스타우트

지난 15년 동안 법률제정과 직접적인 복지서비스 제공을 통해 남성 폭력에 희생된 여성 피해자들의 요구를 다루는 데 상당한 진척이 이루어졌다. 그리고 사회복지 분야 종사자들은 학대관계의 역동을 더욱 잘 인식할 수 있게 되었다. 그러나 친밀한 남성 파트너에 의한 여성살해, 즉 '친밀한 관계에서의 페미사이드'에 대해서는 별다른 관심이 주어지지 않았다. '친밀한 관계에서의 페미사이드intimate femicide'*라는 용어는 1976년 여성대상범죄 국제재판소International Tribunal on Crimes against Women(Russell and Van de Ven 1976)에서 "여성들이 살해당할 때, 그들이 여성이라는 것은 우연이 아니다"(Russell 1982, 286)라는 점을 강조하기 위해 처음 도입되었다. 이 논문은 미국 50개 주에서 발생한 친밀한 관계에서의

---

* (옮긴이주) 영어 단어 intimate가 남녀관계를 나타낼 때 사용되는 경우 일반적으로 성관계를 갖는 사이임을 나타낸다.

페미사이드를 연구한 보고서이다. 여성에 대한 폭력을 다루는 사회복지와 법률제정 사이의 관계, 그리고 다양한 주에서 살해되는 여성의 비율에 초점을 맞추었다.

배경

여성에 대한 폭력이 만연해 있고 그 정도가 심각하다는 사실은 수많은 자료에 기록되어 있다. 예를 들어 결혼생활 중 한 번이라도 구타당한 적이 있는 미국 기혼여성의 비율은 20~30퍼센트에서(Pagelow 1984) 3분의 2에(Roy 1982) 이르는 것으로 추산된다. 기혼여성 25퍼센트는 일생에 적어도 한 번 심각하게 구타당한다고 추정된다(Straus, Gelles, and Steinmetz 1980). 더욱이 학대관계에서 발생하는 여성에 대한 폭력은 시간이 흐름에 따라 그 심각성뿐 아니라 빈도 역시 증가하며(Dobash and Dobash 1979; Pagelow 1981), 친밀한 관계가 단절된 뒤에는 심각성이 상승한다(U. S. Department of Justice 1980).

여성에 대한 폭력이 심각해지면 결국 여성의 죽음으로 끝이 날 수 있으며, 그러한 일은 실제로 너무나 자주 발생한다. 미국에서는 매일 평균 4명의 여성이 남성 파트너에게 살해된다. 저자의 분석은《1980~1982년 표준범죄보고서: 추가 살인사건보고서Uniform Crime Reports, 1980-1982: Supplemental Homicide Report》(FBI 1984)에 실린, 1980년 1월부터 1982년 12월까지 친밀한 남성 파트너에게 살해당한 16세 이상 여성 4,189명의 데이터를 대상으로 했다. 이 3년의 기간 동안 미국 50개 주 모두에서 친밀한 관계에서의 페미사이드가 적어도 한 건 이상 보고되었다. 3년 평균 발생 빈도는 버몬트 주 1건에서 캘리포니아 주 176건까지 다양했다. 해당 기간에 여성 100만 명당 친밀한 관계에서의 페미사이드로 살해당한 여성의 수는 버몬트 주 2.6명에서 사우스캐롤라이나 주 14.7명까지로 나타났다. 오컨I. Okun의 보고에 따르면 1974년 미국 최초의 구타당한 여성들을 위한 피난처가 마련된 이후부터 1983년 말까지 1만 9,000명이 훨씬 넘는 미국인이 여성학대 또는 다른 형태의 부부 간 폭력으로 사망했다(Okun 1986, xiv). 피해자 두 사람의 사례를 보자. 47세의 해티 마일로Hattie Milo는 성인이 된 딸과 함께 65세의 남편 윌리 마일로Wilie Milo가 쏜 총에 맞았다(*Austin American-Statesman*, 1980). 또 한 명의 피해자 실라 크릴리Sheila Crealey는 야구방망이와 허리띠로 구타당해 사망한 상태로 발견되었다. 그녀와 함께 살았던 24세의 남성 연인이 그녀를 살해한 혐의로 체포되었다. 그녀의 동료들은 이전에도 그녀가 구타당한 적이 있다고 말했다(Cox 1981).

사회복지의 발달

피난처 제공 사업은 구타당하는 여성들과 그 자녀들의 기본 요구를 다루고자 개발되었으며 여성운동과 반反강간운동 안에서 뿌리를 내렸다(Schechter 1982a, 1982b). 이러한 피난처들은 구타당한 여성들에게 네 가지 방식으로 도움을 준다. ① 직면한 위험으로부터의 안전을 제공한다. ② 학대로부터 신체적으로나 정신적으로 회복될 수 있는 시간을 허락한다. ③ 자신이 처한 상황과 취할 수 있는 선택지들을 보다 명확하게 이해할 수 있는 기회를 제공한다. ④ 비슷한 고통을 겪은 다른 여성들을 소개한다(Harris 1981).

피난처운동이 시작된 이래로 많은 개인과 단체가 여성 구타를 개별적인 남자와 여자 사이에서 일어나는 사적인 문제에서 공공의 문제이자 범죄로 전환하기 위해 부지런히 노력해왔다. 페미니스트들과 피난처운동 조직들이 펼친 노력을 통해, 친밀한 관계에서 벌어진 폭력의 피해자가 보호명령을 획득하여 구타자를 집에서 내보내고, 구타자가 명령을 어기고 피해자에게 접근할 경우 처벌하며, 사건에 개입할 수 있는 추가적 권한을 경찰에게 부여하는 법률이 여러 주에서 제정되었다. 러먼I. G. Lerman과 리빙스턴F. Livingston이 말했듯이 "퇴거명령은 새로 통과된 법률이 제공하는 가장 중요한 형태의 구제책일 수 있다. 이는 학대 피해자에게 자신의 집에서 안전하게 지낼 수 있는 강제집행 가능한 권리를 제공하며, 학대 피해자보다는 가해자가 다른 주거지를 찾아야 하는 부담을 지도록 규정한다"(Lerman, Livingston 1983, 2).

이에 많은 주의 입법부에서 여러 방식으로 대응했다. 아내/여성 구타 피해자들을 위한 복지서비스에 주 자금을 할당하고, 가족 구성원에 대한 신체적 학대를 범죄로 정의했으며, 이혼, 별거, 자녀 양육권 소송이 진행되는 동안 일시적인 법원 명령을 제공하는 한편, 가정폭력에 대한 자료를 보고하고 수집하도록 요구했다.

여성을 구타하는 남성을 위한 프로그램 또한 많이 등장했다("Programs for Men Who Batter" 1980a, 1980b, 1980c). 노어버그C. Norberg는 구타하는 남성들을 위한 서비스에서 사용되는 일곱 가지 치료모델을 제시했다(Norberg 1982). ① 남성으로만 구성된 동료집단 상담, ② 구타 발생 시점부터 전체 가족을 대상으로 진행하는 집중치료, ③ 남성이 주도하는 단체와 함께 여성 피난처에서 조직한 서비스, ④ 남성과 여성으로 구성된 공동 지도자들과 함께 여성 피난처에서 조직한 서비스, ⑤ 병원에서 진행하는 입원환자 서비스(법원 명령에 따른 구조화된 접근방식), ⑥ 전통적 정신보건센터에서 조직한, 치료사 두 명이 함께 하는 집단치료, ⑦ 일종의 자립 모델인 '익명의 구타자' 프로그램.

피난처 서비스, 강간위기센터, 구타하는 남성을 위한 프로그램, 법률적 대응의 주요 목적은 남성이 여성에게 가하는 폭력을 종식시키는 것이다. 더 이상의 구타 또는 페미사이드로부터 피해자를 보호하는 것 또한 매우 중요한 또 하나의 목표다. 사회복지 종사자들은 학대에 관련된 개인과 커플에게 서비스를 제공하는 사람으로서 이러한 프로그램에 깊이 참여해왔다. 그리고 그들 가운데 다수가 여성에 대한 폭력을 일소하기 위한 공동체와 법률의 변화를 옹호한다. 그러나 대부분의 사회복지 연구는 가족 내 폭력과 관련된 개인 내면과 개인들 사이의 요인에 계속 초점을 맞추고 있다. 그러므로 사회복지 종사자들은 여성에 대한 폭력을 유발하는 환경을 형성하고 유지하는 거시적이고 구조적인 요인들에 대해 주의하고 교육받을 필요가 있다. 그리고 그에 따라, 페미사이드라는 이슈를 직업상의 전문 포럼에서 다루고, 남성이 친밀한 여성을 죽이는 문제를 검토하며 이러한 비극적 인명 손실과 관련 있을 요인들을 가지고 열심히 고민해보아야 할 것이다.

친밀한 관계에서의 페미사이드는 의문의 여지 없이 가장 심각한 형태의 가정폭력이며 여성 희생이다. 그러나 이러한 형태의 여성 희생에 대한 법률제정과 사회복지 서비스는 알려진 바가 거의 없다. 그러므로 저자는 50개 주의 관련 사회복지 서비스 지원 및 법률적 대응을 탐구함으로써 페미사이드를 검토하고자 여기 제시된 연구를 수행했다. 연구조사의 근본 질문 두 가지는 다음과 같다. 첫째, "여성에 대한 남성 폭력을 다루는 사회복지 서비스의 비율이 높은 주에서는 친밀한 관계에서의 페미사이드의 발생 비율이 더 낮은가?" 둘째, "가정폭력법이 제정되어 있는 주에서는 그렇지 않은 주에서보다 살해되는 여성이 더 적은가?"

연구 방법

이 연구는 예비적인 것으로서, 여러 가지 변수와 각 주별 페미사이드 발생 비율 사이의 상관관계에 관한 정보를 제시한다. 다루고자 하는 주제의 본질상, 사망사고 연구에 관계되는 윤리적·법적 의미 때문에 실험을 통해 인과관계를 도출하는 연구방식은 부적절할뿐더러 불가능했다. 그러나 상호연관된 자료들을 통해 변수들 사이 상관관계의 강도와 방향에 관한 예비적 정보를 얻을 수 있었다. 자료조사에서는 문헌자료를 주로 이용했다. 콜비 A. Colby가 말했듯, 여성과 사회 변화에 관한 자료조사를 위해 2차 분석을 사용하는 데서 얻는 장점은 기존 연구의 질문들을 재정의하고 정제할 수 있다는 것이다(Colby 1982).

분석의 단위는 50개 주였다. 그리고 검토 대상 연도는 1980년, 1981년, 1982년이었다. 친밀한 남성 파트너에게 살해당했으며, FBI 《표준범죄보고서》(FBI 1984)에 따라 '모의살인 또는 비非우

<표 2-7> 독립변수 요약

변수	사회복지 서비스와 대응	자료
각 주의 피난처 설치 비율	주에서 구타당한 여성에게 제공하는 주거 서비스	Worrior 1982
구타하는 남성을 위한 치료 서비스 비율	구타하는 남성을 위한 치료 서비스 (구치소나 감옥에서 제공하는 서비스 제외)	"Programs for Men Who Batter" 1986
각 주의 강간위기 센터 설치 비율	성인 강간피해자를 위한 24시간 위기 및 변호 서비스	National Insitute of Mental Health 1980
입법 대응	① 학대에 대한 법원 구제명령 ② 이혼 및 별거 기간 중 일시 금지명령 ③ 신체적 학대를 범죄로 규정 ④ 가정폭력사범은 영장 없이 체포 가능 ⑤ 가정폭력사건에 대한 보고 요구 ⑥ 피난처에 자금 제공 및 피난처 기준안 마련	Ross and Barcher 1983

발살인' 피해자로 분류된 16세 이상 여성 모두가 종속변수로 기록되었다. 이들은《표준범죄보고서》에서 다시 가해자의 아내, 사실혼 아내, 여자친구, 전처, 친구로 분류되었다.

친밀한 관계에서의 페미사이드에 관한 자료는《표준범죄보고서》(FBI 1984)에서 나온 것으로, 정치사회연구조사를 위한 대학 간 컨소시엄InterUniversity Consortium for Political and Social Research에서 오시리스OSIRIS 테이프 형태로 사용할 수 있게 제공해주었다.《표준범죄보고서》는 모든 사법기관에 표준화된 보고서와 정의를 제공하고자 1929년 고안되었다(O'Brien 1985).《표준범죄보고서》가 제공하는 자료의 신빙성과 유효성이 비판의 대상이 되어왔음에도, 오브라이언은 살인사건에 대한 보고는 제대로 작성되었다고 보았다.《표준범죄보고서》에서 주로 가해자 비율보다는 피해자 비율을 보고하고 있다는 사실 덕분에 자료의 신뢰성은 더욱 강화된다. 윌뱅크스W. Wilbanks가 진술했듯이 "가해자보다는 피해자를 헤아리는 것이 훨씬 더 수월하다[많은 사건들이 명확히 해결되지 않았으므로]"(Wilbanks 1982, 161). 다른 출처에서 나온 자료들은 〈표 2-7〉에 제시되어 있다.

연구 결과

사회복지 서비스의 이용 가능성

이 절에서는 조사의 핵심 질문, 여성에 대한 남성 폭력을 다루는 사회복지 서비스의 비율이 높은 주에서는 친밀한 관계에서의 페미사이드 발생 비율이 더 낮은가에 대한 분석 정보를 제시한다. 한 주에서 여성에 대한 폭력을 다루는 사회복지 서비스를 평가하는 데는 강간위기센터의 수, 구타당한 여성을 위한 피난처의 수, 구타하는 남성을 위한 프로그램의 수, 이렇게 세 가지 측정치를 사용했다. 각 측정치는 16세 이상 인구 100만 명을 기준으로 비율을 계산했다. 피어슨 적률상관계수를 사용하여 각 서비스 측정치를 분석한 뒤 친밀한 관계에서의 페미사이드 비율과의 관련성을 결정했다(〈표 2-8〉 참조).

독립변수 세 개 중 두 개가 통계적으로 유의미하다고 밝혀졌다. 구타당하는 여성을 위한 피난처 설치 비율은 친밀한 페미사이드와 음의 상관관계를 갖는다. 그러므로 상당히 많은 수의 피난

<表 2-8> 선별된 사회복지 서비스 요인과
친밀한 관계에서의 페미사이드 간 상관관계

사회복지 서비스	r	r²	p
피난처 수 (인구 100만 명당)[a]	-.52	.27	.0001
강간위기센터 수 (인구 100만 명당)[b]	-.40	.161	.005
구타하는 남성을 위한 프로그램 수 (인구 100만 명당)	.12	.01	유의미하지 않음

Worrior 1982, "Programs for Men Who Batter" 1980a, 1980b, 1980c; National Institute of Mental Health 1980의 데이터를 기반으로 분석했다.
a. 49개 주 자료 분석. 알래스카는 통계 제외지역으로 상관관계 분석에서 배제.
b. 48개 주 자료 분석. 뉴멕시코와 알래스카는 통계 제외지역으로 상관관계 분석에서 배제.

처를 제공하는 주는 친밀한 관계에서의 페미사이드 비율이 상대적으로 낮았다. 강간위기 서비스 이용 가능성 또한 친밀한 관계에서의 페미사이드와 음의 상관관계를 갖는다. 그리고 이러한 서비스의 비율이 높은 주에서는 친밀한 관계에서의 페미사이드의 비율이 낮게 나타나는 것으로 보인다. 구타하는 남성을 위한 프로그램의 비율은 친밀한 관계에서의 페미사이드 비율과 유의미한 관련성이 없다. 이는 아마도 1980년에서 1982년까지 이 서비스를 이용할 수 있는 범위가 제한되어 있었기 때문에 나온 결과로 보인다(해당 기간에는 이 서비스를 제공하지 않는 주가 19곳이었다).

법률 요인

법으로 정한 가정폭력 피해자 보호 정책이 있는 주에서 살해되는 여성이 이러한 정책이 없는 주에서 살해되는 여성보다 적은지를 가늠하기 위해 6개 법규를 검토했다. 〈표 2-9〉는 6개 법규에 대하여 각 법규별로 그 법규를 갖추고 있는 주와 그렇지 않은 주의 수(수)를 제시하고, 해당 법규를 갖추고 있는 주와 그렇지 않은 주에서 살해당하는 여성의 평균 수(평균)를 제시한다. 〈표 2-9〉에 나타나 있듯, 각각의 가정폭력 관련 법규를 갖춘 주에서 살해당하는 여성의 평균 수는 그러한 법규를 갖추지 않은 주에서 살해당하는 여성의 평균 수보다 적었다.

〈표 2-9〉 가정폭력 관련 법규 유무에 따른
친밀한 관계에서의 페미사이드 평균 건수

법규 유형	법규를 갖춘 주		법규를 갖추지 않은 주	
	수	평균	수	평균
법원 구제명령	33	7.36	17	9.59
일시적 구제명령	25	7.67	25	8.57
신체적 학대를 형사범죄로 규정	20	6.90	30	8.94
영장 없이 체포	30	7.67	20	8.79
자료 수집 및 보고 요구	18	7.19	32	8.64
피난처 자금 제공 및 기준 설정	24	7.71	26	8.50

Ross and Barcher 1983의 자료를 바탕으로 분석했다.

토의

여기에 보고된 연구결과는 미국에서 벌어지는 친밀한 관계에서의 페미사이드 비율과 관련된 여러 요인을 밝혀 설명하기 위한 첫걸음에 불과하다. 이번 연구는 젠더와 피해자-가해자 관계에 초점을 맞추고 선별한 변수들을 검토하는 전통적인 살인사건 연구조사에서 출발했다.

학대 피해자에게 제공되는 사회복지 서비스를 위한 활동가나 지지자 등 현장에서 일하는 이들에게 이 논문은 각 주의 강간위기센터 및 피난처 서비스 제공 비율과 친밀한 관계에서의 페미사이드 발생 비율 사이에 음의 상관관계가 있다는 경험적 증거를 제시한다. 피난처 프로그램이 단지 일회용 반창고 같은 임시처방에 불과하다는 비판을 받고 있다고 들었지만, 이 연구는 주에서 제공하는 피난처 및 강간위기센터 이용 가능성은 친밀한 관계에서의 페미사이드 발생 비율을 낮추는 것과 관련이 있음을 암시한다. 지금까지 사회복지 종사자들은 강간위기센터 및 피난처 운동 조직들에서 지도자가 되지 못했다. 이제는 그들이 이런 운동 조직들의 토대가 된 전제조건들을 탐구하고, 여성에 대한 폭력에 관한 학술연구를 직업 안팎에서 검토하기 시작해야 할 때다. 그들은 남성 폭력의 피해자들을 위한 사회복지 서비스들이 보조적인 역할 이상을 하고 있음을 발견하게 될 것이다.

해당 분야에서 활동하며 사회 정책을 염려하는 이들은 법원 구제명령 법안을 통과시킨 주에서 평균적으로 살해당하는 여성들이 더 적다는 사실을 주목하게 될 것이다. 그런 주들은 일반적으로 가정에서 학대자를 내쫓는 '보호명령'을 제공한다. 학대당하는 여성들이 이러한 명령을 획득하는 것은 형사법원을 통하는 것보다 심리적으로 수월하다. 이 같은 사실의 발견은 폭력 희생자들과 함께하는 사회복지 종사자들과 여타 활동가들이 즉각적이고 복잡하지 않은 요식적 구제 방안을 획득하여 의뢰인에게 제공할 수 있도록 노력해야 한다는 점을 시사한다. 더욱이 여타 가정폭력 관련 법안들(피난처 자금 조달, 일시적 구제명령, 개연성 있는 근거를 바탕으로 영장 없이 체포, 가정폭력에 대한 자료 수집 및 보고 요구)을 시행해온 주에서는 1982년까지 그렇게 하지 않은 주에서보다 남성 파트너에게 살해당하는 여성의 평균 수가 더 적었다. 사회복지 종사자들은 종종 사회 정의를 진작하고자 법률적 대응책을 마련하려 한다. 이 자료들에 따르면 가정폭력에 대한 법률적 대응방안들은 살해되는 여성의 평균 수를 줄이는 데 효과를 발휘한다.

강간위기센터 및 피난처 운동 조직의 지도자들과 현장 활동가들은 이 자료를 검토하고 자신들이 해온 일에 대해 자부심을 느낄 수 있다. 그러나 한 주에서 이러한 사회복지 서비스와 법률제정에 관계된 여러 요인들을 규명하고 분리하려면 아직도 해야 할 일이 많다. 이를 위해 고려해야 할 질문들은 다음과 같다. 첫째, 한 주에서 친밀한 관계에서의 페미사이드 비율을 감소시키는 데 결정적인 역할을 하는 요인은 피난처(침대, 편의시설, 출입문 잠금장치)의 안전성인가, 아니면, 피난처가 설치되기 전에 조직된 공동체인가? 둘째, 주의 법률적 대응은 여성에 대한 보다 자유롭고 평등한 태도와 관련되어 있는가? 이 연구는 미래 연구자들이 이 문제를 더욱 깊이 있는 분석을 통해 탐구하는 데 경험적 토대가 되어줄 것이고, 이를 바탕으로 장래 연구자들은 예측모델을 설정할 수 있을 것이다. 예측모델이 만들어지면, 어느 변수들이 한 주에서 발생하는 친밀한 관계에서의 페미사이드 비율을 가장 잘 설명하는지 평가할 수 있을 것이다. 사회복지 종사자들은 그러한 정보를 얻어, 가정폭력을 다루는 데 쓰일 제한된 인적·물적 자원들을 최대화할 수 있도록 노력할 의무가 있다.

여성에 대한 폭력에 관여하는 개인적 요인들과 사회구조적 요인들은 복잡하며, 경험적으로 분리하기가 어렵다. 지난 15년 동안 여성에 대한 폭력의 발생 빈도와 심각성을 다루는 데 있어 엄청난 진보가 이루어졌다. 우리 사회복지 종사자들은 친밀한 관계에서의 페미사이드에 대한 탐구를 이제 막 시작하려는 참이다. 우리는 이 나라에서 벌어지고 있는 여성살육을 무시할 수 없다. (다른 이들이 무시하도록 내버려둘 수도 없다.) 여기 제시된 이 연구가 친밀한 관계에서의 페미사이드에 관한 논의의 문을 여는 데 도움이 되었길 바란다. 우리는 이렇게 비극적인 생명 손실과 결부된 여러 요인을 찾아내고자 계속해서 분투해야 한다.

3부　페미사이드와
인종차별

© Tia Cross

"제3세계 여성인 우리는 우리의 삶 없이 살아갈 수 없다."
1979년 매사추세츠 주 보스턴. 페미니스트 단체들이 연합하여, 도시 내 다인종 구역에서 벌어진
일련의 페미사이드에 항의하는 시위를 벌이고 있다.

여는 글 ─────────────────

페미사이드는 인종, 문화, 연령, 계층, 섹슈얼리티를 막론하고 벌어진다. 3부에서는 인종차별이 여성에 대한 폭력과 상호작용하는 복잡한 방식들에 초점을 맞춘다. 그리고 인종차별이 페미사이드 자체를 형성하고, 지역 공동체, 경찰, 미디어, 법률체계에서 페미사이드가 다루어지는 양상을 형성하는 방식들에 초점을 맞춘다.

3부를 시작하는 제이미 그랜트Jaime Grant의 글은 매사추세츠 주 보스턴에서 젊은 아프리카계 미국인 여성 12명이 살해된 사건에 대한 흑인 공동체의 반응을 다룬다. 그랜트는 이 사건을 보도하는 미디어의 이면에 놓인 인종차별을 폭로한다. 처음에 미디어는 이 살해사건을 무시했고, 나중에는 정형화된 인종차별적 표현을 통해 피해자들을 도망자나 매춘부로 묘사했다. 저자는 또한 이 살해사건에 대한 정치적 대응—아프리카계 미국인 여성, 여타 유색인 여성과 백인 여성, 페미니스트 여성과 비非페미니스트 여성, 레즈비언과 이성애자 여성 등 온갖 여성 사이에 형성된 동맹과 연합—을 다루고, 아프리카계 미국인 여성 살인사건을 분석하면서 그 안에 담긴 인종차별적이고 성차별적인 차원들을 인정해야 한다고 주장한다. 제이미 그랜트가 기록한 사건들은 1970년대 후반에서 1980년대 초반까지 거슬러 올라가는 일들이지만, 다양한 배경을 지닌 여성 활동가들 사이에 동맹과 연합이 형성되었다는 사실은 여전히 의미심장하다.

다이애나 러셀과 캔디다 엘리스Candida Ellis는 애틀랜타에서 정확한 숫자가 알려지지 않은 다수의 젊은 아프리카계 미국인 여성 살인사건을 조사하는 과정에서 경찰이 보여준 제한적인 대응에 초점을 맞춘다. 다이애나 러셀은 샌프란시스코에서 벌어진 아시아인 여성 강간, 살해 사건에 대해 이야기하고, 그다음에는 필라델피아에서 일어난 아프리카계 미국인 여성 납치, 성고문, 살해 사건을 설명한다. 이러한 사건들을 선별하여 다루는 것은 페미사이드 사건들을 문서로 기록하는 것을 넘어, 미국 내 흑인 및 소수민족 여성들의 사망사건에 관한 뉴스들이 인종차별과 여성혐오에 오염되어 있음을 분명히 보여준다.

베벌리 싱어Beverly Singer는 아메리카 원주민 여성 페미사이드의 영향을 분석하면서 유색인 여성 사망사건에 관심을 기울이지 않는 백인 문화를 추적한다. 그녀는 아메리카 원주민 남성의 아메리카 원주민 여성 살해라는 민감한 사안을 탐사하면서, 유럽인들이 아메리카 원주민을 집단학살하고 정복하고 식민화한 데서 그 기원을 찾는다. 2부의 S. H 벤카트라마니와 마찬가지로 싱어는 미국 내 특정 인종 및 민족집단에서 강제된 출산제한과 페미사이드를 연결 짓는다.

3부의 주요 주제는 페미사이드를 제대로 분석하려면 인종차별과 여성혐오가 상호작용하는 복잡한 방식에 대한 설명을 반드시 다루되, 페미사이드라는 현상 자체만이 아니라 페미사이드에 대한 경찰과 사법체계와 미디어의 대응까지 다루어야 한다는 것이다. 3부의 또 다른 중요한 주제는 유색인 여성들이 표출한, 페미사이드에 대한 저항이다. 백인 페미니스트들은 대체로 자신들의 투쟁에 유색인 여성들을 포괄해왔는데, 이 유색인 여성들이 풀뿌리 차원에서 저항했던 더 오래되고 더 강력한 역사에는 백인 페미니스트들이 배울 것이 많다.

누가 우리를 죽이고 있는가

제이미 M. 그랜트

1979년 1월 28일부터 같은 해 5월 30일까지 보스턴 시내에서 13명의 여성—흑인 12명, 백인 1명—이 3킬로미터 반경 안에서 살해되었다. 피해자들은 한 명만 빼고 모두 록스버리, 도체스터, 사우스엔드 등 흑인 밀집지역에서 발견되었다. 피해 여성 가운데 다수가 맨손이나 스카프 또는 끈으로 목이 졸렸고, 몇몇은 칼에 찔렸다. 살해당한 후 시신이 불태워진 경우가 둘, 절단된 경우가 둘이었다. 여러 명의 피해자가 사망 직전에 강간당했다.

1979년 4월 1일, 통계자료에 따르면 1979년 들어 이날까지 살해된 흑인 여성은 1978년 한 해 살해된 흑인 여성보다 50퍼센트나 많았다. 이날, 그해 사망한 여섯 명의 흑인 여성을 기리고자 1,500명의 사람들이 거리로 나왔다. 이들은 이제 세상에 없는 그들의 누이, 딸, 어머니, 친구를 애도했다. 추모 행진은 사우스엔드에 있는 해리엇 터브먼 하우스에서 시작해서, 웰링턴 스트리트에 있는 다섯 번째 희생자 대리얼 앤 하깃Daryal Ann Hargett의 아파트

276 페미사이드

에서 처음으로 잠시 멈췄다. 그녀는 자신의 침실 바닥에서 목이 졸린 채로 발견되었다. 하깃의 이모 세라 스몰Sara Small 부인은 군중 앞에 서서 외쳤다. "누가 우리를 죽이고 있습니까?" 그녀가 제기한 물음은 온 도시에 퍼져나갔다. 이질적이고 다양한 공동체들이 위험에 취약한 이들의 안전을 보장하려는 행동을 통해 급증하는 폭력에 맞서고자 분투했다.

스몰 부인의 호소는 오히려 단순하고도 직접적이었기에 그날 행진에 참여했던 서로 다른 차원의 다양한 집단에 가 닿았다. 록스버리, 도체스터, 사우스엔드에 사는 많은 흑인 거주자들에게 스몰 부인의 물음에 담긴 '우리'는 흑인 여성들, 더 넓은 의미에서는 모든 흑인을 가리켰다. 행진에 참여한 이들은 대부분 1974년 보스턴 공립학교들에서 일어난 격렬했던 인종분리철폐운동에 참여했으며, 보스턴 경찰력과 점점 더 잔혹해지는 관계를 맺고 있던 베테랑들이었다. 그때 그 충돌이 일어났을 때, 그들은 보스턴의 다수 백인 시민들이 명백한 인종차별적 폭력을 쉽사리 행사할 수 있다는 사실을 뼈저리게 깨달았다. 이러한 배경에서 스몰 부인이 묻는 '누가'에 대한 정답은 이미 정해져 있는 듯 보였다. 백인들—필시, 한 명 이상의 백인 남자들—이 우리를 죽이고 있었다.

행렬의 사이드라인을 따라 걷거나, 선 채로 교통흐름을 정리하거나, 말을 타고 질서를 유지하는 경찰들에게는 스몰 부인이 외치는 '누가'란 범행을 저지른 가해자였다. 경찰은 길거리 범죄에 대한 자신들의 경험 때문에 이 사건들을 흑인이 흑인에게 저지른 폭력이라 보고, 피해자와 가장 친밀하게 알고 지낸 이들을 더욱 철저하게 탐문하는 쪽으로 기울어 있었다. 사건이 진행되는 동안 경찰과 보스턴 시장 케빈 화이트Kevin White의 행정당국은 흑인 공동체의 협조를 간곡히 요청하는 한편, 각각의 살인사건은 서로 '관련되어 있지 않다'는 그들의 확신을 강조했다. 즉 경찰에서는 각각의 살인사건이 각기 다른 개인이 저지른 단일 폭력행위라고 강력하게 추정하고 있었다. 화이트 시장은 '샘의 아들' 사건 같은 연쇄살인 정황은 절대 아니라고 거듭 강조했다. 사실 스몰 부인 이 말한 '우리'는, 백인이 92퍼센트를 차지하며 남자가 압도적일 만큼 많은 보스턴 경찰에겐 '그들'일 따름이었다.

행렬의 말미에 있던 많은 백인 페미니스트들에겐, 스몰 부인이 말한 '우리'란 흑인 여성들이었다. 그들의 비탄은 여성에 대한 폭력이 용인되고 때로는 자랑스럽게까지 여겨지는 문화 속에서 살아가는 여성들의 취약성에 초점이 맞추어졌다. 가정 내 구타 피해자들 및 강간 피해자들을 위한 보호자로서의 경험과 도시 전체 모든 지역에서 여성의 안전을 보장하기 위한 활동가로서의 경험 때문에 그들은 스몰 부인이 말하는 '누가'란 남자라고 믿는 경향이 있었다. 백인이든 흑인이든 피해자들이 알고 지냈을 남자들 말이다. 백인 페미니스트들은 일련의 살인사건이 서로 연결되어 있다고 생각했다는 점에서 경찰과 의견이 달랐다. 그들은 여성의 생명에 대한 성차별적 폄하가 이 사건들을 연결하는 축이라고 믿었다.

군중 속에 흩어져 있던 흑인 페미니스트들은 또 다른 관점을 견지했다. 그들은 세라 스몰 부인의 외침 속에 등장하는 '우리'가 흑인, 특히 흑인 여성들이라고 보았다. 인종차별적 폭력으로 악명

© Ellen Shub

"또 다른 흑인 여성이 죽어서는 안 된다!"
1979년 보스턴. 일련의 아프리카계 미국인 여성 살인사건에 항의하는
시위.

이 높고 성차별적 폭력이 흔하게 일어나는 이 도시에서 흑인 여성의 취약성은 다면적인 문제였다. '누가'에 대한 그들의 인식은 그들이 속한 주류 흑인 공동체의 인식과 전반적으로 다르지 않았다. 상황을 방치해서 쉽사리 흑인 여성을 살해할 수 있게 만든 데 가장 큰 책임이 있는 것은 인종차별이라고 그들은 주장했다. 설령 백인 남성이 이 범죄들을 직접 저지른 것이 아니라 해도, 백인

자본주의 가부장제에서 특권을 주로 누리는 그들에게 근본적으로 근본적 책임이 있었다. 흑인 페미니스트들의 분석은 이 범죄들이 여성의 목숨을 하찮게 여기는 문화적 윤리를 따라 본질적으로 연결되어 있음을 주장한다는 점에서 백인 페미니스트들의 분석과 다르지 않았다. 그러나 흑인 페미니스트들은 반인종차별 분석과 백인 페미니스트 분석 모두에 비판적 층위를 더했다. 그들은 바로 그 문화적 윤리가 성차별과 인종차별 양쪽의 정치학에 흠뻑 물들어 있다고 보았기 때문이다.

다음에 이어지는 연대적 기록은 1979년 상반기 보스턴에서 벌어진 13명의 여성 살인사건에 대한 공동체의 반응들을 담고 있다. 그리고 컴바히 강 집단, 크라이시스CRISIS, 여성안전연합Coalition for Women's Safety의 활동과 상호작용을 검토하며, "누가 우리를 죽이고 있습니까?"라는 스몰 부인의 열띤 외침에 대한 서로 다른 응답들이 이 집단들 각자와 전체의 활동을 어떻게 형성했는지 탐구한다.

컴바히 강 집단

바버라 스미스Barbara Smith는 스트라이드 라이트 아동화 공장 옆 공터에 서서 씩씩거리고 있었다. 살해당한 여섯 명의 여성을 추모하기 위해 1,500명이나 되는 사람들이 나왔지만, 연단에서는 성폭력에 대한 단 한마디의 언급도 없었다. 흑인 레즈비언 페미니스트이자 록스버리 주민인 그녀는 이 위기를 통해 '우리의 여자들을 지키겠다'고 맹세하는 남자들의 분노에도 마음이 편치 않왔다.

연단에서 말한 사람들은 거의 다 남자뿐이었어요. 그저 "우리는 우리의 여자들을 보호해야 합니다. 여자들은 집 안에 머물러야 합니다" 이렇게만 말하고 있었어요. 성정치나 성폭력에 대해서는 아무 말도 없어요. 전부 인종차별 범죄에 대한 이야기뿐이었죠. 그러니까, 내 말은 왜 살해된 사람은 다 여자뿐이냐는 겁니다. 죽어야 했던 이유가 단지 인종 때문이었다면 말이에요.

스미스는 1974년 이래 계속 회합을 가져온 흑인 페미니스트 단체 컴바히 강 집단의 창립 멤버였다. 그녀는 바로 이때 이 자리에서 컴바히 강 집단이 이 살인사건들에 대응해야 한다고 결정했다. 그녀는 록스버리에 있는 자신의 아파트로 돌아가 보스턴에 있는 흑인 여성들의 공포에 대해 목소리를 내기 위한 팸플릿 제작을 궁리하기 시작했다.

내가 하려던 건 이 모두가 단지 인종차별에 관한 이슈에 불과하지 않다는 걸 보여주는 거였어요. 여성에 대한 폭력은 전 세계에 만연한 유행병 같은 거라는 걸 말하고 싶었어요. 강간 등에 대한 통계자료들을 인용했죠. 그걸 흑인 공동체에서도 쉽게 접근할 수 있고 알아들을 수 있는 말로 다시 쓰려고 노력했어요. 내 작은 타자기로 타이핑을 했어요. 나는 [집단 멤버들에게] 전화를 해서 팸플릿을 읽어줬어요. 내가 일을 시작한 게 일요일이었는데 그날 밤에 우리는 팸플릿의 개요를 다 만들었어요.

컴바히 강 집단의 팸플릿은 1979년 말까지 두 가지 언어로 4만 번이나 재인쇄되었다. 스미스에 따르면 그들의 팸플릿은 "처음으로 세상에 나와서 널리 유포되었으며… 무엇을 해야 할지, 어떻게 느껴야 할지, 그런 문제에 대해 사람들에게 도움을 주었다… 그건 사람들을 지지해주는 것이었다".《여섯 흑인 여성: 그들은 왜 죽었을까?*Six Black Women: Why Did They Die?*》라는 이 팸플릿은 세라 스몰이 외친 "누가 우리를 죽이고 있습니까?"라는 물음에 공명하면서, 구체적인 분석과 생존 전략을 제공한다.

흑인 공동체에서 이 살인사건들은 단지 인종 간 범죄 또는 인종차별적 범죄라고만 이야기되는 일이 많았다. 경찰과 미디어의 반응이 전형적으로 인종차별적이라는 것은 사실이다. 피해자들이 모두 흑인이라는 것도 사실이고, 흑인들은 이 사회에서 늘 인종차별 폭력의 표적이 되어왔다는 것도 사실이다. 그러나 피해자들은 모두 여성이다. 우리 자매들이 죽었다. 그들은 흑인이기 때문에 죽었지만, 여성이기 때문에 죽었다는 것 또한 그만큼 확실하다…
하나의… 생각이 이 위기 속에서 제시되었다. 여자들은 집에 있어야 한다는 것이다… [이 생각은] 죄 없는 이들을 처벌하고 죄지은 이들을 보호한다. 또한 현실의 삶을 고려하지도 않는다. 우리는 일하러 가야 하고, 먹을 걸 사러 가야 하고, 아이들을 데리러 가야 하고… 여자들은 원하는 곳이라면 어디든 걸어갈 수 있어야 한다… 이유가 무엇이든…
다만 여성들이 함께 연대하여, 신체적 학대로부터 자유롭고 두려움으로부터 자유로울 수 있는 인간으로서의 권리들을 요구할 때라야 우리는 이러한 권리를 누리게 될 것이다⋯

남자들이 우리를 '보호하기' 위해 할 수 있는 것은 그들이 여자들을 무시하고 위협하는 방식들을 살펴보고⋯ 그들이 알고 있는, 여자들을 학대하는 남자들에게 그만두라고, 당장 그만두라고 말하는 것이다. 여성에 대한 폭력을 멈추는 일에 헌신하는 남자들은 다른 남자들과 이 문제를 진지하게 논하기 시작해야 하고⋯

이 뒤에는 열여섯 개 항목으로 구성된 자기보호 방안이 제시되었다. 여기에는 걷거나 택시를 타고 돌아다닐 때 살펴야 할 안전조치와 자기방어에 사용될 수 있는 흔한 물건들의 목록, 응급상황에서 이용할 수 있는 전화번호들이 포함되었다. 팸플릿 뒷면에는 위기에 대응해서 지역별 자기방어 교실, 여성 안전 쉼터, 여성 대상 폭력에 대항하는 프로그램 등을 구축하고 있는, 시내 전역 공동체 모임들의 목록을 게시했다.

팸플릿 본문은 하나의 집단으로서 지난 몇 년 동안의 의식 함양 과정을 반영했다. 이미 1973년에 스미스를 비롯해 보스턴에 근거한 흑인 레즈비언들의 소수 핵심 멤버들이 주류 백인들의 미국에서 변방에 처한 자신들의 처지를 밝게 비춰줄 하나의 정치학을 탐구하고 발전시킬 방법을 찾고 있었다. 컴바히 강 집단은 원래 전미흑인페미니스트기구National Black Feminist Organization(NBFO)에 속해 있었으나, 전국조직이 전국을 아우르는 정체성을 유지하는 데 어려움을 겪자, 1975년에 분리되었다. 컴바히 강 집단은 스스로 기존 전국조직보다 더 급진적인 입장을 취한다고 보았다. 스미스에 따르면 "좀 더 좌파였기 때문에 독립적인 단체가 되었다". 이 단체의 핵심 멤버는 흑인 레즈비언 페미니스트들이었다. 스미스는 이렇게 회상한다.

> 우리는 매주 케임브리지 여성센터Cambridge's Women's Center에서 만났어요. 우리 모임은 공개적인 모임이었는데… 우리는 흑인 여성들의 이슈에 대한 의식 함양을 하거나, 모든 이슈를 흑인 여성의 시각에서 살펴봤어요.
> 컴바히 강 집단이 다인종 조직이었더라면 아마 존재하지도 못했을 거예요… 그렇게는 정치학을 전개해나갈 수 없어요…
> 나는 전국에 걸쳐 존재하는 유색인 여성단체들을 알아왔는데… 초기에 제기된 문제는 백인 여성들에게도 개방할 것인가였어요. [백인 여성들에게도 개방한 것은] 집단이 형성되는 시점에 저지른 치명적인 실수였죠.
> 사실… 때로는 그냥 앉아서 여기서 무슨 일이 일어나야 하는지를 이야기할 필요가 있어요. 나는 서로 다른 온갖 인종의 연인들을 사귀어봤어요… 당신의 연인이 누구인지는 중요하지 않아요. 그냥 앉아서 이야기를 할 필요가 있죠… 그게 바로 우리가 한 일이에요.

1970년대 중반, 컴바히 강 집단은 주로 의식 함양에 집중했다. 도시 전역에서 모여든 여성들은 일상생활에서 감내해야 하는 여러 겹의 억압을 분석하여 하나씩 벗겨내는 데 노력을 기울였다. 시간이 흐르자, 이 여성들은 자신들이 발전시킨 정치학을 행동으로 옮겼다. 스미스는 이렇게 설명한다. "우리는 흑인 여성들의 삶을 침해하는 이슈를 볼 때마다 그것에 공감하고자 노력했다." 1979년 살인사건 이전에 컴바히 강 집단은 보스턴 시립병원에서 낙태시술을 하여 살인죄로 체포된 흑인 의사 케네스 에들린Kenneth Edelin을 적극적으로 지원했다. 그리고 살인사건이 벌어진 지역에서 목격되었다는 이유만으로 살인 혐의로 기소된 흑인 여성 엘라 엘리슨Ella Ellison의 사건에도 적극 관여했다. 컴바히 강 집단 구성원들은 제3세계노동자연맹Third World Workers Coalition과 함께 흑인 노동자들이 흑인 공동체 안에 신설되는 고등학교 건설현장에 고용될 수 있도록 피켓을 들고 시위했다. 스미스는 다음과 같이 회상한다.

> 나는 무척 정치적인 사람이에요… 그땐 더 젊었고 에너지가 많았죠. 당시에 글을 쓰고 있지는 않았어요… 컴바히 강 집단은 내게 가장 우선하는 정치적 책무이자 지향이었어요. 그리고 그다음으로… 생식에 관한 권리나 불임수술에 관련된 일들, 가르치는 일 따위가 중요했죠…
> 인종과 성과 계층이 교차되는 지점에서 시작되는 것은 무엇이든지요. 물론 우리는 레즈비언과 게이에 관련된 일들도 다루었지만, 다른 일들보다 더 많이 다루지는 않았어요… 우린 정말 다양한 이슈들을 한꺼번에 다루었거든요.

스미스가 생각하기로는, 이전에 벌여온 정치적 활동 덕분에 1979년 살인사건에도 효과적으로 대응할 수 있었다. 그리고 "우리가 레즈비언이고 페미니스트였기 때문에" 컴바히 강 집단 자체는 흑인 공동체에서 널리 알려지거나 수용되지 못했지만, 그들의 팸플릿은 압도적일 만큼 긍정적인 공동체의 반응을 이끌어냈다. 이 팸플릿 덕분에 컴바히 강 집단은 폭력에 저항하려 형성된 흑인 공동체와 페미니스트 공동체 양쪽 모두의 입장에서 없어서는 안 될 중요한 조직으로 자리 잡았다.

> 그때는 흑인 여자가 거의 매주 한 명씩 살해되고 있었어요. 그런 살인사건이 일어날 때마다, 우리는 거의 빠짐없이 사건을 인쇄물로 만들었고 그때마다 숫자가 달라졌죠. 내가 베브[스미스]한테 말했어요. 그걸 하얗게 덧칠하는 대신에, 엉망으로 만들어야 된다고요. 그래야 6, 7, 8, 9… 숫자가 늘어나는 걸 사람들이 알아볼 수 있을 테니까요.
>
> 사람들은 정말 우리 팸플릿을 좋아했어요. 그게 사람들에게 희망의 빛줄기가 되어주었죠. 거기엔 정보가, 분석이 있었으니까요. 어떤 사람은 흑인 여성들이 중요하다고 말하고 있었어요. 그리고 우린 제대로 신경을 썼죠. 그러자 사람들을 조직해내는 방식이 엄청나게 진화하기 시작했어요.

위기가 이어지던 기간 내내, 컴바히 강 집단의 활동은 흑인 사회 안팎에 모두 걸쳐 있었다. 내부적으로는, 팸플릿을 통해 여성들에게 정보와 방책을 제공하고, 흑인 여성의 삶은 소중하다는 메시지를 전달했다. 외부적으로는, 해당 살인사건에 부적절하게 반응하고 보도하는 사회 주류 기관들을 수용할 수 없다는 신호를 보냈다. 스미스는 이렇게 말한다.

초기에 사람들의 화를 가장 많이 돋운 것은 이 살인사건들에 대한 첫 번째 보도 기사가 경마 기사랑 같이 《보스턴 글로브*Boston Globe*》뒤쪽에 묻혔던 거예요. 그건 뉴스도 아니었던 거죠. 미디어란 게 문제였어요! 자, 그래, 너희는 이걸 강조해주지 않는구나… 그렇다면 우리가 우리 문제를 스스로 꺼내놓아야 했죠.

흑인 공동체의 주간지 《베이 스테이트 배너*Bay State Banner*》가 1년 내내 이 위기를 1면 기사로 상세하게 기록한 반면, 《보스턴 글로브》의 보도는 공정하지 못했다. 1월 30일자 《보스턴 글로브》에선 크리스틴 리케츠Christine Ricketts와 앤드리아 포이Andrea Foye의 시신이 신원 미확인 상태로 발견된 사실을 신문 30면의 경마 기사 옆 네 단락짜리 기사로 다루면서 "쓰레기봉투에 담긴 시신 2구 발견"이라는 제목을 달았다. 1월 31일에는 그웬돌린 이베트 스틴슨Gwendolyn Yvette Stinson 살인사건에 대한 기사가 "도체스터 여성 숨진 채 발견"이란 제목으로 13면에 실렸다. 겨우 몇 단락으로 구성된 이 기사에는 포이와 리케츠의 신원이 밝혀진 소식과 보스턴 외곽 지역에서 한 여성이 칼에 맞아 사망한 소식이 마치 편지의 '추신' 같은 형식으로 덧붙여 보도되었다. 그리고 마침내 캐런 프레이터Caren Prater의 살해 소식이 작게나마 2월 6일자 1면에 실렸다. 하지만 이어지는 기사에는 공동체의 격분과 경찰의 대책에 대한 혼란스러운 내용뿐이었다.

더욱이 《보스턴 글로브》는 2월 9일자에 '특집' 기사를 실어 일련의 살인사건에 주목하면서, 오히려 상처에 모욕을 더했다. 인기 있는 보도기자 마이크 바니클Mike Barnicle은 가차 없는 칼럼을 통해, 사건 해결에 몰두하고 있는 경찰을 흑인 공동체가 비판하고 있다면서 맹비난을 퍼부었다. 바니클은 다음과 같이 썼다.

> 경찰은 지역 주민들에게 끔찍한 수모를 당하고 있다. 모두들 TV에서처럼 살인사건이 몇 분 만에 해결되어야 한다고 생각하는 듯하다…
>
> 정치인들이 정상적인 긴장의 불꽃에 부채질을 해서 작은 모닥불을 피웠다는 사실에도 부분적으로 문제가 있다. 특히 빌 오언스Bill Owens는…
>
> 오언스는 미디어의 이목을 끌 수 있다고 생각하면 빌딩에서 뛰어내리기라도 할 것이다… 며칠 전 밤에 그는 TV에 출연해서 이렇게 말했다. 살인사건들이 서로 연결되어 있는 것 같다. 이 사건을 다루는 데 흑인 수사관들만 있다면 금세 해결이 날 것이다…
>
> 마음대로 판단하도록 내버려둔다면, 오언스는 이중주차를 범죄의 **물결로 바꾸어놓을 것이다**
>
> 정치인들과 살인사건은 절대 잘 섞인 적이 없다. 그리고 수사작업에 손을 댔다가 결국 TV나 신문에 얼굴을 내미는 정치인이 있을 때는 언제든, 그 누군가가 악마와 함께 일을 벌이고 있는 것이다. (강조는 필자)

이 칼럼이 나간 뒤, 일련의 살인사건에 대한 공동체의 반응을 보도하는 짧은 기사가 2월 17일자에 실린 것을 제외하곤 2월 21일 대리얼 앤 하깃의 시신이 그녀의 아파트에서 발견될 때까지도 《보스턴 글로브》는 침묵을 지켰다. 그리고 30일이 지난 뒤에야 이 다섯 번째 흑인 여성 살인사건을 1면 좌측 하단에 작은 박스기사로 내보냈는데, 하깃의 이름 대리얼의 철자를 잘못 적었다.

바버라 스미스는 지역 미디어의 반응이 제한적이었던 반면, 전국 미디어의 보도는 훨씬 나빴다고 말했다.

지역 미디어의 적대적인 보도보다 훨씬 나빴던 것은 전국적으로는 전혀 보도가 되지 않았다는 점이에요. 전국적인 시사잡지, 신문, TV 뉴스에는 단 한 줄도 보도가 나간 적이 없어요. 《뉴욕 타임스New York Times》 보스턴 지사의 한 남성 저널리스트가 남긴 말은 언론을 통제하는 백인 남자들의 태도를 전형적으로 보여주는 거였어요. 열두 번째 살인과 관련한 기자회견에 참가해달라는 요청을 받았을 때 그는 이렇게 말했거든요.
"흑인 여성 열두 명이 살해됐다. 그건 뉴스가 아닙니다. 이 나라에 있는 어느 도시라도 도시 이름만 대면 그만한 통계치는 구할 수 있습니다."

마이크 바니클이 (그리고 궁극적으로는 《보스턴 글로브》가) 흑인 공동체의 분노를 저버리고 살인사건들이 서로 관련되어 있다는 확신을 무시한 것이야말로 이 위기가 벌어진 기간 내내 백인 기득권층이 견지한 인종차별적 부인을 단적으로 보여준다. 화이트 시장의 경찰들에게 '관련성'이라는 개념은 한 명의 미치광이가 살인을 저지르고 또 저지르는 것을 의미했다. 반면 흑인 공동체의 구성원들이 생각하는 관련성이라는 개념은 더욱 넓지만 그런 만큼 쉽게 알 수 있는 뚜렷한 현상이었다. 전미흑인법률가회의National Conference of Black Lawyers 의장 윈스턴 켄들Winston Kendall은 자신이 이해하는 '관련성'의 의미를 다음과 같이 표현했다.

> 흑인들이 미국에서, 보스턴에서 처한 조건들이 제노사이드를 향한 길을 터주고 있습니다. 여러분은 이해해야만 합니다. 우리는 아무것도 통제하지 못합니다. 우리는 우리의 학교를 통제하지 못합니다. 우리는 우리가 일하는 공장을 통제하지 못합니다. 우리는 우리가 돈을 쓰는 가게를 통제하지 못합니다. 우리는 우리를 죽이는 독주를 생산하는 증류기를 통제하지 못합니다. 우리는 어떤 것도 통제하지 못합니다. 여러분이 아무것도 통제하지 못한다면, 여러분이 아무것도 생산하지 못한다면, 여러분은 누군가 여러분을 통제하도록 돕고 있는 것입니다. 이것이 바로 누군가에게는, 어떤 사람에게는 흑인 여성 열두 명을 살해하는 일이 그토록 쉬웠던 까닭입니다. 그들이 누구이든, 그들은 흑인 여성 열두 명이 살해된 일에 경찰이 그리 신경 쓰지 않으리라는 것을 너무도 잘 알았습니다. 이것은 우리 흑인들이 인간 집단으로서 얼마나 무력한지를 보여주는 증거입니다.

컴바히 강 집단에서는 "그리고 흑인 여성들의 생명은 가치가 없다고 하는 널리 퍼진 믿음에 대한 증언"이라고 덧붙였을 것이다.

보스턴에서 전염병처럼 확산되던 살인사건들을 미디어가 무시하도록 이끈 것은 서로 결합된 성차별과 인종차별이었다. 이 둘의 결합은 1980년에서 1981년 사이에 애틀랜타에서 벌어진 흑인 아동 살인사건들과 버펄로 및 다른 지역에서 발생한 흑인 남성 살인사건들과 비교했을 때 더욱 노골적으로 드러난다. 같은 종류의 피해자 비난 전략들이… 펼쳐졌지만, 적어도 이 살인사건들은 뉴스의 가치가 있다고 간주되었다. 어떤 경우에는 '국가적 비극'으로 여겨지기도 했다.

컴바히 강 집단의 분석에 따르면 보스턴 살인사건들은 인종 및 성 억압의 정치학에 불가분의 관계로 묶여 있다. 이러한 분석은 페미니스트 단체들이 보스턴에서 여성에 대한 폭력을 방지하고 안전을 제공하는 일에 조직적으로 참여하는 시발점이 되었다. 흑인 공동체 안팎에서 위기에 대응하여 활동하던 컴바히 강 집단은 크라이시스 같은 비非페미니스트 공동체 집단들과 백인 페미니스트 조직들 사이를 연결하는 다리 역할을 하게 되었다.

크라이시스

비가 내리던 4월 1일 오후, 1,500명의 사람들이 6명의 흑인 여성을 기리고자 행진했을 때, 말린 스티븐스Marlene Stephens는 감정이 복받쳤다. 믿기 어려운 날이었다. 가족들과 친구들 사이에 서 있으면서 그녀는 어떻게 이 모든 사람들이 함께 할 수 있게 되었는지 곰곰이 생각했다.

나는 자녀가 여섯이나 있어요. 그 살인사건들이 일어났을 때는 쌍둥이 손녀를 얻은 지 얼마 되지 않은 참이었지요. 그러니 그건 정말 우리 집에 충격이었어요. 식구들 중 누군가 잠에서 깨어나 신문을 가져왔어요. 아가씨 둘이 신체가 손상된 채로 비닐봉투 안에 들어 있는 것이 발견되었단 기사를 읽었어요. 침대보에 싸인 채 길거리에 있었다고 했지요. 그래서 우리는─맙소사! 우리의 반응은 좀 개인적이고, 감정적이었어요. 하지만 그땐 거의 매주 여자들이 하나씩 죽어나갔으니까… 그래서 우리는 공동체 포럼을 열기로 했어요. 사람들이 모여서 이 사태에 대해 이야기할 수 있도록 말이에요. 자신들이 느낀 두려움에 대해서 이야기하게끔.

첫 모임은 블랙스톤 커뮤니티 스쿨에서 열렸어요… 강당이 꽉 찼는데, 분노가 엄청났죠. 여자들 중에 뮤즈Muse라는 부인이 있었는데, 딸이 살해당했다고 했어요. 백인들의 미디어에서는 이 아가씨들이 죄다 매춘부라고 말하고 있었죠…

그 모임에서 우리 중에 어떤 사람들은 생각했어요. 그래, 그럼 우리가 할 수 있는 일이 뭔가? 그래서 우리는 해리엇 터브먼 하우스에 모이기 시작했죠… 크라이시스를 만들 계획을 세우려고요. 우리는 또 공동체가 함께하는 것이 중요하다고 느꼈어요. 단지 화가 나서 시위를 하는 것보다는 살해된 피해자 가족들에게 우리가 마음을 쓰고 있다는 걸 보여주는 거죠. 피해자들의 친구들에게도 우리가 신경을 쓰고 있다는 걸 보여주려고 했죠.

다섯 명의 여성이 크라이시스의 핵심을 이루고 있었는데, 그중 셋은 이미 스티븐스 부인과 잘 아는 사이였다. 이들은 '매주 연락하는' 관계였고, 공공주택, 보건 및 교육 관련 이슈들을 둘러싸고 흑인 공동체에서 수년 동안 활동해오면서 서로의 삶이 단단하게 연결되어 있었다. 말린 스티븐스와 크라이시스의 구성원들은 추모행진이 있던 날 아침 일찍 일어나, 약간 불안한 마음을 안고 그들의 첫 번째 기자회견을 준비했다. 날씨가 그다지 좋지 않았고, 최근 발생한 두 사건 때문에 폭력이 발생할 가능성에 대한 그들의 염려는 더욱 심해졌다. 스티븐스는 이렇게 말한다.

> 우리는 걱정이 됐어요. 행진을 하기 전에 이런 일이 있었거든요. 크라이시스의 한 회원이 모임을 가진 뒤에 택시를 타고 집에 온 참이었는데, 내리면서 택시기사에게 잠깐 기다려달라고 하지 않은 게 실수였어요. 그게 거의 새벽 두시였는데, 택시는 떠나고, 파란색 폴크스바겐을 탄 백인 남자 두 명이 지나가면서 인종차별적인 이름으로 그녀를 불렀어요. 그녀가 그냥 "이봐, 흑인은 아름답다고black is beautiful"라고 말했을 뿐인데, 그들이 차를 세웠어요. 그녀가 열쇠로 문을 열고 있는데, 그들이 계단을 뛰어 올라가… 그녀를 때렸어요. 한 남자는 발로 찼어요. 그녀가 마침내 문을 열고 들어가자 남자들은 달아났어요.

스티븐스 자신도 인종차별적 대우를 당한 적이 있었다. 그녀는 행진에 대한 지지를 이끌어내고자 〈블랙 뉴스Black News〉에 출연했는데, 녹화방송이 채 끝나기도 전에 그녀의 전화가 울리기 시작했다. 그날 밤 그녀에겐 세 통의 전화가 왔고, 전화를 건 사람들은 모두 그녀를 폭행하겠다고 협박했다. 그녀는 이렇게 말한다.

그렇게 추웠던 4월의 일요일에—정말 추웠어요, 비도 오고—나는 내 아이들에게 말했죠. 자, 우리는 행진을 할 거야. 다른 사람은 아무도 걷지 않는다 해도, 우리 모두는 함께 걸을 거야…

그래서 우리는 해리엇 터브먼 하우스로 갔어요… 임기응변으로 기자회견을 치른 다음, 밖으로 나왔어요. 내가 한번 둘러보니 [그 장소가] 꽉 차 있었어요! 그때 누군가 말했죠. 밖에 있는 사람들 봤어? 그래서 내가 말했죠. 바깥에도? 정말 믿을 수가 없었어요… 1,500명이 우리와 함께 걸었어요. 1,500명이요! 우리는 시청이나 의회로 행진하는 건 바라지 않았어요. 다만 우리 동네에서 걷길 원했죠. 내 인생에 가장 감동적인 순간이었어요.

컴바히 강 집단의 바버라 스미스에게 이날 행사는 6명의 흑인 여성 살해사건에서 성차별 폭력이 핵심 요인이었음을 알리는 데 실패한 행사였고, 이 점이 이후 그녀의 활동을 고취시켰다. 그러나 말린 스티븐스에게 이날 행사는 흑인 공동체 사람들이 한데 모인 집회이자 외부인들이 존경을 담아 보낸 지지였고, 크라이시스의 사명에 대한 그녀의 믿음을 굳건히 하고 타오르는 그녀의 저항에 기름을 붓는 계기였다.

추모행진을 통해 크라이시스는 흑인 공동체에 없어서는 안 될 풀뿌리 조직으로 자리를 잡았다. 해리엇 터브먼 하우스에서 매주 모임이 열렸고, 공동체 전역에서 온 활동가들은 한데 모여 자료를 공유하고, 관심사항에 대해 토론하며, 생존전략을 고안했다. 하지만 조직이 성장함에 따라 크라이시스가 원래 지녔던 풀뿌리 조직으로서의 지향성은 도전에 직면했다고 스티븐스는 회상한다.

크라이시스는 풀뿌리 시각을 지닌 여성들에 의해 시작되었어요. 우리는 조직을 구성하는 방식이 곧 공동체라고 느꼈고, 우리 중에 셋은 공동체에서 일했던 사람들이었어요. 우리는 어디에서 서로 다른 서비스들이 제공되고 있는지를 알았어요… 그리고 그건 매우 중요했죠.

하지만 그때 나름의 고유한 정치 의제를 가진 사람들이 우리에게 합류했어요. 하버드 의대를 갓 졸업한 이가 웰즐리를 졸업한 다른 자매들이랑 같이… 그들은 이렇게 말하곤 했어요. "우리가 밖에 나가서 크라이시스가 무슨 일을 하고 있는지 말하려면 정치 의제가 있어야 합니다."

내가 말했죠. "자, 내 말을 들어봐요! 첫째, 여러분은 자신이 지금 조직활동을 벌이고 있는 공동체에 대해 알아야 돼요. 여러분은 문을 두드릴 수 있어요. 하지만 누군가는 여러분이 이야기하고 있는 것에 대해 이야기하길 원하지 않아요. 어떤 심각한 문제가 있기 때문이죠―그 집 애가 아픈 거예요. 그럼 여러분은 가장 가까운 보건소가 어디 있는지를 알아야죠. 그리고 거기에 연락을 해봐야겠죠."

스티븐스의 활동, 그리고 크라이시스의 활동은 보스턴의 흑인 지역사회에서 매일매일 벌어지는 현실에 뿌리내리고 있었다. 크라이시스가 록스버리, 도체스터, 사우스엔드 주민들의 공포와 요구를 가장 유창하게 표현했다면, 그것은 그곳 사람들로부터 비롯된 유창함이었다. 크라이시스의 정치를 '개선'하려고 노력한 외부인들은 사학 교육의 특전과 그들의 정치에 대한 외부인의 시각을 가져다주었지만, 오히려 말린 스티븐스와 그녀의 동료 활동가들로부터 배울 것이 많았다. 스티븐스는 이렇게 회상한다.

우리는 젊은 여자들 가운데 한 사람의 집에서 모임을 열었어요. 그 여자는 무척 센 편이었는데 이렇게 말했죠. "알죠, 우린 당신이 말하는 건 다 한다고요!" 그래서 내가 말했어요. "그게 누구의 문제인가요? 그건 당신의 문제예요. 당신이 나를 상대할 수 없다면, 조직활동도 할 수 없어요. 나 같은 사람이 어디에나 있기 때문이죠. 도심지역에 가보면 어디에서나 내가 보일걸요. 애들을 키우고… 교사와 학부모 모임을 상대하고… 그런 일들을 하면서 자기 터전을 다진 여자가."

크라이시스의 팸플릿은 컴바히 강 집단의 팸플릿보다 조금 늦게 발간되었는데, 바로 그렇게 다져진 터전을 반영하는 것이었다. 브로셔에는 크라이시스의 주간 모임과 더불어 크라이시스 구성원의 집에서 2주 간격으로 모이는 지원 집단이 기재되었다. 그리고 방범단과 비상연락망을 포함한 동네 소통망을 결성할 것을 촉구하면서 스트리트 렙Street Rep* 프로그램을 설명하는 내용이 실렸다. 모금 아이디어는 조직운영의 비용을 부담하는 데 도움을 주었을 뿐 아니라, 피해자의 가족들과 자녀들을 위한 신탁자금을 마련하는 데도 큰 도움을 주었다. 크라이시스는 '미디어의 기만'

---

* (옮긴이주) 렙rep은 평판reputation의 줄임말이다. 스트리트 렙은 게토 지역이나 하위문화집단에서 통할 수 있는 문화적 요소들을 이른다.

에 지역적 차원과 전국적 차원에서 모두 맞서고자 대외홍보위원회를 설립하고 사람들의 참여를 독려했다. 그리고 팸플릿에서 일련의 살인사건에 대한 정치적 분석을 제시했다.

우리 크라이시스는 이 눈앞의 위기, 즉 열한 명의 자매들이 살해된 사건을 둘러싸고 한데 모인 보스턴 흑인 공동체 주민들이 조직한 단체입니다… 우리의 첫째 목표는 안전을 도모하고자 흑인 공동체 전역에 걸친 소통망을 발전시키는 것입니다. 이 소통망의 장기 목적은 우선 이러한 살인사건이 일어날 수밖에 없었던 환경을 변화시키는 것입니다.

이 사회가 여성에 대한 학대와 강간과 살해를 부추긴다는 것, 그리고 특히 흑인 여성들이 희생된다는 것은 분명한 사실입니다.

또한 이 나라에서 흑인들의 운명을 개선할 사람은 우리 자신 말고는 아무도 없다는 것, 그리고 혼자가 아니라 함께 해야만 우리가 이 일을 해낼 수 있으리라는 것도 분명합니다…

크라이시스의 브로셔는 인종차별과 성차별이 보스턴에서 발생한 흑인 여성 살인사건 배후의 세력들을 조종하고 있다는 컴바히 강 집단의 확신을 반영했다. 그러나 여성들에게 "함께 모여 우리의 권리를 요구하라"고 요청했던 컴바히 강 집단의 브로셔와는 대조적으로, 크라이시스의 브로셔는 흑인들이 "뭉치든지 아니면 죽든지" 해야 한다고 선언했다. 크라이시스의 초점은 백인 페미니스트와 흑인 여성 활동가들 사이에 쌓인 적대감의 역사는 물론 백인 우월주의에 대한 흑인들의 오래된 저항 전통에서 나온 것이었다. 스티븐스는 다음과 같이 설명한다.

> 한번은 내가 페미니스트가 아니라고 말해서 여기 있던 어떤 여자
> 들을 무척 화나게 했다는 걸 알고 있어요. 내 생각엔… 내가 무슨
> 말을 하고 있는지 사람들이 이해할 필요가 있어요. 페미니즘에 대
> 한 어떤 사람들의 해석은 나 같은 아프리카계 후손인 여성을 뒤로
> 물러서게 만들어요… 페미니스트들이 이렇게 이야기하는 걸 들은
> 적이 있어요. 열두 살이 넘은 아들은 모임에 데려올 수 없다. 이건
> 진짜 이상하잖아요! 정말 웃기다니까요! 그 이야긴 아들이 있는
> 여자는 오지 말라는 거예요! 그런 여자도 올 필요가 있을 텐데 말
> 이죠!

(어떤) 백인 페미니스트 조직이 함의하거나 때로 공공연하게
드러내는 분리주의를 흑인 활동가들이 용납하지 못한다는 사실
은 스티븐스와 스미스의 활동에서도 분명히 드러난다. 컴바히 강
집단의 정치는 스티븐스에 비하면 확실히 페미니스트 정치이긴
하지만, 흑인 여성들의 삶의 중심에 인종차별 억압이 있다는 사
실을 인정하는 것이었다. 이전에 컴바히 강 집단에서 발표한 〈흑
인 페미니스트 성명A Black Feminist Statement〉에는 다음과 같은 내
용이 실렸다.

> 우리는… 분리주의 입장에 반대한다. 우리에게 그것은 실행 가능
> 한 정치적 전략이 아니기 때문이다. 그것은 너무나 많은 것을 제
> 외하며, 너무나 많은 사람들, 특히 흑인 남성, 여성, 아이를 소외시

킨다. 우리 또한 이 사회에서 사회화된 남성들, 그들이 지지하는 것, 그들이 행동하는 방식, 그들이 억압하는 방식에 대한 많은 비판과 증오를 품고 있다. 그러나 우리는 그들을 지금과 같은 남자로 만든 것이 남성성 그 자체라고—다시 말해 생물학적 남성성이라고—말하는 잘못된 개념을 지니고 있지 않다. 흑인 여성으로서 우리는 생물학적 결정론이야말로 특별히 위험하고 반동적인 정치의 토대라고 믿는다.

그러나 흑인 레즈비언인 컴바히 강 집단의 구성원들은 흑인 공동체 내부에서 이성애적 억압의 표적이 되었으며, 백인 페미니스트들과 레즈비언들 사이에서 지원을 얻고 피신처를 찾기도 했다. 그들은 흑인들의 일치단결이 흑인 여성들에 대한 폭력을 뿌리 뽑으리라는 스티븐스의 믿음을 공유하지 않았다. 흑인들 사이에서 비난받고 평가절하된 흑인 여성으로서 그들은 흑인과 백인 양쪽의 페미니스트들과 레즈비언들이 이루는 동맹이야말로 자신들의 생존에 매우 중요하다고 보았다. 그들은 그들 모두의 삶에서 작동한 공유된 억압들과 차이들 안으로 깊이 파고드는 것이 이들 각 집단의 정치에 본질적으로 중요하다고 보았다. 위기가 심각해짐에 따라, 보스턴 전역의 남자들과 여자들이 모두 함께 흑인 여성들의 목숨을 구하고자 애쓸 때, 컴바히 강 집단은 흑인과 백인, 페미니스트와 비페미니스트, 이성애자와 레즈비언 사이를 이어주는 다리로 기능하곤 했다.

여성안전연합

4월 1일 추모행진의 후미를 이루었던 백인 페미니스트들이 하나의 집단으로서 온 것은 아니었다. 어떤 이들은 가까운 거리에 있는 자기 집에서 왔는데, 자기 동네에서 살다가 죽은 여성들에 대해 사람들이 하는 이야기들을 듣고 놀라고 가슴 아파했다. 다른 백인들은 주로 케임브리지, 자메이카 플레인, 서머빌 같은 잘사는 백인 지역에서 왔는데, 급격히 증가하고 있는 살인사건 통계 수치에 분노했으며, 그 살인사건들에서 성차별이 역할을 한 것에 대한 관심이 부족한 데 경악했다. 많은 이들이 이 비극에 자신이 얼마나 잘 들어맞을까 생각했다. 그들은 여성으로서, 취약성이라는 맥락에서 살해된 흑인 여성들과 스스로를 동일시했다. 또한 페미니스트로서, 자신들의 정치학이 저항 행동을 하지 않을 수 없게 한다고 느꼈다. 그리고 그 추웠던 4월의 일요일에 함께 걷고 이야기하는 과정에서 결심이 섰다. 곧이어 록스버리에 있는 여성주식회사Women, Inc.에서 즉석으로 열리곤 했던 모임이 공식적인 조직을 결성하게 되었다. 그 결과 탄생한 것이 바로 여성안전연합Coalition for Women's Safety이다.

여성안전연합은 자메이카 플레인, 서머빌, 록스버리, 도체스터, 사우스엔드 등 도시 전역의 여성들을 한데 모았다. 그들은 이 조직의 목적을 다음과 같이 기술했다.

여성에 대한 폭력을 종식시키고자 노력하는 다양한 공동체 단체들의 활동을 조율하고, 이 도시에서 인종차별과 성차별과 폭력의 문제들을 해결하고자 헌신하는 이들의 네트워크를 형성하는 것이다.

우리는 인종차별과 성차별 두 가지 모두가 우리의 분열을 유지하는 데 파괴적 역할을 하고 있음을 인정한다. 그러므로 우리는 우리의 내부 절차와 프로그램 모두에서 인종차별과 성차별에 맞서는 데 전념한다.

여성안전연합은 가입된 단체 각각의 활동을 지원하는 교육/원조 조직의 역할을 자신들의 사명으로 보았다. 예를 들어, 여성안전연합의 구성원들은 컴바히 강 집단의 대규모 팸플릿을 배포하는 현장 인력으로 일했다. 도체스터와 자메이카 플레인의 그린라이트Greenlight 조직들이 운영하는 피난처 프로그램을 도왔다. 또한 자체적인 프로그램들을 시작했는데, 매사추세츠 교통공단을 통해 홍보되는 여성안전의 달 행사 등도 포함되었다. 여성안전연합의 구성원들은 교통당국 및 경찰과 함께 일하면서 폭력적 공격에 대한 여성들의 저항을 옹호하는 범죄예방 브로셔를 만들었다.

도체스터 그린라이트의 대표 수전 모이어Susan Moir는 이 브로셔에서 저항을 강조했다는 사실을 보스턴 경찰과 함께 한 활동의 주요 성과로 꼽는다. 이때까지 경찰에서 나온 모든 범죄예방 자료에서는 여성이 할 수 있는 최선의 방책으로 순응compliance을 권했다. 하지만 여성안전연합과 경찰의 협동 작업으로 생산된 자료에서는 다른 방법을 제안했다.

만약 공격을 당할 경우, 도움이 되는 자연스러운 방어책이 몇 가지 있다. 최고의 방어책은 소리를 지르는 것이다. 공격자를 손톱으로 할퀴고, 손이 입 근처에 오면 물어라. 신발 끝으로 걷어차라… 아니면 무릎으로 가랑이를 가격해라. 손에 열쇠 같은 날카로운 물건을 쥐고 있다면, 그것을 사용해 공격자의 얼굴을 긁어라. 소리를 지르는 것만으로도 충분할 수 있다. 소리를 지르면 사람들의 이목을 끌게 되고, 그러면 공격자는 겁이 나서 달아날 수 있다…

모이어는 여성안전연합에 대해 자신이 관련된 활동가들의 연합 가운데 가장 헌신적이고 열심히 활동하는 단체였다고 기억한다. "우리 가운데 많은 이들의 활동 방식을 바꿔놓았어요."

이러한 변화에 핵심이 된 것은, 다양한 여성안전연합 구성원들이 차이점들을 솔직하게 터놓고 이야기했다는 점이었다. 그들 가운데는 백인과 흑인뿐 아니라 라틴 계열의 여성들도 있었고, 중산층과 노동계층, 청년과 노인, 레즈비언과 이성애자, 페미니스트와 비페미니스트가 모두 섞여 있었다. 모이어는 자신을 단체 내의 전형적인 백인 페미니스트로 보지 않았다. 록스버리와 도체스터의 여러 인종이 섞여 있는 동네에서 살아온 그녀는 자신의 활동이 보스턴에서도 백인이 주로 거주하는 지역에서 온 중산층 백인 페미니스트의 활동과는 근본적으로 다르다는 것을 깨달았다. 적극적인 사회주의자였던 모이어는 자신과 다른 구성원들 사이의 긴장이 인종보다는 계층 차이에서 비롯되었다고 보았다.

폭력이 의미하는 바는 당신이 어디에 앉아 있는지에 따라 달라집니다. 육체적 폭력에 대한 [중산층의] 분노는 어떤 의미에서 매우 엘리트주의적이었어요. [그것은] 매일의 삶에서 우리가 마주하는 폭력의 범위를 이해하지 못했음을 드러냈지요. 이를테면 보스턴의 주거 상황은 위기에 이르렀어요. 사람들은 완공되지 않은 지하 저장고나 쥐구멍 같은 아파트에서 살고 있었어요. 주택과 보건서비스가 부족한 현실은 매일매일 겪어야 하는 일상의 폭력입니다.

모이어의 시각이 풀뿌리에 초점을 맞춘 크라이시스에 주목한 반면, 말린 스티븐스는 인종 간 차이가 집단 내 긴장의 기저에 놓여 있다고 보았다.

어떤… 심각한 차이들이 있었어요. 이를테면, 음, 우리가 '밤을 되찾아라'라는 이름으로 행진을 했는데 흑인 여자들 다수가 참여하지 않았어요. 우리는 처음부터 그에 대해 이야기했었죠. 우리가 처음에 했던 행진들 중 몇몇은 정말 反남성적이었다는 느낌이 들어요. 하지만 우리의 투쟁에서 [남성들을] 배제할 순 없다고 생각해요. 또한… 그런데 이런 일이 계속되는 거죠… 백인 활동가들이 관련될 때면, 그들은 이렇게 말하고 싶어 해요. "음, 이런 식으로 일을 해야죠." 그러면 우리는 그들에게 말해요. "음, 여러분의 경험으로는 그럴지도 모르죠. 하지만 우리의 경험으로는 그렇게 해선 안 돼요."

바버라 스미스가 일지에 기록한 내용을 보면 구성원들 사이의 차이가 어떻게 연합 형성에 방해가 되었는지를 바라보는 또 다른 시각이 보인다.

1979년 3월 19일―떠오르는 대로 적어본 생각들: 우리에 대한 폭력은 엄청나다. 지난주에 여섯 번째 여자가 살해되었다. 백인 여성들의 인종차별과 흑인들의 동성애혐오는 흑인 페미니스트운동을 질식시키는 악이다.

동성애혐오는 크라이시스 구성원들 사이에서도 이미 표면화됐었다. 그러나 이미 몇 년 동안 스미스와 관계를 맺어온 스티븐스는 동성애혐오에 반대하는 목소리를 냈다.

[이번] 크라이시스 모임에서 남자들과 일부 여자들은 크라이시스가 레즈비언 및 백인 페미니스트와 제휴해서는 안 된다고 말하고 있어요. 그래서 나도 말했습니다. "보세요, 이제… 여러분은 모두 나에 대해 아무것도 알지 못하는군요. 여러분은 내가 이성애자인지 아닌지 알지 못해요. 잘 들으세요. 나는 집에 가서 고릴라와 잘 수도 있는 거예요. 우리 앞엔 해야 할 일이 놓여 있어요. 우리 공동체는 지금 위기에 처했습니다." 나는 사람들에게 이렇게 말했고, 사람들은… 반대를 철회했죠.

스미스와 스티븐스의 관계는 각각의 여성이 흑인 공동체 안에서 활동하는 방식에 대한 상호 존중에서 자라났다. 스미스에 대한 스티븐스의 존중은 동료들 사이에서 동성애혐오에 따른 분열을 물리치고 흑인 페미니스트 활동을 공인하는 데 매우 중요한 역할을 했다. 하지만 백인 페미니스트들은 흑인 공동체의 신뢰를 얻기까지 다른 경로를 거쳐야 했다. 스미스는 한 공동체 모임에 대해 이렇게 썼다.

> 어젯밤 해리엇 터브먼에서 열린 모임은 매우 치열했다… 어느 지
> 점에선가 젊은 흑인 여자 하나가 그곳에 있는 백인 여자들에 대한
> 불신을 드러내는 말을 했다. 그녀는 다른 운동들에서 일어났던 배
> 신에 대해 이야기했다.
> 이것이 바로 주요 이슈다. 신뢰와 완수. 백인 페미니스트들이 함
> 께 행동할 필요가 있다면, 때는 바로 지금이다. 나는 많은 여성들
> 을 믿는다. 그들의 정치와 그들의 헌신을 내가 알기 때문이다. 그
> 러나 그것은 모두 입증되어야만 한다.

여성안전연합에서의 활동을 통해서 백인 페미니스트들은 그
러한 신뢰를 얻고자 열심히 일했다. 연합을 구성하고 있던 한 회
원단체인 도체스터청년연맹Dorchester Youth Alliance과 함께 십대 소
녀들을 겨냥한 안전 비디오를 제작하기도 했다. 여성안전연합에
서는 십대 소녀 및 소년을 위해 폭력 대처법에 관한 워크숍을 운
영했다. 서머빌 여성센터에서는 고위험 지역에 사는 여성들을 차
에 태워주고 지원이 필요한 이들에게는 공간과 자원을 빌려주었
다. 1979년 여름, 여성안전연합은 회원단체인 크라이시스의 조직
활동 비용 부담을 돕고자 '여성 안전 달리기대회'를 주최하기도
했다.

말린 스티븐스는 쌍둥이 손녀들이 이 '달리기대회'에 참여했던
일을 이렇게 회상한다.

아자Aja와 재스민Jasmine은 맨 처음부터 나랑 같이 모임에 나갔어요… 우리가 여성 달리기대회를 열었는데 사람들이 나더러 손녀들을 내보내라고 후원해줬어요. 바버라[스미스]의 친구인 마고Margo와 샌디Sandy가 손녀들이 입을 자그마한 티셔츠를 주문제작했는데 '여성 달리기Women's Run'라고 쓰여 있었죠. 그렇게… 우리는 활동가들이기만 한 게 아니라, 한 가족이기도 했습니다. 우리 모두는 뒤처지지 않고 다른 이들이 뭘 하고 있는지 알고자 노력합니다. 그리고 나는 정말 우리가 서로에 대해 지니고 있는 근본적인 존중이 계속되리라고 생각해요. 우리의 고통으로 인해 우리는 하나의 대가족이 되었습니다.

수전 모이어 역시 여성안전연합이 이룬 일들의 토대는 서로에 대한 존중이라는 스티븐스의 느낌을 공유하고 있다. 위기가 지나고 2년이 흘렀을 때 여성안전연합도 마침내 해체되었다. 그녀는 "우리는 헤어질 때도 서로를 존중하며 헤어졌어요"라며 그때를 기억한다.

여성안전연합이 어느 8월 '밤을 되찾아라' 행진에서 발표한 성명에도 그러한 존중이 드러나 있다.

우리 모두는 오늘 밤 이곳에서 모든 인종과 연령, 서로 다른 공동체와 계층에 속한 여성들이 함께 모여 행진하며, 여성에 대한 폭력을 종식시키려는 우리의 힘, 우리의 능력, 우리의 일치와 결의를 보여주었다는 사실에서 영감을 얻어야 합니다. 우리는 서로의 영감이 됩니다…

지난 1년 동안 우리가 잃은 이들은 우리의 고통이 되었습니다. 1월 이후 흑인 여성 12명과 백인 여성 2명이 살해되었다는 사실이나, 12월과 2월 사이에 올스턴/브라이턴 지역에서 보고된 강간사건 8건을 굳이 떠올릴 필요는 없습니다…

우리의 안전과 정의를 위해 의지하라고 우리가 배워온 법률체계는 끊임없이 우리를 배신합니다. [경찰이 올스턴 강간사건 8건 중 4건에 대한 혐의를 씌워 체포한] 윌리 샌더스Willie Sanders의 사례에서 보듯, 흑인 남성들에게 누명을 씌워 체포하는 경찰의 인종차별적 행위는 여성의 안전도 보장하지 못합니다. 허술한 혐의에 기초하여 흑인 남성 하나를 체포하는 것이 안전을 의미하지 않습니다. 그것은 다만 이 사회에 만연한 인종차별을 영구화할 따름입니다. 불의한 체포를 통해 우리의 분노를 누그러뜨릴 수는 없습니다. 우리는 안전에 대한 우리의 요구가 이 사회에서 아무런 권력도 갖지 못한 공동체와 갈등하도록 내버려두지 않을 것입니다. 우리는 안전을 원합니다. 그리고 안전이란 강간을 방지하고, 살인과 구타를 예방하고, 추행을 막는 것을 의미합니다. 안전의 의미는 바로 그러한 행위들이 용납되지 않는 사회를 만드는 것입니다.

여성의 안전을 확보하고자 할 때 국가에 의지할 수 없다는 사실은 분명합니다. 그 일은 우리 스스로 해야 합니다. 지난 1년간 노력을 통해 우리 여성들은 에너지를 한데 모음으로써 능력을 기르고 힘을 얻어 인종과 계층의 경계를 가로지르는 승리를 성취할 수 있음을 보여주었습니다.

여성안전연합의 성명서가 낭독될 때 5,000명의 여성이 참여해

들고 있었다는 사실은 1979년 한 해 동안 선의의 조직활동이 효과적으로 이루어졌다는 증거였다. 그러나 유색인 여성들도 행진에 참여하긴 했지만, 시위에 나선 이들은 주로 백인이었다.《베이스테이트 배너》는 사우스엔드의 블랙스톤 파크에서 마무리된 이날 행동에 관해 흑인 공동체 내부에서 오간 다양한 의견을 보도했다.

행진에 참여한 흑인들과 이를 지켜보던 흑인들은 이날 행사에 대해 여러 가지 다양한 의견을 지니고 있었다. 열광하는 이들이 있는가 하면 참여를 거부하는 이들도 있었다…

여성안전연합에 속한 한 단체의 회원이지만 개인 자격으로 행사에 참여한 여성은 자신과 자기 조직의 다른 사람들이 행진 참여자들 사이에서 강력한 반남성적 편견을 느꼈으며, 많은 이들이 그러한 입장에 동조하지 않는다고도 말했다.

흑인인 그들은 또한 이 행사에 참여한 많은 이들이 성차별 행위에 맞서 싸우고 있음을 알게 되었다… 같은 여성들도 인종차별에 저항하는 만큼 헌신적인 것 같아 보이지는 않는다…

록스버리 주민 베티 매켄지Betty McKenzie는… 어떤 흑인 여성들이 '이건 백인 여성들의 일'이라고 느낀 나머지 행진에 참여하길 거부한 것에 대해 실망을 표했다. 여성 안전이라는 이슈는 이러한 구분을 '초월한다'고 그녀는 말했다.

위기가 이어지는 내내 여성안전연합에서는 줄곧 교육과 풀뿌리 지원망을 통해 여성에 대한 폭력에 맞서 싸울 것을 강조했다.

백인 페미니스트들이 구성원으로 참여한 덕분에 여성안전연합의 다양한 인종구성과 흑인 페미니스트 정체성을 지닌 여성들에 대한 분석이 있었고, 이로써 페미니스트 활동이라는 개념은 도전을 받기도 했고 더 풍요로워지기도 했다. 흑인 페미니스트들과 비페미니스트들은 종종 백인 페미니스트들의 분석과 전략에 회의적이거나 갈등을 일으키기도 했지만 백인 구성원들이 열심히 활동함에 따라 차츰 그들을 존중하게 되었다. 세라 스몰의 "누가 우리를 죽이고 있습니까?"라는 질문에는 엇갈린 응답들이 퍼져 있었지만, 이 여성들 사이에서 '우리'라는 개념은 저항을 통해 결속되고 깊이와 다양성을 얻었다.

후기

1979년 말까지 살해된 흑인 여성 12명 중 8명을 살해한 혐의로 흑인 남성 7명이 체포되었다. 이베트 스틴슨 살인사건과 관련해 제임스 '알리' 브라운James 'Ali' Brown은 한 목격자가 그의 유죄를 증언했으나 무죄선고를 받았다. 몇 주 뒤에 브라운은 거리에서 총에 맞았다. 데니스 '자말' 포터Denis 'Jamal' Porter는 크리스틴 리케츠와 앤드리아 포이를 살해한 혐의에 대해 유죄판결을 받았다. 완전히 정황증거로만 성립된 판결이었다. 케네스 스팬Kenneth Spann은 캐런 프레이터 살인사건에서 한 여성 배심원이 '조건부 유죄'라는 의견을 냈음에도 유죄판결을 받았다.

경찰은 용의자들을 계속 체포했지만 흑인 공동체의 공포를 잠재우거나 일련의 살인사건 사이에 강력한 연결고리가 있을 거라는 의심을 가라앉힐 수 없었다. 사건 심리가 진행될수록 피해자들 다수가 서로 아는 사이라는 것이 밝혀졌다. 또한 상당수 여성 피해자들이 강간당한 후 교살된 듯 보였다. 스팬이 유죄판결을 받은 데 대해, 캐런 프레이터의 계모는 흑인 남성이 자기 딸을 죽였다고는 믿기 어렵다고 말했다. 세라 스몰은 조카 대리얼의 죽음을 둘러싼 정황을 설명하면서 흑인 공동체의 다수 구성원들이 느끼는 심정을 표현했다. 대리얼 앤 하깃은 그녀의 백인 집주인에 의해 발견되었다. 그는 그녀의 아파트에 들렀다가 그녀가 벌거벗겨진 채 침실 바닥에 누워 있는 것을 보았다. 피해 여성이 '잠자고 있다'고 생각한 그는 아파트 문을 닫았다. 나중에 다시 아파트에 와서 그녀가 여전히 같은 자세로 누워 있는 것을 발견했지만, 다시 한번 그녀를 그대로 남겨두고 떠났다. 결국 그는 자신의 집으로 돌아가서야 뭔가 '잘못되었다'고 느꼈다. 그는 경찰을 대동하고 하깃의 아파트에 다시 왔다. 그녀는 그곳에 여전히 같은 자세로 목이 졸려 죽은 채 누워 있었다. 스몰 부인에게는 의문이 들었다.

언제나 경찰은 공동체 안에 있는 어떤 흑인 남자를 추적하는 데 초점을 맞췄어요. 집주인의 이야기에는 아무런 관심도 기울이지 않았죠. 집주인은 수표책을 두고 온 줄 알고 여러 차례 조카의 아파트에 되돌아왔다고 말했어요. 내가 당신에게 집세를 낸다면, 당신 수표책이 뭣 때문에 내 아파트에 있겠어요? 이 모든 이야기가 나에게는 아주 얄팍하게 들려요.

이 위기에 관련된 공동체 조직들 가운데 보스턴 경찰이나 형사사법체계에 대해 많은 시간을 할애하거나 믿음을 가진 곳은 없었다. 그들의 활동은 인종차별과 성차별 폭력에 좀 더 관심을 기울이라고 시 행정당국을 설득하는 데 목적을 두었다. 그들의 에너지는 대체로 위험을 당할 가능성이 많은 이들에게 방책과 안전망을 제공하는 데 집중되었다. 공동체 단체들 가운데 어느 곳에서도 "누가 우리를 죽이고 있는가?"라는 미스터리를 결정적으로 풀어내지 못했지만, 그들은 이 질문에 쓰인 단어들을 재정의했으며, 광범위한 잠재적 답안들에 초점을 맞추었다. 그렇게 함으로써 흑인 여성들을 '그들'로 여기는 주류의 인식에 맞섰고, 자신들 가운데서 목숨을 잃고 사라진 이 여성들과의 관련성을 열정적으로 선언하고 존중했다.

살인과 미디어에 의한 소멸:
잊힌 애틀랜타 페미사이드

다이애나 E. H. 러셀·캔디다 엘리스

1978년에서 1980년까지 공공의 관심은 온통 '애틀랜타 아동 살인사건'이라 불린 아프리카계 미국인 남성 26명에 대한 연쇄 살인사건에 쏠려 있었다(*San Francisco Chronicle,* 10 June 1985). 그러는 동안 애틀랜타에서는 38명의 여성 시신이 발견되었다 (*San Francisco Chronicle,* 15 June 1981).* 이 희생자들의 대다수는 젊은 아프리카계 미국인이었지만, 연령 범위는 14세에서 60세까지였고, 백인 피해자도 4명 있었다(*San Francisco Chronicle,* 15 June 1981). 애틀랜타 경찰이 아프리카계 미국인 남성 26명을 살해한 범인(웨인 윌리엄스Wayne Williams)을 찾아내 만족해하고 있던 바로 그때, 38건의 페미사이드는 해결되지 않은 채 잊힌 상태로 남아 있었다.

---

* (저자주) 이들 페미사이드에 대해 우리가 찾을 수 있었던 자료는 오직《샌프란시스코 크로니클*San Francisco Chronicle*》의 기사뿐이었다.

38명이라는 숫자가 지나치게 적다고 하는 의혹들이 제기되었다. 1981년 애틀랜타 시장 후보였던 밀드러드 글로버Mildred Glover는 간과된 여성 피해자들에 대해 언급했다. "잠재적 수치가 워낙 들쭉날쭉이긴 하지만 미국 어느 도시 역사에서도 없었던 최악의 미해결 살인사건일 겁니다." 이 기간에 도시 외곽과 인근 카운티에서 발견된 아프리카계 미국인 여성 피해자들의 시신을 모두 포함하면(외곽지역에서 발견된 남성 피해자들까지 애틀랜타 아동 살인사건 기록에 모두 포함되었듯이) 총 피해자 수는 상당히 늘어날 것이다. 글로버 역시 이를 인정했다. 그는 피해자 수가 "가늠할 수 있는 것보다 훨씬 많아서… 이 여성 살인사건들 또한 남성 살인사건들을 보듯이 볼 필요가 있으며, 사건 해결에 도움이 될 만한 공통의 연결고리가 있는지 살펴야 합니다… 이건 인종의 경계를 이미 넘어선 큰일입니다"라고 말했다. 그리고 이렇게 덧붙였다. "이 때문에 우리 다수가 잠들어 있었다는 걸 들키고 말았습니다."

38명의 여성 피해자 대부분은 목이 졸리거나 칼에 찔려 사망했다. 한 15세 소녀는 총을 맞았다. 피해자들은 모두 애틀랜타 교외지역인 디캘브 카운티에서 살해되었는데, 이 지역은 아프리카계 미국인 남성의 시체가 몇 구 발견됐던 곳이었다(*San Francisco Chronicle*, 15 June 1981).

아프리카계 미국인들은 애틀랜타 아동 살인사건을 수사하는 "경찰이 살인범을 쫓고 있지 않다"고 비난하며 경찰을 공공연히 압박했다. 이에 대응하고자 특별수사팀이 조직되었고, FBI에서는 살인범(들)을 체포하는 데 도움을 줄 수 있는 추가 인력을 파견해주었다(*San Francisco Chronicle*, 10 June 1985). 여성 피해자들과 관련해서는 그러한 압력이 그 어떤 기관에도 가해진 적이 없었던 것 같다. 설령 특별수사팀이 이 38건의 (혹은 그 이상의) 사건을 고려하기로 받아들였다 해도, 수사가 성공하지 못했을 것이 분명하다. 살인범(들)이 전혀 밝혀지지 않았으며, 이 잔혹한 사건들에 대해 알고 있는 사람도 거의 나타나지 않았기 때문이다.

아프리카계 미국인 남성 피해자 26명을 죽인 가해자로 웨인 윌리엄스를 지목한 것을 두고 어떤 이들은 엉성한 수사에 따른 의심스러운 결론이라고 비판했다. 그들은 인종차별적인 당국에서 아프리카계 미국인들의 죽음을 별로 중요하지 않은 사적인 문제로 취급한다고 주장한다. 그러나 대부분 아프리카계 미국인 여성인 38명의 피해자에 대한 거의 보편적인 무관심은 성차별과 인종차별이 모두 뒤섞인 복잡한 현실을 드러낸다.

젊은 아프리카계 미국인 남성들의 죽음에 무관심한 당국을 비난했던 이들은 이제 침묵으로 일관하며 아프리카계 미국인들의 목숨을 값싸게 여기는 이들과 한편이 되었다. 이러한 무관심의 연대 때문에 아프리카계 미국인 여성들을 살해한 이들은 아무런 처벌도 받지 않을 수 있다.

인종차별에 반대하고 성차별에 반대하는 독자들은 살인사건에 대한 정보를 요구하고, 즉각 실시되었어야 마땅한 철저한 수사를 주장함으로써 이 페미사이드 사건들을 둘러싼 충격적인 침묵을 깨뜨릴 수 있다. 여성 살인사건에 대한 경찰과 미디어의 무관심은 미국에서 인종차별적 성차별 또는 성차별적 인종차별이 어느 정도까지 창궐할지를 보여준다.

페미사이드 강간범이
아시아인 여성들을 노린다

다이애나 E. H. 러셀

1973년 한 백인 연쇄강간범이 샌프란시스코 노브힐 지역에서 다수의 여성을 강간했다. 노브힐 강간범이라는 별칭으로 불린 그는 오직 아시아인 여성들만을 공격했다. 예외적으로 백인 여성한 명을 공격하려 한 적이 있었으나, 그녀는 "소리를 질러 행인들의 주의를 끈 덕분에 구조될 수 있었다"(*San Francisco Chronicle*, 16 April 1973). 1973년 3월 27일 이 강간범이 요시코 다나카Yoshiko Tanaka라는 여성을 아파트 문 앞까지 따라갔을 때는 이미 노브힐 지역에서 아시아인 여성 한 명을 강간하고 적어도 다른 두 명을 강간하려 시도한 뒤였다(*San Francisco Chronicle*, 16 April 1973).

다나카가 그의 강간 시도에 맞서 저항하자, 그는 그녀를 열다섯 차례나 찌른 뒤 그녀가 죽었다고 생각해 현장을 떠났다. 성범죄 수사관들은 "'그렇게 잔인하고 사악한 공격'을 받고도 살아남은 피해자를 본 적이 없다"고 말했다(Powers 1973). 《샌프란시스코 크로니클》에 키스 파워스Keith Powers가 기고한 글은 이 사건에 대해 자세히 설명해준다.

어제 아름다운 일본인 여대생이 광란의 칼부림을 당해 중태에 빠졌다. 범인은 지난 2주 동안 노브힐 지역 일대에서 여성들을 강간해왔다.

샌프란시스코 대학에 재학 중인 도쿄 출신의 요시코 다나카(19세)는 샌프란시스코 종합병원 중환자실에 입원했다. 그녀는 상체와 얼굴에 스물네 개의 자상을 입었고…

수사관 크리스 설리번Chris Sullivan과 돈 케닐리Don Kennealy에 따르면 그녀를 공격한 범인은 20대 중반의 백인 남성으로, 네 개의 칼을 사용했으며, 그중 두 개의 칼날은 피해 여성의 몸 안에서 부러졌다.

경찰은 피해 여성을 통해 파악한 사건 정황을 이어 맞춰 이야기를 완성하려 애썼다. 그녀는 말을 할 수는 없었지만 쪽지를 통해 의사소통할 수 있었으며, 묻는 말에 고개를 끄덕여 응답했다.

그 결과, 수사관들은 범인의 신원을 확인할 수 있는 중요한 단서 하나를 얻게 되었다. 다나카 양은 범인이 키스하려고 했을 때 그의 혀를 세게 물었다고 말했다…

설리번과 케닐리는 베이 에어리어의 의사들에게 그러한 부상에 대한 치료를 요청받았거나 그에 관한 이야기를 들었다면 경찰에 연락해줄 것을 당부했다…

경찰에 따르면, 다나카 양은 화요일 오후 어느 때쯤에 레븐워스 스트리트 1031번지에 있는 그녀의 아파트 1층 현관에서 범인에게 붙들렸다.

범인은 그녀를 안으로 데리고 들어가 옷을 벗으라고 시켰다. 그리고 그녀가 성폭행에 저항하자 그녀를 찌르기 시작했다.

범인은 다나카 양이 죽은 줄 알고 떠났지만, 그녀는 다시 깨어났고, 간신히 기어서 저녁 여섯시 삼십분쯤에는 이웃집에 닿았다.

용의자는 25세 정도에 키가 170센티미터쯤 되는 금발 백인 남성이며, 범행을 저지를 때마다 검은 장갑을 착용했다. (Powers 1973)

2주 뒤인 4월 15일, 샌프란시스코의 유니언스퀘어 하이엇 하우스 호텔 휴대품보관소에서 일하는 25세의 중국인 기혼여성 궤이 유에Guey Yueh는 자정에 일을 마치고 호텔을 나섰다(*San Francisco Chronicle*, 16 April 1973). 집으로 돌아오는 길에 유에는 파인 스트리트에 있는 자신의 아파트 건물 로비에서 칼에 찔려 사망했고, 이웃들에 의해 발견되었다. 그들은 유에의 비명소리를 들었으며 그녀를 공격한 범인이 달아나는 것을 보았다고 말했다. 짐작하건대 범인은 이 살인사건을 경찰에 보고한 이 이웃 가운데 한 명이었을 것이다. 역시 같은 하이엇 하우스에서 근무하는 유에의 남편은 범행이 일어난 시간에 직장에서 일을 하고 있었다(*San Francisco Chronicle*, 16 April 1973). 유에는 오른쪽 손목 윗부분과 심장을 칼에 찔렸다. 경찰은 이른바 노브힐 강간범이 범행을 재개했으며, 이번에는 피해자를 살해하는 데 성공한 것으로 보았다. 이웃 목격자들이 경찰에 전달한 용의자의 외모에 대한 설명이 다나카가 샌프란시스코 병원에서 회복 중에 말했던 것에 가까웠다. 게다가 두 범행의 방식이 상당히 유사했다(*San Francisco Chronicle*, 16 April 1973).

4월 24일, 요시코 다나카는 "부상으로 거의 죽을 뻔"했다가 마침내 퇴원했다. 그녀는 심장, 간, 비장, 폐, 경정맥에 칼을 맞았다. 그녀는 여전히 "목에 입은 상처 때문에" 쉰 듯한 거친 목소리로 속삭이듯 말했다(Petit 1973). 이후에 다나카는 용의자 8명의 사진 가운데 존 버니어드John Bunyard의 사진을 가리켰다. 범인이 그녀가 죽은 줄 알고 버려두고 달아난 지 한 달이 채 되지 않아서였다.

시간당 4.4달러를 받는 배달트럭 운전기사 버니어드는 2건의 살인, 2건의 강간, 10건의 납치를 저지른 혐의뿐 아니라, 800킬로미터에 걸친 도피과정에서 경찰 두 명을 무장해제시키고 그들의 권총을 탈취하여 경찰들에게 총을 쏜 혐의로 기소되었다(Petit 1973).

1년도 더 지난 뒤인 1974년 5월 25일 버니어드의 재판은 서던 캘리포니아의 샌버나디노로 이송되었다. 판결 전 대중의 관심으로 인해 샌프란시스코에서는 공정한 재판이 불가능하다는 것이 사유였다. 요시코 다나카는 퇴원 후 곧 고국 일본으로 돌아갔으므로 그녀의 증언은 사전에 녹화한 비디오테이프로 법정에 제시되었다. 캘리포니아에서 이와 같은 형태로 증언이 제시된 것은 두 번째 있는 일이었다(Petit 1973).

버니어드는 2주간의 재판 끝에 6개의 중죄 혐의에 대해 유죄판결을 받고 15년에서 종신형에 이르는 징역형을 선고받았다(*San Francisco Chronicle*, 25 May April 1974). 1973년 4월 샌프란시스코 베이 에어리어에서 타호 호수에 이르는 지역에서 사흘간 벌인 2건의 살인사건과 다른 온갖 범죄행위에 대한 21년에서 종신형에 이르는 다른 두 징역형도 겸하여 동시에 복역하는 것이었다.

(*San Francisco Chronicle*, 25 May April 1974).

당시 버니어드에 관한 뉴스는 그가 아시아인 여성들을 노린 동기에 대해 아무런 설명도 제공하지 않았다. 그 대신, 가족들에게 버림받은 버니어드의 불운한 개인사에 관한 이야기만 등장했다. 그가 가족에게 버림받았다는 사실과 아시아인 여성을 강간하고 살해한 것 사이에 인과관계가 있음을 근본적으로 암시했다 (Benedict 1973).

신문 보도에는 버니어드의 이웃들을 인터뷰한 내용이 포함돼 있었는데, 그들 모두 버니어드가 그런 범죄를 저질렀을 리 없다고 주장했다. 예를 들어, 바로 옆집에 사는 이웃은《샌프란시스코 크로니클》의 케빈 리어리Kevin Leary 기자에게 버니어드는 "누굴 강간하지 않았어도 됐다… 대부분 남자들이 골라잡는 여자들보다 그가 퇴짜 놓는 여자들이 더 많았다"고 설명했다(Leary 1973). 버니어드의 이웃은 강간이 성적 욕망의 표현이라는 항간의 신화에 찬동했던 것 같다.

판결을 받고 3년 남짓 지난 뒤에 버니어드는 솔레다드 교도소 독방에서 남자들이 강간을 저지르는 이유와 자신의 기나긴 징역살이 역사에 대해 입을 열었다. 그의 이야기는 그에 대한 이웃들의 생각을 뒷받침하지 못했다. 그는 일곱 살에 캘리포니아 교정국 소년부(CYA)의 피보호자가 되었으며, 아홉 살에 소년원에 보내졌다. 그는 말했다. "그때 이후로 연속 8개월 이상 구속되지 않고 지낸 적이 있었는지 기억나지 않는다"(Wood 1977).

보고에 따르면, 버니어드는 간수에게 "나를 감옥에서 풀어주는 건 강아지를 고속도로에 놓아주는 것과 같다"고 말했다고 한다

(Wood 1977). 이런 설명은 그의 이웃들이 했던 말보다도 훨씬 더 적절하지 못하다. 경찰에 따르면 "그는 50명 이상의 여성을 강간했고, 두 명의 여성을 살해한 혐의로 유죄판결을 받은 것 외에도 서너 명을 더 살해했다"(Wood 1977). 경찰은 버니어드가 1973년 가석방되어 사회에 나가 있던 6개월 동안에 이 모든 범죄를 저질렀다고 보고했다. 왜 그의 피해자들이 대부분 아시아인이었는지에 대한 정보는 없다. 그에 대한 기사들은 지금보다 인종차별적 혐오범죄에 대한 의식이 훨씬 더 낮았던 당시에 쓰였다.

여성 성노예와 페미사이드

다이애나 E. H. 러셀

사람들은 대부분 미국에 더 이상 노예가 존재하지 않는다고 생각한다. 이 나라에서 노예라는 단어에는 백인들이 주로 밭에서 일하는 노동력을 착취하려는 목적에서 아프리카계 미국인들을 소유한다는 의미가 함축되어 있기 때문이다. 이것이 지배적인 생각이긴 하지만, 백인 노예 소유주가 여성 노예를 강간하고, 그렇게 함으로써 노예 생산을 늘리는 일 또한 매우 흔했다.

고전적 형태의 노예가 존재함을 보여주는 사건들이 여전히 미국 신문에 이따금씩 실리기도 하지만, 오늘날 대부분의 노예 사례들은 주로 성적 착취와 관련된 것이며, 주된 피해자는 여성이다. 이러한 관행은 백인 노예white slavery라고 불려왔지만, 페미니스트들은 1979년 출판된 캐슬린 배리Kathleen Barry의 책 《여성 성노예Female Sexual Slavery》를 따라 새롭게 '여성 성노예'라는 말을 쓰기 시작했다(Barry 1978). 여성 성노예 사례에서도 성에 관련되지 않은 노동 착취가 일부 있기는 하지만, 여성에 대한 착취의 본질은 우선적으로 성을 착취하는 것이며, 보통 강제 성매매가 동반된다. 이 여성들은 구매된 경우도 있지만, 유혹·조작·속임수에 넘어간 경우나 납치되어 억류된 경우도 있다. 아래 제시된 사례는 《제트*Jet*》와 《샌프란시스코 크로니클》에 보도된 사건들에 바탕을 둔 것으로, 고전적 노예를 연상시킨다(*Jet*, 13 April 1987; *San Francisco Chronicle*, 2 July 1988). 등장하는 여성들이 모두 아프리카계 미국인이며 그들의 포획자는 백인 남성이기 때문이다.

1987년 노스 필라델피아의 한 이층 주택을 급습한 경찰은 지하실에서 부분적으로 벌거벗은 반半 기아상태의 아프리카계 미국인 여성 세 명을 발견했다. 이 여성들은 이 비밀 고문실의 하수도관에 쇠고랑으로 묶여 있었다. 경찰은 또 부엌 냉동고 안에서 약 11킬로그램에 달하는 사람의 팔다리를 발견했으며, 큰 냄비와 오븐 속에서도 다른 신체부위들을 찾아냈다. 주택의 일부 벽들은 1달러 지폐와 5달러 지폐로 도배되어 있었다.

경찰은 네 번째 포로로 잡혀 있던 26세의 조지핀 리베라Josephine Rivera가 어느 밤에 포획자의 고급 승용차로부터 가까스로 탈출하는 데 성공한 뒤에야 경계태세에 들어갔었다. 리베라와 다른 세 여성 — 재클린 앳킨스Jacquelin Atkins(18세), 리사 토머스Lisa Thomas(19세), 애그니스 애덤스Agnes Adams(24세) — 은 범인이 자신들을 잡아둔 4개월 동안 고문하고 강간하고 구타하고 굶겼다고 경찰에 말했다. 이들이 먹은 음식은 개 사료와 빵과 물이 전부였다. 그들은 또한 다른 여성 두 명이 더 있었는데 감금상태에서 죽었다고 말했다. "한 사람은 지하창고 콘크리트 바닥에 생긴 물웅

덩이 속에서 전기에 감전되어 죽었고, 다른 한 사람은 추락해서 죽었어요."

여성들을 유혹해서 이 미니 수용소에 가둔 것은 게리 하이드닉 Gary Heidnik이라는 43세의 백인 남성이었다. 그는 자기가 만든 '하느님 사역의 연합교회United Church of the Ministries of God'라는 교회에서 스스로 서품을 받고 주교가 된 인물이었다. 그의 납치 전략은 롤스로이스나 캐딜락을 몰고 가난한 동네를 돌면서 "돈다발을 휙 보여주는 것"이었다. 리사 토머스는 "그가 부자로 보여서" 그의 차에 제 발로 올라탔다고 말했다. 집에 오자 그가 "나에게 수갑을 채워서 파이프에 묶어두고는, 내가 협조만 잘하면 아무 일도 일어나지 않을 거라고 말했어요"라고 이야기했다.

게리 하이드닉은 31세의 시릴 브라운Cyril Brown과 함께 체포되었다. 아프리카계 미국인 남성인 브라운은 하이드닉이 자신의 가장 친한 친구라고 말했다. 하이드닉과 브라운 둘 다 강간 및 납치 혐의뿐 아니라 하이드닉의 집에서 살해된 것으로 보이는 두 여성에 대한 살인 혐의로 기소되었다. 살해된 여성들은 23세의 데버러 더들리Deborah Dudley와 24세의 샌드라 린지Sandra Lindsay로 확인되었다. 더들리는 "시신이 뉴저지의 외딴 삼림지역에서 발견되었으며" 린지는 "토막 난 시신의 일부가 하이드닉의 부엌에 남아 있었다".

1988년 7월 2일, "배심원단은 IQ가 148에 달하는, 천재에 가까운 하이드닉이 정신이상 상태였다는 변호인 측의 주장을 거부했다". 하이드닉은 두 건의 1급살인, 납치와 가중폭행 혐의에 대해 유죄판결을 받았다(*Jet*, 13 April 1987; *San Francisco Chronicle*, 2 July

1988). 함께 체포된 시릴 브라운에 대해선 아무런 언급도 없었다.

하이드닉은 자신이 만든 교회에서 스스로 주교가 되기 이전에는 간호사로 일했으며, 정신과 치료를 받았다. 1978년에 그는 이미 지적 장애가 있는 여성을 납치한 혐의로 유죄판결을 받은 적이 있었다. 시릴 브라운과 함께 체포될 당시 그는 매우 부유했다. 경찰은 그의 집에서 대략 50만 달러가 들어 있는 계좌가 있음을 보여주는 서류들을 발견했다. 그는 돈을 불리는 수완이 좋아서 적금액 1,500달러를 11년 만에 55만 달러 이상으로 불렸다고 보도되었다.

그의 아버지인 74세의 마이클 하이드닉Michael Heidnik은 —"교외지역에 사는 전 클리블랜드 시의원"이라고 설명되었는데 — 아들의 야만적 행위를 보도한 뉴스를 보고 아들이 교수형에 처해져야 한다고 응답했다. 그는 "내가 줄을 당기겠다"라고까지 말한 것으로 전해졌다.

고전적 형태의 노예제에 대해서는 많은 이들이 뒤늦게라도 불법화하기 위해 투쟁했지만, 페미니스트들의 노력에도 불구하고 대부분의 사람들이 여성 성노예에 대해서는 훨씬 덜 분노하는 것 같다. 여성들이 학대의 주요 표적이 될 때면, 남자들이 표적이 될 때보다 덜 충격적인 일로 다루어지는 경향이 있다. 또한 피해자들이 가난한 흑인일 경우, 더욱 가볍고 무심하게 다루어진다(3부의 앞부분에 실린 〈살인과 미디어에 의한 소멸: 잊힌 애틀랜타 페미사이드〉에서 캔디다 엘리스와 내가 지적했듯이). 아마도 하이드닉 같은 인종차별적 여성혐오자들이 저지른 만행을 대중에게 알림으로써, 여전히 계속되고 있는 여성 성노예라는 국제적 문제에 대한 무관심으로부터 사람들을 각성시킬 수 있을 것이다.

아메리카 원주민 여성 살해:
테와족 여성의 관점

전통적으로, 남자가 자기 아내를 때리면, 그녀의 가족이 가혹하게 보복할 것이라 예상됐으며 그의 공동체는 그가 수치를 느끼도록 만들었다. 남편이 계속 아내를 때리면, 아내는 남편을 떠날 수 있었고 아내나 주부로서 실패했다고 느끼지 않았다. 오늘날 우리는 수많은 전통적 가치와 신념을 저버리게 되었다. 남자는 아내를 거의 죽도록 때리고 아무런 처벌도 받지 않을 수 있다.

_새크리드 숄 여성협회Sacred Shawl Women's Sociey 전단
(Maria N. Powers, 1986)

억압에서 태어난 침묵, 이것이야말로 아메리카 원주민 여성들이 최근까지 우리 생활 속 폭력에 대해 견지해온 입장을 가장 잘 표현하는 말이다. 대체로 침묵이란 공포에서 기인한다고 할 수 있다. 1970년대 이후 아메리카 원주민 여성들이 겪는 학대가 공개되고 이와 관련된 활동이 전개되어왔지만, 페미사이드 이슈에 대

해서는 침묵이 팽배했다.

오늘날 아메리카 원주민 여성이 당하는 페미사이드에는 두 유형이 있다. 원주민 여성이 원주민 남성에게 살해되는 유형과 원주민 여성이 비원주민 남성에게 살해되는 유형이다. 나는 첫 번째 유형을 다룰 것이며, 원주민 남성에 의해 자행되는 원주민 여성 살해의 뿌리는 본래 유럽인과 그들의 후손이 아메리카 원주민을 집단학살하고 정복하고 식민화한 데 있다고 주장할 것이다. 이러한 식민화의 결과로 원주민들의 전통적인 사회적 패턴과 대체로 평등했던 젠더 관계가 파괴되었다(Bonvillain 1989). 500년 동안 진행된 집단학살과 식민화를 거치면서 아메리카 원주민들 사이에는 자기혐오와 분개, 공포와 폭력이 깊이 심어졌으며, 원주민 남성들은 새로운 아메리카 양식의 남성 폭력과 지배를 배웠다. 그중에는 페미사이드도 있었다.

페미사이드 범죄로 살해되는 아메리카 원주민 여성이 얼마나 되는지에 대한 종합적인 연구는 이루어진 적이 없다. 우리는 대체로 원주민 여성들의 입을 통해 직접 이야기를 듣거나, 뉴스 보도를 무작위적으로 청취한다. 예를 들어, 우리는 별 의도 없이 우연하게 아메리카 원주민 사춘기 소녀의 자살을 둘러싼 뉴스 보도에서 여성학대, 아동학대, 페미사이드를 발견한다. 1985년 와이오밍 주 윈드 강 원주민보호구역에서 8주 동안 9명의 원주민 청년이 스스로 목숨을 끊었다. 자살 희생자인 열다섯 살 셰리 배드호크Sherry Badhawk의 양어머니는《보스턴 글로브》의 기자에게 이렇게 말했다. "셰리는 어려운 집안에서 왔어요. 가족들이 집시처럼 늘 여기저기 옮겨 다니며 살았죠… 그 사람[셰리의 생부]은 애들을 모두[5명] 학대했어요… 그래서 셰리는 엄마를 걱정했어요"
(*Boston Globe*, 8 October 1985). 후속 보도에 따르면, 셰리가 자살한
뒤 생모는 셰리의 아버지에게 구타당한 끝에 사망했다. 셰리 어머
니의 죽음은 1차적 페미사이드이며, 학대당한 딸의 자살은 2차적
형태의 페미사이드다.

아메리카 원주민 여성들의 근친상간, 강간, 살해에 관련된 이
야기들은 특정 부족이 발행하는 원주민 신문들에 보도되었을 가
능성이 더 높다. 1979년 가을,《나바호 타임스 *Navajo Times*》는 나
바호 보호구역에서 가장 많이 일어나는 범죄가 강간임을 밝히는
기사를 실었다. 하지만 아메리카 원주민 여성들에 대한 페미사이
드와 공격적인 폭행은 보호구역에만 한정되지 않는다. 2년 전 시
카고에서 교사로 일하던 한 동료는, 자기가 가르친 학생을 비롯
해 네 명의 젊은 아메리카 원주민 여성이 몇 주 사이에 제각각 집
단강간당한 뒤 살해되었다고 내게 말해주었다. 계속 이어진 이야
기에 따르면, 범행을 저지른 이들은 젊은 아메리카 원주민 남자
들이었다고 경찰이 원주민 공동체에 알려주었을 때 그들 공동체
에서는 의심하지도 않고 놀라워하지도 않았다고 했다.

보호구역 바깥에서 일어나는 아메리카 원주민 여성 살해와 짝
을 이루는 공격적 폭력행위는 주류 뉴스 보도에서 아무런 관심도
받지 못한 채 지나가 버리는 경우가 많다. 유색인 여성이 살해되
었을 때 뉴스에서는 이러한 범죄에 별로 주목하지 않는다. 백인
중산층 여성에 대한 페미사이드 살인과 비교하면 거의 이야기를
들을 수 없다. 뉴멕시코 주 앨버커키의 검시관 사무실에서 일하
는 한 여성은 1985년에서 1986년까지 적어도 다섯 명의 아메리

카 원주민 여성(대부분 나바호족)이 강간당한 후 살해되었으며 그들의 시신은 도시 북서쪽으로 100킬로미터쯤 떨어진 헤메스 산에 버려졌다고 말했다. 하지만 이런 이야기는 뉴스에서 다루어지지 않았다. 나는 당시에 앨버커키에 있는 뉴멕시코 대학에 다니고 있었는데도 이 살인사건들에 대해 전혀 듣지 못했다.

미국 공중보건국의 한 분과인 원주민보건국Indian Health Service에 마련된 정신건강특별계획팀Special Initiatives Mental Health Team은 살인이 아메리카 원주민 공동체에 매우 심각한 문제임을 알고 있다. 1988년 보고서에 기술되어 있듯이, "[아메리카] 원주민 공동체마다 다르긴 하지만, 1981년에서 1983년 사이에… 아메리카 원주민 전체에 대한 연령보정 살인율은…" 미국 내 다른 어떤 집단에 비해서도 "두 배가량 높다"(DeBryun, Hymbaugh, and Valdex 1988, 56). 아메리카 원주민 여성들을 특정 집단으로 구분하여 다룬 자료는 제한적이다. 보호구역 내부나 인근에서 일어나는 가정폭력과 성추행 사건에 대한 수치들은 개별 원주민보건국 단위에서 꾸준히 기록되었다. 사우스다코타 주 레이크 안데스의 양크턴 수족 보호구역 내에 위치한 아메리카원주민여성 보건교육자원센터Native American Women's Health Education Resource Center 같은 보다 새로운 공동체 프로그램들도 독자적으로 자료를 수집하기 시작했다. 1985년에 설립된 이 센터가 1989년 발표한 보고서에 따르면 사우스다코타에서 발생한 전체 살인사건 가운데 50~70퍼센트가 가족 관련 사건이며, 약 50퍼센트는 아메리카 원주민이 관련되어 있다. 또한 5,000명의 주민이 살고 있는 이 공동체 안에는 가정폭력 피난처가 단 한 곳도 없다. 이들에게 가장 가까운 피난처는 동쪽으로 115킬로미터 떨어져 있으며, 서쪽으로 가장 가까운 피난처는 240킬로미터나 가야 닿을 수 있다. 1991년 9월 12일, 보건교육자원 센터에서는 사우스다코타 주 레이크 안데스 지역의 백인 거주구역으로부터 상당한 비난과 인종차별적 동기에서 비롯된 저항이 있었음에도 이를 무릅쓰고 여성 피난처를 개설했다.

알래스카 주는 모든 여성 집단에 대한 살인율이 하와이를 제외한 다른 모든 주보다 높다. 알래스카 원주민 여성에 대한 살인율은 미국 백인 여성 살인율보다 일곱 배나 높다. 포브스Norman Forbes와 반 데르 하이드Vincent Van Der Hyde는 "알래스카의 개척지frontier 환경에서는 자살보다 폭력에 의한 사망이 더 흔하다"고 말한다(Forbes and Hyde 1988, 44).

이 연구자들이 말하는 '개척지'와 그들이 밝혀낸 사실들은 19세기 말 유럽계 미국인들이 원주민들의 고향 땅을 뚫고 서부로 밀려들던 시기에 원주민 여성들이 살해되었던 사실을 내게 상기시켰다. 디 브라운Dee Brown의 《나를 운디드니에 묻어주오Bury My Heart at Wounded Knee》(1979)에는 원주민을 향해 군사작전을 펼치던 미국 군인들의 개인적인 일기가 실려 있다. "엄호용 구덩이 안에는 삼사십 명의 스쿼squaw*들이 모여 있었다. 그들은 여섯 살쯤 된 작은 여자아이에게 막대에 달린 백기를 들려 내보냈다. 여자아이는 앞으로 몇 걸음을 떼어놓기도 전에 총에 맞아 죽었다… 나는 한 스쿼를 보았는데 갈라져 열린 배 안에는 태어나지 않은 아기가 있었다… 은밀한 부분이 도려내진 스쿼도 보았다."

---

* (옮긴이주) 아메리카 원주민 여성을 가리키는 모욕적인 호칭.

국가적인 말살정책이 다음 세대의 원주민들을 모두 제거하려는 미군의 시도와 짝을 이루어, 특별히 원주민 여성들에 대한 야만적 공격을 강화했다. 본래의 집단학살 정책은 오늘날의 사회에서도 계속되고 있으나, 다만 은밀한 수단을 취할 따름이다. 한 가지 예는 바로 1975년 오클라호마 주 클레어모어에 있는 원주민보건국 병원에서 수백 명의 젊은 원주민 여성에게 그들의 동의도 받지 않고 '치료목적이 아닌' 불임수술을 실시한 일이다. 원주민보건국 의사들이 실시한 불임수술 가운데 대략 75퍼센트는 인구조절의 한 형태였다고 의사들 스스로도 인정했다(Weyer 1982, 194-200). 원주민 여성들을 강제로 불임으로 만든 이 사건은 직접적인 페미사이드는 아니었을지라도 그들 육체의 생식능력을 말살한 것이었다.

아메리카 원주민에 대한 제노사이드는 오만한 백인 남성들에 의해 역사적 정책결정과정과 군사계획을 통하여 제도화되었으며, 오늘날의 원주민들에게까지 길고 오랜 영향을 끼치고 있다. 그들은 신체적 생존과 문화적 생존 자체가 위태롭다. 내가 추측하기로는, 역사 속의 교묘하고 무의식적이었던 행위가 실제 사례를 통해 아메리카 원주민 남성들에게 학습되었고, 그들은 심리적 자기혐오 때문에 그런 내용을 더 예민하게 흡수했으며, 이제는 백인 남성의 페미사이드 행위를 거울처럼 그대로 따라 하는 듯하다. 페미사이드를 행하는 원주민 남성들은 성차별적 살인에 참여하고 있으며, 스스로에게 가하는 제노사이드를 영구적인 것으로 만들고, 미국에서 아메리카 원주민들에 대해 자행된 무언의 말살정책을 이어가고 있다.

4부 매스미디어,
포르노그래피,
고어노그래피

"미디어는 거짓을 말한다."
1979년 봄, 보스턴 다인종 거주지역에서 살해당한 여성들을 기리는 추모행진. 행진에 참여한 이들은 해당 살인사건에 대한 지역 미디어의 보도 방식에 대해서도 항의했다.

여는 글

오랫동안 페미니스트들은 미디어에서 여성을 재현하는 방식을, 특히 여성에 대한 폭력을 다루는 방식과 관련하여 비판해왔다. 4부에 실린 글들은 페미사이드를 다루는 방식을 다루되 구체적으로 미디어가 페미사이드를 어떻게 다루는지에 초점을 맞춘다. 4부의 전반부에 실린 글들은 페미사이드 보도의 다양한 측면에 대한 비판적 시각을 제공한다. 후반부의 글들은 페미니스트들 사이에서도 논쟁적인 주제인 포르노그래피를 다룬다.

4부를 시작하는 샌드라 맥닐Sandra McNeill의 글은 잉글랜드 북부에서 남편이 아내를 살해한 뒤 자신도 목숨을 끊은 사건들을 언론이 어떻게 보도했는지 분석했다. 그녀는 이 사건에 대한 언론보도의 틀이 전적으로 남성적인 시각에 의해 형성된 것임을 규명한다. 남성 살인범들은 사랑과 가족의 일치라는 이상을 위해 죽는 비극적 영웅으로 그려지는 반면, 여성 피해자들은 대체로 무시되었다.

데버러 캐머런Deborah Cameron 역시 또 다른 미디어 이벤트를 비판한다. 그녀는 잭 더 리퍼Jack the Ripper 100주년에 대해 썼다. 잭 더 리퍼는 끝내 신원이 밝혀지지 않은 19세기 잉글랜드의 유명한 연쇄살인범을 가리키는 별칭이다. 캐머런의 글은 이 연쇄살인범을 마치 민중의 영웅이나 전설쯤으로 기념하면서 그에게 희생된 여성 피해자들은 간과하는 현실을 폭로한다.

그 뒤에 이어지는 글은 미국에서 등장한 '스너프' 영화들을 다룬다. 이 영화들은 실제인 듯 보이는 여성 고문과 살해를 남성들을 위한 성적인 오락거리로 묘사한다. 베벌리 라벨Beverly LaBelle은 스너프 영화에 대한 페미니스트들의 저항을 페미사이드에 대한 페미니스트들의 저항의 한 형태로서 검토한다. 그리고 크리스 도밍고는 연쇄살인, 강간살인, 페미사이드를 대중적인 오락의 형태로 여기는 인종차별적이고 성차별적인 태도에 대한 역사적 분석을 제시한다. 마지막으로, 제인 카푸티는 라벨이나 도밍고와 비슷하게 포르노그래피와 성폭력과 페미사이드의 관계를 이끌어낸다. 카푸티는 스너프 포르노그래피가 페미사이드에 성적 매력을 부여하고 있음을 밝힌다. 그리고 포르노그래피를 표현의 자유로 정당화하려는 자유주의자들의 주장을 고발한다. 이런 자유란 결국 여성들을 죽일 수 있다.

비극적 영웅으로서의
여성살해자

미디어에서 여성에 대한 폭력을 보도하는 방식은 남성의 폭력 문제와 씨름해온 영국과 미국의 페미니스트들 사이에서 핵심 이슈가 되어왔다. 이 책의 다른 장에서는 포르노그래피와 여성혐오 영화에 맞선 페미니스트 캠페인들을 상세히 다루고 있다. 이를테면 잭 더 리퍼 100주년을 기념하는 영국 미디어에 대한 논의다. 이 장에서는 아주 세부적인 지점, 미디어가 여성에 대한 폭력을 왜곡되고 때로는 위험한 방식으로 묘사하면서 엮어내는 여성혐오의 그물망 가운데 단 한 가닥의 실만을 다루고자 한다. 즉 여성에 대한 특정한 범죄 형태로서 남편이 아내를 죽이고 자신도 목숨을 끊는 사건을 보도하는 언론의 방식을 논할 것이다.

단순하게 사실을 밝히려고만 한다면, 이러한 사건들에 대한 신문 보도를 이해하기란 무척 어렵다. 여성으로서 우리는 우리가 이해할 수 있고 우리의 현실을 말해주는 보도를 요구할 권리와 자격이 있다. 오늘날 이러한 사건들에 대한 보도를 이해하려면,

이 사건들을 살인자인 남성이 비극적 영웅 역할을 하는 '비극'으로 상정하는 미디어의 전제를 받아들여야 한다. 나는 그러한 살인범들을 영웅으로 묘사하는 것이 동종의 살인을 부추길 수 있음을 더욱 염려한다.

1986년 나는 여성에 대한 폭력을 연구하는 프로젝트에 참여하고 있었고,* 이 연구활동의 일환으로 지역 언론이 여성 폭력을 다루는 방식을 모니터링했다. 언론 모니터링을 연구에 포함시킨 까닭은 범죄, 특히 여성에 대한 폭력을 읽어내는 우리의 방식이 범죄와 안전 또는 불안전에 대한 우리의 인식을 어떻게 형성하는지를 탐구하고자 했기 때문이었다. 우리가 조사한 신문들은 주로 지역 신문들이었다. 이를테면 리즈의 석간신문《이브닝 포스트*Evening Post*》, 브래드퍼드의 석간신문《텔레그래프 앤드 아거스 *Telegraph and Argus*》, 그리고 이름과 달리 전국신문의 질적 수준을 갖춘《요크셔 포스트*Yorkshire Post*》가 조사대상에 포함되었다.**

---

* (저자주) '여성, 폭력, 범죄 예방Women, Violence, and Crime Prevention'. 웨스트요크셔 메트로폴리탄 카운티 의회에서 의뢰한 연구조사다. 우리는 모든 관련 복지기관과 법률가, 경찰, 여성 대표 표본을 인터뷰했다. 또한 어떤 판례들을 확인했고, 1년간 지역 언론 및 전국 언론 보도 전량을 분석했다. 잘나 핸머Jalna Hanmer와 실라 손더스Sheila Saunders의 연구 보고서가 1987년 11월 브래드퍼드 대학에서 출간되었다.

** (저자주) 리즈와 브래드퍼드에서는 대부분의 가정이 한 가지 석간신문을 보며, 이 신문은 전국뉴스뿐 아니라 지역뉴스도 보도한다. 보통 주요 전국뉴스가 있으면 이 신문에서도 주요기사로 다루었고 지역뉴스는 안쪽에 실었다. 그렇지 않을 경우에는 전반적으로 지역뉴스가 더 중요하게 다루어졌다. 또한 대부분의 가정에서는 조간신문도 한 가지 구독하는데, 대개 지역뉴스를 싣지 않는 전국 타블로이드신문을 본다.《요크셔 포스트》는 양질의 전국 조간신문이지만(발행부수 9만 2,629부, 그중 요크셔에서 4만 1,211부 발행) 다른 고급지들과 달리 지역뉴스를 싣는다. 부수적인 사실이지만,《요크셔 포스트》는 전국 고급지들 가운데 가장 오른쪽에 있는 우익 신문이다.《텔레그래프 앤드 아거스》(브래드퍼드 및 배후지역, 발행부수 8만 3,140부)는 카터 가족 사건을 보

1986년 5월에는 남자가 아내를 죽이고 자살하는 사건이 빈발했다. 요크셔에서만 한 달 사이에 비슷한 사건이 세 건이나 터졌다. 그 밖에 또 다른 사건에서는, 페기 홀Peggy Hall이라는 여성이 자신의 딸 제인 올리비츠Jane Oliewicz와 함께 남편 피터 홀Peter Hall에게 살해되었으며, 이후 남편은 자살했다. 나는 신문기사들을 오려내어 파일로 정리하다가, 살인범의 자살로 귀결되는 이 살인 사건들이 보도되는 방식에 경악했다. 심층 분석을 굳이 하지 않더라도, 특정한 단어들과 구절들, 이미 전제되어 있는 특정한 가정들이 명백히 드러났다.

첫째, 살인-자살 사건들은 언제나 범죄가 아니라 '비극'으로 묘사되었다. 이를테면, "비극으로 끝난 집안 다툼" 또는 "레이싱 에이스, 케니Kenny Carter의 비극적 죽음" 같은 식이다. 둘째, 지역신문에서는 처음에 이 사건들을 "무어 건Moor Gun의 죽음, 미스터리로 남다"같이 '미스터리'로 묘사했다.

사실, 이런 죽음들에 대해서는 어떠한 미스터리도 없다. 남자들이 여자들을―다양한 방식으로―죽이고 자신도 죽인 것이다. 이 사건들을 미스터리로 만드는 것은 신문에서 기사를 쓰는 방식이다. 어떤 신문들은 무슨 일이 일어났는지 이해하는 데 반드시 필요한 세부사항들을 알려주지 않았다. 또 어떤 신문들은 세부

다 상세히 보도했다. 반면에 《요크셔 이브닝 포스트》(리즈 및 배후지역, 발행부수 43만 9,432부―해당 지방에서는 혼돈을 피하기 위해 《이브닝 포스트》라고 부르므로 본문에서도 이를 따름)는 지역 스포츠스타인 케니 카터에게 집중했다. 이것은 아마도 카터 집안이 브래드퍼드에 더 가까운 곳에 살아서 독자들이 이러한 '세부 사실'에 관심이 있을 거라고 생각했기 때문일 것이다.

사실들을 안쪽 지면에 숨겨놓았다. 독자들은 비극이 벌어졌다는 언급에 만족해야 했다.

신문들이 무시하거나 묻어버린 한 가지 매우 중요한 세부사항은 이 모든 사건에서 피해 여성이 가해 남성을 떠나려 하고 있었거나, 이미 떠났거나, 또는 이혼을 요구했었다는 사실이다. 즉 여자는 남자를 떠나 새로운 삶을 시작하려 하고 있었다. 그리고 남자는 분명 무슨 수를 써서라도 이를 내버려두지 않으려 했다. 이러한 사실을 밝힐 때도 그것은 언제나 그의, 곧 살인자의 시점에서 알려졌다. "갈라선 부부, 죽음으로 하나 되다." 이것이 바로 진 위스커Jean Whisker와 팸 카터Pam Carter의 죽음을 보도한 신문의 기사 제목이었다. 이 두 여성은 모두 자신을 죽인 남자와 함께 묻혔다. 죽음으로 아내와 하나 되길 원했던 것은 살인범이었다. 아내가 원했던 것은 이혼이었으며, 남편으로부터 멀리 떨어진 새로운 삶이었다.

신문들은 이러한 사건을 그녀 입장에서 비극으로 보도하지 않았다. 주인공은 언제나 '비극적 커플'이거나 '비극적 가족'이었다. 두 배우자가 '죽음으로 하나 되는' 이야기는 마치 로미오와 줄리엣 같은 로맨스를 떠올리게 한다. "그러나 적어도 그들은 죽음으로 하나가 되었으니…"

이러한 사건들 가운데 어떤 것도 이중 자살인 경우는 없었으며, 또한 우발적으로 일어난 경우도 없었다. 가해자 남성들은 아내를 놓아주려 하지 않았다. 그들은 아내를 죽임으로써 아내가 자신을 떠나거나 자신으로부터 멀리 떨어져 살아가는 일을 막았다.

그러나 어느 언론에서도 이 네 살인범을 비난하지 않았다. 그들 가운데 어느 누구에게라도 단 한마디의 비난조차 표현되지 않았다. 피터 홀의 사건을 보면, 그가 이전부터 의붓딸을 성적으로 학대해왔으며, 결국 아내를 죽이고 의붓딸을 강간한 뒤 살해하고는 자신도 목숨을 끊었다는 사실이 밝혀졌다. 그러나 언론에선 '삼중 사망사건의 비극'에 대한 책임을 물어 사회복지국을 비난했다.

그렇다면, 이 남자들, 이 살인범들이 잘못했다고 생각한 신문이 한 곳도 없는 까닭은 무엇일까? 그건 아내를 살해하고 자살한 남자를 대단히 탁월한 비극의 영웅으로 보았기 때문이다.

이 살인사건들 가운데 하나를 보도한 기사 중에는 셰익스피어의 오셀로를 언급한 것도 있었다. 이 사례를 깊이 들여다보기 전에, 나는 남자들이 오셀로를 어떻게 바라보는지 고찰해본다면 유용할 것 같다. 여기 (유명한) 비평가가 한 말이 있다. "우리가 오셀로의 비극에 진정으로 감동하기 전에, 그가 데스데모나를 죽일 자격이 있었는지 판단하기 전에, 본질적인 것이 한 가지 있다. 만약 연인이 죽은 뒤에 오셀로가 이 세상에 홀로 남겨진다면, 그가 필연적으로, 그리고 즉각적으로 같은 단검을 들어 스스로를 찌르리라는 것에 대해서는 단 한 점의 의심도 우리 마음에 남아 있지 않다… 이것은… 도덕적 필연성에만 그치는 것이 아니라, 비극에 대한 우리의 동정심을 좌우하는 절대 조건이다"(Stendhal 1824, 207. 강조는 원저자). 그러므로 이런 조건을 만족시키는 남자라면 누구나 우리의 동정심을 살 만한 자격과 가치가 있는 영웅이 된다.

1986년 5월, 팸 카터는 남편 케니에게 살해당했다. 그리고 나서 케니는 스스로를 총으로 쏘았다. 그는 모터바이크 경주 선수였다. 이렇게 조금이라도 유명해질 수 있는 요인 때문에 이 자살-살인사건에 언론의 관심이 최대치로 쏟아졌다. 이 사건은 두 지역신문 《이브닝 포스트》(리즈)와 《텔레그래프 앤드 아거스》에서 1면 헤드라인 기사로 다루어졌으며, 전국신문인 《요크셔 포스트》에도 보도되었다.

이 이야기는 '스피드웨이의 에이스' 케니 카터의 비극으로 다루어졌다. 《이브닝 포스트》의 1면 헤드라인은 "스피드웨이의 에이스와 그의 아내, 사체로 발견"이었으며, 그 아래에는 "스포츠스타의 중압감"이라는 부제가 달렸다. 뒷면에 이어지는 관련기사의 제목은 "모터바이크 에이스의 이중비극"이었다.

그의 이중비극이란 대체 무엇이었을까? 신문이 전하는 이야기에 따르면, 케니 카터가 아내와 자신을 죽인 것은 일류 모터바이크 선수로서 짊어진 중압감 때문이었다. 기사에는 그의 친구들이 한 말들이 인용되었다. "사람들은 모터바이크 선수들이 짊어져야 하는 중압감을 실감하지 못합니다. 내 생각에, 케니의 경우 중압감이 쌓이고 쌓여서 결국 일이 벌어진 것이 아닐까 합니다"(*Yorkshire Evening Post*, 22 May 1986). 이것이 바로 《이브닝 포스트》에서 취한 시각이라는 것은 분명하다. 그들은 틀림없이 추가 정보를 이용할 수 있었을 것이다. 같은 건물에서 출간되는 《요크셔 포스트》에서는 세부사항을 제시했기 때문이다. 그러나 《이브닝 포스트》는 케니의 선수로서의 성공과 실패를 자세하게 늘어놓는 데 만족했다.

《요크셔 포스트》는 "아내가 '떠난' 뒤 찾아온 모터바이크 경주

에이스의 비극"이라는 제목 아래, 카터 부인이 아이들을 데리고 남편을 떠나 부모와 함께 지냈다고 전했다. 남편이 집에 없을 거라고 생각한 그녀는 자기 짐을 챙겨 가려고 돌아온 터였다.

그러나 여자들은 보통 잘 읽지 않는 더욱 비싼 고품질의 일간 신문으로 옮겨 가지 않더라도, 배경을 파악하게 해주는 한 가지 정보원, 즉 여자들끼리의 정보망이라는 게 남아 있었다. 거의 즉각적으로, 카터 부인의 머리를 해주던 미용사를 알고 있다고 내게 말해주는 사람이 있었다. 그리고 이 미용사는 케니 카터가 아내를 수년 동안 구타했었고 그래서 그녀가 남편을 떠나겠노라고 말했다고 알려주었다.

팸 카터의 관점에서 본 이야기 역시 언론에서 다루어질 수 있었음에도 그렇게 되지 않았다. 그녀의 이야기는 여기나 다른 어떤 지역 위민스 에이드의 피난처를 거쳐 간 많은 여성들의 이야기와 다를 게 없다. 수년간 남편의 폭력을 견디던 여자는 결국 집을 떠난다. 그리고 남편이 집에 없다고 생각되는 때에 짐을 챙기러 돌아온다. 그러나 팸 카터의 경우 집으로 혼자 돌아왔을 때 남편이 집에 있었고, 그가 그녀를 죽였다. 팸 카터의 이야기를 쓴다면, 케니는 악한으로 보일 것이다. 그러나 그렇게 쓴 신문은 한 곳도 없었다.

지역신문에 실린 다음 보도는 장례식에 관한 것이었으며, 두 사람이 함께 묻혔다는 데 초점이 맞춰졌다. 《텔레그래프 앤드 아거스》가 선택한 "무덤 속에서 다시 함께"라는 헤드라인은 우리에게 '비극적인 스피드웨이의 커플 케니 카터와 그의 아내 팸이 함께 묻히게 될 것이다'라고 말해준다. 《이브닝 포스트》도 비슷한 노선을 따랐으나 케니가 지역의 스타라는 점을 계속 강조하면서 "케니에게 작별인사를", "스피드웨이 팬들이 케니에게 바치는 헌사" 같은 제목을 달았다.

그런 뒤에 《텔레그래프 앤드 아거스》는 이 이야기를 바라보는 또 다른 각도를 드러낸다. 케니의 입장에서, 아내에게 연인이 있었을 거라는 의심을 제기한 것이다. 여기에는 "케니의 비극적 질투"라는 헤드라인이 달렸다. 케니의 친구들은 케니가 팸에게 연인이 있을까 봐 걱정했다고 밝혔으며, 그래서 팸이 집을 나간 건 "자기 운명에 종지부를 찍은 것"이나 다름없다고 말했다. 그러나 팸의 친구들은 그녀가 부부생활에 충실하지 않은 적은 절대 없었다고 말했다.

이러한 요소가 첨가되자 이 사건은 오셀로 스타일의 진정한 비극이 될 조건을 모두 갖추게 되었다. 물론 비극의 영웅은 케니였다.

사건들에 대한 이러한 버전의 이야기를 만들어내면서 언론은 사인규명에 참여하는 검시관의 특정한 말들에 도움을 받았고, 그렇게 해서 최종적인 보도가 이루어졌다.

《이브닝 포스트》는 그 헤드라인에서 입장을 분명히 했다. "의심이라는 초록 악마가 두 사람을 죽이다." 모터바이크 경주 에이스에게 가해진 중압감보다는 더 나은 시각이라는 게 분명하다. 이제 케니는 전적으로 비난받을 게 없는 듯 보이게 되었다.

《요크셔 포스트》는 카터를 완전하게 변호해주지는 않았다. 하지만 다른 언론과 같은 노선을 택했다. 그들이 택한 헤드라인은 "질투가 남편을 살인자로 만들었다"였다. "트랙을 벗어날 수 없었던 케니 카터는 아내인 팸이 외도하고 있다는 믿음에 사로잡히고 말았다… 그러나 가까운 친구 하나와 카터 부인의 아버지는 모두, 핼리팩스 배심원 심리에서 카터 씨가 끔찍한 실수를 저질렀다고 말했다. 그의 두 아이의 어머니는 충실한 아내였다"(*Yorkshire Evening Post*, 25 July 1986).

《요크셔 포스트》와 《텔레그래프 앤드 아거스》 두 신문 모두에 인쇄된 사건 심리의 세부사항들은 전혀 다른 이야기를 전할 수도 있었을 것이다. 그러나 세 신문 모두 질투라는 각도에서 본 이야기에만 초점을 맞추었으며, 세 신문 모두 검시관의 말로 보도를 마무리 지었다. "부부가 편안히 잠들기를 빕니다."

"질투가 비통한 케니를 살인으로 몰았다"라는 헤드라인을 뽑은 《텔레그래프 앤드 아거스》의 기사에는 다음과 같은 이야기가 실렸다.

이전 사건 심리에서, 앞서 언급한 팸의 가까운 친구인 힐리Healy 양은, 심한 말다툼이 이어졌고 팸은 케니의 질투와 폭력적인 기질을 더 이상 견딜 수 없었다고 말했다. 두 사람이 결혼하기 전에도 팸은 케니가 자기를 때리곤 한다고 그녀에게 말했었다. 팸은 케니를 떠나고 싶다고 말했다. 하지만 케니는 팸에게 이렇게 말했다고 한다. "너는 나를 떠나지 못할 거야. 너는 나를 절대 떠나지 못해. 너는 나를 떠날 수 없어. 떠나려 한다면 내가 죽여버릴 테니까." 비극이 벌어지기 이틀 전, 팸은 아이들을 데리고 집을 나가 부모님 집으로 갔다. 그녀의 아버지는 카터의 집으로 가서 그의 엽총 네 자루를 가지고 왔다. 그러나 5월 21일, 그 비극의 날에, 케니는 자동엽총을 친구에게 빌리고 탄약통 세 개를 구입했다. (*Telegraph and Argus*, 25 July 1986)

《요크셔 포스트》는 이 살인사건의 세부사항을 가장 명확하게 전달했다. 팸은 집 안에 홀로 들어섰다. "그는 계단 맨 위에서 첫 세 발을 아내에게 쏘았다… 그녀는 다리에 총을 맞았지만 자갈이 깔린 마당에 세워놓은 레인지로버로 달려가려 했다. 그녀는 얼굴을 바닥으로 향한 채 쓰러졌고 케니는 그녀의 등에 총을 겨누고 두 번 더 방아쇠를 당겼다"(*Yorkshire Post*, 25 July 1986).

그러나 《요크셔 포스트》에서 이를 두고 '영웅적인 아내의 탈출 시도'라고 불렀을까? 물론 그렇지 않았다. 그 대신에, 기사는 재빨리 방향을 바꾸어 케니 카터가 남긴 자살 유서와 그가 친구와 나눈 전화통화에 대해 자세히 전했다. 그리하여 팸을 살해한 데 따르는 끔찍한 공포는 케니가 회한을 토로하고 그녀와 가족에 대한 사랑을 고백하는 통에 휩쓸려 사라지고 말았다.

그러므로 우리가 얻게 되는 것은 바로 언론이 페미사이드를 재구성하여 만들어놓은 셰익스피어 스타일의 비극이다. 여기서 살인범은 비극의 영웅으로 등장하는데, 그는 사실 이중 비극의 영웅이다. 실제로 그와 그의 아내가 모두 질투에 의해 살해되기 때문이다. 그러나 적어도 그들은 '무덤 속에서 다시 함께' 있다.

우리는 이에 대해 우려해야 할까? 신문들이 이 사건을 모두 남편-살인범의 시점에서 보도하고 그를 미화한다고 해서 무엇이 달라진단 말인가? 나는 '사실'이 보도되는 방식이 우리가 생각하고 행동하는 방식에 영향을 끼친다고 생각한다. 그리고 이렇게 생각하는 사람은 나 혼자만이 아니다. 특히 영국 정부는 최근 편향된 보도에 작게나마 관심을 보였다. 내가 생각하기에 이러한 종류의 보도는 여성을 소외시키는 결과를 낳는다. 우리는 페미사이드에 대한 이러한 보도를 액면 그대로, 마치 또 다른 미스터리 사건처럼 받아들일 수 있다. 그러나 우리는 그 이야기가 말하고 있는 여성으로부터 소외된 채로 남게 된다. 그녀에게 일어난 일은 이해되지 않고, 그녀의 동기와 선택은 잘려나간다. 혹은 우리는 그저 자주 그렇게 하듯이, 편향된 보도에 어깨를 한번 으쓱하고는 여자들끼리의 소문에 의지하여 진실을 찾을 수도 있다. 하지만 이러한 대안은 이 세계에서 우리에게 주어진 소외된 가장자리 지위를 받아들이는 것이다. 그러므로 우리 여성들이 자신의 삶을 살아내고, 우리의 삶과 우리 주변의 삶을 이해하는 것이 중요하다.

그리고 이러한 기사들을 읽은 남자들은 아내를 죽이고 자살해버리면 비극적 영웅의 지위가 주어진다고 알게 될 것이 틀림없다.

1986년 5월 이후로 요크셔에서 이러한 사실을 알아차리지 못한 남자는 아무도 없다.

이야기가 다르게 쓰였다면 어땠을까? 만약 신문에서도 '사전 모의된 살인: 남편에게 잔인하게 살해당한 아내'라고 말해주었다면? 그는 아내가 떠나고 나면 스스로 살아갈 수 없는 무능한 겁쟁이였음이 분명하다고 말했다면? 혹은 그가 미치광이나 벌레 같은 존재로 묘사되었다면? 그랬다면 이야기는 그녀 자신과, 새로운 삶을 시작하려던 그녀의 용감한 시도에 초점을 맞출 수 있었을 것이다. 하지만 그런 이야기는 잘려나갔다.

만약 남자들이 범행을 저지른 뒤에 이런 식의 보도가 뒤따르리라는 걸 알게 된다면 아내를 죽이고 자살하는 남자의 수가 훨씬 줄어들 거라고 생각한다. 얼마나 줄어들지는 모르지만 한 명이라도 줄어든다는 것이 중요하다.

결론적으로, 나는 이것이 사망한 여성들, 페기 홀, 제인 올리비츠, 앨리슨 로버트슨Alison Robertson, 진 위스커, 팸 카터에게 중요한 일이라고 생각한다.

그것은 오락?:
잭 더 리퍼 그리고 성폭력 판매

데버러 캐머런

영국인들은 화려한 구경거리와 전통적 기념의식을 사랑하고 역사적 감각을 지닌 것으로 유명하다. 하지만 여성에 대한 남성의 폭력보다 더 전통적이며, 우리 역사의 더 많은 부분을 이루는 것이 있을까? 이 특정 전통이 오늘날까지 이어지면서 올해에는 주목할 만한 한 인물이 100번째 기념일을 맞게 됐다. 1988년은 바로 영국의 가장 유명한 살인마, 수많은 여성을 성적으로 학대하고 살해한, 이른바 '잭 더 리퍼'*의 100주년이다. 그를 기념하는 움직임이 이미 시작되었다. 스스로를 우스꽝스럽게 '리퍼학자Ripperologist'라 부르는 사람들은 벌써부터 그를 위한 대형 생일 파티를 준비하느라 분주하다. 재미를 위해서든 이익을 위해서든, 온갖 관심이 집중되고 있다. 출판사에서는 이 인물의 성격과 그

---

* (옮긴이주) 리퍼ripper는 시신을 토막 내는 살인범을 이르는 말이지만, '아주 멋진 사람'이라는 뜻의 속어이기도 하다.

가 벌인 사건들을 재검토하는 다양한 새 책들을 엄청나게 찍어내고 있다. 이번 가을에 돌아오는 잭 더 리퍼의 100번째 기념일 당일이 되기도 전에 다양한 기념행사와 미디어의 각종 프로그램, 그리고 리퍼 기념품에(티셔츠와 배지, 머그 등을 판매할 예정이라고 한다) 파묻힐 것 같다. 페미니스트들이 전혀 즐겁지 않은 마음으로 준비하는 행사들은 제외하고, 이렇게 아무 생각 없는 경축행사들을 통해서 결국 잭 더 리퍼가 저지른 일과 성적 살인자들이 100년이 지난 지금도 저지르고 있는 일의 진짜 의미는 묻히고 말 것이다.

관광상품

잭 더 리퍼에 대한 대중의 관심이 단지 100주년 행사로 시작된 것도 아니고 이것으로 끝나지도 않으리라는 점은 지적해둘 만하다. 100주년 기념행사는 이미 존재하던, '잭'을 토대로 세워진 문화산업 전체를 강화할 뿐이다. 아주 오랜 세월 동안 잭 더 리퍼는 사람들이 '국가 유산'이라 부르는 것의 일부였다. 그는 이제 사라진 빅토리아 시대의 런던, 자갈이 깔린 거리와 가스등이 있던 낭만화된 이스트엔드*의 상징이다.

　이러한 버전의 역사는 하나의 관광상품이자 지역적 자부심의 원천으로 쉴 새 없이 팔려나간다. 전국의 밀랍인형 박물관에도 어김없이 등장한다. 런던에서는 열두 가지도 넘는 다양한 형태로

---

* (옮긴이주) 부유한 웨스트엔드와 대비되는 런던의 가난한 지역.

만날 수 있다. 피카딜리 서커스에 있는 트로카데로에선 방문객들에게 진짜 같은 '잭 더 리퍼 경험'을 제공한다. 이스트엔드에서는 가이드를 따라 '잭 더 리퍼의 런던' 투어에 참여할 수 있는데, 이 투어는 마지막으로 잭 더 리퍼 펍에서 한잔 마시는 걸로 끝이 난다. 이걸 특별히 불쾌하게 생각하는 사람은 아무도 없어 보인다. (보스턴에 보스턴 스트랭글러라는 펍이 있는가? 아니면, 케임브리지에 케임브리지 레이피스트라는 펍이 있는가?) 잭 더 리퍼는 완전히 세탁되어, 마치 로빈 후드 같은 민족 영웅으로 변신했다. 그의 이야기는 전혀 해로울 것 없는 재밋거리로 포장되었다. 그것이 여성혐오와 사디즘에 관한 이야기라는 걸 지적하면 눈치 없이 흥을 깨는 사람이 되고 만다.

심각한 위험의 시작이 되는 사소한 사건

잭 더 리퍼를 런던의 예스럽고 진기한 캐릭터로 마케팅하고 있는 사람들이 그의 여성혐오를 감추거나 무시하는 잘못을 저지르고 있는데도, 다른 사람들은 명백하게 그것에 매료되고, 상업적 이익을 얻고자 그것을 이용하기로 결정했다. 이를테면 잭 더 리퍼 컴퓨터게임이 얼마 전에 출시되었다(게임 안내문에 따르면 이러한 출시 타이밍은 결코 우연이 아니다). 이 게임에서는 당시 살인사건들을 섬뜩한 세부사항까지 재현한다. 게임 이용자의 화면에 나타나는 이미지에는 목이 잘리거나 내장이 밖으로 튀어나온 여자들의 모습도 들어 있다. 게다가 이런 이미지들은 단지 컴퓨터 그래픽이나 만화로 제작된 것이 아니라, 실제 모델을 촬영한 것이라서 상당히 사실적으로 보인다. 이 게임은 일반 인가가 나지 않고, '18세' 이상, 즉 성인 전용 등급으로 분류됐다. 게임이 이렇게 제한적인 등급을 받은 것은 처음이다.

이 같은 개척자적 사례가 처음 나왔으니 '성인용' 가학적-포르노그래픽 컴퓨터게임 및 비디오게임이라는 새로운 장르가 발전하게 될지 귀추가 주목된다. 만약 그렇게 된다면, 잭 더 리퍼는 '오락'으로 여겨지는 것과 보다 분명하게 불쾌하게 여겨지는 것 사이를 잇는 다리 역할을 다시금 교활하게 해낼 것이다. 사소한 사건이지만, 심각한 위험의 시작인 셈이다.

리퍼학

여성혐오가 만연해 있는 또 다른 분야는 이른바 '리퍼학자'라고 불리는 사람들의 사이비 지적 저술들이다. 앞서 언급했듯이, 다가오는 잭 더 리퍼의 기념일은 '학술' 저서들이 쏟아져 나오는 새로운 계기가 되었으며, 여기에는 다음과 같은 의견들이 보석처럼 점점이 박혀 있다. "굳이 살인을 저지르지 않더라도 남자라면 누구나 섹스를 충분히 할 수 있었다… 어떤 의미에서 강간이란 19세기 잉글랜드에선 꼭 필요한 것은 아니었다"(Wilson 1987). 이런 종류의 글에서 알게 되는 것은 고의적인 무지와 자기만족적인 남성들의 어리석음은 물론(내가 아는 한 리퍼학자들이란 모두 남성이다), 성적 쾌락을 위해 사람을 죽이고—잭 더 리퍼처럼—교묘히 빠져나간다는 생각에 억제할 수 없이 에로틱하게 흥분한 모습이다.

잭 더 리퍼의 실제 역사는 관광객을 위한 공식 버전보다는 덜 편안하고, 리퍼학자들의 환상보다 덜 영웅적이다. 중요한 사실들을 다시 소환하여 현재 벌어지고 있는 사건들과의 연관성을 따져 보자.

1888년 런던 이스트엔드에선 정체가 드러난 적이 없는 한 남자가 특별할 만큼 끔찍한 연쇄살인을 저질렀다.* 이제까지 우리에게 알려진 바로는 피해자가 모두 다섯인데, 가난한 노동계층 여성들이었다. 이들은 거리에서 물건을 팔아 버는 돈이나 자선단체의 구호품만으로는 생계를 유지할 수 없어서 성매매에 가담했다(이런 현실은 오늘날까지 거의 변하지 않았다!). 피해 여성들의 시신은 모두 비슷한 상태로 발견되었다. 흉측하게 팔다리가 잘려나갔고 내장이 나와 있었다. '공포의 가을'이라 알려지게 된 이 시기에 런던 경찰당국은 자신이 살인자라고 주장하며 '잭'이라고 서명한 여러 통의 편지를 받았다. 한 편지에는 그의 범행 동기가 담겨 있었다. "나는 창녀들을 견딜 수 없다. 내가 쇠고랑을 찰 때까지 창녀들을 찢어 죽이는 일을 멈추지 않을 것이다."

살인사건들은 다양한 방식으로 이야기되었다. 어떤 사람들은 성매매 자체가 문제라고 보았고, 여성들의 섹슈얼리티를 더욱 통제하는 것이 해결책이라 생각했다. 또 어떤 이들은 이스트엔드의

---

* (저자주) 잭 더 리퍼의 정체에 대한 추론들은 그 자체로 하나의 산업을 이루고 있다. 근거 없는 짐작에서부터 완전히 터무니없는 가설까지 그 범위도 다양하다. 여성들은 프리메이슨이나 영국 왕가의 일원이 살인을 저질렀다는 이론에 익숙하다. 리즈 프레이저Liz Frazer와 나는 우리가 공동 집필한《살인 욕망Lust to Kill》을 위해 연구조사를 벌이면서 이러한 생각들을 검토했고, 이를 뒷받침하는 충분한 증거가 있다고는 생각하지 않았다. 우리가 알고 있는 것은 '잭'이 틀림없이 남자였으리라는 것뿐이다.

슬럼에서 살인범의 짐승 같은 욕구가 터져 나온다고 생각하고, 이곳을 소탕할 것을 정부에 촉구했다. 그리고 또 어떤 이들은 이 모든 일이 전부 외국인들, 또는 유대인들 탓이라며 비난했다.

여성혐오와 계급차별과 인종차별이 이렇게 쏟아져 나오는 가운데 잭 더 리퍼의 행위와 여성에 대한 남성 폭력의 일반적 수위를 연결하는 일은 몇몇 여성에게만 맡겨졌다. 그러한 폭력은 결국 계층과 공동체와 환경조건을 막론하고, '존경받는' 여성이든 '타락한' 여성이든 모든 여성들이 일상적으로 경험하는 일이었다. 더욱이 그러한 폭력은 지금도 피에 굶주린 잭 더 리퍼의 울부짖음 같은 소리를 하는 똑같은 사람들에 의해 용납되었다. 펜윅 밀러Fenwick Miller 부인은 1888년《데일리 뉴스Daily News》에 보낸 편지에 이렇게 썼다. "매주, 매달, 여자들은 차이고, 맞고, 공격당하다가 결국에는 얻어터지고, 으스러지고, 칼에 찔리고, 독설로 상처받고, 붉게 달궈진 부지깽이로 내장이 제거되고, 고의로 불태워진다. 그리고 여자가 죽으면 이런 잔인무도한 행위는 '우발살인'이라 불린다. 여자가 죽지 않고 살아 있으면 그것은 평범한 폭행이 된다." 그런데 흥미롭게도, 리퍼학자들이라는 사람들의 글은 밀러 부인의 편지로 대표되는 페미니스트의 저항에 대해 언급하는 법이 없다. 적어도 단 한 명의 저자가 밀러 부인의 말을 인용하고는 있지만 정확한 출처도 모르고 있다. 1888년 남성의 폭력을 분석하고 그에 저항했던 여성들이 존재했음은 중요한 사실이지만 은폐되는 경우가 많았다. 이번 100주년 행사에서도 이들이 언급되지는 않을 것이다.

밀러 부인의 말에서 볼 수 있듯이, 지난 100년 동안 변한 것은 거의 없다. 여성에 대한 남성 폭력은 여전히 별다른 처벌을 받지 않고 계속되고 있으며, 잭 더 리퍼가 개척한 살인 유형은 규칙적인 간격을 두고 반복되어왔다. 1940년대의 '블랙아웃 리퍼', 1960년대의 '잭 더 스트리퍼', 1970년대의 '요크셔 리퍼'는 잭 더 리퍼의 전통을 이어온 남성들 가운데 가장 악명 높은 대표 사례들에 지나지 않는다.

문화적 영웅

여기에선 '전통'이라는 단어가 적합하다. 많은 남자들이 이 살인범에게 문화적 영웅의 지위를 부여하고 의식적으로 동경하고 모방한다는 사실은 분명하다. 일례로 요크셔 리퍼 사건이 진행되던 중에 경찰은 자신을 '잭'이라고 부르는 한 남자가 보낸 테이프를 받았다. 속임수를 써서 수사를 심각하게 잘못된 방향으로 이끈 이 사기꾼은 화이트채플 연쇄살인사건*에서 단서를 가져왔을 만큼, 그 사건의 세부사항까지 분명 잘 알고 있었을 것이다. 실제 살인범은 피터 서트클리프였는데, 그 또한 잭 더 리퍼 전설에 매우 익숙했다. 그는 모어컴이라는 해변 도시의 밀랍인형 박물관(또 하나의 여성혐오 관광지로, 나중에 서트클리프의 밀랍인형까지 설치했다)에 설치된 '잭' 인형을 자주 찾아보곤 했었다. 재판에서는 "창녀들을 견딜 수 없었다"는 똑같은 변론을 이용하기까지 했으며, 자신

---

* (옮긴이주) 화이트채플은 런던 이스트엔드의 빈민구이며, 이곳에서 1888년에서 1889년까지 잭 더 리퍼가 벌인 것으로 추정되는 살인사건들이 일어났다.

의 형에게는 "거리를 청소하고 있는" 거라고 말했다. 이러한 그의 태도는 1888년 빅토리아 시대 런던에서 그러했듯이, 1981년에도 여전히 받아들여졌다.

잭 더 리퍼 100주년 기념행사를 보면서 나는 '잭 더 리퍼의 런던'에 대한 이 모든 향수가 대체 왜 생겨난 것인지 묻고 싶어진다. 사실 어느 면으로 보나 우리는 여전히 같은 현실에 살고 있는데 말이다! 남성이 여성에게 저지르는 가학적이고 성적인 살인은 자갈 깔린 거리나 가스등과 함께 사라지지 않았다. 오히려 성적 살인사건을 일으키는 태도와 권력구조는 오늘날에도 여전히 우리와 함께 있으며, 다른 한편으로 잭 더 리퍼는 바로 지금 이곳에서 남성들이 저지르는 끔찍한 폭력행위에 강력한 영감을 제공하고 있다. 잭 더 리퍼 살인사건 100주년을 그럴듯한 전국적 기념행사로 제안하는 것은 과거의 여성살해를 하찮은 것으로 만들 뿐 아니라 계속되는 여성에 대한 폭력을 즐기게 만든다. 그리고 이것은 지난 100년 동안 남자들의 손에 죽어간 여성들에 대한 기억을 모독하는 것이다. 살아남은 우리에겐 이 사회가 우리의 목숨을 얼마나 하찮게 여기는지를 다시 상기시키는 고통스러운 일이다.

기괴한 100주년 기념일

이 기괴한 100주년 기념일이 점점 다가옴에 따라, 우리는 여성들의 고통과 저항이 잊히지 않도록 우리가 할 수 있는 일들을 해야한다. 다양한 종류의 시위와 직접 행동이 요청된다. 가장 작은 일이겠지만, 페미니스트들은 '잭 더 리퍼' 관련 상품들을 생산하고 판매하는 이들에게 항의 서한을 보내야 한다(비디오게임에서부터 시작할 수 있겠다). 또한 100주년 기념을 위해 조직된 이벤트들은 물론 트로카데로 같은 관광용 구경거리를 방해하는 것, 그리고/또는 그 앞에서 피켓을 들고 시위를 벌이는 것도 고려해야 한다.

나는 또한 페미니스트들이 스스로 대안적인 행사들을 조직할 것을 기대한다. 그리하여 다른 이들이 숨기고 싶어 하는 진실, 곧 성적 살인이 만연한 현실과 성적 살인의 중요한 의미에 대중이 관심을 갖도록 유도하고, 더 넓게는 남성 폭력이 사회에 스며드는 방식을 알릴 수 있길 바란다. 내가 절실하게 생각하는 것들 중 하나는 잭 더 리퍼에게 살해된 다섯 여인과 더불어 이후 남자들의 손에 죽어간 다른 여자들까지 함께 공개적으로 추모할 수 있는 방법을 찾아야 한다는 것이다. 범죄자를 미화하는 이들이 강제로라도 피해자를 기억하게 해야 한다. 페미니스트들은 보통 피해자victim라는 단어를 꺼리지만, 성적 살인에서 살해된 여성을 가리키는 데는 이 단어가 가장 정확하다.

마지막으로, 나는 우리가 무엇을 하든, 남성 폭력에 맞선 우리의 저항이 맥락과 역사를 지니고 있음을 인식하고, 다른 사람들에게도 알려야 한다고 생각한다. 우리가 지금 하고 있는 말들은 우리 이전에 우리의 자매들이 이미 했던 말들이다. 우리는 모든 형태의 남성 폭력을 규탄하며, 성적 살인을 무해한 오락이자 기념할 만한 대의로 여기는 태도에 저항한다.

캠페인

긴급 추가: 이 글이 쓰인 뒤, 이스트런던 여성들은 여성 시의원의 도움을 받아 캠페인을 통해 잭 더 리퍼 펍 문제에 대중의 관심을 끌어들이는 데 성공했으며, 그 결과 이 양조장 겸 술집은 가게 이름을 원래대로 '포 벨스'로 되돌리는 데 동의했다. 페미니스트 시위가 효력을 발휘할 수 있음을 보여준 사례다.

스너프:
궁극적 여성혐오

베벌리 라벨

〈스너프Snuff〉란 젊은 여성을 실제로 살해하고 그 신체를 절단하는 모습을 보여준다고 홍보된 한 영화의 제목이다. 이 영화는 마지막 5분간 참혹한 학살 장면을 보여주는 것으로 악명이 높았다.

이 영화가 수면 위로 떠오른 것은 1975년 뉴욕 경찰청(NYPD)이 실제 살인 장면을 담은 남아메리카의 '지하' 포르노그래피 영화 몇 편을 압수했다고 발표한 직후였다. 이 영화들에 '스너프' 필름이란 이름이 붙은 것은 여배우들이 카메라 앞에서 살해되었기 때문이다.* 이는 기존의 포르노그래피에 물린 나머지 성욕을 돋우기 위해 단순한 성행위 장면만이 아니라 살인을 요구하는 특정 관객들을 자극하려는 것이었다. 경찰의 이 같은 발견 때문에 일반 포르노그래피 시장에서도 호기심이 촉발되었고 상업화된 '스

---

* (옮긴이주) snuff는 원래 촛불의 심지를 누르거나 끊어서 불을 끈다는 의미가 있는데, 여기에서 죽인다는 의미도 파생되었다.

너프' 필름이라는 장르가 탄생했다.

〈스너프〉의 시나리오는 사탄이라는 이름의 한 남성이 지배하는 남아메리카의 사교cult집단을 배경으로 펼쳐진다. 그를 추종하는 이들은 모두 사랑스러운 젊은 여성들이며, 그의 명령에 따라 기꺼이 강도와 구타와 살인을 당할 준비가 되어 있다. 이 특별한 사교집단에 들어가려는 여성들은 한 명씩 사탄에 대한 헌신을 다짐하고자 고문을 견디는 입문의식을 거쳐야 한다. 여기에는 가난한 이들이 겪는 고통에 대한 복수로 부자들을 죽인다는 약간의 수사가 들어 있긴 하지만, 이런 내용이 두드러지는 경우는 절대 없다. 다만 영화 속 폭력을 정당화하려는 시도에서 덧붙여진 것이 분명해 보인다. 사교집단은 토요일 오후의 '공포'영화에 등장하는 것과 비슷한 혼란스러운 주술적인 믿음을 견지한다. 하지만 영화 제작자는 사탄의 헌신적 추종자들과 찰스 맨슨Charles Manson의 '패밀리family' 사이에 대응관계를 이끌어내기를 바랐다.*두 집단의 유사성은 단순한 우연의 일치라기에는 너무 많고 명백하다. 영화 〈스너프〉가 섹스와 폭력의 새로운 원형으로서 찰스 맨슨의 이미지를 정교하게 모방했다는 사실엔 의심의 여지가 없다.

영화의 플롯은 개연성이 없지만, 결국 그 사교집단이 고통받는 빈민들과 그들의 '종교'에서 믿는 악마-신의 원한을 갚기 위

---

* (옮긴이주) 찰스 맨슨은 맨슨 패밀리라는 사교조직을 만들어 살인을 일삼았다. 특히 로만 폴란스키 감독의 집에 침입하여 집 안에 있던 다섯 사람을 살해했으며, 그 가운데 임신 중이었던 감독의 아내이자 배우인 샤런 테이트를 잔혹하게 죽인 혐의로 체포되어 유명해졌다.

해 살인의식을 계획한다는 것만은 분명해진다. 일단의 신비주의자들이 사람들을 닥치는 대로 계속 죽여나가는데, 살해되는 사람들 가운데 상류층에 속하는 듯한 사람은 아무도 없다. 한 장면에서는 사교조직의 구성원이 자신의 옛 연인을 면도날로 거세해버림으로써 원한을 갚는다. 실제로 성기를 자르는 장면은 보여주지 않고 고통으로 일그러지는 남자의 얼굴만 등장한다. 아마도 감독은 남성이 여성에 의해 파괴되는 이 장면을 영상으로 묘사한다면 남성 관객들에게는 지나치게 혐오감을 줄 수 있다고 느꼈을 것이다. 이 섬뜩한 장면이 지나가면, 피에 굶주린 사교 신도들이 오랫동안 기다려왔던 그들의 '완벽한 희생양'을 희생제물로 바칠 준비에 들어간다. 즉 그들은 아름다운 금발 여인(섀런 테이트Sharon Tate의 환생인 게 틀림없다)의 자궁을 갈라 아직 태어나지 않은 아기를 꺼내려 한다. 우선 그들은 이 금발 여인의 부유한 연인을 총으로 쏘아 죽이고, 그런 다음 그녀가 누워 있는 침대를 둘러싼다. 겁을 먹고 몸을 웅크린 그녀의 커다란 배가 새틴 시트에 덮인 채 불쑥 솟아 있다. '악의 세력'을 불러 모으는 가운데 단검이 높이 들어 올려졌다가 무참하게 배에 꽂힌다. 피가 솟구치고 양수가 쏟아지는 소리가 터져 나온다.

한동안 정적이 흐른 뒤 카메라가 뒤로 물러난다. 그러면 영화 제작 스태프가 보이고 그들은 마지막 장면이 성공적이었는지 이야기하고 있다. 제작 보조로 보이는 젊고 예쁜 금발 여자 하나가 감독에게 다가와서 칼로 찌르는 피날레를 보고 자신이 얼마나 성적으로 흥분했는지 이야기한다. 매력적인 감독은 그녀에게 함께 침대로 가서 그녀의 판타지를 실현해보지 않겠느냐고 묻는다. 두 사람은 침대에서 서로를 더듬는다. 그러다가 그녀는 여전히 촬영이 계속되고 있음을 깨닫고는 저항하며 일어나려고 한다. 감독은 침대에 놓여 있던 단검을 집어들고 말한다. "이년아, 이제 원하는 걸 갖게 될 거야." 그런 다음 일어나는 일은 이루 말로 표현하기 어렵다. 그는 천천히, 깊고, 철저하게 그녀를 도륙한다. 속이 뒤틀릴 정도의 역겨움이 보는 이를 압도한다. 엄청나게 쏟아지는 피, 잘게 으깨지는 손가락, 잘려나가는 두 팔, 톱으로 썰리는 두 다리. 그럼에도 죽어가는 그녀의 입에서는 강처럼 많은 피가 계속 흘러나온다. 그러나 절정에 이르려면 아직 조금 기다려야 한다. 조금도 희석되지 않고 순수하게 악한 한순간, 감독은 여자의 배를 가르고 그녀의 몸 안을 휘저으며 승리의 오르가슴에서 터져 나오는 괴성을 지른다. 끝… 암전되는 화면. 영화의 마지막에 올라가는 엔딩 크레디트는 없다.

〈스너프〉는 페미니스트 진영으로부터 강력한 항의를 이끌어낸 최초의 포르노그래피 영화 가운데 하나였다. 이 영화는 벌거벗은 여성의 몸에 전념해온 셀 수 없이 많은 영화와 잡지에 숨겨져 있던 의미에 대한 우리의 의식을 바꿔놓는 전환점이 되었다. 〈스너프〉 때문에 우리는 X등급 영화 상영관을 지나칠 때마다 더 이상 고개를 다른 쪽으로 돌릴 수 없게 되었다. 우리는 오랫동안 열심히 포르노그래피 산업을 지켜보아야만 했다. 〈스너프〉의 유혈이 낭자한 화면은 결국 포르노그래피의 여성혐오를 페미니스트의 주요 관심사로 만들었다.

전국 어디든 이 영화를 내건 곳이라면 페미니스트들이 몰려가 영화 상영에 항의했다. 1977년 9월 말 샌디에이고의 지역 극장에서 〈스너프〉가 상영된다는 것을 한 페미니스트가 알게 되었다. 즉석에서 만들어진 전화 연락망을 따라 페미니스트 단체, 지역사회 단체, 교회 단체에 속한 여성들에게 소식이 전해졌다. 그리고 그날 밤 위민스 스토어Women's Store에서 회의가 소집되었다. 그곳에 모인 여성들은 전략을 논의하고, 다음 날 밤 영화관 앞에서 피켓을 들고 시위하기로 결정했다. 실제로 무슨 일이 일어났는지는 《뉴 우먼스 타임스New Woman's Times》에 실린 편지에 담겨 있다.

그다음날 밤 40명 정도 되는 여성들이 첫 상영시간 한 시간 전에 모였습니다. 우리는 극장 앞에서 원을 이루어 걸으면서 외쳤습니다. "〈스너프〉 상영을 당장 중단하라!" "이것은 여성에 대한 폭력이다." 우리는 (그날 우리가 인쇄해서 가져간) 전단지를 슈퍼마켓과 근처 가게에서 나오는 사람들에게 나누어 주었습니다. 게다가 몇몇 TV방송국에서 피켓시위를 보도하기 위해 와준 덕분에 우리는 이 도시에 살고 있는 많은 사람들에게 우리의 주장을 전달할 수 있었습니다. 채널 8에서는 영화를 선정적으로 다루면서 우리보다는 극장주 및 영화를 보러 온 사람들과 더 오래 인터뷰를 했지만, 다른 방송국들은 여성에 대한 폭력 문제를 각 가정에 전달하는 훌륭하고 균형 잡힌 보도를 해주었습니다.

우리가 피켓을 들고 시위를 시작한 지 두 시간이 지나자 우리의 행동이 성공적이었다는 것이 입증되었습니다. 극장에 들어가는 사람이 아무도 없었습니다. 우리는 다섯 시간 동안 행진했습니다. 극장을 떠나기 전 우리는 〈스너프〉 상영을 그만둘지 알아보고자 극장 매니저와 이야기를 나누었습니다. 매니저는 지금 사람들의 관심을 엄청나게 받고 있기 때문에 앞으로 한 주 더 영화를 상영할 것이라고 말했습니다. 우리는 다음 날 밤에도 또 오겠다고 말했습니다.

다음 날 밤 우리가 극장에 다시 갔더니, 영화가 바뀌어 있었습니다. 이것은 우리가 〈스너프〉에 맞서 즉석에서 임시방편으로 만들어낸 조직활동을 통해 공동체가 압력을 행사한 데 따른 직접적 결과라고 생각합니다. 우리의 마지막 행동은 이 도시의 지역신문인 《샌디에이고 유니언*San Diego Union*》을 방문하는 것이었습니다. 우리는 이 신문사로부터 〈스너프〉가 샌디에이고 내 다른 극장에서 다시 상영되더라도 이 영화에 대한 광고를 싣지 않겠다는 확약을 받았습니다. (*New Woman's Times*, 1977)

다음번 〈스너프〉 항의시위의 장소는 콜로라도 주 덴버였다.

콜로라도 주 덴버의 여성 공동체는 〈스너프〉를 상영하려는 시도에 맞서 저항했습니다. 우리 가운데 두 사람이 극장 체인을 상대로 대규모 전화 캠페인을 벌여 계속해서 극장 주인을 못살게 굴었습니다. 우리는 공동체 전역과 극장이 있는 동네에 전단지를 유포했습니다. 그런 다음에는 덴버 지방검찰청 검사 데일 툴리Dale Tooley에게 탄원서를 제출했습니다. 툴리 검사는 (선거가 가까운 시기였으므로) 영화 상영을 금지시키고, 그러한 조치에 대한 공을 모두 자신이 차지했습니다.

영화 상영이 금지되었다는 사실을 알기 전에 우리는 극장에 모여서 영화에 항의하거나 상영 자체를 방해하려고 준비했습니다. 그러나 그렇게 할 필요가 없어졌습니다. 우리가 지방검사에게 가한 압력이 바라던 결과를 가져왔기 때문입니다. (*New Woman's Times*, 1977)

뉴욕에서는 타임스스퀘어 근처 영화관에서 처음 〈스너프〉가 상영되었는데, 마침 실제 강간과 살인 장면을 보여주는 포르노그래피 영화들이 은밀하게 출시되어 상당한 대중적 관심을 받고 있을 때였다. 이 영화들은 비밀리에 상영되었으며, 입장료가 한 사람당 100달러에서 500달러에 이르렀다(*San Diego Union*, September 29 1977). 뉴욕에서도 〈스너프〉는 매일 피켓시위를 벌이는 페미니스트들을 끌어들였으며, 이러한 상황은 표현의 자유라는, 헌법으로 보장된 권리에 대한 기나긴 논쟁을 불러일으켰다. 다음은 뉴욕 시내에서 페미니스트들이 배포한 전단지에서 발췌한 내용이다.

우리는 왜 여기에 있는가? 우리는 현재 뉴욕 내셔널시어터에서 하루 24시간 상영되고 있는 〈스너프〉의 촬영, 배급, 대중적 마케팅에 반대한다. '스너프'라는 용어는 지하 영화계에서 여성을 냉혹하게 실제로 살해하는 장면을 담은 포르노그래피 영화들에 쓰여왔다. 알려진 바에 따르면, 이런 유형의 영화 한 편이 아르헨티나의 부에노스아이레스에서 제작되었으며, 이 영화에서는 실제 여성이 살해되었다. 광고에는 현재 상영되고 있는 영화가 바로 그 영화임이 암시되어 있다.
현재 상영 중인 영화 〈스너프〉에 담긴 살인 장면이 실제인지 연출된 것인지는 문제가 아니다.* 성폭력이 성적 오락으로 제시되고 있다는 것, 여성을 죽이고 그 신체를 절단하는 것이 상업영화의 내용이라는 점이 여성으로서, 인간으로서 지닌 정의감을 유린한다. 여성들과 여타 양식 있는 사람들이 맨해튼 지방검사 로버트 모겐소Robert Morgenthau의 사무실에서 시위를 벌일 것이다. 실제 여성을 고문하고 살해한 장면을 녹화한 것이라고 주장하는 영화의 현존하는 분명한 위험을 이 자치구에서 인정하길 거부한 데 항의하려는 것이다.

예술계와 종교계, 사회복지 분야의 유명한 시민들이 이 영화의 상영 취소 청원에 서명하여 전보로 송달하였으나 지방검사로부터 아무런 답신도 받지 못했다. 해당 지방검사는 내셔널시어터 앞에서 계속 진행되는 시위에도 반응하지 않았으며, 수많은 시 공무원들에게 걸려온 수백 통의 전화에도 응답하지 않았다.**

"피켓이 티켓을 팔아준다." 〈스너프〉의 배급과 광고를 맡은 앨런 섀클턴Allan Shackleton이 한 말이다. 섀클턴은 기자들에게 자신은 "돈을 벌고 영화산업에서 인정받고자 애쓰고 있다"고 말했다. 그는 또한 〈스너프〉의 후속편을 만들자는 몇몇 제안을 받았다고 말했다(*Sister Courage*, April 1976).

---

* (저자주) 여성들은 〈스너프〉에서 정말로 여자가 죽었을 가능성에 대해 매우 염려했다. 그러나 영화 배급자들이 '실제' 여자가 살해당했다는 말을 부인하자 페미니스트들은 급히 움직여, 여성살해는 '스너프' 영화들에 대해 염려되는 많은 사항들 중에 첫 번째 사항에 지나지 않는다고 분명히 밝혔다.
** (저자주) 임시로 조직된 〈스너프〉에 반대하는 뉴욕 페미니스트 단체가 배포한 전단지. 잘 알려진 페미니스트 작가이자 저널리스트인 레아 프리츠Leah Fritz가 연락책이었다.

뉴욕에서는 피켓시위와 전화 통화, 그리고 지방검사 사무실에서의 시위가 영화를 금지하는 어떤 행동을 일으키지는 못했다. 하지만 버펄로, 로스앤젤레스, 새너제이 같은 전국의 다른 도시들에서는 여성단체들의 행동 개시 이후 〈스너프〉 상영이 조기 중단되었다.

우리가 마지막으로 뉴욕 주 몬티첼로에서 벌인 일련의 사건은 여기에 보고할 가치가 있다. 〈스너프〉가 몬티첼로에 들어왔을 때 전미여성기구National Organization for Women(NOW)와 '여성에 대한 폭력에 반대하는 여성들'(WAVAW) 지부에서 항의집회를 조직했다. 150명이 넘는 사람들이 영화의 첫 상영에 참석했다. 관객들은 전 연령대의 사람들로 이루어져 있었다(X등급 영화를 볼 수 있는 법정 최저연령은 18세였다).

몬티첼로의 제인 벌레인Jane Verlaine이 이끄는 세 명의 여성이 영화의 첫 상영 이후 경찰에 고발했다. 그 근거는 이 영화가 여성 살해를 성적으로 조장하고 있다는 것이었다. 〈스너프〉 상영 이후 벌어진 사건들은 다음과 같다. 몬티첼로 지역 일간지 《타임스 헤럴드 리코드The Times Herald Record》에서 매일 보도한 기사를 발췌했다.

1976년 3월 11일 목요일:
40명가량의 사람들이 모여 〈스너프〉 상영에 반대하는 평화로운 시위를 벌였다. 〈스너프〉는 여성의 배를 갈라 내장을 꺼내는 장면이 담긴 영화다. 소수의 남자들도 시위에 참여했으며, 시위대는 리알토 극장 앞에서 행진했다. 그들이 들고 있던 플래카드 중에는 "스너프는 여성을 죽인다―스너프를 없애라"라고 쓴 것도 있었다… 제인 벌레인은… 시위 지도자들 가운데 한 사람으로… 영화의 첫 상영 후 몬티첼로 경찰에 고발했다. 고발의 근거는 이 영화의 판촉활동이 "여성살해를 성적 자극으로 광고하고 옹호한다"는 것이었다. 그들은 영화의 일부 내용을 경찰에 이야기했다. 월터 램지Walter Ramsay 경사는 항의 내용을 기록하면서 지방검사 이매뉴얼 겔먼Emanuel Gellman이 자신에게 이렇게 충고했다고 밝혔다. "현재 상태로는 고발의 근거가 성립되지 않는다." 겔먼은 "폭력성만이 유일한 고발 사유라면 우리가 움직일 여지가 없다"면서 그렇기 때문에 극장 소유주 리처드 데임스Richard Dames에게 어떠한 조치도 취할 수 없다고 설명했다. 그가 조치를 취할 수 있는 경우는 고발이 포르노그래피에 근거했을 때뿐이라고 그는 말했다. 그리고 이번 경우에는 포르노그래피가 관련되어 있지 않은 것으로 생각한다고 했다. (*The Times Herald Record*, March 11 1976)

3월 12일 금요일, 여성들이 이매뉴얼 겔먼 지방검사 앞으로 고발장을 가져갔다. 그리고 일요일에는 형사범죄 신고서를 작성했다. 문제의 극장 소유주 리처드 데임스는 2급 외설 혐의로 법정에 출석하라는 명령을 받았다. WAVAW에서는 변호사를 고용했으며, 양측 모두 싸움에 임할 자세를 단단히 갖추었다.

계속해서 일정이 연기되고 법정 이견다툼이 이어졌다. 피고 측에서는 기각 명령 신청서를 제출했고 법정은 3주간 휴정했다. 법원은 법정 검토를 위해 소환장을 발부받아 영화를 증거로 제출하도록 WAVAW에 명했다. WAVAW 측 변호사 앤드리아 모런Andrea

Moran은 소환장을 발부받았으나, 재판 전날 밤 소환장이 파기되었다. 바로 다음 날 판사는 증거 불충분을 사유로 사건을 기각했다. WAVAW는 영화의 복제본을 가지고 있지 않았다. 모런 변호사는 이 '캐치-22' 상황*에 이의를 제기했고, 항소가 이루어졌다. 그러는 사이 열 달이 지났고, 결국 1977년 12월 하순이 되어서야 다음과 같은 뉴스가 지역신문에 실렸다.

> 1977년 12월 16일 수요일:
> 지방법원 판사 루이스 B. 샤인만Louis B. Scheinman은 마을법원의 결정을 뒤집어, 1976년 3월 몬티첼로에서 〈스너프〉를 상영한 것과 관련하여 극장 소유주 리처드 데임스의 외설 혐의에 관한 재판을 명령했다.
> 이 결정은 페미니스트 단체 '여성에 대한 폭력에 반대하는 여성들'(WAVAW)의 승리를 의미했다. WAVAW는 현실처럼 보이는 여성살해와 신체절단 장면을 담은 이 영화가 여성에 대한 폭력행위를 조장한다는 것을 근거로 기소했었다…
> 지난 화요일, 모런 변호사는 샤인만 판사의 결정을 '품위를 위한 진정한 승리'라고 부르며, 이에 매우 만족한다고 말했다. (*The Times Herald Record*, December 17 1977)

이 결정 뒤에 리처드 데임스 측 변호사는 앤드리아 모런 변호사와 접

---

* (옮긴이주) 조지프 헬러Joseph Heller의 소설 《캐치-22*Catch-22*》에서 나온 표현으로, 진퇴양난의 곤경을 뜻한다.

촉했다. 데임스가 〈스너프〉 상영에 대해 모든 여성들에게 공개적으로 사과하고 여성들은 고발을 철회한다는 데 양측이 합의했다. 합의가 이루어진 뒤 리처드 데임스는 자취를 감췄다.

백인 남성이 우리에게 말해주지 않는 것: 버클리 페미사이드 정보교환소의 보고서

크리스 도밍고*

1991년 5월 어머니날 직후에 나는 버클리 페미사이드 정보교환소의 소식지《기억과 분노 *Memory and Rage*》의 교정을 보고 있었다. 전화벨이 울렸다. "크리스, 오클랜드 에스추어리에서 또 여자 시신이 발견됐어. 지난번에 여자 시신이 발견되었던 곳과 같은 장소야. 이거 연쇄살인범 같은데." 나는 화가 나고 구역질이 나는 상태로 신문기사들을 확인했다.

발견된 여성은 레슬리 베일 데네뷰 Leslie Vaile Denevue라는 43세 여성으로, 커뮤니티 칼리지 학생인 두 자녀를 둔 어머니였다. 그녀는 살해되어 머리가 잘려나갔으며, 팔다리가 없는 몸통은 자루

---

* (저자주) 이 글을 쓰는 것은 진정 집단작업 과정이었다. 다음의 사람들과 여러 차례 토론하는 가운데 수많은 주요 아이디어들이 도출되었고 피드백도 풍성하게 제시되었다. 샌프란시스코 주립대학 여성학과의 치노솔 Chinosole과 앤절라 데이비스 Angela Davis, 그리고 맥스 대슈 Max Dashu, 멜리사 팔리 Melissa Farley, 리키 배솔 Rikki Vassal 에게 감사한다. 또한 편집을 도와준 캔디다 엘리스, 케이시 카이저 Kathy Kaiser, 나오미 럭스 Naomi Lucks, 헬렌 보제닐렉 Helen Vozenilek 에게도 감사한다.

에 담긴 채 버려져 있었다. 7개월 전에 또 다른 여성이 비슷하게 살해되어 강어귀의 같은 장소에서 발견되었다. 10월 페미사이드 의 피해자는 이름이 밝혀지지 않은 흑인 여성이었다. 5월에 발견 된 데네뷰는 백인이었다(Harris 1991a).

이 도시 주요 지역신문의 남자 기자는 이 연쇄살인에 대해 다음과 같이 다루었다.

> 법을 집행하는 경찰관들이 일반적으로 정의하는 연쇄살인범이란 보통 심리적 동기를 지니고 있으며, 피해자들을 연속적으로 대개 무작위로 골라, 그들의 팔다리를 절단하거나, 머리를 자르거나, 피부를 벗기거나, 고문한 채 버려두고 떠난다.
>
> 이전에 오클랜드의 한 연쇄살인범은 지방 고속도로에서 차를 몰고 가던 사람들을 쐈다. 어떤 연쇄살인범은 매춘부들을 칼로 찌르거나 구타해서 죽일 것이고, 또 어떤 연쇄살인범은 피해자들을 목 졸라 죽일 것인데, 그 전에 의례와도 같이 성행위를 벌이는 경우도 더러 있다. (Harris 1991a)

법을 집행하는 모든 경찰관이 알고 있던 것을 이 기자가 말하지 않기로 결정한 까닭은 무엇일까? 즉 연쇄살인범들은 거의 언제나 백인 남성이며, 그들이 죽인 사람들의 90퍼센트는 여성이었다는 사실 말이다. 연쇄살인이 '무작위'로 이루어진다고 말해서 얻는 것은 무엇일까? 기자는 죽였다거나 죽인다고 하지 않고 죽일 것이다라는 표현을 반복 사용한다. 여성이라는 단어가 부재한다는 사실 또한 주목할 만하다. 그 대신 매춘부 또는 피해자라는 단어가 쓰였다. 성별이 알려지지 않은 살인범이 '피해자들을 고른다', 그리고 팔다리를 절단한 채 '버려두고 떠난다'. 누가 그들을 죽이는가? 기자가 부인한 내용을 채워 넣고 성별을 정확히 표시한 실제 사실이 여기에 있다.

> 법을 집행하는 경찰관들이 알고 있는 연쇄살인범은 거의 모든 경우 백인 남성으로, 연속해서 사람들을, 보통은 여성들을 살해하고, 팔다리를 절단하거나, 머리를 자르거나, 피부를 벗기거나 고문한 채 버려두고 떠난다.
> 이전에 오클랜드의 한 연쇄살인범은 여성들을 목 졸라 죽였는데, 종종 그 전에 추행하거나 강간했다. 어떤 연쇄살인범은 성매매 여성들을 칼로 찌르고 구타해서 죽였다. 또 어떤 연쇄살인범은 지방 고속도로에서 차를 몰고 가던 사람들을 쐈다.

사회 문제를 해결하려 할 때는 우선 문제를 정직하게 서술하는 것에서 시작해야 훨씬 더 멀리까지 나갈 수 있다.

며칠 뒤에 나는 한 친구의 대학 졸업식에 참석했다. 그날의 기조 연설자는 해당 학군 감독관 레이먼 코타인스Ramon Cortines였는데 인종차별과 성차별 문제에 대해 언급했다. 연설의 요점은 '여전히 문제가 있다. 하지만 우리는 먼 길을 왔다'는 것이었다. 그는 여성의 삶이 얼마나 변했으며, 예전 한때 지배적이었던 주부라는 고정된 역할의 제약을 얼마나 덜 받고 있는지 이야기했다. 인종차별에 대해 말할 때는 오늘날 아프리카계 미국인의 상황을 1950년 이전 상황과 비교해볼 것을 제안했다. "1950년 이전에는 흑인들에 대한 린치가 흔했습니다." 사실 린치는 여전히 발생하고 있다. 게다가 1991년에도 여전히 모든 인종의 여성들이 매일 성적으로 신체를 훼손당하고 구타당하고 목을 졸린다. 나는 이 남자가 과거에 일어난 혐오 폭력은 인정하면서 오늘날 우리에게 행해지고 있는 폭력은 무시하고 있다는 사실에 화가 났다.

연쇄살인들에 대한 대중과 미디어의 반응은 상당히 우려스럽다. 페미사이드는 주류 미디어 뉴스와 담론에서 무시될 뿐 아니라, R등급* 영화라는 방앗간에서 농담거리가 되어 곡물처럼 빻아진다. 사람들은 실제로 연쇄살인사건을 즐긴다. 여성을 혐오하는 남자들이 그런 살인을 저지르며 즐긴다는 것은 범행 현장에 남겨 놓은 정액이 증명한다. 그뿐 아니라 대다수 남성들이 연쇄살인을 즐긴다는 것은 '슬래셔' 영화의 흥행이나 여성들이 폭력의 피해자로 등장하는 사진들의 인기로 입증된다.

강간을 견디고 가까스로 살아남은 여성은 강간범을 재판정에 세울 때나 관음증적인 조사의 대상이 될 때 '2차 강간'에 맞닥뜨리게 된다고 한다. 마찬가지로, 페미사이드를 하찮게 만들거나 매력적으로 꾸미거나 농담거리로 삼는, 모든 곳에 편재하는 메시지들은 여성에 대한 계속적인 '심리적 살인'을 야기한다.

아프리카계 미국인 페미니스트 학자 트레이시 가드너Tracy Gardner(Walker 1980, 75)는 여성혐오적 문화 재현과 성차별적 폭력 그 자체를 영속화하는 것은 결국, 미국 남북전쟁 이후 흑인 남

---

* (옮긴이주) 미국에서 17세 이하 청소년은 부모나 성인 보호자를 동반해야 볼 수 있는 영화 등급.

성과 여성에게 수천, 수만 건의 사악한 인종차별 린치를 가하게
한 것과 동일한 백인 남성 헤게모니라고 단정한다. "나는 백인 남
성들이 흑인 남성들을 외설적이고 비인간적으로 다루는 것과, 백
인 남성들이 포르노그래피에서든 실제 삶에서든 여성들을, 특히
백인 여성들을 점점 더 외설적이고 비인간적으로 다루는 것 사이
에 직접적 상관관계가 있다고 생각한다. 스스로의 힘과 정체성,
그리고 섹슈얼리티를 지향하며 열심히 노력하는 백인 여성들은
이제 어떤 의미에서 건방진 깜둥이들이 된 셈이다. 흑인 남성이
그러하듯이, 이제는 여성들이 백인 남성의 남성성과 권력을 위협
한다."

포르노그래피와 '연예오락'에서 진짜처럼 재현하는 여성에 대
한 폭력과 실제 폭력(이것 역시 때로는 촬영되거나 녹화되거나 사진
으로 남는다)은 서로를 부추기는 관계에 있다. 미디어가 재현하는
강간 신화와 성차별적 카툰, 품위를 떨어뜨리는 사진은 기존의
성차별을 확대하고 성차별적 폭력의 영속화를 위한 청사진을 제
공한다. 더욱이 '연예오락' 미디어에서 다루는 페미사이드 폭력은
여성들이 — 검고 희고 노랗고 갈색인 여성들이 — '실제 삶'에서
매일 살해당하고 있는 현실이 존재하지 않는다면 그렇게 수백만
달러의 돈을 긁어모으지는 못할 것이다.

대중적인 연예오락으로서의 페미사이드

[뉴욕에서 〈스너프〉가 상영된 뒤] 어떤 남자들이 극장 문을 나서
면서 "이봐, 이거 좋은 영화데"라고 말하며 웃는 모습이 보였다.

(Sobel 1977-78, 8)

오늘날 연예오락 미디어에서 번창하고 있는 성폭력이 대규모로 등장한 것은 1970년대였다. 당시는 여성운동의 2차 물결과 남녀 평등 헌법 수정안 캠페인이 시작되던 무렵이다. 1960년대 말과 1970년대에는 남성잡지와 영화산업에서 '슬래셔' 영화들을 마케팅하고 성폭력 장면들을 폭발적으로 찍어내면서 폭력을 섹시한 것으로, 섹스를 폭력적인 것으로 만들기 시작했다.

《밤을 되찾아라*Take Back the Night*》의 편집자 로라 레더러Laura Lederer와의 인터뷰에서 전직 포르노그래피 모델 제인 존스Jane Jones는 말했다. "포르노그래피에 큰 변화가 있었어요. 여성을 묘사하는 혐오 방식이 아주 빠르게 심화됐죠. 이젠 뭘 봐도 여자들은 꼬챙이에 찔리거나 살해된단 말이죠"(Lederer 1980, 69).

'스너프'라는 용어의 정의는 "여배우를 실제로 고문하고 사지를 절단하고 살해하는 장면을 보여주는(또는 보여준다고 주장하는) 영화"다(Caputi 1987, 91n). 하드코어 스너프는 실제 살해 장면을 촬영한 영상물, 소프트코어 스너프는 실제처럼 재현한 살해 장면을 촬영한 영상물이라고 정의된다(Russell 1989). 스너프 사진과 오디오테이프 또한 생산된다.

1976년 공개적인 페미사이드가 미국과 캐나다에 처음 들어왔다. 모나크 릴리징 코퍼레이션의 앨런 섀클턴이 배급한 〈스너프〉가 상업적으로 상영되었던 것이다. 몇몇 도시에서 일어난 페미니스트들의 시위와 시민불복종 운동에 의해 이 영화의 상영은 급히 중단되었다(앞에 실린 베벌리 라벨의 〈스너프: 궁극적 여성혐오〉 참조). 페미사이드가 오락거리로 묘사된다는 것은 오늘날 빠르게 번창하고 있는 소프트코어 스너프에서 널리 확인된다. 소프트코어 스너프는 교외 비디오대여점에서 '호러', '서스펜스', '미스터리' 장르 영화로 자리를 잡았다. 아마 독자들은 이 비디오들의 커버에 있던 사진들 중 어떤 것은 실제 잔혹행위와 쉽게 구별하기 어렵다는 사실을 알아챘을 것이다. 어떤 비디오들은 원조 〈스너프〉가 그러했듯이, '실제로 했다'고 주장한다. 연예오락-미디어에서 보여주는 페미사이드와 실제 살인사건 사이를 가르는 선은 점점 더 흐릿해지고 있다. 그러나 1976년에 그러했듯이 광범위한 지역에서 항의와 시위가 일어나는 일은 이제 없다. 하드코어 스너프를 만드는 일은 실제 살인을 저지르는 것이다. 그렇다면 하드코어 스너프를 사고파는 행위는 살인 공모가 아닐까?

1976년 이래 연쇄살인범과 아동 납치범들이 제작한 스너프 영상물이 뉴스에 등장해왔으며 그 빈도도 늘어났다. 이제 전자장비를 이용해 살인 장면을 녹화하는 것은 연쇄살인 팀이 점점 더 흔하게 사용하는 작업방식이 되었다. (많은 연쇄살인범들 또한 폭력적 포르노그래피에 엄청난 관심을 가지고 있다.) 버클리 페미사이드 정보교환소의 파일에는 여성 피해자를 살해하면서 촬영을 한 수많은 연쇄살인범들에 관한 자료들이 포함되어 있다. 하비 글랫먼Harvey Glatman(1957), 케네스 비앙키와 안젤로 부오노(1978-79), 로런스 비터커와 로이 노리스(1979), 프레드 버 더글러스Fred Berre Douglas와 리처드 에르난데스Richard Hernandez(1982), 레너드 레이크Leonard Lake와 그의 '짝패' 찰스 응Charles Ng(1985) 등이다. 애슐리 램비Ashley Lambey와 대니얼 T. 드퓨Daniel T. Depew는 어린 소년을 납치해서 '스너프'하려는 계획을 세운 혐의로 체포되었다(1989). 미국 연쇄살인범들의 전형이 그러하듯, 이 스너프 살인범들 또한 거의 모두 백인 남성이었으며 찰스 웅만이 예외였다(*U.S. News & World Report* 1985; Baraback 1985).

여성혐오의 다음 단계는 촬영하고 녹화한 페미사이드를—소프트코어 스너프로 위장해 오늘날 시장에 넘쳐나는 이 영상물들을—처벌받지 않고 발각되지도 않은 채 사고파는 것이다. 우리가 이에 무감각해지고 이런 현실을 부인하기 때문에 가능한 일이다. 포르노그래피가 "기술적으로 정교화된 여성 인신매매"(MacKinnon 1989)라면, 더 나아가 스너프는 일종의 하이테크 린치*라고 할 수 있다. 우리는 실제 성차별 살인을 담은 영화나 비디오를 시청하는 남성들의 행위가 미국 내에서 문화적 관례로 '정상화될' 수 있다는 악몽 같은 가능성에 직면해 있다.

실제 살인을 촬영한 영상물과 구분되지 않는 '연예오락' 자료가 수정헌법 1조**에 의해 보호되는 한, 정부 역시 연쇄살인 공모에 직접 연루된 것이다.

미국 헌법은 기업의 통제를 받는 미디어가 없던 시절에 작성되었다. 그때는 사진이나 영화도 없었고, 대량파괴용 기술도 없었으며, 여성이나 아프리카계 미국인에게는 참정권이 주어지지 않

---

* (저자주) 대법원 판사 클래런스 토머스Clarence Thomas가 자신의 성추행 혐의에 대한 상원 청문회를 묘사하면서 이 표현을 쓴 것보다 1년 앞서서 내가 이 표현을 만들어 냈다.
** (옮긴이주) 신앙, 언론, 출판, 집회의 자유를 보장하는 미국의 수정헌법 1조는 표현의 자유를 옹호하는 근거가 된다.

았다. 헌법이 여성들에게 제공한 미심쩍은 혜택 가운데 으뜸가는 것은, 오락과 광고가 포함되는 '매스mass' 미디어에서 동료 여성이 모멸을 겪고 사지를 절단당하는 장면을 볼 수 있는 권리다. 그에 버금가는 혜택은 공격 무기를 지닌 남성에게 공격당할 권리다. 이 두 가지 권리 모두 포르노그래피 비즈니스와 총기판매 사업에 종사하는 백인 남성들에 의해 철저히 보호받는다. 이들은 진보적 변화를 막기 위해 정계에 로비하고 선전활동을 벌이는 데 수백만 달러를 지출한다.

권리장전*은 글로벌 공동체는 말할 것도 없고, 오늘날의 기술 수준을 지닌 다원주의 사회에는 적합하지 않다. 업데이트가 절실하게 요구된다.

여성 역사의 맥락에서 본 페미사이드

5000년에 걸친 유럽의 가부장제 사회구조 안에서 소수의 개인이 대부분의 땅을 '자기 것'이라 선언하고, 돈과 미디어와 '방위산업'에 대한 통제권을 발명하고 상속하고 '획득'해왔다. 사람들은 경쟁과 분열을 부추기는 인종과 젠더와 계층의 위계에 의해, 서로 다른 정도로, 노예를 만들기도 하고, 또 노예가 되어 성적으로 착취당하기도 한다. 이러한 위계는 '소비재 상품'과 전자기기 및 여타 방식의 선전 선동('미디어')을 통해 심리적으로 강제된다. 그리고 이러한 선전활동은 남성의 폭력성과 여성의 순응성, 인종차별

---

* (옮긴이주) 1791년 처음으로 미국 헌법에 부가된 10개조의 수정안을 말한다.

을 부추기며, 교제 중인 누군가를 소유하고(Johnson 1991) '소비재 상품'을 소유하려는 일반화된 강박을 조장한다. 위계는 궁극적으로 폭력을 통해 강제된다. 이러한 구조를 통해 내려오는 착취, 고문, 살인은 대개 '주류' 교육과정과 '매스' 미디어에서 왜곡되거나 무시된다.

역사학자 맥스 대슈Max Dashu는 가부장제의 폭력을 통해 여성을 억누르고 침묵시켜온 역사의 궤적을 추적한다.

> 이렇게 강제된 침묵은 근대 페미사이드의 선례이자 모델에서 비롯된다. 수백만 여성들이 유럽의 마녀사냥에서 고문과 화형을 당했다. 이러한 여성학살은 중세 초기 봉건적 박해로부터 자라나, 종교재판에서 사법적 고문을 장려함에 따라 기하급수적으로 증가하여 1400년에서 1750년 사이에 절정에 달했다. 교회와 국가가 협력하여 여성을 억누르고, 사제·치료자·약초상·산파·상담역·예언자·날씨전문가·민속역사가 같은 직업을 가진 여성들을 타도하는 대규모 캠페인을 벌였다. 그 결과, 가부장제의 제약들에 내적으로 순응하길 요구하는 여성 속박이 문화 전반에 깊숙이 스며들었으며, 이는 오늘날에도 여전하다.
>
> 이 공포의 불길이 정점에 이르렀을 때 유럽인들은 아메리카와 아프리카를 침략하여 식민지로 삼고 토착민들을 노예로 만들었으며 제노사이드를 저질렀다. 마녀사냥꾼들의 악마적인 이데올로기는 검은 피부의 민족들과 그리스도교 밖의 다른 종교들을 모두 악마로 만들었고, 정복과 속박을 합리화하는 명분으로 사용되었다. 유럽의 마녀박해는 매사추세츠 주, 멕시코, 콜롬비아, 페루 같은 곳

으로도 수출되었고, 거기서 아메리카와 아프리카의 원주민 여성들은 의술과 샤머니즘 의례를 행한다는 이유로 박해받았다. 유럽 중심의 교육과 미디어에서는 이러한 사건 모두를 숨기고 허위를 선전한다. (Dashu 1991)

근대에는 여성에 대한 중상모략이 "보다 순수하게 세속적인 형태"를 띠게 되었다(Karsen 1987, 221). 19세기 잉글랜드에서는 여성 참정권운동이 일어났는데, 우연하게도 이 시기는 잭 더 리퍼의 연쇄살인이 일어나던 때와 겹친다. 그는 매춘부들을 살해했으며, 나중에는 민중의 영웅으로 신화화되었다(앞에 실린 데버러 캐머런의 〈그것은 오락?: 잭 더 리퍼 그리고 성폭력 판매〉 참조). 이 시기 미국에서는 백인 인종차별주의자들이 아프리카계 미국인 남성과 여성을 사법제도 바깥에서 집단으로 린치하며 공공연하게 고문하고 살해하기 시작했다. 백인 여성이 강간살해당한 사건이 이러한 집단 린치의 구실로 이용되는 경우가 종종 있었다.

페미사이드를 덮는 인종차별의 가림막

백인 남성 우월주의가 지배하는 곳에서 모든 인종의 여성에게 폭력이 가해지는 일은 결코 드물지 않다. 더욱이 백인 강간범들과 살인범들은 백인 여성에 대한 범죄를 구실 삼아 흑인 남성을 희생양으로 삼는 일을 반복해왔다. 1989년 보스턴에서는 찰스 스튜어트Charles Stuart가 조심스레 미리 계획하여 아내를 살해하고는 자신과 아내가 자신의 차 안에 있던 상황에서 총을 든 흑인 남자에게 공격받았다고 주장했다(Hays 1990; Kennedy 1990). 찰스 E. 데이비스Charles E. Davis는 1920년에 이와 같은 일을 벌였다. "웨이크 카운티의 유명한 [백인] 농장주 찰스 E. 데이비스가 오늘 시 교도소에서 목을 매 자살했다. 그는 자신의 아내가 '호색한처럼 보이는 흑인'에게 살해되었다고 이야기했으나 당국은 이를 의심했고 그를 아내 살해 혐의로 체포했다"(Ginzburg 1962, 142).

1899년 12월부터 1937년 5월까지 미국에서는 아래 피해자 명단에 제시된 백인 여성들의 살인사건에 뒤이어 흑인에게 린치를 가하는 일이 벌어졌는데, 그 가운데 흑인 여성이 린치를 당한 경우는 한 번뿐이었고(엘리자베스 돌런Elizabeth Dolan을 독살했다는 혐의를 받은 제니 스티어스Jennie Steers), 나머지는 모두 흑인 남성이 린치의 대상이 되었다. 린치를 행한 사람들은 흑인을 데려다 놓고 팔다리를 자르고, 거세하고, 장작더미 위에서 불태우고, 총으로 쏘고, 목매달고, 피부를 표백했다. 이를 지켜보며 환호하는 백인 군중이 때로는 수천 명에 이르기도 했다. 몇몇 흑인은 고문을 당한 끝에 억지로 '자백'하기도 했으나, 어떤 이들은 고문을 당하면서도 자백하길 거부했다(린치 당한 아프리카계 미국인 여성에 대한 정보는 1부에 실린 다이애나 E. H. 러셀의 〈미국의 페미사이드 린치〉 참조).

사실은 이 백인 여성들을 살해한 범인이 백인 남성이었다는 게 나중에 입증된 경우도 여러 건 됐다. 예를 들어, 1922년 5월 텍사스의 율라 오슬리Eula Ausley가 서른 군데 자상을 입고 숨진 채 발견되었다. '샙Shap' 커리Curry, 모스 존스Mose Jones, 존 코니시John Cornish 세 사람이 이 여성 살인사건의 범인으로 지목되어 사지가 절단된 채 불태워져 죽었다. 하지만 율라 오슬리를 죽인 범인은 그녀의 가족과 반목하던 두 백인 남성이었음이 나중에 밝혀졌다. 애니 매 라 로즈Annie Mae La Rose 살인사건 뒤 뉴올리언스에서는 이름이 알려지지 않은 한 흑인 남성이 린치를 당했고, 또 다른 흑인 남성은 린치 당할 뻔했으나 간신히 모면했다. 몇 주 뒤에 그녀의 (백인) 계부가 그녀를 죽였음을 자백했다. 아래 명단에 나와 있는 유럽계 여성들을 누가 살해했는지는 밝혀지지 않았다. 하지만 각각의 여성이 끔찍하게 살해된 뒤에는 매번 한 건 이상의 잔인하고 무서운 린치가 이어졌다. 많은 경우, 여성을 살해한 범인이 밝혀지지는 않았지만, 린치의 피해자들이 무죄하다는 사실은 정황 증거를 통해 입증되었다(Ginzburg 1962).

율라 오슬리

헬렌 S. 비숍Helen S. Bishop

넬리 윌리엄스 브록먼 부인Mrs. Nellie Williams Brockman

롤라 캐니디Lola Cannidy

엘리자베스 돌런

이다 핑클스타인Ida Finklestein

다워 파운틴Dower Fountain

루시 프라이어Lucy Fryar

캐리 휫필드 부인Mrs. Carey Whitfield

카셀 와일즈Casselle Wilds

J. C. 윌리엄스 부인Mrs. J. C. Williams

C. O. 윌리엄슨 부인Mrs. C. O. Williamson

루비 헨드리Ruby Hendry

루비 허스트Ruby Hurst

안자 조든Anza Jaoudon

엘리자베스 키친스 부인Mrs. Elizabeth Kitchens

애니 매 라 로즈

베시 모리슨Bessi Morrison

리타 매 리처즈Rita Mae Richards

크리스티나 윈터스타인Christina Winterstein

영거 부인Mrs. Younger

무명 소녀, 11세

무명 교사, 19세

아프리카계 미국인 여성들은 인종폭동에서 린치 당하고 살해
당한 것(Lerner 1972, 176) 말고도, 남북전쟁 이후 기간에도 '그냥
살해당했다'는 데 의심의 여지가 없다. 흑인 여성에 대한 살인이
노예 여성과 이후 가사 노동자들에 대한 계속되는 강간과 동일한
패턴을 따랐다면, 이러한 페미사이드의 대부분은 아마도 백인 남
성이 흑인 여성을 죽이는 인종 간 살인이었을 것이다. 이것은 앞
으로 추가 연구가 필요한 주제다.

내가 이 글을 쓰고 있는데 뉴스 화면에 들것이 나오고, 시트에
덮인 시신이 거기에 실려서 멀리 사라졌다. 플로리다 주 게인스
빌에서는 추가로 두 명의 여학생이 목이 졸려 숨진 채 발견되었
다. 버클리 페미사이드 정보교환소의 우편함을 열면 더 많은 아
내살해와 연쇄살인 소식들이 도착해 있을 것이다. 그들이 젊은

중산층 백인 여성이 아니라면, 그들이 살해당한 소식은 주류 미디어에 알려지지 않고 지나가게 될 것이다.

성차별 살인이라는 유령은 여성들에게 거대한 도전을 안겨준다. 우선, 혐오의 불길에 부채질을 하는 한편 분노의 불길을 억눌러 끄는 미디어의 허위선전을 무력하게 만들 방법을 우리가 찾아낼 수 있을까? '표현'의 자유라는 가면을 쓰고 악마처럼 완벽하게 변장하고 있는 학대와 살인을 우리가 멈출 수 있을까? 그리고 마지막으로, 모든 인종의 여성들이 우리 가운데에서 벌어지는 이 끔찍한 죽음에 대한 우리의 생각과 공포와 분노를 함께 나눌 수 있을까?

이제 페미사이드에 대한 침묵을 깰 시간이다.

페미사이드 광고:
포르노그래피와 고어노그래피에서
여성에게 가해지는 치명적 폭력

제인 카푸티

내가 자란 동네에는 내 또래 여자아이들이 매우 적었다. 내가 열두 살, 내 여동생 마거릿Margaret이 열한 살이었을 때, 우리는 한 블록 건너에 사는 사촌 빌리Billy와 빌리의 친구들인 남자아이들과 어울려 놀았다. 1960년대 중반 뉴욕의 롱아일랜드에는 아직 개발되지 않은 지역들이 있었다. 그래서 우리에겐 '요새'(남자아이들의 말)가 하나 있었는데, 언덕 위 덤불 속에 움푹 들어간 장소였다. 하루는 마거릿과 내가 요새 안에 들어갔는데, 거기에 뭔가 새로운 것이 놓여 있었다. 반들거리는 커다란 컬러사진들 속에선 벌거벗은 여자들이 다리를 벌린 채 덩굴에 매달려 있었다. 그건 그 자체만으로도 매우 나빴다. 그러나 남자아이들은 담뱃불로 사진 속 여자들의 질과 유두를 지져놓았다. 성과 폭력이 동시에 한자리에 모여 있었다. 이후로 남자아이들은 우리를 자주 공격했다. 우리를 땅바닥에 던지고는 갈보나 보지라고 불렀고, 이런 일을 '바지 벗기기'라고 했다. 내 생각에 우리에 대한 공격이 포르노그래피와 연결되어 있다는 데는 의심의 여지가 없었다. 내가 처음 요새에서 그 사진들을 마주한 그 순간은 남자아이들의 의도를 예고하는 것이었고, 이 새로운 가부장제 성 입문의례에서 내게 할당된 역할을 내게 준비시키는 것이었다.

사회과학 연구조사는 물론, 우리 자신의 이러한 경험들과 다른 여성들의 증언, 그리고 실제 포르노그래피를 검토한 결과에 근거하여, 많은 페미니스트들이(Barry 1979; Brownmiller 1975; Dworkin 1981; Griffin 1981; Lederer 1980; Russell 1984, 123-32; Russell 1988) 포르노그래피와 성폭력의 밀접한 관계를 입증했다. 둘 사이의 관계는 다음과 같은 다양한 방식으로 분명하게 드러난다.

1. 많은 경우에, 포르노그래피는 실제 성폭력이다. 실제의 비하, 강간, 고문, 살인(스너프 영화에서처럼)을 녹화한 것이다.
2. 포르노그래피는 여성과 아동에게서 학대를 피하거나 그에 저항하는 능력을 약화시키는 데 교묘히 이용된다(Russell 1984, 123-32; Lanning and Burgess 1989).
3. 포르노그래피는 폭력을 정상화하고, 수용적인 남성 시청자들에게 폭력적인 생각을 심어준다. 그리고 폭력적인 방식으로 행동하기를 꺼리는 일부 남성들의 개인적이거나 사회적인 억제력을 해제함으로써 성폭력을 야기한다(Russell 1988).

미국에서 여성과 아동에 대한 폭력은 종종 '유행성epidemic'이라는 관점에서 학대와 함께 이야기된다. 이 학대에는 강간, 근친상간, 성추행, 구타 등이 포함되며, 살인이 포함되는 경우도 늘고 있다. 미국에서는 매년 1,500명의 여성이 남편과 연인에게 살해 당하는 것으로 집계된다(FBI 1987, 11). 낯선 이에게 살해당하거나 실종되어 발견되지 않는 여성의 수는 셀 수 없이 많다. 이들 가운데 많은 경우가 연쇄살인이나, 법을 집행하는 경찰관들이 '기분전환용 살인recreational murder'이라 부르는 살인에 해당하는데, 이런 형태의 살인은 지난 20년 동안 극적으로 증가했다(Ressler, Burgess, and Douglas 1988, 2-3). 성적 살인을 저지른 36명의 연쇄 살인범에 대한 FBI의 연구조사에 따르면, 그들 가운데 81퍼센트의 주된 '성적 관심사'가 포르노그래피인 것으로 드러났다(Ressler, Burgess, and Douglas 1988, 24).

포르노그래피와 성범죄 연쇄살인 사이의 관련성에 전국적인 강렬한 관심이 쏟아진 것은 악명 높았던 테드 번디가 처형 직전에 자신이 거의 평생 포르노그래피를 애용한 것과 연쇄살인범이 된 것 사이에 관계가 있다고 공개적으로 주장하면서였다(Lamar 1989). 많은 해설자들은 번디가 죽음이 임박한 순간에 사회를 비난함으로써 자신의 책임을 덜어내고자 했던 것뿐이라며 그의 말을 신뢰하지 않았다.* 《뉴요커New Yorker》의 한 사설은 이러한 반응의 전형을 보여주었다. 이 사설은 "잡지 중앙에 접혀 실리는 커다란 누드, X등급 영화들, 선반 가장 아래칸에 놓여 있는 잡지들

---

* (저자주) 이것이 번디의 '임종deathbed' 테마는 아니었다. 번디는 1978년 처음 체포된 이후 1980년대 내내 자신을 인터뷰하는 이들에게 실제 범죄 이미지들과 이야기들만이 아니라 포르노그래피(소프트코어와 하드코어 모두) 또한 자신의 판타지에 양분을 공급하고 아이디어를 주었으며, 여성을 바라보는 방식을 가르침으로써 자신이 성적 살인범으로 변해가는 과정을 부추겼다고 반복해서 말했었다(Michaud and Aynesworth 1983).

의 치명적인 위험"을 비웃으며, "테드 번디를 비롯해 어느 누구도 무엇 때문에 그가 자백한 범행을 저지르고 반복하게 되었는지 이해하지 못했다"고 완전한 확신을 가지고 단언했다(*New Yorker* 1989, 23). 물론 페미니스트 분석에서는 페미사이드에 대한 사회적 관습의 책임을 인정하는 것이 곧 살인범의 책임을 덜어준다는 등식을 받아들이려 하지 않았다. 오히려 번디와 그가 속한 사회의 밀접한 관계를 지적하면서, 번디를 그 사회의 산물이자 심복으로 지명했다. 더욱이, 많은 남성들이 번디나 그의 동류를 가리켜 완전히 미스터리라고 말하면서 편리하게 두 손을 놓아버렸지만, 페미니스트 분석에서는 번디가 왜 그런 일을 저질렀는지 상당히 분명하게 진술할 수 있다.

케이트 밀릿Kate Millett은 고전이 된 저서《성 정치학*Sexual Politics*》에서 다음과 같이 썼다.

> 우리는 가부장제를 물리력과 결부시키는 데 익숙하지 않다. 가부장제의 사회화 체계는 너무나 완벽하고, 그 가치들에 대한 일반적 승인은 너무나 완전하며, 가부장제가 인간 사회에서 너무나 오래 너무나 보편적으로 만연해온 탓에, 그것을 폭력적으로 실행해야 할 필요는 거의 없어 보인다. 관습적으로, 우리는 과거에 있었던 가부장제의 만행들을 이국적이거나 '원시적'인 관습으로 본다. 오늘날의 잔혹한 일들은 개인의 일탈에 따른 결과로 간주하며, 일반적인 의미는 전혀 없는, 병적이거나 예외적인 행위로 한정한다. 그러나… 가부장제 사회에서 통제권이란, 의지할 수 있는 물리력의 지배 없이는, 비상상황에서나 일상에서나 위협도구로서 불완

전할뿐더러 실행 불가능하다. (Millett 1970, 59-60)

테드 번디가 저지른 것과 같은 페미사이드는 설명할 수 없는 현상도, 미스터리한 일탈자만의 영역도 아니다. 그렇기는커녕, 페미사이드는 가부장제의 '물리력'을 드러내는 극단적 표현이다. 그것은 다른 형태의 성폭력, 강간과 마찬가지로(Griffin 1982; Brownmiller 1975; Russell 1975) 성 정치학의 사회적 표현이며, 남성 지배의 제도화된 의례적 법규이자 가부장제 질서의 권력을 유지하고자 기능하는 공포의 한 형식이다. 더욱이 페미사이드는 사회적으로 반드시 필요한 행동일 뿐 아니라, 그것을 실행하는 남성은 물론 그것을 다양하게 재현하고 관조하는 남성 또한 쾌락적이고 에로틱하게 경험할 수 있는 행동이기도 하다.

페미사이드를 남성주의 국가가 근본적으로 필요로 하는 요소라고 인정할 때 우리는 시간과 공간을 가로질러 페미사이드 자체의 다양한 형태는 물론 그것이 합법화되고 선전되는 다양한 방식을 조사할 수 있다. 예를 들어 여성을 마녀로 몰아 고문하고 살해하는 일은 3세기 동안 국가와 교회 모두에 의해 제도화되었으며, 성스러운 저술들을 통해—교황 교서와 《마녀의 망치*Malleus Maleficarum*》(1486)* 같은 교회에서 배서한 고문 자료들을 통해—선동되었다. 벌거벗은 여인이 "악마"나 다른 여인과 함께 성교하는 장면을 그린 상류층예술이나 대중예술(Caputi 1987), "여성을 고문하고 익사시키고 태워 죽이는 다양한 모습을 보여주는 동판

---

* (옮긴이주) 도미니코회의 두 수사가 쓰고 교황이 인증한 마녀사냥 교본.

© Diana E. H. Russell

"포르노는 페미사이드를 가르친다!"
1991년 캘리포니아 주 버클리에서 있었던 《플레이보이*Playboy*》 읽기
행사에 항의하는 반反포르노그래피 시위 직전의 시위 참가자.

화와 목판화"(Sjöö and Mor 1987, 309) 또한 페미사이드를 조장했
다. 모니카 쇼외Monica Sjöö와 바버라 모어Barbara Mor는 이어서 이
렇게 말한다. "어떤 페미니스트들은 이러한 대중적 판화들이 당
대의 스너프 영화이자《펜트하우스*Penthouse*》잡지라고 느낄 것이
다. 이 판화들은 고문과 화형 장면을 현장에서 그린 것이라고 전
해진다. 그림 속에는 벌거벗었거나 반쯤 벗은 여성의 신체들이

비명을 지르며 끝없는 고통의 자세로 비틀려 있다. 그리고 그 주변을 옷을 잘 차려입은 남성 판사, 종교계의 고발자, '찔러 고문하는 사람pricker'*, 당대의 의로운 신사들이 둘러싸고 있다. 대량 인쇄된 이 그림들이 여성들, 마녀들을 향해 타오르던 집단 편집증에 기름을 부었으리라는 데는 의심의 여지가 없다. 또한 이 그림들은 서구에서 대중적인 연예오락으로서 포르노그래피가 시작되었음을 보여준다"(Sjöö and Mor 1987, 309).

18세기 중반에 이르러 마녀광풍을 지탱하고 있던 기구들이 붕괴함에 따라, 페미사이드의 새로운 양태(계속되는 아내 살해를 넘어서는)가 필요해졌다. 즉 새로운 실행 방식, 새로운 가해자 유형, 새로운 선전 형식을 갖춘 새로운 양태 말이다. 이러한 새로운 양태란 명백하게 성애화된 살인행위로서, 19세기 초 현대 포르노그래피의 아버지(Dworkin 1981) 사드 후작Marquis de Sade이 쓴 글에서 처음 예고된 살인 형태였다(Cameron and Frazer 1987). 그 뒤에 처음으로 그것을 문화적으로 의미 있게 실행한 사람이 '잭 더 리퍼'라 불린 알려지지 않은 남자였다. 그는 1888년 런던에서 다섯 명의 매춘부를 죽이고 그들의 사지를 절단했다. 당시에는 사드의 관점과 시각이 아직 흔하게 통용되지 않았으며, '성적 살인 sex murder'이라는 범주에 대한 문화적 이해가 없었다. 잭 더 리퍼는 피해자들을 강간하지 않았으므로, 처음에 그의 범죄는 대중들에게 쉽게 이해되지 않았다. 그러나 얼마 지나지 않아, 프로이트Sigmund Freud와 크라프트에빙Richard Freiherr von Krafft-Ebing의 도

---

* (옮긴이주) 남성의 음경을 가리키는 비속어이기도 하다.

움으로 잭 더 리퍼의 칼은 음경의 대체물로 이해되었고, "죽이
는 행위와, 이어진 시신훼손은… 성행위의 등가물로 여겨졌다"
(Krafft-Ebing 1965, 59).

20세기 말에 이르러, 사드와 잭 더 리퍼는 누구나 다 아는 이름
이 되었다. 그리고 이제 성적 살인은 (현실과 허구에서) 매시간 일
어나는 사건이 되었다. 살인과 신체 절단이 성행위가 될 수 있다
는 사실은 일반적으로 수용된다. 공식적인 이야기로는 성적 살
인은 범죄이며 잔혹행위다. 하지만 드워킨Andrea Dworkin이 지적
한 것처럼, 스너프 영화처럼 성적 살인을 기록해 영화를 만들면,
이 영화는 법적으로 '표현'이라 이해된다(Dworkin 1989, 310). 이
에 부응하여, 여성을 칼로 찔러 살해하는 장면을 실제처럼 만들
면 영화 천재라며 우레 같은 박수갈채를 받을 수 있다(앨프리드 히
치콕Alfred Hitchcock의 〈사이코Psycho〉에 나오는 샤워 장면). 아니면 유
혹적인 걸작 조각품으로 찬사를 받을 수도 있다(알베르토 자코메
티Alberto Giacommetti의 〈목이 잘린 여인Woman with Her Throat Cut〉). 현
대에 페미사이드는 공식적으로 부인되며, 오직 은밀하게만 선전
된다. 명목상으로는 불법임에도,* 페미사이드에 부여된 예술적·

---

* (저자주) 자신이 '소유'한 여자 — 애인과 아내 — 를 죽인 남자는 관대하게 다루어지는
경우가 많았다. 경찰, 공동체, 사법당국 또한 살인자가 매춘 여성을 살해한 경우 무관심
과 관대함으로 반응한다(Caputi 1989). 텍사스 주 판사 잭 햄프턴Jack Hampton은 유죄
판결을 받은 살인범들에게 그 피해자들이 동성애자였다는 이유로 비교적 가벼운 형량
을 선고했다. 그는 《댈러스 타임스 헤럴드Dallas Times Herald》에 자랑스럽게 이야기
했다. "나는 매춘부와 게이들을 거의 같은 수준에 놓습니다. 그리고 누군가가 매춘부를
죽였다고 해서 내가 그 사람에게 종신형을 선고하는 일은 좀처럼 없을 겁니다." 햄프턴
판사에 대해 제기된 편향 혐의는 모두 해소되었다(Belkin 1989).

오락적 가치를 통해 페미사이드가 마녀광풍과 마찬가지로 남성주의 국가로부터 궁극적으로 후원을 받는다는 사실을 유추할 수 있다. 가부장제의 지배구조를 유지하려면, 페미사이드는 선택사항이 아니라 필수요소이기 때문에, 국가는 은밀하게라도 페미사이드를 승인해야 하며 페미사이드의 규정을 집행할 대리인들을 모집해야 한다. 앞서 언급했듯이, 마녀살해는 성스러운 문헌들과 이미지들에 의해 선동되고 합법화되었다. 마찬가지로 현대의 페미사이드 또한 강력하게 방어되고 보호받는 포르노그래피의 '표현의 자유'에 의해 조장되고 합법화된다.

다른 많은 페미니스트들처럼 나 역시 포르노그래피와 성애물erotica을 구분한다. 성애물은 성차별적이지 않은 방식으로 성을 묘사한 것이다. 물론 에로티시즘이 불평등한 성역할 및 성적 대상화에 얽혀 있는 사회에서 성차별적이지 않은 성애물을 상상하기란 어려운 일임을 인정한다. 그럼에도 모든 성적 재현이 우익에서 생각하듯이 그 정의에서부터 포르노그래피와 같은 것은 아니다. 오히려 포르노그래피는 성적으로 노골적인 성차별의 선전물이다. 앤드리아 드워킨과 캐서린 매키넌Catharine MacKinnon은 포르노그래피를 다음과 같이 정의한다. 포르노그래피는 "이미지 그리고/또는 언어를 통해 여성의 성적인 예속을 노골적으로 생생하게 표현한 것이다. 여기에는 다음 사항 중 하나 이상이 포함된다. ① 여성이 성적 대상, 물건 또는 상품으로서 비인간화되어 제시된다. ② 여성이 고통이나 모욕을 즐기는 성적 대상으로 제시된다. ③ 여성이 강간당할 때 성적 쾌감을 경험하는 성적 대상으로 제시된다. ④ 여성이 묶여 있거나, 난자당하거나, 신체를 절단당하거나, 멍들거나, 육체적으로 상처를 입은 성적 대상으로 제시된다. ⑤ 여성이 성적으로 복종 또는 굴종하거나 전시되는 자세나 위치로 제시된다. ⑥ 여성의 신체부위들이―질이나 가슴이나 엉덩이를 포함하되 거기에만 한정되지는 않고―전시되어 여성의 존재가 그 신체부위들로 축소된다. ⑦ 여성이 본성이 창녀인 것으로 제시된다. ⑧ 여성이 물건이나 동물에 의해 삽입당하는 모습으로 제시된다. ⑨ 여성이 비하, 상해, 고문을 당해 피를 흘리거나 멍들거나 상처 입은 모습으로 불결하거나 열등하게 제시된다. 맥락상 이러한 상태에 성적 매력을 부여한다"(Dworkin and MacKinnon 1988, 36). 헬렌 론지노Helen Longino는 포르노그래피를 "비하적이거나 가학적인 성적 행위를 재현하거나 묘사하여 그와 같은 행위를 승인하는, 그리고/또는 권장하는 성적으로 노골적인 자료"(Longino 1980, 44)라고 정의한다.

이 두 정의는 포르노그래피를 페미사이드 행위와 연결 짓는 다음과 같은 요소들을 두드러지게 강조한다. ① 여성의 대상화와 폄하, 그리고 폭력을 체계적으로 성애화해 성적 살인을 합법화하고 가능하게 하는 세계관 구성. ② 그런 비유적 묘사를 통해 여성에 대한 폭력을 승인하거나 권장하고, 본질적으로는 광고하는 기능. 우선, 나는 주류 문화의 자료들은 물론 포르노그래피 자료들에서 발견되는 페미사이드 이미지의 사례를 조사할 것이다. 그런 다음 광고와 포르노그래피를 이론적으로 비교하고자 한다.

행위 조장

그들[헤비메탈 그룹 W.A.S.P.]은 피범벅이 된 반라의 여성이 고문대에 사슬로 묶여 있는 사진을 사용해 그런 행위를 조장했다. 과거 공연들에서는 실제처럼 연출한 여성에 대한 공격과 고문이 포함되었다. 전하는 말에 따르면, 리드싱어 블래키 롤리스Blackie Lawless는 원형 톱날로 장식된 고간주머니codpiece*를 두 다리 사이에 착용했다. 그는 가느다란 천으로 음부를 가리고 머리엔 검은 두건을 쓴 발가벗은 여성을 때리는 시늉을 했고, 가짜 피가 여자의 두건 밑으로 흘러내리자 칼날로 그녀를 공격하는 듯 굴었다. 다른 공연에서는 여자의 목을 베는 것처럼 연기했다.

_티퍼 고어Tipper Gore(1987, 51-52)

만화책을 읽는 사람들에 대한 설문조사는 해당 독자층이 대개 어리거나 젊은(13~29세) 남성임을 보여준다. 주요 배급업자인 존 데이비스John Davis는 말한다. "독자들은 십대 소년들이에요. 억압된 분노가 엄청 많죠. 사춘기를 겪고 있는 그들은 공격성을 행동으로 드러내는 캐릭터들을 보고 싶어 해요. 회사에서는 독자가 원하는 것에 부응하는 겁니다."《그린 애로》최근호에서 스트리퍼를 십자가에 매단 장면이 ― 많은 이들이 포르노그래피라고 생각할 만큼 생생하게 ― 묘사된 것을 언급하면서, 존 데이비스는 또한 이렇게 말한다. "독자들은 캐릭터들이 썰리거나 토막 나는 걸 보고 싶어

---

* (옮긴이주) 15~16세기에 유럽 남성이 바지 앞섶에 차던 장식용 주머니.

합니다."

_조 퀴넌Joe Queenan(1989, 34)

여성들을 살해하거나 성적으로 공격하는 상황에 몰아넣고 이용하는 것은… [단순히] 장르의 관습이다… 두 인물이 서로를 바라보는 장면에서 바이올린 선율을 이용하는 것처럼.

_브라이언 드 팔마의 말(Pally 1984, 17)

한 대형 법집행 기관에서 해외에서 만들어졌다는, 극도로 사실적으로 보이는 새 영화를 수중에 넣게 되었다. 살인 장면에서는 벌거벗은 여인이 손목에 묶인 밧줄로 바닥에서 일 미터쯤 위에 매달려 있는 모습을 보여준다. 매달린 상태에서 그녀의 내장들이 찢겨져 질을 통해 나온다. 여인이 피를 흘리며 죽어가는 동안 다른 한 여인이 그녀 밑에서 춤을 추고 흘러나오는 피를 마시기도 한다. 이것이 진짜 스너프 영화이든 아니든, 이런 영화의 복제본을 구매하고 있을 가학적인 유형의 인간을 염두에 두는 것이 중요하다.

_로버트 모어노Robert Morneau와
로버트 록웰Robert Rockwell(1980, 213)

제시한 발췌문들이 보여주듯, 실제 스너프 영화부터 소년용 만화책에 이르는 자료들은 페미사이드 행위를 실행하고, 합법화하고, 선전하고, 촉진하고, 거기에 성적 매력을 부여한다. 이 책 6부에 실린 글(《펜트하우스》에 반대하는 전국적 파괴행동))에서 멜리사 팔리는《펜트하우스》의 최고등급 포르노그래피에서 발견되는 페미사이드 이미지들을 묘사한다. 감금, 속박, 고문 같은 소재를 통해 페미사이드의 위협이 최하등급 포르노그래피에서도 만연하고 있음은 분명하다. 그러한 예가 바로 〈컨트 토처Cunt Torture〉라는 비디오클립이다. 1980년대 초 타임스스퀘어의 성인용품가게에서 상영된 이 비디오클립은 나무에 묶인 채 버둥거리며 소리 지르는 여성의 질에 칼과 총, 기타 물건들을 강제로 집어넣는 장면을 보여준다. 분명, 더욱 노골적으로 페미사이드를 암시하기 위해 여자는 카메라 앞에서 실제로 살해되어야 할 것이다.

물론 실제로 여성을 고문하고 살해하는 장면을 카메라에 담는 것이 '스너프' 영화의 핵심이다. 페미사이드와 포르노그래피 사이에 그나마 존재하던 구멍이 숭숭 뚫린 경계는 스너프 필름에서 완전히 사라진다. 스너프 영화를 만들 때 포르노그래피 제작자는 여성(또는 경우에 따라 아동이나 남성)에 대한 살해를 미리 계획해두어야 한다. 그렇게 함으로써 포르노그래피가 성적 살인이 된다. 다수의 성적 살인자들이 자신의 살인 과정을 사진 찍거나 비디오테이프로 녹화해서 기록한다. 그렇게 함으로써 성적 살인이 포르노그래피가 된다. 예를 들어 공동 살인범 찰스 응과 레너드 레이크는 캘리포니아 주 캘러베러스의 집에서 팀을 이루어 저지른 잔혹행위들을 상당한 분량의 비디오테이프로 녹화해두었다. 한 논평가는 그들의 비디오테이프에 대해 "카메라 앞에서 실제로 저지른 생생한 살인 장면과 폭력적 섹스를 결합한 스너프 비디오"라고 말했다(Norris 1988, 148). 스너프 영화들은 비밀리에 상영되고 한 번 보려면 비싼 요금을 내야 하는 반면(개별 상영 1회에 수천 달러를 지불해야 한다고 한다), 실제처럼 연출된 스너프 영화는 3~4달러만 내면 모든 일반 비디오가게에서 대여해서 볼 수 있다.*

일반 비디오대여점에는 수많은 에로틱 비디오들이 대체로 애매하게 호러, 스릴러, 서스펜스, 액션, 성인 섹션에 꽂혀 있다. 비디오 커버에 적힌 소개글에는 페미사이드에 해당하는 테마가 암시되어 있다. 1989년 11월 나는 여러 편의 비디오를 보았고, 그 가운데 두 편에 대해 여기에서 이야기하고자 한다. 비디오 한 편은 '호러' 섹션에서, 다른 한 편은 '성인' 섹션에서 찾은 것이다. 각각의 비디오는 '소프트코어' 포르노(남성 누드는 등장하지 않으며, 오직 실제처럼 연출된 섹스 장면만 나온다)이지만, 여성의 완전 누드가 (원거리 샷이나 중거리 샷으로) 아주 많이 등장하고, 다양한 성적 상황이 제시되며, '레즈비언' 테마들도 나올 정도로 성적 표현이 노골적이다. 호러 섹션에 놓인 비디오와 성인 섹션에 놓인 비디오 사이에 별다른 차이가 없다는 것이 의미심장하다.

'호러' 섹션에 있던 〈집착: 공포의 맛Obsession: Taste for Fear〉(1989)에선 연쇄살인범이 모델들을 고용해서 결박당한 포즈를 취하도록 한다. 그는 (여자 옷차림을 하고) 벌거벗은 여성들의 몸을 묶고 입에 재갈을 물리고는 칼로 위협을 가하다 공격하기 시작한다.

---

* (저자주) 나는 어떤 유형의 페미사이드 관련 자료들을 구할 수 있는지 알아보려고 한 친구와 함께 오클랜드와 샌프란시스코의 성인 서점 몇 곳을 둘러보았다. 결박이나 고문에 관한 것들은 있었지만, 여성을 죽이는 데 초점을 맞춘 것은 사실상 하나도 없었다. 페미사이드 포르노는 아동 포르노와 같이 전반적으로 금기이다. 그래서 주로 가게 카운터 아래에서나 우편주문을 통해 구할 수 있다. 가게 주인들은 자기들을 내버려두라면서, 일반 비디오대여점에 가서 여자를 죽이는 내용의 비디오를 찾아보라고 기분 좋게 권했다.

나아가 살인범은 자신이 벌인 일을 스너프 비디오디스크로 만들고, 이 비디오디스크는 유사 스너프 영화 안에서 또 다른 스너프 영화로서 계속 반복해서 나타난다.

매키넌은 이렇게 썼다. "여자들의 입에 말을 (그리고 다른 것들을) 담을 수 있도록 허가받은 남자들이, 여자들이 결박되고 얻어맞고 고문당하고 굴욕당하고 살해되기를 간절히 바라는 장면들을 만들어낸다"(MacKinnon 1987, 148). '성인' 영화 〈슈거 쿠키Sugar Cookies〉(출시 연도 불명)는 정확히 그러한 시나리오를 영화로 옮겼다. 영화는 사디즘 포르노 영화 감독이 여자 스타 한 명과 게임을 하는 것으로 시작한다. 남자 감독은 옷을 다 갖춰 입고 있는 반면 그녀는 완전히 벌거벗었다. 그는 그녀에게 자신의 총을 가져오게 해서 총알을 장전한 다음 총을 그녀의 성기 안에 밀어 넣는다. 그것이 그녀를 흥분하게 만드는 것처럼 보인다. 그런 뒤에 그는 자기 말에 복종하면 그것으로 그녀가 자기를 얼마나 사랑하는지 증명할 수 있을 거라고 말한다. 그것은 그녀가 가장 간절히 원하는 일이기도 하다. 그는 그녀를 눕히고는, "나는 네가 이걸 보길 원하니까" 그녀에게 눈을 뜨라고 명령한다. 그리고 그녀의 입 안에 총을 밀어 넣는다. 그녀는 그저 묵묵히 따를 뿐, 아무런 저항도 하지 않는다. 그는 사랑과 자유와 창의성에 대해 한참을 떠든 다음, 그녀의 벌린 입 안으로 총을 쏜다. 나중에 그는 살해된 여자의 '레즈비언 연인'을 찾아가 강제로 섹스한다. 실제처럼 연출된 두 사람의 섹스 장면은 죽은 여자의 시신을 해부하는 장면과 교차된다. 그중에는 칼로 시신을 절개하는 장면이나, 의사가 장갑 낀 손으로 내부 장기를 꺼내 카메라를 향해 보여주는 장면도 있다. 조금도 미묘할 것 없이 실제 스너프 영화의 고착된 요소들을 상기시키는, 공공연하게 시간necrophilia을 뜻하는 이미지다.

이는 단지 일반 비디오대여점에서 구할 수 있는 표본들에 지나지 않는다. 그런데 이와 견줄 만큼 불쾌한 페미사이드 이미지들을 의외의 장소에서도 발견할 수 있다. '레더 위민Leather Women'이라는 샌프란시스코 소재의 한 단체가 만든 1989년도 달력은 성행위를 하고 있거나 다양한 성적 페티시fetish를 보여주고 있는 여자들의 사진 12장으로 구성되었다. 거기 실린 사진들을 모두 포르노그래피라고 간주할 수는 없었지만, 그 가운데 한 사진만은 유독 두드러졌다. 그 사진에는 얼굴이 없는 두 여인이 있었다. 한 여자는 검은 치마를 입고 그물스타킹을 신은 모습으로 무릎과 손을 바닥에 대고 기어가는 자세를 취했다. 다른 여자는 가죽 바지를 입고서 자신의 성기를 향해 큰 칼을 들었다. 여기서 우리가 발견하게 되는 것은 '잭 더 리퍼'의 섹슈얼리티와 동일시되는 레즈비언 여성들이다.

모니카 쇼외와 바버라 모어는 이렇게 주장한다. "섹슈얼리티에서 달아나려는 시도는 모두 호색prurience으로 변모한다. 그리스도교 권역에서만큼 섹스의 가치가 저하된 곳은 없으며, 포르노그래피의 수익성이 그만큼 좋은 곳도 없다"(Sjöö and Mor 1987, 291). 더욱이, 섹스와 여성의 가치가 저하된 곳에서는 종종 폭력이 칭송된다. 거의 70년 동안이나 전통 영화에서는 성행위를 묘사하는 것이 금기였다. 따라서 영화 제작자들은 '격정을 재현해 보이기' 위해 폭력에 의존하는 경우가 많았다(Slade 1984, 150). 그러나 영화산업의 자기검열만으로 그러한 대체물의 인기를 완전히 설명할 수는 없다. 사회적 태도가 바뀌었는데도 여전히 폭력물은 사라지지 않았기 때문이다. 오히려 1960년대 이후 더욱 노골적인 섹스 장면이 영화에 등장하면서, 더 생생하고 격정적인 폭력 장면들도 등장했으며, 이름이 알려지지 않은 영화산업계의 익살꾼이 '고어노그래피'라고 부른 영화들에서 절정에 달했다. 슬래셔 영화와 비슷한 이 영화들은 페티시로 이루어진 선정적 폭력 장면에 특화되어 있다.

고어노그래피는 유용한 용어다. 폭력이 지닌 성적 의미를 오해의 여지 없이 전달하기 때문이다. 사회학적 연구 결과에 따르면 성적인 내용이 전혀 없는 폭력 묘사 장면(남성이 여성을 칼로 베고 구타해서 의식을 잃게 만드는 장면)조차 상당한 비율의(대략 10퍼센트) 남성들에게 성적 흥분을 일으킨다는 것이 밝혀졌다 (Malamuth, Check, and Briere 1986; Malamuth 1985). 이러한 사실은 확실히 영화 제작자들이 섹스를 폭력으로 대체한 까닭을 설명하는 데 도움이 된다. 매키넌이 지적한 대로, 남성 우위 아래에서 섹스와 폭력은 "서로를 정의"하며(MacKinnon 1983, 650), "폭력에 이르고 폭력을 포함하는 지배와 굴종의 행위들은 섹스 자체만큼이나 성적으로 자극을 주는 것으로 경험된다"(MacKinnon 1987, 6). 성과 폭력의 등식은 고어노그래피의 핵심이다. 그러므로 나는 이 용어를 사용하여 그러한 자료들을 언급할 것이다. 고어노그래피는 포르노그래피라고 할 만큼 성적으로 노골적이지 않더라도(즉 나체를 근접 촬영하거나 성행위를 생생하게 묘사하지 않았더라도), 폭력, 지배, 고문, 살인을 성적 행위로 보이게 만드는 맥락에서 제시한다는 점에서 포르노그래피와 다르지 않다.

다른 글에서(Caputi 1987) 나는 성적 살인을 저지르는 살인범들에 초점을 맞추는 소설과 영화를 광범위하게 논한 바 있다. 이러한 소설과 영화는 포르노그래피가 아니라 '호러' 또는 '스릴러'로 분류되는 정교한 이야기들을 담고 있었다. 이런 자료들은 여성에게 "그것을 행하는" 방법들에 관한 진정한《카마수트라Kāmasūtra》를 제공하는데, 여기서 '그것'은 섹스가 아니라 살인이다. 예를 들어, 스티븐 휘트니Steven Whitney의 1978년 소설《싱글드 아웃Singled Out》은 눈을 뗄 수 없을 만큼 잘생긴 남자가 독신자들을 위한 술집에서 여자들을 골라서 집으로 데려가 섹스하는 이야기다. 그는 섹스가 끝나면 여자들을 살해하는데 그 방법이 점점 더 기괴해진다. 한 여자는 오르가슴을 느끼고 있을 때 복부를 찔러 죽이고, 다른 여자는 얼음송곳으로 질을 통해 내장을 꺼내 죽인다. 밸런타인데이에 만난 또 다른 여자는 심장을 꺼내 죽이는가 하면, 그리스도교 이단 종파에 속한 여자는 맨해튼의 한 성당에서 십자가에 못 박는다. 이와 비교될 만한 고어노그래피 영화에는 〈툴박스 살인사건The Tool Box Murders〉(데니스 도넬리Dennis Donnelly 감독, 1978), 〈13일의 금요일Friday the 13th〉(션 커닝햄Sean Cunningham 감독, 1980)과 속편들, 〈조각들Pieces〉(J. P. 사이먼J. P. Simon 감독, 1983)이 포함되며 마지막 영화에서는 신체절단을 페티시로 삼는다.

이 영화들은 일반적으로 '착취exploitation' 생산물로, 의도적으로 살인과 신체 절단에 대한 호색적인 관심에 영합하고(그에 맞춰가고) 있다. 그런데 그러한 테마들은 선풍적 인기를 끄는, 그리고/또는 평단에서 호평을 받은 영화에도 번져가고 있다. 미키 스필레인Mickey Spillane의 책들은 4,000만 부 이상 팔려나갔다(Cawelti 1976, 183). 가장 성공적인 작품 가운데 하나인 그의 첫 소설《심판은 내가 한다*I, the Jury*》(1947)는 그가 창조한 탐정 마이크 해머와, 그의 작품들에서 반복적으로 등장하는 주제 가운데 하나인 '오르가슴으로서의 폭력violence as orgasm'을 처음 선보였다(Cawelti 1976, 185). 소설 속에서 해머의 전쟁 동료이기도 한 외팔이 친구가 배에 총을 맞고 심리적으로 고문당한 뒤 사악하게 살해당한다. 해머는 복수를 맹세하고 살인범을 찾아 나선다. 모든 것을 파악하게 된 무렵, 그는 너무나 섹시한 금발의 미녀 살인자와 약혼한다. 그들은 아직 섹스를 하진 않았다. 마이크 해머는 결혼할 때까지 기다리기를 원했기 때문이다. 그러나 샬럿은 자신의 몸을 내어줌으로써 그를 독점하려 한다. 그가 그녀가 저지른 폭력사건들을 자세히 읊자 그녀는 아무런 대답도 하지 않고 천천히 옷을 벗는다. 마침내 그녀가 거의 알몸이 되자 마이크는 장황한 자신의 이야기를 정리한다.

> 아니, 샬럿, 이제 내가 배심원이고 판사야. 나에겐 지켜야 할 약속이 있지. 당신은 아름답지만, 내가 거의 당신을 사랑하게 되었을 만큼 아름답지만, 나는 당신에게 사형을 언도하려 해. *(그녀는 엄지손가락을 가느다란 실크 팬티에 걸어 아래로 내렸다. 그리고 욕조에서 나오는 사람처럼 우아하게 발을 빼냈다. 그녀는 이제 완전한 나체였다. 햇볕에 그을린 여신이 자신을 연인에게 내어주려 두 팔을 뻗고 나에게로 다가왔다. 가볍게, 혀로 입술을 훑어 열정으로 반짝이게 만들었다. 그녀에게서 나는 냄새는 상쾌한 향수 같았다.*

천천히, 깊은 한숨이 그녀에게서 새어 나오자 그녀의 둥근 가슴이
가볍게 떨렸다. 그녀는 앞으로 몸을 기울여 그에게 키스하고, 두 팔
로 그의 목을 감쌌다.)

마이크 해머는 그녀의 매력에 넘어가지 않고, 차분하게 그녀의
'배'에 총을 쏜다. 그리고 뒤를 돌아보고는 탁자 위에 총이 놓여
있는 걸 알아본다. 그녀는 두 팔로 그를 포옹하려 한 것이 아니라
사실은 총을 집어 그를 쏘려 했던 것이었다.

그녀가 쓰러지는 소리를 듣고 나는 돌아섰다. 이제 그녀의 두 눈
에는 고통이 담겨 있다. 죽음에 선행하는 고통.

고통과 불신.

"당신이 어, 어떻게," 그녀는 헐떡거렸다.

나는 시신을 향해 이야기하기 전에 잠시 뜸을 들였지만, 마지못해
입을 뗐다.

"그건 쉬운 일이었어."

(Spillane [1947] 245-46)

이 장면의 과시적이고 장식적인 요소들은 매우 에로틱한 섹
스 장면의 관습들을 따른다. 두 사람이 '사랑에 빠져 있다'. 여자
가 유혹적으로 옷을 벗는다. 더욱이, 마이크 해머가 준비한 총의
공이치기를 당겨 샬럿의 '아랫배'에 총알을 관통시킨 것은 성교
를 얄팍하게 대체한 것이다. 이 장면의 포르노그래피 폭력은 두
연인이 초야를 치르는 것에 지나지 않는다. 카웰티John G. Cawelti

는 독자들이 직설적인 사디즘 포르노그래피보다 스필레인의 작품을 더 좋아하는 것은 "격렬한 감정을 일으키는 사디즘을… 대중 독자들이 수용할 수 있고 거기서 카타르시스를 느낄 수 있게" 만들어주는 마이크 해머의 "감상적인 정서" 때문이라고 설명한다(Cawelti 1976, 188). 가장 인기 있는 미국 소설 가운데 하나가 된 《심판은 내가 한다》는 무의식적으로 여성을 사악한 존재로 재현하며, 페미사이드를 영웅적이고 에로틱하고 정당화된 '쉬운' 일로 묘사한다.

스필레인의 문학적 페미사이드에 필적하는 영화는 〈사이코〉(앨프리드 히치콕 감독, 1960)다. 여기에서도 여성은 남성 욕망의 대상으로서 정교하게 설정되어 있다. 그녀는 (생식기만 놓고 보면) 강간당하지는 않지만, 그 대신 포르노그래피 방식으로 살해된다. 영화에서 브라와 슬립만 걸친 모습으로 전시되어온 '섹스 심벌' 재닛 리Janet Leigh는 (카메라 바깥에서) 옷을 벗고 욕실로 들어가 샤워를 한다. 그녀는 물이 주는 관능적 느낌을 즐기고 있는 게 분명하다. 그때 살인자가 침입해 커다란 칼로 그녀를 난도질해 죽인다. 평론가 레이먼드 더그냇Raymond Durgnat은 이 장면을 가리켜 유별나게 '포르노그래피 같은 살인'(Durgnat 1978, 499)이라고 공언했다. "즐기지 않기에는 지나치게 에로틱하지만, 즐기기에는 지나치게 소름 끼친다"(Durgnat 1978, 503). 〈사이코〉는 성적으로 관객을 자극하려고 의도된 관능적인 장면을(Rothman 1982) 폭력적인 장면과 혁신적으로 결합했고, 상징적으로 오르가슴을 유발하는 공격 장면은 끝없이 반복되어 오늘날 '슬래셔 영화'를 특징 짓는 장르적 관습으로 등장했다(Maslin, 1982; Donnerstein, Linz and

Penrod 1987), 〈프리치스 오너Prizzi's Honor〉(존 휴스턴John Huston 감독, 1985)와 〈할렘 나이츠Harlem Nights〉(에디 머피Eddie Murphy 감독, 1989) 같은 주류 영화에서도 같은 장면을 발견할 수 있다.

〈사이코〉의 샤워 장면을 두고 한 평론가는 "아마도 영화 역사 전체에서 가장 많이 따라 한 장면"일 것이라고 말했다(Clover 1987, 224). 남성주의masculinist 영화에서 남자가 성적으로 잔인하게 살해당하는 장면을 생산하고 그것을 끝도 없이 모방하는 일을 상상하기란 불가능하다. 여성은 살인 피해자로서 장르 체계 안에 붙박이로 고정되어 있다. 브라이언 드 팔마 감독은 이렇게 푸념했다. "나는 늘 에로틱하고 성차별적인 접근을 한다고 공격받는다. 여자들을 토막 내고 위험에 빠뜨린다는 거다. 하지만 내가 만드는 건 서스펜스 영화란 말이다! 대체 여자들한테 달리 무슨 일이 일어나겠는가?"(Mills 1983, 9). 페미사이드 문법에서 여자들에겐 사건이 '일어날' 수 있을 따름이다. 우리 또한 드 팔마 감독 자신이 공격당하고 있다고 주장할 때 커다란 아이러니에 빠질 수밖에 없다.

이른바 '고어의 할아버지Grandaddy of Gore'라고 불리는(Loder 1984) 허셸 고든 루이스Herschell Gordon Lewis 감독 역시 비슷한 주장을 편다. 1960년대에 그는 여성의 신체를 절단하고 내장을 빼낼 뿐 아니라 여성의 장기를 애무하는 장면이 담긴 고어 영화들을 통해 컬트의 지위에 올랐다. "그래요, 우리는 여자들의 신체를 절단했습니다. 하지만 우리는 여자들을 비하하지는 않았습니다. 그런 짓을 하는 사람에 대한 찬양도 전혀 없었습니다. 내가 영화에서 여자들의 신체를 절단한 건, 그건 그렇게 해야 표가 더 잘 팔릴 것 같아서였습니다. 광신도 같은 사람들이 만든 그 단체[포르노그래피에 반대하는 여성들Women Against Pornography]에서 내가 남자 내장을 꺼내는 영화를 만들 경우 보러 가겠다고 약속한다면, 나는 그런 영화를 만들 겁니다"(Loder 1984, 21). 그러나 여자가 일상처럼 남자의 내장을 꺼내는 영화는 잘 팔리지 않을 것이다. 그건 본래부터 '관객'을 흥분시키지도 못하고 기운을 주는 것도 아니기 때문이다. 그런 영화는 포르노그래피 문법을 완전히 잘못 사용한 용례가 될 것이다. 매키넌은 이 문법을 이렇게 표현했다. "남자가 여자를 먹는다: 주어 목적어 서술어"(MacKinnon 1982, 541).

히치콕과 루이스의 자손인 슬래셔 영화들은 1970년대 중반에 강력한 장르로서 부상했다. 스너프 영화의 출현을 대중이 인식하기 시작했을 때와 거의 같은 시기다. 또한 오늘날까지 이어지고 있는 주류 광고에서 스너프 영화와 같은 장면들을 사용하는 관습 역시 1970년대 중반에 시작되었다. 특히 여성들을 겨냥한 광고에서 그러했는데, 이를 통해 여성들은 스스로에 대한 페미사이드 관점을 내면화하게 될 터였다. 부츠, 향수, 스타킹, 구두를 팔기 위해 여성들이 비닐봉지 안에서 질식하거나, 차에 치이거나, 모래에 파묻히는 모습을 보여주는 것이다(Caputi 1987).

주류 광고는 또한 시각적으로 신체가 절단되고 신체의 일부분으로 축소되는 모습으로 여성을 보여주는 포르노그래피 관습을 차용하면서 페미사이드 이데올로기를 전한다. 예를 들어, 1980년대 중반에 크리스티앙 디오르의 향수 '쇼크 클레르Choc Clair' 광고에서는 여성의 잘린 머리를 향수병들과 나란히 바닥에 배치해놓았다. '코에드 킬러' 에드먼드 켐퍼는 여성들의 목을 자르고 신체를 절단하는 시체성애자였는데, 한번은《프런트 페이지 디텍티브*Front Page Detective*》에 이렇게 말했다. "예쁜 아가씨가 거리를 따라 걸어오는 모습을 보면 무슨 생각이 드나. 한쪽의 나는 말한다. '와, 정말 매력적인 아가씬데. 말을 걸어보고 같이 데이트하고 싶다.' 다른 한쪽의 나는 말한다. '저 여자 머리가 막대기에 꽂혀 있으면 어떨지 궁금하다'"(Von Beroldingen 1974, 29). 에드먼드 켐퍼와 크리스티앙 디오르의 판타지는 그리 이질적으로 보이지 않는다.

1980년대의 이브 생로랑 스타킹 광고도 그다지 이례적이지 않다. 이 광고에선 하이힐을 신은 두 다리를 보여주는데, 허리에서 잘린 두 다리만이 공중에 뜬 채 벌어져 흔들린다. 이것이 암시하는 바는 여성의 신체절단과 시체강간이다. 이러한 신체절단의 의도와 의미는 실제 성적 살인의 범인이 자기가 저지른 행위의 의미를 설명하는 걸 들음으로써 가장 잘 이해될 수 있다. "그러고 나서 나는 여자의 목을 베서 소리를 지르지 못하게 했어요… 그때 나는 그녀가 한 명의 사람으로 보이지 않게 그녀의 몸을 난도질하고 싶었어요. 그녀가 존재하지 않도록 그녀를 파괴하고 싶었어요. 그녀의 몸을 잘라내기 시작했죠. 가슴을 도려내던 게 기억나요. 다 지난 뒤에 기억에 남는 것은 내가 계속 그녀의 몸을 베어내고 있었다는 거예요… 나는 그 아가씨를 강간하지 않았습니다. 다만 그녀를 파괴하고 싶었을 뿐입니다"(Hazelwood and Douglas 1980, 21).

이 같은 광고들이 남성을 직접 선동해서 여성에 대한 폭력을 저지르도록 만든다고 주장하려는 것은 아니다. 그럼에도 실제 성적 살인의 행동에 상응하는 고어노그래피 광고들은 여성의 신체 절단 이미지들을 매력적이고 정상적인 것으로 만듦으로써, 여성에 대한 폭력을 반영하고 정상화하고 합법화한다. 이런 광고들은 구두, 스타킹, 화장품만이 아니라 동시에 여성혐오와 학대를 승인하고 권장하며 광고하는 것이다. 실제로 포르노그래피와 고어노그래피 이미지들은 광고가 작동하듯 작동한다. 보는 사람으로 하여금 자신이 그 마법의 광경 속에 실제로 있는 것처럼 상상하게끔 유혹한다. 그리고 어쩌면 거기에서 보여주는 것을 실제 생활에서 시도해보도록 유도할 것이다. 이 논문의 마무리 부분에서 광고와 포르노그래피가 서로 수렴되는 현상에 대해 좀 더 탐구해보도록 하겠다.

소비자 교육하기

사람들은 광고로부터 배운다. 자신이 이용 가능한 제품들을 배우고, 자신의 삶을 향상시킬 수 있는 방법들을 배운다.

_코틀런드 보베Courtland Bovée와
윌리엄 애런스William Arens(1986, 10)

그는 [세 편의 포르노그래피 영화 제목을 대면서] 나와 같은 창녀들을 본 적이 있다고 말했어요. 그리고 나 같은 창녀들에게는 어떻게 해줘야 하는지 알고 있다고 했죠. 나 같은 창녀들이 원하는 것이 무엇인지도 안다고 했어요… 그는 나를 강간한 다음, 총으로 여기저기 때리기 시작했어요. 그러고 나서 말했어요. "넌 그 영화에 있었어. 네가 그 영화에 있었어. 너 말이야, 내가 이렇게 강간한 다음에 널 죽여주길 원했잖아. [특정 포르노그래피 영화에서] 그랬던 것처럼."

_강간 피해자 인터뷰, 실버트Silbert와 파인스Pines(1984, 865)

페미니스트들은 포르노그래피가 선전의 한 형식이라고 주장해왔다. 포르노그래피는 여성을 소유하고 사용하고 소비할 수 있는 대상, 상품, 물건으로 보는 관점을 유포하며, 그에 수반되는 믿음을 강요한다. 이 믿음에는 다음과 같은 내용이 포함된다. 모든 여성은 창녀이며, 창녀에게는 내가 원하는 것을 무엇이든 해도 받아들여진다. 성폭력은 정상적이고 수용 가능한 것이다. 여성은 강간당해도 싸고, 강간당하길 바란다. 여성은 살해당해도 싸고, 살해당하길 원한다. 기타 등등. 그러한 페미니스트 입장에서, 사회학자 다이애나 E. H. 러셀은 지난 10년간 사회과학 연구조사를 토대로 포르노그래피가 강간을 야기하는 방식을 입증하는 이론적 모델을 제안했다. 그녀는 "포르노그래피가 ① 어떤 남성들에게 여성들을 강간하길 원하는 성향을 갖게 하며, 또 어떤 남자들에게는 이미 있던 그런 성향을 강화하고, ② 어떤 남성들에게 강간 욕구 실행을 억제하는 내적 제약을 약화시키고, ③ 어떤 남성들에게 강간 욕구 실행을 억제하는 사회적 제약을 약화시킨다" (Russel 1988, 41)는 설명을 제안한다.

러셀의 모델은 내가 여기에서 논하고 있는 내용에 특히 잘 부합하는 포르노그래피의 두 가지 양상을 바탕으로 한다. 포르노그래피는 여성에 대한 폭력을 격려하고 정상화하는 세계관을 구성한다. 그리고 욕망을 창출하는 능력이 있다. 주류 학계에서는 일반적으로 이 영역들에서 포르노그래피가 발휘하는 힘을 무시하거나 반박한다. 반면, 광고가 정확히 그러한 역할을 수행하는 방식들을 탐구하는 학자들은 늘고 있다. 가스 조엣Garth Jowett은 오늘날의 다양한 선전형태를(포르노그래피는 무시되었다) 검토하는 논문에서, 최근에 나온 세 편의 학술서(Marchand 1985; Pope 1983; Schudson 1984)를 통해 광고가 "조직적인 소비자 선전"이라는 이론의 여지가 없는 증거를 제시한다(Jowett 1987). 광고는 단지 대상의 획득을 홍보할 뿐 아니라 대중의 의식을 형성하며 "일반 대중 안에서 널리 유지되어온 특정한 문화적 믿음들을 형성"하도록 유도한다(Jowett 1987, 112-13). 검토 대상이 된 분석가 마이클 셔드슨Michael Schudson은 광고가 "작용 중인 미국 자본주의의 가치들 중 어떤 것을 명료하게 분절하여 표현하는" 기능을 한다고 주장한다(Schudson 1984, 219). 그리고 이것은 순전히 현실적인 묘사보다 체제의 이상과 가치를 더욱 효과적으로 극화시킨다는dramatizing 점에서 사회주의-사실주의 예술과 유사하다는 생각을 제시한다. 셔드슨은 통찰력 있게 광고를 '자본주의-사실주의'라고 지칭한다(Schudson 1984, 109-33). 조엣은 이렇게 논평한다. "그러므로 광고는 단순한 상품 판매를 초월하는 상징적이고 문화적인 유용성을 지니고 있다. 그것이 모방하는 사회주의-사실주의 예술과 마찬가지로 광고는 우리 사회의 문화 및 경제 기반을 끊임없이 상기시켜주는 기능을 한다"(Jowett 1987, 111). 이에 부응하여, 우리는 포르노그래피를 일종의 '가부장제 사실주의'라고 생각할 수 있다. 그것은 스티븐 마커스Stephen Marcus가 묘사하는 '포르노토피아pornopia'(Marcus 1964, 269)라는 성적 판타지의 이상향이 아니다. 오히려 수컷지배적인cockocratic(Daly 1984, 206)—즉 불평등한, 사도-마조히즘적인, 궁극적으로는 페미사이드에 이르는—관계가 남자와 '이상화된 여자' 사이에서 벌거벗겨진 채로 끊임없이 실행되는 경기장이다. 조엣의 말을 우리 나름으로 바꾸어 써보면, 그러한 가부장제 사실주의가 '우리' 사회의 성적으로 억압적인 토대를 계속 상기시키고 강화하며 재구성하는 데 쓰인다는 것을 이해할 수 있을 것이다.

포르노그래피는 소비재 광고와 마찬가지로 지배적 세계관을 효과적으로 홍보하는 데서 그치지 않는다. 새로운 욕망을 창조하고/창조하거나, 전에는 명확하게 표현되지 않던 욕망을 촉진하는 포르노그래피의 능력 또한 중요한 관심사이다. 포르노그래피가 욕망을 창조한다는 생각을 비웃는 많은 사람들은 그러한 능력을 광고에 전가하는 데 망설이지 않을 것이다. 존 케네스 갤브레이스John Kenneth Galbraith는 가장 이른 시기의 가장 영향력 있는 광고 비평가 가운데 하나였다. 《부유한 사회The Affluent Society》(1958)에서 그는 단언한다. "[현대 광고의] 중심 기능은 욕망을 창조하는 것—이전에 존재하지 않았던 욕구를 존재하도록 하는 것이다"(Galbraith 1958, 129). 이것은 정확하게 러셀이 "어떤 남성들에게 여성들을 강간하길 원하는 성향을 갖게 하는 역할"이라 부른 포르노그래피의 능력이다. 포르노그래피가 이런 역할을 행하는 한 가지 방법은 "이전에 강간 묘사 장면에 자극되지 않았던 남자들에게 자극적인 여성 누드를 반복적으로 강간과 연결하여 보여준 뒤 나중에는 강간 장면에 자극되도록" 가르치는 것이다(Russell 1989, 51).

페미사이드 포르노그래피와 고어노그래피에서도 비슷한 전략을 쓴다. 자극적인 관습들(여성 누드, 부부 성관계)을 신체 절단 및 살인과 반복적으로 결부시키는 것이다.《프런트 페이지 디텍티브》같은 '범죄 실화' 출판물들의 표지는 '페미사이드 전단계' 장면들을 규칙적으로 싣는다. 아슬아슬하게 옷을 걸친 채 결박당한 여자들에게 남자가―종종 마스크를 쓰고―위협적으로 칼이나 총을 겨누고 있다. 마찬가지로, 슬래셔 영화들은 규칙적으로 "노골적인 폭력 장면을 넣는데, 피해자들은 거의 언제나 여성이며, 폭력 장면을 관능적이거나 에로틱한 장면과 연달아 배치하는 경우도 많다(예를 들어 욕조에서 자위행위를 하던 여자가 갑자기 잔인하게 공격당한다)"(Donnerstein, Linz, and Penrod 1989, 125). 끊임없이 반복되는 살인과 신체 절단에 관한 그러한 메시지들이 이전에는 존재하지 않던 성적 자극을 유도한다는 것을 깨닫는 데는 그다지 큰 상상력의 도약이 필요치 않다. 러셀은 이 점을 날카롭게 지적했다. "사람들이 미디어로부터 새로운 생각이나 욕망을 발전시킬 수 없다고 가정하는 데는 아무런 과학적 근거도 없다. 아무런 효과도 낼 수 없다면 누가 광고나 선전에 수십억 달러를 들이겠는가?"(Russell 1989, 53). 욕망을 창출하는 광고의 능력을 부인한다 해도(담배나 주류 광고업자들이 스스로를 변호하느라 말하는 것처럼), 적어도 우리는 기존의 욕망에 광고가 미치는 영향을 인식할 수 있다. 즉 광고에는 "기존의 욕망을 강화하고, 그러한 욕망에 생명을 부여하고 구체화하고, 광고가 없었다면 불가능했을 영속성을 제공하는" 능력이 있다(Schudson 1984, 238). 광고와 마찬가지로 포르노그래피 역시 페미사이드 욕망을 강화하고 정상화하며, 그 소비자를 흥분시키고, 그의 욕망을 구현하고 판타지를 실행할 잠재적인 방식들을 가르친다.

페미사이드 판타지

> 그[번디]는 살인 욕구가 생기기 오래전부터 소년다운 판타지가 있었다고 내게 말했다. 이런 판타지는 피부미용 잡지나 선탠오일 광고의 여자들, 토크쇼에 나와 끼를 보여주는 신인 여배우들을 자양분 삼아 자랐다. 그는 도발적으로 전시되는 여성들의 신체에 반했다.
>
> _스티븐 미쇼Steven Michaud(Michaud and Aynesworth 1983, 117)

> 연쇄살인범들 중 다수가 포르노그래피를 통해 자신의 생생한 성적 판타지를 배출했다. [에드먼드] 켐퍼['코에드 킬러']는 시체 그림들을 찾느라 탐정 잡지들을 샅샅이 뒤졌고, 섹스가 살인의 전주곡으로 쓰이는 '스너프' 영화들을 자주 보았다. 그는 말한다. "그게 내 성질을 더럽게 만들었다는 게 아니에요. 그건 다만 불에 기름을 부었을 뿐이죠."
>
> _마크 스타Mark Starr(1984, 105)

앞서 이야기했듯이, 성적 살인자 36명을 인터뷰한 체계적 연구서에 따르면, 포르노그래피는 그들의 성적 흥미를 끄는 것들 중 자위행위를 누르고 1위를 차지했다. 이 연구를 진행한 레슬러Robert Ressler, 버지스Ann Burgess, 더글러스John Douglas는 성적으로 폭력적인 판타지가 한 개인이 성적 살인범으로 변해가는 데 극도로 강력한 역할을 수행한다는 사실을 발견했다. "그들이 저지른 살인사건들과 그 살인사건들을 준비한 과정에 대한 질문을 받았을 때, 이 살인범들은 강간 및 살인에 대한 판타지가 중요하다는 걸 확인해주었다… 이러한 인지행위는 점차 살인행위에 대한 의식적 계획과 정당화로 이어진다"(Ressler, Burgess, and Douglas 1988, 43). 연구자들은 더 나아가서 사디즘 살인에서 판타지의 역할이 점점 더 많이 인정되고 있다는 점에도 주목한다. 어떤 연구자들은 (Mac Cullough et al. 1983) 사디즘 행위와 판타지가 서로 연결되어 있으며, 판타지가 행위를 추동한다고 말한다. 포르노그래피는 그 본질상 '성적 현실sexual reality'이면서(MacKinnon 1987, 149), 동시에 관객의 판타지를 자극하고 촉진하도록 고안된 소재다. 이것이 바로 포르노그래피를 지지하는 많은 이들이 칭송해 마지않는 요소다(Gagnon 1977, 357). 그럼에도 레슬러, 버지스, 더글러스는 살인범들이 정기적으로 포르노그래피를 봤다는 사실과 그들이 개인적으로 지닌 판타지의 중요성이나 그 내용 사이의 관계를 탐색하지는 않았다. 이런 내용이 누락되었다는 것은 심각한 문제다. 앞으로 이루어질 추가 연구에서 반드시 다룰 필요가 있다.

포르노그래피와 마찬가지로, 광고 또한 판타지 생산에 분명한 역할을 한다. "그것은 존재하는 현실을 그리는 것이 아니라, 존재해야 하는 현실, 따라 할 가치가 있는 삶과 생활을 그린다고 주장한다"(Schudson 1984, 215). 역사학자 롤런드 마천드Roland Marchand

는 광고 이미지에서 판타지를 재현한 장면들의 중요성과, 평범한 개인들이 광고의 '시각적 클리셰'를 자신의 백일몽과 행동에 합체시키는 방식에 대해 이야기한다. 그는 심리학자 제롬 싱어Jerome Singer를 인용한다. 싱어는 "백일몽과 판타지는 행위의 근거가 되는 사고의 일부를 나타낸다고 확신하며, 백일몽은 실제적인 미래 활동을 위한 리허설과 '시도 행위trial actions'를 나타낸다고 주장한다"(Marchand 1985, 235). 나아가 마천드는 이런 언급을 덧붙인다. "개인의 백일몽이 익숙한 이미지들의 사용 가능한 어휘로 형성되는 만큼, 한 시대 대중 예술의 클리셰들은 개인들이 자신들의 판타지 안에서 그 사회의 공유된 백일몽들의 어떤 측면들을 되풀이하도록 유도한다. 특히 그 클리셰들이 극적이고 반복적으로 대중의 눈앞에서 퍼레이드처럼 펼쳐진다면 더욱 그러하다"(Marchand 1985, 235). 포르노그래피와 고어노그래피 또한 대중예술의 형태다. 이 둘 역시 광고와 마찬가지로 보는 이들의 판타지를 자극하고 끊임없이 시각적 클리셰들(지배, 강간, 고문, 살인)을 되풀이하면서, 개인적 백일몽 속에 구현해야 할 장면과 따라야 할 레시피, 행동으로 옮길 시나리오를 제시한다.

예를 들어, 1985년 6월 마린 카운티의 은행원 레슬리 아서 버드Lesilie Arthur Byrd는 19세의 매춘부 신시아 L. 엥스트롬Cynthia L. Engstrom을 살해했다. 그는 우선 그녀의 입을 틀어막고 결박한 다음, 자신의 욕조에 담가 익사시켰다. 그의 재판에서 전직 매춘부 에리카 멀 클라크Erica Merle Clarke는 버드가 자신에게 결박한 여성을 익사시키려는 계획에 함께 참여하지 않겠는지 물었다고 증언했다. 법정에서 그녀가 한 말에 따르면, 그는 그녀에게 이렇게 말했다. "그 여자가 죽기 직전에 눈에 차오르는 공포를 네가 보길 원해." 그녀는 버드가 "포르노그래피 '스너프 영화들'을… 여자들이 '실제로 살해당하는' 영화들을" 보았다고 한 이야기를 떠올렸다. 그가 특별히 '유혈이 낭자한' 영화에 흥미를 느낀 것은 아니다. 그가 가장 좋아한 것은 여자가 뜨거운 욕조에서 익사하는 영화였다(Ingram 1985). 그 영화가 그의 판타지에 양분을 공급했고 그가 스스로 완성할 스너프 영화의 시나리오를 제공했음은 자명하다.

1988년 10월 매사추세츠 주 그린필드에서 19세의 섀런 그레고리Sharon Gregory가 살해됐다. 18세의 마크 브랜치Mark Branch는 그녀를 50회 이상 칼로 찔렀다. 그는 당시에 슬래셔 영화에 대한 집착 때문에 심리치료를 받고 있었다. 그는 특히 〈13일의 금요일〉 시리즈의 살인범 '제이슨Jason'과 자신을 동일시했다. 그의 집을 수색한 경찰은 슬래셔 영화 75편과 동종 서적 64권, 그리고 세 자루의 칼과 한 자루의 마체테machete*, 세 개의 하키 골리 마스크를 찾아냈다. 하키 마스크는 브랜치의 고어노그래피 역할모델인 제이슨이 영화에서 쓰고 나온 것이었다(Simurda 1988, 28).

1989년 일본에서는 성인 남성들과 십대 소년들이 어린 여성들을 살해하고 시신을 절단하는 연쇄범죄가 일어나 대중들 사이에 널리 알려졌다. 26세의 인쇄업자 쓰토모 미야사키Tsutomo Miyasaki가 4명의 여성을 살해했다고 자백한 후 경찰이 그의 아파트를 수색했을 때, 수천 개의 포르노그래피 비디오와 만화책이 나왔다. 이 가운데 몹시 인기가 많았던 〈롤리타〉라는 만화는 어린 여

---

* (옮긴이주) 열대지방에서 수풀을 자르는 데 주로 쓰는 크고 긴 칼.

자들과 남자들의 포르노그래피에 가까운 이야기를 담고 있었다 (Hughes 1989). 앞 절에서 나는 페미사이드 포르노그래피/고어노그래피가 어떤 남성들에게 살인을 성적으로 자극적인 것으로 만들어 그들의 내면에 살인하고자 하는 욕망을 창출한다고 주장했다. 버드가 본 스너프 영화들이나, 브랜치가 집착했던 슬래셔 영화들, 또는 미야사키가 사로잡혀 있던 포르노그래피 비디오와 만화가 이전에 아무런 살인 동기가 없었던 남자들을 성적 살인자로 변모시켜놓았다고 확언할 수는 없지만, 적어도 우리는 이러한 자료들이 각 살인범의 판타지를 형성하고 그들이 저지른 페미사이드의 형식을 결정하는 데 일조했음이 분명하다고 말할 수 있다.

요컨대 포르노그래피가 여성에 대한 폭력에 영향을 미치는 방식을 이해하려면, 남성 위주의 주류 사고에서 광고의 힘에 관하여 당연하게 여겨지는 내용을―광고가 욕망을 창조하고 자극하고, 세계관을 형성하며, 개인적 판타지에 침투한다는 것을―상당히 고려해야 한다. 역설적이게도, 포르노그래피 옹호론자 또한 포르노그래피와 광고를 비교한다. 마이애미 대학 형법 교수 어윈 스토츠키Irwin Stotzky는 테드 번디가 포르노그래피를 탓했던 사실과 관련하여 《플레이보이》로부터 질문을 받고 단언했다. "포르노그래피를 보는 것이 폭력으로 이어진다는 주장은 마치 술 광고가 헤로인중독을 일으킨다고 하는 것과 같다. 대법원에서도 포르노를 봤지만, 이제까지 대법원 판사들 가운데 어느 누구도 밖으로 나가서 살인을 저지른 적은 없다"(Playboy Forum 1989, 49-50). 이런 주장은 여러 면에서 이상할 만큼 비논리적인 언술이다. 일단 페미사이드 포르노그래피가 그것을 본 모든 사람들이 밖으로 나가 살인을 저지르도록 하지는 않는다. 그것은 사실이다. 하지만 이러한 사실이 포르노그래피가 그들 중 몇몇에게 그러한 영향을 절대 끼치지 않는다는 증거가 되지는 못한다. 더욱이 술 광고가 헤로인중독을 야기하지 않는다는 것은 확실하지만, 술 광고가 알코올중독자나 잠재적 알코올중독자에게 영향을 끼친다는 점은 그렇게 쉽게 묵살될 수 없다.

오늘날 광고에 대한 사려 깊은 해설자인 마이클 셔드슨은 다음과 같이 썼다.

> 어떤 광고는 위험한 제품이나 잠재적으로 위험한 제품을, 그것을 현명하게 사용할 것 같지 않은 집단을 향해 판촉한다. 청소년들이나 술고래들에게 술 광고를 한다면, 그래서 광고가 아주 조금이라도 효과를 발휘한다면, 사회적으로 비용을 치러야 할 것이며, 도덕적으로도 의문의 여지가 있다. 빈곤과 무지 때문에 제품의 오용이 만연하게 될 것이 확실한 제3세계에서 영아용 제조분유를 광고하고 마케팅하는 것은 광기 어린 이윤추구의 끔찍한 사례다. 우리가 노예제도나 마녀 화형, 또는 영아살해를 되돌아보듯이, 미래 세대는 이러한 우리의 만행을 되돌아볼 것이다. (Schudson 1984, 239-40)

마찬가지로, 포르노그래피와 고어노그래피에서 여성에 대한 폭력을 매력적이고 에로틱하게 실행하는 장면들은 페미사이드를 정상화하고 합법화하는 데다, 그에 대한 욕망을 창조하고 규제를

© Nikki Craft

"폭력은 즐겁지 않다. 〈텍사스 전기톱 연쇄살인사건〉 상영 반대."
프레잉 맨티스 여성여단Preying Mantis Women's Brigade에
서 조직한 페미니스트 게릴라 행동. 1980년 캘리포니아 주 샌
타크루즈.

낮추며, 따라 할 수 있는 시나리오를 제공하는 것으로 인식되어
야 한다. 이것은 정말로 현대 남성주의 세계를 특징짓는 문명화
된 '야만'이다. 실제로 바로 이러한 야만 때문에 여기서 미래 세대
에 대해 이야기하는 것은 약간 역설적으로 들리게 된다. 음경의
대체물로 칼을 사용하고, 살해되어 신체가 절단된 여성의 육체에
서 성적 황홀을 경험하는 것과 똑같은 포르노그래피의 정신이 훨

씬 더 치명적인 남근적 무기인 핵폭탄의 개발 및 발전에서도 작동하고 있기 때문이다(Caputi 1987, 188-97; Caputi 1991; Russell 1989). 게다가 이러한 무기들의 목적은 또 다른 종류의 페미사이드, 즉 '어머니 지구'를 살해하는 데서 '오르가슴'을 성취하려는 것이다.

마녀 화형과 노예제도가 정점에 이르렀을 때는 그 두 가지 모두 잔혹행위로 인식되지 않았다. 오히려 그러한 박해행위와 제도는 최고의 권위를 지닌 당국과 성스러운 저술들(교황의 교서로부터 헌법에 이르는)에 의해 옹호되었다. 그와 같이, 오늘날의 페미사이드 역시 가부장제의 테러리즘으로 이해되지 않고, 설명할 수 없는 일탈행위로 일축될 따름이다. 이에 상응하여 포르노그래피는 '표현의 자유'로서 옹호된다. 그러나 세상이 멸망하지 않고 유지된다면, 언젠가 미래 세대가 우리 시대의 포르노그래피와 그것의 효과를 돌아보며 틀림없이 성적으로 정치적인 잔혹행위로 간주할 것이다. 미래 세대는 노예제도, 마녀 화형, 영아살해와 같은 선상에서 페미사이드를 바라볼 것이다.

5부 페미사이드와
모조 정의

© Pam Isherwood/Format

"여성들은 정의를 요구한다."
폭력적인 남편을 살해한 혐의로 유죄판결을 받은 여성들을 지지하는 여성들이 영국 정부청사 앞에서 피켓을 들고 시위하고 있다. 1991년 런던.

여는 글 ————————————————————————

5부에서는 페미사이드에 대한 사법체계의 반응을 다룬다. 5부에 실린 글들은 각각 특정한 페미사이드 사례들을 시작점으로 삼고, 그에 대한 법조계의 반응을 추적하면서 그 부적절함을 지적하고 여성혐오를 비판한다. 그리고 전체적으로는 영국과 미국에서 남성이 만든 법률과 법조계의 관행에 대한 종합적인 비판을 구성한다.

질 래드퍼드는 남부 잉글랜드의 작은 도시에서 1년 간격으로 일어난 페미사이드 사례 두 건을 분석한다. 그녀는 이 분석을 통해 어떻게 법률이 '한정책임능력diminished responsibility'과 '도발provocation' 변론을 인정함으로써 사건의 책임을 남성 살인자로부터 여성 피해자에게로 전가하는지를 입증한다. 래드퍼드는 이러한 법률적 변론이 살인범의 형량을 줄일 뿐 아니라 여성을 재판에 회부하는 데 성공한다는 것을 보여준다. 다시 말해, 피해자 여성을 재판정에 세워 남성의 눈으로 재구성하고, 남성의 규범으로 심문하며, 남성의 기준으로 결점을 찾아내고, 궁극적으로는 그녀에게 자신의 죽음에 대한 책임을 묻는 것이다.

수 리즈Sue Lees는 영국의 살인사건 재판들을 연구하여, 남성 살인범이 자신이 죽인 여자를 알고 있는 경우 법률이 남성의 책임을 부인하기 위해 도발 변론을 이용하고 여성을 비난하는 법률적 전략으로 체계적 방식을 취하는 데 대해 비슷한 문제들을 지적한다. 그리고 더 나아가서 여성이 남성을 죽인 흔치 않은 상황에서는, 도발의 증거가 훨씬 더 명백할 때조차 그러한 전략이 거의 받아들여지지 않는다는 사실을 보여준다. 잉글랜드에서는 이 같은 사례들 때문에 페미니스트들이 '자기보존self-preservation'이라는 새로운 변론 방식을 요구하게 되었다. 이는 여러 해 동안 성폭력과 학대에 시달린 뒤 남자를 살해한 여성들이 모의살인 혐의로 기소되어 법에 정해진 대로 종신형을 선고받는 일에 맞설 수 있도록 실행 가능한 변론 방법을 제공하려는 것이었다(Kelly, Radford, and Mavolwane 1991).

루시 블랜드Lucy Bland는 연쇄살인범 피터 서트클리프의 재판을 분석한다. 그의 재판에서 법정에 회부된 것은 살인범이 아니라 남성과 남성성이었던 듯 보인다. 이 긴장된 재판의 중심에는 몇 가지 물음이 놓여 있다. 그는 위험한 짐승인가, 한정책임능력이 적용되는 남자인가, 하느님의 사자인가, 아니면 놀랄 만한 판사의 의견대로 그저 평범한 한 남자였을까?

다이애나 러셀은 페이 스텐더Fay Stender를 살해하려다 미수에 그친 범인이 자살한 사건을 다룬다. 페이 스텐더는 잘 알려진 캘리포니아 주 변호사였으며, 페미니스트이자, 예전에는 미국 교도소 개혁운동 활동가였다. 뭉클한 개인의 이야기를 통해 저자는 폭행사건에 복잡하게 얽힌 정치적 차원들을 풀어내려고 시도한다. 그리고 그것을 페이 스텐더가 교도소 개혁과 반인종차별 활동에 참여했다는 사실과 연결시킨다. 페미니스트이자 레즈비언인 한 여성으로서 페이 스텐더는 분명 비난받기 쉬운 여성이었다. 러셀은 그녀의 목숨을 노린 공격의 동기를 이해하는 데 핵심이 되는 것은 그녀의 젠더일 것이라고 말한다.

재판에 대한 회고

나는 윈체스터로 이사한 것이 그다지 맘에 들지 않았다. 윈체스터라는 도시는 으스대는 듯하면서 편협하게 느껴졌고, 그래서 나는 외로웠다. 얼마 뒤에야 나는 이 작은 보수적인 도시에 여성해방단이라는 단체가 있다는 것을 알고 깜짝 놀랐고, 그 즉시 가입했다. 그리고 거기에서 메리 브리스토를 만났다. 이후 7년 동안 그녀는 가깝고 소중한 친구일 뿐 아니라, 나에게는 마음에 드는 윈체스터의 얼굴이 되어주었다.

처음 보자마자 나는 메리에게 경외심을 느꼈다. 그녀는 참으로 훌륭해 보였다. 극적일 만큼 키가 컸고―아마 맨발로 서도 190센티미터는 될 것 같다―아름다움, 우아함, 품위 같은 전통적인 여성의 미덕들을 모두 갖추었다. 게다가 그녀는 윈체스터 정서로는 남자 같다고 할 수 있는 미덕들도 많이 지녔다. 그녀에겐 독립성이라든가 활력, 그녀만의 감수성, 타협하지 않는 시선, 그리고 엄청난 자신감이 있었다.

그녀를 더 잘 알아감에 따라 나는 그녀가 단지 자신의 자율성을 획득한 여성일 뿐이라는 걸 깨달았다. 그녀는 뻔뻔하게 보일 만큼 행복했다. 자신에 대해 행복했고, 자기 일을 할 때 행복했으며, 친구들과 함께 있을 때 행복했다.

그녀는 개인적인 야망이라는 것을 알지 못했다. 대학을 나온 뒤 줄곧 도서관에서 일해왔는데 다른 곳에서 일하겠다는 열망도 없었다. 그녀에게는 자신의 집이 있었고, 사람들은 그녀를 잘 알고 무척 좋아했다. 그녀에게 윈체스터는 맞춤장갑처럼 딱 맞았다.

우리는 여러 가지 일을 공유했다. 둘 다 제인 오스틴Jane Austen을 미치도록 좋아했고, 함께 노동당 지지 유세를 했으며, 핵군축 캠페인Campaign for Nuclear Disarmament(CND)과 윈체스터 반나치연맹Anti-Nazi League(ANL)에 가입했다.

범죄학자인 나의 일에도 메리는 언제나 큰 도움을 주었다. 작년에 윈체스터 형사법원에서 악명 높은 고든 애셔Gorden Asher 사건의 재판이 있었다. 사소한 질투심이 갑자기 치밀어 올라 아내를 살해한 혐의로 애셔에게 집행유예 6개월이 선고됐을 때, 메리 역시 평범한 윈체스터 여성들이 표출한 실망과 우려에 크게 동요됐다. 여성들을 위해, 이 재판과 그 결과의 중요한 의미에 관한 글을 쓸 수 있도록 나를 도와준 일은 정말 메리다웠다. 우리가 작업을 끝내고 석 달이 지난 뒤, 메리 브리스토는 살해되었다. 마치 그녀의 주인처럼 행세하던, 하지만 그녀는 그의 소유가 되기를 원하지 않았던 젊은 남자에 의해서였다.

메리는 어떻게 살해되었나

1981년 10월 29일 밤, 메리는 고기망치로 얻어맞은 뒤, 베개에 얼굴을 눌리고 목이 졸렸다. 다음 날 아침, 피터 우드가 그녀를 살해한 혐의로 체포되어 윈체스터 형사법원 재판에 회부되었다.

내가 생각하기로 그 전에 나는 피터 우드에게 말을 해본 적이 없었다. 그를 운동광이라고 기억해두었을 뿐이었다. 멀고 희미한 과거에 그가 메리의 애인이었다는 것은 흐릿하게 알고 있었다. 하지만 내가 그녀를 알고 지낸 몇 년 동안은 그가 그저 메리와 메리의 집 주변을 어슬렁거리는 좀 지루한 젊은 남자라고만 생각했다. 메리는 모든 사람들을 다 친절하게 대했고 그에게도 친절했다. 하지만 그는 점점 더 성가신 존재가 됐고, 그 점은 메리도 인정해야 했다.

피터 우드는 갈 곳이 없고 할 일도 없고 돈도 없을 때면, 버릇처럼 메리의 집 현관에 나타나곤 했다. 메리는 매번 다시금 이를 악물고 그에게 방을 내주었다. 보통 메리의 집에는 일시적으로 기거할 곳이 없는 사람이 머물곤 했었다. 그녀의 집에는 그럴 만한 공간이 있었던 데다, 그녀는 사람 면전에서 문을 닫아버릴 수 있는 사람이 아니었다.

그럼에도 피터 우드에 대해서는 메리조차 인내심을 잃었다. 한번은 그녀가 그를 집에 들이기를 거부한 적이 있었는데, 그런데도 그는 억지로 집 안으로 들어왔다. 또 한번은 그녀가 자포자기 상태가 되어 그를 내보내려고 경찰을 불렀는데, 경찰에서는 관여하길 거부했다. 그리고 그의 물건들을 길가에 내다 놓으면 그가 결국 떠날 수밖에 없을 거라는 아이디어를 떠올린 적도 있었다.

그러나 아무리 해도 그를 떼어낼 수는 없었다. 그는 그녀 주위에 자꾸 나타나 귀찮게 굴었다. 그녀는 절대 그렇게 생각하지 않았지만, 우리 중 일부는 그가 위험하다는 결론에 이르렀다. 이를테면 우리는 메리가 죽기 두어 주 전에 우드가 그녀의 집에 몰래 들어와 그녀의 침실 천장에 구멍을 뚫고 고미다락에서 그녀를 몰래 지켜봤단 걸 알게 되었다. 그녀는 자신이 심하게 화를 냈고, 정말 인내의 한계를 넘어섰음을 우드에게 이해시켰다고 우리에게 말했다.

우리는 또한 메리가 죽기 열흘 전에 메리의 집에서 불이 나 내부가 탔다는 것도 알았다. 그때 우드가 집에 있었기 때문에 경찰이 와서 화재와 관련된 그의 진술을 적어 갔다. 우리는 이 사건 때문에 메리가 겁에 질렸다는 것을 알았다. 내가 기억하기로, 메리를 거의 마지막으로 보았을 때 그녀는 금요일 밤에 동네 바에서 아르바이트를 하면서 — 그녀는 바의 종업원으로 일하는 걸 무척 재미있어했다 — 재떨이를 치우는 중이었는데, 재떨이를 비우기 전에 하나씩 손을 얹어서 다시 불이 붙지 않도록 확인하고 또 확인하고 있었다.

우리 가운데 다수는 법정에서 당연히 우리를 증인으로 소환해서 메리와 우드의 관계가 본질적으로 어떠했는지 증언하게 할 거라고 생각했다. 하지만 우리의 예상은 빗나갔다. 재판이 진행됨에 따라, 우리에게는 재판을 받는 것이 피터 우드가 아니라 메리 브리스토인 듯 보였으며, 그녀의 변론은 인정되지 않는 듯했다.

우드의 재판은 1982년 6월 14일에 시작해 나흘간 계속되었다. 담당 판사는 브리스토였는데, 재판을 시작하면서 메리와 아무런 연고가 없음을 밝히며 기뻐했다. 사이먼 터키Simon Tuckey 검사가 필립 멜시Philip Melsh 검찰총장의 지시를 받아 기소를 담당했고, 패트릭 백Patrick Back이 변호를 맡았다. 우드는 1957년 살인법 Homicide Act을 인용해 한정책임능력과 도발을 근거로 들며, 우발살인에 대해서는 유죄이나 모의살인에 대해서는 무죄라고 항변했다.

우선 나는 재판 진행과정이 모의살인 재판과 거의 비슷했음을 인정해야 한다. 우드는 자신이 습관적으로 메리를 몰래 관찰했음을 시인했다. 그리고 살해 당일 밤, 그녀가 남성 친구와 외출하는 것을 보고 집 안으로 들어가 그녀가 돌아오기를 기다렸다는 사실도 인정했다. 달리 설명되지 않은 사다리를 이용해 꼭대기 창문으로 들어갔다고 하는 그의 말은 더 이상 추궁되지 않았고, 사건의 다른 여러 가지 세부사항도 마찬가지였다. 그러나 메리가 그 친구와 함께 집으로 돌아와서 친구에게 굿나잇 키스를 하고 혼자 집 안으로 들어왔을 때, 우드가 그녀 집 현관 안쪽에서 몰래 그녀를 지켜보고 있었다는 것만은 분명하다.

우드는 그때 뒷문으로 몰래 빠져나와 현관문으로 가서 노크를 했고, 메리가 자신을 집 안에 들였다고 주장했다. 그런 뒤에 우드는 메리와 사랑을 나누었다고, 그녀가 집에 왔을 때 자신이 집에 이미 들어와 있었음을 시인했다고 진술했다. 이 진술에는 검찰측도 만족했다. 그런데 우드는 메리가 다시 '격분'했다고 했다. 그가 이 부적절한 순간을 선택해서 자신하고만 남녀관계를 유지해달라고 요구했던 것이다. 그녀가 이 요구를 거부하자, 그는 그녀를 죽이기로 결심했다.

그의 이야기에 따르면, 그는 부엌으로 가서 고기망치를 집어 들고, 손님방으로 가서 양말 한 켤레와 베개를 가져왔다. 그리고 고기망치를 양말 속에 넣은 다음 메리의 침실로 가져가 그녀의 머리를 내리쳤다. 그녀가 버둥거리자 그는 그녀의 목을 조르고 베개로 얼굴을 내리눌렀다.

나와 메리의 다른 친구들 모두에게 이건 정말 끔찍한 소식이었다. 우리 중에 그나마 그녀가 죽었음을 믿을 수 있었던 이들에게는 그래도 그녀가 평화롭게 죽었을 거라는, 아마도 그가 그녀를 잠들어 있는 동안에 죽였을 거라는, 그래서 그녀는 그의 잔인함을 전혀 몰랐을 거라는 희망이 남아 있었다. 그럼에도, 이 재판에 관련된 모든 이들이 우드의 폭력에 관한 사실들을 부정하기 위해 그토록 애쓰고 있다는 사실이 기이하게 여겨졌다.

판사는 메리의 부상 정도를 보여주는 부검 사진들을 배심원에게 반드시 제시할 필요는 없다고 생각했다. 그러나 우리는 그 사진들을 보았다. 방청석 맨 앞줄에 앉아 있을 때나 법정 바깥의 복도에서 기다리면서 그 사진들을 보지 않는 건 불가능했다. 법정의 다양한 신사들은 각자 직접 참조하기 위해 사진을 손에서 손으로 넘겨주고 넘겨받았다. 그들은 우리가 사진을 보길 바라는 것 같았다.

그 뒤로 이 살인은 '사고', '의문의 사건', '그날 밤의 비극' 같은 완곡어법으로 언급되었다.

피해자를 법정에 세우기

모의살인 혐의를 우발살인으로 변론하는 것과 관련해 이상한 점한 가지는 기소를 위한 주요 증인으로 피해자가 직접 재판에 참여할 수 없기 때문에, 기소 내용 역시 피고가 경찰에 제출한 진술에 주로 기초해야 한다는 사실이다. 마찬가지로, 피고 측의 변론또한 단 한 명의 목격자, 즉 피고 자신의 증언에 의존한다. 우드의변론과 기소 내용은 어조가 다르지 않았다.

확실히 둘 사이에는 논쟁거리가 거의 없었다. 이 교착상태에서 빠져나가는 단 한 가지 방법은 메리 브리스토를 법정에 세우는 것뿐이었다. 하지만 이 법정은 영국의 저급한 대중지의 도움과 사주를 능숙하게 받아들이고 있었다. 《선Sun》은 "여성해방론자를 사랑한 남자, 끔찍한 살인을 저지르다"라는 표제를 달았고, 《뉴스 오브 더 월드News of the World》에선 "귀부인과 자유연애 살인범의 관계"라고 말했다. 그리고 《스타Star》는 한술 더 떠서 "도서관 미인의 변태적 비밀 생활"이라는 제목 아래 "메리의 섹스 게임이 질투 많은 연인을 살인자로 만들다"라는 부제를 달고 "피해자메리는… 변태적인 섹스 게임을 즐겼다"는 설명이 추가된 벌거벗은 여성 사진까지 곁들였다. 물론 말할 필요도 없이 그 사진 속 여인은 메리가 아니었다. 이를 두고 우리가 할 수 있는 일은 없었다. 우리 변호사는 확실히 말해주었다. "죽은 이는 명예가 훼손될 수없습니다."

의심의 여지 없이 우드의 변호인도 이를 잘 알고 있었으므로계속해서 메리의 성품을 가차 없이 훼손했다. 사실이나 논리, 또는 일반적인 예의 따위는 전혀 신경 쓰지 않았다. 메리의 실제 자질들—그녀의 친절함, 다른 사람들에 대한 배려, 강력한 페미니스트 원칙들, 독립성, 지성, 인기, 정치적 현실참여—은 물론, 그녀의 나이와 키조차 그녀를 때리는 몽둥이로 사용되었다.

메리 브리스토와 피터 우드의 관계를 설명하면서 피고 측 대리인 패트릭 백은 다음과 같이 언술했다.

그와 메리 브리스토 사이에는 여러분이 매우 이상한 관계라고 생각하실 만한 것이 있었습니다. 능력 있고 연상의 여자가 그를 손에 쥐고 자신이 생각하기에 더 우월하다고 생각하는 무언가로 만들어내고자 했습니다. 그러나 출생이나 배경으로 볼 때 그는 애초에 그런 존재가 될 수 없는 사람이었습니다. 6년간의 관계는 〈피그말리온Pygmalion〉이나 〈마이 페어 레이디My Fair Lady〉의 상황을 뒤집은 것이었습니다. 메리는 뛰어난 지성을 지녔고 IQ가 182였습니다. 그녀는 여자 히긴스 교수 역할을 맡았습니다. 그리고 그의 역할은 남자 엘리자 둘리틀이었습니다.* 그녀는 또한 중산층이었습니다. 매우 명민한 사람들이 종종 그러하듯이 그녀는 중산층에서 소중히 여기는 도덕에 반항했습니다. 그녀는 어찌 되었든 결혼이란 자신에게 맞지 않는다고 보았습니다. 제가 추측하기에 그녀는 결혼이 자신의 자유를 제한하리라고 생각했을 것입니다. 그녀는 여러 대의명분의 추종자였습니다. 여성해방운동, 낙태 찬성,

---

* (옮긴이주) 버나드 쇼의 희곡 〈피그말리온〉을 각색한 뮤지컬 〈마이 페어 레이디〉는 히긴스 교수가 거리에서 꽃을 파는 가난한 여성 엘리자 둘리틀을 데려다 상류층 숙녀로 변화시키는 데 성공한다는 내용이다.

핵군축캠페인 말입니다.

이렇게 위선적이고 음흉하게 빈정거리는 말을 통해 패트릭 백은 메리의 죽음에 대한 책임을 피터 우드에게서 떼어내 거리낌 없이 메리 자신에게 덮어씌우고자 했다.

그는 말했다. "그녀는 그를 거부했고, 아마도 추잡한 방식으로 그렇게 한 듯한데, 그것은 분명 그의 몸을 칼로 찌르는 것처럼 아팠을 것입니다." 달리 말하자면, 그녀는 "그것을 자초했습니다".

법률이 정의하는 도발의 의미는 다음과 같다.

> 피고에게 갑작스럽고 일시적인 자제력 상실을 야기하고, 그 순간에 격정이 피고를 지배하여 피고가 자기 정신의 주인이 아니게 만들고, 어떠한 합리적인 인격reasonable person도 피고와 같이 만들, 고인이 행한 어떤 행위나 일련의 행위. 도발의 충족 여부는 배심원의 결정에 맡겨진다. 배심원 의견은 고인이 행한 말과 행동이 합리적인 남자에게 미칠 효과를 고려한다. (1957년 살인법)

이 재판에서 주장된 도발이란 단지 메리가 피터 우드와 배타적인 성적 관계를 맺는 데 동의하지 않았다는 것뿐이었다. 그리고 원체스터 형사법원에 따르면 그것으로 충분했다. 그러므로 어떠한 합리적인 남자라도 여자가 그와 결혼하기를 거절하는 만용을 부린다면 도발당해 그녀를 죽이게 되리라는 이야기였다.

우드의 변호인이 제기한 두 번째 변론은 한정책임능력이었다. (살인법에 따르면) 법률에서 의미하는 한정책임능력 변론이란, 피고가 "(정신의 발달이 정지되거나 지체된 상태 또는 선천적 원인에서 비롯되었든, 질병 또는 부상에 의해 유발되었든) 살인을 행하거나 살인에 참여함에 있어 자신의 행위와 부작위에 대한 정신적 책임능력을 실질적으로 손상시킨 정신이상을 겪고 있었"음을 변호인이 증명하는 것이다.

1959년 정신보건법Mental Health Act 은 정신이상에 대한 더욱 종합적이고 계몽된 정의를 제공한다. "정신질환, 정지되었거나 불완전한 정신발달, 심리장애, 그리고 여타 정신의 이상이나 장애." 그리고 스미스Smith와 키넌Keenan의《영국법 Englsih Law》 6판(1979)에서는 이렇게 말한다. "술 또는 약물 때문에 일어난 살인은 포함되지 않는다. 그 상태가 스스로 유발된 것이기 때문이다. 그리고 질투나 혐오, 분노는 포함되지 않는다. 그 상태는 인간의 일상적인 약점이므로 피고는 그것을 통제할 수 있어야 한다고 기대되기 때문이다."

기소와 변호를 위해 출석한 정신의학자들은 살인을 저지르기 전의 우드의 정신 상태에 대해 거의 전적으로 의견이 일치했다. 그들은 물론 이 단계에서 실제로 그를 만난 적이 없었다. 그러나 그들은 그의 진술을 기쁘게 복음처럼 받아들였다. '술을 많이' 마셔왔고 당시에 실직한 상태였다는 피터 우드 자신의 말을 근거로 정신의학자들은 그가 '우울한' 상태였다는 데 동의했다.

이에 관련된 사실들은 지난 5년 동안 어느 때라도, 덜 전문적인 증인들에게서라도, 이를테면 윈체스터 시내 어느 바에서 일하는 사람이나 고용부에 속한 사람이라면 누구에게서라도 쉽게 얻을 수 있었을 것이다. 그러나 정신의학자들은 메리 브리스토가 피터 우드의 지시대로 살기보다는 자기 자신의 삶을 살아가기로 결심했기 때문에 우드의 스트레스 가득한 삶이 초래되었다는 데 동의했다.

두 명의 정신의학자는 이 살인사건 이후 우드를 만났을 때 그들의 소견으로는 우드가 우울증을 앓고 있지 않다는 데 동의했다. 그가 겪은 스트레스의 원인(메리)이 제거되었기 때문이었다. 이것만으로도 배심원을 설득하여 한정책임능력 변론을 수용하도록 하는 데 충분했다. 이것 역시 한 여성의 생활양식이 남자에게 지배당하기를 거부하고 독립적이어서 남자에게 스트레스가 된다면, 여자는 남자가 보이는 어떠한 폭력적 반응에도 책임을 져야 한다는 의미를 또다시 암시한다.

판사는 배심원에게 전달하는 사건개요 설명에서 메리가 죽음을 자초했다는 견해를 공개적으로 지지했다.

그는 말했다.

메리 브리스토는 IQ가 182에 달하는, 중산층 출신의 반항아였습니다. 그녀는 남녀관계에서 전통을 따르지 않았습니다. 그리하여 가장 명민한 사람들이 언제나 매우 현명한 것은 아님을 입증했습니다. 성관계를 맺는 사람들은 성이 가장 깊고 가장 강력한 인간의 감정 가운데 하나이며, 성을 가지고 논다면, 그것은 불을 가지고 장난하는 것과 같음을 깨달아야 합니다. 그러므로 배심원 여러분, 어떤 사람들이 '구식'이라고 생각하는 성을 둘러싼 관습들이란, 가능하다면 사람들이 스스로를 불태우는 것을 방지하기 위해 있는 것이라 하겠습니다.

판사는 배심원을 위해 모의살인과 우발살인을 구분하여 설명했다. "모의살인에는 살의wickedness가 관련되어 있습니다. 우발살인에는 반드시 살의가 관련되지는 않습니다. 감당할 능력을 넘어서고 대처하는 것이 불가능한 경우에 처한 사람이 자신의 본성에 전혀 맞지 않는 일을 한 때가 그렇습니다. 경찰에게 총을 쏘는 악한과, 더 이상 대처할 수 없게 된 단계에서 아내나 연인을 살해하는 남편 사이에는 차이가 있습니다."

그래서 배심원들에게는, 한 남자에게 정기적으로 잠자리를 함께하는 여자가 있었는데 이 여자가 그를 좌절시키는 방식으로 행동한다면, 남자는 여자를 죽이는 것이 합리적이라는 가르침이 효과적으로 전달되었다. 이러한 생각은 여성의 평등한 법적 지위를 부인하는 것일 뿐만 아니라 인격으로서의 지위를 부인하는 것이다. 그런데 배심원들은 그것을 받아들였다.

우발살인 평결이 지닌 함의는 명확했다. 여자들이 관계를 맺고 있는 남자들보다 더 똑똑하고, 더 강하고, 더 독립적이라면, 그들이 이 부적절한 남자들에게 지배되기를 거부한다면, 그들은 자신의 죽음에 법적 책임이 있다. 여성의 힘과 독립성은 의도적인 도발행위로 해석되며 이는 폭력에 대한 남성의 책임을 감소시킨다. 이에 근거하여 피터 우드는 18개월 뒤면 자유로운 몸이 될 것이다.

재판이 끝난 뒤 나는 윈체스터를 떠났다. 다시는 그곳에 살게 될 것 같지 않다. 7년 동안 우리를 지원해주었던 여성해방단은 차츰 해체되어 더 이상 존재하지 않는다. 지금은 새로운 여성 집단이 모이고 있다고 하니 좋은 소식이다.

요크셔 리퍼 재판:
미친 놈, 나쁜 놈, 짐승 혹은 수컷?

루시 블랜드

이제, 그늘진 거리들 사이로 두려워하거나 보호를 받으며 살며시 지나가는

11월 리즈의 밤은 **열다섯 시간**

우리는 다만 알고 있을 뿐, 이 거리의 사람들 각자가, 혹은 각각의 사람들 무리가

서로의 적이라는 것을, 행여 그렇지 않다면, 우리를 기다리고 있는 적이라는 것을.

우리의 **개인적인** 적은 아니지만, 그들이 활개 치며, 그늘 없이, 자유로이 걷고 있다.

우리 생존자들이

우리의 허술한 집에서 인공조명 아래 붙박인 채

판유리를 밀고 들어오려는 어둠 속 공포의 압력을 느끼는 동안

우리의 거죽처럼 얇은 목소리들이 들려온다.

"여자는 모두 안전하지 않다." (이번엔 경찰이다)

"여자는 모두 어두워진 뒤에 외출해선 안 된다—" 그러고선 속삭이는 소리로

"그러나 우리 남자들은 괜찮다."

목소리들은 바람을 타고 들어와

벽을 들이받는다—

(우리의 두개골처럼 연약한 벽)—

"여자는 모두 안전하지 않다"—

목소리들은 틈새를 파고드는 외풍처럼 기어오르며 밀려든다.

"여자들은"— (이젠 모든 남자들이 말하고 있다)

어둠을 겁내라, 집에 머물러라

우리는 결과를 책임질 수 없다

너희가 버스를 탈 때면

이 도시의 정글 속 사냥 통로들을 **우리**에게 남겨두어라—

착하게 굴어라, 멍청해져라, 절대, 절대 자유로워지지 마라.

그리고 우리는 기억한다

우리의 자매, 학생, 동료, 친구, 이웃이었거나, 이었을 수 있는,

그 여자

평범하고, 존경스럽고, 쉽게 좋아할 수 있고, 피곤한

그 여자가 버스에서 내렸다. 그 여자에겐 돌아갈 집이 없었다.

그리고 우리는, 아직까지 살아남은 우리 여자들은 말한다.

"우리는 오랫동안 분노를 기다려왔다.

하지만 이제 우리는 화가 났다.

믿음을 저버린 그 모든 배신 각각에 대해

크든 작든, 그 모든 비하 각각에 대해

여성들에게 가해진 그 모든 악행 각각에 대해

그 모두가 기억되고, 그 모두가 기록되었다—

우리는 우리의 정의를 요구하러 간다.

그것은 우리 모두를 위한 정의다

우리의 피가 소리친다, 그리고 셀 수 없는 여성들이 소리친다.

우리의 목소리들을 통하여, 우리의 시대가 왔다, 그리고 우리가 간다

그래, 우리가 간다.

_〈재클린 힐을 위한 시 Poem for Jacqueline Hill〉*에서

1981년 1월 2일 저녁, 한 남성이 가짜 자동차번호판을 소지한 혐의로 셰필드에서 체포됐다. 이어서 이 남성은 13명의 여성을 살해하고 다른 7명의 여성을 살해하려 한 혐의로 기소되었다. 지난 5년 반에 걸쳐 250명의 수사관이 400만 파운드의 공급을 들여 추적했음에도 잡지 못했던 범인을, 경찰관 두 명이 성매매 근절을 위한 순찰활동의 일환으로 도난 자동차번호판을 일상적으로 체크하는 과정에서 우연히 체포한 것이었다. 두 경찰관이 체포한 남성은 '요크셔 리퍼'로 알려져 있었다. 실제 이름은 피터 서트클리프였다.

요크셔 리퍼 살인사건은 1975년 10월 리즈에서 윌마 매캔 Wilma McCann이 잔인하게 살해되는 것으로 시작되었다. 공격이 이루어진 방식, 그리고 피해자의 시신 및 의복을 처리한 방식과 관련된 의식이 익숙한 패턴을 이루었다. 그것이 요크셔 리퍼를 나타내는 '표식'으로 경찰에 알려졌다. 요크셔 리퍼는 피해자들

---

* (저자주) 〈재클린 힐을 위한 시〉는 리즈의 한 여성이 쓴 것이다. 시 전문은 WAVAW (Corner Bookshop, 162 Woodhouse Lane, Leeds)에서 구할 수 있다.

에게 등 뒤에서 접근한 뒤, 보통 망치를 사용해서 온 힘을 다해 머리를 수차례 내리쳤다. 그런 다음 주로 피해자의 가슴과 배를 칼이나 날카로운 필립스형 드라이버로 수없이 찌르거나 베어냈다. 피해자가 이미 사망한 뒤에도 찌르는 행위가 계속 이어진 경우도 종종 있었다. 그는 대체로 하나의 의식인 듯 시신의 옷을 걷어 올려 가슴과 배가 드러나게 해두었다.

윌마 매캔이 요크셔 리퍼의 첫 살인 피해자이긴 했지만, 그가 범행을 저지르기 시작한 것은 그보다 더 오래전이었다. 1975년 7월과 8월에 애나 로걸스키Anna Rogulskyi와 올리브 스멜트Olive Smelt가 각각 머리에 수차례 극도로 폭력적인 타격을 받은 폭행사건이 발생했었는데, 경찰은 1977년 여름에야 이 두 사건을 요크셔 리퍼의 소행으로 인정했다. 경찰이 이 두 사건을 요크셔 리퍼의 소행이라고 밝히는 데 그토록 망설였던 것은 두 피해 여성 가운데 어느 쪽도 매춘부가 아니라는 사실 때문이었다. 그럼에도 경찰과 미디어에서는 이 두 피해자에게 '도덕성이 해이한 여성'이라는 딱지를 재빨리 붙여놓았다. 이런 일을 겪은 뒤 올리브 스멜트는 밤에 밖에 나가는 일을 극도로 두려워하게 되었으며, 그녀의 결혼생활도 거의 파탄 지경에 이르렀다. 그녀의 말에 따르면 그녀가 '모든 남자들을' 무서워하게 되었기 때문이었다.

1981년 초, 피터 서트클리프의 자백에 따라 그가 1969년에도 이미 매춘부 두 명을 살해하려 시도했다는 사실도 뒤이어 밝혀졌다. 그러나 이 여성들은 신원이 확인되지 않은 상태로 남아 있으며, 서트클리프 역시 이들을 공격한 혐의에 대해서는 기소된 적이 없다. 서트클리프의 두 번째 살인 피해자 에밀리 잭슨Emily

Jackson은 1976년 1월에 역시 리즈에서 살해되었다. 그녀는 머리를 엄청나게 많이 가격당한 다음, 날카로운 드라이버로 52차례나 찔렸다. 그녀의 허벅지에 사이즈 7의 던롭 장화 발자국이 남아 있었고, 이것이 살인범의 신원을 밝힐 여러 작은 단서들 가운데 가장 먼저 발견된 것이었다. 1976년 5월, 마셀라 클랙스턴Marcella Claxton은 요크셔 리퍼의 공격을 받고도 간신히 살아남았는데, 이것이 리퍼의 또 다른 범행으로 인정된 것은 훨씬 뒤의 일이었다. 요크셔 리퍼의 세 번째 살인사건은 1977년 2월에 또다시 리즈에서 일어났고, 피해자는 아이린 리처드슨Irene Richardson이었다. 그리고 뒤이어 4월에 퍼트리샤 앳킨슨Patricia Atkinson이 살해되었다. 이때 요크셔 리퍼는 두 가지 면에서 범행 절차를 변경했다. 퍼트리샤 이전의 피해자들은 모두 공개된 장소에서 살해되었지만 퍼트리샤가 살해당한 곳은 그녀 자신의 아파트였다. 퍼트리샤 이전의 살인사건들은 모두 리즈에서 일어났지만 퍼트리샤의 아파트는 브래드퍼드에 있었다. 단지 리즈에 사는 여성들만이 아니라 잉글랜드 북부의 모든 여성들이 리퍼의 살인 공격을 당할 위험에 처했다는 사실이 깊고 강한 충격을 주었다.

두 달 후 요크셔 리퍼는 다시 리즈에서 제인 맥도널드Jayne Mac-Donald를 살해했다. 절단된 제인의 시신을 확인하면서 받은 충격으로 그녀의 아버지는 몸이 마비되었고, 얼마 지나지 않아 사망했다. 제인 이전의 피해자들은 모두 매춘부라고 생각되는 여성들이었다. '요크셔 리퍼'라는 별명은 언론에서 만들어낸 것인데, 대량살인자의 옛 선조인 '잭 더 리퍼'를 떠올리게 하는 이 이름은 이런 연쇄살인범이 매춘부들을 멸절하려는 의도를 지니고 있으리라는 믿음을 반영하는 것이었다. 하지만 제인이 살해당하자 대중은 매춘부든 아니든 모든 여성이 요크셔 리퍼의 잠재적인 먹잇감이라는 사실을 인지하기 시작했다. (물론 그 이전에도 한동안 많은 여성들이 무슨 목적에서든 어두워진 뒤에 집 밖에 나가는 일을, 죽음을 무릅써야 하는 일처럼 느끼기는 했다.) 요크셔 리퍼의 행위 때문에 모든 여성들에게 통행금지 시간이 엄격하게 적용되었으며, 이는 경찰에서 여성들에게 전하는 권고에 따라 한층 강화되었다. 요크셔 리퍼의 연쇄살인이 진행됨에 따라 공포는 더욱 커졌고 거리는 점점 더 한산해졌다. 이 때문에 요크셔 리퍼를 두려워하지 않겠다고 결심한 여성들이나, 생활환경 때문에 선택의 여지가 없는 여성들은 더 큰 위험에 처하게 되었다.

제인이 살해당하자 경찰과 언론에서는 리퍼가 '완벽하게 존중받을 만한, 무고하고 순수한' 피해자를 죽이는 '오류'를 범한 것이라며 우려했다. 여기엔 매춘부들은 순수하지도 않고, 존경받을 만하지도 않은 피해자라는 함의가 깔려 있다. 그들은 직업 때문에 —즉 직업상의 재해로— 스스로 죽음을 불렀다는 것이었다. 《요크셔 리퍼 이야기*The Yorkshire Ripper Story*》의 비티에 따르면 "처음 리퍼의 전설이 전국적인 뉴스가 되었을 때… 마침내 경찰은 자신들이 필요로 하는 협력을 구하기 시작했다"(Beattie 1981, 42). 《타임스*The Times*》는 나중에 이렇게 논평했다. "경찰은 자신들이 직면한 압도적인 과제에 대해 엄청난 동정을 받을 자격이 있다. 초기 몇 년 동안의 주된 문제는 매춘부 살해에 대한 사람들의 무관심이었다"(*The Times*, 25 May 1981).

제인이 살해당하고 2주가 지난 뒤, 요크셔 리퍼가 다시 한번 움직였다. 이때 피해를 당한 모린 롱Maureen Long은 심각한 부상을 입기는 했으나 살아남았다. 그다음 피해자 진 조던Jean Jordan은 그렇게 운이 좋지 않았다. 그녀는 1977년 10월 1일 맨체스터에서 살해당했으나, 시신은 여러 날이 지난 뒤에야 발견되었다. 시체가 발견되고 나서 확실해진 사실은 살인범이 8일 뒤에 돌아와 다시 한번 공격했다는 것이었다. 이 두 번째 공격에서 그는 그녀를 여러 차례 찌르고, 활톱을 사용해 그녀의 머리를 몸에서 떼어내려 했다. 그녀의 가방에는 요크셔 리퍼의 신원을 알 수 있는 단서가 남아 있었다. 그녀가 공격당하기 이틀 전, 은행에서 요크셔 시내의 다양한 고용주들에게 발권한 5파운드 신권 지폐였다. 범인이 피해자 여성에게 성매매 대가로 이 지폐를 지불한 것이라고 생각되었다. 경찰에서는 이 5파운드 지폐가 어디에서 발권되었는지 추적했으며, 이때 경찰이 탐문한 많은 남자들 가운데 피터 서트클리프도 끼어 있었다. 실제로 그 지폐는 서트클리프가 받은 봉급 봉투에 들어 있던 것이었다. 경찰은 이후에 서트클리프를 여덟 차례나 더 탐문했지만, 요크셔 리퍼의 진짜 신원을 밝히지 못했다. 그리고 그는 그 뒤로 일곱 차례나 더 살인을 저질렀다.

12월에 리퍼는 메릴린 무어Marilyn Moore를 살해하고자 시도했다. 심각한 부상을 입고도 그녀는 살아남았다. 그녀는 나중에 상당히 정확했다고 판명되는, 범인에 대한 기억을 가지고 있었다. 범인은 머리 색깔이 어둡고 '제이슨 킹Jason King'* 같은 콧수염을

---

* (옮긴이주) 1971~1972년에 영국에서 방영된 액션 어드벤처 TV 시리즈의 멋쟁이 주인공. 숱이 많은 콧수염이 특징적이었다.

기른 남자였다. 다음 피해자 이본 피어슨Yvonne Pearson은 1978년 1월 21일 브래드퍼드에서 살해되었으나 3월 27일에야 시신이 발견되었다. 진 조던의 경우처럼 범인은 며칠 간격을 두고 시신이 있는 곳에 돌아왔다. 이전 피해자들과 달리 이본과 진은 둘 다 자상으로 사망한 것이 아니었다. 이본은 머리를 가격당한 충격으로 사망했다. 그녀의 시신이 발견되지 않고 있는 동안에 요크셔 리퍼는 허더스필드에서도 살인을 저질렀다. 1월 31일 피해자 헬렌 리트카Helen Rytka는 머리를 다섯 차례 가격당한 뒤 반복적으로 칼에 찔렸다. 1981년 5월 서트클리프의 재판이 진행될 때, 헬렌은 여러 피해자들 중에서 그가 직접 성행위를 한 유일한 피해자였음이 드러났다. 하지만 성행위는 그녀가 머리를 맞고 쓰러진 다음에 이루어졌다. 아마도 그때 그녀는 이미 죽은 상태였을 것이다.

1978년 2월 《요크셔 포스트》와 《이브닝 포스트》는 요크셔 리퍼 체포를 위해 5,000파운드의 현상금을 내걸었다. 웨스트요크셔 경찰청은 현상금을 1만 파운드까지 올렸다. 피해자 헬렌의 쌍둥이자매인 리타 리트카Rita Rytka는 TV에 출연해서 요크셔 리퍼를 향해 이제 범행을 그만두라고 호소했다. 헬렌의 시신이 발견된 후, 그러나 아직 이본의 시신이 발견되기 전, 자신을 '잭 더 리퍼'라고 부르는 한 남자가 보낸 세 통의 편지 가운데 첫 번째 편지가 '리퍼 전담반'에 도착했다. 1981년 1월 서트클리프가 체포된 직후, '잭'이 보냈다는 세 통의 편지와 테이프는 거짓으로 드러났다. 하지만 당시 경찰은, 특히 1977년 6월부터 줄곧 리퍼 전담반을 이끌고 있던 조지 올드필드George Oldfield는 이 편지들과 테이프(1979년 6월 수령)가 진짜라고 생각했다. (올드필드는 요크셔 리퍼 '추적'을 개인적인 복수, 남자 대 남자의 대결로 삼고 있었다. 그의 이러한 경향이 더욱 강화된 것은 '잭'이 올드필드를 향해 개인적으로 하는 말이 테이프에 담긴 탓이었다.) 그런 믿음의 이유 중 일부는 첫 번째 편지에 존 해리슨Joan Harrison 살해사건의 세부사항이 담겨 있다는 점이었다. 존은 1975년 11월 프레스턴에서 머리에 한 차례 가격을 당한 뒤 사망했다. 그녀는 자상을 입지 않았다. 그녀를 공격한 범인은 그녀와 성관계를 가졌고, 남아 있던 정액을 통해 그가 흔치 않은 B형 혈액을 지닌 인물임이 밝혀졌다(전체 인구의 6퍼센트만이 이러한 B형 혈액형을 지니고 있다). 당시에 존의 살해는 윌마 매캔 살해와 연결되지 않았다. 윌마를 비롯한 요크셔 리퍼의 다른 피해자들과 마찬가지로 존 역시 매춘부이긴 했지만, 그녀가 살해당한 사건은 본질적으로 성격이 매우 달랐다. 칼로 찌른 흔적이 전혀 없었고, '성적인 동기'가 관련된 것으로 생각되었기 때문이다(그때까지 요크셔 리퍼의 살인에는 성적인 동기가 수반되지 않았다고 생각되었다). 서트클리프는 자신이 존 해리슨을 죽이지 않았다고 열렬하게 부인했다. 그러나 첫 번째 편지가 도착했을 무렵에는, 공개적으로 논의되지는 않았어도, 존의 죽음 또한 요크셔 리퍼의 범행일 가능성이 있는 사건으로 다루어졌다. '리퍼' 편지를 쓴 사람은 이러한 관련성을 이미 알고 있었고, 이 때문에 적어도 다수의 경찰들의 눈에는 정말 요크셔 리퍼가 그 편지를 쓴 것이 확실해 보였다. 이러한 확신이 더욱 강화된 것은 이듬해에 도착한 세 번째 편지 때문이었다. 편지봉투에 남아 있던 타액의 주인이 존을 살해한 범인과 같은 혈액형 집단에 속하는 것으로 밝혀졌던 것이다. 그러나《뉴 스테이츠맨New Statesman》(1980년

9월 12일자)에서 지적했듯이, 오직 살인범만이 알 수 있는 정보, 이를테면 존 해리슨 살해사건과의 상관관계 같은 것이 편지에 포함되어 있다는 믿음에는 아무런 근거가 없었다.《데일리 미러 *Daily Mirror*》와《요크셔 이브닝 포스트》는 이미 프레스턴에서 일어난 존 해리슨 살인사건과의 연결 가능성을 언급한 터였다. 더욱이 편지를 쓰고 테이프를 녹음한 사람이 존을 죽인 범인이든 아니든, 당시까지 발견된 증거들로는 그가 여타 살인들까지 저질렀는지 확인할 수 없었다. 오히려《뉴 스테이츠맨》의 동일한 기사가 지적했듯이, 첫 번째 편지에서 '잭'은 경찰이 살해된 전체 피해자가 일곱이 아니라 (존을 포함하여) 여덟이라는 사실을 모른다고 '뽐내며' 말했지만, 여기에는 '진짜' 요크셔 리퍼라면 이미 알고 있었을 정보에 대한 언급이 빠져 있었다. 즉 아직 발견되지 않은 이본 피어슨이 이미 살해되었다는 사실 말이다. 하지만 경찰 대부분이 이러한 '잭'의 오류를 알아채지 못했다. 이후에 이본의 시신이 발견되었지만 잭의 편지의 진위는 재검토되지 않았다. 다만 "다음 피해자는 순수할지 모른다"라고 쓰인 경찰 포스터가 브래드퍼드에 나붙었을 따름이다(*Spare Rib*, 1979, 88).

5월에는 베라 밀워드Vera Millward가 살해되었다. 리퍼가 맨체스터에서 벌인 두 번째 살인사건이었다. 그해의 남은 기간 동안에는 더 이상 요크셔 리퍼의 공격이 없었다. 1979년 3월 '잭 더 리퍼'의 세 번째 편지가 도착했다. 두 번째 편지는 첫 번째 편지에 이어서《데일리 미러》로 보낸 것이었다. 세 번째 편지는 핼리팩스에서 조지핀 휘터커Josephine Whitacker가 살해당한 뒤에 왔다. 그녀는 스물다섯 군데 자상을 입었고 그 가운데 셋은 그녀의 질에서 발견됐다. 당시에는 이러한 사실이 공개되지 않았다. 언론과 경찰과 일부 대중이 염려한 것은 요크셔 리퍼가 두 번째로 '순수한' 피해자를 살해했다는 사실이었다. 조지핀 휘터커는 매춘부가 아니었던 것이다. 그녀가 살해당한 뒤 올드필드는 기자회견을 열고 이렇게 선언했다. "이 여성은 제인 맥도널드와 같이 완벽하게 존중받을 만한 사람입니다"(Beattie 1981, 73). 요크셔 리퍼가 '실수로' 순수한 피해자를 죽였다는 주장은 설득력을 잃었다. 분명 '잭'은 첫 번째 편지에서, 제인을 살해한 것은 오류였다고 주장했었다. 그는 이렇게 말했다. "맥도널드가 정숙한 여자라는 걸 나는 알지 못했다. 유감스럽게도 그날 밤에 나는 기존 경로를 바꾸고 말았다." 그러나 조지핀 휘터커를 비롯한 이후 피해자들은 홍등가가 아닌 곳에서 살해당했다. 이제 경찰과 미디어는 서서히 요크셔 리퍼가 어디에서나, 어떤 여자든 살해할 수 있다는 사실을 인정해야만 했다. 《데일리 미러》가 올드필드의 말을 인용하여 썼듯이 "다음번 피해자는 어느 누구의 아내일 수도, 딸이나 여자친구일 수도 있었다"(Daily Mirror, 7 April 1979). 여성은 단지 남자와의 관계에서만 파악될 수 있다는 것이 여실히 드러난다.

《선데이 미러Sunday Mirror》(1979년 4월 15일자)의 여성 독자들은 '생존 체크리스트'를 구성하는 중요한 다섯 개 질문에 답해봐야 한다는 글을 읽었다. 여기에는 몇 가지 경고가 포함되어 있었다. 자기만족에 빠지지 말라는 명백한 경고: "매춘부가 아니라서 자신이 안전하다고 생각합니까?" 공격을 촉발하지 말라는 경고: "몇 미터에 불과한 거리라 해도, 밤에 혼자 밖에 나갑니까?" 섹스를 허용하는 태도를 알리지 말라는 경고: "남자에게 말할 때 섹스를 꺼리지 않는다는 사실을 비밀로 합니까?"

　그로부터 두 달 뒤, 올드필드는 스스로를 '잭'이라 부르는 남자로부터 테이프를 받았다. 잉글랜드 북동부 조르디 억양으로—나중에 웨어사이드 방언으로 밝혀진 억양으로—테이프에 녹음된 목소리는 그를 잡으려는 올드필드와 그의 '부하들'의 무능을 비웃었다. 기자회견을 하면서 올드필드는 이 테이프를 틀었고, 플리트 스트리트*의 한 저널리스트는 이제 스코틀랜드 야드**의 개입을 요청할 때가 되지 않았느냐고 말했다. 딕 홀랜드Dick Holland(리퍼 전담반의 일원)는 이에 즉각 응답했다. "왜 우리가 그 사람들을 끌어들여야 됩니까? 그들은 아직 그들의 리퍼도 잡지 못했는데요." 올드필드는 잭의 편지와 테이프가 진짜라고 믿었고, 이러한 믿음이 이후 경찰의 요크셔 리퍼 추적 전략의 기초를 이루었다. 그러나 비티(Beattie 1981, 77)에 따르면 이 테이프와 편지들이 보편적으로 진짜라고 인정된 것은 절대 아니었다. 어떤 수사관들은 진짜임을 의심했고, 노섬브리아 경찰서의 고참 경관들은 테이프가 도착한 직후 최고기밀 보고서를 보내 이 같은 의심을 표현했다. 언어학자 잭 루이스Jack Lewis 또한 자신과 동료들은 이 테이프가 가짜라고 생각한다고 진술했다. "그의 억양은 매우 개성이 강해서 경찰의 눈에 쉽게 띄었을 겁니다… 웨어사이드가 아닌 곳에 살고 있다면 말입니다"(Beattie 1981, 97). 그럼에도 1979년 6월부터 1981년 6월까지 경찰은 특별한 전화번호를 설정해두고 사람

---

* (옮긴이주) 주요 언론사들이 몰려 있는 런던의 중심지로, 영국 언론계를 대표한다.
** (옮긴이주) 런던 경찰청 본부를 가리킨다.

들이 그 번호로 전화를 걸면 언제든 이 테이프를 들을 수 있도록
했다. 총 87만 8,796건의 전화가 걸려왔다.

1979년 9월 2일 브래드퍼드에서 바버라 리치Barbara Leach가 살
해되었다. 페미니스트들은 그 살인에 대응해 집회를 열고 브래드
퍼드를 가로질러 행진하며 여성에 대한 폭력에 저항하는 목소리
를 냈고, 요크셔 리퍼에게 희생당한 모든 피해자들을 기렸다. 지
역 미디어에 전달한 보도자료에서 그들은 다음과 같이 언명했다.

> 우리는 리퍼에게 희생당한 모든 피해자들, 그리고 남성들에게 살
> 해·강간·폭행·학대당한 모든 여성 피해자들을 애도한다. 요크
> 셔 리퍼의 공격은 여성들에게 늘 가해지는 공격들의 극단적 사례
> 다. 경찰은 여성들에게 밤에는 집 안에 있으라고 말한다. 왜 여자
> 들은 아무 짓도 저지르지 않았는데 밤에 집 안에 있어야만 하는
> 가? 모든 여성들이 밤에도 두려움 없이 걸어 다닐 수 있도록, 우리
> 는 남자들에게 통행금지를 적용해야 한다. 그리고 우리 자신을 방
> 어할 권리를 가져야 한다. (FAST, no. 3 재인용)

경찰은 바버라 리치가 학생으로 다녔던 브래드퍼드 대학의
1학년 학생들을 모두 탐문하는 것으로 응답했다. 바버라가 살해
당한 지 한 달 뒤에 대학에 온 학생들 대부분은 요크셔 리퍼의 폭
행과 살인이 시작되었을 때 대략 열네 살이었으며, 주로 다른 지
역 출신들이었다. 웨스트요크셔 경찰서와 리즈에 본부를 둔 폴터
앤드 어소시에이츠Poulter and Associates에서는 공동으로 프로젝트 R
를 수립했다. 여러 디자이너, 사진사, 유통업자가 무료로 도움을

주었다. 신문가판대에서 4페이지짜리 전단지를 200만 부나 배포했다. 여기에는 살인사건의 개요와 함께 세 통의 '리퍼' 편지에서 발췌한 손글씨 표본과 테이프의 내용이 실려 있었다. 600개가 넘는 도시와 마을의 광고판 6,000곳에 다음과 같은 문구가 붙었다. "리퍼는 당신이 이것을 무시하길 바랄 것이다. 당신 옆에 있는 남자가 열두 명의 여성을 죽였을지도 모른다." 테이프는 라디오와 TV에서 하루에 여러 차례 방송되었다. 또한 경찰은 리즈 유나이티드 축구 경기장에서도 확성기를 통해 테이프를 틀었다. 그러나 그 소리는 축구 팬들이 외치는 함성에 묻히고 말았다. "당신들은 리퍼를 절대 잡지 못할 것이다. 12대 0! 12대 0!"

일반 대중에게는 경계를 늦추지 말라는 권고가 전달되었다. 하지만 비극적이게도 대중은 잘못된 신호를 듣고 보는 데 이끌렸다. 대중의 반응은 엄청났다. 프로젝트 R가 시작되고 첫 6주 동안 경찰은 1만 8,000통 이상의 전화를 받았고, 1만 7,000명을 용의자 명단에 올렸다. 경찰은 도저히 상황을 통제할 수 없었고, 결국 프로젝트 R는 중단되었다. 1980년 1월 말이 되자 포스터는 모두 내려졌고, 테이프에 녹음된 목소리는 더 이상 방송되지 않았다 (Beattie 1981).

그러나 경찰은 요크셔 리퍼는 잡지 못하면서도, 〈암캐 강간 Violation of the Bitch〉이라는 영화 상영에 반대하여 피켓을 들고 시위한 여성 11명을 체포했다. 게다가 앨롭David Yallop의 저서《악에서 구하소서Deliver Us from Evil》에 따르면, 1979~1980년 브래드퍼드에서는 매춘부들을 살아 있는 미끼로 사용했고, 이 여성들이 공격을 당하는 동안 경찰들은 차 안에 앉아서 도와주지도 않고 도움을 요청하지도 않은 채 상황을 지켜보았다. 아무래도 그들은 그저 자동차 번호를 수집하기 위해서 그곳에 있었던 것 같다. 1980년 1월 런던 광역 경찰청장 데이비드 맥니David McNee에게 제출한 경찰의 진술서에서 매춘부들을 가리켜 범죄를 '당할 만한' 당사자들이라고 정의한 데 대한 이의 제기는 영국매춘부집단English Collective of Prostitutes의 몫으로 남았다. 이들은 이렇게 언명했다. "리퍼와 경찰에게 매춘부들은 정숙하지 못한 여자들이고, 우리는 무고한 피해자가 아니다. 하지만 그렇게 죽임을 당할 만한 잘못을 우리가 저질렀던가? 이 나라의 매춘 여성 가운데 70퍼센트는 생계를 꾸려나가고자, 아이들을 먹이고 입히고자 싸우고 있는 어머니들이다. 그러나 우리는 우리 자신과 아이들을 위해 가난을 거부한 까닭에 범죄자로 취급된다. 경찰의 눈에 우리는 당할 만한 일을 당하고 있는 것으로 보인다. 그것이 죽음이라 해도 말이다."

다음번 요크셔 리퍼의 범행은 1년 넘게 지난 뒤에 허더스필드에서 일어난 테리사 사이크스Theresa Sykes에 대한 살인미수 사건으로 보였다. 하지만 서트클리프는 그사이 두 번의 범행을 더 저질렀다고 인정했다. 이 두 범행은 당시에는 리퍼와 연결되지 않았다. 그는 1980년 8월 마고 월스Margo Walls를 교살했고, 닥터 우파디야 반다라Uphadya Bandara를 교살하려 시도했다.

그는 테리사 살인미수 후 1주일도 되지 않아 리즈에서 재클린 힐Jacqueline Hill을 살해했다. 대중은 이 사건에 대한 경찰의 초기 대응을 우려했다. 한 학생이 재클린의 핸드백을 발견했고, 가방에 피가 묻은 것을 보고 경찰에 신고했다. 경찰에 전화했던 이 학생은 이렇게 말했다. "통화를 하는 내내 우리는 재클린 힐이 그녀의 아파트에 있는지 아니면 여전히 밖에 있는지 [경찰이] 확인해야 한다고 계속 말했어요. 하지만 그들은 별로 신경 쓰고 싶어 하지 않았죠… 그걸 그냥 분실물 신고처럼 다뤘으니까요"(Beattie 1981, 94). 재클린이 살해된 후 상당수 언론에서는 스코틀랜드 야드의 개입을 요구했다. 로널드 그레고리Ronald Gregory(웨스트요크셔 경찰청장)는 이를 거부했으나 타협안을 내놓았다. 다른 여러 경찰서에서 차출한 고참 경관들로 구성된 일종의 '싱크탱크'인 새로운 '특별전담반'을 꾸리고 짐 홉슨Jim Hobson에게 책임을 맡기겠다는 것이었다. 올드필드가 좌천된 것은 이 사건을 다루는 그의 방식에 대한 암묵적 비판으로 보였다.

요크셔 리퍼가 다시 범행을 저질렀다는 소식이 들리자, 엘런드 로드 축구장에서는 이에 대한 축구팬들의 반응이 다시 울려 퍼졌다. "리퍼 13, 경찰 0!"(*Daly Mail*, 27 November 1980). 1980년 11월 27일, BBC2의 〈뉴스나이트Newsnight〉에선 요크셔 리퍼에게 피해를 당한 생존자들과 희생자 가족들이 나와 '저기 바깥 어딘가에' 있을 살인범을 향해 자신들의 증오와 슬픔을 직접 이야기하는 7분짜리 꼭지를 방송에 내보냈다. 웨스턴요크셔의 헤브덴브리지 여성단체Hebden Bridge Women's Group는 《가디언*Guardian*》에 편지를 보내, 경찰과 미디어에서 제안하는 대로 남자 동반자의 호위를 받으며 외출하는 위험을 감내하는 대신 다음과 같은 일들을 하자고 제안했다. "여자들이 서로를 '호위'해야 한다. 예를 들면, 카풀을 계획해서 실천하거나(자동차를 이용할 수 있는 곳에서라면), 버스 정류장과 기차역에서 서로에게 가까이 다가가고 함께 걸어주어야 한다. 각 지역에서는 여성들을 위한 자기방어 교실을 운영해야 한다. 남자들은 모르는 여자에게 다가가거나 뒤에 바싹 붙어서 걸어가지 말고 여자들에게 길을 내줌으로써 그들을 지원할 수 있다."

'여성에 대한 성폭력'을 주제로 열린 한 컨퍼런스에서 택한 결정에 근거하여 많은 페미니스트들이 '성난 여성Angry Women'이라는 이름으로 12월 11일과 12일 양일간 영국 전역에서 다양한 형태의 행동을 취했다. 성인용품과 포르노를 파는 가게 앞에서 피켓을 들고 시위를 벌였고, 담벼락에 전단지를 붙이고 스프레이로 그림을 그렸으며, 줄을 서서 기다리는 영화 관람객들에게 책자를 나누어 주었다. 공개 모임들을 열고, 탐문자료와 기사를 전국 및 지역 미디어에 보냈으며, 자기방어 단체들을 설립했다(*Spare Rib*, no. 103, February 1981). 경찰은 언론을 향해 "이 여성들은 위험하다"고 말했고, 50명을 체포했다(Beatrix Campbell and Anna Coote 1982, 205).

1981년 1월 2일, 셰필드 경찰서의 일상적인 순찰에서 체포된 한 남자가 자신이 '요크셔 리퍼'임을 자백했다. 데번 및 콘월 지역 경찰서장 존 앨더슨John Alderson이 그보다 3주 전에 라디오에 출연해 예측했듯이, 요크셔 리퍼 살인사건의 용의자는 제복을 입은 기민한 경찰 순찰대에 의해 발견되었다(*Guardian*, 6 January 1981). 리퍼 전담반은 즉각 공개적인 환호로 응답했으며, 곧 조직을 해체하겠다고 발표했다. 피고 측 예비 법정심리가 있기 하루 전인 1월 4일에 열린 기자회견에서 로널드 그레고리는 "우리는 현 단계의 진행상황에 대해 절대적으로 기뻐하고 있다고 말씀드릴 수 있겠습니다"라고 알렸다. 그러나 어떤 이들은 그렇게 공개적으로 행복감을 드러냄으로써 재판이 편파적으로 진행될 수 있지 않을까 염려했다(예를 들면 1981년 1월 7일자 《가디언》의 사설과 J. 스위니Sweeney의 투고를 참조하라).

중범죄에 대한 법적 절차

경찰이 용의자를 체포하여 위법행위에 대한 혐의로 기소하면 용의자는 예비 심리를 위해 치안판사 법정으로 보내진다. 중범죄의 경우 치안판사 법정에서는 증거가 충분하여 피의자를 형사법원에 회부하는 것이 합당한지를 결정해야 하는데, 이를 수감절차committal proceedings라고 한다. 대체로 그러하듯 기소가 유지되면, 피의자는 보석이 허락되거나, 재판이 열릴 때까지 다시 구속된다. 경찰은 취조 내용을 바탕으로 조서를 작성하며, 작성된 조서는 기소인 측 법무관에게 송달되거나, 모든 살인사건을 포함한 중범죄의 경우 기소국장Director of Public Prosecutions(DPP)에게 송달된다. 기소국장은 정부 관리이며, 법무총감Attorney-General*의 관할 아래 있다. 기소국장실에선 기소에 착수하고, 법무총감은 중요한 재판에서 검사 역할을 직접 담당할 수 있다. 기소국장은 소송절차를 계속 진행할 것인지에 대해 경찰에 조언한다. 절차를 진행하기로 결정되면, 피의자는 이제 피고로서 기소 내용에 대한 재판을 받기 위해 형사법원에 회부된다.

---

* (옮긴이주) 국왕에 대한 법률자문을 총괄하던 직위로, 오늘날에는 법무부를 관장한다.

살인 혐의로 기소된 경우, 살의가 있는 불법 살인인지가 규명될 필요가 있다. 살의는 피고가 지닌, 다른 인간을 죽이거나 신체적 중상에 빠뜨리려는 의도로 구성된다. 살의에 사전모의나 원한이 포함되는 것은 아니다. 좋은 것이든 나쁜 것이든 피고의 동기는 피고의 법적 책임liability 여부와 무관하다는 것이 일반 규칙이다. 우리 형법의 핵심이 되는 범죄능력criminal responsibility 개념이 법적 책임 문제에 관련된다.

범죄능력 개념은 범의mens rea(문자 그대로는 '죄지은 정신', 즉 범행의도, 또는 잘못된 행동임에 대한 인식을 뜻한다)가 범죄의 핵심요소라는 가정에 의존한다. 이것은 법적 책임liability에 필수적인 요소이며, 평결 이전에 규명되어야 한다. 피고가 그릇된 행동을 하려는 유죄한 의도를 지니고 있었는지 아닌지를 판결하고자, 법에서는 우리가 보통 우리 행위의 자연스러운 결과들을 의도한다고 가정한다(Wootton 1978). 그러므로 중범죄의 유죄판결에 대한 법적 책임은 범법자가 금지된 행위를 저질렀으며 또한 특정한 의지를 가지고 그렇게 했을 때 성립된다.

살인에 대한 유죄판결이 나려면 판결 이전에 범의가 규명되어야 하므로 비의도적으로, 우발적으로, 실수로 사람을 죽인 경우나 어떤 형태의 정신이상을 겪는 동안 사람을 죽인 경우에는 살인 혐의로 처벌할 수 없다. 모의살인을 우발살인으로 축소하는, 살인 혐의에 대해서만 독특하게 적용 가능한 다양한 변론이 존재한다. 피고는 한정책임능력, 도발(피고가 자제력을 잃게 만든), 그리고 동반자살 합의suicide pact 등을 바탕으로 항변할 수 있다.

한정책임능력에 관해서 1957년 살인법 2조는 이렇게 규정하고 있다. "개인이 다른 개인을 죽이거나 죽이는 데 가담한 경우, (정신의 발달이 정지 또는 지체된 조건 또는 무고한 원인에서 비롯되었든, 질병 또는 부상에 의해 유발되었든) 살인을 행하거나 살인에 참여함에 있어 자신의 행위와 부작위에 대한 정신적 책임능력을 실질적으로 손상시킨 정신이상을 겪고 있었다면 모의살인 혐의에 대해 유죄판결을 받지 아니한다."

그러므로 한정책임능력이 성립되려면, 피고 측에서는 다음의 세 가지 요소를 증명해야 한다. ① 살인 시점에 피고가 '정신이상'을 겪고 있었다. ② 피고의 정신이상은 구체적으로 제시된 원인들 가운데 하나의 결과로 나타났다. ③ 피고의 정신이상은 실질적으로 피고의 정신적 책임능력을 손상시켰다. 피고의 관점에서는 모의살인 혐의를 살인법 2조의 우발살인으로 축소시킬 수 있다면 정신질환insanity 평결이나 모의살인 평결보다 유리한 점이 있다. 정신질환이 수반된 살인 혐의로 유죄평결을 받을 경우엔 자동적으로 브로드무어 흉악범 정신병원 또는 그와 유사한 기관에 무기한 수감되어야 하고, 모의살인 혐의로 유죄판결을 받을 경우엔 반드시 무기징역형을 받아야 한다고 정해져 있기 때문이다. 하지만 한정책임능력 평결은 어떠한 우발살인 평결과 마찬가지로 아주 다양한 방식으로 다루어질 수 있다. 완전 무혐의 처분을 받을 수도 있는가 하면, 1959년 정신보건법의 명령에 따라 특수병원에 감금될 수도 있고, 무기징역형에 처해질 수도 있다. 형량은 판사의 재량에 따라 결정된다.

피고가 모의살인 혐의에 대해서는 무죄 변론을 하고, 한정책임능력을 사유로 우발살인 혐의에 대해서만 유죄 변론을 하기로 결정하면, 피고 측 대리인은 검찰 측에 접근해 이 변론을 수용하고 그에 따라 기소를 변경하도록 설득하는 것이 허락된다. 검찰 측과 피고 측 사이에 이 변론에 대한 합의가 이루어지면, 형사법원 재판 판사의 재량에 따라 변론을 수용할지 거부할지가 결정된다. 이 변론이 수용되면, 배심원 없이 반론 없는 검찰 측의 한정책임능력 기소 제출로만 구성되는 재판으로 재판을 단축하고, 판사의 선고가 이어진다. 이 변론이 거부되면, 배심원 재판을 열어야 하는데 이 재판에서 변호인은 배심원이 피고의 한정책임능력을 인정하도록 설득해야 하므로, 한정책임능력을 입증해야 하는 부담은 검찰 측에서 피고 측으로 넘어가게 된다.

피터 서트클리프 재판

1981년 4월 29일 수요일, 피터 서트클리프가 보럼Boreham 판사의 법정에 출석했다. 사건이 극도로 심각한 탓에 법무총감 마이클 해버스Michael Havers 경이 검찰 측 대리인을 직접 맡기로 했으며, 서트클리프의 구금기간 동안 피고 측과 검찰 측 사이에 합의가 이루어졌다. 피고는 13명의 여성 살인사건에 대해, 한정책임능력에 근거하여 모의살인 혐의에는 무죄 변론을, 그러나 우발살인에 대해서는 유죄 변론을 하기로 했고, 마이클 경은 이를 수용했다. 서트클리프는 또한 다른 여성 7명을 살해하려 시도한 혐의에 대해서는 유죄라고 답변했다. 검찰 측과 피고 측은 재판이 오래가지 않으리라 예상했으며, 길어야 이틀간 이어지리라 보았다. 그동안 검찰 측에서는 정신의학적 증거를 바탕으로 반론 없는 한정책임능력 변론을 제출하고, 판사는 형을 선고하면 될 것이었다.

하지만 그들은 보럼 판사를 예상에 넣지 않았다. 판사는 검찰 측과 피고 측의 합의를 거부하고, 모의살인 혐의에 대한 검찰 측 기소를 유지하면서 배심원에 의한 재판을 열도록 요구했다. 마이클 경은 사전 심리에서 정신의학자들의 "매우 엄격한 반대심문"을 통해 서트클리프가 망상형 조현병paranoid schizophrenia을 앓고 있음을 확신하게 되었다고 주장한 터였다. 보럼 판사는 마이클 경에게 변론에 대한 사실적factual 근거—방증 자료—를 반복해서 요청했다. 마이클 경은 판사의 요청에 응할 수 없었으므로, 판사는 배심원이 서트클리프의 정신 상태를 판단해야 한다고 강하게 주장했다.

이것이 의미하는 바는, 서트클리프의 광기를 확신하는 것으로 보이는 법무총감이 이제 배심원에게 서트클리프의 온전한 정신 상태를 확신시켜야 한다는 것이었다. 마이클 경에게 강제된 입장 변화는 변론합의제도plea bargaining의 위선을 극명하게 드러냈다.

피터 서트클리프에 대한 배심원 재판이 1981년 5월 5일 올드 베일리*에서 시작되었다. 배심원은 남녀 각각 6명으로 구성되었으며, 재판은 5월 22일까지 계속되었다. 법무총감 마이클 해버스 경과 해리 오그널Harry Ognall 왕실법률고문(QC)이 기소하고 채드 윈Chadwin이 변호했다.

소송은 세 가지 문제로 성립되었다. 첫째, 서트클리프는 미치광이인가, 거짓말쟁이인가. 둘째, 그가 매춘부들을 죽이라는 '신

_____

* (옮긴이주) 런던 중앙형사법원의 별칭.

의 사명'을 받았다고 느끼는 망상형 조현병을 앓고 있다는 의사들의 소견은 옳은가. 셋째, 서트클리프는 "정신병을 가장하려 했을 만큼 영리하고 냉철한 살인범"인가(*Guardian*, 6 May 1981).

서트클리프가 거짓말쟁이며 정신병을 가장하고 있다는 주장을 뒷받침하고자 마이클 경은 처음에 세 가지 증거를 제시했다. 첫째, 서트클리프는 경찰 심문에서 '신의 사명'을 언급한 적이 전혀 없었다. 둘째, 구금기간 동안 서트클리프가 광기를 가장할 계획이라고 말하는 것을 한 교도관이 들었다. 서트클리프는 다른 교도관에게 의사들이 자신을 미쳤다고 생각하는 것이 얼마나 즐거운지를 이야기했다. 셋째, 서트클리프에게 마지막으로 살해당한 6명의 여성은 매춘부가 아니었으며, '절대적으로 존중받을 만한' 여성들이었다. 이는 매춘부들만을 죽이라는 '신의 사명'을 받았다는 서트클리프의 주장을 반박한다.

그러나 재판이 진행됨에 따라, 검찰 측에서 강조하기로 결정한 증거는 눈에 띄게 달라졌다. 검찰 측에서는 앞에서 제시한 증거 가운데 첫 번째와 세 번째를 서트클리프의 온전한 정신을 입증하는 '증명'으로 고수했으나, 서트클리프가 말했거나, 그가 말하는 것을 간수가 들었다고 하는 내용에 대한 해석에서 검찰 측은 피고 측에게 '졌다'. 피고 측 대리인은 교도소 보고서를 읽고, 서트클리프가 의사들이 자신을 미쳤다고 생각하는 것이 즐겁다고 말했을 뿐 아니라, 또한 자신이 신의 목소리를 듣기 때문에 의사들이 자신에게 뭔가 잘못된 것이 있다고 생각한다는 말도 했으며, 왜 이것 때문에 자신이 미쳤다고 여겨져야 하는지 물었음을 밝혔다. 이로써 변호인은 순간적으로 '이겼다'. 스스로를 제정신이라고 생각하는 광인의 모습을 보여주었기 때문이다. 정신의학 박사 밀른Milne은 조현병이 사전모의 및 숙고와 부합할 수 없는 것은 아니라고 주장했다. 그러자 검찰 측에서도 서트클리프가 (지나치게 시끄러워질 수 있고 증거를 남길 수 있기 때문에 자신의 차 안에서는 여자들을 죽이지 않기로 결정한 것과 같은) 이성적 생각을 '계산'한 사례들에 대한 주장을 부분적으로 포기했다.

그러나 검찰 측에서는 서트클리프가 한정책임능력에 해당하지 않는다는 주장을 실증할 수 있는 두 가지 추가 주장을 전개했다. 첫째, 서트클리프의 살인행위는 이성적이고 합리적인 동기라는 점에서 '이해될 수 있는' 것이었다. 둘째, 전체 범행 중 6건에서 성적인 부분이 포함되어 있었다. 이는 (서트클리프가 오직 세상에서 매춘부들을 제거하라는 신의 명령에 따라 살인을 저질렀다는) '신의 사명' 주장에 모순된다. 그리고 범행을 위한 이유(성적 만족감)를 제공한다.

재판 진행과정에서 정신의학자들의 진단은 검찰 측 오그널에게 비웃음을 당했다. 정신의학자들이 증상을 '읽어내는' 일은 그저 서트클리프의 거짓말에 '속아 넘어간' 것이 되고 말았다. 정신분석 전문가인 정신의학 박사 매컬록MacCulloch은 노골적인 도전에 직면했다. 매컬록은 경찰이 서트클리프를 면담조사한 기록조차 읽지 않았던 것이다. 마이클 경은 이렇게 말했다. "대체 어떤 전문가가 모든 사실을 알지도 못하면서 자신의 의견을 결정합니까?" 다른 한편, 서트클리프가 신의 사명을 '창조'한 것은 의사가 유도한 데 따른 직접적인 반응으로 여겨졌다. 보럼 판사는 배심원에게 전달하는 사건개요 설명에서 (의사의 소견을 '사실'로 받아들이길 거부한 법적 담론의 오랜 역사를 반추하면서) 의사들의 의견을 뒷받침하는 사실 근거들이 의심받고 있음을 지적했다. 배심원은 10대 2 과반수 결정으로, 이러한 '사실 근거'가 부재하며 서트클리프가 우발살인이 아니라 모의살인에 유죄라고 선고한 검찰 측에 동의했다.

이 재판에는 한 가지 혼란을 주는 측면이 있었다. 검찰 측이 서트클리프의 살인행위가 이성적 동기와 동기부여라는 관점에서 '이해될 수 있는' 것이라는 주장을 전개하는 방식이 그러했다. 내가 이미 지적했듯이, 법률에서는 우리가 보통 자신의 행위의 결과를 의도한다고 가정하며, 불법행위가 저질러진 경우 피고의 동기는 그의 법적 책임과 상관이 없다고 가정한다. 그러나 한정책임능력 변론을 반박하면서 이해할 수 있는 동기와 동기부여를 규명하는 것은 검찰 측이 피고의 이성적 살인 의도를 입증하는 것이고, 따라서 범의의 존재를 입증하는 것이다. 서트클리프의 재판이 진행됨에 따라 검찰 측에서는 점점 더 이러한 방향으로 나아갔다. 더욱이 피고 측은, 피고 측에서 부른 정신의학자들을 포함해서, 매춘부를 살해한 동기에 대한 '상식적common-sense' 이해라는 점에서 검찰 측과 의견이 한데 모아졌다. 뒤에서 다시 자세히 설명하겠지만, 검찰 측과 피고 측 모두 피터 서트클리프의 아내 소니아Sonia의 역할에 동의했다. 양측의 목적이 서로 다르고, 특히 정신의학자들의 경우 근본적으로 다른 언어를 가지고 설명하지만, 이러한 의견일치가 가능하다는 것이 입증되었다.

피고 측에서는 한정책임능력을 성립시키려면 피고가 '정신이상'을 겪고 있었다는 것과 그가 살인행위 당시 그 영향을 받고 있었음을 모두 규명해야 했다. 정신의학으로 후자를 규명하는 것은 가능하지 않았다. 정신의학은 정신의 상태를 진단할 뿐 행동의 원인을—이 경우에는 망상형 조현병이 살인행위의 원인이 되는지 아닌지를—결정할 수는 없기 때문이다. 정신의학의 언어는 무의식의 결정 능력을 강조하고 있으므로, 행위 자체에서 드러나는 의식적 의도를 강조하는 법률과 근본적으로 충돌한다(19세기 재판에 드러난 이러한 충돌에 관한 설명은 로저 스미스Roger Stmith의 《의학에 의한 재판Trial by Medicine》을 참고하라). 이를테면 보럼 판사는 사건개요 설명에서 배심원이 행위를 보도록 안내했다. "행위가 말보다 더 크게 말하는 경우가 매우 많다"(Guardian, 22 May 1981). '한정책임능력' 개념은 이렇게 서로 다른 두 갈래 설명 방식을 뒤섞은 타협안이다.

그럼에도 서트클리프 사건에서는, 여성에 대한 남성 폭력을 다루는 다른 많은 사건들에서와 마찬가지로, 법과 정신의학의 언어가 여성 유발female precipitation이라는 관점에서 서트클리프의 행위에 대한 공통의 '이해'에 도달했다. 검찰 측과 피고 측 모두, 목적은 서로 다르면서도(한쪽은 서트클리프의 '이성'을 규명하려 하고, 다른 쪽은 그의 '한정책임능력'을 규명하려 함에도) 서트클리프의 삶에 등장하는 어떤 여성들이 그의 행위를 이해하고 설명하는 열쇠가 된다고 여겼다. 행위 유발자로서 여성에게 초점을 맞추면 (남성) 행위자가 그의 행동에 책임이 있는지 없는지를 따지는 문제가 해결된다. 실제로, 검찰 측과 피고 측 모두 요크셔 리퍼 살인사건에 대한 비난과 책임을 여성들에게 돌렸다. 검찰 측에서 보면, 서트클리프는 어떤 여성들의 행위에 이성적으로 반응했다는 의미에서 자신의 행위에 책임이 있었다. 이 여성들에는 그에게 5파운드를 '사기 친' 매춘부, 그의 아내 소니아, 그리고 어느 정도는 그의 어머니까지 포함된다. 그러나 이 여성들이 그의 행위를 유발하도록 행동했다는 사실은 실질적으로 그의 책임을 제거했다. 피고 측에서 보면, 서트클리프는 '신의 사명'을 경험하는 망상 아래서 행동하고 있었기 때문에 자신의 행위에 대해 책임이 없다. 정신의학자들에게는 이 사명이라는 것이 어떤 여성들(사기 친 '창녀', 소니아, 그리고 그의 어머니)의 행동과 관련해서는 '이해할 수 있는' 것이었다. 실제로 이 여인들은 요크셔 리퍼의 행위를 일으킨 원인은 아니더라도, 행위를 유발한 사람들로 지목되었다. 재판을 받는 것은 서트클리프가 아니라 이 여인들인 것처럼 보였다.

마이클 해버스 경은 재판을 시작할 때부터 매춘부에 대한 자신의 견해를 분명히 했다. 그는 모두 발언에서 서트클리프의 피해자들을 언급했다. "어떤 피해자들은 매춘부였으나, 이 사건에서 아마도 가장 슬픈 부분은 그렇지 않은 피해자들도 있었다는 사실일 것입니다. 마지막 여섯 건의 범행은 전적으로 존중받을 만한 여성들에게 가해졌습니다." 영국매춘부집단을 포함하여 여성단체들의 회원들은 "매춘부 살해를 용납한 것"이라며 해버스를 비난했다. 그들은 해버스의 매춘부/'존중받을 만한 여성'이라는 구분에 분개하며 반대했다. 올드 베일리 바깥에서 여성들이 플래카드를 들고 시위를 벌였다. 플래카드에는 다음과 같이 쓰여 있었다.

남자들이 저지른 범죄에 여자들은 책임이 없다

매춘부의 70퍼센트는 엄마다

매춘부들은 죄가 없다

스물세 명의 아이들이 엄마를 잃었다

매춘부들에게도 가족이 있다

법무총감은 매춘부 살해를 용인했다

　마이클 해버스 경은 '매춘부'와 '존중받을 만한 여성'을 구분
하면서, 재판을 앞두고는 '이해'와 도덕을 그 근거로 끌어다 썼
다. 이는 존 스미스Joan Smith가 〈살인을 저지르고도 처벌받지 않
기Getting Away with Murder〉에서 표현한 대로 요크셔 리퍼의 동기
를 "전적으로 비난받을 만한 것은 아닌" 것으로 보는 견해였다.
제인 맥도널드가 살해된 시점부터 미디어와 경찰은 일관되게 요
크셔 리퍼의 피해자들을 '순수한' '존중받을 만한' 피해자들과 '기
타' 피해자들, 즉 '존중받을 수 없는' 죄지은 매춘부들과 '헤픈 여
자들'로 구분했다. 1979년 10월 26일, 윌마 매캔이 살해당한 지
4년째 되는 날 《런던 이브닝 뉴스London Evening News》는 '리퍼에
게 보내는 기일 탄원'을 보도했다. 당시 웨스트요크셔 경찰청장
대행 짐 홉슨Jim Hobson이 발표한 성명문이었다. "그는 자신이 매
춘부를 혐오한다는 것을 분명히 밝혔다. 많은 사람들이 매춘부를
혐오한다. 우리는 경찰로서 매춘부를 계속 체포할 것이다. 그러

나 리퍼는 이제 죄가 없는 순수한 아가씨들을 죽이고 있다." 살인범에게 직접 말하듯 그는 이렇게 덧붙였다. "너는 너의 주장을 관철했다. 다른 죄 없는 순수한 여성이 죽기 전에 자수하라"(존 스미스가 인용한 것을 재인용). 홉슨의 말은 버릇이 없고 '좀 지나친' 어린아이에게 하는 말처럼 들릴 뿐이다.

1969년으로 돌아가 보면, 한 매춘부가 서트클리프에게서 10파운드 지폐를 받고 5파운드 거스름돈을 가로챘는데, 1주일 뒤 그녀가 술집에서 동료들과 농담 삼아 이 이야기를 하는 것을 그가 보았다. 검찰 측과 피고 측, 그리고 서트클리프는 모두 이 매춘부가 그에게 커다란 굴욕을 안겨주었고 그것이 이후 모든 매춘부들에 대한 그의 혐오의 토대가 되었다는 데 동의했다. 서트클리프는 체포된 직후인 1월에 자신이 어떤 매춘부에게 굴욕을 당한 뒤 살인을 저질렀다고 경찰에게 이야기했었다. 이는 그가 정신의학자들에게 신의 사명 이야기를 하기 전이었다. 정신의학자들에 대한 반대심문을 하면서 오그널은 검찰 측을 위해 "매춘부들에 대한 원한을 품을 수 있는 완벽하게 합리적인 이성"을 뒷받침하는 토대로서 이 이야기를 제시했다(*Guardian*, 16 May 1981). 그리고 이를 통해 "완벽하게 상식적인 동기"를 증명했다(*Guardian*, 19 May 1981). 마이클 해버스 경은 이에 대해 최종발언에서 이렇게 말했다. "이 사건은 고전적인 도발 사건이 아닙니까?… 신은 그에게 매춘부를 혐오하라거나 그들을 죽이라고 말한 적이 없습니다. 이것은 전체적으로 놀라울 것이 없는, 사기와 굴욕을 당한 한 남자의 반응이었습니다… 통제력을 상실했던 것입니다. 하지만 반드시 미친 사람만이 이런 통제력 상실의 순간에 처하는 것은 아닙니다"(*Guardian*, 20 May 1981).

　이것은, 말하자면, 가게에서 점원이 한 남자에게 거스름돈을 일부러 덜 주었을 경우, 이것이 그 남자를 '도발'해 점원을 혐오하고 살해하게 만든다는 이야기와 다를 바 없다! 그렇다면 5파운드의 돈 때문에 13명의 여성이 죽었다는 것이다. 피고 측에서도 '사기 친' 매춘부를 지목하여 서트클리프의 매춘부에 대한 혐오감을 '설명'하려 했다. 그때까지 서트클리프는 매춘부들을 죽이도록 자신을 이끈 것은 신의 사명이었다고 주장하고 있었고 여전히 비난의 대상이 된 것은 물론 매춘부들이었음에도 말이다. 매춘부들이야말로 "모든 문제에 책임이 있다"고 신이 그에게 말했던 것은 아니었을까? 그러므로 검찰 측과 피고 측, 그리고 서트클리프 모두 미디어와 경찰의 지지를 받으면서 매춘부를 죽이는 것은 '말이 된다'는 공통의 윤리를 공유했다.

　서트클리프의 아내 소니아 역시 살인행위를 유발한 핵심 인물로 간주되었다. 정신의학자들의 보고서는 그녀의 '신경증' 행동을 길게 묘사했고, 미디어도 그것을 열심히 다루었다. 그녀에게는 신경질적이고, 까다롭고, 과도하게 흥분하며, 지나치게 긴장해 있고, 불안정하다는 딱지가 붙었다. 그녀는 청결에 몹시 집착한 나머지, 서트클리프가 집 안에서 신발을 신지 못하게 했고, 또 카펫의 작은 얼룩을 없애느라 몇 시간씩 시간을 보냈다고 했다. 또한 소니아는 서트클리프가 자기가 마실 차를 기다리고 있을 때 TV 전원을 종종 뽑아버렸으며, 그가 신문을 읽고 싶어할 때 소리를 지르며 그를 후려치곤 했다는 주장이 나왔다. 게다가 소니아는 서트클리프가 마음대로 냉장고에서 음식을 꺼내 먹지도 못하게 했다고 했다. 밀른 박사는 법정에서 말했다. "아내의 행동에 대한 서트클리프의 견해는 다수 여성들을 향한 그의 공격적인 행동을 설명해줍니다." 여기에는 소니아의 행동에 대한 서트클리프의 견해라는 단서가 붙어 있음에도, 의사들은 그러한 설명을 사실처럼 제시했고, 미디어도 사실로 보도했다. 일례로 《데일리 익스프레스Daily Express》에는 "공처가 리퍼"라는 헤드라인이 실렸다(Daily Express, 7 May 1981). 그리고 다른 신문들도 모두 소니아의 '까다로운' 행동을 길고 자세하게 다루었다. 하지만 소니아가 서트클리프의 주장처럼 행동했든 안 했든, 이러한 행동의 세부사항이 사건과 타당한 관련성이 있는지는 파악하기 어렵다. 그럼에도 검찰 측과 피고 측 모두 소니아의 행동이 서트클리프의 살인을 '설명'하고 '이해'하는 데 매우 중요하다고 보았다. 서트클리프는 결혼 전에 소니아가 다른 남자와 관계를 가졌던 것이 자신을 매춘부에게 가도록 부추겼다고 주장했다. 그리고 이 매춘부가 바로 그에게 5파운드를 '사기 친' 그 여성이라고 했다. 이 이야기가 일반적으로 수용되면서, 소니아가 이후에 이어지는 일련의 참혹한 사건들을 유발한 핵심 인물이라는 함의가 더해졌다. 마무리 발언에서 마이클 해버스 경은 신의 목소리가 들린다는 서트클리프의 이야기를 배심원이 수용하지 않을 경우에도 다양한 대안이 있다고 주장했다. 서트클리프가 거짓말쟁이이며 "냉혹하고 계산적인 살인자입니다… 혹시 그건 결혼 후에 그가 힘든 시간을 보내고 있었기 때문은 아니었을까요? 그의 아내 또한 자신의 병 때문에 가엾게도 극단적으로 행동했고, 그래서 그도 집에 가는 게 몹시도 두려웠던 것 아니겠습니까"(Guardian, 20 May 1981).

서트클리프의 살인행위들이 이성적 동기라는 점에서 '이해할 수 있는' 것이라는 주장에 더하여 검찰 측에서는 그의 살인행위들에 성적인 부분이 있다는 주장 또한 전개했다.

정신의학자들은 처음엔 성적인 부분이 부재한다고 단언했다. 밀른 박사는 주의 깊게 그러한 요소를 찾아보았으나 서트클리프와 소니아 두 사람 모두 자신들의 성생활을 "전적으로 만족스럽게" 여기고 있음을 발견했다고 진술했다. 서트클리프는 사람을 죽이는 동안 성적 흥분을 느끼지 않았다고 말했고, 피해자들 중에서도 단 한 명에게만 성행위를 했다. 이것은 정신의학자들이 말하는 '성적sexual'이라는 개념이 매우 협소하다는 것을 드러낸다. 즉 그들이 말하는 성적인 것이란 삽입에서 얻는 쾌락(오르가슴이라고 짐작되는)일 뿐이다. 검찰 측에서는 신의 사명을 듣는다는 주장의 신빙성을 떨어뜨리고자 '성적' 살인에 수반되는 개념을 더욱 넓혔다(다소 우려스럽긴 하지만 내가 이러한 의견을 제시하는 것은, 이것이 정신의학자들의 신빙성을 떨어뜨리는 매우 중요한 수단임이 입증되었음에도, 검찰 측이나 판사가 그들의 사건개요 설명에서 이를 택하지 않았기 때문이다).

살인행위에 성적인 부분이 있음을 입증하고자 검찰 측에서는 서트클리프의 특정한 말과 그의 실제 행동을 모두 근거로 삼았다. 마이클 해버스 경은 서트클리프가 경찰에게 했던 말을 언급했다. 서트클리프는 에밀리 잭슨을 죽이면서 "그녀에 대한 성적인 복수를 만족스럽게" 하고자 그녀의 브라를 밀어 올리고 바지를 끌어 내렸다고 했다. 거의 모든 사건에서 서트클리프는 피해자들을 찌르기 전에 옷을 먼저 제거했다. 그는 피해자들이 발견되었을 때 "그들이 원래 그런 것처럼 싸 보이게" 하려고 그렇게 했다고 말했다. 마이클 해버스 경은 증인석에 서트클리프를 두고 서, 그가 피해자의 가슴을 찌르는 경우가 많았으며, 한 피해자의 경우엔 질을 찔렀다는 점을 지적했다. "이것이 성적인 만족감을 주었습니까?" 그는 서트클리프에게 물었다. 더욱이, 그가 그토록 매춘부들을 혐오했다면, 어떻게 그 가운데 한 명(헬렌 리트카)과 섹스했겠는가? "신은 당신의 음경을 그 아가씨의 질 속에 넣으라고 말하지 않았습니다." 마이클 경은 강하게 주장했다. 오그널은 정신의학자들에게 반대심문을 하면서 조 휘터커의 질을 세 번이나 찌른 것이 성적인 것이 아니면 무엇이겠느냐는 질문을 반복했다. 밀른 박사는 처음엔 그것이 우발적(!)이었을 수 있다고 말했다. 그러나 결국 그것이 성적인 것일 수밖에 없음을 인정해야만 했다. 마가리타 월Margarita Wall의 질 주변에 남은 손톱자국도 마찬가지였다. 오그널은 서트클리프의 피해자들 가운데 성적인 이유로 살해된 피해자 6명의 이름을 댔다. 밀른 박사는 이러한 증거가 실질적으로 신의 사명 주장을 반박한다고 인정해야 했다. 이 지점에서 정신의학자들의 주장은 사실상 길을 잃었다.

서트클리프 재판이 사실상 매춘부들과 소니아와 정신의학에 대한 재판으로 드러난 것을 고려한다면, 보럼 판사가 처음부터 한정책임능력 변론을 받아들이고, 그에 의거하여 재판을 단축시키는 것이 더 나았을까? 서트클리프는 망상형 조현병 환자일 수도, 아닐 수도 있다. 나는 그것을 알지 못하고, 알 수도 없다. 하지만 재판을 진행할 때 가장 큰 관심의 대상이 되어야 하는 것은 최종 평결이 아니라 그 평결에 이르게 된 방법이라고 나는 주장하겠다. 그럼에도 이 재판은 중요한 목적을 달성하는 데 기여했다. 이 재판을 통해 요크셔 리퍼 사건을 다룬 경찰에 대한 추가조사가 촉발되었다. 그리고 《타임스》에서 주장한 바와 같이, 재판 자체가 대중적 카타르시스이자 엑소시즘으로 작용했다(*The Times*, 23 May 1981). 나아가 웬디 홀웨이Wendy Hollway는 이렇게 지적하기도 했다. "서트클리프의 재판은 여자들을 억압할 때 남자들이 서로 협력한다는 것을 입증해 보였다. 법과 정신의학과 저널리즘 담론들의 대변자로서 남자들은 여성에 대한 남성의 폭력을 감추는 세계관을 재생산한다는 점에서 서로 협력한다."

내가 이미 말했듯이, 여성에 대한 남성의 폭력을 감추는 방식은 거리낌 없이 여성을 비난하는 형식을 취했다.

요크셔 리퍼 사건의 보다 폭넓은 이슈들

재판을 진행하고, 재판에서 비난의 화살을 여성에게로 돌린 것 말고도, 요크셔 리퍼 사건을 다루는 방식에는 다른 심각한 문제들도 많이 있다. 다음과 같은 문제들이다. 경찰수사는 본질적으로 불안하다. '리퍼 신화'가 널리 퍼져서 작동하고 있다. 그리고 서트클리프의 살인행위를 잠재적으로 육성하고 지지하는 보다 넓은 맥락에 대한 논의는 회피된다.

요크셔 리퍼 사건에 대한 경찰의 처리방식

요크셔 리퍼 수사는 이제껏 영국에서 실시된 최대 규모의 범죄수사였다. 재판이 진행되는 동안에 경찰이 피터 서트클리프를 아홉 번이나 탐문했다는 것이 밝혀졌다. 탐문 때마다 그가 알려진 잠재적 용의자로 파악되었거나, 요크셔 리퍼 사건과 직접 관련된 환경에 있었음이 파악되었음에도 경찰은 그를 의심하지 않았다. 재판이 열리기 전에도 요크셔 리퍼 사건을 다루는 경찰에 대한 대중의 불안이 널리 퍼져 있었다. 이러한 불안은 재판 직후 최고조에 달했다. 경찰이 리퍼의 편지들과 테이프를 진짜라고 믿었던 사실은 "100만 파운드짜리 실수… 영국 경찰이 이제까지 저지른 가장 값비싼 실수"라고 불렸다(*Daily Mirror*, 23 May 1981). 비밀리에 유포된, 용의자들에 관한 문서에는 용의선상에서 제외해야 할 대상의 다섯 번째 조건으로 "억양이 북동부(조르디) 억양과 다른 경우"가 올라 있었다.

미디어의 비판 역시 널리 퍼졌다.《옵서버*Observer*》에 실린 마이클 놀리Michael Nally의 논평은 전혀 예외적인 것이 아니었다. "고참 경관들은 리퍼가 유죄판결을 받은 것은 '훌륭하게 체포'한 덕분이라며 기뻐했다. 이해할 만한 일이긴 하지만, 그들은 어떤 경관들이 맡은 일을 제대로 하지 못한 탓에 그가 살인을 저지르고도 빠져나갈 수 있었다는 사실은 별로 인정하려 들지 않았다…"(*Observer*, 24 May 1981).

요크셔 리퍼 전담반은 서트클리프가 주요 용의자가 된 적이 없었음을 인정했다. 한 수사관이 그를 주요 용의자로 지목한 적이 있었지만, 그가 상관에게 제출한 보고서는 보류되었다. 서트클리프의 이름은 홍등가에 있는 자동차들을 컴퓨터로 조회하는 과정에서 대략 50차례나 등장했었다. 그는 1969년에 브래드퍼드의 채플타운에서 한 여성의 머리를 때린 혐의로 주의를 받은 적이 있었다(이후 이곳에서 서너 건의 리퍼 살인사건이 발생했다). 그리고 같은 해에 그는 '절도용 장비를 소유했다'는 혐의로 벌금형을 받았다(그가 다른 여자를 공격하기 위해 망치를 사용하려 했다고 법정에서 시인했음에도 그랬다). 또한 서트클리프의 사이즈 7 던롭 부츠 같은 다른 증거들도 있었다.

웨스트요크셔 경찰서장 로널드 그레고리는 이러한 비판에 대해, 우리에겐 물론 뒤늦은 깨달음이 있다는 항변으로 힘없이 반응했다. 그는 이렇게 말했다. "이 수사가 이토록 큰 규모에 이를 줄 알았더라면 처음부터 컴퓨터를 사용했을 것입니다. 그러나 그런 가능성을 살폈을 때 이미 우리는 몇 년째 조사를 벌이고 있는 중이었고, 그것은 무의미할 것 같았습니다"(Beattie 1981, 144 재인용).

하원의원의 요구에 대한 응답으로 내무부에서는 리퍼 사건에 대한 경찰 수사과정을 조사하기로 했다. 여기서 발견된 사실들을 정리한 보고서에 따르면, 주요 비판 대상은 예상대로, 그 편지와 테이프가 정말로 요크셔 리퍼의 것이라고 받아들였다는 점, 그리고 대량의 정보를 수집하고 분석하는 데 컴퓨터를 사용하지 않았다는 점이었다. 그리 놀라울 것도 없긴 하지만, 경찰에 대한 이러한 비판에는 경찰의 성차별이 특정 방식으로 '추적'의 틀을 결정한 데 대한 어떠한 우려도 담겨 있지 않다. 내가 이미 말한 것처럼, 앨롭은 여성들이 경찰에 의해 미끼로 사용되었다고 주장한다. 더욱이 여성들에게 거리에 나오지 말라고 하는 권고나, 여성들의 시위에 대한 공격, 그것은 남성 거인들(경찰 대 리퍼)의 전투라는 암시는 여성들을 훨씬 더 공포에 떨게끔 만들었으며, 어떤 이유에서건 밤중에 거리를 걷고 싶어 하고 그래야만 하는 여성들을 훨씬 더 큰 위험에 빠뜨렸다.

리퍼 신화 파헤치기

경찰이 이 사건을 다룬 방식에 대한 또 다른 중요한 비판이 있다. 물론 정부 조사에서 이에 대해 전혀 언급하지 않은 것은 그리 놀라운 일도 아니다. 경찰은 요크셔 리퍼 사건을 다루면서 낭만화된 리퍼 신화를 그대로 차용했다. 잭 더 리퍼 신화는 엄청나게 강력한 힘을 지니고 있다. 이 신화는 남성들의 책임을 모두 면해줄 뿐 아니라, 남성들을 흥분시킨다. 잭 더 리퍼라는 이름의 펍이 이미 있으니, 조만간 '요크셔 리퍼'라는 펍도 분명히 생길 것이다. 리퍼 신화는 현대의 영화와 소설의 이미지들 때문에 더욱 왕성해졌다. 거기에는 언제나 외로운 비질란테vigilante*(클린트 이스트우드Clint Eastwood가 연기한 '더티 해리Dirty Harry' 같은 경찰이나, 마틴 스코세이지Martin Scorsese 감독의 〈택시 드라이버Taxi Driver〉에서 로버트 드니로가 연기한 '미친 살인자')가 등장해서 '도덕적으로 타락'한 사회에 맞서 홀로 전쟁을 벌인다. 경찰에게 '요크셔 리퍼'는 20세기 버전의 잭 더 리퍼였다. 외로이 고통에 시달리는, 매춘부를 혐오하는, 목숨을 잃을지도 모르는 (그래서 스릴 있는) '두뇌싸움'을 벌이는 남자. 한편 올드필드는 스스로 만들어낸 성 조지였고, 용의 목을 베러 밖으로 나섰다. 여자들은 남자들의 게임에서 고작 볼모일 뿐이었다. 존 스미스가 지적했듯이, 경찰은 리퍼 신화 때문

---

* (옮긴이주) 사적으로 보복하거나 정의를 이루려는 인물.

에 신화를 확고히 해주는 어떠한 내용도 받아들일 준비가 되어 있었다. 리퍼의 편지들과 테이프가 바로 정확하게 그러한 역할을 했던 것이다. 경찰들은 리퍼를 직접 탐문한다면/탐문할 때 그를 '알아볼' 수 있을 거라고 확신했다. 그러나 그의 평범함이 경찰을 아홉 번이나 바보로 만들었다. (서트클리프는 '요크셔 리퍼'라는 이름을 싫어했다고 말한다. 비티에 따르면 그는 자신의 살인행위를 언급하면서 '미치광이'가 저지른 행동이라고 말했다.)

미디어 또한 신화를 영속화하는 데 핵심적인 역할을 했다. 서트클리프 사건을 보도한 미디어에 쏟아진 주요 비판은 '피 묻은 돈' 또는 '수표책' 저널리즘이라 불리는 것에 대한 비난이었다. (게다가 신문사들은 과거 언론평의회Press Council의 선언 내용을 위반하며 활동하고 있었다.) 그러한 미디어 보도의 관음증은 피해자의 고통에 집중하지 않고, 그리하여 피해자를 비하하면서, 동시에 범죄에 대한 공포를 키워나간다. 그러한 범죄행위에서 '미디어 이벤트'를 창출하는 데는 신문들이 적극적인 역할을 했다. 그러나 신화를 만들어내는 미디어의 역할에 대한 광범위한 대중적 반대는 일어나지 않았다. 존 스미스가 지적했듯이, 서트클리프가 체포되어 재판을 받는 과정에서 대체로 그의 남성으로서의 정상성이 드러났지만, 그럼에도 미디어는 서트클리프에게서 독특하고 탈선적인 자질들을 찾아내느라 혈안이 되어 있었다. 이를테면, 저널리스트인 비티는 서트클리프가 과거에 공동묘지를 개간하고 죽음에 집착했다는 등 그의 엽기적 과거 행적을 크게 다루었다. 결국 비티는 "그토록 오랫동안 찾아다녔던 그 괴물이 그렇게 평범해 보이는 남자라는 것은 생각조차 할 수 없는 일 같았다"

(Beattie 1981, 107)고 썼다. 하지만 콜린 윌슨Colin Wilson은《살인 백과사전Encyclopedia of Murder》에서 이렇게 지적했다. "살인범이 비정상일 거라는 믿음은 사회가 기반하고 있는 정상성이라는 망상의 일부다. 살인범은 다른 보통 사람들과 정도degree가 다를 뿐, 종kind이 다른 것은 아니다"(Guardian, 23 May 1981 재인용).

리퍼를 이해하고자 하면서도 많은 사람들이 그를 단지 예외적이고 탈선적인 사례로 보지 않고, 인간 이하의 괴물 또는 짐승으로 생각했다. 서트클리프 자신도 그러한 용어들을 사용했다. 예를 들어 그는 경찰에게, 모든 피해자들의 이름이 "모두 내 머릿속에 있으면서 나라는 짐승을 나에게 상기시킨다"고 말했다. 그리고 제인 맥도널드의 아버지 사망 소식을 읽었던 일을 언급하면서 "내가 얼마나 끔찍한 괴물인지를 깨달았다"고 말했다. 베스트셀러가 된 비티의 책에는 서트클리프를 가리키는 동물, 악마, 괴물 같은 단어들이 자유롭게 여기저기 흩뿌려져 있다. 예를 들면 그는 이렇게 썼다. "그는 사냥감을 찾아 돌아다니는 동물처럼 신선한 죽음이 필요했다"(Beattie 1981, 90). 1980년 11월 27일 BBC2에서 방송한 〈뉴스나이트〉 프로그램에서는 제인 맥도널드의 어머니가 출연해서 살인범을 향해 이렇게 말했다. "당신은 남자도 아니다. 당신은 짐승이다." 하지만 법은 동물과 괴물을 처벌하거나 '치료'하지 않는다. 서트클리프를 처벌할 때, 법은 그가 자신의 행위에 책임을 지는 사람이라고 가정하는 것이다. 그가 '한정책임능력'을 지녔고, 그래서 '치료'가 필요한 상태에 있다는 판결이 내려졌더라면, 그러한 주장은 여전히 유지되었을 수도 있다. 그러나 서트클리프가 인간 남성이라는 사실을 부인한다면 그를 이해하거나 '해명할' 수 없다. 살인자를 짐승이나 괴물로 묘사하는 이러한 신화는 남자들에게 필요했고 지금도 필요하다. 특히 남자들이 자신과 그러한 살인범 사이에 거리를 두고 여성에 대한 이러한 형태의 폭력을 남녀관계에서 일어나는 다른 형태의 폭력으로부터 분리하고자 한다면 말이다.

남성 폭력과 여성혐오의 정상성

여성에 대한 남성의 폭력은 우리 사회의 고질병이다. 런던 광역경찰청의 기록에 따르면 1981년 런던에서만 여성이 공격당한 사건이 1만 2,505건에 이르렀다. 존 스미스는 이렇게 논평했다. "당국 관계자들은 대부분 그러한 공격이 4건 중 1건꼴로 신고된다는 데 동의한다. 이는 수도에서만 매년 5만 명의 여성이 공격을 당한다는 말이다."

미디어와 재판은 눈을 부릅뜨고 '서트클리프의 삶에 등장하는 [특정한] 여성들'에게만 초점을 맞추고, 훨씬 더 많은 관련 요소들로부터는 관심을 돌렸다. 서트클리프의 친구들이 증언한 바에 따르면 그는 리퍼 신화에 나오는 외로운 늑대이기보다는 술 마시고, 성매매를 하고, 폭력을 휘두르는 보통 남자들의 문화에 정기적으로 빠져드는 남자였다. 《데일리 미러》에 따르면 그는 정기적으로 스트립쇼 극장에 갔고, 열여덟 살부터 홍등가에서 차를 몰고 다니며 거리의 여자들을 유혹했다. 같은 기사에는, 그가 포르노그래피를 싫어한다고 주장했지만 그건 거짓말이었다는 내용도 실려 있다(*Daily Mirror*, 23 May 1981). 그는 정기적으로 포르노그래피 잡지들을 읽었다. 그의 술친구들 가운데 다수는 그와 함께 정기적으로 차를 몰고 나가 여자들을 유혹하는 '유람'을 즐겼다. 예를 들어 트레버 버드솔Trevor Birdsall은 서트클리프가 올리브 스멜트를 공격한 날 밤에 그와 함께 있었다. 버드솔에 따르면, 서트클리프는 20분 동안 차를 떠나 있었다. 다음 날 언론에 보도된 사실들(장소, 시간)이 '우연히 일치'한다는 것은 버드솔에게도 명백해 보였지만, 그는 아무런 행동도 취하지 않았다. 여성을 향한 남성 폭력의 정상성은 서트클리프의 다른 범죄에 대해 버드솔이 한 말에서 잘 드러난다. "그는 양말 한 짝을 가지고 있었어요. 그 안에 작은 벽돌이나 돌이 들어 있는 것 같았는데… 내 생각에 [그가 말하길] 그는 그녀의 머리를 쳤어요… 하지만 피터는 매춘부들에게 어떤 악의도 드러내 보인 적이 없었어요. 그리고 매춘부들을 대하는 그의 태도에도 평범하지 않은 것은 아무것도 없었어요"(*New Standard*, 7 May 1981).

서트클리프의 형제 칼Carl은 이렇게 진술했다. "되돌아보니 피터가 언제나 매춘부들을 역겨워했다는 걸 알겠어요." 하지만 칼의 이야기는, 리퍼 신화에서는 부인하지만 우리는 잘 알고 있듯이, 피터의 혐오가 단지 매춘부들을 향한 것만은 아니었음을 드러낸다. 그가 "'추잡한 갈보'라든가… '역겨운' 또는 '더러운 암소'… 같은 말들을 쓸 때면, 그건 어떤 여자든 그가 생각하기에 조금 헤픈 여자들을 얘기하는 거였죠"(Beattie 1981 재인용).

여성들을 이렇게—성적이지 않고 순수한 여성/성적이며 욕망과 혐오의 대상이 되는 여성으로—구분하는 것은 여성에 대한 '상식' 개념들 안에 주로 뿌리내리고 있다. 전통적인 '처녀/창녀' 이분법은 여성들의 섹슈얼리티를 '감시policing'하는 수단으로 작동한다. 하지만 이러한 범주들에 대한 통제권은—무한정 확장되는 '헤픈 여자'라는 범주까지 포함해서—남성 결정권자 또는 꼬리표 붙이는 남성(이 사건에서는 살인자!)에게 있다. 그러므로 어떠한 여성이라도 위험에 처한다. 니콜 워드 주브Nicole Ward Jouve는 '요크셔 리퍼' 사건에 대해 새롭게 설명한《자폴스키라는 이름의 남자Un Homme Nommé Zapolski》에서 보통의 남성문화에 참여하는 것을 포함해서 서트클리프가 지니고 있던 바로 그 정상성이 그가 그토록 오랜 기간 자유로운 상태로 남아 있는 데 결정적인 역할을 했다는 주장을 지지한다. 앤 코빗Anne Corbett에 따르면 워드 주브는 책에서 이렇게 논한다. "…그에게는 과도한 점이 몇 가지 있긴 했지만 소소한 것들이었고 친구들이나 직장동료들에게는 정상적인 것으로 보였다. 이를테면 그는 무덤 파는 사람으로 일할 때는 관 위로 뛰어올랐고, 재미 삼아 헐크 분장을 하거나, 매춘부 한두 명을 괴롭히기도 했다. 이런 일들 때문에 그가 환경으로 인한 불쌍한 피해자가 된다든지 경찰에 쫓기는 괴물이 된 것은 절대 아니었다. 사실 그는 이런 일들을 통해… 사회적 가치를 대표하는 존경할 만한 인물이 되었다."

서트클리프 사건처럼 잔혹한 살인사건들을 가능하게 만드는 보다 넓은 맥락은 널리 퍼진 여성혐오와, 여성에 대한 폭력과 공격에 기초한 남성 섹슈얼리티를 격려하고 지원하는 문화다. 서트클리프의 살인행위에 대한 재판에서 피고 측은 '성적인 동기'를 부인했고, 검찰 측은 그러한 의견에 대해 불편해했지만, 그럼에도 서트클리프의 살인행위들은 개별적으로는 서트클리프 자신의 섹슈얼리티를, 특히 일반적인 남성 섹슈얼리티와 남성성을 핵심적으로 함축하고 있다. 서트클리프는 '규범에서 일탈'한 것과는 거리가 멀었다. 오히려 그는 규범이 과장된 사례다. 폭력과 공격은 남성 섹슈얼리티의 중심 구성요소로서, 사회적으로 구성된다. (하지만 이 말은 남성의 공격성이 생물학적으로나 진화론적으로 불가피하다는 것에 찬성하는 주장이 아니다.)

여성의 섹슈얼리티에 대한 흔한 말과 생각, 광고에서 포르노그래피에 이르는 수많은 시각적 이미지, '섹스와 폭력'을 다루는 영화들, 이 모두가 작용하여 여성에 대한 폭력을 수반하는 남성성을 강화한다. 이들이 함께 취합되어 그러한 폭력이 정상화되는 환경을 창조하고 지원한다. '리퍼'와 경찰 사이의 '대결'처럼 보이던 상황에 대한 축구 경기장 관람석의 반응은 만연해 있는 여성혐오를 드러내는 한편, '리퍼 사냥'이 인기 있는 (남성) 스포츠로 구성되었음을 보여준다. 내가 앞에서 주장했듯이, 이 게임에서 여성들은 볼모일 뿐이다.

힐러리 로즈Hillary Rose를 비롯한 몇몇 사람은 《타임스》에 보낸 편지에서 이렇게 말했다. "'리퍼'는 사회가 생각하기를 피하고자 하는 것, 즉 집에서든 거리에서든 일어나는 여성에 대한 높은 수위의 폭력을 공공연하고 불가피한 것으로 만들 뿐이다"(*The Times*, 3 December 1980).

이 글은 '요크셔 리퍼' 사건을 통해 사회 전반에 ─법조계, 의료계, 미디어, 경찰, 축구 관중석에 ─여성혐오라는 공통의 실이 관통하고 있음을 입증해 보이고자 했다. 이러한 여성혐오의 한 부분으로서 여성들은 자신을 향한 남성 폭력에 대해 비난받고, 이를 통해 남성들은 책임을 면한다. 이제는 그러한 폭력을 영속화하는 남성들의 역할을 똑바로 직면할 때다. 여성들은 남성 폭력의 피해자로, 남성 폭력의 유발자로, 그리고 남성 폭력의 원인으로—'유혹하는 이브'라는 끈질긴 이미지로—너무 오랫동안 희생양이 되어왔다.

여성우발살인:
살인면허? 제인 애셔 살인사건

질 래드퍼드

애셔 부부의 결혼생활에는 문제가 있었다. 적어도 고든 애셔가 표현한 바로는 그랬다. 특별히 그는 아내 제인 애셔가 다른 남자들을 대하는 태도가 마음에 들지 않았다고 진술했다. 그가 주장하기를, 그는 "여러 차례 그녀와 그 문제에 대해 결판을 내고자" 했었다. 그는 이렇게 서로 언쟁을 벌이는 과정에서 제인을 때렸음을 인정했다. 그러나 몇 번이나 그랬는지는 기억할 수 없었다. 제인은 아무런 말이 없다. 우리가 알기로, 고든 애셔는 아내를 버려두고서 자신의 어머니와 함께 살겠다고 가버렸다. 또한 제인이 다른 남자들과 연애했다는 사실도 우리는 알고 있다. 얼마 뒤에 두 사람은 화해했다. 제인이 돈이 부족해진 것을 그가 알아챈 뒤에 화해가 이루어졌다고 고든은 주장했다.

1980년 9월 22일, 제인과 고든은 함께 파티에 갔다. 이때 일어난 일에 대한 고든의 이야기에 따르면, 그녀는 파티 중에 다른 남자와 춤을 추었고 그런 뒤에 30분가량 보이지 않았다. 제인의 이야기는 없다. 고든은 제인을 다시 발견하자마자 어디에 갔다 왔는지 말하라고 했다. 그녀는 여러 차례 반복해서 '아무 데도' 가지 않았다고 말했다. 고든은 그녀를 '빌어먹을 거짓말쟁이'라고 불렀다. 그는 그 집 욕실에서 그녀를 계속 추궁했다. 그가 말하길, 그녀가 나가버리려고 해서 그는 그녀의 목을 움켜잡았다. "그다음에 내가 아는 것은 그녀가 벽을 따라 바닥으로 미끄러졌다는 겁니다." 하지만 파티에 왔던 손님 하나는 고든 애셔가 아내의 목을 잡고 벽으로 밀어붙이고는 고함을 쳤다고 했다. 그는 그녀의 얼굴이 이상한 색깔이 되었지만, 그녀가 울고 있지는 않았다고 말했다. 그 직후 이 손님은 제인이 바닥에 누워 있는 것을 보고는 자신이 부부가 사랑을 나누는 장면에 끼어들었다고 생각했다. 그는 얼른 욕실 문을 닫아주었다. 나중에 애셔가 아내를 안아 들고 그 집을 나서는 것이 보였다. 다른 한 손님은 제인이 "기절한 것처럼 보였고, 그가 그녀를 때린 것 같았다"고 말했다. 어떤 이유에서인지 이 장면이 파티 손님들 사이에서 흥을 돋우었다. 제인 애셔는 그때 이미 죽어 있었던 것 같다. 고든 애셔는 죽은 아내를 차에 태우고 "그녀가 깨어나길 바라면서" 10킬로미터를 운전해서 갔다. 그녀가 깨어나지 않자, 그는 그녀를 백색 석회암 갱에 묻었다. 그는 1주일 뒤에 체포되었고, 벌거벗겨진 아내의 시신도 회수되었다.

고든 애셔는 모의살인 혐의로 기소되었다. 재판은 1981년 6월에 열렸고 윈체스터 형사법원의 마스존스Mars-Jones 재판관이 담당했다. 법정에서 애셔는 모범적인 남편이자 아버지로 그려졌으며, 그의 아내는 '남편을 속인 바람둥이'로 묘사되었다. 애셔는

3명의 여성과 9명의 남성으로 구성된 배심원에 의해 모의살인 혐의에 대해 무죄평결을, 우발살인에 대해 유죄평결을 받았다. 마스존스 재판관은 집행유예 6개월을 선고했다. 이로써 그는 법정에서 나와 자유롭게 걸어 다닐 수 있게 되었다.

법정을 나서면서 애셔는 이렇게 말했다고 한다. "정말 놀랍다. 나는 진짜 행복한 사람이다." 그리고 자신이 다시 결혼한다면 "매우 특별한 사람"과 해야 할 것이라고 덧붙여 말했다(*Hampshire Chronicle*, 12 June 1981).

가정 살인: 법의 얼개

강간을 제외하고, 남편은 자신의 아내에게 저지르는 모든 위법 행위—모의살인, 우발살인, 살인미수, 상해, 또는 기타 생명위협 행위와 온갖 형태의 공격—에 대해 기소당할 수 있다. 하지만 형식적인 법률조항들과 관련해서 볼 때, 법률체계는 최근까지도 아내 폭행을 다른 형태의 폭력범죄와 다른 것으로 다루었다. 이를테면 폭력범죄의 피해자가 범죄피해보상위원회Criminal Injuries Compensation Board에 보상을 청구할 수 있도록 한 1964년 법안에서는 아내 폭행을 제외했다. 이에 관한 지침은 이러하다. "상해를 입은 피해자와 가해자가 같은 가정의 구성원으로서 함께 살고 있는 경우, 어떠한 보상도 지급될 수 없다. 이 절의 목적에 대해, 남자와 여자가 남편과 아내로서 함께 살고 있는 경우 두 사람은 상대방과 혼인한 것으로 다루어질 것이다"(*The Criminal Injuries Compensation Board Scheme* 1964, Paragraph 7).

1979년 10월 해당 법률이 개정되어 '구타당한' 여성들과 그 자녀들은 피해 내용에 따라 최소 500파운드 이상의 보상이 합당하다고 증명될 경우 보상을 청구할 수 있게 되었다. 처음에 법률조항에서 아내 폭행을 제외한 데 대한 설명은, 보상청구 건수가 지나치게 많을 수 있다는 것, 그리고 일반 대중이 가정 내 폭력에 관심을 갖지 않는다는 것이었다.

배우자들 사이에서 벌어진 폭력범죄에 대한 법적 처리 절차는 이론상 다른 폭력범죄를 처리하는 과정과 같다. 우선 피해자나 목격자가 경찰에 신고하는 것으로 절차가 시작된다. 그러면 경찰은 수사를 진행하고, 용의자는 법률 위반으로 기소되어 법정에 불려 나온다. 만약 '심각한' 사안으로 여겨질 경우, 용의자는 형사법원 재판에 회부된다. 재판은 자신의 주장을 제시할 권한과 자격이 있는 검찰 측과 피고 측의 대결 과정으로 진행된다. 양측에서는 증인을 부르고, 상대 측 증인에 대해 반대심문하며, 자신의 주장을 요약하여 제시한다. 그런 다음 판사가 사건을 요약하여 설명하면, 배심원은 법정에 제시된 '사실'에 일치하게, '유죄' 또는 '무죄'로 평결한다. 무죄평결이 나오면 피고는 무죄선고를 받는다. 유죄평결이 나오면 피고는 유죄선고를 받는다. 유죄선고에 이어 피고 측 대리인은 형량 경감을 시도한다. 즉 어떠한 것이든 정상참작이 될 만한 세부사항과 피고에게 유리한 점을 제시한다. 판사는 이러한 의견을 고려하여 적정한 형량을 결정한다. 형량은 판사가 법률의 테두리 안에서 지니고 있는 광범위한 재량권을 바탕으로 선고된다. 판사의 재량권은 보고서에 따라 행동을 취하기로 결정하는 첫 단계에서부터 범죄에 적정한 처벌을 결정하는 마지막 단계까지 모든 단계의 과정을 지배한다.

공격이 발생한 후, 사건을 위탁하고 조사하고 검토하는 과정 전체가 다양한 개인들의 선택과 결정에 의존한다. 공격당한 개인이나 공격을 목격한 개인은 경찰에 신고할 것인지 결정한다. 경찰은 재량권을 이용하여 자신이 받은 신고 내용을 기록할 것인지 결정한다. 경찰이 '사소한' 문제 또는 '경찰이 관여할 사항 아님'이라고 간주한 사안들은 기록되지 않는다. 경찰의 판단은 또한 수사방식과 수사에 쏟는 열정을 형성한다. 용의자의 신병을 확보하면, 경찰은 다시 한번 재량권을 발휘하여, 체포할 것인지 아니면 비공식 경고장을 발부할 것인지 결정한다. 용의자가 체포되면, 경찰은 공식 경고장을 발부할 것인지 아니면 용의자를 형사범죄 혐의로 기소할 것인지 단독으로 결정한다. 경찰은 가지고 있는 증거를 바탕으로 가능한 여러 가지 혐의 가운데 가장 적합한 혐의가 무엇인지 결정한다. 예를 들어 한 남성이 한 여성을 공격한 경우, 적용 가능한 혐의의 범위는 폭행에서부터 살인미수에까지 이른다. 혐의 적용은 공격의 심각성에 대한 경찰의 평가와 판단에 의존한다. 그러한 결정은 싸움의 폭력성에 대한 편견에 영향을 받는 경우가 많다. 중범죄의 경우 이러한 결정은 기소국장이나 경찰 법무관에게 회부된다. 사건이 법원으로 넘어오면 치안판사 또는 형사법원 배심원이 그들 앞에 제시된 사실에 근거하여 재판한다. 치사에 이른 공격과 관련된 경우, 처음 기소혐의가 모의살인이겠지만, 배심원은 피고가 덜 위중한 위법행위인 우발살인에 대해 유죄라고 판단할 권리가 있다. 이는 사건을 둘러싼 정황으로 볼 때 그러한 판단이 타당하다고 입증될 경우 가능하다.

모의살인은 다음과 같이 정의된다. "… 살의를 가지고 저지른 불법 살인. 원인이라고 주장되는 행위 이후 1년 1일 이내에 발생한 사망. 사전에 생각된 살의란 실제로 사람이 죽었든 죽지 않았든, 다른 사람을 죽이거나 다른 사람에게 중대한 신체적 해를 끼치고자 한 의도를 의미한다. 그러므로 D가 A에게 중대한 신체적 해를 끼치려는 의도를 가지고 A를 겨냥하여 총을 쏘았는데 실제로는 B를 죽였다면, D는 모의살인 혐의에 대하여 유죄다"(Newton 1977, 171).

모의살인 혐의에만 독특하게 적용되는 특별한 변론들이 있다. 한정책임능력과 '합리적인 사람이 자제력을 잃고 피고가 한 행위를 하도록 만들기에 충분한 도발'이 그것이다.

한정책임능력은 모의살인 혐의에만 적용되는 변론이다. 1957년 살인법 2조에서는 모의살인 혐의로 기소된 사람이 "살인을 하거나 살인에 참여함에 있어 자신의 행위와 부작위에 대한 정신적 책임능력을 실질적으로 손상시킨 정신이상을 겪고 있었다면" 모의살인이 아니라 우발살인 혐의에 대해 유죄라고 규정한다. 다음의 상황에서도 우발살인 평결이 난다.

① 피고가 한정책임능력이나 도발이나 동반자살합의 변론만으로 모의살인 유죄평결을 면한 경우
② 피고가 어떤 사람에게 해를 끼칠 수 있는 불법행위를 저지르고 그것이 다른 사람의 죽음을 야기한 경우
③ 피고가 살의는 없지만 의도적으로 또는 중대한 과실로 어떠한

모의살인 혐의에 대한 유죄평결을 받으려면, 검찰 측은 합리적 의심에 그치지 않고 피고가 죽이거나 중대한 신체적 해를 끼칠 의도가 있었음을 배심원에게 입증해야 한다. 판사는 사건개요 설명을 전달할 때 배심원에게 이러한 법률 적용과 관련한 지침을 제공할 수 있다. 기소된 살인사건에 대한 판결 결과를 정리한 〈표 5-1〉을 보면 원래 모의살인 혐의로 기소된 사건들 중에 모의살인 유죄평결이 나온 경우가 얼마나 되는지 알 수 있다.

평결이 모의살인으로 나오는지 우발살인으로 나오는지는 형량 선고에 매우 중요한 영향을 끼친다. 모의살인 평결이 나오면 판사에게는 아무런 재량권이 없다. 모의살인에 대해 법이 정한 의무 형량은 무기징역이기 때문이다. 반면, 우발살인 평결이 나오면 판사에게는 법에 근거한 폭넓은 재량권이 주어진다. 형량은 최대 무기징역(최소 기간이 법으로 정해져 있지 않다)으로부터 비非구금형까지 가능하다. 피고는 선고를 거부하고 항소 허가를 신청할 수 있지만, 검찰 측에는 항소할 권리가 없다. 〈표 5-2〉는 최근 몇 년 동안 판사의 선고 재량권이 어떻게 사용되었는지 보여준다.

형법 공식 조항이 사회적 지위에 상관없이 모든 사람에 대해 보호를 제공할 의도에서 작성된 것이기는 하지만, 그것이 실제로 작동되는 방식은 여성에 대한 배우자의 폭력과 관련하여 볼 때 상당한 비판을 불러일으켰다. 《혼인관계에서 발생한 폭력에 대한 특별위원회 보고서Report of the Select Committee on Violence in Marriage》의 결론은 이렇다. "폭행에 관한 형법이 가정폭력에도 더욱 획

<表 5-1> 살인 혐의로 기소된 용의자들의 법적 처리 결과

	1978년	1979년	1980년
기소			
모의살인	439	491	368
우발살인	78	87	74
합계(건)	517	578	442
유죄평결			
모의살인	138	166	113
우발살인	273	298	249
합계(건)	411	464	362
유죄평결을 받지 않음			
모든 기소 혐의에 대해 무죄 방면	70	72	51
덜 위중한 혐의에 대해 유죄	31	33	20
정신질환으로 인한 무죄	-	3	1
변론 부적격	2	3	2
재판 미회부[a]	1	2	4
영아살해	2	-	2
합계(건)	106	113	80

출처: 《1980년 범죄 통계*Criminal Statistics 1980*》, 표 4.7. 잉글랜드와 웨일스.
a. 대체로 용의자가 어떤 다른 심각한 위법행위와 관련해 처리되었음을 함의한다.

일적으로 적용될 수 있다면, 구타당하는 아내에게 더 많은 보호를 제공할 수 있으리라는 것은 거의 의심의 여지가 없어 보인다"

	1978년	1979년	1980년
모의살인			
무기징역	138	166	113
우발살인			
무기징역	18	29	12
10년 이상	4	0	1
4~10년	59	71	65
4년 이하	99	97	91
소년원	6	4	4
감금명령	21	24	25
입원명령	5	10	7
보호관찰	32	31	28
집행유예	23	22	16
기타	6	10	-
합계(건)	273	298	249

출처: 《1980년 범죄 통계》, 표 4.8 잉글랜드와 웨일스.

(House of Commons 1974-75, xvi).

폭행사건이 한 남자가 '관계'를 맺고 있는 한 여자에게 가한 사적인 테러리즘으로부터 공식적으로 인정되는 폭력범죄로 변환되는 사회적 과정은 복잡하고 불확실하다. 우선 상해를 입은 여성 쪽에서 경찰에 신고할지 결정해야 한다. 많은 여성들이 한편으로는 보복성 추가 폭력이나 가정파탄, 그에 따른 노숙 생활이나 빈곤을 염려해서, 다른 한편으로는 경찰이나 법정에서 겪어야 할 굴욕이나 무안을 겁내서, 아무 말도 하지 않는다. 감추어진 가정폭력의 수준은 알려져 있지 않다. 제인 애셔는 그 죽음에 이른 파티에 가기 전에도 고든 애셔에게 구타당했다. 그녀가 그러한 폭력에 어떻게 대응했는지는 알려져 있지 않다. 한 여성이 경찰의 도움을 요청한다고 할 때, 폭행사건이 법정에서 수면으로 떠오를 것인지는 경찰이 관여할 사안으로서 가정폭력 일반을 대하는 경찰의 태도와 그 특정 사건에 대한 경찰의 평가에 달려 있다.

'가정폭력'에 관여하기를 꺼리는 경찰의 태도는 위민스 에이드가 이 문제에 대해 열심히 캠페인을 벌인 덕분에 이제 매우 잘 알려져 있다. 애나 쿠트Anna Coote와 테스 길Tess Gill은 이렇게 언명한다.

> 길거리에서 당신의 남편이 목격자가 지켜보는 가운데 누군가에게 폭력적 공격을 가했다면, 경찰에 체포되어 형사범죄 혐의로 기소될 것이다. 그러나 당신의 남편이 당신의 집에서 똑같은 일을 당신에게 저지른다면, 경찰은 그에게 똑같은 조치를 취하지 않을 가능성이 크다. 경찰이 그를 체포하여 형사범죄로 기소하기로 결정하고, 그가 법정에서 유죄 변론을 한다면, 그는 아마도 벌금형에 처해지거나 가정의 평화를 지키기 위해 '보석으로' 풀려나 집으로 보내질 것이다… 그가 혐의를 부인한다면 몇 주 뒤로 사건심리 일자가 정해질 것이다. 그동안에 그는 아마도 보석금을 내고 집에 머무르도록 허락받을 것이고, 자유로이 추가 폭행이나 위협을 가

할 수 있다… 그러므로 당신은 형법에 따라 경찰이 당신을 보호해 주길 기대할 수 없다. (Coote and Tess 199, 9)

경찰에 의해 주어진 증거는 이러한 비판을 뒷받침한다.

그러한 문제들이 상당한 시간을 잡아먹는 동안… 대다수의 사건에서 경찰은 부정적인 역할을 수행한다. 우리는 결국 '결혼으로 묶인' 개인들을 다루고 있으며, 여러 가지 수많은 이유에서 배우자들의 결속을 유지하는 것이 중요하다. (잉글랜드 웨일스 북아일랜드 고위경찰관 협회, 혼인관계에서 발생한 폭력에 관한 특별위원회에 제출한 증거, House of Commons, ii, 1974-75, 366)

경찰에 따르면, 혼인의 유대는 범죄적 폭력을 포함해 어떤 희생을 치르더라도 보존되어야 한다. 가정폭력에 대한 경찰의 공식 태도가 불분명하므로 경찰의 실제 관행이 소극적인 불간섭주의로 일관되는 현실 또한 그리 놀랍지 않다. 1976년 혼인관계에서 발생한 폭력에 관한 특별위원회는 "경찰서장들이 가정폭력에 대한 경찰의 접근방식 정책들을 검토해야 한다"고 권고했다 (House of Commons, xvi). 1976년 가정폭력 및 부부 간 소송절차법(1977년 6월 발효)과 1978년 가정 소송절차 및 치안판사법원법(1979년 4월 발효) 아래 경찰에게 새로운 권한들이 주어졌음에도 경찰의 관행은 거의 변하지 않은 것 같다. "전반적으로, 그들은 여전히 가정폭력을 여타 폭력과 다른 형태의—덜 심각한—폭력으로 본다. 그리고 새로운 법에 설정된 절차를 시간 낭비로 여긴다.

가정폭력에 대해 체포 권한을 사용하도록 경찰을 설득해야만 하는 경우가 많다"(Coote and Gill 1979, 16).

애셔 사건 재판

애셔 사건에서, 고든 애셔는 과거에도 아내를 때렸음을 인정했지만, 그의 아내가 경찰에 공식적으로 신고했음을 나타내는 흔적은 아무것도 없다. 그녀가 살해당한 뒤에야 경찰의 개입이 겨우 시작되었다. 1980년 9월, 애셔는 아내 모의살인 혐의로 체포되었다. 그러나 체포된 때로부터 1981년 6월 재판기간까지, 재판이 열리는 주말을 제외하곤 그는 보석으로 자유로이 지낼 수 있었다. 아내를 살해한 혐의로 기소된 남자들에게 보석이 허용된다는 것은 매우 잘못된 일이다. 이는 법률체계 내에서 여성에 대한 폭력을 사소한 것으로 취급하고 있음을 나타낸다.

법정에서 검찰 측과 피고 측 대리인들 모두 고든 애셔를 모범적인 남편으로 그렸으며, 그의 아내는 남편을 속이고 바람을 피운 거짓말쟁이로 묘사했다. 제인의 처신에 재판의 초점이 맞추어지면서 변호인은 그녀가 그러한 방식으로 행동함으로써 폭력을 유발했고 자신의 죽음을 야기했다고 여겼으며, 나중에는 판사 또한 그렇게 보았다. 법정에서 기소를 담당한 폴 채드Paul Chad 왕실 법률고문은 "애셔 씨는 자녀들에게 헌신하는 모범적인 남편이었음이 분명하다"고 말했다. 그러나 제인에 대해선 상당히 다르게 말했다. "그의 아내는 정부와 함께하기를 즐겼고, 또 다른 정부를 취했다. 얼마 뒤 그는 아내가 돈이 부족해진 것을 알아챘다… 아내는 남편을 필요로 했고, 그래서 작년 9월 22일 두 사람은 화해했다. 그는 자녀들을 위해 화해를 원했지만, 아내가 화해를 원한 것은 머리를 가릴 지붕과 돈 때문이 아니라 다른 곳에서 즐길 자유를 위해서였다"(*Hampshire Chronicle*, 5 June 1981).

검찰 측에서 상정한 '자유'란 어떤 아내도 그것을 기대할 권리조차 갖지 못하는 대단한 것이다. 판사는 배심원에게 전달하는 사건개요 설명에서 검찰 측을 비판했다.

> 여러분이 그가 [즉 폴 채드가] 피고를 위해 이야기하고 있다고 생각한 것도 무리는 아닙니다… 여러분은 기소가 이루어지지 않았다거나 제대로 이루어지지 않았다고 생각할 수도 있습니다. 그것이 여러분이 고려해야 할 바입니다… 나는 부당한 짐이 내게 지워졌다고 느꼈습니다. 내가 폴 채드의 실패를 어느 정도 보완해야 하기 때문입니다… 우리 법원은 검찰 측과 피고 측 대리인들이 자신들의 주장을 엄정하고 정당하게 추구하는 대심對審제도를 따릅니다. 이 재판에서 여러분은 폴 채드로부터 그가 모의살인 혹은 우발살인 어느 쪽으로 자신의 주장을 펼 것인지 들을 수 있는 이점을 누리지 못했습니다. (*Hampshire Chronicle*, 12 June 1981)

이것은 검찰 측 대리인에 대한 이례적이고 심각한 비판이다. 분명 응당한 비판이었으나, 여기에는 모든 여성과 관련된 무서운 의미가 함축돼 있다. 남성이 여성을 통제한다는 이데올로기는 그토록 강력하기 때문에, 한 남자가 소유하고 통제할 수 있는 '자신의 권리'를 강요하면서 한 여성을 살해하는 극단까지 나간 사건에서 검찰 측은 그 남자를 기소하는 효과적인 주장을 펼치는 데 실패했다.

이 사건 전체를 남성의 목소리가 지배했다. 여성의 목소리는 침묵했다. 결혼과 완벽한 남편에 대한 남성의 관념들은 아무런 도전도 받지 않고 통용되었다. 만연해 있던 결혼관에 따르면 아내는 늘 자신의 시간과 이동에 대해 남편에게 설명해야 했다. 그날 파티에서 그 30분 동안 아내가 어디에 있었는지를 추궁하는 애셔의 관심은 완벽하게 적절한 것으로 여겨졌다. 그가 질투를 느끼고, 그녀가 소유물과 다름없이 자신의 곁에 머물기를 바란 것이 이해될 만한 일로 여겨졌다. 제인은 남자들이 기대하는 '순수한 피해자'—정결과 정조를 지키는 아내다움—의 조건들에 부합하지 않았다. 그리고 그녀의 행실 때문에 그녀는 죽음을 자초한 것으로 그려졌다. 판사는 검찰 측 대리인의 논변을 상당히 비판했지만, 도덕에 대한 남성들의 전통적인 이중 기준을 지지하는 듯 보였다. 첫째, 그는 사건개요 설명에서 우발살인 평결 쪽으로 배심원들을 이끌었다. "판사는 배심원에게 세 가지 평결이 열려 있다고 말했다. 모의살인에 유죄, 모의살인에 무죄이나 우발살인에 유죄, 모두 무죄. '여러분은 아마 맨 마지막은 다소 탁상공론적인 선택지라고 생각할 것입니다… 나는 여러분이 이 사건에서 모의살인 평결을 내리자면 오랜 시간이 걸릴 것이라고 생각합니다'"(*Hampshire Chronicle*, 12 June 1981).

둘째, 애셔는 아내를 죽이고도 집행유예 처분을 받았다. 이 사건에서 폭력 사용을 암묵적으로 지지하는 듯 보이는 처분이었다. 판사는 선고하면서 이렇게 말했다. "애셔는 긍정적인 선한 성품을 지니고 있다. 그가 제인의 친척들과 두 사람을 아는 친구들에게 존경을 받았음은 분명하다. 그들은 모두 애셔에 대해 모범적인 남편이라고 말했다. 애셔는 폭력적인 남성이 아니었으며 아내에게 손을 쳐든 적도 없다고 알려졌다. 그가 그녀의 죽음에 책임이 있음에도, 제인의 친척들은 그에게 아무런 원한도 품지 않았다"(*Hampshire Chronicle*, 12 June 1981 재인용).

애셔에 대한 선고와 그 배경에 깔린 판사의 논리는 우려의 주요 원인을 명백하게 드러낸다. 이것은 분명 친밀한 관계에 있는 여성에 대한 사회적 통제를 위해 남성의 폭력 사용을 용납하는 것이었다. 이것이 여성에 대해 갖는 함축적 의미는 무시무시하다. 아내의 처신에 대해 남편이 기대하는 조건들을 위반하는 여성은 누구라도 살해될 수 있으며, 거기에는 어떤 처벌도 따르지 않는다. 그런 의미에서, 혼인증명서는 살인면허증이 된다. 윈체스터 남자들이 이해한 함의는 너무나도 분명했다. 윈체스터 여성해방단은 이 사건에 대한 분노를 공개적으로 표현했다(*Sun*, 22 June 1981). 여성들이 찾아와 이야기하기를, 남편이 반쯤은 위협으로, 반쯤은 농담으로 이렇게 말한다는 것이었다. "그건 이혼보다 쉬워. 내가 널 죽이더라도 나는 아무 벌도 받지 않고 잘 살 수 있을 테니까."

여성우발살인: 더욱 폭넓은 함의들

형법은 여성에 대한 폭력을 제대로 다루지 못한다. 집 안에서 이루어진 것이든 집 밖에서 이루어진 것이든 모두 마찬가지다. 남성 폭력의 뿌리는 남성 지배 사회 또는 가부장제 사회에서 구성되는 남성성 안에 깊이 뿌리박고 있다. 고든 애셔를 자유로이 풀어주는 것은 가정 안에서의 폭력과 심지어 아내 살해까지도 비범죄화하려는 위험한 움직임을 이룬다. 여성들은 집에 있어야 안전하다는 이야기를 듣지만, 바로 그 집 안에서 남편과 연인에게 폭행당하고 살해된다. 하지만 이러한 사건들은 비범죄화가 옹호될 수 있는 범죄 범주에 포함되어서는 안 된다.

비범죄화를 옹호하는 한 주장은 '피해자 유발'이라는 개념에 의존한다. 피해자가 '그것을 청하고 있었다'거나, 어떤 방식으로 그것을 도발하거나 그것을 초래했다는 이야기다. 강간사건들에서 그러하듯, 이러한 주장에서 여성들은 그들을 향해 남성들이 저지르는 폭력에 책임이 있다고 간주된다. 캐슬린 배리는 강간 패러다임의 타당성에 주목한다. "…성폭행 피해자는 자신을 피해자로 만든 것에 책임이 있다고 간주된다… [그 결과] 다른 형태의 여성 노예화도 합리화되고 수용된다. 여성이 자신의 운명을 '선택'했다거나, 수동적으로 포용했다거나, 무분별하거나 정결하지 못한 행실을 통해 비뚤어진 방식으로 자초했다고 추정되는 것이다"(Barry 1979, 33).

애셔 사건은 폭력범죄를 증오한다고 주장하면서도 관용하고 있는 사회가 직면한 모순을 명확하게 보여준다. 우리는 폭력범죄에 대해 정치인들과 경찰 간부들, 여타 우익 인사들이 문명사회에 반하는 혐오대상이라고 말하는 것을 자주 듣는다. 그들은 폭력 범죄자가 없는 사회를 만들고자 '마지못해' 상당히 많은 조치들을 복구했다. 예를 들어 테러방지법은 민간인 시민들의 자유를 제한하지만, '폭력을 쓰는 사람들'이 가하는 위협을 사회에서 제거하려면 반드시 필요하다고 알려져 있다.

그러나 공식적인 범죄통계를 검토한 결과, 사실은 살인(모의살인, 우발살인―여성우발살인―, 영아살해를 포함하는 집합적 범주)이 대체로 가족 문제라는 것이 드러났다(〈표 5-3〉 참조). 하지만 통계

〈표 5-3〉 살인으로 기록된 범죄에서 주요 용의자와 피해자의 관계

	1979년		1980년	
	건수	비율(%)	건수	비율(%)
관계				
배우자, 동거자 또는 이전 배우자/동거자	131	24	111	20
연인 또는 이전 연인	25	5	18	3
부모자녀	91	16	65	11
부모자녀 외의 가족	12	2	25	4
친구	116	21	102	18
기타 관계	27	5	36	6
소계	402	73	357	63
관계 없음				
경찰 (피해자)	1	<.5	1	<.5
테러리즘 피해자	1	<.5	4	<.5
기타 낯선 사람	106	19	159	28
용의자 없음	41	17	43	8
합계	551	100	564	100

가 이런 식으로 정립되어 있기 때문에, '가정' 또는 '가족' 폭력이 실제로 어느 정도까지 남성 폭력인지, 또는 살인이 실제로 어느 정도까지 여성살해(페미사이드)인지 판가름할 수 있는 증거는 충분하지 않다. 그러나 1979년과 1980년에 내무부 통계자료에 등장한 새로운 표는 매우 중요한 의미를 지닌다(〈표 5-4〉 참조).

이 표는 1979년과 1980년에만 나왔고, 1980년 이후로는 한 번도 나온 적이 없다. 표를 보면, 심각한 폭력범죄에서 공격을 가한 사람이 남성인 경우가 압도적으로 많다는 사실이 분명하게 드러나 있다. 이것은 경찰이 정의한 대로 '심각한 폭력범죄' 관련 증거다. 이에 상응하는, 덜 심각한 폭력범죄에 대한 수치는 없다. 하지만 그런 수치가 있다 해도 경찰에 신고하기를 꺼리는 피해자들의 태도와 가정폭력을 다루는 경찰의 태도 때문에 '불분명한' 수치

〈표 5-4〉 경찰에 기록된 배우자 간 심각한 폭력범죄

	연도	합계 건수	아내가 피해자인 건수	남편이 피해자인 건수	남성이 여성에게 폭력을 가한 비율(%)
모의살인, 우발살인, 살인미수, 살인위협	1979	200	163	37	81
	1980	172	144	28	84
신체 상해, 생명을 위태롭게 하는 행위, 심각한 폭행	1979	5,721	5,236	485	91.9
	1980	5,850	5,354	196	91.5
합계	1979	5,921	5,399	522	91.2
	1980	6,022	5,498	524	91.6

여서 신뢰하기 어려웠을 것이다. 그러나 심각하거나 매우 심각한 폭행사건과 관련해서, 사회의 폭력적인 사람들로서 큰 비중을 차지하는 것은 남자들—남편인 남자들—이고, 그 피해자는 그들의 아내들이라는 사실이 보인다.

폭력범죄 단속에 찬성하는 주장들이 많고, 폭력범죄 중에서도 '가정'이라는 맥락에서 벌어지는 폭력범죄의 비율이 가장 높으며, 그 가운데서도 남편인 남성이 공격자인 경우가 압도적으로 많다는 사실을 고려할 때, 고든 애셔에게 내려진 집행유예를 어떻게 변호할 수 있을까?

영국 법률체계에서 판사의 선고 재량권은 매우 넓다. (모의살인과 국가반역의 경우는 예외다. 이 두 경우엔 법에 정해진 무기징역과 사형이 각각 집행된다.) 판사들은 형량을 결정할 때 서로 다른, 병립하지도 않는 형벌 철학들을—응징(처벌), 개별 억제, 일반 억제, 갱생, 공동체 보호 등을—혼합한 절충안을 언급한다. 부분적으로, 선고하는 형량의 차이가 발생하는 것은, 판사들이 서로 다른 이데올로기에 서로 다른 정도로 개입되어 있으며, 심각함에 대한 서로 다른 정의를 바탕으로, 서로 다른 범죄와 범죄자에 대해 서로 다른 적절함의 정도를 상정하기 때문이다.

페미니스트들은 여성에 대한 폭력사건의 선고에 의문을 제기하기가 어렵다는 걸 알게 되었다. 반동세력—'행엄 앤드 플로검hang 'em and flog 'em'* 무리—에 의해 전용되는 남성 폭력을 향해 우리의 분노를 분출하는 것은 위험하다. 우리는 여성에 대한

---

* (옮긴이주) '그들을 목매달고 채찍질해라'라는 구어적 표현.

폭력이 심각한 범죄임을 받아들이는 형벌체계를 요구해야 한다. 그러나 동시에 우리 자신이 억압적인 법과 질서 캠페인의 일부로 이용되는 것을 허용하지 말아야 한다. 우리가 겪는 어려움은 사회질서를 작동시키는 데 있어 범죄와 처벌이 차지하는 핵심적 위치에 있다. 이는 파시스트 우익이 오랫동안 인식했던 사실이다.

건설적인 정책 수립에 대한 기대는 오직 기존 철학들을 분석하고 몇몇 신화들을 축출함으로써만 가능하다.

억제 신화

개별 차원에서든 일반 차원에서든 억제deterrence는 효과가 없다. 예외가 있다면, 범죄자를 교도소에 가둠으로써 범죄의 순환고리에서 그를 일시적으로 제거하는 정도로만 효과가 있을 뿐이다. 장기적 관점에서는 징역형을 받은 범죄자들의 재범률이 비非구금형을 받은 범죄자들보다 낮다는 증거는 어디에도 없다. 심지어 '자기 보고self-report' 연구에서 보고된바, 범죄행위로 체포된 적이 없거나 유죄판결을 받은 적이 없는 이들과 비교했을 때도 그러하다. (자기 보고 연구는 무작위로 인구 표본을 추출하여 비밀을 보장하는 가운데 법률 위반 경험에 대해 인터뷰하는 방식으로 진행된다.) 일반 차원에서는 본보기용 선고(특정 유형의 범죄에 대한 평균보다 훨씬 강도 높은 선고)를 한다고 해서 해당 유형의 범죄가 감소하지는 않는다. 일례로 과거에 축구경기장 폭력사건이나 '노상강도'와 관련해서 본보기 선고가 이루어지고 이것이 널리 홍보된 적이 있지만, 그러한 범죄가 눈에 띌 만큼 줄어들지는 않았다. 스탠 코언 Stan Cohen의 결론은 이렇다. "형벌 정책에서 형벌의 강도가 변화한다고 해서 범죄율이 상승하거나 하락한다는 증거는 전혀 없다"(Cohen 1979, 26).

갱생 신화

전후 시기에 개선 또는 갱생 철학은 자유주의 처벌 이론에서 인기가 많았다. 하지만 처벌의 부정적 측면을 보고 동요된 자유주의 형벌학자들은 '치료'나 '교정 훈련'을 통해 범죄자를 개선하는 것이 형벌체계의 목적이라고 규정했다. 이러한 목적을 달성하고자 교도소 제도 혁신과 비구금형 조치가 도입되었다. 그러나 내무부가 실시한 것까지 포함하여 여러 연구조사 결과는 이후 다시 유죄판결을 받는 비율 면에서 별다른 효과가 없음을 드러냈다. 1979년 교도소체계에 관한 메이 보고서May Report on the Prison System에는 갱생 윤리에 대한 공식적 환멸이 반영되어 있었다.

이와 긴밀하게 연결된 한 가지 철학은 가정폭력에 연루된 많은 사람들 사이에서 여전히 통용되고 있다. 예를 들어, 에린 피지Erin Pizzey는 형법이 가정폭력 문제에는 적합하지 않다는 의견을 제시했다. 그녀는 뒤를 돌아보며 비난을 배분하는 형법보다는, 관련된 사람들의 복지와 관련하여 앞을 내다보는 접근법을 옹호했다. 그녀가 말한 맥락은 지금 여기에서 다루는 '여성우발살인'보다는 '아내 구타'에 대한 것이었다. 애셔 사건에서 보았듯이, 부분적으로나마 집행유예를 유도한 것은 '생존자들'의 안녕에 대한 판사의 배려였다. 이 개인주의적 복지 철학은 인도적인 접근방식이라고 적법하게 주장할 수 있을지도 모른다. 그러나 여러 차원에서 문제가 많은 것도 사실이다. 치명적이지 않은 사건에서 관용을 베푸는 것이 후속 공격을 억제한다는 증거는 어디에도 없다. 정의의 관점에서 보자면, 관대한 선고는 법원이 위법행위를 심각한 문제로 보지 않는다는 의미로 받아들여진다. 여성에 대한 공격과 관련해서, 남성 범죄자에게 관대하게 선고하는 것은 법 자체가 남성에 의해, 남성을 위해 만들어졌다는 페미니스트 주장에 실체를 제공한다. 아내 살인범을 자유로이 방면하는 것은 살인면허를 발급하는 것이다. 폭력을 휘두른 남성들에게 관대한 선고를 내린다면, 보다 넓은 공동체에서 여성들의 복지를 명백히 간과하게 된다.

페미니스트 분석을 향하여

이제 형법으로는 가정에서 벌어지는 남성 폭력의 문제를 해소할 수 없다는 것이 납득되었다. 형법 사용을 옹호한다고 해서 구타당하는 아내를 지원하려는 조치 — 예컨대 위민스 에이드에서 운영하는 위기 피난처 — 의 개발을 억제해서는 안 된다. '집 안 상황'에서 벌어지는 여성에 대한 폭력은 폭력범죄로 정의되어야 하며, 그렇게 처벌되어야 한다. 갱생 윤리가 실패함에 따라, 받아들일 수 없는 형태의 행동에 대해 취할 수 있는 유일하게 적법한 대응은 그러한 정의를 확신하고 그에 따라 처벌하는 것이다. 이러한 대응방안은 어떠한 형태의 사회적 행동이나 행위가 받아들일 수 없는 것으로 정의되어야 하는가 하는 기본적 의문을 제기한다. 페미니스트들은 여성의 자유와 안녕과 존엄을 위협하는 행동은 어떠한 것이라도 받아들일 수 없다고 주장한다. 이것은 성차별적 특권을 요구하는 것이 아니다. 똑같은 정의가 남성들에게도 적용되어야 한다. 그러므로 인간에 대한 모든 폭력범죄가 받아들일 수 없는 것으로 정의되어야 하며 그에 따라 일관되게 처벌되어야 한다. 공격을 저지른 사람을 처벌한다는 것은 그의 행위에 대한(다시 말하지만 '그 남자의his' 행위에 대한) 책임을 인정하는 분명한 언술이다. 더욱이 그것은 사회가 폭력행위를 단죄한다는 분명한 언술이기도 하다.

이것은 이른바 '정의로 돌아가는back-to-justice' 철학의 일부이긴 하지만, 억압적인 법과 질서 캠페인의 일부는 아니다. 그 시발점은 우리 사회에서 유지되고 있고 제도화되어 있는 지배 가치들을 재평가하는 것이다. 가게에서 물건을 훔치는 좀도둑들까지 감옥에 잡아넣고, 국가 복지급여를 타내면서 생활비를 충당하느라 '비밀 부업'을 하는 사람들에게는 징역형을 선고하면서도, 아내를 살해한 이들에게 자유로이 돌아다니도록 허락하는 시대에 사법적 가치와 우선순위에 의문을 제기하는 것은 적절한 일임에 틀림없다.

단기적으로 필요한 일은 인간에 대한 폭력범죄를 처벌할 때 형법을 일관되게 적용하는 것이다. 장기적으로는 여성에 대한 폭력이라는 판타지를 부추기고 그 실상을 수용하면서 하찮은 것으로 만드는 남성 지배 문화를 근본적으로 변화시켜 여성에 대한 폭력이 종식되길 기대해야 한다.

다음에 인용한 스탠 코언의 논평은 '범죄'를 '폭력'으로 대체해서 읽을 수 있겠다.

관습적으로 정의되는 범죄의 관련 요소들을 제각각 고립시키는

것은 물론 가능하다… 인구과밀, 빈민가, 빈곤, 인종차별, 박탈, 교
육의 저하, 불행한 가정생활— 그러나 이러한 조건들을 뿌리 뽑
는 일이 범죄와의 연관성에 따라 이루어져서는 안 된다… 범죄는
단지 이러한 악에만 연결되어 있는 것이 아니라 사회에서 가장 소
중히 여기는 가치들, 이를테면 개인주의, 경쟁, 남성성과도 연결되
어 있다. (Cohen 1979, 28)

여성에 대한 남성의 폭력을 해소할 방법을 궁리할 때는 이 세
가지 가치 중 마지막 가치에 관심을 쏟아야 한다. 가부장제 사회
에서 남성성은 여성에 대한 권력을 유지하고 재생산하는 데 기여
한다. 앤드리아 드워킨은 이렇게 지적한다. "남성성의 첫째 규칙
은, 남자가 무엇이든, 여자는 남자가 아니라는 것이다"(Dworkin
1981, 50). 남성 권력의 기반은 가부장제 역사의 시대에 따라 이동
하고 변화했다. 하지만 경제적·정치적·법적·교육적 자원들을
남성이 독점하고 있다는 데 그 뿌리가 남아 있다. 이 모든 것의 기
저를 이루면서, 사회경제적 독점이 위협받을 때면 표면으로 올라
오기도 하는 것이 바로 남성의 폭력, 남성의 우월한 힘, 그리고 이
힘을 폭력으로 변환할 수 있는 문화적으로 습득된 능력이다. "여
성들이 더 큰 독립성을 획득함에 따라 남자들은 여성에 대한 남
성 권력의 지위를 유지하기 위하여 성폭력을 더 많이 저지른다.
직장 내 성희롱은 우리의 자신감을 약화시키고, 강간과 성폭행
은 우리를 거리에서 몰아내고, 가정 내 성적 학대는 우리의 삶을
불구로 만들며 이 세상에서 우리가 있어야 할 자리를 가르친다"
(1980년 11월 리즈에서 열린 성폭력 컨퍼런스의 보고서, *Spare Rib*, no.

103, February 1981 재인용; Campbell and Coote 1982 재인용).

남성성을 가장 크게 위협하는 여성들은 자신의 독립을 확고히 주장하거나, 주장하는 듯 보이는 여성들이다. 남성의 통제권으로부터의 독립을 주장하거나 그에 저항하는 어떠한 주장도 남성 폭력을 조장하거나 '도발'할 수 있다. 거리에서 학대와 공격을 가장 많이 당하는 사람은 '남자가 없는' 여성들이다. 직장에서는 남성들의 관심 끌기 전략, 또는 데일 스펜더Dale Spender가 '자아 메시지ego message'라고 부르는 것에 저항하는 여성들이 성희롱을 겪는다. 집에서는 어떤 식으로든 남성의 가부장적인 혹은 독재적인 지배에 도전하거나 위협을 가하는 듯 보이는 여성들이 위협, 구타, 살해를 당할 가능성이 가장 높다. 포르노그래피에서 남자들의 '전원 스위치'를 켜는 것으로 가장 인기 있는 것은 '해방된' 숙녀를 모욕하고 비하하는 장면이다(예를 들어 영화 〈면회시간Visiting Hours〉은 페미니스트 여성을 잔인하게 다루며 기뻐한다). 가부장제 사회에서 남성 폭력은 여성들의 삶에 만연해 있는 특징이다. 이것은 남성 우위에 대한 생물학적 설명을 상정하는 것이 아니라, 가부장제하에서 남성성을 구성하는 데 폭력이 핵심을 이룬다는 걸 확실히 주장하려는 것이다. 드워킨이 주장하듯, 남자가 되는 과정에서 소년은 폭력에 적극 참여하도록 사회화된다. "남자는 폭력에 대한 강력한 충성심을 발달시킨다. 폭력이 남성 정체성의 최고 구성요소이므로 남자는 그것을 받아들이려고 노력한다. 폭력은 스포츠, 군대, 문화적으로 동화된 섹슈얼리티, 영웅주의의 역사와 신화 안에 제도화되어 있다. 그렇게 소년들은 폭력을 배우고 그리하여 폭력의 옹호자가—여자가 아닌, 남자가—된다"

(Dworkin 1981, 51).

　가부장제 사회의 남성성에서 폭력이 중심을 차지한다는 것을 고려할 때 남성 폭력에 도전하려면 그 남성성을 변모시키거나 거부할 필요가 있다. 남성성 찬양은 결국 인간성 부정과 여성 비하로 이어진다. 남성의 공격성을 드러내는 모든 형태들이 — 장난감 총 판매, 폭력적인 스포츠, 무기 판매, 핵전쟁 위협 등 — 비인간적인 것으로 정의되어야 한다. 거리에서, 대중교통수단에서, 직장에서 일상적으로 일어나는 희롱이나 추행에서부터 TV 코미디언이 말하는 성차별적 농담, 여성 비하적인 포르노그래피 잡지와 영화에 이르기까지, 여성의 자유와 존엄에 대한 공격은 모두 단죄되어야 한다.

　　　당신들은 우리의 삶을 지시한다
　　　당신들은 우리의 욕구를 지시한다
　　　당신들은 우리의 머리를 공포로 채웠다
　　　그러나 함께하는 우리는 강하고 명징하다
　　　우리는 분노를 안으로 삭였다
　　　우리는 그렇게 하지 않으면 남자로 여겨진다
　　　우리는 당신들의 법에 의해 판단된다
　　　당신들의 법은 남자들을 위해 만들어졌다.
　　　　　　_1976년 출시된 오바Ova의 제목 없는 테이프에서

잔소리꾼, 창녀, 여성해방론자:
남성의 살인 충동을 도발하는 여성

수 리즈

그새 나머지 서트클리프들이

플리트 스트리트 관악대를 거덜 내고

쓰러진 소니아를 발로 찼지

모든 게 계집 탓이란다

우리 피터가 미친놈일 리가 있나.

그 자식 늘 웃는 얼굴이었지.

소니아가 잔소리를 해대서 망쳐놓은 거야

그러니 창녀들을 죽여버렸지.

그게 바로 여편네들의 문제야

우리 사내놈들을 너무 몰아붙이잖아

그러니 우린 우리가 뭐가 될지

책임 못 진다니까.

_블레이크 모리슨Blake Morrison,

⟨요크셔 리퍼의 발라드The Ballad of the Yorkshire Ripper⟩, 1987

(소니아는 피터 서트클리프의 아내다.)

이 장에서는 살인사건 재판에서 어떻게 도발 변론이 남성 폭력에 대한 용인을 영속화하는 데 기여하는지에 초점을 맞춘다. 강간사건 재판에서는 여자가 남자의 욕망을 자극하고는 합의를 철회하여 강간을 '유발'한다는 주장이 나오는 경우가 많다(Lees 1989). 이와 유사한 피해자 유발 주장이 살인사건의 도발 변론에는 더욱 노골적으로 박혀 있다. 여기에는 여성이, 대체로 아내나 연인이 남자를 잠시 이성을 잃게 하여 그녀를 죽이도록 몰아간다는 추정이 깔려 있다.

이번 연구는 1980년대 살인사건 재판들에 대한 언론 보도와 방청 경험을 분석한 내용을 바탕으로 했다. 프리랜스 저널리스트 캐릴 패럴디Caryll Faraldi가 지난 3개월 동안 매우 귀중한 도움을 주었다. 1987년 9월과 이듬해 9월 사이에 우리는 런던 중앙 형사법원인 올드 베일리에서 열린 살인사건 재판들을 선별하여 참관했다. 그리고 1986년 이후 살인사건 재판에 관한 신문기사들을 수집했다. 이 사건들에서는 피고와 그의 친구들이 제시한 증거에만 기초하여 도발 변론이 받아들여졌다. 피고와 그 친구들은 피해자의 성품을 비방하는 데 관심이 많은 게 분명했다. 검찰 측은 해명을 위해 '반박' 증거를 요구할 수 있지만, 실제 재판에서는 이런 일이 거의 일어나지 않는다. 도발 변론이 받아들여지면, 우발 살인 평결이 나오고 판사는 완전한 재량권을 가지고 형량을 선고

한다. 어떤 남자들은 문자 그대로 '살인을 하고도 빠져나가' 법정에서 자유로이 걸어 나올 수 있다. 보통은 3년형에서 6년형이 선고된다. 모의살인의 경우 법률이 정한 의무 형량이 무기징역인데 말이다.

남성을 모의살인한 혐의로 법정에 선 여성에게는 그러한 살인 면허가 주어지지 않는다. 여자의 불복종은 '합리적인 남자'를 도발하여 살인을 일으킬 수 있다는 생각이 변론의 근거이기 때문이다. 달리 말하자면, 여자는 자신의 죽음을 스스로 유발한다는 것이다. 여성이 강간을 당하거나 구타를 당했다 해도 도발 변론이 유지되는 경우는 거의 없다. 대부분의 살인범은 피해자가 아는 사람이다. 1986년 영국 내무부 통계자료에 따르면 살인사건 피해자의 70퍼센트는 용의자와 아는 관계였고, 22퍼센트만이 모르는 사이였으며, 나머지 8퍼센트에서는 용의자가 없었다. 이것이 의미하는 바는 살인사건 5건 가운데 오직 1건에서만 낯선 이가 범인이라는 사실이다. 가해자와 피해자 사이의 이러한 '유대'를 구성하는 한 가지 중요한 요소는 살인사건 중 여성이 남편이나 연인에게 살해당한 것이 상당한 비율을 차지한다는 점이다. 1986년 영국에서 벌어진 피해자가 여성인 살인사건의 61.6퍼센트는 남편이나 연인 또는 이전 연인이 살해한 것이었다. 당신을 죽일 가능성이 가장 많은 사람은 밤에 걸어 잠근 문 바깥에 있는 낯선 남자가 아니라 그 문 안에 있는 남자다. 영국에서는 여성이 피해자인 가족 내 살인의 비율이 어느 정도 되는지 가늠하기 어려웠다. 내무부 통계자료는 최근에 와서야 살인자와 피해자의 관계에 따라 살인사건을 분류하기 시작했기 때문이다. 내무부에서 작성한 가해자와 피해자 관계에 관한 통계자료도 최근에야 이용할 수 있게 되었다(〈표 5-5〉). 피해자와 가해자의 관계가 유의미한 경우는 서로 반대 성을 가지고 있을 때뿐만이 아니다. 남성 가해자가 남성 피해자를 살해한 살인사건의 상당수가, 소유욕이 요인이었던 성적인 관계에 의해 촉발되었다. 피해자는 주로 가해자의 헤어진 아내나 여자친구의 새 연인, 또는 아내나 여자친구를 폭력으로부터 보호하기 위해 개입한 다른 남성이었다.

여성이 살인을 저지르는 경우는 남성에 비해 훨씬 드물다. 남성이 여성을 살해한 사건과 여성이 남성을 살해한 사건의 비율은 8:1이다. (1986~1987년, 31명의 여성이 남성을 죽인 반면에 209명의 남성이 여성을 죽였다.) 살인사건 피해자가 될 가능성이 가장 높은 집단은 젊은 남성이다. 살해당한 젊은 남성들 가운데 압도적인 비율이 다른 남성에게 살해되었다. 1986~1987년의 기간에 이 비율은 89.6퍼센트에 달했으며(살해당한 318명의 남성 가운데 285명이 다른 남성 가해자에게 살해되었다), 그들 가운데 116명은 가해자와 서로 알고 지내는 사이였다. 그러므로 남성을 살해한 남성 용의자의 40.7퍼센트가 남성 친구 또는 남성 지인이었다. 반면, 단지 18명의 여성이 다른 여성을 살해했다. 남성들의 폭력은 단지 여성들—특히 연인과 아내—의 죽음으로만 이어지는 것이 아니라, 다른 남성 친구 및 지인의 죽음도 불러온다. 사건마다 기록된 남성 피고들의 말 중에서 가장 흔한 것은 "내가 가질 수 없다면 다른 누구도 그녀를 가질 수 없다"는 것이었다. 질투하는 남편이 아내나 아내의 연인(이라 생각되는 남성)을 죽인다. 어떤 사건들에서는 배우자의 부정 혐의가 전혀 발견되지 않았음에도 그랬다.

용의자에 대한 피해자의 관계	피해자 성별	용의자 성별			
		남성	여성	용의자 없음	합계
피해자가 용의자를 아는 경우					
자녀	남성	17	8	–	25
	여성	9	7	–	16
부모	남성	9	–	–	9
	여성	3	2	–	5
배우자[b]	남성	–	12	–	12
	여성	109	–	–	109
기타 가족	남성	11	–	–	11
	여성	6	2	–	8
연인 또는 이전 연인[c]	남성	19	4	–	23
	여성	13	1	–	14
친구 또는 지인	남성	116	6	–	122
	여성	36	6	–	42
기타 관계	남성	14	–	–	14
	여성	6	–	–	6
합계	남성	186	30	–	216
	여성	182	18	–	200
피해자가 용의자를 모르는 경우	남성	99	1	2[d]	102
	여성	27	–	–	27
용의자 없음	남성	–	–	32	32
	여성	–	–	20	20
합계		506	50	54	610

a. 1987년 6월 1일 현재.
b. 배우자나 동거인 또는 이전 배우자나 이전 동거인.
c. 배우자의 연인, 연인의 배우자, 기타 관계 포함.
d. 테러 행위의 결과.

언론은 데니스 닐슨Denis Nillsen이나 피터 서트클리프 같은 살인범들에 대해 대대적으로 보도한다. 동성애자이며 공무원이었던 닐슨은 1978년에서 1983년 사이에 16명의 젊은이를 목 졸라 죽였다. '요크셔 리퍼'라 불린 피터 서트클리프는 13명의 여성을 살해하고 다른 7명의 여성을 살해하고자 시도했다. 언론에서는 마이라 힌들리Myra Hindely 살인사건의 전개상황에 대한 최신정보를 계속 보도한다(1960년대에 '황무지 살인범Moors Murderer'으로 악명 높았던 그녀는 이언 브레이디Ian Brady와 함께 요크셔 황무지에서 어린이들을 고문하고 살해했다). 하지만 이 살인범들이 피해자가 알던 사람들이라는 이야기는 거의 나오지 않는다. 이 때문에 사람들은 전형적인 살인범이란 사이코패스 킬러라고 잘못 생각한다.

영국의 살인사건 재판에서 배심원은 다섯 가지 평결 가운데 하나를 선택해야 하는데 이는 다소 혼란스럽다. 첫째, 피고는 모의살인 혐의에 대해 유죄일 수 있다. 이 경우 법에 정해진 의무 형량은 무기징역이다. 둘째, 피고는 무죄일 수 있다. 그는 그 일을 저지르지 않았다. 혹은, 사고로 저질렀다. 셋째, 피고는 정당방위에 근거하여 무죄일 수 있다. 넷째, 피고는 도발 변론에 근거하여 모의살인에 무죄이지만 우발살인에 유죄일 수 있다. 다섯째, 한정책임능력에 근거하여 피고는 모의살인에 무죄이지만 우발살인에 유죄일 수 있다. 피고 측 대리인이 반드시 이 다섯 가지 가운데 하나만 주장해야 하는 것은 아니다. 피고가 모의살인에 대해 '무죄'라고 답변한다면(예를 들어 그가 실제로 피해자를 칼로 찔렀는지, 아니면 피해자가 그 흉기 위로 쓰러진 것인지 의심스럽다는 사실에 근거하여), 피고 측 대리인은 배심원에게 다른 평결들을 제안할 수 있다. 즉 피고는 정당방위로 행동했거나, 도발되었거나, 아니면 완전히 무죄다. 피고 측 대리인으로서 몇 가지 근거를 동시에 제시하기란 어려운 일이다. 대안이 되는 평결들이 너무 복잡할 경우 배심원들은 너무 어려워서 다룰 수가 없고, 따라서 기이한 평결이 나오는 경우도 많다. 일례로, '맥도널드 대 기소국McDonald v. the Crown'(1985) 소송에서 연인을 살해한 혐의로 기소된 젊은 여성은 그 전에 그에게 폭행을 당한 적이 있었다. 두 증인은 그녀가 "내가 그를 칼로 찔렀어, 내가 그를 칼로 찔렀어"라고 말하는 것을 들었다고 증언했다. 그리고 살인에 쓰인 흉기를 그녀가 손에 들고 있었는데, 피해자가 이전에 그녀를 공격했을 때와 같은 눈빛을 띠고 그녀에게 다가가는 것을 보았다는 증거를 제시했다. 하지만 배심원은 그녀에게 정당방위를 이유로 무죄라고 평결하지 않고, 모의살인에 대해 무죄라고 평결했다.

무엇이 도발을 성립시키는가?

1957년 살인법은 영국 법률을 개정하여 한 가지 범주의 살인에만 사형을 선고하고, 다른 모든 살인에는 법률이 정한 의무 형량으로 무기징역을 선고하도록 했다. 1965년부터 사형선고가 유예되었고, 그로부터 5년 뒤에는 폐지되었다. 이후 모든 모의살인은 무기징역으로 처벌된다. 살인법 2조와 3조에 따라 한정책임능력을 도입하고(2조) 도발 변론을 확대함으로써(3조) 참작할 수 있는 정황이 확대되었다. 한정책임능력이 인정되면 모의살인은 우발살인으로 경감된다. 한정책임능력과 도발, 두 범주 모두 문제가 있다. 그러나 이 글에서는 도발 변론에 집중할 것이다. 이것은 정신의학의 조언에 의존하는 한정책임능력 개념이 남성 폭력을 용납하는 수단으로 사용되지 않는다는 말이 아니다. 예를 들어, 나는 우울증 진단이 한정책임능력의 증거로 받아들여지는 경우를 보았다. 하지만 그 사건에서는 피고가 어떠한 종류의 치료를 받고 있다거나 어떠한 심각한 증상을 앓고 있다는 증거가 전혀 없었다. 더욱이 그는 불을 질러 아내와 자녀를 죽이겠다는 계획을 일기에 써놓기까지 했다. 범죄행위가 특별히 잔혹하거나 충격적일 때, 그리고 어린이가 피해자로 관련되어 있을 때 한정책임능력 변론이 제시되는 것 같다.

도발 변론은 피해자의 행동이 많게든 적게든 피해자 자신의 죽음을 유발한다는 전제에 근거한다. 1965년 이전에는 다만 제한된 유형의 행위만이 도발을 성립시킬 수 있었다. 도발을 주장하려면 거의 예외 없이, 신체적 폭력을 당했거나, 간통행위 중인 배우자를 발견했어야 했다. 영국 상원의회에서는 '홈스 대 기소국장Holmes v. DPP'(1946) 소송에서 한 배우자가 상대 배우자에게 간통을 자백하자 상처를 받은 배우자가 자신의 배우자 또는 그 간통 상대를 죽였다면, 대단히 극단적이고 예외적인 경우를 제외하고는 우발살인 평결을 정당화하기에 충분한 도발이 성립될 수 없다고 언명했다(Cross and Jones 1984). 살인법 3조는 이를 바꾸어, 갑작스럽게 일시적으로 자제력을 잃었다는 증거가 있을 경우 도발을 근거로 한 우발살인 평결을 규정했다.

모의살인으로 기소된 경우, 기소된 인물이 도발되어(행동에 의해서든 말에 의해서든, 혹은 둘 다에 의해서든) 자제력을 잃었다고 배심원이 판단할 수 있는 증거가 있으면, 어떤 합리적인 남자라도 그가 한 행동과 같은 행동을 할 만큼 충분한 도발이었는지를 배심원이 결정한다. 그리고 이 문제를 결정할 때 배심원은 관련된 말과 행동을, 그들이 보기에 합리적인 남자에게 미쳤으리라 여겨지는 영향에 따라 고려해야 한다.

따라서 배심원은 다음을 고려해야 한다.

1. 일어난 사건들("행동이나 말(또는 행동과 말의 조합)이면 충분하다")

2. 자제력을 잃게 된 결과와 관련 있는 피고의 특성(Cross and Jones 1984)

이 가이드라인의 문제는 일어난 사건에 대한 배심원의 시각과 피고의 관련된 특성이 모두 모호하다는 것이다. 수전 에드워즈 Susan Edwards 박사는 이렇게 논평한다. "도발이 규칙과 절차로 묶인, 상대적으로 명확한 법률적 범주처럼 보이는 것도 무리는 아니다. 하지만 배심원이 정확히 어떤 행동, 처신, 버릇, 말, 상황, 관련된 특성이 도발을 성립시킨다고 생각하는지는 자의적이며 불분명하다"(Edwards 1985, 138).

도발이라는 개념은 법률 교과서의 저자인 앳킨스S. Atkins와 호깃B. Hoggett이 압축적으로 표현해놓은 것처럼, "잔혹한 사건들에서 등장하는 모든 것 가운데 가장 모호한 개념"이다(Atkins and Hoggett 1984, 129). 도발은 매우 미심쩍은 세 가지 가정에 기초한다. 첫째, 합리적인 남자가, 자신의 감정을 통제하는 것이 아니라,

순종적이지 않은 행동―부정, 형편없는 집안일, 성관계 취소, 잔소리―에 도발되어 살인을 저지를 수 있다는 것이다. 이혼사건에서는 남편이 힘을 사용하여 아내를 순종하게 만든 것을 합법적으로 정당화하는 데 도발이 사용될 가능성이 거의 없다. 그러나 살인사건에서는 도발이 상당히 많이 사용된다. 남성이 여성의 불복종이나 혼인의 와해에 직면하여 폭력적으로 행동하는 것에 법률이 합법적 정당성을 제공한다. 재판의 초점은 피고에게서 피해자에게로 옮겨 간다. 만약 피해자가 공손하지 않거나, 충실하지 않거나, 관례를 따르지 않거나, 아내의 의무를 게을리했음을 성공적으로 주장할 경우, 대체로 도발 변론이 받아들여진다. 둘째, 여성들도 비슷하게 도발될 수 있다는 생각은 그들이 구타 또는 강간당했을 때조차 받아들여지지 않는다. 이것은 강간범과 아내를 구타하는 이들에게 '살인면허'를 주는 것과 다름없다. 셋째, 모의살인과 우발살인의 차이는 살인행위가 미리 고려된 것인지 아닌지에 달려 있음에도('살의' 또는 죽이려는 의도가 있다면 모의살인이다. 하지만 누군가 우연히, 과실로, 또는 도발되어 살인한 경우라면 우발살인이다), 뒤에서 보게 되겠지만, 실제로는 '자제력 상실'을 근거로 한 도발 변론이 살인이 미리 숙고되었다는 증거를 무효로 만드는 경우가 많다.

모의살인 평결이 나오면 판사는 선고에 아무런 재량권이 없다. 무기징역이 법에서 정한 의무 형량이다. 하지만 그와 대조적으로, 우발살인 평결이 나오면 판사는 폭넓은 재량권을 갖는다. 선고 가능한 범위가 최대 무기징역에서 완전 무혐의 방면까지다. 그러므로 도발은 모의살인을 우발살인으로 감형하는 근거로 기능한다. 그 결과에 따라 판사는 아내나 연인을 죽인 남자들이 법정에서 자유롭게 걸어 나가도록 허락해왔다. 이러한 경향이 최근에 심해졌다는 사실은, 모의살인으로 기소된 사건에서 무기징역이 선고된 경우가 1979년 169건에서 1984년 114건으로 줄었다는 사실에서 드러난다. 같은 기간 동안 살인사건은 546건에서 563건으로 증가했음에도 그랬다. 그러나 도발에 근거한 우발살인에 대해 얼마나 긴 형량이 주어졌는지는 정확히 알기 어렵다. 베드퍼드 대학 법률조사팀이 수집한 통계자료에 따르면 1957년에서 1968년까지 선고된 형량 분포는 다음과 같다. "방면 7건, 보호관찰 또는 불특정 구형 7건, 그리고 나머지 사건들의 절반은 3년에서 6년 사이의 징역형"이 구형되었다(Ashworth 1975, 76-79). 보다 최근에 나온 통계자료는 구할 수 없다. 그러나 다음에 제시된 사건들에서 드러나는 형량 패턴은 3년에서 6년의 범위 안에 있다(그 가운데 3분의 1은 근신을 통해 감형된다).

도발 변론

합법적으로 정당하다고 여겨지는 도발의 근거에는 분명 이중 기준이 적용되고 있다. 훨씬 진보적인 판사들조차 도발의 근거를 성차별적 방식으로 정의한다. 판사들이 도발을 설명하는 데 드는 가설적인 예가 있다. 포클랜드나 북아일랜드에서 작전을 펼치던 병사가 집에 돌아와 보니, 아내가 정부와 함께 침대에 있다. 아내의 간통 현장을 목격한 그는 '제정신이 아닌 상태에서' 아내를 죽인다. (한편 여자가 강간을 당해서 강간범을 죽이면, 이는 복수로 간주되며, 복수는 모의살인 유죄평결의 근거가 된다.) 아내의 부정을 주장하는 것이 도발 변론을 제시하는 데 관건이 된다.

뭄타즈 베이그와 패멀라 메긴슨

아내를 살해한 남자 뭄타즈 베이그Mumtaz Baig와 연인을 살해한 여자 패멀라 메긴슨Pamela Megginson. 올드 베일리에서 열린 두 사건의 심리를 비교해보면 남성 살인범 쪽에 훨씬 더 큰 의도성을 시사하는 사실증거가 있을 때조차, 법이 남성을 용서하고 여성을 비난하는 방식이 분명하게 드러난다. 1987년 9월 나는 뭄타즈 베이그 사건 재판에 참석했다. 그는 아내 로힐라Rohila를 목 졸라 살해한 혐의로 기소되었다. 아내의 목을 조를 때 그가 사용한 밧줄은, 그의 말에 따르면, 아내가 고무나무를 묶는 데 사용했던 것이라고 했다. 이 말은 검찰 측 증인으로 나온 로힐라의 언니에 의해 반박되었다. 그녀는 자신이 여동생의 집을 자주 방문했으며, 여동생은 그 고무나무를 묶는 데 뜨개질용 털실을 썼다고 증언했다.

두 사람은 1980년에 결혼했다. 베이그는 1982년 둘째아들이 태어나기 직전에 파키스탄으로 돌아갔다. 베이그의 설명에 따르면 처가 식구들과의 언쟁이 있은 후였다. 임신한 그의 아내는 남편에게 구타당한 뒤 친정 부모에게 돌아갔는데, 그는 아내를 때린 사실을 인정했지만 그것이 "심하지 않았다, 맹세하건대 나는 그녀에게 절대 폭력적이지 않았다"라고 설명했다. 그럼에도 그녀는 집을 자기 앞으로 명의 이전하고 법적으로 별거에 들어갔다. 1982년에서 1986년 사이에 그가 가족과 접촉한 것은 생일카드와 크리스마스카드를 보낸 것이 전부였다. 1986년 1월 그는 잉글랜드로 돌아왔다. 그리고 그해 후반쯤에는 아내가 이혼을 원한다는 것을 분명히 깨달았다. 그는 그해 12월 그녀를 죽였다. 그는 도발 변론을 선택했고, 그 근거로 아내가 이브라힘Ibrahim이라는 자신의 친구와 불륜을 저질렀다고 주장했다. 그는 그녀를 살해한 바로 그날, 그녀와 사랑을 나눈 뒤에 그녀가 왜 그토록 행복해 보이는지를 물었고 그러자 그녀가 이렇게 답했다고 말했다. "나는 이브라힘과 친구가 됐어. 당신도 잘하지만, 그는 정말 대단한 물건을 가졌어." 증인으로 소환된 이브라힘은 이러한 주장을 격렬하게 반박했다. 그는 베이그 부인과 성적 관계는 고사하고 단둘이 있어본 적도 없다고 주장했다. 어떤 여성이라도, 특히 신심 깊은 무슬림 여성이라면 그런 말을 할 법하지 않다는 사실은 제기되지 않았다. 또한 그러한 주장에 대해 그녀의 가족이 얼마나 끔찍한 반응을 보일지도 언급되지 않았다. 베이그는 영어가 매우 서툴렀다. 그래서 그가 쓴 진술문은 번역되었고, 법정에서는 그에게 통역사가 붙었다. 그러나 그는 아주 정확하지는 않지만, 대화체 영어의 관용표현들을 사용했다. 이를테면 그는 "나는 제정신이 아니었습니다I was not in my sense"라고 말했는데, 마치 그 자신이 하는 표현이 아닌 것처럼 들렸다. 다른 한편, 그는 자신의 증거를 제시할 때는 상당히 노골적으로 언명하기도 했다. "그녀가 아이들을 데려가길 원했기 때문에, 나는 그녀를 죽이기로 작정했습니다."

이 두 입장 사이의 모순은 고려되지 않았다. 피고 측 대리인은 사건개요를 설명하면서 물었다. "그가 온화한 남편이며 아버지라는 것 외에 다른 증거가 있습니까?" 그가 폭력을 저질렀고, 4년 동안이나 가족을 떠나 있었던 데다, 아내를 죽이기로 했다고 인정하기까지 했고, 가정 생계에 아무런 기여도 하지 않았지만, 그의 변호인은 그 증거가 모두 묵살되리라고 확신했으며 거기에는 그럴 만한 이유가 있었다. 검찰 측에서 의견을 개진했지만 미약했다. "여러분은 단지 한쪽 이야기만 들으신 겁니다. 로힐라 베이그가 무슨 말을 했을지는 아무도 모릅니다." 하지만 이것으로는 배심원이 도발을 근거로 모의살인에 대한 무죄평결을 내리는 것을 막을 수 없었다. 뭄타즈 베이그는 우발살인 혐의로 6년형을 받았다.

뭄타즈 베이그 사건을 패멀라 메긴슨의 사건과 비교해보자. 61세의 패멀라 메긴슨은 1983년 9월 79세인 연인을 죽였다. 메긴슨은 자수성가한 그 백만장자와 함께 13년을 살았지만, 그는 또 다른 연인을 구해서 메긴슨을 노숙자 신세로 만들려는 중이었다. 그녀의 말로는 그를 성적으로 흥분시키는 유일한 일은 그녀를 때리는 것뿐이었다. 그리고 사건이 일어난 밤에 그녀는 섹스를 원하지 않았으나 그의 마음을 돌리고자 섹스를 하는 데 동의했다. 그런데 그가 그녀를 때리자, 그녀는 자제력을 잃은 나머지 그의 머리를 샴페인 병으로 내리쳤다. 그것으로 그는 죽었다. 그녀는 도발을 근거로 모의살인에 대해 무죄를, 우발살인에 대해 유죄를 주장했다. 하지만 결국 모의살인에 대해 유죄판결을 받고 법률에 정한 의무 형량인 무기징역형에 처해졌다.

이 두 사건 모두에서 피해자는 가해자와의 관계를 끝내고자 계획하고 있었다. 다만 베이그 사건의 경우에는 관계가 사실상 5년 전에 끝나버린 상태이긴 했다. 그럼에도 베이그 사건의 배심원은 계속해서 자녀들을 데리고 따로 살아가겠다는 아내의 욕망이 남편을 도발했다는 관점을 취했다. 그가 주장하는 아내의 부정에 대한 보강증거가 제시되지 않았고, 침실에서 나누었다는 둘 사이의 대화는 터무니없었지만, 이런 점들은 전혀 문제시되지 않았다. 그가 결혼생활에 어떠한 기여도 하지 않았으며, 과거에도 폭력을 휘두른 적이 있고, 스스로 인정했듯이 아내를 죽이려고 작정했다는 것이 명백했으나, 배심원은 도발 변론을 거부하지 않았다. 그는 감형 조치를 받고 4년 만에 석방될 수 있었다. 자신을 방어할 수 없는 죄 없는 여인을 냉혹하게 죽인 모의살인에 대해서는 아무런 배상도 이루어지지 않았다.

메긴슨 사건에서는 살인이 미리 계획되지 않았고, 고의적이지 않았으며, 피해자가 주도하여 시작된 사도마조히즘 성행위 도중 우발적으로 발생했음이 증거를 통해 드러났다. 그럼에도 배심원은 그녀가 모의살인에 대해 유죄라고 평결했다. 실제 살인행위가 일어난 맥락이나, 집과 관계를 잃을 거라는 위협은 도발의 근거로 고려되지 않았다. 한 여자가 부정하다는 주장은 증거가 제시되지 않았음에도 도발의 근거로 받아들여지는 반면, 남자의 부정은 아무런 근거도 되지 않는다. 법의 표현 자체가 여자를 배제한다.

1957년에서 1962년 사이에 진행된 살인사건 재판들을 요약한 몇 안 되는 기록 가운데 하나에서, 범죄학자 테런스 모리스Terence Morris와 루이스 블롬 쿠퍼Louis Blom Cooper는 이렇게 결론 내리고 있다. "이 살인사건들로부터 한 가지 요소가 매우 분명하게 드러난다. 그것은 이성애관계는 혼인관계 안이든 밖이든 이례적으로 잠재적 폭력이 넘쳐나는 영역이라는 것이다"(Morris and Copper 1964, 322).

애정과 혐오의 밀접한 관계, 그 밀접한 관계에서 생겨나는 소유와 격정의 강렬한 감정들은 널리 받아들여진다. 그러나 그 소유욕이 폭력으로 이어지는 것은 거의 언제나 남성에게서 일어난다는 사실, 그리고 그러한 폭력이 일반 대중뿐 아니라 법과 그것을 집행하는 기관들에 의해서도 널리 용납된다는 사실은 잘 인정되지 않는다. 범죄학자들은 남성의 소유욕을 조사하려 하지 않고, 가정 내 남성 폭력의 수용성에 의문을 제기하지 않는다.

1986년 통계자료에 따르면, 피해자의 배우자가 주요 용의자로 지목된 살인사건들에서 109명의 아내가 피해자로 기록된 반면, 남편은 12명에 그쳤다. 여러 연구조사 결과에 따르면 페미사이드는 여성에 대한 남성 폭력이라는 빙산의 일각에 불과하다. 여성 폭력은 자주 일어나지 않으며, 일어난다 해도 대개 오랜 구타와 정신적 학대에 대한 대응이다.

도발 변론이 이루어진 사건들에 대한 검토

다음에 제시된 사건들은 모의살인 혐의에 대한 변론의 근거로 도발이 사용된 사례들이다. 이 사건들을 통해 법률이 살인을 용납할 정도로 남성의 소유욕을 부추기는 방식이 선명하게 드러난다. 이 모든 사건들에서 피고와 피해자의 관계가 긴장상태에 있었거나, 한쪽이 부정을 저질렀다는 주장이 제기되었다. 그러한 주장에 대한 보강증거는 필수적인 것으로 여겨지지 않았다.

1981년 윈체스터 형사법원은, 전년 9월에 아내 제인 애셔를 살해한 혐의로 기소된 고든 애셔를 방면했다. 그가 모범적인 남편이었던 반면, 아내는 '남편을 속인 바람둥이'였다는 것이 그 근거였다. 마스존스 판사는 우발살인 혐의에 대해 2년 징역형에 집행유예 6개월을 선고함으로써 애셔가 법정에서 자유로이 걸어 나가도록 허락했다. 1982년 6월 피터 우드는 도서관 사서 메리 브리스토를 살해한 혐의로 법정에 섰다. 그는 고기망치로 때리고, 베개로 질식시킨 뒤 목을 졸라 그녀를 살해했다. 먼 과거에 그는 메리의 연인이었으며, 한동안은 그녀의 집에 기숙했다. 몇 해 전에 브리스토는 우드와의 관계를 정리했다. 그러나 우드는 계속해서 그녀를 성가시게 했다. 그는 모의살인에 대해 무죄평결을 받고, 우발살인에 대해 6년형을 선고받았다. 그는 4년 뒤 석방되었다. 1985년 3월 피터 호그Peter Hogg는 1976년에 아내를 살해하고 시신을 레이크 디스트릭트에 유기한 혐의로 기소되었다. 그는 모의살인에 대해 무죄평결을 받고, 우발살인에 대해 3년형을 선고받았다. 판사 피곳Pigot은 "내가 선고할 수 있는 최소 형량"이라고 설명했다. 호그는 선고된 형량 중 15개월을 채우고 1986년 6월에 석방되었다. 1985년 10월에는 니컬러스 보이스Nicholas Boyce가 아내를 살해한 혐의로 재판을 받았다. 그는 욕조에서 시신을 절단했고 그 정체를 감추고자 요리한 다음 비닐봉투에 담아 런던의 몇몇 지역에 나누어 버렸다. 그는 모의살인에 대해 무죄평결을 받고, 우발살인에 대해 6년형을 받았다. 1989년 2월, 그는 가석방되었다. 그의 실제 복역기간은 3년이 조금 넘었을 뿐이다. 1987년 5월 36세의 레슬리 테일러Leslie Taylor가 에일스버리 형사법원에서 재판을 받았다. 그는 한 결혼식 피로연에서 아내가 다른 남자에게 키스하고 있던 것을 발견한 뒤 아내를 칼로 찔러 살해했다. 그는 도발을 근거로 모의살인에 대해 무죄평결을 받고, 우발살인에 대해 6년형을 선고받았다. 1989년 1월 스티븐 미들레인Stephen Midlane은 아내를 목 졸라 살해하고 시신을 난도질했다. 하지만 그는 법정에 설 필요조차 없었다. 도발에 근거한 우발살인 변론이 그대로 받아들여졌던 것이다.

재산이 관련된 다른 범죄의 재판 결과와 비교할 때 이 재판들에서 선고된 형량은 정말 보잘것없다. 이것은 분명 문제다. 법원은 여성과 아동에 대한 폭력을 심각하게 여기지 않는다. 이 사건들에서 법원이 받아들이는 정상참작 상황들은 남성이 여성에게 저지른 살인이나 심각한 폭행이 아닌 어떤 경우와도 유사하지 않다.

이 사건들을 더 자세히 들여다보면 이러한 차별이 충분히 선명하게 드러난다.

스티븐 미들레인

1989년 1월, 30세의 스티븐 미들레인은 23세의 아내 샌드라Sandra를 목 졸라 살해한 뒤 시신을 절단한 혐의로 기소되었다. 두 사람 사이에는 두 명의 자녀가 있었다. 경찰은 몇 주에 걸쳐 에식스주 쓰레기장을 뒤진 끝에 한쪽 다리를 제외하고 유해를 모두 찾을 수 있었다. 스티븐 미들레인은 모의살인 혐의로 기소조차 되지 않았다. 기소국은 아내 샌드라에 대한 우발살인 유죄 변론과, 각각 4세와 5세인 두 아들에 대한 살인미수 유죄 변론을 받아들였다. 닐 데니슨Neil Denison 판사는 그에게 5년형을 선고했다(최대 감형될 경우 3년형이다). 조정 과정에서 피고 측은 샌드라가 결혼생활에 충실하지 않았으며, 그녀의 부정을 둘러싼 말다툼 중에 그가 그녀를 공격했으나, 이때 그가 그녀의 목에 있는 미주신경을 친 것은 우연이었다고 주장했다. 우발살인 변론 때문에 피해자의 친구들과 가족들이 수사관들에게 제시한 비판적인 진술은 판사 앞에 제출되지 못했다. 이 진술들은 이미 두 사람의 성격 불일치로 인해 결혼생활이 붕괴됐음을 뚜렷하게 설명해주는 것이었다—미들레인이 폭력을 쓰는 일이 점점 많아졌고, 이 때문에 샌드라는 채어링 크로스 병원에서 골절 치료를 받아야 했다. 두 사람은 별거상태에 들어갔고, 샌드라는 이혼을 결심했으며, 스티븐은 더욱 심한 폭력으로 위협했다—결국 공격이 사전에 이미 충분히 숙고되었음을 드러내는, 피고 측에서 제시한 그림과는 매우 다른 그림이 그려진 셈이다. 샌드라의 절친한 친구였던 24세의 데비 제닝스Debby Jennings는 1989년 1월 20일자《인디펜던트Independent》에 실린 테리 커크비Terry Kirkby와의 인터뷰에서 이렇게 말했다. "나는 샌드라가 스티븐이 자신을 죽일 걸 알고 얼마나 무서워했는지 경찰에게 말했어요. 스티븐은 지난 몇 달 전부터 샌드라를 때리기 시작했어요. 그리고 밤늦게 아파트에 쳐들어와서는 거기서 지내겠다고 우기기 시작했죠. 샌드라가 말하길, 한번은 스티븐이 자기 목을 조르려 했고, 또 자기를 묶어놓은 적도 있다고 했어요. 스티븐은 샌드라를 죽이기 2주 전에도 심하게 때렸어요. 그래서 턱뼈까지 부러졌죠. 쓰레기장에서 찾은 유해에서도 다 확인된 사실이에요."

피터 호그

피터 호그 사건은 언론에 폭넓게 보도되었다. 이 사건이 크게 두

드러진 것은 그의 전쟁 영웅 이력 때문이기도 했고, 그의 아내가 실제로 난잡한 생활을 했다는 주장 때문이기도 했다. 1985년 3월 9일자 《타임스》는 그녀가 "문란하다는 평판은 십대 시절로 거슬러 올라갈 만큼 오래되었지만, 1963년 결혼을 함으로써 이러한 평판이 잦아드는 효과가 있었다. 그러나 그리 오래 지나지 않아서 그녀는 남편의 친구들에게 관심을 보이기 시작했다"고 보도했다. 하지만 남편의 친구들 쪽에서도 그녀에게 관심을 보이지는 않았던 것 같다. 항공기 조종사인 남편이 해외 비행을 떠나고 없을 때면, 그녀는 몇 시간 동안이나 전화를 붙들고 있어서 남편이 엄청난 요금을 지불해야 했다고 한다. 1976년 10월, 호그 부인은 정부인 은행원 그레이엄 라이언Graham Ryan과 함께 1주일간 휴가를 떠났다. 그녀는 1973년부터 그를 계속 만나고 있었다. 피터 호그의 말에 따르면, 그녀가 집에 돌아왔을 때 그는 "자제력을 잃어, 그녀의 목을 두 손으로 움켜잡고는 그녀가 더 이상 소리를 지르지 않을 때까지 힘껏 졸랐다".

밤중에 그는 시신을 바깥으로 끌고 나가서 자동차 트렁크에 실었다. 그리고 시신 유기를 위한 복잡한 계획을 실행에 옮겼다. 그는 아들이 다니는 고급 사립학교 교장에게 전화를 걸어, 차에 콘크리트 바를 싣고 학교로 가서 거기에서 밤을 보내겠노라고 말했다. 하지만 그는 작은 고무보트를 몰고 레이크 디스트릭트로 가서 시신을 버린 다음 톤턴의 학교로 돌아왔다. 그는 아내가 집을 나갔다는 이야기를 퍼뜨리는 한편, 경찰에 실종신고를 내고 법원에 이혼 서류를 접수했다. 이혼 청구는 1977년 10월에 승인되었다. 호그가 교도소에서 겨우 15개월 만에 석방된 것은 그의 아내가 부정을 저질렀다는 주장에 근거하여 정당화되었다. 호그는 출소하면서 이렇게 말했다. "나를 가둬둔다고 얻을 것은 하나도 없었다. 일어난 일은 일어난 것이다. 무엇도 시간을 되돌릴 수 없고, 내 아내를 되돌려놓을 수도 없다."

니컬러스 보이스

올드 베일리에서 열린 니컬러스 보이스 사건 재판에서는 도발과 의도치 않은 결과라는 주장에 따라 모의살인이 우발살인으로 경감되었다. 니컬러스 보이스가 그의 변호인이 말한 대로 "한 성인 남성의 자존감을 마지막 한 방울까지 빼내는, 멈추지 않는 형태의 모욕과 비하"를 겪었으며 "아내를 끔찍이 무서워하여 집 안에 몰래 들어가곤 했다"는 주장을 배심원이 받아들인 것으로 보인다. 변호인은 계속해서 보이스가 아내 크리스타벨Christabel이 정한 '규칙들'의 지배를 받았으며, 이 규칙들은 어떠한 성관계도 포함하지 않았다고 말했다. 보이스는 부부의 침대에 드는 것을 허락받지 못했으며, 이는 그의 아내가 침대에 있든 없든 마찬가지였다. 그는 집에서 목욕조차 할 수 없었다. 아내는 이렇게 늘 그를 학대한 것은 물론 계속해서 그에게 비난을 퍼부어댔다. 그러니 "보통 남자라면 감정을 주체하지 못했을 그런 상황에서 그 역시 결국 감정을 주체하지 못하게 되었다"(판사의 사건개요 설명)는 것이 그리 놀라운 일이겠는가?

이러한 주장들의 정당화 가능성을 무시하더라도, 이 설명에는 두 가지 중요한 가정이 전제되어 있음을 알 수 있다. ① 남자가 견딜 수 있는 '잔소리'에는 한계가 있다. 그리고 집을 나가거나 여자가 '잔소리'하는 이유를 경청하는 것보다, 여자를 살해하는 것이 지나친 잔소리에 대한 합리적인 반응이다. ② 보통의 남자가 아내의 불복종을 견디리라고 기대하는 것은 불가능하다. 특히 그것이 결혼관계의 철회와 관련 있다면 더욱 그러하다. 사실 크리스타벨은 만족스럽지 못한 결혼생활을 몇 년 동안 지속한 끝에 남편이 떠나기를 원했다. 지방법원 판사는 이를 적절하다고 여기지 않았다. 그는 판결문에서 다음과 같이 말했다.

나는 당신이 도발되었으며 자제력을 잃었다는 것, 그리고 합리적인 자제력을 지닌 남자라도 당신과 유사하게 도발되었을 것이며 당신이 한 행동을 했을 것이라는 것에 근거하여 당신을 다룰 것입니다. 당신은 아내를 살해했을 뿐 아니라 정신을 차린 뒤 그녀의 죽음이 발각되지 않도록 치밀한 조치를 취했습니다(이것이 정상참작 상황인가?). 당신은 그녀의 시신을 치우고, 할 수 있는 한 최선을 다해 아파트를 청소했습니다. 당신은 그녀를 토막 낸 뒤 그녀의 피부와 뼈를 삶았습니다. 당신은 그 조각들을 봉투에 담아서 이틀에 걸쳐 폐기했습니다. 이후 당신은 결국 스스로를 위해 자수했습니다.

판사는 결국 '합리적인 자제력을 지닌 남자라면 차분하게 자신의 아내를 토막 낼 것'이라는 의견을 개진한 것이었다. 사람들은 이 내용이 보이스가 정신질환을 앓고 있으며 따라서 그의 행위에 책임을 질 수 없다는 증거로 제시되리라 예상했을 것이다. 하지만 오히려 보이스가 제정신이었으며 그의 아내가 그를 도발한 것이라는 증거로 이용되었다. 피고 측 대리인 마이클 월카인드Michael Wolkind는 이렇게 말했다. "보이스는 잔소리하는 아내의 요구를 충족시키고자 청소 일을 했습니다." 사실 보이스는 37세가 되도록 일정한 직업을 가져본 적이 없었다. 그의 대학원생 보조금이 바닥났을 때는 아내 크리스타벨이 2년 동안 혼자 집안 생계를 책임지기도 했었다. 그녀는 베스널 그린 병원에서 정규직으로 일했을 뿐 아니라 두 자녀를 양육하는 데 주된 책임을 감당했다. 월카인드는 계속해서 이렇게 말했다. "그녀는 늘 그를 괴롭혔습니다. 그리고 무자비하게 계속 고통을 주었습니다. 결국 그는 폭발하고 말았고 전깃줄로 그녀의 목을 졸랐습니다. 그가 원했던 것, 그가 늘 원했던 것은 오직 평화와, 아이들과 함께 보내는 시간뿐이었습니다"(법원 기록).

이 사건에는 불편하고 충격적인 측면이 두 가지 더 있다. 첫째, 런던 지방판사 제임스 미스킨James Miskin 경이 말하는 어조가 그러하다. 보이스가 '정신을 차린 뒤' 시신을 치밀하게 처리하고 자수했다고 설명한 것은 보이스의 행위를 단죄하기보다 용인한 것이었다. 보이스의 행위를 단죄하지 않은 것은, 이후 브릭스턴에서 두 백인 여성을 강간한 흑인 십대 소년 집단을 재판하면서 미스킨이 한 말과 흥미로운 대조를 이룬다. 그는 피고들의 행위가 "여성에 대한 남성의 비인간성"을 드러냈다고 말했다(Benn 1986). 둘째, 재판 전체가 피해자의 추정된 성격을 위주로 돌아갔다. 이는 증명될 수 없는 온갖 종류의 주장들이 나올 수 있는 문을 열어주었다. 저널리스트 모린 클리브Maureen Cleave는 재판이 끝난 뒤 《런던 스탠더드London Standard》에 실린 기사를 통해, 크리스타벨이 두 자녀를 데리고 래버넘으로 이사했지만 크리스마스는 남편과 함께 보내기로 했었다고 보도했다. 그러나 크리스타벨은 이모에게 보낸 편지에 보이스가 자신을 죽이려 계획하고 있어서 무섭다고 쓴 터였다. 클리브는 크리스타벨의 가까운 두 친구가 올드베일리에 증거를 제출하겠다고 했으나 증인으로 소환되지 않았다고 전하면서, 이들의 이야기는 전혀 달랐다고 보도했다.

> 두 친구가 법정에 섰더라면 이야기했을 것이다. 그들은 크리스타벨에 대해 얼마나 걱정했는지 모른다. 그들은 크리스마스를 자신들과 함께 보내자고 그녀에게 간청했었다. 크리스타벨은 니컬러스가 방에 들어온 것 같으면 갑작스레 전화를 끊곤 했다. 그녀는 얼마나 겁에 질려 있었는지 모른다. 그녀는 몇 안 되는 자신의 소지품들을 안전하게 보관하려고 상자에 담아 그들에게 가져왔었는데, 시계부터 시작해서 그녀에게 특별한 물건들을 남편이 부수기 시작했기 때문이었다. 그는 형법에 관한 책들을 읽고 있었다. (Smith 1989, 5)

레슬리 테일러

36세의 레슬리 테일러는 아내가 한 결혼식 피로연에서 다른 남자에게 키스하고 있는 것을 발견한 뒤 아내를 칼로 찔러 사망에 이르게 한 혐의로 에일스버리 형사법원 재판정에 섰다. 그는 술을 마시며 그날 밤을 보낸 뒤, 아내가 가 있던 이슬링턴의 장모 집으로 찾아갔다. 그곳에서 열두 살 된 아들이 지켜보는 가운데 아내를 여덟 차례 찔렀다. 그는 아내가 16년 동안의 결혼생활 중 지난 2년 동안 자신에게 충실하지 않았다고 주장했다. 그가 말하길 "그녀가 내 가족 앞에서 한 행동 때문에 완전히 굴욕감을 느꼈고" "잠을 이루지 못했다". 그래서 아내에게 전화를 걸어 자신이 가겠다고 말한 뒤, 칼을 들고 그 집으로 향했다. 보통 이런 경우 살인 의도가 깔려 있었다고 여겨지지만, 이 사건에서는 도발을 근거로 우발살인 평결이 나왔고, 6년형이 선고되었다.

고든 리드

남편이 여전히 아내를 사랑한다고 주장하면서 아내에 대해 어떠한 부정적 진술도 하지 않는다면, 아내가 남편의 공격을 받고 죽지 않았다 하더라도, 남편은 훨씬 더 가혹하게 다루어질 가능성이 있다. 올드 베일리에서 열린 고든 리드Gordon Reid 사건의 재판을 살펴보자. 그는 1987년 7월 28일 자신의 동거인이자 자신의 세 자녀의 어머니인 아이린 메이 리드Irene May Reid에게 중상을 입혔다. 살인미수에 대해서는 무죄평결이, 신체적 상해에 대해서는 유죄평결이 나왔다. 그는 아내가 불륜을 저지르고 있다고 생각하고는 술에 취한 상태에서 칼 두 개를 가지고 그녀의 상복부를 찌른 뒤 자신도 찔렀다. 그녀는 그에게서 칼을 빼앗은 뒤 병원으로 옮겨졌고 2주간 입원 후 완전히 회복되었다. 그는 병원에서 사흘을 보냈다. 병원에서 그는 경찰에게 말했다. "그녀는 어떻습니까? 우리는 결혼한 지 20년 됐어요. 그런데 지난 석 달 동안 아내는 어떤 놈하고 그 짓을 해왔던 겁니다. 나는 아내와 내가 죽기를 바랐습니다"(법원 기록). 피고 측 대리인은 그가 여전히 아내를 사랑하고 있으며 아내와 함께 지내기를 원한다고 말했다. 그녀는 그가 떠나기를 바랐다. 그가 말했다. "나는 아내와 나 자신을 해치고자 했습니다. 내가 그 일이 일어나도록 했으니까요. 나는 아내를 여전히 사랑합니다. 나는 모든 것을 인정합니다."

저스티스 헨리Justice Henry 판사는 리드의 공격이 계획적인 것이 아니며 스트레스와 감정이 격앙된 상태에서 발생한 것임을 인정했다. 그리고 리드의 아내가 완전히 회복되었으며 그가 잘못을 뉘우치고 있다는 사실도 고려했다. 그런 뒤 판사는 말했다. "선고는 다른 이들이 같은 범죄를 저지르지 않도록 제지하려는 것입니다. 가능한 최소 형량은 5년 징역형입니다."

이 선고로부터 두 가지 물음이 제기된다. 첫째, 공격이 계획적인 것이 아니라면서 다른 이들이 같은 범죄를 저지르지 않도록 제지하고자 선고한다는 판사의 말은 모순적이지 않은가? 둘째, 리드가 아내를 가리켜 '남편을 속인 나쁜 년'이라고 했더라면, 그는 훨씬 덜 가혹한 처분을 받지 않았을까?

여성들도 도발 변론을 이용할 수 있을까?

도발이 피고 측 변론으로 이용되는 방식에서 분명해 보이는 사실은 그것이 남성을 위한 변론으로는 받아들여질 수 있지만 여성을 위해서는 거의 그렇지 못하다는 점이다. 도발에 근거한 변론의 성공은 다음 세 가지 증거에 달려 있다.

1. 갑작스럽고 일시적인 자제력 상실
2. 도발 행위에 즉각 이어진 행위

3. 도발과 보복 사이의 합리적 관계성

도발 변론이 받아들여지는 데 핵심이 되는 것은, 여성의 어떠한 불복종에 대해서도 남성이 폭력을 사용하여 대응하는 것이 받아들여진다는 사실이다. 그러나 남성에게 공격을 당한 여성이 반격을 가한 경우에는 도발 주장이 거의 받아들여지지 않는다. 도발에 근거한 정상참작 변론은 정당방위에 의한 정당화와는 법적으로 상당히 다르다. 도발은 피고가 자신의 목숨이 위험에 빠졌다고 하는 합리적인 믿음이나, 일반적으로 말해 그와 같은 어떤 종류의 믿음도 품고 있지 않은 상황에서 일어난 갑작스러운 자제력 상실에 기초한다. 공격을 당한 여성이 생명의 위협을 느낀 것으로 추정될 경우, 그녀는 도발이 아니라 정당방위만을 이용하여 변론할 수 있다. 그러나 이러한 변론 또한 변함없이 언제나 받아들여지는 것은 아니다. 벨 무니Bel Mooney는《타임스》에 기고한 〈여성에게 반격할 권리가 있나?Has the Woman the Right to Fight Back?〉라는 기사에서, 1981년 7월 17일 요크 형사법원에서 스탠리 프라이스Stanley Price 판사가 주재한 '알 대 매과이어R v. Maguire' 사건 재판에 대해 다음과 같이 보도했다.

문제의 그날 밤 피해자는 자신의 조랑말을 안전하게 묶어두고 마지막 버스를 놓친 뒤 집을 향해 걸어가기 시작했다. 24세의 피고는 집으로 차를 몰고 가다가 그녀가 혼자 차도를 따라 걸어가고 있는 것을 보았다. 그는 잠시 집에 들른 뒤 오던 길로 1.5킬로미터 이상 다시 달려와 그녀와 마주쳤고, 경찰인 척했다. 그는 그녀를 들판으로 끌고 가서 죽이겠다고 말했다. '피해자'는 분명 겁에 질렸지만, 건초 묶음을 풀 때 사용하던 작은 칼을 간신히 꺼내 "피고의 목에 찔러 넣었다". 배심원은 그가 그녀에게 살해 위협을 가한 데 대해 유죄라고 평결했다. 판사는 피고가 이미 충분히 처벌을 받았다고 느꼈으므로 12개월 집행유예를 선고하고 "이 젊은 숙녀가 이미 당신에게 상당한 처벌을 가했습니다"라고 말했다.

달리 말하자면, 판사는 무서운 공격을 가해서 ― 살인미수 ― 유죄평결을 받은 남자를 그 피해자가 스스로를 보호했다는 이유로 자유로이 풀어주었다. 1.5미터짜리 금속막대를 사용해 남편을 살해한 혐의로 유죄평결을 받은 이크발 베굼Iqbal Begum은 경찰에서 이렇게 말했다. "나는 내가 무슨 짓을 하고 있는지 알지 못했어요. 하지만 그이가 두 아이를 죽이려고 했어요. 그래서 내가 말했죠. '애들이 죽도록 내버려두지 않겠어.'" 통역사가 없었던 탓에, 그녀가 사실은 우르두어로 말한 '실수'를, 법정에서는 발음이 비슷한 '유죄'라고 잘못 알아들었다. 도발 변론은 거부되었고 그녀는 무기징역형을 선고받았다. 여성단체에서 항의하고 시위를 벌인 뒤에야, 그녀는 다시 재판을 받았고, 형량은 4년으로 감형되었으나, 정황으로 볼 때 여전히 수치스러울 만큼 과도한 형벌이다.

우리가 방청했던 두 건의 재판은 그나마 미래를 낙관할 수 있는 어떤 근거들을 제공한다.

재닛 클럭스톤

1987년 9월 재닛 클럭스톤Janet Clugstone 사건 재판은 "강간 피해자를 위한 희망의 불빛"(*Guardian*, 6 October 1987)으로 묘사되었다. 그녀는 자신을 강간한 스티븐 코폰Steven Cophen을 살해한 혐의에 대해 정당방위를 근거로 무죄평결을 받았다. 재판 심리는 진보적으로 알려진 (현재는 작고한) 존 하잔John Hazan 판사가 주재했다. 사건 내용은 다음과 같다.

1986년 10월 38세의 클럭스톤 부인은 디스코텍에 가는 길에 24세의 스티븐 코폰을 만났다. 그리고 그날 밤에 일어난 일은 전기가 끊긴 한 친구의 집에서 새벽 두시에 끝이 났다. 그녀는 자신이 강요에 의해 그 집에 들어갔고, 그가 그곳에서 자신을 강간했으며, 여러 차례 항문성교를 했다고 주장했다. 클럭스톤 부인은 후두암에 걸려 후두를 제거했기 때문에 소리를 지를 수 없었다. 그녀는 바닥에 펼쳐져 있던 접이식 칼을 발견하고 그것으로 코폰을 여러 차례 찔렀다. 이때 입은 부상으로 코폰은 사망했다. 그녀는 경찰에 자수했다. 그녀의 설명은 의학 및 법의학 증거와 한 여성 순경에 의해 뒷받침되었다. 이 순경은 이 사건에 대해 이제까지 보아온 사건들 중 최악의 성적 학대이자 수모라고 말했다. 재판 기록을 보면 피고가 남자인 다른 사건들과는 다른 중요한 사항들이 눈에 띈다.

첫째, 하잔 판사는 사건개요 설명에서 "관건은 이 자리에 나와 자신을 위해 말할 수 없는 남성의 성품을 더럽히지 않는 것"임을 강조하려 노력했다. 판사는 여러 주장에 대한 보강증거를 세심하게 문서로 기록하여 정리하고, 그러한 주장들이 증인, 이전 범죄 기록, 의학 및 법의학 증거에 의해 어떻게 뒷받침되는지를 보였다.

둘째, 재닛 클럭스톤이 정당방위를 행한 것인지 아니면 복수를 행한 것인지에 관한 문제는 반복된 강간이 생명을 위협할 만큼 공포스러운 경험인가 하는 물음보다, 공격 시점에 코폰이 음경을 그녀에게서 이미 빼낸 상태였는가 아니었는가에 따라 결정되었다. 다음은 하잔 판사가 배심원에게 전달한 지침에서 발췌한 것이다.

> 문제는 그가 음경을 뺀 뒤에 그녀가 그를 죽였는가, 아니면 그가 그녀를 강간하고 폭행하는 것을 멈추려고 합리적인 정당방위 차원에서 그를 죽였는가 하는 것입니다. 적법한 정당방위라면 피고는 무죄 방면되어야 합니다. 만약 그녀가 진실을 말하고 있지 않다면, 왜 그런 것일까요? 그녀는 그가 이미 물러난 뒤에 자신이 밝히기를 꺼리는 정황에서 강간에 대한 복수로 이 젊은 남성을 죽인 것일까요? 그렇다면 그것은 합법적 살인이 아닙니다. 그렇다면 그녀는 모의살인—사망이나 심각한 상해를 의도하고 저지른, 도발되지 않은 불법적 살인—에 대해 유죄평결을 받아야 합니다.

그녀의 동기를 평가하는 데 중요한 것은 오직 성기 삽입뿐이었다. 그녀가 생명에 위협을 느끼고 굴욕을 당하고 '제정신을 잃을' 상황까지 갔는지가 아니라, 다만 그녀가 그를 죽였을 때 그가 성기를 삽입하고 있었는지 아닌지만이 중요했다. 이 터무니없는 구분은 피해자가 경험하는 강간의 현실을 흐릿하게 지워버린다.

셋째, 재판의 많은 부분이 재닛 클럭스톤이 '정숙한 여인'이었는지를 평가하는 데 소모되었다. 강간의 세부사항에 대한 가장 첨예한 반대심문이 진행되던 중에 그녀에게 이런 질문이 던져졌다. "당신은 다른 서부 원주민과 섹스한 적이 있습니까?"*

강간사건 재판에서라면 이러한 질문은 허락되지 않았을 것이다. 피해자의 과거 성생활 이력에 관련된 질문들은 판사의 재량에 따라서만 제기될 수 있기 때문이다.** (1976년 성범죄[수정]법 2조 참조.) 검찰 측 대리인은 확실히 다음의 질문에 대해서도 이의를 제기했어야 한다. 피고 측 대리인은 재닛 클럭스톤에게 물었다. "당신은 당신이 살고 있는 공영주택단지에서 서부 원주민이나 다른 인종 사람들과 문제없이 잘 지냅니까?" 하잔 판사는 자신의 평결이 심각한 범죄의 피해자가 가해자를 죽여도 된다는 권리 헌장으로 여겨져서는 안 된다는 경고와 함께 재판을 마무리했다.

트레버 버고

폭력을 당한 여성들의 평판을 조사하는 일은 타당하지 못하며 이

---

* (옮긴이주) 가해자 스티븐 코폰이 서부 원주민 출신이었다.

** (저자주) 헤일브론 강간 법률자문단체The Heilbron Advisory Group on the Law on Rape는 여성의 성적 경험은 오직 판사의 재량에 따라 언급되어야 하며, 다음 사항을 충족해야 한다고 권고했다.

① 이 증거가 고소인이 행한 행동과 관련이 있으며, 주장되는 위법행위 직전이나 직후의 사건들에 즈음해서나 그것들과 관련하여 그녀가 했다고 주장되는 행동과 주목할 만큼 유사하다.

② 그 증거가 그것을 배제하면 피고인에게 부당할 정도로 재판의 이슈들과 관련성이 있다.

수산나 애들러Zsuzsanna Adler는 올드 베일리에서 심리가 진행된 81건의 강간사건을 연구했다. 소송이 진행된 50개 사건 가운데 5건은 더 이상 진행되지 못했고, 나머지 사건들 가운데 18건에서(40퍼센트) 여성의 이전 성경험 증거를 제시하기 위한 신청이 이루어졌으며 그중 75퍼센트가 받아들여졌다(Adler 1987). 주디스 롤런드Judith Roland(1985)는 미국 배심원들이 여성의 성적 이력에 부과하는 지나친 무게를 설명했다.

에 이의를 제기하는 것은 중요하다. 트레버 버고Trevor Virgo가 줄리아 월튼Julia Wolton을 공격해 유산시킨 사건에서 검찰 측 주요 증인으로 출석한 줄리아 월튼의 증언에서 이러한 사실이 확연하게 드러났다. 법정에 선 그녀는 버고가 자신에게 가한 끔찍한 공격을 자세하게 이야기한 뒤—그는 고속도로 근처 눈이 쌓인 곳에서 그녀의 옷을 강제로 벗겼다—다음과 같은 피고 측 변호인의 반대 심문을 받아야 했다.

> 변호인: 당신은 피고보다 훨씬 나이가 많습니다. 당신은 그보다 더 폭넓은 경험을 했겠지요?
>
> 줄리아: 네.
>
> 변호인: 그보다 더 폭넓은 성경험을 했겠지요?
>
> 줄리아: 사건과 관련이 있나요?
>
> 판사: 매우 좋은 질문입니다.
>
> 줄리아: 내 생각에 당신은 나를 전형화하려 하고 있습니다.
>
> 판사(변호인에게): 그녀의 이전 성경험이 이번 사건의 공격과 어떤 관련이 있습니까?
>
> 변호인: 저는 전체 그림을 그려보려 하고 있습니다.

줄리아 월튼의 말이 완벽하게 옳았다. 피고 측에선 그녀를 전형화하려 하고 있었다. 이것이 바로 남성 폭력을 당한 여성들의 신뢰도를 떨어뜨리는 데 가장 흔하게 사용되는 술책이다. 이러한 술책이 잉글랜드뿐 아니라 다른 곳에서도 흔히 쓰인다는 증거가 있다. 오스트레일리아에서 동거인 또는 남편을 죽인 여성들에 대한 조사가 이루어졌다. 단 3건을 제외하고 모든 경우에, 여성들은 과거에 그 남자들에게 폭행당한 적이 있었고, 심지어 20년 동안이나 구타당한 사례들도 있었다. 인터뷰에 응한 16명의 여성 가운데 13명이 남편 또는 동거인을 죽인 것은 그들의 신체적 폭력으로부터 스스로를 보호하기 위해서였다고 말했다. 법정에 제시된 이 여성들의 이미지는 남자의 폭력에 견딜 수 없을 만큼 도발당한 여성이 아니라, 냉혹하게 살인을 모의한 살인자였다. 다른 한편, 구타당한 여성들에 대한 연구조사에서는 구타당하는 관계에서 수년 동안 살아온 여성들은 남편을 죽이지 않으면 자신이 죽게 되리라는 합리적인 믿음에 도달하게 된다는 사실을 지적한다. 베이컨W. Bacon과 랜스다운R. Lansdowne은 다음과 같이 결론 내렸다.

> 피해자, 신경증 환자, 도발자로서의 여성들의 이미지, 그리고 섹슈얼리티와 가족이라는 제도들을 둘러싼 사생활의 이데올로기가 이 여성들이 겪는 지배와 폭력을 영속화하는 역할을 한다. 똑같은 이데올로기와 신화가 형사재판 체계에 만연해 있으며, 그들을 재판하고 그들에게 선고를 내리는 법정 절차에서 살인사건의 실제 정황이 드러나지 못하도록 막았다. (Bacon and Lansdowne 1982, 97)

결론

이 연구는 '도발'이 변론 근거로 사용되는 방식에 관한 것이었다. 법정에서는 남편을 살해한 아내를, 아내나 자녀를 살해한 남편과는 매우 다른 방식으로 다루었다. 남편이 불복종을 이유로 아내를(또는 자녀까지) 살해하는 것은 거의 허용 가능하며, 정의상 '합리적'인 것이다. 마찬가지로, 공격을 당한 후 강간범을 살해한 여성보다 아내의 정부를 살해한 남성이 더 쉽게 변호된다.

여성과 남성의 행위는 법률상 서로 다른 범주의 기대와 기준을 적용받는다. 남성이 도발되었다고 주장하는 대부분의 사건들에서 보았듯이, 재판의 고려 대상이 되는 것은 피고의 성품이 아니라 피해자(여성인 경우)의 성품이다. 반면 피해자가 남성일 때는 그의 성적 부정不貞에 관한 주장이 심각하게 다루어지 않는다. 그리고 그러한 주장이 제기되는지조차 의심스럽다. 클럭스톤 사건에서 보았듯이 남성 피해자의 성품에는 관심이 쏠리지 않는다. 피해자가 여성인, 훨씬 더 전형적인 사건들에서는 여성의 평판, 특히 성에 관련된 평판이 피고의 유죄 여부를 가리는 데 매우 중요하다고 간주된다.* 만약 여성이 부정하다는 주장이 제기되면, 그에 대한 증명은 차치하고, 도발을 근거로 한 변론이 보통 허락된다. 보이스의 재판을 지켜보던 한 친구가 말했듯이 "닉이 아니라 크리스타벨이 재판을 받고 있었다". 피해자가 법정에 나와 자신의 이야기를 할 수 없기 때문에, 피고의 이야기에는 이의가 제기될 수 없다.

이론적으로 검찰 측에서도 증인을 불러 피고 측 변론을 반박할 수 있다. 그러나 실제로 이런 일은 거의 이루어지지 않는다. 이는 부분적으로, 검찰의 역할이 불편부당해야 한다는 전제와 검찰

---

* (저자주) 몇몇 페미니스트 범죄학자들이 여성의 평판이 재판의 결과에 미치는 중요성을 지적한 바 있다(*Respectable Women and the Law; Sociological Quaterly* 23 Spring 1982, 221-34).

의 역할이 피해자 변호에 관련되어서는 안 된다는 전제 때문이다. 보이스 재판에서 경찰과 검찰 모두 도발에 근거한 변론이 제출되었을 때 깜짝 놀란 듯 보였다. 경찰이나 검찰 모두 증거를 통해 범죄가 계획된 것임이 드러났다고 생각했다. 또 다른 요인은 아마도 검찰이 결혼관계의 이력을 파내기를 꺼린다는 데 있을 것이다.

이제는 검찰이 피해자에게 더 신경 쓰고, 증인에게 증거를 요청해야 할 때다. 미국, 캐나다, 오스트레일리아에서는 살해된 피해자에 관한 부정적 주장이 제기될 때는 반박증거 역시 제출되어야 한다고 주장하고 있다. 모의살인과 우발살인의 구분은 살인행위가 계획적인 것인지 아닌지에 따라 이루어진다. '살의', 즉 죽이려는 의도가 있었으면 모의살인이다. 만약 누군가 우연히, 과실로, 또는 도발되어 죽인 경우라면 우발살인이다. 하지만 앞에서 언급한 수많은 사건들에서 보았듯이, 살인이 계획되었고 그러므로 의도적이었다는 명백한 증거가 있음에도, 실제로는 여성 피해자에 대한 부정적 주장은 수용되는데, 사전 의도에 대한 증거는 무시된다. 베이그 사건과 보이스 사건 모두 사전 의도에 대한 증거가 있었다. 그러나 여성들이 살인을 저지른 사건들에서는 사전 의도에 대한 어떠한 증거라도 있을 경우 정당방위 주장이 불가능해진다.

용인되는 남성 폭력

사례연구는 우리가 경험적 현실을 자세히 조사해볼 수 있게 해준다. 그로써 우리는 법원이 남자와 여자에게 각각 특정한 역할들이 있다고 판단하고, 이를 근거로 활용하여 범죄가 '합리적'인지 결정한다는 것을 볼 수 있다. 도발 변론은 피고인이 사회적 세계와 맺은 관계를 반영한다. 메리 이튼Mary Eaton은 이렇게 기술한다. "이 관계가 받아들일 만한 패턴을 따른다면, 그것은 피고인이 실제로 범죄자가 아니라는 것을 보여주는 증거로 사용될 것이다. 문제의 사회적 정체성이 기본적으로 순응적이기 때문이다. 범죄행동은 일시적인 일탈로 제시될 것이다"(Mary Eaton 1983, 389). 반대로, 피해자의 행실이 관습적이지 않다고 여겨지면, 이것은 도발의 근거로 제시된다. 그리고 피고인은 참을 수 없는 압력에 반응한 것으로 제시된다. 피해자는 폭력을 행하도록 남자를 몰아붙인 진짜 장본인으로 제시된다. 남성과 여성이 가족 내에서 행하는 역할의 본성에 관한 성차별적 개념과, 남성의 권위에 불복종한다고 여겨지는 행동에 대한 반응으로서 남성 폭력을 수용할 수 있다는 생각이 폭력을 합법화한다. 말로는 여성을 폭력으로부터 보호한다고 하지만 말이다. 문제는 판사들의 개인적 행동이 아니라, 친밀한 관계에서 폭력적으로 행동할 수 있는 권한과 자격을 남성에게 부여하는 체제에 있다.* 이렇게 남성 폭력을 용인하는 데는 세 가지 방식이 있다.

첫째, 판사들은 남성 폭행범에게 동정심을 느끼는 경우가 많다. 예를 들어, 피클스Pickles 판사는 1989년 TV 인터뷰에서 모든

---

* (저자주) 남자들이 지배하는 법원체계에서(1986년 현재 살인사건 재판을 담당할 권한을 부여받은 순회재판 판사 339명 중 여성은 10명밖에 없다. 그리고 고등법원 판사 77명 중 3명만이 여성이다), 법률의 정의는 '합리적인' 남자라면 할 것 같은 행위에 기초하며, 성차별적 편견과 선입견이 만연해 있다.

남자들 안에 "지킬과 하이드"가 있다고 언급했다. 그는 때로 "한 남자를 감옥에 집어넣어야 했던 것"을 후회한다고 했지만, 모순적이게도 자신이 기본적으로 "친親여성적"이라고 주장했다.

아내가 외도했다거나, 이혼을 생각하고 있었다거나, 혹은 아내의 의무를 소홀히 했다거나 하는 경우가 아닐 때조차 판사들은 남성 살인범에게 동정심을 느낀다. 한 남자가 아내를 죽이고 21년이 지난 뒤에야 발각된 사건이 있었다. 그가 발각된 것은 두 번째 아내에게 자신이 '완벽한' 범죄를 저지른 적이 있다고 떠벌렸기 때문이었다. 그는 첫 번째 아내를 무거운 연장으로 두 번 가격한 다음 아래층으로 끌고 내려갔다. 그가 다른 여자와 열정적인 관계를 가지고 있는 것을 두고 두 사람 사이에 격렬한 말다툼이 일어난 직후였고, 결국 그 여자는 그의 두 번째 아내가 되었다. 이고르Igor 판사는 사건개요 설명에서 이렇게 말했다. "그는 이 세상과 사랑하는 아들들에게 발각될지도 모른다는 끔찍한 위협을 안고 살아왔습니다. 어떤 의미에서 그는 자신의 두려움에 사로잡힌 채 마음속에서 무기징역형을 살아온 셈입니다."

피고 측 대리인은 피고인이 충분히 고통을 겪었으며, 그러므로 다시 처벌을 받는 것이 마땅하지 않다는 생각에 배심원이 동조할 것이라고 추측한 것이 틀림없다. 그가 두 번째 아내와 결혼하고자 첫 번째 아내를 냉혹하게 살해했다는 사실은 충분히 중요하게 고려되지 않았고, 그래서 관대한 처분을 구하는 변론을 막을 수 없었다. 여성이 다른 사람과 결혼하고자 남편을 살해한 사건이라면 이러한 변론이 제시된다는 것은 상상도 할 수 없다. 이 사건에서 피고인은 모의살인에 대해 무죄판결을, 우발살인에 대해 유죄판결을 받고 단 6년형을 선고받았다.

지난 몇 년 동안, 자신에게 끊임없이 폭력을 휘두른 남성들을 살해한 여성들이 누적된 도발이라는 변론을 성공적으로 개진했다—물론 여성이 복수를 실행한 것으로 여겨질 경우에는 도발 변론이 받아들여지지 않긴 했다. 이러한 사건들 중 다수에서 정당방위가 더욱 타당한 변론으로 보일 것이다. 정당방위 변론이 성공할 경우 우발살인에 대한 유죄평결이 아니라 무죄평결이 나오기 때문이다. 하지만 여성이 남편을 살해하는 것을 정당화할 수 있다는 이유로 그러한 변론은 받아들여지지 않는다.

폭력이 용인되는 부차적인 방식은, 여성이 좌절감에 대한 반응으로서 분노할 경우 이것을 받아들일 수 있는 반응으로 보지 않는 것이다. 법률에서는 합리적인 여성이 월경전증후군(PMS)에 시달리며 '호르몬의 재량에 맡겨진' 경우 외에는, '제정신을 잃고'도 여전히 '합리적'인 여성으로 남아 있을 수 있다고 보는 것 같지 않다. 이것 역시 여성들에게서 보이는 비非순응성이 이성적인 선택이기보다 생물학적 불균형 때문이라는 생각에 부합한다.

월경전증후군: 세 가지 경우

여성 범죄자들을 난소의 지배를 받는 신경증 환자라거나, 캐서린 돌턴Katherine Dalton이 표현한 대로 "격렬한 호르몬의 재량에 맡겨진" 존재로 보는 생각과 동일한 선상에서, 살인 혐의로 기소된 여성들이 가장 손쉽게 사용해온 정상참작 사유는 산후우울증과 월경전증후군을 언급하는 것이다(Dalton 1971). 이는 여성의 순응적 행동을 건강한 것으로, 비순응적 행동을 아프거나 미친 것으로 다루는 경향을 전형적으로 보여준다. 일례로 1981년의 크리스티나 잉글리시Kristina English 사건을 보자. 그녀는 정부가 다른 여자와 데이트를 하겠다고 말하는 것을 듣고 자신의 차로 그를 들이받아서 살해했다. 그녀는 그가 자신에게 V사인을 보냈을 때 뭔가가 갑자기 폭발했다고 주장했다. 의학 및 정신의학의 증거는 그녀가 월경전증후군을 앓고 있었다고 진단했다. 월경전증후군 진단의 근거는 다음과 같았다. 그녀는 임신한 후 산후우울증을 앓았고, 불임수술을 받았다. 그리고 사건이 일어나기 전 몇 시간 동안 그녀는 아무것도 먹지 않은 상태였는데, 월경전증후군을 앓는 사람이 음식을 먹지 못한 경우 저혈당증이 생기며, 저혈당증은 공격행동 성향을 야기한다고 주장되었다. 그녀는 한정책임능력 변론을 결정했고 이것이 받아들여졌다. 그리고 1년간 운전금지와 1년간 조건부 방면이 선고되었다(Luckhaus 1986). 바버라 아미엘Barbara Amiel은 《타임스》에서 주장했다. "법원이 그녀에게 형량을 감해준 것은 그녀의 남자친구가 비열한 인간이어서가 아니었다… 그녀가 조건부 방면된 것은 월경전증후군이 한정책임능력을 유발했음을 법정에서 설득시킨 덕분이었다. 범행 당일 좀더 이른 시간에 이미 그녀는 남자친구를 차로 치겠다고 위협했었고, 이것은 살인이 계획적이었다는 증거로 채택될 수 있었음에도 말이다."

보다 최근인 1987년 3월에는 31세의 린다 휼렛Linda Hewlett이 살인미수로 유죄평결을 받고도 올드 베일리 법원을 자유로이 걸어 나오는 일이 있었다. 그녀는 잠시 헤어졌던 연인과 화해한 뒤

잠들어 있는 그를 칼로 찔렀지만, 판사는 그녀에게 보호관찰 3년을 선고했다. 레너드Leonard 판사는 선고 이유로 휼렛이 쌍둥이를 출산한 후 우울증을 앓았고, 자신의 산부인과 관련 합병증에 연인이 별 관심을 보이지 않는 데 화가 났었다는 점을 들었다. "나는 그이가 '당신 청소기 돌렸어? 먼지는 털었나?'라고 말하는 꼴을 하루도 더 볼 수가 없었어요." 판사는 휼렛이 산후우울증을 앓고 있었고 이것이 월경전증후군에 의해 더 심해졌다는 주장을 받아들였다.

세 번째 사건은 1988년 19세의 앤 레이놀즈Anne Reynolds가 61세의 어머니를 망치로 살해한 사건이다. 그녀는 모의살인에 대해 유죄평결을 받고 노샘프턴 형사법원 관할 소년원 감금형을 선고받았다. 그녀는 월경전증후군과 산후우울증으로 책임 감각이 손상되었다는 이유를 들어 항소했고 그것이 받아들여졌다. 고등판사 스토커Stocker, 판사 프렌치French, 판사 매키넌McKinnon은 한정책임능력에 따른 우발살인 평결로 대체하고, 정신과 치료를 받는다는 조건으로 그녀에게 보호관찰 2년을 선고했다.

그러므로 여성은 한정책임능력에 해당하거나—이 경우 여성은 보통 정신병원에 무기한 감금된다—월경전증후군을 앓고 있거나, 아니면 복수를 실행했으므로 모의살인에 대해 유죄라고 여겨진다. 이것의 함의는, 여자는 남자와 달리 '도발되어' 폭력을 휘두르고도 합리적인 인간으로 남아 있을 수 없다는 것이다. 하지만 남자들은 자신이 '제정신을 잃고' 행동했지만 곧 제정신이 들었다고 강하게 주장함으로써 도발 변론을 한다. 분명 도발 변론은 기반 전체가 전적으로 비논리적이며, 그러므로 폐지되어야 한다.

따라서 이러한 용인은 폭력 피해자의 곤경에 대한 이해 부족에도 반영되어 있다. 보크낵E. Bochnak은 가정 내에서 남성의 폭력에 시달린 여성들을 연구하면서, 그러한 공격의 위협 속에서 사는 것이 어떤지 판사들이 이해하지 못하는 경우가 많다는 걸 알게 되었다. 어떤 판사는 이렇게 말했다. "당신의 집안 문제들을 고려해볼 때, 나는 그 문제들이 존재한다는 것을 알게 되었지만, 그것들이 모두 받아들여질 수 없다는 것도 알게 되었습니다. 법에는 해결책이 없지 않으며, 당신에 대한 해결책도 없지 않습니다. 친구들이 있고, 친척들이 있고, 공동체와 교회가 있고, 조언을 구할 다른 방법들이 있습니다. 경찰이 있고, 치안판사가 있고, 변호사가 있습니다. 공동체에는 보호수단이 있습니다"(Bochnak 1981. 강조는 원저자).

도발 개념은 살인이 피해자에 의해 유발된다는 생각을 구현한다. 이것은 사실상 피해자가 자신의 죽음에 책임이 있다는 것이다. 검찰이 법원에서 사용하는 주장들은 강력한 젠더 편견을 반영한다. 이런 편견은 여성을 차별할 뿐 아니라, 사악하고 폭력적인 살인범들이 가벼운 처벌을 받도록 허용한다.

사법부가 적절하게 여성을 보호하길 꺼리는 것은 결혼생활에서 남성의 폭력을 일반적으로 용인하는 관행의 일부를 이룬다. 1962년으로 거슬러 올라가면, 한 판사는 감형 사유로 도발을 너무 자주 이용하는 것이 아내들에게 위험하다고 말했다. 케네스 버렐Kenneth Burrell은 정부와 함께 침대에 있던 아내를 살해하고는, 아내의 도발을 근거로 모의살인에 대해 무죄평결을, 우발살인에 대해 유죄평결을 받았다. 당시 에식스 애시즈의 판사 더시거Thesiger는 선고하면서 이렇게 말했다. "피고인은 의심할 바 없이 매우 심한 도발을 당했습니다. 그러나 다른 한편으로 상당수 이혼에서 보듯 이런 종류의 상황은 그토록 극적인 형태를 띠지는 않더라도 곧잘 발생합니다. 그러므로 남편이 집에 없는 동안 부정을 저지르는 모든 사람들이 이와 같은 폭력적 공격을 겪게 된다면 그것은 끔찍한 일이 될 것입니다."

범죄학자들 또한 법관들보다 나을 것이 없다. 살인사건에 관한 주요 교과서인, 테런스 모리스와 루이스 블룸 쿠퍼의《살인 달력 *A Calendar of Murder*》은 성차별적 태도를 반영하고 있다. 예를 들면 전체를 요약하는 장에 다음과 같은 글이 실려 있다.

> 단지 조심성이 없다거나, 분별이 없다거나, 욕심이나 허영이 많아서 죽는 사람은 거의 없다고 주장할 수 있을 것이다. 그리고 사람이 자신의 잘못으로 소유물을 잃었다고 말하는 것이 상대적으로 쉽지, 자신의 잘못으로 목숨을 잃었다고 말하기는 훨씬 어렵다. 살인사건의 피해자들에게 있다고 생각되는 가장 영속적인 자질들 가운데 하나는 무고함이다. 이것이 잘못된 대상에 베풀어진 너그러움이라는 것은, 이 책에 인쇄된 살인사건에 관한 개략적인 설명들만 대강 읽어봐도 드러난다. 어떤 피해자들의 말이나 행동을 통한 도발이나, 분명 자신의 죽음을 유발하는 끊이지 않는 잔소리를 통해 살해당할 만했기 때문이다. (Morris and Cooper 1964, 322)

이 범죄학자들에 따르면 잔소리는 살인을 불러오는 상당히 합리적인 도발 근거다. 다시 말하자면, 여성들은 남성의 폭력에 대해 오직 스스로를 비난해야 한다. 그다음 페이지에서 암시하는 것처럼 매춘부들은 물론 어린 소녀들조차 '그것을 청하고' 있다. "살인사건의 피해자가 된 매춘부에게 대중이 거의 동정을 느끼지 않는 것은 이해할 만하지만, 성적 살인의 다른 피해자들에게는, 특히 그들이 어릴 경우에는 그렇지 않다… 어린 소녀들을 성인 매춘부들과 직접 같은 등급으로 분류할 수는 없지만, 그들 모두가 성적 호기심이 부족한 것은 절대 아니다… 그들은 언제나 변함없이 하나의 충동을 흐릿하게 인지하지만, 그 충동은 그들이 범죄의 피해자가 될지도 모르는 상황으로 그들을 끌고 갈 수도 있다"(Morris and Cooper 1964, 322).

프랑스에서는 페미니스트들의 반대에 따라 1977년 격정범죄 crime passionnel*를 폐지했다. 이것이 폐지되기 전에는, 피고인이 배우자의 간통 사실을 증명할 수 있는 한 우발살인에 대해서만 유죄평결을 받기에 유리했다. 영국에서는 여전히 간통 사실을 입증할 필요조차 없어 보인다. 단순한 주장만으로도 충분하다. 사법부가 하고 있는 차별적인 일들을 모두 폭로하고 저항해야 할 때다.

---

* (옮긴이주) 보통 치정관계가 관련된 범죄, 혹은 성범죄를 나타내는 단어.

페이 스텐더와 살인의 정치학

다이애나 E. H. 러셀

> 그녀는 완전히 소진되기 전에 [교도소 개혁운동에서] 빠져나왔다. 암살자가 되려는 이의 마음에는 이것이 밤중에 자기 집에서 광적으로 잔혹하게 처벌받아 마땅한 죄가 되었다. 이런 생각을 받아들이기란 쉽지 않다.
>
> _오스틴 스콧Austin Scott,
> 《로스앤젤레스 타임스Los Angeles Times》, 1979년 6월 5일

나는 잘 알려진 캘리포니아 변호사 페이 스텐더의 죽음에 대해 글을 썼다. 그녀의 죽음에 깊이 영향을 받아서였다. 그건 부분적으로는 내가 그녀를 알았기 때문이었다. 그리고 그녀의 연인은—그녀가 총을 맞았을 때 그 자리에 있었던—나의 가까운 친구이기도 하다. 더욱이 스텐더는 내가 사는 동네에 살았다. 그리고 나는 그녀가 총을 맞기 24시간 전에 그녀의 집을 방문했다. 페미니스트이자 전 좌파운동가로서 나는 그녀에게 동질감을 느꼈

다. 그래서 정치적인 이유들로 그녀를 죽이려 한 그 시도가 특별히 무시무시하게 느껴졌다.

　이것은 이 책에 실린 여러 사건들 가운데 하나, 즉 한 남자가 한 여자를 살해하려 시도했으나 실패한 사건이다. 강간 연구자들이 강간미수 사례도 연구하는 것과 같은 이유에서, 시도에 그친 페미사이드 또한 이 책에 부합하는 주제가 된다. 우선 나는 스텐더가 당한 공격을 기술할 것이다. 그런 다음 왜 그녀의 이야기가 페미사이드에 관한 글을 모은 이 책에 포함되었는지를 설명할 것이다. 마지막으로 왜 내가 이 사건을 페미사이드 미수 사건으로 보는지 ─ 왜 그녀를 암살하려 한 시도에 여성혐오가 관련되어 있었다고 믿는지 ─ 설명할 것이다.

공격

1979년 5월 마지막 월요일, 메모리얼 데이의 이른 아침에, 페이 스텐더는 버클리에 있는 자신의 집에서 직사거리에서 쏜 총에 여섯 발을 맞았다. 나중에 밝혀진바 총을 쏜 남자는 27세의 전과자 에드워드 브룩스Edward Brooks였다. 페이의 머리에 맞은 38구경 총알 하나가 간신히 두뇌를 비껴갔다. 다른 총알 세 개는 그녀의 배와 가슴에 박혀 척수와 오른쪽 폐를 망가뜨렸다. 나머지 총알 두 개는 팔의 뼈를 부러뜨렸고 신경에도 손상을 입혔다. 브룩스는 스텐더의 집에서 달아났고 그녀를 "죽게끔 내버려두었다"(Williamson 1980). 당시 스텐더는 47세였고, 페미니스트였으며, 두 자녀 닐Neal과 오리앤Oriane의 엄마였다. 변호사인 남편 마빈Marvin과는 최근에 별거에 들어간 터였다.

그다음 며칠 동안 스텐더는 버클리 병원의 중환자 명부에 올라 있었고, 2, 3주 정도 집중치료실에 입원해 있었다. 퇴원하게 되었을 때, 그녀는 영구적으로 하반신이 마비된 상태였다. 그때 이후 스텐더는 신체적으로나 심리적으로나 늘 고통 속에 지냈다. 그녀는 브룩스를 "다른 사람들에 의해 방아쇠가 당겨진 총"(Collier and Horowitz 1981, 145)이라고 여겼다. 그래서 그녀는 늘 이 다른 사람들 중 하나가 다시 돌아와 브룩스가 그녀─한 유대인─에게 시도했다가 망쳐버린 그 '최종해결책final solution'*을 완수하려 하지 않을까 하는 두려움에 시달렸다.

깊은 환멸과 끊임없는 신체적 고통을 견딜 수 없던 스텐더는 결국 그녀의 삶을 종결시키려던 브룩스의 시도를 스스로 완수했다. "'나는 다만 이 [브룩스의] 재판을 위해 살고 있다'고 그녀는 친구들에게 말했다. '나는 그가 교도소에 갇히는 걸 보고 싶다'" (Collier and Horowitz 1981). 브룩스가 살인미수 혐의로 17년형을 받고 주 교도소에 수감되고 나서 3개월이 지난 1980년 5월 28일, 슬퍼하는 가족들, 친구들, 지인들이 스텐더의 장례식을 가득 채웠다. 브룩스가 그녀의 집으로 들어와 그녀에게 총을 쏜 그날로부터 1년이 되는 날이었다.

스텐더는 홍콩에서 약물 과다복용으로 사망했다. 그녀는 또 다른 암살 시도를 당할지 모른다는 두려움을 억누르고자 그곳에 갔다. 그러나 공포가 잦아들자, 슬픔과 환멸과 분노가 전면에 떠올

---

* (옮긴이주) 독일 나치정부가 유대인을 완전히 말살하려 했던 정책을 일컫는다.

랐다. 그녀는 애를 써보았지만, 이러한 감정들을 지울 수 없었고 그에 수반되는 깊은 절망을 없애지 못했다. 그녀는 스스로를 유배시키고자 버클리 집의 지구 반대편에 있는 그곳을 택했다. 그리고 두 달도 채 되지 않아 그곳에서 스스로 목숨을 끊었다.

에드워드 브룩스는 한 여자를 이용해 스텐더의 집에 들어갈 수 있었다. 스무 살이었던 스텐더의 아들 닐은 그 여자가 곤경에 처했다고 생각해서 현관문을 열어주었다고 한다. 그때 총으로 무장한 브룩스가 걸어 들어와 스텐더와의 대화를 요구했다.*

"우리를 해치지 말아요." 닐이 애원했다.

"빨리 움직여." 브룩스는 강요했다. "안 그러면 망할 대가리를 날려버리겠어."

닐은 브룩스를 데리고 위층 침실로 갔다. 그가 문을 두드리자 어머니가 졸린 듯 대답했다.

"여기 총을 든 남자가 엄마랑 이야기하길 원해요." 닐은 경고를 주었다. 침대에 있는 두 여자를 보고 브룩스는 스텐더를 향해 이름을 밝히라고 요구했다. 그런 다음 책상에 가서 앉으라고 명령했다.

"누군가를 배신한 적이 있지?" 브룩스가 스텐더에게 물었다. 그녀는 그런 적이 없다고 답했다.

"조지 잭슨George Jackson을 배신했다고 생각하지 않아?" 다시 한 번, 스텐더는 그런 적이 없다고 답했다. 그러자 브룩스는 그녀에

---

* (저자주) 이어지는 내용은 다음 자료에 상당부분 의지하고 있다. Peter Collier and David Horowitz, "Requiem for a Radical." *New West*, March 1981.

게 다음과 같은 문장을 쓰라고 명령했다.

"나, 페이 스텐더는, 그들이 나를 가장 필요로 할 때 조지 잭슨과 교도소운동을 배신했음을 인정합니다."

조지 잭슨은 탈옥을 시도하던 중 사살되었다. 당시 그는 카리스마 넘치는 정치적 급진주의자였으며, 엄청난 호평을 받았던 베스트셀러《솔레다드 브라더*Soledad Brother*》(1970)*의 저자이기도 했다. 잭슨은 이 책에서 자신의 수감 경험과 혁명 정치학에 대해 열정적이고 유려하게 이야기했다(Williamson 1979). 그는 또한 변호사 스텐더의 오랜 의뢰인이기도 했다.

이렇게 강요된 자백을 일단 쓰기 시작했으나, 스텐더는 항의했다. "이건 사실이 아니에요. 내가 지금 이걸 쓰고 있는 건 다만 당신이 내 머리에 총을 겨누고 있기 때문이에요." 하지만 브룩스가 그녀를 향해 위협적으로 총부리를 흔들자 그녀는 '자백문'을 완성했다.

브룩스는 그 글을 주머니에 넣고선 돈을 요구했다. 닐과 '존 모리스Joan Morris' — 스텐더의 침실에서 브룩스에게 잡힌 또 다른 여성의 가명 — 가 지니고 있던 몇 달러를 그에게 주었다. 스텐더는 자신의 돈이 아래층 부엌에 있다고 말했다. 브룩스는 닐에게 모리스의 두 손을 묶으라고 명령했다. 그러고 나서 닐을 강제로 침대에 엎드리게 한 다음 두 손을 등 뒤에서 묶었다. 그리고 스텐더

---

* (옮긴이주) 솔레다드는 원래 스페인어로 '고독'을 뜻하지만, 잭슨이 1969년부터 수감되어 있었던 교도소의 이름이자 그 교도소가 위치한 도시의 이름이기도 하다. 1970년 1월 이 교도소에서 잭슨을 포함한 세 명의 흑인 수감자가 백인 교도관을 살해했는데, 이 세 수감자를 '솔레다드 브라더스'라고 불렀다.

를 따라 부엌으로 내려갔다. 그녀는 서랍 속에 숨겨두었던 40달러를 그에게 건네주려고 했다. 그러나 브룩스는 갑자기 총을 들어 올리더니 60센티미터 남짓한 거리에서 그녀를 향해 여섯 발을 쏘았다.

스텐더의 비명소리를 듣고 닐이 아래층으로 달려 내려왔다. 두 손은 여전히 등 뒤로 묶인 상태였다. 닐은 어머니가 피에 젖어 바닥에 누워 있는 것을 보았다. "내가 죽는구나." 그녀가 흐느끼며 말했다. 나중에 그녀는 이 말이 사실이 되었기를 얼마나 절실하게 바랐는지 모른다.

체포

스텐더를 죽이려 한 범인은 직접 아는 인물이 아니었다. 그런데 그녀에게 자백문을 쓰도록 강요했다. 이 두 가지 점 때문에 경찰은 용의자를 찾기 위해 블랙 게릴라 패밀리Black Guerrilla Family(BGF) 조사에 착수했다(Collier and Horowitz 1981, 142). 조지 잭슨이 창설한 이 호전적인 아프리카계 미국인 교도소단체에선 잭슨을 '순교자 성인'으로 여겼다.

6월 8일 샌프란시스코에서 마리화나 소지 혐의로 브룩스가 체포되었다. 이때 경찰은 그가 소유하고 있던 총을 발견했고, 이후에 탄도학 검사를 통해 이 총이 스텐더를 쏘는 데 사용된 것임을 밝혀냈다. 그러나 브룩스는 탄도학 검사가 있기 전에 풀려났다. 그리고 며칠 뒤에 브룩스는 다시 다섯 명의 남자들과 함께 버클리의 웰스파고 은행에서 무장강도 행각을 벌인 혐의로 체포되었다. 브룩스를 포함해서 그중 네 명은 캘리포니아 주 교도소에서 가석방된 흉악범이었다(Williamson 1979). 브룩스가 다른 범죄행위로 입건된 것이 스텐더 사건의 범인을 찾는 경찰의 수사에 큰 도움이 되었다. 그가 소지한 물건들 중에서 범행의 증거들이 발견되었다.

1979년 6월 19일, 에드워드 브룩스는 페이 스텐더를 살해하려 한 혐의로 법원에 기소되었다.

브룩스와 블랙 게릴라 패밀리

브룩스를 다른 사람들에 의해 방아쇠가 당겨진 총으로 여긴 사람은 페이 스텐더만이 아니었다. 대부분의 법집행 당국에서는 브룩스가 남성 전과자들과 수감자들로만 이루어진, 이전에 블랙 패밀리라고 알려졌으나 잭슨에 의해 블랙 게릴라 패밀리로 바뀐 단체의 회원일 거라고 믿었고, 지금도 믿고 있다(Isabel 1983). 잭슨은 회원들의 '범죄적 사고방식'을 '혁명의식'으로 대체하기를 희망했었다(Reiterman and Martinez 1979).

하지만 브룩스는 BGF와의 관계를 꾸준히 부인했다. 조지 잭슨을 존경하지만 직접 만난 적은 없다고 말했다(Isabel 1983). 재판이 진행되는 동안 브룩스의 변호인 토머스 브룸Thomas Broome은 의뢰인이 증언하는 것을 허락하지 않았다. 피터 콜리어Peter Collier와 데이비드 호로위츠David Horowitz에 따르면 "브룸은 브룩스가 조지 잭슨에 대한 자신의 감정을 밝히길 원하지 않았다. '브룩스는 정말로 그에게 푹 빠져 있었고, 그것이 밝혀지면 그의 재판에 해가 될 것이었다'"(Collier and Horowitz 1981, 145).

그럼에도 브룩스가 페이 스텐더를 암살하려 시도한 지 2개월이 지나지 않았을 때《버클리 바브*Berkeley Barb*》의 빌 월리스Bill Wallace 기자는 브룩스가 BGF와 연계되어 있다는 데 회의적인 시각을 피력했다(Wallace 1979, 3). 이런 회의적 시각은 월리스가 단지 '법집행 전문가들'이라거나 '교도소당국'이라고 모호하게 언급되는 정보의 출처들을 신뢰할 수 없다고 여긴 데서 일부 비롯되었다. 그러나 브룩스가 이 단체의 회원임을 알고 있다고 주장하는 정보원들은 BGF를 상당히 두려워했기 때문에 익명을 요구했을 것이다. 더욱이 이 단체의 회원은 그 사실을 비밀로 해야 한다는 것이 단체의 규칙이었으므로 브룩스가 자신의 가담을 부인한 것을 액면 그대로 받아들일 수는 없다.

이제 10년도 더 지난 시점에서 돌아볼 때 내가 가진 증거*들은 브룩스가 BGF의 회원이었다는 쪽으로 기운다.

예를 들어《샌프란시스코 이그재미너*San Francisco Examiner*》는 1974년 샌쿠엔틴 교도소**에서 작성된 22쪽 분량의 BGF 문서를 입수했다고 주장한다(Reiterman and Martinez 1979). 이 문서는 이렇게 언명하고 있다. "스스로를 운동 변호사라 부르는 사기꾼들이 그들의 후원자 휴이 P. 뉴턴Huey P. Newton***의 도움을 받아 우리

---

* (저자주) 주로 콜리어와 호로위츠가 작성한 신문기사들과 장문의 잡지기사들(1981), 그리고 존 모리스와의 많은 논의.
** (옮긴이주) 솔레다드 교도소로 이감되기 전에 조지 잭슨이 무장강도 혐의로 1961년부터 1969년까지 수감되어 있던 곳. 이곳에서 그는 혁명활동에 가담하기 시작했으며, 1966년 동료 수감자 놀렌W. L. Nolen을 만나 BGF를 결성했다.
*** (옮긴이주) 1966년 바비 실Bobby Seale과 함께 캘리포니아 주 오클랜드에서 흑표범

의 지원세력을 파괴했다. 혁명에 [반하는] 그토록 극악무도한 범죄를 저지른 이 사람들을 폭로하고 처벌함으로써 그들에게 마땅한 정의로운 평결을 내려주시기를 [BGF 혁명법원의] 가장 영예로운 치안판사들에게 요청한다." 스텐더의 이름이 직접 거론되지는 않았지만, 그녀가 이 문서를 작성한 이들이 염두에 둔 변호사들 중 하나였던 것은 거의 확실하다. 스텐더는 1973년에 교도소운동을 떠났고 이 BGF 문서는 1974년에 작성되었다.

1979년 《샌프란시스코 이그재미너》에 실린 스텐더 사건에 관한 팀 라이터먼Tim Reiterman과 돈 마르티네즈Don Martinez의 기사는 '공식 교도소 정보원'의 말을 인용해 보도했다. "스텐더는 몇 해 전 발부된 BGF의 '사형집행영장'에 오른 6명의 법률가 가운데 하나였다. 당시는 [즉 1973년은] 스텐더가 행형법 강조를 중단해 가던 때였다."*

스텐더가 총을 맞은 지 한 달이 안 되었을 때, 오랜 기간 흑표범당의 변호사로서 10년 가까이 스텐더와 함께 법률업무를 했던, 잘 알려진 찰스 개리Charles Garry 변호사가 자신 또한 살 시먼 솔라데이Sall Seamen Soladay 변호사와 함께 암살 명부에 올라 있었다는 공지를 새크라멘토 교정국으로부터 받았다고 말했다. 두 변호사는 모두 교도소 개혁운동에서 매우 적극적으로 활동했던 인물이다(*San Francisco Chronicle* 1979).

당Black Panther Party을 결성하고 흑인인권운동을 이끌었으나, 각종 폭력사건에 휘말리고 다른 흑인 지도자들과 갈등을 겪었다. 1989년 BGF 단원의 총에 맞아 사망했다.

* (저자주) 유사한 진술에 대해서는 다음을 참조하라. George Williamson, *San Francisco Chronicle*, 1979.

경찰은 솔라데이와 개리를 경호하기 시작했다. 이것으로 볼 때 당국에서 이 암살 명부를 상당히 심각하게 받아들였음이 분명하다(Williamson 1979). 좌파 진영의 많은 사람들이 교정국에서 나온 정보를 신뢰하지 않으려 했지만, 솔라데이와 개리는 그것을 심각하게 여겼다. 두 변호사는 "암살자들의 다음 표적이 될까 봐 늘 만반의 준비를 갖추고 있었으며" 솔라데이는 너무나 두려워서 "베이 에어리어를 한동안 떠나 있었다"(Wallace 1979).

콜리어와 호로위츠는 스텐더가 총을 맞은 지 일주일 되었을 때 솔레다드 브라더스 가운데 한 명인 플리타 드럼고Fleeta Drumgo가 개리의 사무실에 나타났다고 보도했다. 드럼고는 살인 혐의로 기소되었으나, 조지 잭슨이 죽은 뒤 무죄 방면되었다(Collier and Horowitz 1981, 142). "그는 자신이 BGF의 회원이며, 페이를 사살하려 한 이 단체의 계획을 사건 2주 전에 이미 알고 있었고, 정보를 팔려는 용의가 있다고 말했다. 그는 서너 차례 더 찾아왔고, 때로는 허리띠에 총을 차고 있기도 했으며, 브룩스의 이전 교도소 동기 한 명의 이름을 대면서 그가 BGF의 우두머리이며 총살을 명령한 인물이라고 말했다"(Collier and Horowitz 1981, 145). 브룩스의 재판이 1980년 1월에 시작되기 한 달 전, 드럼고는 오클랜드의 한 거리에서 총에 맞아 사망했다(Collier and Horowitz 1981, 145).

물론 드럼고가 개리의 공포를 이용해서 돈을 얻어내려고 이야기를 지어낸 것일 수도 있다. 하지만 다른 한편 그의 이야기는 스텐더의 딸 오리앤의 이야기와 일치한다. 오리앤은 어머니가 총에 맞기 며칠 전에 드럼고와 마주쳤었다. "그는 그녀에게 누군가 그녀의 어머니를 노리고 있다고 말했었다"(Collier and Horowitz 1981, 142). 더욱이, 스텐더의 어머니는 "살해 위협이 담긴 우편물을 받았으며 거기에는 BGF의 서명이 되어 있었다"(Collier and Horowitz 1981, 142).

스텐더를 살해하려는 시도가 있었을 당시, 교도소 관리들은 BGF가 "초기의 정치적 추동력을 거의 잃고 해이해진 '갱단'"이 되었다고 생각한 것이 분명하다(Williamson 1980). 1989년에 이르러 《샌프란시스코 크로니클》은 이 단체에 대해, 그 정치적 차원을 완전히 상실하고 "마약거래, 절도, 청부살인, 무장강도, 위조 등을 하는 패거리"가 된 것으로 묘사했다(Congbalay and Chung 1989).

스텐더를 쏜 후 5년여가 지난 1984년 3월, 브룩스는 폴섬 교도소 수감자 두 명에게 아홉 차례 칼에 찔려 살해당했다. 이 살인사건은 "BGF 내 분파 싸움"에서 비롯됐다는 진술이 나왔다(*San Francisco Chronicle* 1984). 또 다른 출처에 따르면, "교도소 관리들은 그가 BGF에서 탈퇴했기 때문에 목숨을 잃은 것으로 믿고 있다"(*Daily Journal* 1987).

내가 이 글을 쓰는 동안에, BGF의 회원임을 주장하는 타이론 로빈슨Tyrone Robinson에 대한 재판이 열렸다. 그는 1989년 휴이 뉴턴을 살해한 혐의로 기소되었다. 이 살인사건에 마약이 개입되었다는 논란이 일었고, 로빈슨이 "[BGF] 지도부의 환심을 사려" 했다는 이야기도 보도되었다(Congbalay and Chung 1989). "자신이 그 단체에 속해 있음을 당국에 말한 것 자체가 이 단체의 엄격한 규칙을 위반한 것이고 자신의 목숨을 위험에 빠뜨린 것이다." 이름을 밝히지 않은 정보원이 말했다. 그가 BGF 회원임을 경찰에게 밝힌 것은 특별히 위중한 배신으로 간주되며, 그렇게 하는 자들은 "다른 회원들이 그를 쫓아가서 죽일 거라고 예상할 수 있다"는 것이었다(Congbalay and Chung 1989).

스텐더가 잭슨을 배신했다는 주장

BGF는 왜 자신들이 스텐더를 가장 필요로 할 때 그녀가 조지 잭슨과 교도소운동을 배신했다고 느꼈을까?

오스틴 스콧 기자가 지적했듯이 이런 역설적인 비난은 "거의 믿을 수 없을 정도"였다(*Los Angeles Times* 1979). 잭슨을 대중에게 처음 알린 것이 스텐더였기 때문이다. 스텐더는 그가 겪은 역경을 책으로 써서 대중의 관심을 끌어모은다는 아이디어를 냈고, 그 책을 출간해줄 출판사도 책임지고 찾았다. 그리하여 열정적이고 영향력 있는 감동의 베스트셀러 《솔레다드 브라더》가 세상에 나왔다. 스텐더는 잭슨의 변호사로서 합법적 채널을 통해 그를 교도소에서 빼내고자 모든 일을 다 하고 있었지만, 1971년 잭슨은 사살되었다.

잭슨이 스텐더에게 보낸 편지들 가운데 다수가 《솔레다드 브라더》에 포함되어 있다.* 어떤 편지들을 보면 잭슨이 그녀를 상당히 좋아하고 존경했음이 드러난다. 1970년 3월 5일의 편지에서 잭슨은 스텐더에게 "당신은 정말 똑똑하고, 섬세하고, 멋진 사람

---

* (옮긴이주) 이 책의 부제는 "조지 잭슨의 옥중 편지Prison Letters of George Jackson"이다.

입니다"라고 썼다. 이어 4월에는 "당신은 분명 내가 가장 좋아하는 사람입니다"라고 했다. 그리고 1970년 7월 28일의 편지에서는 이렇게 썼다. "당신은 내가 이제껏 경계를 가로질러 만났던 그 누구와도 같지 않습니다. 당신 생각이 많이 납니다…" 그런 뒤에 그녀를 사랑한다는 말을 덧붙이면서 "애정을 듬뿍 담아, 영원히"라는 말로 편지를 끝맺었다.

스텐더는 교도소 개혁운동에 적극 헌신했다. 오스틴 스콧의 설명에 따르면, 그녀는 1969년에서 1973년 사이에 그 운동에 의해 "거의 소진되었다"(*Los Angeles Times* 1979). 1971년 그녀는 행형법 프로젝트Prison Law Project를 결성했다. 이 단체에서는 교도소를 방문하고, 신고된 부당한 처우들을 조사하고, 수감자들에 대한 접근권을 요구했으며, 소송을 제기하고, 입법가들에게 이야기했다. 그리고 그녀가 생각하기에 불의하고 억압적이라고 여겨지는 수감자 처우, 특히 아프리카계 미국인 수감자들에 대한 처우에 대중의 관심을 불러 모으기 위해 가능한 모든 일을 다 시도했다. 실제로 당시의 많은 좌파운동가들처럼 스텐더 역시, 투옥된 이유가 무엇이든 모든 수감자는 정치적 수감자라고 생각했다.

스콧에 따르면 "1970년대 초 몇 해 동안 베이 에어리어에는 전국에서 가장 크고 가장 잘 조직되었고 가장 재원도 풍부한 교도소 개혁운동이 있었다"(*Los Angeles Times* 1979). 스텐더는 한때 캘리포니아 주 전역에 있는 수감자들로부터 그녀의 도움을 구하는 편지를 매일 100통이 넘게 받기도 했다.

이름이 알려지는 걸 원치 않은 한 정보원은 스텐더가 조지 잭슨에게 총을 공급하기를 거부했기 때문에 죽어 마땅하다고 여겨졌다고 주장했다. 잭슨은 무장하기만 하면 탈옥해서 혁명을 일으킬 수 있을 거라고 믿었다. 콜리어와 호로위츠는 다음과 같이 보도했다.

> 그녀가 자살이나 다름없는 잭슨의 계획에 반대했기 때문에, 교도소운동의 편집증적 비밀정보망을 따라 그녀가 '변절자'이며, 어쩌면 경찰 끄나풀일지 모른다는 이야기가 널리 퍼져나갔다. 그녀는 어느 날 우편물 봉투를 열었다가 그 안에서 면도날을 발견하고는 그 뒤로 이 운동에서 떠나기로 결정했다… 잭슨은 [1971년] 6월 말에 페이를 만날 수 있는지 물었다. 메시지를 전달한 사람은 그녀의 얼굴이 공포에 찢겼다고 말했다. "혼자 가지는 않겠어요." 페이가 말했다. "다른 변호사를 데리고 갈게요." (Collier and Horowitz 1981, 134)

1973년 스텐더는 행형법 프로젝트를 접어야 했다. 재원이 부족했고, "4년 동안 다른 일은 아무것도 할 수 없었던 것이… 너무나 고통스러웠다"(Scott 1979). 그녀가 도왔던 남자들 가운데 몇몇의 행동에 극도로 실망한 것도 이 고통에 포함되었다. 도런 웨인버그Doron Weinberg 변호사는 콜리어와 호로위츠에게 스텐더가 가석방을 얻어낸 한 의뢰인에 대해 말했다. "한 달도 되지 않아서 그는 자기 여자친구를 창밖으로 내던진 것 같습니다. 그녀는 이 남자를 잘 알았습니다. 그가 이전에도 그 여자친구에게 심한 상처를 입혔거든요"(Collier and Horowitz 1981, 136). 스텐더는 그의 행동에 경악했음에도 계속해서 그를 변호했고, 그래서 그의 가석방은 철회되지 않았다. 하지만 이것이 그에게 다른 누군가를 죽일 기회를 제공했던 것이다(Collier and Horowitz 1981, 136).

페미니스트 되기

1974년 행형법 프로젝트를 접은 뒤 스텐더는 개인 법률사무소를 열었다. 그리고 뒤이은 몇 해 동안 페미니스트가 되어, 점차 페미니스트 이슈들에 관한 생각과 저술과 조직에 더 많이 참여했다. 여러 일들 가운데 그녀는 캘리포니아 여성변호사협회California Women Lawyers 창립을 도왔다. 또한 별거수당palimony 사건에서 제인 셰어Jane Scherr를 대변하기도 했다. 제인은《버클리 바브》의 창립자인 맥스 셰어Max Scherr와 오랜 기간 함께 산 동반자였으며 그와 함께 두 자녀를 낳아 기른 어머니였다. 두 사람이 별거에 들어갔을 때 제인은 자기 몫의 재산을 요구했으나 맥스가 이를 거절했다. 이 사건에서 강력한 페미니스트 입장을 취한 스텐더는 제인을 지지하지 않는 이전의 좌파 친구들이 자기 등에 비수를 꽂았다고 느꼈고, 결국 "좌파가 나를 배신했다"고 결론 내리고 말았다(Collier and Horowitz 1981, 139). 남성 좌파운동가들의 지독한 성차별주의를 경험하는 것은 페미니스트들에겐 흔한 일이지만, 스텐더에겐 이것이 "그녀의 일에서 주된 지원세력이었던" 공동체의 상실을 의미했다(Collier and Horowitz 1981, 139).

스텐더는 자신과, 자신의 삶과, 자신의 섹슈얼리티에 의문을 제기했다. 그리고 이러한 의문은 그녀에게 변호사 존 모리스와의 레즈비언 관계를 열어주었다. 이 관계가 스텐더에게는 너무도 중요했다. 그래서 그녀는 수없이 자신의 영혼을 추구하며 혼란을 거듭한 끝에 25년간 함께 살아온 남편 마빈과 별거하기로 결심했다. 그러나 모리스와의 관계는 브룩스의 총탄에 의해 짧게 중단되고 말았다. 그녀가 홍콩에서 자살하면서 연인을 향해 남긴 유서에는 이렇게 적혀 있다. "내가 애썼다는 걸 알아주길. 그리고 당신과 함께 있을 때는 내가 거의 해냈다고 생각했다는 것을. 그러나 나는 할 수가 없었으니, 매 순간 그 고통은 어떤 침술이나 심리요법도 능가해 너무도 깊고 너무도 널리 퍼져나가며 나를 압도했음을"(Collier and Horowitz 1981, 147).

스텐더 사건에 대한 반응

스텐더 사건 이후 엄청난 공포가 유발되었다. 《버클리 바브》의 빌 월리스 기자는 사건이 일어나고 서너 주가 지난 뒤에도 "충격 사건이 만들어낸 공포스러운 기운이 여전히 앞이 보이지 않을 만큼 짙게 깔려 있다"고 썼다(Wallace 1979, 3). 월리스는 지역 교도소운동 활동가의 말을 인용했다. "내가 아니라 당신이 이 이야기를 전하고 있어서 기쁩니다. 나는 그 일에 절대 관련되고 싶지 않습니다!" 마찬가지로 내 친구들 가운데 서너 명도 내가 잘 알려지지 않은 페미니스트 간행물에 스텐더 사건에 관한 짧은 글을 기고한 것을 두고 염려를 표했다. 많은 사람들이 이 사건에 대해 이야기하는 것조차 거부했다. 한 법률가는 이렇게 말했다고 한다. "단지 누군가를 열받게 한다는 이유만으로 살해될 수도 있는 법조계에 누가 발을 들여놓으려고 하겠어요?"(Wallace 1979, 15).

나는 브룩스 재판에 거의 매일 참석했다. 적어도 법정의 절반은 브룩스를 지지하는 사람들로 채워졌다. 그들은 한쪽에 같이 앉았고, 스텐더의 지지자들은 다른 한쪽에 몰려 앉았다. 양쪽 집단 사이의 긴장과 적의가 손에 잡힐 듯 느껴질 때도 많았다. 나는 브룩스의 악랄한 행동이 그토록 많은 지지를 얻을 수 있다는 사실에 끊임없이 충격과 혼란을 느꼈다.

내가 이 무시무시한 이야기를 이 모든 복잡한 맥락 속에서 이해하려고 했던 처음의 시도는 고작 너무도 냉소적이고 쓰라린 '통찰'을 낳는 것으로 끝나고 말았다. 이를테면 나는 스텐더의 경험이 급진적 변화를 일으키고자 노력하는 것이 어리석은 일—실제로 위험한 일—임을 보여준다고 느꼈다. 그렇게 하려는 이들은 결코 충분할 만큼 해낼 수 없다. 비판을 초래하고, 그러한 비판을 하는 사람들에게 '적'으로 취급받는다. 그리고 진짜 적들이 무시되는 동안 누적된 혐오와 좌절의 표적이 될 뿐이다. 그건 정치적으로 진보적이지만 적극적이지는 않은 사람들에게 사회의 불평등을 해결하고자 시도하지 말라고, 그렇게 했다가 그만두면 큰 위험에 처할 거라고 경고하는 것 같았다. 그리고 이미 투쟁에 참여했으나 아직 잘 알려지지 않은 사람들 또는 운동에 그다지 큰 가치가 있다고 여겨지지 않는 사람들에게는 그만두고 안전하게 살라고 경고하는 것 같았다.

물론 이런 식의 반응을 보인 것은 나뿐만이 아니었다. 예를 들어 이전에 행형법 프로젝트에서 스텐더의 동료로 일했던 에즈라 헨던Ezra Hendon은 이렇게 말했다. 스텐더의 죽음은 "내 삶에서 한 시대의 끝을 알리는 표시였어요. 한 시대의 끝, 마침표였다고 생각해요. 정치적 목표에 투신하고, 그것을 위해 열심히 일하며 ─ 그것도 깨끗한 방법을 통해서 ─ 일을 하는 동안 찬란하게 빛날 수 있다는 그녀의 확신, 그건 이제 나에게는 끝난 얘기예요. 다른 사람들은 어떤지 모르겠지만 나는 그런 믿음을 다시는 가질 수 없을 거예요"(Collier and Horowitz 1981, 147).

"나는 그게 쉬울 거라고 생각했어요." 헨던은 말을 이었다. "페이는 불을 가지고 논 거예요. 불을 가지고 노는 사람들은 불에 데는 법이죠. 하지만 그녀가 이 세상에서 선을 향해 작용하는 힘이 되길 원했다는 것, 그녀가 정말 뛰어난, 주목할 만한 여성이었고, 자신의 삶을 다른 이들에게 내어주고 세상을 더 좋은 곳으로 만들고자 헌신했다는 것은 중요하게 여겨야 할 겁니다"(Collier and Horowitz 1981, 147). 헨던이 살인/자살의 의미를 이해하려 노력하는 동안 그의 두 눈에 눈물이 차오르기 시작했음을 언급하면서 콜리어와 호로위츠는 그들 자신의 깊은 환멸을 드러내며 이렇게 결론지었다. "다른 이들과 마찬가지로, 그의 애도는 단지 잃어버린 친구를 위한 것만이 아니라, 잃어버린 대의를 위한 것이기도 했다"(Collier and Horowitz 1981, 147). 이러한 반응들은 스텐더 자신의 반응을 반영하는 것이기도 했다.

"교도소 일에 절대 끼어들지 말았어야 했어." 그녀가 한 친구에게 말했다. "일어난 일이라는 게 이거야." 그리고 훨씬 더 절망스럽게 말했다. "다시는 다른 사람의 유익을 위해 무언가를 하는 실수를 저지르지 않겠어." 삶의 역설들이 그녀를 갉아댔다. "인종차별에 대해 뭔가를 하고자 했고, 그걸 중심으로 내 실존 전부를 조직했는데. 아이들이 여러 인종 친구들을 사귈 수 있는 동네로 이사까지 했는데. 수감자들이랑 활동하려고 다른 기회들을 다 지나쳐버렸는데. 이제 이 모양이지. 너무해. 감당할 수가 없어". (Collier and Horowitz 1981, 142-144)

스텐더와 다른 사람들이 느낀 절망을 고찰하는 동안, 나는 내가 처음에 느꼈던 환멸과 나 자신의 이익에 전념해야겠다는 결론이 참기 힘든 것일 뿐만 아니라 페미니스트 원칙들과도 양립하지 않는 것임을 느끼기 시작했다. 또한 내가 내 둥지에 안락하게 깃들이는 대신 사회 변화에 투신하는 일에 대해 찬반을 놓고 저울질할 수 있는 것도 사실은 내가 지닌 특권적 지위 때문임을 알게 되었다. 불평등으로 인해 특권을 누리지 못하는 브룩스 같은 사람들은 그런 특권에 분노로 답하는 것이다. 그의 경우 그 분노는 살인에 이를 만한 분노였다.

페이 스텐더 암살 시도가 페미사이드인 까닭

페이 스텐더 암살 계획에는 엄청나게 왜곡되고 정의롭지 못한 것이긴 하지만 분명한 정치적 동기가 있었다. 하지만 브룩스와 BGF가 그녀를 공격한 정치적 동기에는 성차별이라는 또 다른 측면이 있다고 나는 생각한다.*

---

* (저자주) 스텐더 사건에 대해 수많은 논평이 나왔으나. 어떤 논평에서도 그녀의 젠더가 관련되어 있다는 암시조차 찾을 수 없었다. 다만 《샌프란시스코 크로니클》의 니콜라스 폰 호프만Nicholas von Hoffman 기자가 그녀가 유대인이라는 사실이 관련되었을

먼저, 나는 BGF의 암살 명부에서 물리적으로 공격당한 최초이자 유일한 인물이 여성이라는 사실이 단순한 우연이라고는 생각지 않는다. 그리고 교도소운동에 참여한 가장 유명한 급진적 여성 변호사의 몸이 총탄으로 벌집처럼 되어버린 것 또한 우연은 아닐 것이다. 나는 스텐더가 단지 교도소운동에서 빠져나왔기 때문이 아니라, 교도소운동에서 빠져나온 여자였기 때문에 총을 맞았다고 생각한다.

오스틴 스콧은 스텐더가 떠난 뒤에 교도소 개혁운동에서 그녀를 어떻게 다루었는지를 설명했다. "그녀의 위치에 동의하지 않았던 사람들은 그녀를 비웃고 위협했다. 그녀를 자신들이 감옥에서 나갈 수 있는 절체절명의 기회로 여겼던 너무나 많은 수감자들이 그녀를 욕하고 너무도 많은 방향으로 잡아당겼다." 스콧이 계속해서 말하길, 그들 가운데 많은 이들이 캘리포니아 주 "전역에 있는 감옥들로부터 탄원서를 밀반출해서 그녀에게 보냈다" (*Los Angeles Times* 1979). 라이터먼과 마르티네즈 두 기자는 샌쿠엔틴 교도소 재소자의 말을 인용하면서 "그녀가 도와준 모든 사람들보다, 그녀의 도움을 원했지만 받지 못한 사람들이 두세 배는 많았다"는 점을 지적했다(*San Francisco Chronicle* 1979).

궁핍하고 의존적인—수감되어 있는 처지 때문에 궁핍하고 의존적인—수백 명의 남자들이 스텐더에게 도움을 구하고 있는 그림이 떠오른다. 그들이 원하는 도움은 삶과 죽음, 자유와 감금의 문제가 걸려 있는 것이기도 했다. 그러나 그녀가 가석방을 얻어

수 있다는 의견을 제시했을 뿐이다.

준 의뢰인이 그녀를 걷어차는 일도 종종 있었다.

　예를 들어, 스텐더는 흑표범당의 휴이 뉴턴을 감옥에서 빼내려
고 정말 열심히 일했지만 그 뒤에 그가 그녀를 대한 방식에 극도
로 상처를 받았다. 스텐더의 친구인 로버타 브룩스Roberta Brooks는
호로위츠와 콜리어에게 이렇게 말했다. "그녀는 자기랑 휴이가
매우 가깝다고 말했어요. 그런데 그녀가 상고를 해서 휴이가 풀
려난 뒤에 어느 파티에서 서로 만났는데, 휴이는 말도 걸지 않았
어요. 그녀가 보인 태도는 이런 거였어요. '맙소사, 샌루이스오비
스포까지 내려가 그의 사건을 처리하느라 가족들하고 보낼 주말
을 수도 없이 희생했었는데, 이제 한 공간에서 만났는데도 나한
테 말도 하지 않다니'"(Collier and Horowitz 1981, 139-140). 로버타
브룩스는 또한 콜리어와 호로위츠에게 스텐더와 나눈 논의들을
바탕으로, "그녀의 페미니즘이 부분적으로는 감옥에 있는 남자들
을 대변해주면서 보낸 시간에서 연유한 게 분명했다"고도 말했
다. 스텐더는 "그들이 그녀를 어떤 차원에서 갈가리 찢어놓았다"
고 느꼈다(Collier and Horowitz 1981, 139).

　스텐더는 자신이 도와주었거나 도와주려 했던 남성 수감자들
중 어떤 이들에게 이용당하고 학대당했다고 느꼈다. 그들은 그녀
의 감정과 직업 생활에 매우 의미 있는 사람들이었다. 하지만 그
녀는 그 일에 대한 엄청난 수요에 지쳐서 탈진했다고 느꼈으며,
행형법 프로젝트를 위한 재원과 대중적 지원이 줄어드는 것 때문
에 용기를 잃었다. 그리고 그녀가 자유를 찾도록 도와준 남자들
가운데 어떤 이들이 되찾은 자유를 가지고 끔찍한 일들을 저지르
자 충격을 받았다. 그리하여 그녀는 물러나기로 결정했다.

궁핍하고 의존적이면서 여성을 혐오하는 남자들이 자신의 뜻에 맞서 떠났다는 이유로 아내와 연인과 여자친구를 죽이는 일은 드물지 않다. 아마도 스텐더가 남자 수감자들을 버리고 떠난 것이, 감히 그들보다 자신의 이익을 우선시하는 여성에 대한 이러한 분노를 건드렸을 것이다.

흥미롭게도 "1977년에 이미 스텐더가 자신의 안전을 염려한다는 조짐이 있었다". 예컨대 라이터먼과 마르티네즈에 따르면, 그녀와 그녀의 남편은 "전화번호를 몇 차례 바꾸었으며 어떤 친구들에게는 번호를 알려주려 하지 않았다"(*San Francisco Examiner* 1979). 또한 스텐더는 "집에 창문형 송풍구를 설치했는데 누구도 열린 틈을 타고 들어올 수 없게 디자인된 것이었다". 1978년 6월《샌프란시스코 이그재미너》에는 그녀가 한 말이 보도되었다. "그녀가 교도소 개혁 일을 그만둔 것을 가지고 많은 사람들이 언짢아했고, 그녀가 교도소운동을 배신했다고 생각하는 사람들도 있었다. 그녀는 직접 위협을 받은 적도 있다. 누가 그녀에게 총을 쏘더라도 그녀는 그리 놀라지 않을 것 같았다"(Reiterman and Martinez 1979).

20년 이상 대학교수로 일해오면서 나는 다른 여성 동료들, 특히 페미니스트인 동료들 또한 관찰한 한 가지 현상을 빈번히 경험했다. 많은 학생들이 나에게 자유로이 요구를 하는데, 어떤 요구들은 상당히 터무니없는 것이다. 나는 학생들이 다른 남자 교수에게라면 그런 요구를 그렇게 쉽게 하지 않았을 거라고 확신한다. 한 학생은—말하기 유감스럽게도, 뛰어난 여성학 전공 학생이었는데—35명의 학생이 듣는 나의 수업을 다른 건물로 옮겨달라고 요청했다. 강의에 등록하지도 않은 누군가가 75분짜리 강의 중 20분이라도 들을 수 있게 해달라는 거였다. 내가 그러한 요청은 들어줄 수 없다고 거부할 때 자주 돌아오는 반응은 내가 합리적이지 않다거나, 권위적이라거나, 인색하다는 것이었다. 다시 말해, 나는 '나쁜 엄마'로 인식되고 경험되는 것이다.

다른 페미니스트 교수들은 그러한 경험들이 교실에서 성차별이 어떻게 작동하는지를 생생하게 드러내 보여준다고 설명했다. 하지만 그러한 반응은 단지 학교 상황에만 국한되지 않는다. 이것은 힘 있는 역할을 담당하는 여성들이 그들의 직업과 상관없이—법률가, 정치인, 사업가, 의사, 치료사, 고용주, 목사, 심지어 집주인까지도—흔히 겪는 공통된 경험이다. 우리의 의뢰인/환자/피고용인/신도/세입자는 우리가 그들에게 남성들보다 더 많은 것을 줄 거라고 기대한다. 우리는 그들에게 더 접근하기 쉬운 사람이어야 하고, 그들의 말을 더욱 기꺼이 들어주어야 하며, 그들의 개인적인 문제에 협조해주어야 한다.

게다가 자신이 원하는 것을 얻지 못했을 때 보이는 남자들과 여자들의 반응 또한 매우 다르다. 남자들은 여자들보다 더욱 폭력적인 행동으로 자신의 불만족, 실망, 분노를 드러낸다.

이러한 현상은 스텐더에게 일어난 일을 이해하는 것과 관련이 있을 것이다. 그녀가 여성이었기 때문에—수감자들은 처음에는 그들이 무슨 짓을 저질렀건 석방되기를 간절히 바라는 좋은 엄마로 그녀를 보았다—그녀는 자신의 의뢰인들과 미래의 의뢰인들에게 기대와 희망과 요구와 꿈의 대상이 되었다. 그녀가 이러한 소원들—이를테면, 조지 잭슨에게 총을 공급해달라는 바람—을 이루어주지 못했거나 이루어주려 하지 않았을 때 그녀는 배신자이자 나쁜 엄마로 여겨졌다.

나는 권위를 지닌 남자들은 이러한 역동을 경험하지 않는다고 주장하는 것이 아니다. 내가 하려는 말은, 권위 있는 위치의 남성들보다 그러한 위치에 있는 여성들에게 이러한 역동이 훨씬 더 강하게 작용한다는 것이다. 그리고 권위를 지니고 있든 권위에 종속되어 있든, 많은 남자들이 지닌 여성혐오적 태도와 행동이 자주 표출되는 때는 그들이 원하는 것, 그들이 받을 자격이 있다고 느끼는 것, 또는 그들이 약속받았다고 믿는 것을 여자들이 주지 않을 때라는 것이다. 그것이 섹스에 관한 것이든, 제시간에 저녁상을 차리는 일과 같은 아내의 '의무'에 관한 것이든, 혹은 그들을 감옥에서 풀어주려는 노력에 관한 것이든 모두 마찬가지다.

열등하다고 생각되는 사람들이(이를테면 여자들이) 스스로를 우월하다고 여기는 사람들의(이를테면 남자들의) 희망과 기대를 좌절시킬 때는, 그러한 좌절이—실제로든 생각으로든—우월하다거나 동등하다고 생각되는 사람들에 의해(이를테면 다른 남자들에 의해) 야기된 때와 매우 다른 반응을 불러일으킨다. 그리고 좌절당한 남자들이 폭력에 익숙할수록 이러한 형태의 성차별은 더욱 폭력적으로 표현될 것이다. 여기에는 스텐더 사건 같은 페미사이드도 포함된다.

마빈 스텐더는 아내 페이에 대해 이렇게 말했다. "그녀는 잭슨을 사랑했습니다. 그녀가 친구들에게 말한 적이 있어요. 가족을 제외하고, 자신이 기꺼이 목숨을 내어줄 수 있는 사람은 잭슨과 뉴턴뿐이라고"(Collier and Horowitz 1981, 134). 페이 스텐더가 이 말을 한 것은, 그 사람들에 대한, 그리고 그들과 함께 하고 있던 일 자체에 대한 그녀의 헌신과 믿음이 절정에 있었을 때였지, 그 모든 마음의 상처를 겪은 이후는 아니었다. 그 상처들을 겪고 나서도 결국 그녀의 몸과 영혼은 총탄으로 유린당했다.

그렇다. 스텐더의 이야기는 배신에 관한 이야기다. 그것은 조지 잭슨에 대한 배신이 아니라, 페이 스텐더에 대한 배신, 바로 여성에 대한 배신이었다.

6부 페미사이드에
맞서 싸우는
여성들

© Jane Philomen Cleland

'밤을 되찾아라' 행진, 샌프란시스코, 1990년. 1989년 몬트리올 대량 페미사이드의 희생자 서너 명의 사진과 이름이 보인다. 배경에 걸린 배너에는 '여성혐오적 성욕erotomisogyny', 즉 포르노 그래피가 페미사이드를 유발한다는 주장이 적혀 있다.

여는 글 ────────────

이 책을 결론짓는 6부에서는 페미사이드에 맞서 싸우는 여성들의 노력에 지면을 할애하고 여성들의 저항하는 힘과 능력을 강조하는 목소리를 내려고 한다. 사실 페미사이드에 대한 저항은 이 책을 관통하는 주제다. 페미사이드에 맞서 목소리를 내는 행위야말로 그 자체로 저항의 행위가 된다. 이러한 의미에서 이 책에 실린 모든 글이 이 마지막 6부에 속한다고 할 수 있다. 6부에 실린 글들은 여성들이 조직적으로 페미사이드에 도전한 여러 방식 가운데 몇 가지를 생생하게 보여준다.

6부를 여는 글은 활동가의 성명문이다. 잉글랜드에서 요크셔 리퍼 연쇄살인에 저항하는 성난 여성들이 언론에 공식 성명을 발표했다. 그다음에 실린 〈정의를 위한 싸움〉은 구르딥 카우르 산두 Gurdip Kaur Sandhu를 기념하는 한 단체의 활동을 또렷하게 보여준다. 구르딥 카우르는 남편의 형에게 구타당한 끝에 사망했다. 그녀의 이름을 딴 구르딥 카우르 캠페인이라는 단체는 참가자들이 어떻게 명확한 반인종차별 투쟁의 폭넓은 활동 전략들을 이끌어 냈으며, 그 전략들을 통해 그녀의 죽음에 대한 남편의 책임을 물어 그를 법정에 세우려 했는지를 설명한다. 그리고 구르딥 카우르 살해가 안겨준 고통, 그녀의 남편에 대한 경찰 조치의 실패, 캠페인을 좌절시키려는 경찰의 노력을 자세히 이야기할 뿐 아니라, "그녀의 죽음을 침묵 속에서 애도하지 않겠다"는 캠페인의 결의를 밝힌다.

이어지는 글은 사우설 블랙 시스터스Southall Black Sisters(SBS)가 런던에서 발생한 아시아인 여성들에 대한 페미사이드에 맞서 벌인 몇몇 캠페인을 개괄하는 글이다. 〈두 가지 투쟁: 남성 폭력과 경찰에 도전하기〉에서 사우설 블랙 시스터스는 크리슈나 샤르마 Kirshna Sharma와 발완트 카우르Balwant Kaur의 죽음에 대한 자신들의 분노와 슬픔을 기록하고 있다. 경찰이 효과적으로 개입했더라면 두 사람의 죽음을 모두 막을 수 있었을 것이다. 이 글은 폭력 사건들에 이어, 영국에 사는 아시아인 여성들이 겪는 특정한 문제들을 지적한다. 그리고 남성 폭력과 페미사이드에 맞선 투쟁이 인종차별, 특히 영국 내 경찰의 인종차별에 맞선 투쟁과 분리될 수 없음을 강조한다.

미국에서 개별 여성 및 여성단체가 벌이는 페미사이드에 저항하는 직접 행동은 6부의 다른 글들과 균형을 이루어 논의되었다. 우선 수잰 레이시Suzanne Lacy의 〈애도하며 분노하며〉는 페미사이드에 대한 저항에서 행위예술을 이용한 사례들을 탐구한다. 레이시는 힐사이드 스트랭글러의 희생자들을 추모하고자 취한 특정 행동을 묘사하고, 남성 폭력에 대한 경찰의 효과적인 조치를 요구

© Jane Philomen Cleland
"폭력은 인류의 이슈이자 여성의 이슈다."
'밤을 되찾아라' 행진, 샌프란시스코, 1990년.

하며, 언론 보도에서 드러나는 관음증과 여성 비난에 항의한다.

그다음으로는 "니키 크래프트: 저항을 격려하며"라는 제목 아래 여러 편의 글이 모여 있다. 다이애나 러셀이 전체를 소개하는 글을 썼다. 여기에 묶인 여러 글들은 성폭력을 포르노그래피처럼 묘사하는 데 대한 저항을 설명하고 분석한다. 헌신적인 페미니스트 활동가인 니키 크래프트는 이러한 창의적인, 법 테두리 바깥의 저항들을 기획하고 격려했으며, 어떤 면에서는 영향력을 행사하기도 했다.

마지막으로 〈페미사이드에 맞서 우리가 할 수 있는 것?: 하나의 제안〉에서 저자인 어노니위민Anonywomen은 페미사이드에 맞서는 애도와 분노의 기념일 제정을 제안함으로써 "우리는 그녀의 죽음을 침묵 속에서 애도하지 않겠다"는 주제로 돌아간다. 이 제안은 페미사이드에 대한 의식을 제고하고 분노를 표현하는 방식들을 개괄한다. 제안된 행동들에는 책을 불태우는 것과 같이 파시즘과 결부되어 유럽에서 특히 논란이 되고 있는 것도 포함되어 있긴 하지만, 페미사이드에 맞서는 저항의 날을 국제적으로 매년 기념하자는 아이디어는 가치가 있다.

　다음의 글들에서 제시되는 저항의 수단들은 빈틈없이 모든 것을 아우르는 것도 아니고, 모든 상황에 적합한 것도 아니다. 그러한 수단들까지 모두 아우르는 우리의 목적은 이미 일어나고 있는 저항을 알리고 더 많은 저항 행동을 격려하려는 것이다.

여성들은 남성 폭력에 분노하여 말한다:
"통행금지에 저항하라!"

더스티 로즈·샌드라 맥닐

수백 명의 성난 여성들이 지난 일요일[1980년 11월 28일] 리즈에서 전투적인 시위를 벌였다. 마지막 '요크셔 리퍼' 살인사건 이후 실내에 머무르라는 권고에 분노한 500명의 여성들이 횃불을 들고 시내를 가로질러 행진하면서, 오디언 시네마(영화〈드레스드 투 킬Dressed to Kill〉을 상영하고 있었다)에 난입하고, 거리에 있는 남자들에게 '리퍼'가 재클린을 살해하던 그 시간에 어디에 있었느냐고 다그쳤다. 이번 행진은 '여성에 대한 폭력에 반대하는 여성들'(WAVAW)에서 조직했다. 그들의 성명문을 아래에 다시 싣는다.

우리는 재클린 힐을 비롯해 '요크셔 리퍼'의 손에 죽은 다른 모든 여성들을 애도한다. 그리고 우리는 분노한다.

어두워진 뒤에는 집에 머무르라는 말에 우리는 분노한다. 비난받아야 하는 것은 남자들인데, 왜 우리 여자들이 우리의 삶을 제한해야 하는가? 많은 여성들이 야간에 일한다. 그래서 집에 머무를 수 없다. 게다가 우리 가운데 많은 이들에게 집은 안전한 곳이 아닐지도 모른다. 보고된 모든 폭력범죄의 4분의 1은 아내 구타다. 그런데 사람들은 우리가 우리 스스로를 방어하지 않고 이러한 현실을 받아들이기를 기대한다.

이번 주 월요일, 샬린 모Charlene Maw와 애넷 모Annette Maw 두 사람이 술 취해 폭력을 휘두르는 아버지를 자기방어 차원에서 살해한 혐의로 3년형을 선고받았다. 우리는 두 사람의 즉각적인 석방을 요구한다. 또한 모든 여성이 남성 폭력에 맞서 스스로를 보호할 수 있는 권리를 요구한다.

우리는 언론에서 여성들에게 '존경할 만하다'거나 그렇지 않다는 딱지를 붙이는 방식을 전적으로 거부한다. 우리는 판단받지 않을 것이며 '순수'와 '타락' 두 범주로 나뉘지도 않을 것이다.

우리는 '리퍼'가 잡히더라도 여성들이 안전해지지는 않을 것임을 알고 있다. 모든 곳에서 여성들은 남성들에게 매일 살해당하고, 강간당하고, 구타당한다. 우리는 모든 여성이 남성의 공격에 대한 두려움 없이 살 수 있을 때까지 계속 싸울 것이다.

우리는 요구한다.

경찰은 '리퍼'에 대한 정보를 공개하라!

모든 여성은 자기방어의 권리가 있다!

야간 외출금지는 여자들이 아니라 남자들에게!

정의를 위한 싸움

구르딥 카우르 캠페인

1986년 5월 11일, 구르딥 카우르 산두는 남편 구르박스 싱Gurbax Singh이 보는 앞에서 남편의 형 하르박스 싱Harbax Singh에게 잔혹하게 구타당했다. 같은 해 8월 28일 열린 조사에서 병원에서 사망한 그녀의 사인은 내무부 병리학자에 의해 '후두 파열로 인한 심장 및 폐 기능 정지'인 것으로 밝혀졌다. 그녀가 목 부위에 계속 가격을 당했다는 사실과 일치하는 부상이었다.

구르딥 카우르는 1952년 아프리카에서 태어났고, 인도로 갔다가 십대 시절에 영국으로 건너왔다. 16세에 구르박스 싱 산두와 결혼하고 레딩으로 이주했다. 그때부터 그녀는 계속되는 남편의 신체적 폭력과 정신적 학대를 줄곧 겪었으며, 자녀들과 가족들 앞에서 잦은 구타와 모욕을 당해야 했다. 1984년 구르박스 싱은 마약범죄 혐의로 3년 징역형을 선고받았고, 형기의 절반을 복역한 뒤 1985년 12월 석방되었다. 4개월 뒤 구르딥 카우르는 법원의 비상 명령을 얻어냈는데, 이에 따라 경찰에게 그녀의 남편을 체포할 수 있는 권한이 부여되었고, 두 사람은 별거에 들어갔다. 다음 몇 주 동안 그녀는 폭력에서 놓여나 자녀들과 함께 독립된 생활을 꾸려가고자 애썼다. 아시아인 공동체가 그녀를 지원하지 않았을 뿐 아니라, 계속해서 이자트izzat('가족의 명예')를 상기시켰음에도 말이다. 그녀가 남편과 별거하고 이혼을 계획한 것은 남편과 그의 가족에게 불명예를 안긴 것이라며, 남편에게 돌아가 화해를 시도하라는 많은 압력이 있었다.

1986년 5월 11일, 구르딥 카우르는 남편이 옷을 가지러 집에 오는 것을 허락했다. 그는 저녁 여덟시에 도착했고 그의 형 하르박스 싱 산두가 따라왔다. 두 남자는 집에 오기 전에 술을 마셨다. 집에는 그녀와 세 아들 중 막내인 열두 살짜리 라빈데르Ravinder만 남아 있었다. 몇 분 뒤에 그녀는 찻잔을 싱크대에 가져다 놓으려고 부엌에 들어갔다. 남편의 형 하르박스 싱이 따라 들어가서 그녀를 붙잡고 주방 설비에 그녀의 머리를 처박았다. 그리고 반복해서 그녀의 목을 주먹으로 가격했다. 라빈데르는 그 광경을 보고 달려가서 삼촌을 잡아 떼어놓으려 했으나, 아버지 구르박스 싱의 하프넬슨half-nelson 기술*에 목을 잡혀 부엌 밖으로 끌려 나왔다. 라빈데르는 자신을 추스르고 경찰서로 달려갔으나 문이 잠겨 있어서 곧장 다시 집으로 돌아왔다. 라빈데르는 어머니가 바닥에 쓰러져 있는 것을 보았다. 어머니는 마치 "잠들어 있는 듯" 보였다. 삼촌이 어머니의 입에 유리잔을 들이대고 있었다. 부엌

---

* (옮긴이주) 상대의 등 뒤에서 겨드랑이 밑으로 자신의 한쪽 팔을 넣어 목을 누르는 레슬링 기술.

서랍이 열리는 소리가 들려서 돌아보니 아버지가 커다란 칼을 칼날을 아래로 향하게 한 채 마치 단검처럼 꼭 쥐고 있었다. 구르박스 싱은 구르딥 카우르를 향해 칼을 겨누며 죽이겠다고 말했지만 형에게 제지당했다. 그러고 나서 구르딥 카우르는 하르박스 싱이 운전하는 빌린 밴에 실려 그의 친구 집으로 옮겨졌다. 그가 자리를 떴을 때 친구가 경찰에 전화를 걸었다. 그는 다시 구르딥 카우르를 실어다 병원 응급처치실에 버려두고 친구의 집으로 돌아갔다. 그리고 그곳에서 체포되었다. 구르딥 카우르에게는 생명유지장치가 장착되었다. 닷새 뒤, 생명유지장치는 꺼졌고 그녀는 사망했다.

앞에 제시된 정보는 1987년 1월 윈체스터 형사법원에서 열린 하르박스 싱 산두의 구르딥 카우르 살해 혐의 재판 사건심리에서 나온 것이다. 의학적 증거는 구르딥 카우르가 후두 파열의 결과로 사망했음을 보여준다. 검찰 측은 하르박스 싱이 그녀의 목을 주먹으로 가격하여 후두 파열이 발생했으며, 따라서 그가 그녀를 죽였다고 주장했다. 검찰 측의 주장은 대체로 구르딥 카우르의 막내아들 라빈데르의 증언에 근거를 두었다. 그는 5월 11일 밤에 일어난 일들을 흔들림 없이 명확하게 진술했다. 피고 측에서는 주먹으로 가격해서는 후두 파열을 일으킬 수 없다며 검찰 측 주장을 반박했다. 그리고 구르딥 카우르의 후두가 파열된 것은 그녀의 남편인 구르박스 싱이 그녀가 바닥에 쓰러져 있을 때 목을 발로 밟았기 때문이라고 주장했다. 판사는 사건개요 설명에서, 하르박스 싱의 주먹 가격이 후두 파열을 일으켰다는 주장을 배심원들이 납득할 수 없다면 평결은 '무죄'여야 한다고 말했다. 그러나 만약 그의 주먹 가격이 후두 파열을 일으켰다면, 그는 그녀의 죽음에 책임이 있는 것이다. 이것이 사실이고, 그에게 그녀를 죽이거나 그녀에게 정말 심각한 신체 손상을 입힐 의도가 있었다면, 그는 모의살인에 대해 유죄다. 그러나 그에게 그런 의도가 없었다면 그는 우발살인에 대해 유죄가 될 터였다.

배심원들은 3일간 진행된 재판의 막바지에 이르러 거의 네 시간 동안 밖으로 나가 있었으며, 법률관계를 명확히 하기 위해 두 번 돌아왔다. 그리고 마침내 '모의살인에 무죄, 우발살인에 유죄'라는 평결을 내렸다. 법원은 하르박스 싱이 교도소에서 복역한 적이 있다는 진술을 들었다. 1981년 그는 두 차례나 아내 청부살해를 시도한 혐의로 3년형을 선고받았고, 실제로 2년간 복역했다. 이 소식은 배심원들에게 충격과 고통을 안겨준 듯 보였다.

하르박스 싱 산두는 과거에 자신의 아내가 살해당하게 하려 했을 뿐 아니라, 두 번이나 병원에 실려 가야 했을 만큼 강도 높은 폭력으로 아내를 괴롭혔다. 그는 복역을 마치고 나온 뒤 아들을 납치해서 인도로 도주했었다. 그의 아내는 인도 법원을 통해 어렵게 아들을 되찾았다. 하지만 그녀와 그녀의 아들은 하르박스 싱의 추적을 받았고 숨어 지내야 했다.

영국 증거법laws of evidence은 재판 중에 이러한 정보를 법정에 제시하지 못하게 막았다. 법률적으로 이러한 정보는 동생의 아내의 죽음에 관한 해당 사건과는 아무런 관련이 없기 때문이다. 그러나 하르박스 싱은 끈질기게 구르딥 카우르와 그녀 가족의 목숨을 위협했었다. 그는 구르딥 카우르에게 빈번하게 전화를 걸어 그녀가 죽을 거라고 말했다. 경찰은 이러한 사실을 잘 알고 있었다. 경찰은 이러한 통화를 몇 차례 직접 듣기까지 했지만, 법정에서는 이런 위협에 대해 아무런 언급도 없었다. 검찰 측에서 피고인에게 질문할 때조차 그랬다.

검찰은 법정에서 무슨 정보를 제시할 것인지에 대해 완전한 재량권을 가지고 있다. 혹시라도 배심원이 이러한 전화 통화 내용을 전문傳聞 증거로라도 알았더라면, 아마도 평결은 달라졌을 것이다. 하르박스 싱이 구르딥 카우르와 그녀의 가족을 위협한 유일한 남자는 아니었다. 그녀가 죽은 뒤, 하르박스 싱이 구류 중일 때도 전화는 계속해서 걸려왔다. 가족들은 하르박스 싱이 기소된 것과 구르딥 카우르 캠페인의 존재에 대해 비난을 들었고, 자신들이 죽게 될 거라는 말도 들었다. 형사법원 재판 마지막 날에 걸려온 전화에서 라빈데르는 하루도 더 살 수 없을 거라는 말을 들었다. 이러한 위협들 가운데 어떤 것들은 라빈데르의 아버지 쪽 가족들에게서 오는 것으로 알려졌다. 구르박스 싱은 아들이 자기 어머니를 구하려 했을 때 그를 제지했었다. 그는 아내가 죽던 그 밤에 칼을 휘둘렀다. 그는 치명적 부상을 입은 아내를 병원으로 옮기는 데 아무런 역할도 하지 않았다. 그는 앰뷸런스를 부르지도 않았다. 피고 측 변호인은 그가 구르딥 카우르를 죽였다고 주장했다. 그러나 구르박스 싱 산두는 쌍둥이 형의 재판에 나타나지도 않았다. 심지어 5월 11일 밤에 일어난 일들에 대한 증인으로도 법정에 서지 않았다.

구르박스 싱은 아내를 공격한 뒤 체포되었다. 그러나 사건 당시의 자신의 행위를 설명하라고 공개적으로 소환되지는 않았다. 그에 대한 기소 혐의들은 템스 밸리 경찰에 대한 부장검사 법무관의 권고로 모두 기각되었으나, 이유는 우리에게 알려지지 않았다.

이러한 사실을 알게 된 수많은 지역 여성들이 함께 모여 구르딥 카우르 캠페인을 결성했다. 이 단체는 주로 흑인Black* 여성들로 구성되었으며, 대부분이 아시아인이었다. 캠페인 측은 구르딥 카우르에 대한 정의를 요구했다. 구르박스 싱 또한 사건에 연루되었으므로 재판을 받아야 하며, 여성에 대한 남성 폭력의 이 끔찍한 사례가 일반 대중에게 알려져야 한다고 주장했다. 만약 국가가 구르박스 싱에 대해 정의를 실현하지 않는다면, 사인기소에 착수해서라도 캠페인 측이 정의 구현에 나서겠다는 것이 느껴졌다. 이 사건에 대한 정보는 팸플릿이나 우편물, 여성 미디어의 기사들을 통해 유통되었다. 얼마 지나지 않아 전국의 개인들과 단체들이 캠페인을 지지하기 시작했다. 많은 편지와 기부금이 도착했으며, 수백 명의 여성들이 구르딥 카우르에 대한 정의를 요구하는 청원서에 서명했다. 또한 많은 여성들이 하르박스 싱의 재구류 심리가 진행 중인 레딩의 치안판사 법원 밖에서 피켓을 들고 시위를 벌였다. 하르박스 싱이 살인 혐의로 재판을 받았던 윈체스터에서도 데모가 열렸다.

캠페인은 또한 경찰의 관심을 끌었다. 경찰은 즉시 이 단체를 조사하기 시작했다. 캠페인의 연락처로 기능하는 조직과, 구르딥 카우르 사건의 정보를 배포하는 지역 대안신문의 구성원들은 레

---

* (옮긴이주) 저자가 대문자 B를 쓴 것은 흑인의 개념을 말 그대로 피부가 '검은 사람들black people' 또는 아프리카인을 가리키는 것이 아니라, 주류 민족보다 상대적으로 피부가 어두운 유색 민족들 일반을 가리키는 것으로 설정했기 때문이다. 이 글에 나오는 '흑인'은 모두 같은 의미다.

딩 지역 바깥에서 온 경찰관들의 방문을 받았다. 경찰관들은 기소국장이 구르박스와 하르박스 싱 가족에게 항의를 받은 것과 관련해 후속 조치를 취하는 중이라고 말했다. 그러면서 재판기간에 계획된 시위에 관해 논의할 수 있도록 캠페인 회원들의 이름과 주소를 달라고 요구했다. 그들은 캠페인에 서한을 보내 모임을 조율하겠다고 했으나, 이후에 아무런 연락도 하지 않았다. 경찰관들은 또한 캠페인 팸플릿이 어디에서 인쇄되었으며, 어떤 기계가 사용되었고, 캠페인의 자금이 어디에서 오는지 알고자 했다. 그들은 캠페인이 시위를 계속한다면 자신들도 조사를 계속할 것이라고 충고했다.

구르딥 카우르의 가족들 또한 이 경찰관들의 방문을 받고 캠페인에 대한 질문을 받았다. 레딩의 치안판사 법원에서 심리가 진행되는 한편 경찰은 몇몇 지역 활동가들이 참관하고 있음을 알고 있다고 확언하며 형사법원 재판이 어디에서 열려야 할지를 결정할 때 이 캠페인을 고려해야 한다고 했다. 따라서 재판은 레딩에서 80킬로미터 떨어진 원체스터에서 열렸다. "지역 사람들의 감정이 격하기 때문"이라는 이유에서였다—아마도 '지역' 시위대를 따돌리려는 시도였을 것이다. 원체스터 형사법원 판사는 법정에서 플래카드를 들고 시위를 벌일 경우 투옥될 수 있다고 경고했다. 법원 바깥에서 항의하던 여성들은 모두 자리를 옮겨야 했지만, 시내에서 즉흥적으로 행진을 하는 등 행동을 이어나갔다.

캠페인 측은 언제나 홍보활동에 특히 조심스러웠다. 모임이 열리는 장소와 회원들의 이름은 언제나 매우 나지막하게 이야기되었다. 원래는 구르박스 싱과 그의 가족을 경계하려는 것이었다.

그들은 여전히 구르딥 카우르의 친척들을 위협하고 있었다. 그러나 이런 조심성이 습관이 된 것은 경찰의 방해 때문이었다. 캠페인 측은 자신들의 활동이 재판을 편향되게 만들 수 있다는 우려를 이해할 수 있었다. (그리고 그렇게 하지 않으려고 주의를 기울였다.) 그러나 그것이 문제였다면 경찰은 이 단체를 향해 서한을 발송할 수도 있었을 것이다. 우리는, 범죄자에게 정의가 행해지기를, 위협받는 이들에게는 보호조치가 취해지기를 바라고 있으니까 어떤 면에서 경찰이 우리와 같은 편일 거라고 생각했을 것이다. 그러니 완벽하게 합법적인 캠페인 단체가 다름 아닌 경찰 때문에 숨어 있어야 한다는 것은 너무나 아이러니한 일이었다.

구르딥 카우르와 그녀의 가족들은 경찰이 더욱 호의적인 조치를 취할 거라고 기대했을 것이다. 그들이 한동안 폭력을 견뎌왔다는 것과, 적어도 한 번 이상 밤에 찾아온 구르박스 싱을 쫓아 보내야 했다는 것을 경찰은 알고 있었다. 그러나 도움을 요청받았을 때는 구르딥 카우르에게 이사를 가라는 권고만 해주었다. 법원 명령을 얻어내는 데도 아무런 도움을 주지 않았다. 구르딥 카우르는 복지국의 도움을 받아 겨우 법원 명령을 받아냈다. 경찰은 하르박스 싱과 그의 동생이 전화로 살해 위협을 하는 것을 들었다. 그러나 보호를 요청받았을 때는 전화번호를 바꾸라는 조언만 해주었다. 그리고 확실한 일이 벌어지기 전에는 아무것도 할 수 없다고 했으며, 그러한 상황은 아시아인 공동체 안에서만 예상될 뿐이라고도 했다.

구르딥 카우르가 죽은 뒤, 그녀의 가족들은 매우 무신경하게 다루어졌다. 열두 살밖에 되지 않은 라빈데르는 한 번에 서너 시간 동안 조사를 받아야 했으며, 다른 가족들도 구르박스와 하르박스 싱에게 정의를 실현하려 한 자신들의 활동에 대해 과도할 만큼 추궁당했다. 구르박스가 풀려난 뒤 경찰은 구르딥 카우르의 가족들에게, 어떤 방법으로든 그를 위협할 경우 그들이 곤란해질 거라고 경고했다.

이 글을 쓰고 있는 지금도 캠페인은 여전히 존재한다. 하르박스 싱은 감옥에 있으며, 구르박스 싱은 자유롭고, 구르딥 카우르는 죽었다. 재판이 끝난 뒤에도 어떤 미디어들은 관심을 보였지만, 다수의 전국신문, TV, 라디오에선 당시에 가정폭력 문제를 중요하게 다루고 있었으면서도 이 사건이 중요하다거나 뉴스로서 충분히 가치가 있다고 여기지 않았다. 여러 이유로 사인기소는 이제 불가능해 보인다. 비용도 문제고, 증언을 모으고 증인들에게 증거를 제시해달라고 설득해야 하는 등 내재적인 어려움도 문제지만, 이런 문제들을 차치하더라도, 형인 하르박스의 사건 재판 때문에 구르박스 싱이 아무런 범죄를 저지르지 않은 것처럼 보인다는 게 문제다. 물론 법원에서는 구르박스 싱이 자신의 형이 투옥당하게 된 사건에 연루되었다는 증거가 제시되었다. 그는 자기 아들이 어머니를 보호하지 못하도록 막았으며, 경찰이나 앰뷸런스를 부르려고도 하지 않았고, 아내를 병원에 데려갈 때도 아무 역할도 하지 않았다. 그럼에도 '우발살인의 공범'이라는 혐의는 성립되지 않았다. 한 배심원은 구르딥 카우르의 죽음이 사고였다고 판단했다.

캠페인에선 기소국에 압력을 행사하여 사건을 재개하도록 하는 것 말고 다른 방법이 없어 보인다. 캠페인에 동조하는 하원의

원들을 포함해서 많은 여성들과 남성들이 편지를 보냈지만 기소국이 답변을 하는 일은 매우 드물었고, 답변을 하더라도 확신할 만한 증거가 충분하지 않다는 매우 실망스러운 내용뿐이었다.

경찰은 17년 동안 구르딥 카우르를 실망시켰다. 그녀가 잔혹한 남편의 손에서 폭력에 시달리고 있다는 것은 눈으로 볼 수 있었다. 그녀는 몸에 베인 상처나 멍든 자국이 자주 눈에 띄었을 뿐 아니라, 사람들 앞에서 공공연하게 남편에게 모욕을 당하기도 했다. 그녀와 그녀의 가족들은 경찰에 이러한 사실을 알렸고 그녀의 목숨이 위협받고 있다고 말했지만, 경찰은 그녀를 보호하기 위한 조치를 취하지 않았고 그러한 정보를 심각하게 받아들이지도 않았다. 경찰은 '가정'이라는 이름이 붙은 범죄들에 관심을 보이지 않으며, 많은 여성들이 맞닥뜨린 위험을 인식하지 못할 뿐 아니라 관련된 문제들을 직면하길 꺼린다. 구르딥 카우르 사건은 이러한 경찰의 모습을 다시 한번 입증하고 있다. 경찰은 여전히 가정 내 폭력은 자신들의 관심사가 아니라는 태도를 갖고 있는 것으로 보인다. 오히려 남성 폭력을 가정생활에 내재된 한 부분이자 여성이 속한 공동체가 다루어야 할 문제로 여기는 경향이 더욱 강해진 것 같다.

사법체계는 구르딥 카우르에게 스스로를 보호할 수단을 인정하지 않음으로써 그녀를 실망시켰다. 이후에는 그녀의 죽음에 책임이 있는 사람들을 사실상 처벌하지 않았다. 법원은 대중에게 그녀의 사건에 관한 이용 가능한 정보를 모두 제시하지도 않았고, 이제 자신을 위해 말할 수 없게 된 한 여성을 위해 대신 말할 기회를 누구에게도 주지 않았다. 오히려 법원은 시크교도 남성들이 알코올에 더 영향을 받는다고 주장하는 등 인종차별적인 추정들을 부추겼다. 이런 언술은 의심할 바 없이 배심원의 마음속에서 '정상참작 상황'을 추가하고, 다시 한번 알코올을 구실로 여성을 살해한 남성들을 변호하려는 것이었다.

아시아인 공동체는 구르딥 카우르를 실망시켰다. 이 공동체는 그녀가 폭력 없이 자신의 삶을 살아가도록 허락하지 않았다. 영국에 사는 아시아인 여성이 남편이나 남자 형제나 아버지에게 도전하는 일은 금지되어 있다. 이것은 그녀에 대한 국가의 외적 통제력 때문이기도 하고 공동체의 내적 통제력 때문이기도 하다. 그녀가 폭력적인 상황에서 벗어난다는 것은 가족을 완전히 떠난다는 것이고, 가뜩이나 인종차별적이며 동시에 성차별적인 사회 안에서 아시아인 공동체로부터도 멀어진다는 것이다. 이러한 행동을 취하는 여성들은 남편과 남편 친척들의 이자트, 곧 가족의 명예를 더럽혔다는 비난을 받는다. 아시아인 공동체 구성원들이 구르딥 카우르가 폭력에서 벗어나 자유롭게 살도록 허락했다면, 그러한 폭력이 가정과 공동체 안에 존재한다는 사실을 인정해야 했을 것이다. 그리고 폭력을 억압으로 여겨 도전해야 했을 것이다. 하지만 많은 이들은 폭력을 남성이 여성에게 권위와 권력을 행사하는 수단으로 수용하고 있다.

그러나 남성 폭력의 이러한 기본적 사실들은 모든 사회와 문화에서 보편적으로 나타난다. 전 세계 여성들이 삶의 모든 영역에서 남성의 폭력을 겪고 있다. 폭력은 여성들의 공포를 유발하며 그 결과 여성들은 남성들에게 예속된다. 어디에서나 이러한 억압이 암암리에 존재하고, 따라서 여성에 대한 남성의 폭력도 암묵적으로 용납된다. 경찰, 법원, 공동체와 사회 모두가 일률적으로 구르딥 카우르가 겪은 폭력과 죽음을 허용한다. 가정폭력이 자연스러운 가정생활의 일부이며, 실제로 현 상황을 유지하는 가부장제의 도구라고 여기는 경솔하고 암묵적인 믿음을 통해 이 모두가 가능해진다.

구르딥 카우르 캠페인은 전국의 흑인 여성들과 백인 여성들을 한데 모아 구르딥 카우르와, 매일 남성들의 손에서 폭력을 겪는 수천 명의 여성들을 위한 정의를 요구했다. 구르딥 카우르 때문에 슬퍼했던 우리 모두는 그녀에 대한 기억을 이용해 변화를 위한 우리의 투쟁을 강화함으로써 그녀가 절대 잊히지 않도록 해야겠다.

우리는 그녀의 죽음을 침묵 속에서 애도하지 않겠다.

두 가지 투쟁:
남성 폭력과 경찰에 도전하기

사우설 블랙 시스터스

1987년 6월, 런던 광역 경찰청은 런던지역 전 경찰서에 가정폭력에 관한 '집행명령Force Order'을 내리고 경찰관들에게 '1984년 경찰 및 범죄증거법'의 새로운 조항들에 주의를 기울이라고 지시했다. 또한 가정폭력을 합동으로 다루기 위해 여러 단체들과 긴밀한 관계를 맺으라고 권고했다.

이 명령은 기소를 강조하면서 지역 단체들과의 긴밀한 관계를 권고하고 있지만, 사우설 블랙 시스터스는 이것이 가정폭력에 대한 경찰의 대응 방식이라는 문제를 다루려는 진지한 시도라고 생각하지 않는다. 여성들이 늘 경찰을 비판해온 것은 마지막 순간에 기소가 이루어지느냐 아니냐와 상관없이, 경찰이 가정 내 폭력에 대해 이미 주어져 있는 권력을 활용하지 않았기 때문이고, 응급상황에서 효과적으로 대응하지 않았기 때문이다. 그러한 응급상황 조치가 없으면 여성들은 폭력을 감수하면서 생명이 위태로운 상황에 처하게 된다. 집행명령 지침은 이런 문제를 언급하지 않고, 경찰이 지역 단체들과 긴밀하게 '관계'를 맺을 필요성만 강조한다. 경찰 용어로는 이것을 '멀티에이전시multi-agency 접근법'이라 부른다. 런던 광역 경찰청 내부작업단 보고서에서 가정폭력에 관한 주요 권고사항의 하나로 이를 제시했다. 멀티에이전시 접근법이 정확히 무엇이고 어떤 의미이며, 그것이 왜 이 특정한 시기에 채택되어야 하는지는, 가정폭력에 대한 경찰의 대응을 포함한 현행 경찰 정책에 관한 논의에서 중심을 차지하는 중요한 질문들이다.

흑인들에겐, 이 나라의 경찰이란 언제나 인종차별 국가의 공인된 억압적 얼굴을 대표했다. 사우설을 비롯한 런던의 다른 도심지역에서 지난 20년 동안 일어난 폭동들은 모두 늘어나는 노숙자, 실업, 이민 통제, 거리에서의 인종차별적 공격에 직면한 흑인들의 절망, 분노, 좌절을 급박하게 자발적으로 드러낸 사건들이었다. 이러한 폭동과 커가는 불안에 대한 국가의 대응은 경찰력을 강화하는 것이었다. 이를 위해 정부는 입법을 통해 경찰에 새로운 권력을 부여하고, 저항과 시위를 분산시키기 위한 자원을 늘렸다.

최근 몇 년 동안 국가와 경찰은 우선순위와 목적을 재정의했다. 그리하여 흑인들이 스스로 조직을 꾸리려는 시도들은 범죄행위가 되었다(예를 들어 인종차별적인 폭력배들로부터 스스로를 보호하려 한 청년단체 뉴엄 세븐Newham Seven과 뉴엄 에잇Newham Eight이 기소되었다). 이러한 맹공격은 흑인 공동체에만 한정된 것도 아니다. 백인 공동체의 집단들도 점점 더 공격의 대상이 되었다. 도심지역에 대한 대처Margaret Thatcher 정부의 캠페인들은 도시의 부패,

빈곤, 박탈에 대한 염려가 아니라 이러한 상태로부터 야기된 불안을 통제할 필요에 기인한다. 정부는 실업자, 노숙자, 보건, 교육 등 중요한 현실의 문제들을 무시한다. 경찰은 경찰대로 확실하게 정부가 겨냥하는 방향에 부합하도록 정책과 목표를 조정했다. 경찰은 도심지역들에서 표적선정, 감시, 통제를 주요 치안유지활동의 우선사항으로 다루는 과정을 1970년대 말부터 시작했으며, 지금도 이를 강화하고 있다.

역설적이게도, 우리 공동체들로부터 추행과 위협과 폭력을 겪고 있는 흑인 여성들은 즉각적인 도움을 얻기 위해 오직 경찰에 의지할 수밖에 없었다. 대다수의 여성들은 경찰을 신뢰하지 않는다. 그러나 다른 대안이 없기 때문에 할 수 없이 경찰에 보호와 안전을 요청해온 것이다. 우리 공동체 내부에 있는 가정폭력 같은 문제에 항의하면서, 동시에 경찰의 인종차별에 항의하는 흑인 여성들은 여러 모순에 빠지는 경우가 많다. 한편으로 우리는 경찰의 잔혹성, 유치장에서 일어나는 사망사고, 이민자 미끼수사에 항의하는 캠페인들에 관여하고 있다. 다른 한편으론 매일 구타와 강간과 성추행을 겪고 있다. 우리는 반인종차별 투쟁에서 같은 편으로 함께 싸우고 있는 바로 그 남자들로부터 우리를 보호해달라고 경찰에 요구할 수밖에 없다. 남성이 지배하는 가부장제 공동체 내부의 투쟁을 희생하면서 인종차별에 맞선 투쟁을 벌일 수는 없다. 가부장제 공동체의 전통과 관습은 여성을 집에 가두고, 누구와 함께 어떻게 살아갈지 결정할 권리를 여성에게 인정해주지 않는다. 인종차별에 대한 투쟁을 우선시해 가부장제에 대한 투쟁을 부차적인 것으로 만든다면, 우리 가운데 많은 이들은 아무리 좋게 보아도 여성의 경험을 무시한다고 느낄 것이며, 나쁘게 본다면 수동적으로 가부장제와 결탁한 것이라고 느낄 것이다. 각각의 투쟁이 서로에게 미치는 영향에 대한 통찰을 잃지 않으면서 두 가지 투쟁을 동시에 추진해야 한다는 것이 우리의 생각이다. 우리의 요구사항을 관철시키려면 이 두 가지 투쟁 모두 고려되어야 한다.

아시아인 여성들은 가족의 '명예'가 자신들의 행동과 침묵에 달려 있다는 생각에 도전해왔다. 크리슈나 샤르마와 발완트 카우르 같은 여성들은 폭력에서 벗어나 독립적으로 살아갈 권리를 주장함으로써 과감하게 '침묵을 깨뜨렸다'. 두 여성 모두 남편에게 살해되었는데, 그들이 남편의 권위를 위협하고, 남성이 지배하는 공동체에도 암묵적으로 위협을 가했기 때문이었다. 크리슈나 샤르마와 발완트 카우르의 죽음은 그들이 죽기 얼마 전 도움을 청했을 때 경찰이 조치를 취하기만 했더라면 미연에 방지할 수 있었다.

크리슈나 샤르마는 1984년 5월 사우셜에서 죽었다. 그녀는 수년에 걸친 남편의 폭력에 시달리다 더 이상 견딜 수 없게 되어 경찰에 도움을 청했다. 남편이 자신을 종종 때렸다고 스스로 인정했는데도, 그녀의 집 현관에 나타났던 경찰관은 남편이 그녀를 때렸다는 증거를 전혀 찾을 수 없었다고 말했다. 경찰관은 크리슈나에게 남편을 사인기소해야 할 것이라고 충고했다. 몇 시간 뒤 크리슈나 샤르마는 목매달아 죽은 모습으로 발견되었다. 옷은 찢겨 있었고 몸에는 서너 군데 멍 자국이 남아 있었다. 그러나 추후에 사망 원인을 규명한 결과 자살이라는 결론이 나왔다.

젊은 아시아인 여성이자 세 자녀의 어머니였던 발완트 카우르는 1985년 10월 22일 브렌트에 있는 아시아인 여성 피난처에서 살해되었다. 남편의 학대와 폭력을 견디며 8년을 살아온 그녀는 1985년 7월에 겨우 피난처로 도망칠 수 있었다. 그 전에 그녀가 결혼해 살던 집에서도 경찰에 도움을 청한 적이 있었으나, 경찰은 그녀를 보호해주지 않았다. 그녀의 남편 바그완트 싱 파네사르Baghwant Singh Panesar는 더 이상 그녀를 '소유'할 수 없다는 사실을 참을 수 없었다. 그는 그녀의 뒤를 밟아 피난처를 찾아냈다. 10월 18일 밤 그는 공범 둘을 고용해서 피난처에 찾아왔다. 이 두 남자는 처음에 그가 피난처를 털 거라고 해서 함께 왔지만, 그의 진짜 의도가 아내를 죽이려는 것임을 알고는 그를 두고 가버렸다. 그들은 다음 날 다시 피난처를 찾아와 발완트에게 남편이 그녀를 죽이려 한다고 경고했다. 피난처에서는 즉각 지역 경찰서에 이 사실을 알리고, 24시간 순찰을 돌며 보호해줄 것을 요청했다. 경찰서에서 경찰관을 보내주었지만 그는 피난처에 머물던 여성들과 이야기한 후 가버렸다. 그 이상의 조치는 전혀 취해지지 않았다. 그리고 사나흘 뒤에 발완트는 어린 세 딸이 보는 앞에서 남편의 칼에 찔려 숨졌다. 경찰은 발완트의 목숨에 대한 위협에 제대로 대응하지 못했을뿐더러, 살인이 벌어진 뒤에는 피난처의 위치를 미디어에 누설하기까지 했다. 방송을 통해 피난처의 주소가 런던 전역에 알려졌고, 그렇게 해서 피난처에 머물던 다른 여성들의 목숨까지 모두 위험에 처했다. 경찰은 여성과 그 자녀, 그리고 피난처의 안전을 전적으로 무시했다. 그 탓에 피난처에 있던 사람들은 살인 발생 후 24시간 안에 모두 대피해야만 했다.

크리슈나 샤르마와 발완트 카우르 두 여성의 죽음은 경찰이 여성에 대한 폭력사건보다 다른 우선순위 사건들에 그들의 자원을 분배한다는 것, 그리고 그 결과 많은 여성들의 목숨이 위기에 처한다는 것을 무서울 정도로 분명하게 보여준다. 우리는 여기서 경찰의 운용에서 '성공'을 대하는 기풍이 문제가 된다고 생각한다. 경찰은 성공을 기소와 유죄판결 비율로 측정한다. 그들이 제공할 수 있는 안전과 보호는 성공의 기준이 되지 못한다. 경찰이 사건의 우선순위를 매기는 방식 또한 문제다. 경찰관은 자유권 침해, 빈곤, 박탈에 맞선 시위를 통제하기 위해서는 기꺼이 출동하지만, 집에서 생명의 위협을 느끼며 살아가는 셀 수 없이 많은 여성들은 무시한다.

집행명령이 내려진 지 1년 남짓한 시점에서, 우리가 보기에 경찰은 스스로의 지침을 이행하는 데 실패한 듯 보인다. 우리가 경험한 바에 따르면, 집행명령을 해석하고 어떻게 할지 선택하는 것은 개별 경찰관들에게 맡겨져 있다. 더욱이 대다수의 경찰관들은 집행명령의 존재 자체를 알지 못하는 듯하고, 가정폭력이 심각한 범죄라는 사실을 인정하려 하지 않는 것처럼 보인다.

그런데 우리가 일링에서 발견한 것은 분명 그곳 경찰서 전체가 집행명령이 권고하는 가정폭력에 대한 '멀티에이전시 접근법'을 따르고 있다는 것이다. 이 접근법은 경찰이 해당 지역의 법정기관 및 자원봉사단체들과 긴밀하게 협력해야 한다는 관점에서 제시되었다. 그러나 현실에서는 가정폭력에 대한 응급조치를 즉각 제공하는 것보다는 각 공동체의 프로필을 작성하는 것과 더 관련이 있다. 그러한 '협력'의 기준은 경찰이 설정한다. '함께 일하는' 과정에서 사회복지기관이나 학교, 보건사회보장부(DHSS) 등은 원래의 사회복지 윤리로부터 멀어져 경찰에 협조하는 역할로 변환된다. 이것이 공동체 안에서 사회적으로 불리한 다른 모든 집단들과 나아가 흑인들에게 가져올 결과는 너무나도 분명하다.

사우설에서 우리는 경찰의 가정폭력에 대한 멀티에이전시 접근법이 구체적으로 어떻게 실행되고 있는지를 직접 경험했다. 1987년 2월과 3월에 우리는 사우설 경찰서 주관 모임에 참석했다. 가정폭력에 대한 경찰의 대응책을 논의하고자 마련한 모임이었다. 두 차례 모임이 열리는 동안 경찰은 매우 명료하고 솔직한 모습을 보여주었다. 경찰의 제안은 '가정폭력위원회'를 만들자는 것이었다. 위원회는 사회복지사, 보호관찰부, 정신의학 간호사, 지역 범죄피해자 지원단체의 자원봉사자, 지역 여성단체들로 구성하고, 이 위원회가 결성되면 정기적으로 만나서 사례연구 회의를 열자고 했다. 위원회의 권한은 경찰에 의해 정해졌다. 다양한 관계기관들 모두 '문제가정'에 대한 정보를 제공해달라는 요청을 받았다. 그 일환으로 우리는 가정폭력 사례들에 관한 정보를 경찰에 제시해달라는 요청을 받았다. 경찰은 그 정보를 가지고 무엇을 하려고 하는지 우리에게 전혀 알려주지 않았다.

말할 필요도 없이 우리는 그러한 계획에 참여하지 않기로 결정했다. 경찰이 제시한 권한이란 가정폭력에 대한 경찰의 태도와 정책을 분명하게 반영한 것이었다. 가정폭력은 '문제가정'의 전형적인 행동으로 다시 정의되었고, 문제가정은 경찰의 주목 대상이 되는 것이었다. 이런 가정에는 오직 개별 경찰관의 변덕스러운 기분과 편견과 추정을 근거로 낙인이 찍힐지 모른다. 우리는 가정폭력이 인종, 종교, 계층에 상관없이 어느 가정에서나 어느 때고 발생할 수 있음을 지적하고자 애썼다. '문제가정'이라는 표현이 대체 어떻게 정의되는지는 몰라도, 가정폭력은 단지 '문제가정'에만 국한되지 않는다. 경찰의 역할은 이러한 측면에서 여성들의 주도권을 빼앗는 것이 아니다. 여성들이 요청할 때 그들의 가정환경이 어떠하든 신속하고 효과적으로 응답하는 것이야말로 경찰이 해야 할 일이다.

모임이 계속 열리는 내내, 경찰은 가정폭력이 '가족'의 문제라는 입장을 고수하면서, 그렇기 때문에 거기에 경찰이 개입해서 법을 집행하는 것은 불가능하다고 주장했다. 경찰은 그렇게 할 경우 남자들이 경찰에 대해 부정적인 이미지를 갖게 될까 봐 걱정했다. 아시아인 주민이 더 많은 사우설 같은 지역에서는, 개입을 꺼리는 경찰의 이런 태도를 인종차별적 추정들이 뒷받침해주었다. 경찰이 개입하지 않는 이유로 중매결혼 같은 요인들이나 이질적인 문화가 거론되었다. 또한 경찰 측은 나이 든 아시아인 여성들은 참을성이 더 뛰어나며, 그러므로 즉각적인 도움이 덜 필요하다고 주장했다. 크리슈나 샤르마와 발완트 카우르가 도움을 요청했을 때 경찰이 무대책으로 일관한 것도 아마도 이러한 추정들 때문일 것이다.

다른 곳도 마찬가지지만, 사우설 지역에서 가정폭력에 대해 경찰이 채택한 접근방식은 공동체 치안유지활동community policing*

---

* (옮긴이주) 경찰이 지역 주민들과 협력하여 지역의 치안을 담당케 하는 제도.

과 자문회의에 대해 경찰이 말하는 수사적 표현들과 명확하게 일치한다. 인종차별적 추행과 가정폭력 같은 문제 영역들을 다루는 위원회는 경찰이 이런 문제에 관심을 가지고 있으며 '공동체에 개입할' 준비가 되어 있다는 착각을 만들어낸다. 그리고 그와 동시에 경찰이 자신의 책임으로부터 다른 곳으로 초점을 돌리도록 허락한다. 궁극적으로 경찰의 접근방식은 이러한 문제들을 다뤄야 하는 경찰의 책임으로부터 주의를 돌리게 만드는 방해공작인 셈이다.

사우설, 브릭스턴, 노팅 힐, 핸즈워스, 톡스테스, 세인트 폴스, 토트넘 같은 지역들에서 흑인들이 겪은 일에 비추어보면, 흑인들은 멀티에이전시 접근법 같은 계획들을 전혀 신뢰할 수 없다. 이런 계획들은 그저 경찰이 점점 더 정교한 책략을 이용해서 흑인들을 통제하려 한다는 확신을 우리에게 심어줄 뿐이다.

경험은 경찰이 여성과 흑인 편이 아니라는 사실을 알려주었다. 따라서 경찰이 '문제가정'을 표적으로 삼아 가정폭력을 우선 처리하겠다고 하는 것은 결코 우연이 아니다. 멀티에이전시 접근법은 공동체 내 한 집단을 겨냥한 선전활동으로 남아 있다. 그 집단이란 여성들, 수년 동안 경찰의 무대응에 따른 결과로 폭력과 심지어 죽음을 겪어온 여성들이다. 이와 동시에 멀티에이전시 접근법은 공동의 치안유지라는 그물망을 확장하는 데 기여한다.

크리슈나 샤르마와 발완트 카우르의 죽음은 우리에게 중요한 질문을 제기했다. 우리는 여전히 다른 대안이 없는 상황에서 경찰에 계속 요구할 수밖에 없다. 그러나 우리는 경찰력 자체가 그 운용과 우선사항 설정에 있어 점점 정교해지고 있음을 인지해야 한다. 경찰은 사회 통제라는 과업을 스스로 짊어지고, 그 과업을 수행할 권한과 자원을 얻고자 정력적으로 캠페인을 벌여왔다. 경험에 비추어볼 때 우리의 의무는 경찰력이 그 권한과 자원을 우리의 요구를 충족시키는 데 전용하도록 투쟁하는 것이다.

애도하며 분노하며
(사전 분석)

수잰 레이시

활동가의 정치적 기술은 영감이나 선의, 운 좋게 정렬된 이미지들에서 나오는 단순한 산물이 아니다. 그것은 사회적 분석으로 이루어지며, 관객의 참여를 이끌어내는 하나의 전략이다. 나는 이 글을 통해 강간 살인사건 뉴스 보도들에 대한 간단한 관찰 내용을 제시하려 한다. 힐사이드 스트랭글러 사건을 예시로 이용해, 성범죄 보도가 어떻게 여성을 위협하고 여성에 대한 폭력의 신화들을 영속화하는 데 기여하는지 설명할 것이다. 레슬리 라보위츠Leslie Labowitz와 내가 '여성에 대한 폭력에 반대하는 여성들(WAVAW)'에서 영감을 받아 전개한 이 분석은 1977년 12월 13일 로스앤젤레스 미디어를 위해 우리가 창작한 〈애도하며 분노하며In Mourning and In Rage…〉 예술 공연의 핵심을 이룬다.

사실과 판타지

1977년 11월 초, 장차 연쇄살인으로 이어질 두 번째 성적 살인이 로스앤젤레스 미디어에 뉴스 속보로 전해졌다. 그보다 2주 전에 욜란다 워싱턴Yolanda Washington이라는 여성이 발가벗겨진 채 목이 졸린 시신으로 발견된 사건은 언론의 주목을 받지 못한 채 지나갔다. 성매매 여성들의 삶에서 폭력은 흔한 것이었다. 그러나 할리우드 대로에 자주 돌아다니던 15세의 주디스 밀러Judith Miller가 핼러윈 다음 날 목이 졸린 시신으로 발견되자 뉴스 관계자들이 두 사건 사이의 관계성을 의심하는 질문을 쏟아내기 시작했다. 그리고 그 한 달 동안 시신이 하나씩 계속 발견되자(12월 1일까지 모두 10구의 시신이 발견되었다), '힐사이드 스트랭글러 사건'이 탄생했다. 누가 이 말을 만들어냈는지, 경찰인지 언론인지는 아무도 알지 못한다. 하지만 범행 장면을 생생하게 묘사하는 이 표현은 언론 보도에서 빠져서는 안 될 중요한 요소가 되었다.

로스앤젤레스의 겨울 몇 달 동안, 경찰과 기자들 사이의 정보교환과, 그러한 정보교환에 대한 미디어의 보도를 통해서 힐사이드 스트랭글러 사건은 일반 대중의 마음에 문자 그대로 하나의 독립적 실체로 창조되었다. 물론 살인사건들은 실제로 일어났고, 도시 여기저기에 흩어진 채로 발견되는 여성들의 유기된 시신들처럼 실제로 존재했고, 그들을 사랑했던 사람들이 표현하는 슬픔만큼 현실이었다. 그리고 공들여 수집한 증거들로 미루어보면, 그들은 같은 살인자 또는 살인자들에게 연결되어 있었다. 그러나 힐사이드 스트랭글러 사건을 대중이 인식하는 것은 지역 뉴스산업의 영역이었다. 기자들은 이야기의 실마리를 손에 넣자마자 결국 수년 내 이 도시에서 발생한 사건들 중 가장 흥행하게 될 이야기로 만들어나가는 경로를 밟기 시작했다. 한 칼럼니스트는 이렇게 인정했다. "나는 이 TV 판타지 속에서 살고 있었어요. 나는 범죄자들이 기자에게 전화를 건다는 걸 알고 있었죠. 범죄자들은 경찰은 무서워하면서도 기자에게는 자기 이야기를 들려주려 하거든요… 이제 인정해야만 할 것 같은데, 이런 판타지에 얼마나 사로잡혀 있었던지 나는 24시간 연락 가능한 내 전화번호를 남겨두었을 정도예요…"(Schwartz 1981, 83). 힐사이드 스트랭글러 살인사건이라는 드라마에서 대부분 남자였던 기자들은 판타지에 빠져들었고, 그 판타지는 그들의 독자들에게 전이되었다. 도시 전역에서 벌어지는 남자들의 농담과 비아냥과 은근한 협박(알지, 내가 그 스트랭글러일지도 몰라)에서는 범인과의 동일시가 드러났다. 기자들의 열정이 이러한 동일시현상을 처음부터 만들어낸 것은 아닐지라도, 적어도 그런 현상에 기름을 부은 것만은 사실이다.

사건이 하나씩 일어날 때마다, 기자들의 열의, 경찰에게 가하는 대중의 압력, 경찰과 보도 관계자들 사이의 적대감 때문에 부정확한 보도들이 정교하게 엮여나갔다. 한 기자는 피해자들의 시신이 놓여 있던 방식에 기초해서 기이한 의례적 고문이 있었을 거라는 이론을 만들어냈다. 하지만 그는 경찰의 요청이 들어왔을 때 이 이론의 세부사항을 알려주지 않았다. 경찰은 시신이 놓인 방식을 가지고는 다만 시신이 어떻게 옮겨졌는지를 알 수 있을 뿐이라고 말했다. "우리는 가능한 한 언론에 도움을 주지 않으려 했다." 보안국의 한 수사관은 이렇게 말했다. "···우리는 기자 쪽이 잘못된 결론을 내리도록 부추겼다··· (왜냐하면) 실제 살인범이 자백을 한다면, 사람들이 읽은 적 없는 자세한 세부사항들을 언급할 테고"(Schwartz 1981, 61), 그렇게 함으로써 자신의 자백이 진짜라는 걸 입증하게 될 것이기 때문이었다. 경찰과 기자 양쪽 모두에게 가짜라고 알려진 자백이 누출되거나, 교정되지 않은 채 미디어에 남아 있도록 방치되는 바람에 긴장감을 고조시키는 일이 적어도 두 번은 있었다.

사실과 허구와 교묘한 거짓이 이루는 파노라마 안에서는 그러한 범죄를 보도하는 목적이 무엇인지 물어야 한다. 그러한 보도들은 사건의 기록자들에게 어떤 도움이 되며, 독자들에게는 어떤 영향을 미치는가? 기자들은 각각의 세부사항이 여성들에게 스스로를 보호할 수 있는 더 많은 정보를 준다고 주장했다. 그러나 시신이 발견된 위치를 분명하게 묘사하는 데서 발생하는 효과는 의례적인 성적 살인에 대한 암시를 드러냈고, 비슷하게 지어낸 이야기들이 여성들의 히스테리를 키웠다. 그리고 공포에 자극을 받은 그들의 반응도 때맞춰 보도되었다. 여성들은 부엌칼과 호루라기를 가지고 다녔으며, 철물점에서 잠금장치들을 구입했다. 도시 전역에서 여성들의 이동이 극심하게 줄어들었다.

이러한 '미디어 이벤트'의 최종 결과가 여성이라는 집단 전체를 위협하고 공포에 사로잡히게 만든 것이라면, 뉴스 보도는 연예오락 및 포르노그래피 미디어에 적용되는 페미니스트 분석의 노선을 따르는 편이 유익할 것이다. 이러한 분석은 연예오락계의 거물들이 이용하는 논리적 근거 때문에 복잡해지지만 여기에서는 오히려 적용 가능성이 더욱 높다. 대중은 자신들이 처한 환경에서 무슨 일이 일어나고 있는지 알 권리가 있다. 그리고 그러한 정보를 (객관적으로) 재현하는 것이 미디어의 역할이다. 물론 여기서 진짜 객관성이 상징적 재현을 통해 유지되거나 유지될 수 있다고 하는 것은 거짓말이다. 그러나 그것이 가능할 수 있다고 믿는 시청자들은 사건 자체와 사건에 대한 이야기를 자주 혼동한다.

너무 분명한 말이지만, 대규모 도시 환경에서 뉴스 보도는 사실 실제 사건과 그 사건에 대한 대중의 인식 사이의 접점에서 이루어진다. 하지만 어떻게 이른바 '사실들'이 선별되어 시청자들의 믿음 체계를 강화하거나 형성하는지는 그렇게 분명하지 않다. 경찰과 손잡고 사건을 조사하면서 미디어는 분리된 개별 사건들로부터 범죄 시리즈를 창조해낸다. 대중들이 보고 또 보면서 인지하게 될 줄거리를 꾸며내는 것이다. 폭력적인 성범죄가 발생한 경우, 이렇게 만들어진 줄거리가 여느 TV 탐정 프로그램이나 영화 못지않은 살인 미스터리 픽션에 가까워지는 일도 종종 있다. 우리가 보는 많은 픽션들 속에 보존되어 있는 강간과 성폭력에 관한 신화들에 따라 사실들이 재단된다. 그리고 이렇게 재단된 사실들로 실제적인 맥락이 형성되는데, 흥미롭게도, 그러한 폭력의 원인이 되는 사회적 힘과 조건들에 의해서가 아니라, 연예오락산업에 의해서 형성된다. (예컨대 포르노그래피의 방식같이) 여성을 위협하고 억누르려는 숨겨진 사회적 목적에 이러한 뉴스 보도가 어떻게 기여하는지를 풀어내면서, 우리는 뉴스 보도가 정보를 전달하기 위해 선택하는 형식과 테마를 들여다보아야 한다.

뉴스 스토리 구성

독자들이 계속 신문을 사도록 하고, TV 시청자들이 계속 뉴스 프로그램을 보도록 하는 좋은 이야기, 그런 스릴러를 만드는 방법은 무엇일까? 기자들은 관객을 두고 할리우드와 경쟁하는 한편 할리우드의 관객으로서 그 영향을 받기도 하면서, 극적 요소들을 반영하는 스토리를 구성한다. 이를테면 테마는 이해하기 쉬워야 하고, 플롯은 일관되어야 하며, 관객이 동일시할 수 있는 주인공과 미워하기 쉬운 적대자가 등장해야 한다. 허구적인 이야기를 관통하며 여러 테마들이 반복되고, 사회 분위기의 변수들에 따라 테마들의 호소력은 높아지거나 낮아진다. 이러한 시나리오가 있다고 생각해보자. 광적인 살인자가 젊고 아름답고 무력한 여자들을 따라다닌다. 결국에 그는 잡히고 말겠지만, 그 전에 관객을 만족시킬 만한 생생한 폭력 장면들이 충분히 등장한다. 오늘날 이러한 테마들이 대중 오락물에서 호소력을 발휘하는 것을 생각하면, 힐사이드 스트랭글러 뉴스 보도가 이러한 패러다임을 따른다는 것이 그리 놀라운 일은 아니다.

일정 기간 동안 하나의 뉴스 스토리를 팔기 위한 첫 번째 필수 요소는 알아보기 쉬운 이미지를 가지고 익숙한 테마를 증강하는 것이다. '힐사이드 스트랭글러'라는 말이 만들어짐으로써 대중의 상상 속에서 개별적 사건들이 하나의 범죄 시리즈로 고정되었다. 여기엔 좋은 타이틀이 갖추어야 할 모든 요소들이 들어가 있다. 성폭력을 연상시키면서, 다른 구체적 정황들은 배제하고, 사건에서 가장 무서워 보이는 특이한 요소 한 가지를 극적으로 부각했다. 사람들이 사는 언덕 비탈에서 지역 주민이 알몸의 시체를 맞닥뜨리는 것이다. 주요 일간지와 TV 채널은 스스로의 재량권에 따라 들판에서 발견된 시신들에 대한 사실적인 묘사를 금지했다. (반면에 그렇게 세심하지 않은 다른 매체들은 현장에서 바로 찍은 외설적일 만큼 객관적인 죽은 여자의 사진들을 그대로 공개했다.) 그러나 가려진 시신 위로 몸을 구부리고 있는 경찰들의 사진들 또한 똑같은 목적에 기여했다. 사진을 보는 사람들은 오락물이나 예술작품에서 빌려온 이미지들을 통해 사진의 나머지 부분을 완성하기 때문이다. "오늘 한 언덕 비탈에서 목이 졸려 사망한 여성의 시신이 팔다리를 벌린 채 발가벗겨진 모습으로 발견되었습니다." 변주곡처럼 끊임없이 반복되는 언어적 묘사가 주요한 이미지, 하나의 아이콘이 되었고, 전체 드라마가 그것을 중심으로 전개되었다.

드라마의 플롯은 경찰 보도자료, 거짓 자백, 이어지는 살인을 통해 산발적으로 드러나긴 했지만, 실제 사건들이 허용하는 것보다 더 빨리 결론을 향해 달려갈 수는 없었다. 그러므로 기자들은 개별 피해자들의 삶을 조사함으로써 과거 시제를 사용해 내러티브를 확장했다. 시각적으로도, 피해자들의 가족과 친구들이 누구인지, 그들의 집은 어떻게 생겼는지, 그들의 시신이 어디에서 발견되었는지, 그리고 물론 피해자들은 어떻게 생겼는지가 밝혀졌다.

분명해 보이는 피해자들의 관련성 — 각 피해자는 성폭력적 문화 속의 여성이었다 — 은 간과한 채, 기자들은 죽은 여자들의 과거를 파헤치면서, 경찰과 함께 이러한 특정 여성들이 왜 범행의 표적이 되었는지를 밝힐 단서를 찾았다. 개별 살인사건의 유사점들을 가지고 잘못된 인과관계를 구성하면서 기자들은 성폭력 피해자들은 어쨌든 스스로 그런 행동을 선택했으니 그런 일을 당할 만했다는 일반적 신화를 무심코 뒷받침했다. 피해자들이 공통으로 저지른 치명적인 실수들을 기자들이 밝혀낼 수 있다면 독자들은 스스로를 보호할 수 있을 것이다! 그러므로 처음 두 여성이 할리우드 대로를 자주 드나들었다는 사실이 밝혀졌을 때, 기자들은 이 정보에 맹렬하게 달려들었다. 여기에 가능성 높은 원인이 있으니, 이 여자들은 매춘부였거나, 살인범에게 매춘부로 여겨진 것이다. 이러한 단서는 피해자들이 문란하다는 생각을 깔끔하게 만족시켰다. (최근까지도 캘리포니아 주 법원들에서는 피해자의 성생활 이력이 본인에게 불리한 증거로 사용될 수 있었다.) 이는 살인범의 동기가 유혹적인 어머니에 대한 분노 때문에 유발되었으리라는 추측과도 일맥상통했다. 이와 다른 대안적 가설을 만드는 쪽으로 기우는 사람은 아무도 없어 보였다. 매춘부들은 쉽게 이용 가능하다는 점 때문에 이제 막 요령을 터득하기 시작한 성범죄자들에게 당하기 쉽다는 것이다. 이러한 매춘부 이론은 근거가 없음이 곧 입증되었음에도, 그 흔적은 남았다. 의혹에도 흔들림 없이 의연한 기자들은 "사랑을 찾던 그녀, 스트랭글러를 만나다"(*Los Angeles Times* 1977, 30) 같은 연속극 같은 이야기를 계속해서 써냈다.

도시 전역에서 공포에 자극된 여성들의 행동이(누구든 피해자가 될 수 있다!) 긴장감을 고조시키고 이야기의 기본 줄거리를 흥미롭게 꾸며주었다. 몇몇 특집기사들이 여성들의 자기방어 대책을 전면에 내세웠음에도, 시각적인 메시지는 강력하기보다 가장 효과가 없는 순간들을—호신술 강사가 뿌린 최루가루가 얼굴에 묻어서 울고 있는 여자, 슈퍼마켓 앞에 서 있는 여자의 손가방 속에 숨겨진 작은 과도 따위를—보여주었다. 여성들을 위한 TV 특별 프로그램에서는 도입부 화면으로 밤길을 혼자 걷고 있는 여자의 두 발과 그녀를 쫓아가는 정체불명의 남자의 발을 내보냈다. 범죄소설의 선정적인 스타일을 따라 한 여러 이미지들이 여성은 무력하다는 생각을 계속 강화했다.

진짜 정보가 없는 상황에서 살인범의 가능한 범행 동기들은 주로 대중적 신화에서 수집되었다. 심리학자들이 미디어에 출연해서 살인범의 어머니가 지배적이었다든가, 특히 변덕스럽게 잔인하게 굴거나 유혹적이었을 거라고 추정했다. 어머니가 몸가짐이 헤픈 여자였을 거라는 추측도 나왔다(매춘부 이론이 만연해 있던 시절에 이런 추측은 특히 인기가 있었다). 그리고 대체로 아버지는 부재했을 거라고 했다. 성적 살인범은 여성을 향한 분노에 충동되어 살인을 했을 텐데, 그런 그의 혐오는 가증스러운 여자들 때문에 생겼을 거라고 추정되었다. 범행을 자백한 살인범이 잡힌 뒤에도 한 작가는 이런 버전의 현실에 계속 집착했고, 케네스 비앙키의 변덕스럽고 불안하고 신경증에 걸려 공격적인 어머니와, 이미 사망한 아버지, 그리고 기만적인 첫 번째 아내에 대해 묘사했다(Schwartz 1981, 147). (흥미롭게도, 이 작가는 비앙키가 십대 초기부터 줄곧 포르노그래피에 엄청나게 관심이 많았다는 사실을 언급하면서도 이런 특징이 그의 동기를 구성했을 거라는 추측은 전혀 하지 않는다.)

어떤 성적 살인범들의 이력에서도 실제로 발견되는 유사한 특징들이 범죄자 개인이 처한 곤경의 일부를 구성하긴 하지만, 왜 그러한 곤경이 성폭력으로 이어지는지, 아니면 어떻게 그러한 사건들이 사회 전체 구조에 의해 유지되는지는 설명해주지 않는다. 불행하게도, 성폭력 범죄들이 어떻게 발생하고 우리가 그런 범죄에 대해 할 수 있는 것이 무엇인지 이해하는 데 필요한 분석과 맥락이 뉴스 보도에 포함되는 일은 거의 없다. 힐사이드 스트랭글러 사건은 뛰어난 추리극이 되어 도시 전체에 충격과 생기를 주고, 매일 밤 시민들을 TV 앞으로 불러 모았다. 이 사건 덕분에 신문, 자물쇠, 총, 개가 많이 팔렸다. 사건 자체가 사람들의 농담과 악몽의 주요 소재가 되었으며, 어떤 사람들은 이 사건 때문에 결혼과 경력을 망치기도 했다. 그러나 사건에 대해 이야기하는 뉴스 미디어는 그러한 범죄를 낳는 사회적 배경을 만들어내는 그 같은 태도와 이미지를 영구적인 것으로 만들었으며, 역설적이게도 그 같은 외설적 관심사들을 이용했다.

무엇을 해야 했을까?

12월의 어느 이른 아침, 레슬리 라보위츠와 나는 같이 앉아서 커피를 마시며 조간신문을 읽다가 신문 헤드라인들 때문에 구역질이 날 것 같았다. 스트랭글러는 또 다른 여성을 죽였고, 그 시신이 이제 막 발견되었다. 그의 열 번째 희생자였다. 우리 두 사람은 서로가 느낀 고통과 무력감을 나누는 과정에서 우리의 에너지를 어떤 공연에 쏟아 붓기로 결정했다. 그것은 개인적인 표현방식이긴 하지만 두 가지 중요한 목적을 이루려는 것이었다. 한 가지 목적은 로스앤젤레스 여성들이 자신들의 슬픔과 분노, 그리고 구체적 행동을 바라는 자신들의 요구를 표현할 수 있는 공개적 의식을 창조하는 것이었다. 그리고 또 다른 목적은 이 사건에 대한 페미니스트의 관점을 미디어 안에서 제시하는 것이었다. 우리는 이 공연을 뉴스 가치가 있는 행사로 만들고자 매우 극적인 미디어의 언어를 사용하고 흥미를 자극하는 시각자료를 이용하기로 했다. 그리고 공연을 방송 뉴스의 형식에 맞게 기획하기로 했다. 그날 이후 13일 동안 우리는 비아 로Bia Lowe를 비롯한 우먼스 빌딩 Woman's Building*의 회원들과 함께 〈애도하며 분노하며…〉 제작을 위해 열심히 일했다.

1977년 12월 13일 검은 옷을 차려입은 70명의 여성들이 로스앤젤레스에 있는 우먼스 빌딩에 모였다. 상복을 입은 연기자 열 명이 우먼스 빌딩에서 나와서 영구차 안으로 들어가면 행사가 시작된다는 지시사항이 그 여성들에게 전달되었다. 영구차와 이를 호위하는 두 대의 모터사이클이 우먼스 빌딩에서 출발했다. 그 뒤에는 스물두 대의 자동차가 여성들을 가득 싣고 모두 라이트를 켠 채 행렬을 이루어 따라갔다. 각 자동차에는 '장례식'이라는 스티커와 '여성에 대한 폭력을 멈춰라'라는 스티커가 붙어 있었다. 차량행렬은 시청 주위를 두 바퀴 돈 다음 뉴스 미디어가 한데 모여 있는 곳에서 멈췄다.

베일을 쓰고 2미터가 넘도록 키를 높인 아홉 명의 여성이 상복 차림으로 한 명씩 차례로 영구차에서 내린 다음 보도에 한 줄로 섰다. 그리고 마지막 열 번째 인물이 등장했는데 그녀는 진홍빛

---

* (옮긴이주) 1973년 로스앤젤레스 시내에서 문을 연 비영리 페미니스트 교육예술센터로, 한때 '페미니즘의 메카'로 불렸으나 여러 가지 어려움을 겪다가 1991년 문을 닫았다.

옷을 입고 있었다. 영구차가 떠나자 열 명의 여성은 도로를 향해 섰다. 자동차행렬은 천천히 지나가면서 상복 입은 여인들에게 침묵의 경의를 표했다. 상복 입은 여인들은 세 줄로 행렬을 이루어 시청 앞 계단을 향해 걸어갔다.

자동차행렬의 여인들은 이제 계단 양쪽에 정렬해서 현대 비극의 코러스를 이루었다. 그들은 "자매들을 추모하며 우리는 맞서 싸운다"라고 쓴 배너를 펼쳐 들었다.

행사의 이 두 번째 부분을 기록하려고 미디어가 자리를 잡자마자, 상복을 입은 첫 번째 여성이 마이크 쪽으로 걸어 나와, 크고 명쾌한 목소리로 말했다. "나는 지난 10월 18일부터 11월 29일 사이에 강간당한 뒤 목 졸려 살해된 열 명의 여성을 위해 이 자리에 섰습니다!" 그녀의 말에 코러스가 화답했다. "자매들을 추모하며 우리는 맞서 싸운다!" 그러자 진홍빛 옷을 입은 여인이 나와 첫 번째 여성에게 밝게 빛나는 붉은 스카프를 둘러주었다. 그녀가 계단 위에 자리를 잡자, 상복을 입은 두 번째 여성이 마이크 앞으로 나왔다. 이 공연의 전략은 미디어의 보도 관행을 탐구하고 체계적으로 전복시키는 것이었다. 미디어가 희생자 열 명의 개별적인 이력들에 초점을 맞췄다면, 우리는 열 명의 연기자의 재현을 통해 폭력의 연속성을 묘사하고자 했다. 두 번째 여성은 열 명의 여성이 살해당한 그 6주 동안 로스앤젤레스 시내에서만 400명의 여성이 강간당했다고 소리쳤다. 그리고 세 번째 여성은 강간당한 여성들이 자기 집에서 구타당한 사실을 알렸고, 네 번째 여성은 피해 여성들 네 명 가운데 한 명꼴로 근친상간 피해자였음을 알렸다.

아홉 명의 여성 각자의 진술은 로스앤젤레스에서 무작위로 일어난 듯 보이는 사건들을 전국 차원에서 벌어지는 여성에 대한 폭력이라는 보다 큰 그림에서 서로 연결했다. 각각의 여성은 붉은 스카프를 받아서 망토처럼 둘렀다. 그리고 매번 코러스의 화답이 이어졌다. "우리는 맞서 싸운다." 마지막으로 진홍빛 옷을 입은 여성이 마이크 앞으로 나왔다. 베일을 벗은 그녀는 직접적으로 강력하게 선언했다. "나는 모든 여성의 분노 때문에 이 자리에 섰습니다. 나는 여성들의 싸움을 위해 이 자리에 섰습니다!"

이 예술작품의 시각적인 요소들과 시간적인 요소들은 모두 뉴스 포맷에 맞도록 세심하게 디자인되었다. 배너의 사이즈와 형태, 소리치는 코러스, 공격적인 변론 제시 방법, 예상되는 애도의 관습을 거스르는 대응 등도 마찬가지였다. 계단에 선 열 명의 여성, 코러스와 그들의 배너는 작품의 나머지 부분이 펼쳐지는 배경 역할을 했다. 사운드바이트soundbite라고 알려진 짧은 성명은, 언론을 향해 이 작품을 만든 예술가들의 대의를 직접 설명하도록 기획되었다. 로스앤젤레스 여성폭행사건위원회Los Angeles Commission on Assaults Against Women의 한 위원이 미리 준비돼 있던 여성들의 자기방어에 대한 세 가지 요구사항을 읽었다. 이 요구사항들은 시장실과 시의회에 제출되었다. 공연의 마지막 장면은 〈맞서 싸우라Fight Back〉라는 노래로 구성되었다. 홀리 니어Holly Near가 이날의 행사를 위해 특별히 써준 노래였다. 관객들도 이 마지막 장면에 자발적으로 참여해 원을 이루어 춤을 추었다. 이 예술가들과 정치 기획자들은 미디어로부터 여러 질문을 받고 답변했다.

©Susan Mogul

"자매들을 추모하며 여성들은 맞서 싸운다."

수잰 레이시와 레슬리 라보위츠의 공연 〈애도하며 분노하며〉. 1997년, 로스앤젤레스.

정치적 예술에는 여러 기능이 있을 수 있는데, 그 가운데 많은 기능이 서로 겹친다. 예술가는 이미지의 힘에 대한 자신의 이해를 활용하여 우선적으로는 정보와 감정 그리고/또는 이데올로기를 전달할 수 있다. 그리고 부가적으로, 대중문화와 그것의 이미지 또는 현재나 과거의 사회 상황에 대한 비판을 우리에게 제공할 수도 있다. 때로 예술가의 작품은 관객에게 하나의 대의에 기여할 수 있는 행동을 취하도록 영감을 줄 수도 있다. 또는 예술작품들이 다른 예술가들이나 활동가들을 위한 하나의 모델로서 가장 잘 기능할 수도 있다. 이러한 다양한 가능성들 때문에 정치적 예술작품의 성공을 평가하는 방법에도 서너 가지가 있다.

직접적인 결과와 결론

〈애도하며 분노하며〉의 직접적인 결과, 즉 이 공연이 즉각적인 행동에 어떻게 영향을 끼쳤는지를 보면, 우리가 알고 있는 결과들을 간단하게 정리할 수 있을 것이다. 공연이 끝난 뒤 어떤 기자가 한 전화회사 대표의 사무실에 들이닥쳤다. 이 회사는 페미니스트 활동가들이 일 년이 넘도록 홍보한 비상시 직통 전화번호의 전화번호부 등재를 미뤄온 터였는데, 대표는 기자에게 곧 호의적인 조치가 있을 거라고 확답을 주었다. 그리고 얼마 지나지 않아서 전화회사에서는 정말로 강간 긴급구조요청 전화번호들을 전화번호부 앞쪽에 실어주었다. 비록 이듬해에 제거되기는 했지만 말이다.

카운티 정부에서는 스트랭글러를 체포하는 사람에게 주려 했던 보상금 10만 달러를 도시 전역에서 실시하는 무료 자기방어 워크숍을 위한 자금으로 전용했다. 이 워크숍은 우리 행사가 있기 전에 여성 지위에 관한 카운티 위원회County Commission on the Status of Women에 의해 시작된 것이었지만, 우리가 이끌어낸 대중의 관심 덕분에 더 호의적인 후원을 받을 수 있었다. 게다가 파이커스Picus 시의원이 제공하는, 로스앤젤레스 시 공무원들을 위한 두 개의 자기방어 워크숍과, 우리가 선동하고 강간 긴급구조요청 전화에서 지원하는 토요일 세션도 그날 바로 시작되었다.

관객 태도의 변화는 훨씬 더 평가하기 어려운 분야이기 때문에, 우리는 다만 우리 공연에 대한 미디어의 보도가 대부분 우리의 기획 및 전략에 부합되었다는 점만을 말할 수 있겠다. 우리 공연은 주요 지역뉴스는 물론 일부 전국뉴스에서도 그날 저녁시간대에 방송되었다. 레슬리는 PBS 방송국의 후속 프로그램—학생들이 우먼스 빌딩에 모여 선정주의 뉴스 보도에 대해 벌인 토론—을 지휘했으며, 토크쇼나 기자들과 함께 하는 모임에 나가 우리의 공연이 제기한 문제들에 대해 논했다. TV 시청자 일반에서는 스트랭글러 사건이나 관련 보도에 대한 관점이 바뀌었다든가 하는 효과에 관한 피드백은 거의 없었다. 하지만 우리는 로스앤젤레스 페미니스트 공동체 전반으로부터 무척 따뜻한 반응을 많이 받았다(예술가들이 이전에 받았던 의심, 무관심과는 명확히 대조되었다). 이 공연과 이에 대한 언론 보도, 그리고 구전으로 전해지는 이야기들 덕분에 이 도시 안에서 예술가들과 페미니스트 활동가들의 상호 교류가 상당히 증진될 수 있었다.

우리의 의도를 성공적으로 실현시킴으로써 우리가 어떤 힘을 부여받았다고 느꼈던 경험을 과소평가할 수는 없겠지만, 꾸준히 유통되는 반대 정보의 흐름을 변화시키려면 단지 3, 4분 동안 그 흐름을 중단시키는 데 너무 의존하지 않는 것이 중요하다. 사람들이 저항적인 태도를 방송에 내보내도록 한다는 한 가지 전략을 실제로 이루려면, 승리를 얻는 것이 궁극적으로 가장 중요한 것 같다. 이는 예술가들이 자신의 소중한 기술을 가지고 사회 변화에 기여할 수 있는 한 가지 방법이다. 아마 이것이 다른 모든 것보다 중요할 것이다. 지난 30년간 이 나라의 시각예술은 사회 개혁과 정치적 저항에서 멀어져왔다. 한 세대의 페미니스트들과 좌파들은 시각예술의 엘리트주의를 신뢰하지 않으면서 성장했다. 근래 몇 년 동안 헌신적인 몇몇 좌파 예술가들이 계속해서 자신의 작품 속에 정치적 비판을 담아오긴 했지만, 정치적 예술의 가

시성과 잠재력이 성장하는 데 의미심장한 후원을 제공한 것은 1970년대에 부상한 페미니즘이었다. 이제 우리는 1980년대로 진입하는데, 억압이 늘어나고 있는 현실은 더 많은 연대의 형성이 필요하다는 것을 보여준다. 그러므로 활동가들은 지난 10년 동안 예술가들이 발전시켜온 모델들을 포용해야 하며, 예술가들이 사회 변화의 정치 속에서 어떻게 적극적인 역할을 담당할 수 있는지 탐구해야 한다.

니키 크래프트:
저항을 격려하며*

본론에 앞서 | 다이애나 E. H. 러셀

만약 노벨상에 페미니스트 활동 부문이 있고 내가 그 심사위원
이라면, 나는 망설임 없이 니키 크래프트를 수상자로 지명할 것
이다.

 거의 20년 동안 나는 여성에 대한 폭력을 멈추려는 그녀의 노
력을 좇았다. 그리고 그녀의 탁월함에 경외심을 갖게 되었다. 그
녀가 정치적 목적을 추구하고자 예술을 활용할 때 그녀의 비범한
능력이 드러난다. 그녀는 날카로운 위트, 창의적인 유머감각, 좋

---

* (저자주) 니키 크래프트의 정치활동에 관해 많은 영감을 주는 슬라이드쇼에 관심이
있다면, 페미사이드 정보교환소 앞으로 편지를 보내야 한다. 주소: P.O. Box 12342,
Berkeley, Calif. 94701-3342. 크래프트가 여성들을 위해 더 안전한 세상을 만들고자 노
력하면서도 머리 위에 지붕을 이고 뱃속에 음식을 넣으며 살 수 있도록 돕기 위한 기부
금 또한 같은 주소로 보낼 수 있다.

은 전략에 대한 본능적 감각을 갖추었다. 그리고 미디어의 관심을 끄는 것이 무엇인지 이해하고 있다. 용기는 말할 것도 없고, 다른 이들을 격려하고 선동하는 능력과, 홀로 행동할 수 있고 필요하다면 흐름을 거스를 수도 있는 의지가 있다. 크래프트는 자신의 모든 재능과 지성을 사용하여 미국이라는 나라를 여성들이 살기에 덜 폭력적인 나라로 만드는 데 헌신해왔다.

크래프트는 오늘날 미국 문화 안에 있는 여러 형태의 여성혐오를 공격했다. 이를테면 강간, 포르노그래피, 성차별적 광고, 폭식증과 거식증을 촉발하는 제품, 미인대회를 비롯해 이 사회가 제시하는 여성의 매력 기준을 충족시키기 위해 여성의 신체를 훼손하는 모든 것이 그녀의 공격 대상이다. 더욱이 크래프트는 페미사이드에 일관되게 저항해온 몇 안 되는 페미니스트들 가운데 한 명이다. (물론 그녀가 페미사이드라는 특정 용어를 사용한 것은 최근의 일이긴 하다.) 그러나 이러한 저항은 다른 이슈들에 대한 그녀의 활동에서 그다지 눈에 띄게 두드러지지 않는다. 부분적으로, 나는 그것이 지금까지도 여성혐오적 여성살해를 묘사할 일반적으로 용인된 어휘가 없었기 때문이라고 생각한다.

이 뒤에 이어지는 다섯 편의 글은 크래프트와 그녀의 자매 활동가들이 벌인 반페미사이드 저항을 전형적으로 드러내는 대담한 사례들을 제시한다. 〈믿기지 않는 '통밀 팬케이크 더미' 사진 사건The Incredible Case of the Stack o'Wheat Prints〉에서 크래프트는 자신이 1980년 캘리포니아 대학 샌타크루즈 캠퍼스에서 특별 장서 도서관에 보관되어 있던 열 장의 사진 컬렉션을 어떻게 파괴했는지를 이야기한다. 그 사진들은 살해된 여성들의 시신을 매력적으로 재현하여 여성살해를 에로틱하게 표현한 것이었다. 이 사건 때문에 크래프트는 대학에서 거의 쫓겨날 뻔했다.

크래프트가 내게 자신의 행동을 지지하는 차원에서 대학 총장에게 편지를 써달라고 부탁했던 기억이 난다. 나에게는 어렵지 않은 일이었다. 하지만 결국 그녀는 대학에서 쫓겨나지 않았을 뿐 아니라, 400명의 학생들을 비롯하여 그녀를 체포한 경찰관, 단과대 학장, 사회주의자이자 페미니스트인 샌타크루즈 시장의 지지를 받아 대학 총장이 수여하는 윤리대상 수상자로 지명되었다.

그다음 글에서 D. A. 클라크D. A. Clarke는 크래프트가 혼자 행동한 '통밀 팬케이크 더미' 사진 사건을 분석한다. 클라크는 이 사진들을 예술작품이라는 이유로 옹호하는 것은 '기껏해야 허울 좋은' 이야기일 뿐이라고 주장한다. 그녀는 예술작품에 대한 기존의 정의를 지적하면서 남성 예술이 여성을 침묵시키는 데 빈번하게 사용되는 방식을 분석한다.

이어지는 두 편의 글은 프레잉 맨티스 여성여단*에서 《허슬러 Hustler》 잡지들을 폐기한 사건을 기술한다. 이 단체는 크래프트가 여러 해 동안 살았던 샌타크루즈에서 야간에 비밀스레 활동해온 지하 페미니스트 단체로, 여성에 대한 폭력 문제에 저항하고자 미디어의 관심을 끌기 위해 계획된 여러 가지 불법행동에 관여했다. 이 격렬한 행동들은 이른바 로스앤젤레스의 힐사이드 스트랭글러로 알려진 케네스 비앙키에게 살해된 피해자들 가운데 한 사

---

* (옮긴이주) 프레잉 맨티스preying mantis는 다른 곤충을 잡아먹는 사마귀를 뜻하는데, 특히 암컷 사마귀가 교미 때 수컷 사마귀를 잡아먹는 것으로 잘 알려져 붙은 이름이다.

람에 헌정되었다. 케네스 비앙키는 공범 안젤로 부오노와 함께 열 명의 여성을 고문하고 살해한 혐의로 체포되어 무기징역형을 선고받았다. 해당 피해자는 20세의 신디 리 허드스페스Cindy Lee Hudspeth였다. 크래프트가 피해자들 중에서 그녀를 택한 것은,《허슬러》에서 그녀가 살해된 사건을 비앙키가 '최근에 이룬 성취'라고 말한 '농담' 때문이었다.

크래프트의 삶이 우리에게 가르쳐줄 수 있는 수많은 교훈 가운데 한 가지는 한 명의 헌신적이고 용기 있는 여성이 얼마나 강력하고 효과적인 존재가 될 수 있는가 하는 것이다. 우리 운동에 니키 크래프트 같은 사람이 더 많이 있다면 미국 여성들은 기본적인 페미니스트 목표들에 훨씬 더 가깝게 다가갈 것이다. 앤 사이먼턴Ann Simonton과 멜리사 팔리처럼 크래프트와 가까이에서 함께 일했던 사람들은 크래프트가 다른 사람들에게 영감을 주었음을 잘 보여준다. 이 두 사람은 놀라울 정도로 용감하고 헌신적인 페미니스트 활동가들이다.

나는 크래프트와 같은 공동체에서 산 적이 없다는 걸 유감스럽게 생각한다. 크래프트와 함께했다면 사이먼턴과 팔리처럼 나도 체포당해 감옥에 갈 것을 염려치 않으며 꿋꿋하게 해야 할 일을 할 수 있지 않았을까 상상하기 때문이다. 그랬더라면 경찰과 법원의 위협을 덜 느끼고 내가 하는 활동을 더 즐길 수 있었을 거라는 생각이 든다. 시위에 투입된 유머는 저항을 효과적으로 만들 뿐 아니라 정말 재미있기까지 하다. 크래프트가 이야기하는 것을 듣고, 그녀의 활동에 대한 열정적이고 유익한 슬라이드쇼 프레젠테이션에 참석한 사람은 누구나 그녀가 단지 분노하며 소리만 지르지 않는다는 걸 알게 된다. 그녀는 많이 웃기도 한다.

여기에 실린 마지막 글은 멜리사 팔리의 글이다. 그녀는 자신과 크래프트가《펜트하우스》특별판에 실린 페미사이드 이미지들에 맞서는 '파괴행동rampage'이라고 불렀던 사건을 설명한다. 1985년에서 1986년에 이르는 18개월 동안 그들은 여러 시민불복종 행동을 전개했고, 그 결과 95명이 연행되었다. 크래프트와 팔리는 서로 다른 주에서 각각 열일곱 번과 열세 번 연행되었다.

믿기지 않는 '통밀 팬케이크 더미' 사진 사건 | 니키 크래프트

아침식사를 하던 참이라는 설정으로 촬영된 그 사진은 캘리포니아 대학 샌타크루즈 특별 장서 도서관에 소장된《믿기지 않는 '통밀 팬케이크 더미' 살인사건들*The Incredible Case of the Stack o'Wheat Murders*》이라는 10장짜리 사진 컬렉션에서 복제한 것이었다. 각 사진에는 살해당한 것으로 보이는 여성이 있다. 누드 상태의 여성은 매력적으로 보인다. 안내 팸플릿에는 이러한 설명이 딸려있다. "포즈는 저항의 몸부림보다는 투항과 도발, 그리고 관능을 훨씬 더 많이 드러내고 있다."

여성의 몸에서 흘러나와 바닥에서 소용돌이치는 것은 엄청난 양의 피처럼 보인다. "물론 이 시리즈에 담긴 유머의 전형은 허시 초콜릿을 피로 사용했다는 점"이라고 평론가는 말한다. 사진마다 피해자 옆에 팬케이크가 여러 장 겹쳐서 놓여 있다.* 14×17인치

---

* (옮긴이주) 작품 제목의 '통밀 팬케이크 더미stack o'wheat'는 사진마다 살인사건 번호

크기의 이 사진들을 구입하면(가격은 450달러) 250밀리리터짜리 허시 초콜릿시럽 한 통과 "팬케이크 한 더미를 완성하기에 충분한 팬케이크 믹스"를 준다.

추측하건대, 이 사진들이 특별 장서로 소장된 것은 결점을 상쇄하는 예술적/지성적 자질을 갖추고 있기 때문일 것이다. 그러나 모델과 모델의 포즈를 선택한 것이나 콜라병, 반쯤 먹은 바나나 등을 소품으로 사용한 것을 보면 이 사진들을 폭력적인 포르노그래피 이상의 것으로 보기 어렵다. 예술가의 의도가 무엇이었든, 마케팅에 사용된 에로틱한 언어는 이 사진들이 캘리포니아 대학 샌타크루즈 캠퍼스 도서관이라는 성역에 남아 있어야 하는 사유들을 모두 파괴한다. 예를 들어 비평가는 이렇게 말한다. "묘사된 또 다른 육체에 대한 범죄로부터 별개의 쾌감을 얻게 될 기회가 있다―심원한 엑스터시…" 그리고 '피'에 대해서 이렇게 말한다. "육체의 조화로운 선들을 거의 가리지 않을 뿐 아니라, 오히려 새로운 아름다움을 부여했다." 그는 "완전히 절묘한 시체들"이라고 언급하기도 한다. 구매자에게 팬케이크 믹스를 함께 주는 것은 모든 여성에 대한 최종적인 모욕이다. 여기에 함축된 의미는 구매자 역시 스스로 이러한 장면을 연출할 수 있다는 것, 즉 자신만의 피해자를 만들어낼 수 있다는 것이다.

폭력적 포르노그래피는 남성 심리의 깊은 곳에 실재하는 무언가를 표현한다. 폭력적 포르노그래피가 이론이라면, 강간은 실천이다. 여성들이 자신이 다니는 학교의 도서관에 이러한 세련된

를 나타내는 개수만큼 쌓여 있는 팬케이크를 가리킨다.

스타일의 사디즘 작품이 소장되어 있다는 걸 용납하리라 기대하는 것은 불합리하다. 흑인들은 KKK의 린치를 '유머러스'하게 표현한 사진들을 용납하지 않을 것이다. 유대인들은 나치의 가스실을 유대인을 굽는 오븐에 빗댄 그림을 용납하지 않을 것이다. 여성들이 사지를 절단당하고, 강간당하고, 살해당하는 시기에 여성들에게 선한 시민적 자유주의자가 되라고 요구하는 것은 우리 자신을 피해자로 만드는 일을 수동적으로 받아들이라고 요구하는 것이다.

이 사진들을 본 다음 날, 나는 《샌프란시스코 크로니클》 1면에 실린 바버라 슈워츠Barbara Schwartz 살인사건 기사를 읽었다. 그녀는 타말파이스 산에서 조깅을 하던 중에 칼에 찔려 사망했다. 기사에서는 발견 당시 그녀의 모습을 이렇게 묘사했다. "블라우스 앞섶이 온통 피에 젖은 채, 태아처럼 구부린 자세로 삼나무숲 그늘에 쓰러져 있었다. 힘없이 처진 팔에 그녀의 개가 코를 처박고 있었다."

나는 같은 신문에 실렸던 또 다른 이야기가 떠올랐다. 역시 샌프란시스코 지역에서 조깅을 하던 23세의 메리 베넷Mary Bennet이라는 여성이 "광기에 사로잡힌 살인자" 강간범에게 맞서 자신을 지키려고 격렬하게 저항하다가 살해된 사건이었다. 그녀는 스물다섯 차례나 칼에 찔렸다. 얼굴과 목과 가슴에 여러 차례 찔린 상처가 남아 있었다. 당시에 주변에서 골프를 치던 사람들이 "길고 고통에 찬 비명소리"를 들었다고 진술했다. 그러나 주변에서 경찰차를 보았기 때문에 더 이상 알아보려고는 하지 않았다. 그녀의 시신은 "훨씬 나중에 한 무리의 등산객들에게 발견되었다. 산

책로의 핏자국을 따라가던 그들은 얇은 나뭇잎 더미 밖으로 삐져나온 여자의 발 한쪽을 보았다."

바버라 슈워츠의 죽음을 전하는 섬뜩한 이야기를 계속 읽으면서, 나는 전날 대학 도서관에서 보았던 풍자적인 팸플릿이 생각났다. 어떻게 허시 초콜릿을 피로 사용했다는 점이 "시리즈에 담긴 유머의 전형"이 될 수 있을까.

같은 신문에 실린 '신체건강에 관한 샌프란시스코 자문위원회San Francisco Council on Physical Fitness' 회장의 글은 모든 여성에게 "도시 어느 지역에서든 낮 시간 동안 조깅하는 것이 극도로 위험"하다는 경고와 함께, 정해진 트랙에서 무리를 지어 조깅하는 것이 좋겠다는 권고를 전달하고 있었다.

그날 조깅을 하러 나가면서 나는 어느 해변으로 가야 할까, 즉 어느 해변이 안전할까 생각했다. 조깅을 하는 동안에는 태아의 자세로 몸을 구부리고 있었다는 바버라 슈워츠의 이미지가 떠올라 마음이 미어졌다. 그리고 응답을 받지 못한 메리 베넷의 길고 고통에 찬 비명소리가 모든 여성이 모든 곳에서 외치는 비명소리로 느껴졌다.

내가 맥헨리 도서관에 있는 '통밀 팬케이크 더미' 사진 컬렉션을 파괴해야겠다고 결심한 것은 바로 그때였다. '통밀 팬케이크 더미' 사진들은 그것들이 태어난 방식대로 파괴되었다. 나는 사진들을 갈가리 찢고 그 위에 초콜릿시럽을 들이부었다. 레스 크림스Les Krims는 여성 전체all womankind를 찢어낸 조각들을 취하여 그 위에 초콜릿시럽을 들이부은 다음 접시에 담아, 폭력적인 여성혐오 사회의 선입견을 강화하는 데 사용했다. 나는 레스 크림

© Bill Reynolds

여성 살인을 에로틱하게 만든 사진들을 니키 크래프트가 파괴하고 있다. 1980년.

스의 작품을 찢어낸 조각들을 가져다 그 위에 초콜릿시럽을 뿌림으로써 그것들을 하나의 예술적 언명을 표현하고, 치명적일 만큼 중요한 문제들에 이목을 집중시키고, 여성들과 남성들의 삶의 환경을 변화시키려 노력하는 데 사용했다.

자신이 다음번 경찰 통계수치에 오를 수 있음을 인식하고 순간순간을 살아야 하는 모든 여성들의 이름으로, 나는 여성증오를 담은 이 사진들을 파괴했다. 마치 전쟁지역에서처럼 늘 경계하며 살아야 하는 모든 여성들을 위한 행동이었다. 나는 폭력적 포르노그래피를 파괴하는 것으로는 남자들이 우리에 대해 생각하고 느끼는 방식의 문제가 풀리지 않는다는 것을 이해하면서도 이 행동을 했다. 그러한 확신에 찬 직접적 행동이, 우리가 우리 자신에 대해 생각하고 느끼는 방식에 영향을 줄 것임을 이해했기 때문이었다. 그리고 우리의 삶은 우리를 파괴하는 것에 협력하기를 거부하겠다는 우리의 의지에 달려 있음을 이해했기 때문이었다.

내가 행한 일을 사람들은 '검열censorship'이라고 불렀다. 그러나 인간성에 위배되는 선전물 다발을 한 개인이 파괴하기로 한 도덕적 결심은 공식적인 검열과 구분된다. 그리고 여성의 육체와 정신을 절단하는 그러한 이미지들은 예술이 아니라는 나의 주장은 그것이 정부에 의해 검열되어야 한다는 것을 의미하지 않는다.

공식적인 검열은 위험하다. 그것은 우리 모두를 거슬러 사용될 수 있다. 그리고 나 자신의 행동은 교육적 과정이 수반되지 않는다면 그 자체로는 용서받을 수 없는 행동일 것이다. 나는 그 사진들이 교육 목적으로 사용되는 것에 반대하지 않는다. 그 사진들은 내 주장에 따라 포럼이 사람들에게 보여준 적도 있고, 내가 캠퍼스에 테이블을 설치해 전시한 적도 있다. 사실 나는 그 사진들을 도서관 로비에 공개적으로 전시하기를 요청했었다. 그러나 그것들이 특별 장서 도서관에 보관되어 있었기 때문에, 딸려 있는 홍보용 팸플릿을 제외하고는 다른 어떤 맥락도 제시되어 있지 않았다. 이런 사실에 비추어보면, 그 사진들이 그곳에 존재한다는 것 자체가 부적절하고 모욕적이다. 그건 그 자체로 여성에 대한 폭력이다.

나는 공식적인 검열에 계속 반대하지만, 내가 한 것과 같은 불법행동을 지지한다. 또한 이러한 행동에 헌신하는 개별 여성들, 여성단체들, 남성들의 불법행위들을 지지한다. 이들은 이러한 행동을 가볍게 여기지 않으면서, 다른 여성과 남성, 그들의 공동체와 온 세계, 자기 자신에 대한 스스로의 책임을 창조적으로 평가하는 이들이다. 이러한 행동을 택한 이들은 개인적으로나 정치적으로나, 즉각적으로나 장기적으로나, 발생할 수 있는 모든 가능한 결과를 고려해야 한다. 내가 한 것처럼 공개적으로 행동하든, 다른 누군가가 하게 될 것처럼 사적으로 행동하든, 우리가 우리 행동에 대한 도덕적 책임을 기꺼이 지려고 하는 것이야말로 절대적으로 중요하다.

나는 서독에서 로테 초라Rote Zora*가 취한 행동을 지지한다. 그들은 여러 섹스숍을 습격하여 5만 달러어치 물건들을 훔치고는, "억압된 자들의 복수"라고 서명한 쪽지를 남겼다. 나는 지역 포르노숍에 스프레이로 그림을 그리고 전단지를 붙여놓은 블루버드 파이브Bluebird Five**를 지지한다. 나는 우리가 처한 환경의 위급함을 깨닫고 우리의 삶 곳곳에 스며든 성폭력을 다루려는 책임을 짊어지는 모든 여성들을 지지하기 때문이다. 이러한 노력, 우리의 에너지, 시간, 돈, 그리고 우리의 목숨을, 역사의 흐름을 바꾸고자 우리는 기꺼이 내어놓는다. 우리가 이렇게 하는 것은, 과거

---

* (옮긴이주) 1977년에 서독에서 결성되어 1995년까지 활동한 여성 무장투쟁단체.
** (옮긴이주) 1970년대에 활동한 5인조 페미니스트 그룹.

세대 여성들이 성장하며 받아들였던 공포를 우리의 자녀들과 그들의 자녀들은 지니지 않고 살아가게 하려는 것이다.

내가 이 분야에서 수년 동안 자발적으로 사회에 봉사하는 일을 해오면서 배운 것이 있다면, 여성을 강간하고 살해하고 신체를 절단하는 사건들을 멈추는 일이 우리 손에 달려 있다는 사실이다. 끔찍한 신문 헤드라인들을 읽은 뒤에도 이 사회 전체, 특히 남자들은 그저 의무감에 '정말 끔찍하다'라는 말만 내뱉을 뿐이다. 이러한 폭력과 그것이 일으키는 공포 분위기에 맞선 싸움에 적극적인 관심을 보이는 경우는 거의 없다. 이러한 폭력을 멈추는 것이 사회의 우선순위가 될 때까지, 해결방안을 찾는 거대한 과업은 우리의 몫으로 남는다. 우리의 필사적인 시도들은 논쟁을 일으키고, 때로는 불법적인 것이 될 수도 있다. 그러나 우리가 이 괴물 같은 크나큰 부담을 어떻게 다루기로 하든, 하루하루 우리가 살아가면서 강요받는 태도와 방식에 커다란 변화가 일어날 때까지 우리에겐 잃을 것이 별로 없다.

나는 성적 억압을 목적으로 하는 개인이나 단체와 한편에 서기를 거부한다. 나는 솔직한 섹슈얼리티나 성애물erotica에 관한 어떠한 정보에도 접근할 수 있고 어떠한 생각도 표현할 수 있는 자유를 옹호하기 위해 활동할 것이다. 적나라한 성애물은 문학, 예술, 과학, 교육, 그리고 무엇보다도 공적 영역에 자리해야 한다. 내가 생각하는 바는 섹스가 아니라 폭력에 초점을 맞춘, 외설에 대한 새로운 정의가 필요하다는 것이다. 성적 흥분과 자극을 위해 여성의 육체를 비하하고 비인간화하려는 의도에 주목해야 한다. 내가 타협의 여지 없이 반대하는 것은, 표현의 자유와 오락이라는 이름으로 여성의 육체를 발가벗기고, 결박하고, 강간하고, 고문하고, 절단하고, 살해하는 것이다.

여성혐오를 지닌 남성들에게 살해당한 여성들의 이야기가—캐런 몬딕, 다이앤 와일더, 로라 콜린스, 욜란다 워싱턴, 주디스 앤 밀러, 리사 테레사 캐스틴, 키티 제노비즈, 질 바콤, 캐슬린 로빈슨, 크리스티나 웨클러, 메리 빈센트, 소냐 존슨, 돌로레스 세페다, 메리 베넷, 제인 에벌린 킹, 로라 래 와그너, 킴벌리 다이앤 마틴, 신디 리 허드스페스, 에다 케인, 바버라 슈워츠, 앤드리아 조이 홀, 재키 도리스 길리엄, 재클린 리아 램프, 루신다 섀퍼, 셜리 리넷 레드퍼드, 메리 앤 페시, 아니타 루체사, 아이코 쿠, 신시아 숄, 로절린드 소프, 앨리스 리우, 클라넬 스트랜드버그, 세라 핼릿, 다이앤 스테피 같은 여성들의 이야기가—계속 나오는 한, 우리는 모든 형태의 미디어에서 원치 않은 피해자로서 여성을 묘사하는 방식을 검토해야만 한다.

이는 단지 우리의 개인적 기호에 맞고 안 맞고의 문제가 아니다. 여성들에 대한 잘못된 관념들에 기초해 있는 우리의 삶에 대한 문제다. 레스 크림스는 자신의 사진 시리즈를 통해 이러한 잘못된 관념들을 영구적인 것으로 만들어놓았다. 폭력행위와 포르노그래피 사이에 직접적인 상호관계가 정말로 있는지에 대해서는 논란이 있지만—그리고 나는 그런 상호관계가 있다고 믿게 되었지만—여성들은 그에 대한 확정적인 결론이 내려질 때까지 기다릴 여유가 없다. 포르노그래피가 남자들에게 어떤 식으로 영향을 끼치든, 우리 스스로의 자기존중을 유지하려면, 누구도 레스 크림스가 행한 방식으로 우리를 피해자로 그리지 못하게끔 해야 한다. 그리고 이런 유형의 비하를 통해 우리를 희생시킨 대가로 금전적 이익을 얻는 모든 이들에게 공격을 가해야 한다.

나는 검열이 치명적일 만큼 무서운 위협이라는 데 동의한다. 검열은 우리를 침묵시키고 우리의 정신을 파괴한다. 검열이 강제로 집행될 때 사람들은 스스로를 표현하길 두려워하며 살게 된다. 그러나 여성에 대한 폭력이야말로 궁극적으로 우리를 침묵하게 만드는 것이다. 그것은 여성들의 삶을 파괴한다. 그것은 우리가 스스로를 표현하는 것을 두려워하게 만들 뿐 아니라, 우리가 우리 자신이 되는 것을 두려워하게 만든다. 밤이 가까울 때 그것은 감옥처럼 다가온다.

고통의 증거 | D. A. 클라크

1980년 3월 31일, 오랜 기간 페미니스트 활동가로 일해온 도예가 니키 크래프트는 캘리포니아 대학 샌타크루즈 캠퍼스 도서관의 특별 장서고에 들어갔다. 그리고 사진들을 갈가리 찢었다. 그리고는 찢긴 사진 조각들 위로 허시 초콜릿시럽을 들이부었다. 그녀는 공개된 선언문을 통해 특별 장서고 소장 목록에 이 사진들이 존재한다는 것 자체가 모든 여성에 대한 모욕이자 위협이라고 주장했다.

크래프트는 곧 연행되었고, 이 장면을 기록한 전문 사진작가 빌 레이놀즈Bill Reynolds도 함께 연행되었다. 두 사람 모두 중죄를 모의한 혐의로 심문을 받고 풀려났다. 이들을 연행한 경찰관은 나중에 "대학의 윤리적 원칙들에 대한 이해에 상당히 기여했다"

며 대학총장상 수상자로 그녀를 추천하는 데 다른 이들과 함께 서명했다.

작은 캠퍼스 안에서 격렬한 논쟁이 일었다. 어떤 이들은 크래프트를 '검열관'이라고 불렀고, '파시스트'라고까지 불렀다. 과열된 의견들이 학생신문에 실렸다. 미학과 학생 다수는 '예술'을 파괴한 행위에 분개하여 크래프트에 대한 처벌을 요구했다.

이 대학 캠퍼스가 지난 11월에 발생한 다이앤 스테퍼 살인사건보다 이 3달러짜리 사진들을 상징적으로 파괴한 행동을 두고 훨씬 더 큰 격랑에 빠졌다는 것이 나를 깊은 슬픔에 빠뜨렸다. 다이앤 스테퍼는 우리 대학 학생이었다. 그런데 이제 그녀는 영원히 침묵할 수밖에 없다.

나는 검열이 인간의 정신에 치명적일 만큼 무서운 위협이라는 데 동의한다. 검열은 우리를 침묵시키고 우리의 정신을 파괴한다. 검열이 강제로 집행될 때 사람들은 스스로를 표현하길 두려워하며 살게 된다. 그러나 여성에 대한 폭력이야말로 궁극적으로 우리를 침묵하게 만드는 것이다. 그것은 여성들의 삶을 파괴한다. 그것은 우리가 스스로를 표현하는 것을 두려워하게 만들 뿐 아니라, 우리가 우리 자신이 되는 것을 두려워하게 만든다. 밤이 가까울 때 그것은 감옥처럼 다가온다.

_니키 크래프트

크래프트가 망가뜨린 사진들은 뉴욕의 사진가 레스 크림스가 하나의 세트로 만든 《믿기지 않는 '통밀 팬케이크 더미' 살인사건들》(1972년 출간)의 일부였다. 세피아톤으로 처리된 각각의 사진에는 하반신 또는 전신이 발가벗겨진 여성이 자신의 피처럼 보이는 액체가 웅덩이를 이루는 바닥에 누워 있다. 죽은 것처럼 보이는 여성은 대체로 입에 재갈이 물려 있고 몸은 결박되어 있는 모습이며, 때로는 머리 전체에 봉투가 씌워져 있거나 천이 둘러져 있기도 하다. 서너 장의 사진에서는 진짜 같아 보이는 칼에 베인 상처도 보인다. 여성은 늘 일상적이고 익숙한 배경 속에 있다. 그리고 여성 근처에는 항상 통밀 팬케이크가 여러 장 포개져서 놓여 있다.

이 사진들에는 큐레이터 로버트 소비젝Roberst Sobieszek의 비평이 붙어 있는데, 그는 이 사진 시리즈가 이른바 시그너처 살인signature murder이라는 것을 "유머러스"하게 다룬 작품이라고 한다. 시그너처 살인이란, 범인이 피해자에게 특징적인 신체 훼손을 가한다든가, 특이한 물건, 상징, 또는 메시지를 현장에 남겨둔 살인 사건을 말한다. 소비젝은 "물론 이 시리즈에 담긴 유머의 전형은 허시 초콜릿을 피로 사용했다는 점"이라고 쓰고 있다.

모든 사진에서 여성의 하반신이나 전신이 누드일 뿐 아니라, 다리를 벌린 자세를 사진작가가 애호한다는 점은 그녀가 살해당하기 전이나 후에 강간당했다는 사실을 강력하게 암시한다. 배경이 부엌으로 설정된 사진에는 여성의 허벅지 사이에 콜라병이 세워져 있다. 이는 끔찍할 정도로 흔한 강간 도구를 오브제로 암시하고 있는 것이 분명하다(콜라병이나 총은 실제 강간범들이 특히 애호하는 도구들이다).

경찰과 의식 있는 시민들은 미국 내에서 4분 30초마다 '성공적인' 강간사건이 발생한다는 것을 알고 있다. 여아 성추행은 10분에 한 번꼴로 일어난다. 두 유형의 폭행 모두에 정도가 다양한 추가적인 잔혹행위가 수반되는데, 심한 경우 신체 절단과 살인에 이르기도 한다. 그러나 소비젝은 레스 크림스의 사진들이 미국 남자들에 의해 미국 여성과 아동에게 매시간 가해지는 공포와 고통을 떠올리게 한다고 생각하지 않았다.

> 어떠한 경찰 수사파일에서도… 그와 같이 완전히 절묘한 시체들의 배열은 찾아볼 수 없다… 세심하게 디자인된 피의 흐름은… 육체의 조화로운 선들을 거의 가리지 않을 뿐 아니라, 오히려 새로운 아름다움을 부여했다… 약간의 낭만적 과장이 있긴 하지만 말이다.
>
> _로버트 소비젝

소비젝은 강간당하고 도륙당한 여성의 이미지가 '절묘하고', '조화로우며', '낭만적'이기까지 하다고 생각한다. 살해된 여성이 신체 손상과 죽음을 통해 '새로운 아름다움'을 손에 넣었다고 보았다. 물론 그는 사진 속 피가 사실은 초콜릿이라는 것을 알고 있었다. 그리고 사진 속 모델들이 모두 같은 인물이며, 사실은 크림스의 아내라는 것도 알고 있었다. 그러나 그는 또한 안내 팸플릿에 실린 그의 글을 읽는 사람이라면 누구나 아는 것처럼, 그런 장면들이나 그보다 심한 장면들이 매일 실제로 벌어지고 있다는 사실 또한 분명히 알고 있었다. 현실 속 장면들 또한 '예술적인' 세피아톤은 아니지만, 종종 범행을 저지른 자들에 의해 사진으로 남겨지곤 한다.

거기에 과장된 것이라곤 하나도 없다. 거기에 있는 것은 은밀하게 퍼지는, 위험하게 엄선된 표현과 번지르르한 거짓이었다. 본질적으로 '통밀 팬케이크 더미'는 여성과 폭력에 대한 거짓말이다.

소비젝이 말했듯 여성의 "자세는 저항의 몸부림보다는 투항과 도발, 그리고 관능을 훨씬 더 많이 드러내고 있다". 남성들이 여성들에게 가하는 폭력을 여성들이 도발한다는 익숙하면서도 저열한 생각은 잠시 접어두자. 그리고 여성의 육체와 영혼을 절단하고 비하함으로써 누구의 관능이 만족을 얻는가 하는 무거운 질문도 잠시 내려놓자. 가장 단순한 거짓말은 바로 첫 번째 말, 저항에 관한 것이다. 거기엔 저항이 없다.

사진 속 모델의 깔끔하게 면도한 듯 절묘하게 아름다운 피부에는 멍 자국이 없다. 추측하건대, 멍 자국은 예술가의 목적에 맞게끔 충분히 관능적이지 않았을 것이다. 사진 속에는 여성이 맞서 싸웠다는 흔적이 전혀 없다. 여성들은 자신의 존엄과 생명을 위해 싸워왔고, 싸우고 있으며, 싸울 것이지만, 그러한 흔적은 사진 속 어디에도 없다. 사진 속 여성은 모든 페미사이드 판타지의 얌전한 희생자로만 보인다. 남성들의 혐오의 대상이자 표적이자 희생물로서 자신의 위치를 받아들인다. 순종적으로 자신의 인간성을 포기하고 웃으며 살인자에게로 끌려간다. 그런 그녀는 여성혐오적 상상력의 바깥에서는 존재한 적이 없다.

사진들은 우리가 스스로를 희생자와 동일시하게끔 되어 있지 않다. 이 사진들은 우리가 그렇게 하지 못하게끔 설정되어 있다. 그녀의 얼굴은 재갈에 가려지거나 아예 전체가 감추어져 있다.

그녀는 다만 여성의 육체일 뿐이다. 그녀는 두 눈을 통해서 자신을 범하는 강간범, 살인자, 또는 전지전능한 사진가를 바라볼 것이다. 하지만 우리는 그녀의 눈을 볼 수 없다. 그녀는 입을 통해 자신의 고통과 분노를 전하며 우리의 응답을 요구할 것이다. 하지만 우리는 그녀의 입을 볼 수 없다. 삭발당한 채 유니폼을 입고 있는 집단수용소 피해자들처럼 그녀는 강제로 자신의 개별적 인격을 빼앗긴 무명의 존재가 되어 있다.

더욱이 우리는 그녀를 위에서 내려다본다. 살인범이 자신의 작업을 되돌아볼 때와 같이 우월한 위치에서 여성을 보게 되는 것이다. 여성을 강간하고 살해하는 장면에서 관객이 화면에 보이지 않는 남성 주인공에게 동일시하도록 유인하는 이러한 시점의 기술은 반여성적 폭력을 다룬 최근의 영화들에 점점 더 자주 등장하고 있다.

다른 한편, 크림스의 작품은 그 비인간성과 공격성으로도 두드러지지만, 그의 기본적인 미학은 단지 전통적인, 남성 지배적 예술 전반에 만연한 미학을 과장한 것에 지나지 않는다. 그것은 본질적으로 정치적 미학이며, 이 미학의 최우선 전제는 남성의 인간성과 여성의 비인간성이다. 즉 그의 미학은 남성 우월주의 미학이다. 사진 관련 서점에 가면 아마추어 사진가에게 '요령'을 알려주는 책들을 만나게 된다. 이를테면 꽃 사진 찍는 법, 풍경 사진 찍는 법… 그리고 여자 사진 찍는 법까지.

남성이 만들어낸 여성의 미적 표준을 강요하는 것은 전통적으로 어린아이에게 외모와 태도를 모방하도록 요구하는 데다 무명의 여성 모델의 개별 인격까지 이중으로 폄하한다. 한 예술가에게 사진 찍히는 모든 여성들이 똑같은 협소한 기준에 따라 선택 된다면, 그들은 점점 더 표준화되어, 매력적으로 설정된 배경 속 에 놓인 미학적 사물things, 즉 정물still life이 된다.

게다가 미적 표준이란, 여성이 그들 자신이 아닌 다른 것으로 보이길 요구하므로 여성의 형체 개조를 필수적인 것으로 만든다. 물론 개조의 방식과 정도는 시대에 따라 변해왔지만, 개조 자체 는 변하지 않았다. 세계로서의 여성woman-as-world은 단지 바라보 는 풍경의 일부일 뿐 아니라, 예술로 만들어져야 할 가공되지 않은 원재료다. 자의적 기준에 따라 강제되는 '미화beautification'의 관행 들은 시간을 들여야 하는 귀찮은 일들(그리고 뽑고 깎는 일들)로부 터, 건강에 작은 위험을 가져오는 것들(코르셋, 하이힐)을 포함해, 고통스러운 신체 훼손(음핵절제, 전족)에까지 이른다. 그런데 이러 한 관행들에는 두 가지 공통점이 있다.

첫째, 이 모든 관행들은 자연 그대로의 여성의 육체라는 '원재 료'를 한 남성 또는 여러 남성의 쾌감과 인정(때로는 구매)을 위한 미학적 대상으로 전환시키는 데 사용된다. 여성들이 이 고통스러 운 의례를 스스로를 위해서나 여성들 서로를 위해서 견디는 것이 라는 가장이 조금 이루어지기는 하지만, 판단은 남성 '예술가'가 하는 것이다. 둘째, 이 모두가 처음에는 미용을 위한 선택적인 장 식이었다가 특정한 시기가 지나면 필수사항으로 전환된다. 결국 에는 결함이 있거나 예술적이지 않은 여성 인격을 보수하는 데 반드시 필요한 것으로까지 여겨지기에 이른다. 그리고 이렇게 변 형되지 않은 여성의 정상적인 신체와 인격은 남성에 의해 추한 것으로 인식된다.

아름다워지려면 고통이 필요하다Il faut souffrir pour être belle.

_프랑스 속담

이 속담에서 언급되는 사람은 언제나 여성이라는 점에 우리는 주목한다. 남성형인 beau가 아니라 여성형인 belle이 쓰였으니, 고통을 통해 아름다워지는 것은 남성이 아니라 여성이다. 여성의 아름다움이 인공artifice이 강제된 결과, 즉 예술Art로 인식되는 문화에선 본질적으로 이런 전제가 깔려 있다. 실제로 여성의 외모에서 아름답다고 인식되는 모든 세부사항이 불편과 고통의 증거인 문화에서 이러한 전제는 고통의 증거가 여성에게 있어서는 아름다움이 된다는 전제와 종이 한 장 차이다.

사실 이것이 바로 '통밀 팬케이크 더미'에 대한 소비젝의 해석인 것 같다. 그 피, 설정된 자상, 찢어진 옷, 고통과 패배의 모든 증거가 크림스의 모델을 그토록 '절묘한' 모습으로 만든다. 아마도 크림스/소비젝의 작업에서 가장 중요한 측면은 남성의 우월성을 칭송하고 영속적으로 만드는 한 가지 미학을 논리적으로 연장했다는 점일 것이다. 이것이 바로, 비평가들과 이른바 (남성) 동료들이 여성 예술가들을 대할 때 갖는 적대감의 핵심을 이룬다. 매일 여성들에게 범해지는 잔혹행위들, 그리고 그 잔혹행위들에 대한 거짓말의 핵심을 이루는 것도 바로 그것이다.

레스 크림스는 여성 전체womankind를 찢어낸 조각들을 취하여 그 위에 초콜릿시럽을 들이부은 다음 접시에 담아, 폭력적인 여성혐오 사회의 선입견을 강화하는 데 사용했다. 나는 레스 크림스의 작품의 찢어진 조각들을 가져다 그 위에 초콜릿시럽을 뿌림으로써 그것들을 하나의 예술적 언명을 표현하고, 치명적일 만큼 중요한 문제들에 이목을 집중시키고, 여성들과 남성들의 삶의 환경을 변화시키려 노력하는 데 사용했다.

_니키 크래프트

레스 크림스는 원본 크기(14×17인치) '통밀 팬케이크 더미' 사진 세트를 구매한 사람 누구에게나 허시 초콜릿시럽 한 캔과, 팬케이크를 넉넉히 만들어서 쌓을 수 있을 만큼의 팬케이크 믹스를 주었다. 소비젝은 이것이 작품의 '유머'를 드러낸 또 다른 측면이라고 여겼다. 바로 이런 '스스로 해보기' 제안에 자극받아 크래프트는 상징적이면서 과격한 행동을 하게 되었을 것이다. (그녀의 행동이 상징적인 것은, 그녀가 자비를 들여 도서관 측에 사진 세트를 다시 마련해주었기 때문이다.)

모든 시각예술은 메시지를 전달한다. 이 사례에서 레스 크림스의 예술이 전달하는 메시지는 여성을 미학적 대상으로 사용하려는 집착과, 실제 여성의 공포와 고통에 대한 근본적인 냉담과 무시다. 그러한 메시지는 자신의 폭력적 혐오를 예술적 시점으로 채택하여, 강간범/살인자에게 끊임없이 자신을 동일시하는 것이다.

이 사건에서 니키 크래프트의 예술은 다급한 분노와 슬픔의 메시지를 전달한다. 그 슬픔은 강간과 살육을 당해 이제 다시는 두려움 없이 살 수 없는, 혹은 이제 다시 살아 오지 못할 수천 명의 여성들에 대한 슬픔이다. 그 분노는 누구라도 그 여성들과 그들의 고통에 대한 거짓말을 정교하게 만들어낼 수 있고 시장에 판매할 수 있다는 것, 누구라도 의도적으로 살인범과 강간범을 신화화하고 그들과 스스로를 동일시할 수 있으며, 살인범의 작업을 미학적이라 부를 수 있다는 것에 대한 분노다. 크래프트의 예술은 교육을 시도한다. 남성을 교육해 여성의 깊은 절망과 자유에 대한 갈망을 알게 하고, 여성을 교육해 예술가로서 세상을 형성하는 우리의 힘을 알게 한다.

레스 크림스의 예술은 보는 이에게 여성은 남성이 발명해낸 포르노그래피 판타지처럼 보이고 그렇게 행동하는, 무력하고 반항하지 못하는 피해자라고 말한다. 그리고 우리는 얼굴도 없이, 소리도 없이 죽는다고, 우리를 죽이려는 살인범들은 잠시 멈추어 우리의 '조화로운' 시체들을 음미하고 가소로운 단서들을 남겨두며 그러고도 아무 처벌 없이 빠져나갈 수 있다고, 그래서 죽이고 또 죽일 수 있다고 말한다. 니키 크래프트의 예술은 관객/독자/보는 사람에게 여성은 무력하지 않다고 말한다. 우리는 우리 자신과 진실을 방어할 수 있고, 남성 우월주의적 예술의 산물들을 조각낼 수 있으며, 그 조각들을 가지고 분노와 용기의 시도를 이루어낼 수 있다고 말한다. 그녀의 메시지는 믿음의 메시지다. 우리는 언제고 우리를 압도하려 위협하는 폭력에 맞서 싸워 이길 수 있다고 믿는다.

바로 이러한 슬픔과 분노, 그리고 확신이 페미니스트 미학의 토대가 된다. 페미니스트 미학이란 단지 남성 우월주의 스타일을 점점 솜씨 좋게 모방할 뿐인 여성 예술이 아니다. 그것은 투쟁의 미학이며, 부분적으로는, 주변 문화에 대한 적대감에서 생겨난 미학이다.

페미니스트 예술은 모든 여성의 개별성을 인정하고 소중히 여긴다. 그것은 진중함과 해학 두 가지 모두를 통해 여성이 경험하는 현실과 그 다양성을 묘사한다. 페미니스트 예술은 깊고 부단한 분노와 깊고 부단한 사랑에 근거하여, 여성들의 삶에 관한 진실을 강력히 주장하는 용기를 얻는다.

스트라이킹 래리 플린트 | 아이린 무센

로스앤젤레스 센추리파크 이스트에 서 있는 45층짜리 사무용 빌딩의 38층은 래리 플린트 출판사의《허슬러》본사가 차지하고 있다. 아침 해가 이 멋진 건축물의 옆면을 눈이 부시게 비추고 나면 점심시간 차량들이 속도를 낸다.

《허슬러》의 편집인인 래리 플린트Larry Flynt가 지난 월요일에 자신의 사무실에 있었다면, 프레잉 맨티스 여성여단이 시위를 하면서, 그의 사무실 밑으로 지나가는 사람들에게 전단지를 나눠주는 모습을 창문 너머로 보았을 것이다. 만약 그가 사무실 입구에서 열리는 여섯 개의 엘리베이터 가운데 하나를 타고 내려와서 자신의 영업공간을 늘 지켜주는 세 명의 경비원에게 중절모를 살짝 들어 인사를 했다면, 자신의 반짝이는 얼굴이 담긴 포스터를 받았을 것이다. 그러면 그는 '수배 중'이라는 글자 아래 놓인 자기 모습과 그 아래 적힌 혐의를 보게 되었을 것이다. "여성과 아동 강간폭행 및 살인을 유발한 죄."

샌타크루즈에 본거지를 둔 이 단체는《허슬러》의 폭력적인 포르노그래피 출판에 대항하고 수정헌법 1조를 논하고자, 세계여성의날 이후 첫 근무일에 남쪽으로 이동했다. 열두 명의 여성과 두 명의 남성 보조원으로 이루어진 이 단체는 피켓을 들고 정오 시위를 취재하기 위해 모인 언론과 이야기를 나누었다.

이른바 '포르노 머신'이 보도 위에 서 있었다. 발행부수가 150만 부이며 수익이 수백만 달러에 달하는《허슬러》가 대표하는 대규모 권력을 표현한 개념예술 기념물이었다. 포르노 머신은 하나의 검은 상자인데 그 안에 이 잡지에서 가져온 사진들과 그림들이 잔뜩 들어 있다. 성적으로 잔인하게 취급당하는 벌거벗은 여성들의 사진들과, 힐사이드 스트랭글러 사건이나 가정폭력과 같은 일들을 조롱하는 만화들이다. 이 검은 상자를 받침대 삼아 그 위에는 커다란 황금 남근상이 서 있다. 그리고 거기에 달린 미국 국기는 포르노 머신 위에서 앞뒤로 펄럭인다.

열두시 정각, 길거리 연극이 시작되었다. 세 명의 여인이 포르노 머신 아래 드러눕고 다른 이들이 대화체로 작성한 대본을 군중을 향해 읽었다.

시위대는 검열을 논의하고, 이 단체에서 믿고 있는 대로 폭력적 포르노그래피가 거기에 묘사된 행위들을 정말로 야기하는지 토의했다. 여러 명의 여성들이《허슬러》잡지를 찢고 그 위에 계란을 깨뜨린 뒤 초콜릿시럽을 뿌리는 것으로 끝나는 짧은 촌극도 있었다. 이 단체는 사람들에게 신문가판대에 있는《허슬러》를 찢어버리라고 촉구하고, 신문판매원들에게는《허슬러》판매를 중지하라고 요구했다. 이 시위를 조직한 사람들 가운데 하나인 니키 크래프트는 이렇게 언명했다. "《허슬러》는 충분히 오랫동안 여성들을 찢어발겼다. 이제 우리 여성들이《허슬러》를 찢어발길

때다."

마지못해 한 것이긴 했지만《허슬러》는 시위에 대한 반응을 내놓았다. 거리에 있는 기자들에게 나누어 준 보도자료에는《허슬러》가 수정헌법 1조에 보장된 프레잉 맨티스 여성여단의 권리를 인정하는 만큼 프레잉 맨티스도《허슬러》의 권리를 존중해달라는 요청이 담겨 있었다.

가장 생생한, 어쩌면 가장 수수한 반응을 보인 것은 앨시어 레저Althea Leasure였다. 래리 플린트의 젊은 아내인 그녀는 시위 참가자인 앤 사이먼턴에게《허슬러》최신호를 던지며 이렇게 말했다. "이걸 읽어봐. 아마 뭔가 배우는 게 있을 거야."

프레잉 맨티스를 지지하는 남성 제스 그랜트Jess Grant는 이렇게 설명했다. "우리는 검열을 요청하는 게 아닙니다. 우리가 원하는 게 법이라면, 우리는 지금 새크라멘토*에 있겠죠. 우리는 사적인 개인들이 이것을 보고 자신의 분노와 혐오감에 대해 자신이 할 수 있는 방식으로 소통하길 바라는 겁니다."

"우리는 기업의 책임을 요구합니다." 니키 크래프트가 말했다. "제약회사나 자동차회사는 제품을 출시하기 전에 그 제품이 시장에서 안전한지를 입증해야 합니다. 우리는 래리 플린트에게 그의 간행물이 폭력행위를 야기하지 않는지 입증해 보이라고 요구하는 것입니다."

---

* (옮긴이주) 캘리포니아 주의 주도.

《허슬러》에 대한 저항 | 프레잉 맨티스 여성여단

프레잉 맨티스 여성여단과 이 단체의 적극적인 지지자들은 샌타크루즈 지역 가판대에서《허슬러》잡지 550부를 훼손한 책임을 지려 한다. 남성들과 여성들이 개별적으로나 무리를 이루어 활동했는데, 어떤 이는 차를 운전했고 어떤 이는 바람잡이 역할을 했으며 어떤 이는 잡지를 훼손했다. 다양한 기술이 동원되었다. 먹물, 바닥용 광택제, 엔진오일, 치약을 분무기에 담아 잡지에 뿌렸다. 잡지의 앞쪽 페이지들을 가운데까지 찢었다. 커피와 콜라를 잡지에 쏟는 '우연한' 사고도 많이 일어났다. 붉은 물감은 또한 미학적으로도 적합하다.

이처럼 잡지를 훼손한 것은 신디 리 허드스페스를 기리기 위해서였다. 스무 살이었던 그녀는 힐사이드 스트랭글러, 케네스 비앙키에게 희생되었다. 또한 잡지를 훼손한 것은 비앙키를 확대해석하는 '농담'을《허슬러》가 실은 데 대한 복수였다.《허슬러》는 그녀가 살해당한 사건을 "그가 가장 최근에 이룬 성취"라고 언급한다. 그리고 이렇게 기술했다. "걔들은 거칠게 다뤄야 해. 힐사이드 스트랭글러는 골 빈 헤픈 년들 두세 명쯤 자빠트린 다음에, 느긋하게 듀어스 라이트 라벨 위스키를 마시면서 쉬는 걸 좋아하지."

《허슬러》, 비앙키, 그리고 다른 대량 여성살해자들은 서로 직접적인 결탁을 이룬다. 대중의 의식을 형성하고 행동에 직접 영향을 끼칠 수 있는 미디어의 능력은 폭력적인 포르노그래피와 여성에 대한 성범죄 사이의 관련성을 부정할 수 없게 만든다. 뉴스의 이야기들은 매일 여성에게 저질러지고 있는 정치적 잔혹행위들을 기록한다. 여성들은 자기 생활을 일몰에 맞춰야 한다. 우리 지역에서는 우리 여자들에게 낮 시간에는 공원에 나다니지 말라고 경고한다.

이제 자유와 수정헌법 1조의 권리들을 논해보자. 래리 플린트는 자신에게 여성들을 모욕하고 비하할 권리가 있다고 주장한다. 그는 남성 관객들을 웃기고 즐겁게 하느라 여자들을 발가벗기고, 결박하고, 훼손한다. 그는 여성에 대한 사회적 혐오와 악의를 강화한다. 그가 수익을 올릴 때 여성들은 자신들의 존엄과 생명을 지불한다.

우리는 수정헌법 1조를 지지한다. 우리는 공식적인 검열을 원하지 않는다. 우리는 기업의 책임을 요구한다. 플린트의 제품은 여성과 아동의 강간과 살인을 유도한다. 여성이 가학적 훼손의 대상일 뿐이라는 생각에 영합하는 어떠한 간행물도 여성들과 지각 있는 남성들의 분노로부터 자유로울 수 없다.

우리는 전국의 남성과 여성이 우리 편에 서서, 시민불복종을 개인으로나 집단으로 실천하여《허슬러》를 체계적으로 파괴하는 데 동참하리라는 것을 알고 있다. 가게 소유주들과 배급업자들은 재정적 손실을 입지 않는다. 판매되지 못한 잡지들은 모두 래리 플린트 출판사로 반납되며, 우리는 래리 플린트의 폭력에 질렸다는 메시지를 함께 전할 것이다.

플린트가 호소하는 폭력은 언제나 인간을 향한 것이었다. 우리가 호소하는 파괴는 우리의 신체와 생명을 파괴하려는 재산과 물건을 겨냥한다. 래리 플린트가 인간으로서 우리의 안전에 대한 관심을 표현한다면, 우리도 곧바로 그의 출판물의 안전을 배려할 것이다.

우리는 교육의 중요성을 인식하고 있으며, 사람들이 《허슬러》를 판매하는 가게에 편지를 쓰거나 전화를 걸어 판매대에서 그 잡지를 치워줄 것을 정중하게 요청하도록 격려한다. 우리는 현재 《허슬러》를 쌓아두는 기관과 시설의 목록을 작성 중이며 이를 발표하려 한다. 《허슬러》를 판매하는 상점들에 대한 보이콧도 계획 중이다. 여러분이 살고 있는 지역에서 이 잡지를 유통하는 가게를 우리에게 알려준다면 감사하겠다. 또한 그런 가게에 대한 추가적인 행동들도 기록해 전달해준다면 감사하겠다.

니키 크래프트의 후기: 이러한 행동의 결과, 이 글을 쓰고 있는 지금[1981년], 습격을 받은 18개 점포 중 단 한 곳만이 샌타크루즈 경찰서에 사건을 신고했다. 6명의 상인이 가게에서 이 잡지의 판매를 중단했고, 4명의 상인이 판매중지를 고려하고 있다. 프레잉 맨티스 여성여단은 우리의 게릴라행동을 비난하는 가게에 대해 보이콧을 전개하려는 계획을 가지고 있다. 프레잉 맨티스의 여성들은 사진과 학생들인 척하면서 우리의 행동을 사진으로 남겼다. 그들은 만약 폭력적 포르노그래피에 대한 지역 공동체의 반감이 충분히 표출된다면 신문잡지 판매업자들도 압력을 받아 이 잡지를 판매대에서 제거할 것이라는 희망 속에서, 전국 가판대에서 《허슬러》를 훼손하는 체계적인 행동이 전개되기를 요청하고 있다.

《펜트하우스》에 반대하는 전국적 파괴행동 | 멜리사 팔리

《펜트하우스》는 구타당해 죽은 여성을 에로틱하게 여기도록 가르치는 이미지들을 출간해왔다. 1984년 12월호 《펜트하우스》는 그간의 역사를 계속 이어가는 한편, 그것과 다른 한 가지 일을 해냈다. 나와 니키 크래프트의 공동작업을 촉발한 것이다. 우리 두 사람의 공동작업은 향후 2년 동안 포르노그래피, 페미사이드, 그리고 특히 《펜트하우스》에 반대하는 일련의 정치적·경제적 행동으로 발전해나갔다.

내가 니키 크래프트를 처음 만났을 때 그녀는 이미 10년간 활동해온 급진적 페미니스트로서, 그즈음 미국 중서부 몇몇 지역에서 반포르노그래피 슬라이드쇼 프레젠테이션을 진행한 터였다. 그녀의 슬라이드쇼는 여성에 대한 폭력에 맞서는 그녀 고유의 강력하고 창의적인 대응들을 포르노그래피와 조합한 것이었다.

1984년 나는 아이오와시티에 있는 페미니스트 심리치료 집단 헤라Hera에서 일했다. 당시는 내가 근친상간과 성폭행 생존자들과 함께 일한 지 이미 여러 해 되었을 때였다. 나는 그들이 겪은 성폭력에서 포르노그래피가 한 역할에 대한 이야기를 자주 들었다. 심리치료는 개인 차원에서 해결책을 제시한다. 나는 여성들이 자신의 경험으로부터 실제로 치유할 수 있고, 치유하고 있음을 발견했다. 나는 그들이 특히 다른 생존자들과의 집단상담에 참여할 때 치유에 이를 수 있다는 것을 알게 되었다. 그러나 나는 심리치료사로서 내 상담실 바깥에서 어떤 행동을 취해야 할 지점에 이른 터였다. 여성에 대한 폭력행위의 근본 원인들을 타격할 수 있는 행동을 취할 필요가 있었다. 나는 신중하고 정확하게 표현된 니키 크래프트의 페미니즘 활동에 이끌렸다.

1984년 12월호《펜트하우스》는 아홉 명의 아시아인 여성의 사진을 실었다. 여성들은 두꺼운 밧줄로 묶여 있는데, 너무 단단하게 묶여서 밧줄이 손목과 발목, 음순과 둔부를 파고들었다. 그 가운데 두 사진에서는 묶인 여성들이 나무에 매달려 있는데, 머리가 앞으로 힘없이 처져 있어서 죽은 듯 보인다. 다른 한 여성은 얼굴에 마스크가 씌워진 채 움직이지 못하게 결박된 상태로 바닥에 누워 있는데, 역시 죽은 듯 보인다. 같은 호에 실린 다른 사진 속에는 좀 더 나이 든 여성이 사춘기 소녀를 붙잡고 앞으로 내밀며 카메라/포르노그래피 제작자/소비자/여성혐오자에게 권하고 있다. 어린 소녀의 목과 몸통을 휘감은 밧줄이 그녀의 음순 속으로 고통스레 파고들고 있다. 그녀는 음모가 전혀 없어서 상당히 어려 보인다. 또 음모가 없기 때문에 밧줄이 그녀의 성기 속으로 얼마나 꽉 조이게 파고드는지 정확하게 보인다. 그녀의 두 손은 등 뒤로 묶여 있는 것 같다. 카메라에 협력하고 있는, 더 나이가 든 여성 역시 커다란 천 한 장을 두르고 있을 뿐이다. 하지만 소녀의 양 어깨 위에 놓인 그녀의 두 손으로 보아 그녀는 저항하는 소녀를 카메라 앞으로 떠밀고 있는 듯하다. 두 여성 모두 눈은 감고 있고, 존중/희생의 의미에서 고개를 살짝 숙이고 있다. 다른 두 사진에서는 여성들이 몸이 묶인 채 바위투성이 절벽 아래 떨어져 있는 모습이 보인다. 사지가 축 늘어져 있는 것이 죽은 듯하다. 포르노그래피 제작자는 엎드린 자세로 죽어 있는 여성들을 성기가 보이는 각도에서 촬영한다. 여성이 의식을 잃었든 저항을 하든,

강간범이 강간하려고 여성을 묶으려 한다면 서게 될 바로 그 위치다. 여성이 카메라를 바라보고 있는 사진은 단 하나밖에 없다. 사진 속 여성은 절벽 위에 서서 자신의 죽음을 보고 있다. 그녀의 얼굴은 하얗게 칠해져 있고, 목과 가슴에는 밧줄이 감겨 있다. 이 끔찍한 이미지들 곳곳에 '예술을 가장한' 하이쿠가 지배와 굴종의 냄새를 물씬 풍기며 흩어져 있다.

이 《펜트하우스》 12월호에 대한 우리의 반응은 이후 《펜트하우스》에 반대하는 '전국적 파괴행동National Rampage'이라 불린 사건의 시발점이 되었다. 우리는 시민불복종을 최우선 전략으로 삼았다. 그리고 나중에는 게릴라식 연극, 소비자 보이콧, 기업 항의 방문을 아우르며 확장해갔다. 이 모든 행동을 통해 우리가 추구한 목적은 포르노그래피가 만연한 현실과, 그것이 여성과 아동에 대한 폭력을 확산시키는 방식, 그리고 이 문제들에 대한 개인과 집단 대응의 긴급한 필요성을 대중에게 교육하는 것이었다.

2년간 니키는 총 열일곱 번 연행되었고, 나 역시 서로 다른 9개 주에서 열세 번 연행되었다. 우리는 수많은 지역 공동체들을 돌았다. 그리고 매번 페미니스트들에게 우리의 시민불복종 운동에 동참해달라고 청했다. 서로 다른 계기로 우리와 함께 연행되었던 사람들을 세어보니, 《펜트하우스》에 반대하는 파괴행동 기간에만 100명이 넘었다.

나는 우리의 활동방식에 대해 자세히 이야기하려 한다. 2년에 걸친 우리 활동의 핵심은 두 여성으로 이루어진 조직이었다. 물론 미국 전역에 있는 여러 공동체의 페미니스트 활동가들이 헌신적으로 협조해주지 않았더라면 우리는 전국적 파괴행동을 수행할 수 없었을 것이다. 그들은 행동을 위한 조직을 꾸리고 미디어와 접촉하고 시위용 걸개그림을 만들어 우리를 도와주었다. 그리고 그들 역시 연행되었고 우리와 함께 유치장에 갔다. 우리는 가까운 친구들로부터 지원을 받고 창의적인 아이디어를 구했지만, 정말 쥐꼬리만 한 예산을 가지고 활동했다. 그 2년 동안 내 수입은 3분의 1로 줄었다. 파괴행동에 정말 많은 시간을 들였기 때문이다. 교통비, 복사비, 우편물 발송비도 모두 사비로 충당했다. 니키는 나보다 훨씬 많은 돈을 지출했고, 전국적 파괴행동에 들인 경비 때문에 종종 빚을 지기도 했다. 우리에게 재정적 지원을 한 사람들도 있지만 기본적으로 지난 2년 동안의 활동에 연료를 댄 것은 여성에게 가해지는 폭력에 대한 우리의 분노였다.

우리 활동에 대한 참여와 관련하여 지역 페미니스트 단체들에 연락한 다음에는, 니키가 진행하는 반포르노그래피 슬라이드쇼가 다음 날 우리 활동에 참여하도록 여자들과 남자들을 부추기는 준비 수단이 되었다. 예를 들어 1984년 12월 우리 다섯 명은 위스콘신 주 매디슨에서 《펜트하우스》를 판매하고 있는 서점들을 찾아가 그 앞에서 밥 구초네Bob Guccione(《펜트하우스》의 소유주이자 편집인) 인형을 불태웠다. 우리는 언론과 간단한 인터뷰를 하고 서점 안으로 들어가서, 각자 《펜트하우스》 잡지를 집어 들고(물론 돈을 내지 않고!) 찢어버렸다. 이것은 여성 살인을 성애화하는 이미지를 유통한 데 대한 상징적 보복이었다. 우리는 언제나 경찰과 언론에 사전에 활동을 공지했다. 그리고 이 경우에는 이러한 행동 때문에 하루에 두 번 연행되었다. 대부분의 다른 지역에서는 유치장에 구류되었다가 서약을 하고 풀려났기 때문에 그다음 날이 되어서야 다음 행동을 실행할 수가 있었다. 2년간 활동하는 동안 보석금을 내고 풀려난 적은 단 한 번밖에 없었다.

우리는 시민불복종 활동을 거의 의식처럼 수행했다. 우리가 포르노그래피 잡지를 찢어 없애는 동안, 우리 중 강간 및 근친상간을 경험한 이들이 스스로의 경험을 공개적으로 이야기하기도 했다. 우리가 파괴행동을 시작하고 얼마 지나지 않았을 때 노스캐롤라이나에서 한 남자가 여덟 살짜리 소녀 진 카하 퓨얼Jean Kar-Har Fewel을 납치해 강간, 살해한 혐의로 기소되었다. 1985년 2월, 즉 밧줄에 매달린 아시아인 여성들의 사진이 실린 1984년 12월호 《펜트하우스》가 발행된 지 두 달이 되었을 때, 고아가 된 이 중국인 아동은 입양되는 과정에서 강간당한 뒤 살해된 채 발견되었다. 아이는 목에 밧줄이 감겨 나무에 묶여 있었다. 우리는 이 소녀의 비극적 죽음을 애도했다. 그리고 소녀를 추모하고자 몇 가지 행동을 벌였다.

우리는 대체로 한 번 시위를 벌일 때마다 참가 여성 한 명당 《펜트하우스》 한 부씩을 훼손했다. 이 행동의 목적이 검열이 아닌 교육이라는 철학을 유지하려는 것이었다. 잡지를 훼손하는 행동이 벌어진 다음에는 늘 한바탕 뉴스보도가 이어졌고, 그러는 동안 기자들은 우리가 공개적 논의를 위해 제기한 문제들을 다루었다(우리가 거둔 성공은 매우 다양했다). 우리는 포르노그래피는 물론 섹슈얼리티와 검열에 대해서도 우리의 견해를 간략하게 설명하는 전단지를 배부했다.

우리의 목적은 첫째, 대중이 포르노그래피가 여성들에게 끼친 해악에 대해 생각하도록 조장하는 것이었다. 둘째, 1985년 한 해 동안 80억 달러의 순수익을 낸 포르노그래피 산업에 대적해, 포르노가 여성에게 끼친 해악을 책임지도록 압력을 행사하는 것이었다. 우리는 우리의 접근방식이 교육과 시민불복종을 통한 법외적인 활동이라고 설명했다. 흑인민권운동과 반전운동에서 시민불복종이 널리 사용되었음에도, 페미니스트 시민불복종은 여성 참정권운동(참정권론자들의 주요 전략 가운데 하나는 투표소에 불법적으로 들어가는 것이었다) 이후 미국 내에서 놀라울 정도로 별로 사용되지 않았다.

어떤 이들은 우리가 저지른 '재물 손괴'(즉 우리가 시위 한 번에 한 사람당 한 부씩《펜트하우스》를 찢은 것)에 반대하는 주장을 폈다. 이에 대한 우리의 답변은, 우리는 포르노그래피를 여성의 삶에 대한 '현존하는 명백한 위험'이라고 보기 때문에 그러한 위험을 대중에게 알리고자 극단적 행동을 취하는 것이 정당하다고 느낀다는 것이었다. 우리는 더 나아가서, 포르노그래피에 등장하고 하찮게 취급되는 실제 여성들보다 포르노그래피 그 자체가 하나의 '표현'으로서 더 많은 법적 보호를 받는다는 점을 지적했다. 우리는 사람들이 포르노그래피가 여성들의 생존을 어떻게 위협하는지 보기를 바랐다.

우리가 활동하면서 한 사람이 한 번에 한 부씩《펜트하우스》를 훼손하는 관행을 지키지 않은 예외적인 경우가 한 번 있었다. 아이오와 주 워털루의 한 서점에서 점원이 주인을 불러 우리가《펜트하우스》한 부를 훼손했다고 알렸다. 서점 주인은 그 점원에게, 우리가 "좋은 뜻을 가진 멋진 아가씨들"이니 하고 싶은 대로 하게 내버려두라고 일렀다. 서점 주인의 축복까지 받은 우리는《펜트하우스》와 《허슬러》를 닥치는 대로 찢었고, 포르노그래피 조각들이 정말 우리 무릎까지 쌓였다.

우리는 또한 우리가 섹스, 누드, 관능에 호의적이라는 사실을 강조했다. 《펜트하우스》에 반대하는 파괴행동이 절정에 있을 때, 그리스도교에 기반한 우익단체인 '법을 통해 품위를 추구하는 시민들Citizens for Decency through Law'이 그들 나름으로 포르노그래피에 반대하는 운동을 전개하기 시작했다. 그들은 '적나라한 성애물'은 물론 혼외정사, 동성애, 성교육, 낙태에도 반대했다. 니키는 이 우익단체를 흉내 내어, 우리의 새로운 조직에 '법 없이 미디어의 책임성을 추구하는 시민들Citizens for Media Responsibility without Law'이라는 이름을 달았다. 1985년 1월, 기온이 영하로 떨어진 어느 날, 두 집단 모두 아이오와 주 세다 래피즈의 세븐일레븐 편의점 앞에서 피켓을 들고 시위를 벌였다. 우리는 사람들의 일상에서 벌어지는 성적 억압과 폭력적인 포르노그래피 둘 다에 반대하는 피켓을 가져갔다. 그리고 우리가 생각해낼 수 있는 모든 성행위를 목록으로 만들어 사람들에게 나누어 주면서 우리는 그 모두를 인정한다고 말했다.

몇 년이 지난 뒤에도 포르노그래피에 찬성하는 자유주의단체들과 상당수 미디어는 여전히 지나친 단순화를 범했다. 우리를 포르노그래피에 반대하는 우익 근본주의자들과 같은 진영으로 분류한 것이다. 포르노그래피에 반대하면 자유주의 페미니스트들로부터 얌전을 뺀다거나 '섹스 반대자'라고 배척당할까 봐 두렵다고 내게 말하는 여성들도 있었다. 페미니스트들 사이에서 반포르노그래피 운동은 다양한 관점을 가로지른다. 앤드리아 드워킨과 캐서린 매키넌이 제시한 법안처럼 법적으로 접근하는 방식도 있고, 시민불복종이나 경제적 제재를 통한 접근방식도 있다. 페미니스트들 가운데 근친상간 생존자들은 자신들이 당한 학대가 사도마조히즘 섹스에서 어떻게 반복되는지를 들여다보기 시작했는데, 이 여성들은 '섹스 반대자'가 아니다. 그들은 상대를 학대하고 상해를 입히는 섹스에 대해 '반대자'일 뿐이다. 나는 한 여성이 자신을 가리켜 "사도마조히즘에서 회복 중에 있다"고 말하는 것을 듣고 너무나 기뻤다.

우리는 많은 지역 공동체에서—네브래스카 주 링컨, 아이오와 주 아이오와시티, 캘리포니아 주 샌타크루즈, 미네소타 주 미니애폴리스, 위스콘신 주 매디슨에서—여성들과 남성들이 페미사이드에 맞서는 시민불복종 운동에 참여할 준비가 되어 있음을 발견했다. 우리는 페미사이드를 홍보하는 《펜트하우스》의 이미지들에 맞서는 행동에 더 많은 사람들을 끌어들이길 원했으며, 그들이 구초네의 《펜트하우스》 제국에 기업의 책임성을 요구하길 바랐다. 파괴행동은 계속 확장되어 시민불복종은 물론 경제적 보이콧까지 아우르게 되었다. 우리는 《펜트하우스》의 지난 호를 검토해 누가 거기에 광고를 싣는지 추적했다. 즉 페미사이드 이미지를 유포하는 데 재정적 지원을 제공한 기업들을 찾아낸 것이다. 우리는 많은 기업들을 추려낼 수 있었지만, 그중에서도 비교적 점잖은 이미지를 가지고 있기 때문에 《펜트하우스》와 관련되는 것을 달가워하지 않을 기업 다섯 곳을 골랐다. 그렇게 해서 우리의 표적이 된 기업은 파나소닉, 캐논, 카시오, 산요, 마그나복스*였다. 이 중 아시아 기업들에게는, 아시아인 여성들의 속박과 노예

© Jeff Myers

"우리는 폭력적 포르노그래피를 반대한다. 우리는 누드와 섹슈얼리티를 반대하는 것이 아니다." 페미니스트 시위자들이 자신들은 누드와 섹슈얼리티에 반대하는 것이 아님을 강조하며 포르노 그래피 잡지들을 찢고 있다. 《프레스 시티즌*Press Citizen*》(1984년 12월 21일자)에 실린 제프 마이어스의 사진이다.

화를 촉발하는 이미지들을 아시아 기업이 후원하고 있다는 근거를 들어 호소하기도 했다. 이전에 우리는 지역 포르노그래피 유통업자들을 겨냥했으나, 이제는《펜트하우스》를 판매하는 서점 체인 B. 달턴스, 그리고《펜트하우스》를 찍어내는 아이오와 주 디모인의 인쇄업체 메러디스 코퍼레이션에도 초점을 맞췄다. 곧 전미여성기구의 위스콘신 주, 텍사스 주, 노스캐롤라이나 주 지부가 공개적으로 지지를 선언했다. 1985년 8월, 마그나복스가《펜

---

* (옮긴이주) 마그나복스는 미국의 혁신적인 전자회사로 1974년 필립스에 인수되었다.

트하우스》에 광고를 중단하기로 했다는 결정을 알려왔다. 우리는 이것을 파괴행동이 거둔 주요 승리로 여겼다. 1985년 말,《애드버타이징 에이지Advertising Age》는《펜트하우스》의 기업광고가 전년 대비 25퍼센트 감소했다고 전했다. 우리는 이러한 결과가 부분적으로는 우익단체들의 압력 때문이기도 하다는 사실을 알았음에도,《펜트하우스》의 광고수익이 이렇게 줄었다는 사실에 뛸 듯이 기뻤다.

전국적 파괴행동이 진행되는 동안 여성들은 남성의 성적 쾌락을 위해 여성을 살해하는 일에 대한 개인적인 이야기들을 가지고 전면에 나섰다. 1985년 3월 세계여성의날에 샌타크루즈의 마거릿 잭Margaret Zack은《펜트하우스》잡지를 훼손함으로써 파괴행동에 참여했다. 그녀는 연행되기 전에 페미니스트들과 기자들을 향해, 여성에 대한 폭력을 종식시키는 데 자신의 삶을 바치겠다는 결심을 이야기했다. 마거릿 잭의 열여덟 살 난 딸 타니아Tania는 자기 차에 타고 있다가 납치되어 강간과 구타를 당한 후 사망한 터였다.

'폭력적 포르노그래피에 반대하는 미성년자들Minors against Violent Pornography'이 결성되면서 전국적 파괴행동은 또 다른 국면에 접어들었다. 아이오와 주 아이오와시티의 10~13세 청소년들로 (내 딸 다카 모건Darca Morgan을 포함하여) 구성된 이 단체는《펜트하우스》를 판매하는 지역 상점들에 대한 보이콧을 진행했다. 또한 그들은 적어도 한 가지 시민불복종 행동에 어른들 없이 참여했다. 아이들은 성교육에 대한 공개적인 선언문을 만들었고, 폭력적인 포르노그래피에 대한 반응으로 자신들이 느낀 두려움과 역겨움을 이야기했다. 한 아이는 친구의 아버지가 포르노그래피 잡지를 읽고 있는 것을 보고 느낀 공포에 대해 말했다. 또 다른 아이는 성적 학대를 당한 자신의 친구에 대해 말했다. 한 열세 살짜리 소년은 이렇게 말했다. "우리는《펜트하우스》가 누구에게나 섹스에 대해 가르치는 잘못된 교과서라고 생각합니다."

구초네는 1985년에도 계속해서 여성에 대한 살인을 촉발하는 이미지들, 남성의 섹슈얼리티를 여성에 대한 폭행과 연결하는 이미지들을 쏟아냈다. 1985년 1월호《펜트하우스》에 실린 단편소설에는 다음과 같은 구절이 들어 있었다. "총 끝으로 여자를 겨누면 여자들이 어떻게 반응할지, 너는 알 수 없다. 때로 여자들은 운다. 때로는 정반대다. 여자들은 너와 사랑을 나누고 싶어 한다." 1985년 5월호《펜트하우스》는 무릎을 꿇고 있는 여성의 사진을 양면에 걸쳐 실었다. 그녀는 신문을 읽던 중에 카메라/소비자/살인자를 초대하는 듯한 눈길로 바라보고 있다. 그 신문에는 "목 졸린 여성 시신 발견"이라는 헤드라인이 적혀 있다. 우리는 남자들이 이런 이미지를 보며 자위할 때 그들의 섹슈얼리티가 여성에 대한 폭력, 심지어 살인에 길들여진다는 것을 안다. 1985년 3월호《펜트하우스》에는 한 라틴아메리카 여성이 고문당한 이야기가 실렸다. 잘난 체하듯 자유주의적인 안티콘트라anti-contra*의 수사법을 늘어놓고 있지만, 이 글은 사실상 가정에서 여자를 고문하는 방법에 대한 매뉴얼에 가까웠다.

이즈음에 우리는 스티커를 만들어서 페미니스트 단체들에 팔

---

* (옮긴이주) 니카라과의 우익 무장단체 콘트라스Contras에 맞선다는 뜻이다.

기 시작했다. 스티커에는 "강간 매뉴얼"이라고 쓰여 있었다. 뒷면 포장을 벗겨내면 종이에 단단하게 달라붙었다. 우리는 이 스티커를 《펜트하우스》를 봉해버리는 데 쓸 수 있다는 것을 알고 매우 기뻤다. 스티커가 붙은 잡지 내용을 보려면 앞표지를 찢어내야만 했다.

1985년 늦가을, 우리는 《펜트하우스》를 인쇄하는 메러디스 코퍼레이션에 우리의 노력을 집중하기로 했다. 이 회사에서는 자신들이 찍어내는 모든 잡지들의 목록을 《펜트하우스》만 빼고 매년 자랑스럽게 발표하고 있었는데, 예를 들면 《베터 홈스Better Homes》, 《가든스Gardens》, 《메트로폴리탄 홈Metropolitan Home》, 《세일Sail》, 《세븐틴Seventeen》, 《석세스풀 파밍Successful Farming》 등이 있었다. 우리는 메러디스 코퍼레이션에 《펜트하우스》 인쇄를 중단함으로써 기업의 사회적 책임과 의무를 어느 정도 입증해달라고 요구했다. 이에 대한 응답으로 이 회사의 홍보 담당자가 말했다. "어떠한 기업도 스스로를 사회를 위한 양심으로 자임해서는 안 됩니다." 그런 뒤에 그는 경건한 체하며 수정헌법 1조를 옹호했다. 니키는 메러디스 코퍼레이션과 《펜트하우스》의 관계를 보여주는 멋진 브로셔를 디자인하고, 《펜트하우스》 이미지 아래 이런 문구를 넣었다. "사람들은 《펜트하우스》를 찍어내는 인쇄업자라고 하면 사회의 외톨이일 거라고 생각합니다… 그러나 우리는 성공한 백인 사업가들이랍니다. 또한 우리도 사람입니다." 우리는 이 브로셔 수천 장을 아이오와 주 디모인 사람들에게 나누어주었다. 몇몇 여성들은 메러디스 코퍼레이션의 주식을 한 주씩 사서 우리가 이 회사의 연례 주주총회에 들어갈 수 있도록 해주었다. 우리는 주주총회에 참석해서 주주들을 마주하고 그들의 수익원을 직접 제시하려는 계획을 세웠다.

우리는 《펜트하우스》에 반대하는 메러디스 주주들Meredith Stockholders against Penthouse'이라는 조직을 결성해, 《펜트하우스》인쇄 계약을 해지하라고 메러디스에 촉구했다. 메러디스는 우리가 문서를 배포하거나 발언하는 것을 허락하지 않았다. 하지만 우리는 결박당한 채 죽은 아시아계 여성들에 대한 《펜트하우스》의 이미지들을 다리미를 이용해서 셔츠에 찍었다. 그리고 연례 주주총회에 참석해 외투를 벗고 사람들 앞에 그 이미지들을 드러내 보였다.

전국적 파괴행동을 진행하는 내내, 니키와 나는 언론에 글을 기고하고 인터뷰를 하고, 모금활동을 벌이고, 강의했다. 그리고 포르노그래피가 남성들의 태도와 행동에 미치는 폭력적 영향과 그에 따라 여성과 아동에게 가해지는 위험에 대해 법적 증언을 하기도 했다. 내가 유치장에서 보낸 시간과 법원의 제도를 상대하며 보낸 시간은 그다지 즐겁지 않았다. 어떤 때는 경찰차가 가까이 다가오는 것만으로도 불안한 반응을 보인 적도 있다. 하지만 지금까지 파괴행동을 하면서 가장 스트레스를 받았던 일은 계속해서 포르노그래피를 읽고 봐야 했던 것이다. 나는 사진 속 여성들이 무엇을 느꼈는지, 그리고 무슨 일이 그들에게 벌어졌는지 궁금해지기 시작했다. 포르노그래피는 때때로 나를 우울하게 하고, 나의 사기를 꺾었으며, 성적으로 억압하는 느낌을 주었다. 나는 포르노그래피에 의해 새장 안에 갇힌 듯한 기분이 들었다. 반면, 시민불복종 활동을 앞두고 포르노그래피를 보는 일은 우리의 분노와 행동에 박차를 가하기도 했다. 이 문화 속에서 포르노그 래피가 여성들에게 가하는 부단한 폭력의 위협이 단 한순간이라도 내 눈에 들어오지 않는 것은 불가능하게 되었고, 여전히 불가능하다.

1990년, 〈치한 체스터Chester the Molester〉라는 만화를 그린 드웨인 틴슬리Dwaine Tinsley가 5건의 아동 성추행 혐의로 유죄판결을 받은 것은 포르노그래피와 성폭력 사이의 관련성을 입증했다. 틴슬리가 함께 일하는 동료들에게 말했듯 "그런 경험이 없이는 그런 이야기를 계속 쓸 수 없다".

《펜트하우스》는 여성혐오 레퍼토리를 확대해서 근친상간을 다루는 기사까지 실었다(1989년 12월호). "부서진 순결" 운운하며 우려를 가장한 이 글은 의심할 바 없이 소아성애적 관심을 끄는 방식으로 어린아이들에 대한 성폭력을 생생하게 묘사한다. 이 글은 아동에 대한 성폭력을 에로틱한 것으로 만드는 포르노그래피처럼 읽힌다. "애덤이 느꼈을 공포는… 그가 자라나면서—자연이 의도하기도 전부터—성적 자극을 일으키는 흥분과 뒤섞였다. 할아버지가 자신에게 하고 있던 행위가 사실은 태곳적부터 금지된 것임을 알고 나서 느꼈던 그 죄책감에 흥분이 더해졌다." 나는 《펜트하우스》의 근친상간 기사가 아주 세심하게 기획된, 여성과 아동에 대한 성폭력의 실제 원인들을 신비화하려는 선전물이라고 본다. 《펜트하우스》는 근친상간을 "이기적이거나, 정신이 뒤틀렸거나, 감정적으로 불안하거나, 성을 밝히는" 개인들에게서 나온 결과로 여긴다. 물론 사회적으로 금지된 폭력, 대상화, 성차별, 여성혐오는 원인 요소로 언급조차 되지 않는다. 《펜트하우스》는

"다 자란 여성들"에 대한 폭행, 착취, 살인보다 아동 성폭행을 다루는 것이 훨씬 중요하다고 독자에게 조심스레 암시한다. 이는 영리하게 분열을 조장하는 선전이다.

해야 할 일은 아직도 많이 남아 있다. 나는 전국적 파괴행동 이후 몇 년간 휴식을 취하는 중이다. 누군가 행동을 취할 준비가 되어 있는 사람 어디 없을까?

페미사이드에 맞서 우리가 할 수 있는 것?: 하나의 제안*

어노니위민

캐나다 여성들은 12월 6일을 여성애도의날Day of Mourning for Women로 선언했다. 나는 그들의 선례를 따라 미국에서도 페미사이드 피해자들에 대한 우리의 슬픔과 분노를 대중에게 널리 알리기 위해 12월 6일 추모시위를 벌일 것을 제안한다. 우리의 시위에는 페미사이드 피해자들이 겪은 참상을 생생하게 담은 사진자료들이 포함되어야 하며, 그러한 자료들은 우리가 잡지, 음반, 영화, 비디오테이프, 컴퓨터게임, 포스터에서 발견하는, 성적 매력이 부여된 상업적 살육에서 직접 취해야 할 것이다. 그 모든 자료를 하나씩 보면서, 우리는 한 해 동안 여성혐오에 의해 살해된 각각의 여성들이 견뎌야 했던 격분을 증언할 것이다.

---

* (저자주) 이 제안을 엮어낸 캔디다 엘리스에게 큰 감사를 표한다.

기쁨의 불

증언이 끝나면 원하는 사람은 누구든 자신이 가져온 혐오표현 자료를 불태울 수 있다. 이것은 우리에 대한 혐오범죄가 지구상에서 사라지기를 바라는 우리의 희망의 표현이다. 불, 우리가 통제하는 불을 붙이는 모습을 상상해보자! 우리의 캐나다 자매들에게 경의를 표하는 의미에서, 우리는 이 추모시위를 푀 드 주아Feux de Joie, 곧 '기쁨의 불'이라 부르기로 하자.

매년 열리는 이 시위는 여성의 관심사들을 힘차게 앞으로 내세울 것이다. 그러기 위해 대중의 관심을 페미사이드에 끌어들이고, 여성에 대한 살인과 페미사이드를 제시하는 미디어의 방식에 둔감해진 사람들의 의식을 일깨워야 한다. 이런 유형의 '연예오락'을 생산하는 사람들을 공개하여 부끄럽게 만들어야 한다. 그리고 고립된 여성들이 페미사이드 이미지들과 다른 여성혐오 선전에 맞서 일어서는 데 필요한 지원을 제공해야 한다. 우리 가운데 시위에 참여하는 이들에게 12월 6일은 여성의 존엄과 자매애를 향한 우리의 헌신을 재확인하는 날이 될 것이다.

매년 12월 6일에는 여성들이 그들의 공동체에서든 그들의 교회에서든, 무대 위와 공원과 주요 빌딩이나 법원의 계단 같은 온갖 장소에 서서 친구들과 함께 외칠 것이다. 우리는 페미사이드가 어떻게 우리 자매들의 목숨을 앗아갔는지 TV 카메라와 라디오 마이크에 대고 이야기할 것이다. 우리 가운데 누군가는 생전 처음 친구들 무리와 함께 앉아 우리에게, 그리고 우리가 알고 있는 이들에게 일어났던 일을(페미사이드 시도를) 이야기할 수 있을 것이다. 우리는 그 끔찍한 이야기들을 너무도 오랫동안 혼자서만 간직하고 있었다. 이야기를 마치면, 《허슬러》나 〈자동차극장 학살사건Drive-in Masscre〉(매그넘 엔터테인먼트 제작) 같은 비디오테이프에서 가져온 페미사이드 사진이나 화면을 전시하여, 여성의 고통으로 만들어내는 수익을 상기해볼 수 있겠다. 우리는 잔인한 페미사이드로 희생된 키티 제노비즈, 크리스티나 리키츠, 앤드리아 페이, 레베카 와이트, 그린 리버 킬러에게 당한 48명의 희생자, 레누 푸리, 마리, 루스 리처즈, 자이나브, 말라티나, 그리고 몬트리올 공대 학생들과 우리가 잊지 않을 수백만 명의 다른 여성들을 공개적으로 추모할 것이다. 그들을 기리고, 우리 또한 그들이 겪은 죽음에 위협당하고 있음을 깨달아 알면서, 계속해서 여성혐오를 폭로할 것이다. 우리는 여성혐오가 어떻게 페미사이드로 이어지는지를 입증해 보일 것이다. 그리고 페미사이드를 멈추는 데 헌신할 것이다.

결론 ————————

이제 우리는 어디로 가나

질 래드퍼드

이 책의 한 가지 목적은 페미사이드에 이름을 붙여서, 페미니스트들은 물론 여성에게 가해지는 폭력에 관련된 사람들에게 페미사이드가 절박한 사안임을 인식시키려는 것이었다. 다이애나 러셀과 나는 가부장제 억압 아래 깔려 있는 폭력성에 대한 관심을 촉구하고 그에 대항하기 위해 페미사이드를 성 정치학의 맥락 속에서 정의했다. 우리는 페미사이드로 일어난 여성의 죽음이 알려지지 않은 채 지나가지 않고, 논평하고 분노하고 저항할 가치가 있는 사건으로서 인식되는 정치적 환경을 창출하는 데 필요한 활동의 시작으로 이 논문집을 보고 있다. 그렇다면 이 논문집은 여성이 남성에게 폭력적으로 예속되는 것이 더 이상 삶의 현실이 되지 않는 세계를 창조하려는 페미니즘의 과업에 일조하게 될 것이다. 여성에게 안전한, 여성이 남성의 폭력으로부터 안전한 그런 세상, 성차별·인종차별·계층차별이 없고 이성애주의가 지배하지 않는 그런 세상을 상상하는 것은 1990년대에도 유토피아적

꿈처럼 보일지 모른다. 그러나 페미니즘은 그러한 꿈과 희망과 이상에 대한 조망을 잃어서는 안 된다. 이것 없이는 우리의 정치학은 목적과 의미를 잃게 된다. 이 책이 페미사이드를 구체적으로 다룬 첫 번째 책이라는 사실을 고려하면, 단정적인 결론을 내리는 것은 아마도 시기상조일 것이다. 그 대신, 나는 이 책의 중심 주제들을 한데 모아 정리하고, 그 주제들을 페미니스트 분석 안에 자리매김하고자 한다.

세 대륙으로부터, 광범위한 역사적 범위를 가로질러 페미사이드에 대한 글들을 모아 엮음으로써 우리는 페미사이드가 우발적이거나 고립된 성적 테러들로 이루어진 것이 아니라, 심각한 대규모 현상임을 보여줄 수 있었다. 페미사이드는 수천 명의 여성들의 목숨을 앗아갔다. 어떤 질병 때문에 이렇게 많은 사람들이 죽었다면 대대적인 격렬한 항의가 일었을 것이다―물론 그 질병은 에이즈와 같은 것은 아니다. 에이즈는 초기에 백인 이성애자 중심 사회의 변두리에서 살아가는 사람들에게 고통을 주었기 때문이다. 페미사이드는 가부장적 사회구조에서 이득을 취하는 이들이 애써 부인하려는 현상이다. 강력한 가부장적 사회제도들, 이를테면 법률, 사법체계, 경찰, 미디어는 페미사이드가 어느 정도 인식되고 사회 및 정치의 관심사로서 다루어지길 허락하기보다는 전반적으로 페미사이드의 존재 자체를 부인해왔다.

페미사이드라는 이슈를 모호하게 지워버리고자 고안된 여러 전략들 가운데 가장 핵심적인 것은 개별화 전략이다. 페미사이드 사례들을 흔치 않은, 고립된 사건들로서 구성하는 것이다. 만약 일련의 살인사건 사이에 패턴이 발견되고 관련성이 규명된다면,

반복해서 발생하는 남성 성폭력이 드러난 결과라기보다 고립된 미치광이 사이코패스의 범행 결과라고 주장한다. 제인 카푸티는 이와 비슷한 관점을 제시한다. "우리는 이제 오늘날 여성에 대한 테러위협을 정치적 관점에서가 아니라, 기괴한 성 중독증 미치광이나 불가사의한 괴물, 또는 가장 많이 허용되는 전문용어로 사이코패스 및 소시오패스라 불리는 이들의 일탈행위로 이해하게 되리라고 본다"(Caputi 1987, 109. 강조는 원저자).

살인자를 향한 비난의 방향을 돌리는 데 가장 흔하게 사용되는 전략은 아마도 피해자 또는 살인자의 인생에 있었던 다른 여자를 비난하는 것일 터이다. 살인자가 사이코패스라고 하면서 그 원인으로 살인범의 어머니가 비난을 받는 경우가 많다. 그녀가 살인자가 과거에 필요로 했던 무언가를 충족시켜주지 못한 탓에 그가 저지른 페미사이드 행위를 유발했다는 주장이다.

여성을 비난하는 설명은 너무나 일상적으로 사용되기 때문에 주류 담론의 신뢰할 만한 부분이 되었으며, 법률에도 포함되었다. 예를 들어 잉글랜드 법률에서 도발은("그녀가 나로 하여금 그렇게 하게 했다") 모의살인에 대한 변론으로 받아들여진다. 법률은 모든 형태의 페미사이드를 다 폭력범죄로 다루지는 않는다. 남성의 행동은 거의 따져보지 않고, 도발 변론에서 그러하듯, 잉글랜드 사법제도에서 그토록 좋아하는 '합리적인 남자'의 눈이 아닌 다른 눈으로 바라보기를 거부함으로써 페미사이드를 사실상 용납한다.

피해자가 비난을 받게 되면 죽은 여성의 생활양식, 행동, 성격이 법정과 미디어의 공개적인 정밀검사를 받게 된다. 살인범이 재구성한 피해 여성의 삶이 법정에서 재판을 받게 되는 경우도 많다. 그렇게 해서 피해 여성은 목숨뿐 아니라 정체성마저도 빼앗긴다. 피해 여성의 가족과 친구들에게 가해지는 고통 또한 이 책 전체에 걸쳐 기록되어 있다. 이데올로기 차원에서는, 여성은 죽을 만하다는 이미지가 구성된다. 페미사이드 사건의 개별화와 여성 비난의 상호작용 과정을 통해 페미사이드의 존재 자체가 가려지고 남성과 남성성은 보호되는 반면, 페미사이드의 책임은 다양한 방식으로 부적절하다거나 도발적이라 정의된 여성에게 전가된다.

이 책의 또 다른 주제는 국가가 법집행과 사법체계를 통해 여성들을 페미사이드로부터 지켜내는 데 실패했다는 것이다. 법률적으로 남성의 책임을 줄이면서 변호하는 방식은 죽은 여성의 존엄성을 부인하고 다른 여성들을 더 큰 위험에 처하게 할 따름이다. 이러한 국가의 실패는, 특히 영국에서, 가정폭력 상황에서 여성들을 보호할 수 있는 법적 보호장치가 대체로 존재하지 않는 현실을 반영한다. 영국 정부는 1990년 2월이 되어서야 배우자 강간의 불법화를 다시 고려하는 데 동의했고, 1991년에 겨우 관련 법률이 개정되었다.

경찰이 남성 폭력으로부터 여성을 보호하는 여러 방식을 실행하지 못하고 있다는 사실은 페미니스트들에 의해 훌륭하게 기록되어왔다. 페미사이드와 관련해서 이 책에 실려 있는 다수의 글은 법집행 과정이 실패해 결국 여성들이 죽게 된 사건들을 자세히 기록해놓았다. 여러 가지 사항에 대한 불평과 항의가 제기되어 있다. 경찰은 페미사이드에 의한 사망사건을 연쇄살인범의 행동에서 초래된 결과로서 인지하지 않았고, 여성의 죽음에 대한 수사에 우선순위를 부여하지 않았으며, 가정폭력과 관련하여 도움을 요청하는 여성들에게 적절히 대응하지 않았다. 이러한 경찰의 태만 아래에는 여성의 생명을 가치 있게 여기지 않고 여성에게 가해지는 성폭력의 위협을 인식하지 못하는 무능함이 깔려 있다. 여성에 대한 이러한 무시는 경찰의 인종차별 문제와 궤를 같이한다. 인종차별과 여성혐오는 종종 상호작용하여 흑인 여성들과 기타 소수민족 여성들에게 경찰의 보호가 필요하다는 것을 부인하게 만들기도 한다. 경찰의 이러한 태만에 대한 불평은 여러 문화를 가로질러 존재하며 오랫동안 계속되어왔다. 경찰의 태만을 경찰의 관행에서 이례적인 실수나 경찰관 개인의 일탈행동에서 비롯한 결과로 일축할 수는 없다.

　미디어가 페미사이드를 심각한 범죄로 재현하지 못하고 있는 현실 또한 이 책에 기록되고 정리되었다. 페미니스트들은 미디어가 여성들에게 가해지는 폭력에 관음증적으로 접근한다는 점과 여성 비난 이데올로기를 재생산한다는 점을 오랫동안 비판해왔다. 페미사이드를 다루는 방식 또한 예외가 아니다. 공공장소에서 여성이 낯선 이에게 살해된 사건은, 신문을 더 많이 팔기 위해 이용될 따름이지만 신문 1면을 장식할 수도 있다. 하지만 가정폭력의 사례들은 어떤 방식으로든 볼거리를 제공하지 않는 이상 '가정 비극' 범주에 포함시켜버리고 관심을 기울이지 않는다. TV 드라마에서 페미사이드를 재현하는 방식이나 잭 더 리퍼 같은 유명한 살인범들을 기념하는 데서도 미디어가 페미사이드를 심각하게 다루는 데 실패하고 있음이 드러난다. 포르노그래피가 페미사이드를 성적 판타지로 이용하는 것은 몹시 우려할 만한 일이다. 다이애나 러셀이 주장한 대로, 여성을 실제로 절멸시키는 것이 제도화되지는 않았다고 해도, 미디어의 재현방식에서 여성을 제거하는 것은 제도화되어 있다.

급진적 페미니스트 분석에서는 남성의 성폭력을 가부장제에서 성별에 따른 권력관계를 보장하기 위한 폭력의 형태로 본다. 리즈 켈리와 나는 다음과 같이 주장해왔다. "성폭력이 존재한다는 것은… 가부장제 사회의 특징을 규정짓는 한 요소다. 남성이 성폭력을 이용하고 국가가 이를 자주 묵인하는 데는 여러 가지 목적이 있다. 남성의 통제에 저항하는 것처럼 보이는 여성들에게 벌을 주고, 여성들이 특정한 방식으로 행동하거나 행동하지 못하게 하며, 여성들에게 성적·정서적·가정적 봉사를 요구할 권리를 주장하려는 것이다. 이 모두를 통해 가부장제에서 남성이 지배하고 여성은 종속되는 남녀관계가 유지된다"(Kelly and Radford, 1987, 238-39). 이러한 분석 안에서 보면 페미사이드는 성폭력의 극단적 형태를 나타낸다. 다이애나 러셀이 지적했듯이, 남성의 우월성을 보존하는 것이 페미사이드를 저지르는 남성들의 실제 목표라는 것을 굳이 논증할 필요는 없다. 그것은 페미사이드라는 범죄가 가져오는 결과들 중 가장 미미한 것이기 때문이다. 페미사이드를 저지른 살인자들이 정신질환을 앓고 있다고 여겨질 경우 페미사이드의 피해자들에게도 달라지는 것이 있을까? 정신질환이 남성을 여성혐오나 인종차별로부터 자유롭게 해주지는 않는다. 그러므로 그들의 '질환'은 그들이 저지른 페미사이드 공격이 여성혐오를 영속화하는 여성혐오적 행위라고 하는 주장과는 무관하다. 성폭력과 페미사이드가 가부장제의 권력관계에 핵심적이라는 사실을 고려하면, 이러한 폭력에 도전하는 것은 가부장제 자체에 근본적으로 도전하는 일이 된다. 그러므로 페미사이드에 맞서는 활동은 근본적으로 정치적인 활동이다.

영국에서 최근 진행된 성폭력에 대한 연구들에 비추어볼 때, 그에 대한 저항이 지닌, 본질적인 정치적 속성에 대한 통찰을 놓치지 않는 것이 불가결하다고 주장하고 싶다. 영국에서는 경찰, 사회복지 종사자, 법률가, 전문 상담가, 치료사 등이 성폭력에 관여하고 성폭력을 다루는 업무에서 이력을 쌓는 새로운 경향이 형성되고 있다. 오랫동안 성폭력 문제에 제대로 대응하지 못한다고 비난받아온 이러한 전문 직업군이 이제 움직이기 시작한 것이다. 남성 폭력에 대한 그들의 대응은 여전히 서비스 제공 단계이고, 그마저도 여성과 아동을 무력한 피해자로 규정하는 정치적 틀 안에서 이루어지는 경우가 많다. 이런 틀에 따르면 여성과 아동은 결함을 지니고 있다고 추정되며, 그러한 결함 때문에 자신들이 겪은 폭력에 책임을 져야 한다. 그 결과, 그들은 가부장제에 의해 정의된 자신들의 역할 안에 다시 배치되기 위해 전문적인 도움을 필요로 하는 존재로 여겨진다. 이러한 경향은 가정폭력을 경험한 여성들을 위한 비非페미니스트 피난처가 설립된 데서 분명하게 드러난다. 치료를 받는다는 것이 이 피난처에 들어가기 위한 전제조건이다. 피해자 지원 프로그램에서는 남자들이 강간을 겪은 여성들을 지원하는 것이 장려된다. 이런 지원 프로그램은 피해 여성들이 남성을 거부하지 않으리란 걸 확실히 하고, 적극적인 이성애관계에 대한 빠른 적응을 용이하게 하려는 것이다. 아동 성학대의 생존자들을 위한 가족치료는 학대에 대한 책임을 가족 전체에 지우고, 어머니와 생존자가 그 학대에 공모한 것으로 규정한다.

어떤 페미니스트들은 국가를 상대로 남성의 성폭력에 대한 인정과 성폭력에 대항하는 행동을 요구해왔지만, 정부에서 나오는 대응은 페미니즘의 가치를 심하게 훼손하는 경우가 많다. 가부장제의 가치를 받아들이는 사람들이 페미니스트 지원 서비스를 그 정치적 뿌리로부터 강제로 분리하려 하는 경향에는 위험이 있다. 그 둘을 분리함으로써 정신보건 공동체는 페미니스트 활동에 약간의 아첨을 해주면서 지원 서비스를 전용할 수 있게 되었다. 정치적 토대는 이제 반反페미니스트 전문직 안에서도 편안하게 수용될 수 있는 것으로 변모한다. 이 과정에서 페미니스트 정치학은 무시되고, 본질적으로 피해자를 비난하는 이데올로기에 근간한 반페미니즘으로 대체된다. 이러한 대응의 분열성은 이 분야에서 일하는 페미니스트 활동가들에게 어려움을 준다. 국가는 대안적 전문 서비스를 개발하고, 강간위기센터와 여성 피난처 같은 페미니스트 서비스에 대해서는 자금 지원을 철회하고 있기 때문이다.

페미사이드는 본질상 지원을 받아야 할 피해자가 더 이상 존재하지 않기 때문에 피해자 치유와 관련된 사안들과는 다르다. 그러나 여기에도 비슷한 분열의 소지가 존재한다. 페미사이드라는 문제가 인식될 수 있도록 요구하는 것은 중요한 일이다. 그러나 정신보건, 법집행, 사법체계의 전문가들이 페미사이드라는 문제를 전용하고 자신들의 의제에 맞게 다시 위치 짓는 일을 막는 것 또한 중요하다. 그들의 의제란 반페미니즘과 인종차별과 이성애주의에서 주로 영향을 받은 것일 수 있기 때문이다. 바로 이러한 상황 때문에 페미사이드에 맞선 투쟁의 정치적 본질을 인식하는 것이 반드시 필요하다.

그러나 이 책에서 개략적으로 제시된 급진적 페미니즘은 1970년대 초기의 급진적 페미니즘과는 다르다. 여기서 말하는 페미니즘은 남성의 성폭력을 가부장제의 성별 권력관계를 보장하기 위한 기반으로서 인식하고 있다. 그러나 이러한 페미니즘 안에서도 가부장제 사회 안에 있는 여타 권력구조와 관련하여 여성들 사이에 존재하는 차이들을 인정한다. 페미사이드 자체와 페미사이드에 대한 국가의 대응을 구조화하는 것은 바로 이러한 차이들이다.

산업화된 서구사회에서 여성들은 포스트자본주의의 계층관계, 포스트식민주의의 인종차별, 섹슈얼리티(가장 개인적인 차원에서 남성의 여성에 대한 통제가 필수로 간주되는 이성애 섹슈얼리티), 연령차별에 따라 분열된다. 이론적 관점에서 보면 오늘날 급진 페미니즘에서는 이러한 상호작용적 구조들과 그 구조들이 여성에게 끼치는 서로 다른 영향들의 복잡한 양상을 인식하고 있다. 활동의 관점에서는 다수의 급진 페미니스트들이 그러한 정치학에 들어 있는 권력과 제약 모두를 인식해왔다. 자신이 속한 집단과 자신을 동일시하는 것은 힘과 확신의 중요한 원천이 될 수 있지만, 보다 큰 사회에서는 분열을 일으키고 억압을 재생산할 잠재적 위험이 있다. 말하자면 계층차별, 인종차별, 이성애주의, 연령차별 등이 발생한다. 이에 대한 대응으로 많은 활동가들이 이러한 경계를 가로질러 성폭력과 페미사이드에 맞서는 연합세력을 형성할 수 있는 가능성을 타진하기 시작했다.

이 책의 6부 〈페미사이드에 맞서 싸우는 여성들〉에 실린 글들은 다양한 배경과 상이한 정치적 우선순위를 지닌 여성들이 이루어낸 연대와 협력을 보면서 그러한 도전들을 탐구했다. 이러한 종류의 활동에는 시간이 걸리기 마련이다. 신뢰를 쌓고, 배타적이지 않은 활동방식을 활용하고, 계획을 세우고, 실수도 저지른다. 그럼에도 페미사이드라는 위협에 더 강력하게 도전하는 일은 편향된 정치학적 접근보다 더 큰 잠재력을 지닌 듯 보인다. 편향된 정치학적 접근은 가부장제 옹호자들이 자신들의 의제에 맞게끔 손쉽게 전용할 수 있기 때문이다.

전통적으로 국가 개혁에는 한계가 있다. 국가는 이전의 선거운동에서 강제로 의제에 올린 문제들을 다룬다. 전형적인 대응은 국가가 저항을 억누르기 위해 문제를 인정하는 것이지만, 그렇게 하면서도 국가는 기존의 이해관계나 가치에 실제적인 위협을 전혀 가하지 않는 방식을 택한다. 이것이 암시하는 바는, 국가가 어쩔 수 없이 페미사이드를 문제로 인정할 경우, 국가는 현상태 가부장제에 대한 위협을 최소화하는 방식으로 페미사이드를 재정의하리라는 것이다. 그렇게 하려면, 어쩔 수 없이 페미니스트 분석을 배제하는 식으로 문제를 재정립하는 것이 필요하다. 이를테면 권위주의 정부에서 페미사이드에 관한 페미니스트의 우려를, 법과 질서를 존중하는 정치학에 대한 지지로 해석해버리는 것을 상상할 수 있겠다.

페미사이드가 지닌 젠더 관련 본질을 어느 정도 인정한다 하더라도, 편파적으로 인정할 수밖에 없을 것이다. 마찬가지로 어떠한 대응책도 편파적일 것이다. 남성 폭력을 막아주는 기존의 보호책들은 — 예를 들어 강간 관련 법률들은 — 가부장제 기준에 따라 보호를 '받을 만하다'고 여겨지는 여성들만을 보호한다. 즉 계층, 인종, 이성애관계에 의해 특권을 지닌 여성들만이 보호의 대상이 된다. 만약 반인종차별, 반이성애주의, 반계층특권이 우리 정치학의 가장 눈에 띄는 위치에 깔릴 경우, 그러한 편향성은 아마도 저항을 받을 것이다.

가부장제와 관련하여 서로 다른 위치에 있는 여성들이 이룬 연대로부터 많은 것을 배울 수 있다. 흑인 여성들의 이야기들을 읽고 네트워크를 구성함으로써, 나는 왜 인종과 인종차별이라는 문제가 그들이 참여하려는 어떠한 투쟁과도 분리될 수 없는지를 이해하게 되었다. 이 책에서 흑인 여성들이 기고한 글이나 흑인 여성들에 관한 글은 페미사이드에 대한 투쟁이 인종차별에 대한 투쟁이기도 해야 한다는 사실을 입증해 보여준다. 페미사이드 살인범, 경찰, 법률체계, 포르노그래피 제작자의 인종차별이든, 페미사이드에 맞선 투쟁에 참여하고 있는 백인 페미니스트의 인종차별이든 마찬가지다. 백인 페미니스트들로서는 자기 내면의 인종차별과 대치해야 하는 상황이 편안하지 않다. 백인 여성으로서 우리는 어떤 특권을 부여받았다. 하지만 그 특권을 너무나 일상적으로 누리다 보니 인식하기조차 어렵다. 흑인 및 소수민족 여성들과 함께 일할 때 우리를 무력하게 만드는 인종차별의 방식들을 규명하기란 쉬운 일이 아니다. 우리가 얼마나 배워야 하고, 또 이미 배운 것을 얼마나 잊어야 하는지 알기 어려운 것과 마찬가지다. 그러나 내 경험으로 볼 때, 그렇게 하지 않을 경우 나타나는 것은 서로에 대한 반감과 혼란스러운 침묵, 정치적 무대책, 그리고 페미니즘의 실패일 뿐이다.

마찬가지로, 레즈비언 커뮤니티에 미치는 페미사이드의 영향을 이해하는 데 핵심은 이성애를 사회의 주요 강제력으로 인정하는 것이다. 그러한 이해 없이는 페미사이드에 대한 어떠한 분석도 부분적이고 편파적이고 왜곡되었고 부적절하다. 이 책에 기록된 것처럼, 이성애주의는 레즈비언에 대한 페미사이드 공격을 부추기고 합법화한다. 이성애주의는 레즈비언이라고 알려지거나 레즈비언이라고 의심되는 여성의 페미사이드를 경찰에서 심각하게 다루지 않게 하는 결과를 일으킨다. 그리고 법원에서 반레즈비언주의를 형량 경감 사유로 수용하도록 이끈다. 영국에서는 폭력을 신고하는 레즈비언들이 경찰에 의해 추행당하고 체포된다는 증거가 있다. 그리고 경찰은 살인사건 수사를 레즈비언 공동체에 대한 정보를 얻고 기록하는 '저인망 조사' 기회로 이용한다. 이것은 당장의 수사에는 별로 관련이 없을 수 있지만 경찰 데이터 뱅크에는 매우 유용하다(Lesbian and Policing Project 1988).

페미사이드가 레즈비언 공동체에 영향을 끼치는 또 다른 방식은 그것이 레즈비언 관계를 부인하는 결과를 가져온다는 것이다. 역사는 레즈비언 파트너들의 관계가 어떻게 부인되었는지를 보여주는 예들로 가득하다. 사후에 전기가 출간될 만큼 잘 알려진 레즈비언들이 있었지만, 그들의 가장 의미심장한 관계는 전기에서 배제되었다. 이 여성들의 레즈비언 정체성을 부정하는 것은 사후死後 모욕이며, 여성의 삶에 대한 존중이 결여된 것이다. 그것은 또한 그 죽은 여인과 친밀한 관계였던 개인들에게 상처를 입힌다. 예를 들면 사별한 레즈비언들은 추모의식에서 자신들의 관계가 인정되지 않는다는 걸 알게 되는데, 이것은 악몽을 견디기 더욱 어렵게 만드는 것이다. 사별자들에 대한 지원 서비스는 게이 공동체가 에이즈 위기에 대응하면서 취한 한 가지 방식이 발전된 것이다. 비슷한 지원 사업이 반레즈비언 페미사이드에 대한 단기적 대처방안으로서 반드시 필요하다. 팻 파커는 〈여성우발살인〉이라는 시에서 이렇게 썼다.

> 나는 알맞은 꽃을 골라 집지 않겠다
> 나는 그녀의 죽음을 기리지 않겠다
> 그녀가 흑인이든 백인이든
> 그녀가 여자를 사랑하든 남자를 사랑하든
> 그건 문제가 되지 않을 것이다

이것이야말로 우리가 성공적으로 페미사이드에 맞서 싸우고자 한다면 반드시 포용해야 할 정신이다.

짐작하건대, 페미사이드에 맞서 싸우는 방법은 기꺼이 이 투쟁에 참여하려는 의지를 지닌 여성들의 수만큼이나 많을 것이다. 우리의 공동체, 직장, 정부기관, 법원, 미디어에서 캠페인을 벌일 수도 있다. 국회의원들이나 입법 담당자들, 그리고 언론에 편지를 보낼 수도 있다. 시, 소설, 희곡, 공연, 회화, 음악, 무용을 통해 세련되게 의견을 표현할 수도 있다. 행진이나 철야농성이나 앱세

일링abseiling*을 통해서 시위를 할 수도 있다. 일단 화제가 되는 사안에 이름이 붙고 나면 상상력이 우리의 힘이 된다는 사실을 여성 투쟁의 역사는 증언해준다.

페미사이드에 대한 연구조사가 더 많이 이루어질 필요도 있다. 연구조사할 페미니즘 개념들은 광범위하다. 이 책에 실린 일부 글들에서 확인할 수 있듯이, 그러한 연구조사에는 학술적 연구뿐 아니라, 공동체 안에서 네트워크를 형성하거나 지역신문과 잡지를 읽고 다른 여성들의 이야기에 귀 기울이는 것 같은 활동도 포함된다. 우리가 이 책을 엮으면서 발견하게 된 커다란 격차는 우리 문화권이 아닌 지역, 특히 제3세계에서 페미사이드가 끼치는 영향이나 페미사이드에 맞선 저항에 관한 우리의 지식이 매우 제한되어 있다는 점이었다. 동유럽은 서구에서 제한적으로만 알고 있는 또 다른 지역이다. 제1세계 여성으로서 이 지역의 여성들을 대신하여 그들의 이야기를 들려주는 것은 우리가 할 일이 아닐 것이다. 그러나 그들이 우리에게 접근하는 일을 가능하게 해서 그들이 우리의 자원에 접근할 수 있도록 그들을 지원할 수는 있겠다. 전 세계적으로 페미사이드에 맞서 저항하려면 국제 네트워크가 필요하며, 여기에는 아주 빈번하게 배제되는 여성들까지 포함되어야 한다.

또 하나의 중요한 영역은 페미사이드의 결과로 친구, 가족, 연

---

* (저자주) '앱세일링'은 1988년 몇몇 레즈비언이 영국 하원의 방청석에서 의원 본회의 장으로 뛰어내린 유명한 행동을 가리킨다. 지방 정부에서 예산을 제공하는 교육, 도서관, 사회복지, 예술 프로그램 등의 서비스에서 레즈비언과 게이에 대한 차별 합법화를 시도한 영국 의회에 저항하는 상징적 행위였다.

인을 잃은 여성들에 대한 지원활동이다. 내가 그 입장에 처해보니, 그럴 필요가 있다는 것을 알게 되었다. 이러한 여성들에게 접근하는 방법을 찾아내고, 지원을 제공해야 할 때는 언제이며 지원활동이 침입으로 여겨질 때는 언제인지를 알아야 한다. 또한 슬픔과 분노를 통해 서로를 지지해주는 방법, 자신의 힘을 약화하지 않으면서도 타인의 고통에 귀 기울이는 방법, 그리고 생존의 기술들을 배워야 한다. 우리는 페미사이드에 저항하며 단단해지는 만큼이나 서로를 지지해주는 데서도 똑같이 단단해져야 한다. 페미사이드에 관한 활동은 여러 페미니즘 활동 중에서도 가장 진을 빼는 일이다. 우리가 서로에게 주의를 기울이지 않는다면 우리 모두 빠르게 탈진할 수 있다. 탈진하지 않으려면, 세상에 대한 우리의 이상을 단단히 붙잡고 있어야 한다. 성차별, 인종차별, 이성애주의를 비롯하여 우리를 분열시키는 억압들로부터 해방된 세계에 대한 꿈을 놓쳐서는 안 된다. 여성에 대한 증오, 페미사이드의 이데올로기는 이러한 균열과 분열 속에서 자라나기 때문이다.

여자아이로 태어나는 것은
그리 좋지 않아(1)

은토자케 샹게

여자아이로 태어나는 것은 그리 좋지 않아/ 어떤 때는. 사회가 우리를 버리거나/ 아니면 팔아버리거나/ 아니면 우리 질을 가지고 노니까/ 여자아이들은 그런 데만 쓸모가 있으니까/ 적어도 여자들은 물건을 나르고 요리를 할 수 있어/ 하지만 여자아이로 태어나는 것은 좋지 않아 어떤 때는/ 어떤 곳에서는/ 그런 구역질 나는 일들이 우리에게 일어날 테니까. 나는 어디에서나 여자아이로 태어나는 것이 좋았으면 좋겠어/ 그러면 나는 분명히 알게 될 텐데, 누구도 음문을 봉합당하지 않으리라는 걸/ 누구도 우리가 알기를 원하지 않는 그 단어/ '음문봉합'은 우리의 처녀성을 지키려고 고양이 내장이나 잡초나 나일론 실로 우리의 질을 꿰매버리는 거야/ 처녀성 보장=음문봉합/ 그건 우리가 노동해서 살아가는 걸 불가능하게 만들지도 몰라/ 그건 아기가 노동해서 살아가는 걸 불가능하게 할지도 몰라/ 음문봉합은 우리를 감염시키지만 그래도 우리는 말할 수 없어 난소의 질병은 우리가 더럽다는 표시니

페미사이드

까/ 그러니 네 몸을 씻어, 한번 음문봉합당한 우리는 다시 베이고 열려서 알려주어야 할 테니까/ 남근의 기쁨을/ 우리는 전혀/ 절대 알지 못할/ 특히 어린 여자아이에게 무언가 다른 좋지 않은 일이 일어난다면/ 우리가 잘려져/ 유리 조각이나 가위로 우리의 음순이 절개된다면/ 우리가 음핵을 잃는다면 그것은 우리의 쾌락은 속되고, 자연스럽게 진화된 우리의 음핵은 일부다처제의 아주 부자연스러운 원동력에 지장을 주기 때문이지/ 그래서 음핵도 없고 음순도 없고 음문봉합되어/ 죽지 않으면 꿰매지고 절개되고 벗겨지고 쓰라리지/ 피가 새는 계집애가 우리 몸이 옳지 못한 것이라고, 땅에 속하지 않는다고 겁먹지 않는다면 / 그러한 생각은 침묵으로 이어지지/ 베일과 구속복 뒤에 걸린 침묵/ 여자아이로 태어나는 것은 정말 그리 좋지 않아. 우리가 음문봉합되고, 절개되고, 음핵절제당하고, 여전히 밤거리를 걷거나 집에 머물기를 두려워해야 할 때는.

나는 슬퍼져, 여자아이로 태어난 탓에 동반자 없이 자정 미사에 참석하는 것은 위험하니까. 어떤 곳에서는 우리가 여자아이로 태어나면 다른 누군가 매우 아프고 약하고 잔인한 사람이/ 우리를 공격하고 우리의 처녀막을 찢으면/ 우리는 살해돼야 해/ 우리 가족으로부터 멀리 보내지고/ 우리 아이들을 만져보는 일도 금지 돼. 어린 여자아이들에게 상처 내는 이 이상한 사람들은 공격자치한 강간범이라고 해. 전 세계에 다 있고 빠르게 늘고 있어. 여자아이로 태어나는 것은 치한 공격자 강간범만이 아니라/ 그들의 이상한 행동까지도 걱정해야 하는 거야/ 칼로 찌를까/ 총으로 쏠까/ 도끼로 찍을까/ 침을 뱉을까/ 정액을 떨구지 않으면 우리가 겁탈을 입증할 수 없다는 걸 알까/ 그런 미묘한 사실들이 여자아이라는 것을 너무나 복잡하게 만들어/ 우리 중에 어떤 이들에게는, 그래서 우리는 미쳐/ 아니면 어디에도 가지 못해.

우리 중에 어떤 이들은 창문을 열어두거나 혼자 산책해본 적이 없어/ 하지만 때로는 집도 우리에게 안전하지 않아/ 강간범 공격자 치한은 아무도 몰랐던 낯선 사람이 아니야/ 그들도 누군가와 관계가 있어/ 그들 중 어떤 이들은 아직 알지 못하는 여자아이보다는 자기 가족을 강간하고 추행하길 좋아해/ 이건 근친상간이라고 하는 건데 여자아이들은 삼촌이나 아빠에게 공격을 당해도 말하지 못해/ 엄마는 어떻게 하나/ 모든 아빠가 자기가 사는 주에서 낙태를 불법으로 만들어놓았을 텐데/ 엄마가 아이들을 아주 많이 갖게끔/ 두 살짜리 아이랑 노는 아빠의 '재미'를 신경 쓰게끔/ 결국 엄마도 여자아이거든/ 우리는 그 사실에 익숙해져야 해/ 하지만 음문봉합, 절개, 음핵제거, 강간, 근친상간은/ 되돌릴 수 없게 생명을 부인하는 것/ 생명의 목을 조르는 것, 자연스러운 요소들을 경멸하는 것/ 나는 이 일들이 어디에서도 더 이상 일어나지 않았으면 좋겠어/ 그러면 나는 어디에서나 여자아이로 태어나는 것이 좋다고 말할 수 있을 텐데/ 젠더가 운명은 아니더라도/ 지금은 여자아이로 태어나는 것은 위협 속에 태어나는 거야/ 나는 위협에 잘 대응하지 못하지/ 나는 여자아이로 태어나는 것이 축하할 이유이기를 바라/ 열정을 지니고 자유롭게 살아갈/ 우리의 생득권을 보호하고 육성하는 이유이기를/ 우리 종種이 어딘가 잘못되었다는 두려움 없이.

우리는 지금도 강간과 음핵절제에 시달려. 우리는 여자아이로 태어난 값을 치르지/ 그러나 우리는 누구에게도 아무것도 빚지지 않았어/ 우리의 음순도 우리의 음핵도 우리의 목숨도. 우리는 여자아이로 태어나 우리 자신의 삶을 사는 여자가 되려고 사는 거야/ 우리 자신의 삶을 살려고/

우리의 삶을/

가지려고/

살려고.

감사의 글

이 책에 글을 기고한 모든 여성에게 감사한다. 나의 동료 다이애나 E. H. 러셀과, 여러 해 동안 나의 생각을 발전시킬 수 있도록 도와주고 위기의 시기에 정서적 지지를 보내준 모든 여성에게도 감사한다. 내가 여기에 쏟아놓은 생각들은 남성들의 성폭력 문제에 관해 지난 15년 동안 다른 여성들과 함께 작업한 결과물이다. 특별히 윈체스터 여성해방단, 여성에 대한 폭력에 반대하는 여성들(WAVAW), 레즈비언 치안 프로젝트Lesbian Policing Project, 여성의 권리Rights of Women(ROW), 여성의 권리 산하 성폭력 그룹과 법률 그룹, 영국 사회학협회British Sociological Association, 위민스 코커스Women's Caucus, 여성에 대한 폭력 연구단체Violence against Women Study Group, 노스 런던 폴리테크닉 아동 성학대 연구소North London Polytechnic Child Sexual Abuse Research Unit, 그리고 그 밖에 다른 친구들의 지원에 감사한다.

_질 래드퍼드

잉글랜드에서 벌어진 여성살해 사건에 관한 질 래드퍼드의 글들을 읽으면서 깊은 인상을 받았다. 그래서 1986년 런던을 방문했을 때 친구인 실라 제프리스Sheila Jeffries에게 질 래드퍼드를 소개해달라고 부탁했다. 처음 만난 자리에서 질과 나는 협업으로 이 책을 준비하기로 결정했다. 대부분의 페미니스트들은—여성에 대한 폭력을 다루는 작업과 활동에 헌신하고 있는 페미니스트들조차도—그 폭력의 궁극적 형태인 페미사이드에 대해선 침묵해왔다. 질과 나는 바로 이러한 침묵을 깨기 위해서 이 책이 꼭 필요하다고 느꼈다.

캘리포니아 주 버클리에 페미사이드 정보교환소를 조직한 크리스 도밍고에게, 여러 가지 방식으로 이 프로젝트를 지원해준 데 대해 감사한다. 그녀는 내가 관심을 가질 수 있도록 수없이 많은 논문들을 가져다주었고, 페미사이드 정보교환소의 파일들을 빌려주었으며, 문헌조사에 자신의 시간을 쏟았을 뿐 아니라 발표된 기존 글들을 이 책에 실을 수 있도록 허락을 받아내는 데도 도움을 주었다. 또한 최종 원고를 준비하는 일을 밤낮으로 거들어주고, 끊이지 않는 사실관계 의문들에 대한 답을 찾아주었다. 크리스는 페미사이드에 대한 나의 깊은 관심과 우려를 공유하고 있는 몇 안 되는 여성들 가운데 한 사람이다.

1989년 10월 나는 제인 카푸티를 만나는 행운을 누렸다. 그녀는 연쇄살인에 대한 미국 최초의 페미니스트 분석서 《성범죄의 시대》를 쓴 저자다. 내가 살고 있는 버클리에서 그녀가 안식년을 보낸 덕분에 우리는 서로 친구가 되었고, 협력자로서 페미사이드에 관한 다양한 활동과 글쓰기 프로젝트를 함께 진행할 수 있었다. 페미니스트 인식의 최전선에서 페미니스트들조차 선뜻 맞서려 하지 않거나 진지하게 다루려 하지 않는 문제에 대해 활동하다 보면 외로울 때가 많다. 동종의 정신을 만나는 것은 커다란 기쁨이었다. 또한 수많은 경험들을 그녀와 공유하면서 나는 놀라울 만큼 확신을 가질 수 있었다. 여전히 금기시되고 있는 여성살해라는 주제에 대부분의 시간과 에너지를 쏟고 있는 우리를 보고 뭔가 잘못된 게 틀림없다고 생각하는 사람들을 우리 둘 다 수도 없이 만났던 것이다. 제인은 또한 신문에 실린 유용한 이야기들과 내가 관심을 가질 만한 참고자료들을 가져다주고, 페미사이드 및 그와 관련된 많은 토픽들에 관하여 고무적인 토론 상대가 되어줌으로써 나에게 큰 도움을 주었다.

또한 원고 전체를 검토하고 소중한 의견들을 많이 제시해준 캐서린 매키넌에게도 감사한다. 또 다른 사람들도 내가 글을 쓰고 원고를 준비하는 몇 달 동안 다양한 방식으로 도움을 주었다. 마니 홀Marny Hall, 프리실라 캠프Priscilla Camp, 존 볼터Joan Balter는 초고에서 하나 이상의 장을 검토해주었다. 마니, 존, 샌디 버틀러Sandy Butler, 메리얼 노리스Maryel Norris는 내가 필요로 할 때마다 공감하며 내 말에 귀 기울여주었다. 시델 크레이머Sydelle Kramer는 여성살해에 관한 관심이 거의 없었던 시기였음에도 흥미를 보이는 출판사를 찾아내주었다. 잰 데니Jan Dennie, 데니스 벨Dennis Bell, 베로니카 조던Vernica Jordan, 캐서 워스먼Catha Worthman, 스티브 매코이Steve McCoy, 펠리시티 우드Felicity Wood는 워드프로세싱 작업이나 행정 업무를 도와주었다. 캔디다 엘리스는 솜씨를 한껏 발휘해 나의 글들을 편집해주었다. 이들 모두에게 진심으로 감사한다. 그리고 로버타 함스Roberta Harmes에게는 정말 특별히 감사를 표하고 싶다. 참고문헌을 완성하고, 관련된 기사, 도서, 사진을 찾는 등 여러 면에서 마감 직전까지 정말 많은 도움을 주었다. 그녀는 절망스럽기까지 했던 작업시간을 많이 절약해주었으며, 질투가 날 만큼 인내심을 발휘하며 침착하게 그 일들을 해냈다. 또한 마녀로 몰린 여성에 대한 박해와 관련된 삽화자료를 어디에서 찾을 수 있는지 내게 알려준 앤 포프리덤Ann Forfreedom에게도 감사한다.

섬세하고 사려 깊은 작업을 통해 우리의 원고를 책으로 변화시켜준 트웨인 출판사의 편집자 캐럴 친Carol Chin과 인디아 쿱먼India Koopman에게도 감사한다. 이 책이 마침내 관심 있는 독자들의 손에 닿았을 때 우리의 노력이 가치 있는 것이었음을 우리 모두가 느끼게 되기를 바란다.

_다이애나 E. H. 러셀

몇 해 전, 내가 아직 가톨릭교회의 수사였을 때 〈아무르Amour〉라는 영화를 본 적이 있다. 이미 예술 영화계에서 커다란 명성을 쌓은 미하엘 하네케 감독이 연출했고, 칸 영화제에서도 황금종려상을 수상했기에 국내외 언론에서도 상찬을 쏟아낸 영화였다. 함께 영화를 봤던 다른 수사들 역시 '죽음을 넘어서는' 노부부의 사랑이 무척이나 인상 깊었다고들 이야기했다. 뇌경색을 앓다가 의식도 없이 전혀 움직일 수 없게 된 아내를 베개로 짓눌러 '죽이고 마는' 남편의 고통에 가슴이 아팠다고도 했다. 하지만 나는 이 영화가 분명 미학적으로 훌륭한 영화임에도 몹시도 불쾌하게 느껴졌다. 다른 수사들의 감동에 찬물을 끼얹을 수가 없어서 그 불쾌함을 그저 입에 물고만 있었지만, 그러느라 수도회 공동체에 돌아오는 내내 마음은 더욱더 불편했다.

며칠 뒤, 노인복지시설에서 오래 일한 수녀의 이야기를 듣고 나서야 나는 나의 불쾌함을 풀어낼 수 있었다. 남편이 병든 아내를 살해하는 경우는 많지만, 아무리 어려운 경우라 해도 아내가 병든 남편을 살해하는 경우는 거의 없다고 했다. 남편이 병든 아내를 돌보는 경우, 가족 구성원의 생사여탈권을 가지고 있다는 가부장으로서의 의식이 작동한다는 것이었다.

나는 이후 여러 평론가들의 글을 찾아 읽고, 포털 사이트나 블로그에 올라오는 감상평들을 살펴보았다. 영화의 이야기를 남성에 의한 여성 살인으로 읽어내는 글은 찾아볼 수 없었다. 이 영화에 '사랑'이라는 제목이 붙었다는 사실이 섬뜩하게 느껴졌고, 늘 사랑을 이야기하는 수사들 또한 대체로 이 영화에 감동받았다는 사실을 어떻게 받아들여야 할지 혼란스러웠다. 몇 년 뒤이긴 하지만, 이 책을 읽고 번역하는 과정이 나의 이런 혼란스러움을 해소하는 데 큰 도움을 주었다.

이 책의 상세 검토서 작성을 의뢰받은 것은 2016년 6월이었다. 내가 수도회에서 퇴회당하고 두 달이 지났을 때였고, 충격적이었던 '강남역 화장실 살인사건'이 있고 한 달이 지났을 때였다. 1992년에 미국에서 출간된 이 책은 pdf 파일을 구할 수 없어 낡은 종이책을 스캔한 파일과 그것을 전부 인쇄한 종이 뭉치 형태로 내게 전달되었다. 담당 편집자를 처음 만나 번역 계약서를 작성한 것은 여름이 지나 가을로 접어들 무렵이었다. 출간 25년이 다 되어가는 이 책이 너무도 '시의적절'하게 느껴진다는 사실을 이야기하며 두 사람 다 말을 아꼈던 기억이 난다.

그해 겨울에 나는 결혼을 하고, 아내의 직장 때문에 곧장 미국으로 날아가 신혼생활을 시작했다. 아내는 매일 맨해튼 시내로 출근을 하고, 나는 강 건너 아파트에 들어앉아 책을 번역했다. 이

전에 작업하던 책들에 밀려 봄이 지나고 여름이 되어서야 이 책을 본격적으로 번역하기 시작했다. 분량이 많은 탓에 밤늦은 시간까지 컴퓨터 앞에 앉아 있는 날이 많았다. 여성이라는 이유로 남성의 폭력에 희생된 피해자들의 이야기 하나하나가 마음속에 무거운 돌덩이로 내려앉는 듯했다. 잠을 설치는 날이 많은, 길고 긴 여름이었다.

결국 마감 기한을 한참 넘기고 2017년 가을이 되어 원고를 출판사에 보내고 나니, 미국에는 '#미투MeToo'바람이 불고 있었다. 그리고 해가 바뀌어 2018년 봄부터는 한국에서도 쌓였던 이야기들이 봇물처럼 쏟아져 나왔다. 책을 번역하는 동안 책 내용을 조금씩 아내에게 말해줄 때마다 아내가 열을 내며 쏟아놓았던 보고 들은 이야기들이 다른 여성들의 입을 통해 직접 증언되고 있었다. 그러는 사이에 출판사의 사정으로 책의 출간이 조금 미루어졌고, 나와 아내는 역사상 한반도가 가장 더웠다는 2018년 8월에 서울로 돌아왔다. 교체된 편집자를 만나 중단되었던 원고 교정 작업을 마치고 나니 언제 그렇게 더웠냐는 듯 쌀쌀한 가을이다.

'강남역 화장실 살인사건' 이후 여성혐오 살인에 대한 논의는 잊히는 듯하다. 최근 발생한 '강서구 주차장 살인사건'은 아내가 이혼한 전남편의 폭력에 시달리다 결국 살해당한 전형적인 페미사이드 사건임에도 다른 살인사건들과 맞물려서 잔혹한 범죄자에 대한 강력한 처벌을 요구하는 쪽으로만 논의가 흘러가고 있다. 그것은 아마도 이 책의 저자들이 말하는 것처럼 여성혐오 살인의 피해자는 다른 성폭행이나 성추행의 피해자들과는 달리 더 이상 자기 이야기를 직접 폭로하고 증언할 수 없기 때문일 것이다. 나는 이 책이 그 희생자들의 목소리를 조금이나마 대변하는 데 도움이 되기를 바란다. 페미니즘 입장에서 여성혐오 살인을 방지하고자 애쓰는 이들에게는 영감과 자극이 되고, 가부장제 남성성을 거의 무의식처럼 지니고 있는 이들에게는 스스로를 돌아볼 성찰의 계기가 되기를 바란다. 그리고 한국에서도 이와 같이 페미사이드를 방대하게 다룬 책이 저술되기를 기대한다.

책의 분량이 많기도 하고, 관련된 분야가 다양해서(페미니즘, 젠더, 섹슈얼리티 등은 물론 사법, 형사, 경찰을 비롯하여 역사, 문학, 미술까지) 번역 작업이 수월하지만은 않았다. 애를 썼으나 잘못된 부분이 있다면 모두 번역자의 탓이다. 부족한 번역자와 함께 작업해주신 여러 편집자와 교정자, 멋진 표지를 만들어주신 디자이너에게도 감사드린다.

2018년 10월 서울에서

옮긴이 전경훈

수록 글 출처

페미사이드: 여성을 향한 성차별적 테러리즘 | 제인 카푸티·다이애나 E. H. 러셀

Jane Caputi and Diana E. H. Russell, "Femicide: Sexist Terrorism against Women".
이 글은 또 다른 버전으로 다음 매체에 수록되었다. Jane Caputi and Diana E.
H. Russell, "Femicide: Speaking the Unspeakable", in *Ms.* (September/October
1990). 여기에는 참고문헌이 포함되지 않았지만 《미즈*Ms.*》에는 출처가 된 모
든 자료를 밝혔다. 논평 그리고/또는 편집 관련 제안에 대해 존 볼터, 샌디 버틀
러, 필리스 체슬러Phyllis Chesler, 캔디다 엘리스, 마니 홀, 로빈 모건Robin Morgan,
헬렌 반Helen Vann에게 감사한다.

1부

법률적 레즈비사이드 | 루샌 롭슨

Ruthann Robson, "Legal Lesbiside". 이 글은 보다 긴 다음 논문에 기초한 것이
다. Ruthann Robson, "Lesbianism in Anglo-European Legal History", *Wisconsin
Womens' Law Journal* (1990); Ruthann Robson, *Lesbian (Out)Law* (Ithica, N.Y.:
Firebrand Books, 1992). 세라 밸런타인Sarah Valentine의 연구조사에서 대단히 큰
도움을 얻어 작성되었다.

잉글랜드의 아내 고문 | 프랜시스 파워 코브

Frances Power Cobbe, "Wife Torture in England", in ed. Janet Horowitz Murray,
Strong-minded Women: And Other Last Voices from Nineteenth-Century England

(New York: Pantheon Books, 1978); in *Contemporary Review* (London, April 1978).

미국의 페미사이드 린치 | 다이애나 E. H. 러셀

• 유색인 여성의 페미사이드 린치

Walter White, *Rope and Faggot* (New York: Alfred A Knopf, 1929; Arno Press, 1969), 27-29.

• 검둥이와 아내 불태워지다

"Negro and Wife Burned", *New York Press* (8 February 1904). Ralph Ginzburg, *100 Years of Lynchings: A Shocking Documentary of Race Violence in America* (New York: Lancer Books, 1962), 62-63.

• 강간과 린치를 당하는 여동생을 구하기에는 무력했다

"Was Powerless to Aid Sister Who Was Raped and Lynched", *New York Age* (30 April 1914). Ralph Ginzburg, *100 Years of Lynchings: A Shocking Documentary of Race Violence in America*, 90-91.

• 검둥이 엄마를 강간하고 린치하다

"Rape, Lynch Negro Mother", *Chicago Defender* (18 December 1915). Ralph Ginzburg, *100 Years of Lynchings: A Shocking Documentary of Race Violence in America*, 96-97.

• 후아니타: 골드러시 시절에 린치 당한 유일한 여성

William B. Secrest, *Juanita: The Only Woman Lynched in the Gold Rush Days* (Fresno, Calif.: Saga-West Publishing, 1967), 23-26.

불태워지는 여성들: 규범으로서의 사티 | 도로시 K. 스타인

Dorothy K. Stein, "Women to Burn: Suttee as a Normative Institution", *Signs: Journal of Women on Culture and Society* 4, no. 2 (1978): 253-68.

여성 제노사이드 | 마리루이제 얀센유라이트

MarieLouise Janssen-Jurreit, "Female Genocide", *Sexism: The Male Monopoly on History and Thought* (Farrar, Straus & Giroux, Inc., 1982).

2부

여성우발살인 | 팻 파커

Pat Parker, "Womanslaughter", *Crimes against Women*, ed. Diana E. H. Russell and Nicole Van de Ven (Millbrae, Calif.: Les Femmes, 1976). 147-50.

죽음이 우리를 갈라놓을 때까지 | 마고 윌슨·마틴 데일리

이 장의 많은 부분은 다음 책의 9장에서 발췌 수정한 내용으로 이루어졌다. Martin Daly and Margo Wilson, *Homicide* (Hawthorne, N.Y.: Aldine de Gruyter, 1988). 살인에 관한 우리의 조사연구는 해리 프랭크 구겐하임 재단, 북대서양 조약기구, 캐나다 자연과학 및 공학 연구협의회의 후원을 받았다. 이 논문은 저자들이 캘리포니아 스탠퍼드 대학 행동과학고등연구소의 선임연구원으로 있는 동안 완성되었다.

인도의 여성과 구조적 폭력 | 고빈드 켈카르

Govind Kelkar, "Women and Structural Violence in India", *Women's Studies Quarterly* 13, nos. 3 and 4 (Fall-Winter 1985): 16-18. © 1985 by the Feminist Press at CUNY.

수만 명이 사티를 보러 오다 | 라젠드라 바지파이

Rajendra Bajipai, "Thousand Visit Indian Village Where Bride Died by Suttee", *San Francisco Chronicle* (17 September 1987).

여성영아살해: 죽기 위해 태어나다 | S. H. 벤카트라마니

S. H. Venkatramani, "Female Infanticide: Born to Die", *India Today* (15 June 1986), 26-33.

친밀한 관계에서의 페미사이드: 법률제정과 사회복지의 효과 | 캐런 D. 스타우트

Karen D. Stout, "Intimate Femicide: Effect of Legislation and Social Services", *Affilia* 4, no. 2 (Summer 1989): 21-30. ©1989 by Sage Publications. 1980~1982년의 친밀한 관계에서의 페미사이드 사건을 분석하는 데 사용된 자료는 정치사회 연구조사를 위한 대학 간 컨소시엄이 제공해주었다.《1980~1982년 표준범죄 보고서: 추가 살인사건보고서》의 자료는 본래 FBI가 수집한 것이다. FBI와 대학 간 컨소시엄 모두 이 논문에 실린 분석과 해석에 대해 어떠한 책임도 없다.

3부

누가 우리를 죽이고 있는가 | 제이미 M. 그랜트

Jamie M. Grant, "Who's Killing Us?", *Sojourner: The Women's Forum* 13, nos. 10-11 (June and July 1988). 이 에세이의 또 다른 버전은 다음 책에 수록되어 있다. *The Third Wave: Feminist Perspectives on Racism* (Kitchen Table Press, 1992).

페미사이드 강간범이 아시아인 여성들을 노린다 | 다이애나 E. H. 러셀

일부 내용은 다음에서 발췌했다. Keith Powers, "Nob Hill Rapist's Four-Knife Attack", *San Francisco Chronicle*.

4부

그것은 오락?: 잭 더 리퍼 그리고 성폭력 판매 | 데버러 캐머런

Deborah Cameron, "That's Entertainment? Jack the Ripper and the Selling of Sexual Violence", *Trouble and Strife* (Spring 1988), 17-19.

스너프: 궁극적 여성혐오 | 베벌리 라벨

Beverly Labelle, "Snuff–The Ultimate in Woman Hating", *Take Back the Night: Women on Pornography*, ed. Laura Lederer (William Morrow: New York, 1980), 272-76.

5부

재판에 대한 회고 | 질 래드퍼드

Jill Radford, "Retrospect on a Trial", *New Society* (12 September 1982), 42-48.

요크셔 리퍼 재판: 미친 놈, 나쁜 놈, 짐승 혹은 수컷? | 루시 블랜드

Lucy Bland, "The Case of the Yorkshire Ripper: Mad, Bad, Beast or Male?", *Causes for Concern*, ed. Paul Gordon and Phil Scraton (London: Penguin, 1984), 186-209. 이 논문의 이전 버전을 쓰는 데 협력해준 질 래드퍼드에게 정말 감사한다. 도움이 되는 논평을 해준 빅토리아 그린우드Victoria Greenwood, 모린 맥닐Maureen McNeil, 앤절라 맥로비Angela McRobbie에게도 감사한다. 특히 빅토리아의 신문 스크랩은 매우 유용했다. 그리고 법률 지식을 제공해준 진 케어Jean Keir에게도 감사한다.

여성우발살인: 살인면허? 제인 애셔 살인사건 | 질 래드퍼드

Jill Radford, "Womanslaughter: A License to Kill? The Killing of Jane Asher",

Causes for Concern, ed. Paul Gordon and Phil Scraton, 210-27.

페이 스텐더와 살인의 정치학 | 다이애나 E. H. 러셀

다음 글을 개정했다. Diana E. H. Russell, "Fay Stender and the Politics of Murder", *On the Issues* (Spring 1991). 훌륭한 조사와 풍부한 정보를 담은 다음 글의 도움을 받았다. Peter Collier and David Horowitz, "Requiem for a Radical", *New West* (March 1981). 이 글의 정확성을 검토해주고 오려둔 페이 스텐더에 관한 뉴스 기사들을 내게 보내준 존 모리스(가명), 편집에 도움을 준 캔디다 엘리스와 《온 디 이슈스*On the Issues*》에 감사한다.

6부

여성들은 남성 폭력에 분노하여 말한다: "통행금지에 저항하라!" | 더스티 로즈·샌드라 맥닐

Dusty Rhodes and Sandra McNeil, "Women, Angry at Male Violence, Say: "Resist the Curfew!", *Women against Violence against Women*, ed. Dusty Rhodes and Sandra McNeil (London: Onlywoman, 1985).

정의를 위한 싸움 | 구르딥 카우르 캠페인

The Gurdip Kaur Campaign, "Fighting for Justice", *The Boys in Blue*, ed. Christina Dunhil (London: Virago, 1989).

두 가지 투쟁: 남성 폭력과 경찰에 도전하기 | 사우설 블랙 시스터스

Southal Black Sisters, "Two Struggles: Challenging Male Violence and the Police", *The Boys in Blue*, ed. Christina Dunhill (London: Virago, 1989).

애도하며 분노하며(사전 분석) | 수잰 레이시

Suzanne Lacy, "In Mourning and in Rage (with Analysis Aforethought)", *Ikon*, second series no. 1 (Fall/Winter 1985): 60-67.

니키 크래프트: 저항을 격려하며

• 믿기지 않는 '통밀 팬케이크 더미' 사진 사건 | 니키 크래프트

니키 크래프트의 '통밀 팬케이크 더미' 사진에 대한 언론 보도자료(1980년 3월 31일)와 연설문 〈불복종을 옹호하며In Defense of Disobedience〉(1980년 봄 작성)를 이 책에 싣고자, 니키 크래프트의 동의 아래 다이애나 E. H. 러셀이 두 글을 합해 하나의 글로 편집했다.

• 고통의 증거 | D. A. 클라크

D. A Clarke, "The Evidence of Pain", *City on a Hill* (3 April 1980). ©City on a Hill Press, University of California, Santa Cruz.

• 스트라이킹 래리 플린트 | 아이린 무센

Irene Moosen, "Striking Flynt", *City on a Hill* (12 March 1981). ©City on a Hill Press, University of California, Santa Cruz.

• 《허슬러》에 대한 저항 | 프레잉 맨티스 여성여단

Preying Mantis Women's Brigade, "Actions against *Hustler*". 1980년 봄에 배포한 전단지.

결론

여자아이로 태어나는 것은 그리 좋지 않아(1) | 은토자케 샹게

Ntozake Shange, "Is not so gd to be born a girl (I)", *Black-Scholar* (May-June 1979), 28-29.

서론 | 질 래드퍼드

Browne, Angela. 1987. *When Battered Women Kill*. New York: Free Press.

Cameron, Deborah, and Elizabeth Frazer. 1987. *The Lust to Kill: A Feminist Investigation of Sexual Murder*. New York: New York University Press; London: Polity Press.

Caputi, Jane. 1987. *The Age of Sex Crime*. Bowling Green, Ohio: Bowling Green State University Popular Press; London: Women's Press.

Hanmer, Jalna, Jill Radford, and Elizabeth A. Stanko. 1989. *Women, Policing, and Male Violence*. London: Routledge.

Jeffreys, Sheila. 1990. *Anticlimax: A Feminist Perspective on the Sexual Revolution*. London: Women's Press.

———, and Jill Radford. 1984. "Contributory Negligence: Being a Woman." In *Causes for Concern*, ed. P. Scraton and P. Gordon. New York: Penguin.

Jones, Ann. 1980. *Women Who Kill*. New York: Holt, Rinehart & Winston.

Kelly, Liz. 1988. *Surviving Sexual Violence*. London: Polity Press.

———. 1990. "'Nothing Really Happened': The Invalidation of Women's Experience of Sexual Violence." *Critical Social Policy 30* (Winter 1990-91).

———, and Jill Radford. 1987. "The Problem of Men." In *Law, Order, and the Authoritarian State*, ed. P. Scraton. Milton Keynes, England: Open University Press.

MacKinnon, Catharine A. 1987. *Feminism Unmodified: Discourses on Life and*

Law. Cambridge, Mass.: Harvard University Press.

Mama, Amina. 1989. *The Hidden Struggle: Statutory and Voluntary Sector Responses to Violence against Black Women in the Home*. London: London Race and Housing Unit, c/o Runnymede Trust.

Millett, Kate. 1970. *Sexual Politics*. New York: Doubleday.

Radford, Jill. 1987. "Policing Male Violence: Policing Women." In *Violence and Social Control*, ed. J. Hanmer and M. Maynard. New York: Macmillan.

Raymond, Janice. 1986. *A Passion for Friends*. London: Women's Press.

Rights of Women. 1991. "Backlash against Lesbian Parenting," briefing paper. London (January).

Russell, Diana E. H. 1982. *Rape in Marriage*. New York: Macmillan; 2d ed., Bloomington: Indiana University Press, 1990.

_____. 1984. *Sexual Exploitation: Rape, Child Sexual Abuse, and Workplace Harassment*. Beverly Hills, Calif.: Sage Publications.

_____. 1988. "Pornography and Rape: A Causal Model." *Political Psychology* 9, no. 1: 41–73.

_____, and Nicole Van de Ven. 1976. *Crimes against Women: The Proceedings of the International Tribunal*. Milbrae, Calif.: Les Femmes; repr. ed., Palo Alto, Calif.: Frog in the Well, 1984.

San Francisco Chronicle, 6 May 1985.

Starr, Mark. 1984. "The Random Killers: An Epidemic of Serial Murder Sparks Growing Concern." *Newsweek*, 26 November.

Today (London), 9 December 1989.

Walker, Lenore. 1989. *Terrifying Love: Why Battered Women Kill and How Society Responds*. New York: Harper & Row.

1부 페미사이드는 가부장제만큼 오래되었다

여성에 대한 사회적 통제로서의 16~17세기 잉글랜드 마녀광풍 | 매리앤 헤스터

Bashar, Nazite. 1983. "Rape in England between 1550 and 1700." In *The Sexual Dynamics of History: Men' Power, Women's Resistance*, ed. London Feminist History Group, 28–46. London: Photo Press.

Brownmiller, Susan. 1976. *Against Our Will*. Harmondsworth: Penguin.

Clark, Alice. [1919] 1981. *The Working Life of Women in the Seventeenth Century*. London: Routledge & Kegan Paul.

Clark, Gracia. 1981. "The Beguines: A Medieval Women's Community." In *Building Feminist Theory*, ed. Quest, 236–42. London: Longman.

Cockburn, James. 1978. *Calendar of Assize Records: Essex Indictments: Elizabeth I*. London: Her Majesty's Stationery Office.

_____. 1982. *Calendar of Assize Records: Essex Indictments: James I*. London: Her Majesty's Stationery Office.

Cohn, Norman. 1975. *Europe's Inner Demons*. London: Chatto/Heinemann.

Crawford, Pat. 1983. *Exploring Women's Past*. London: Allen & Unwin.

Daly, Mary. 1979. *Gyn/Ecology: The Metaethics of Radical Feminism*. London: Women's Press.

Delphy, Christine. 1984. *Close to Home*. London: Hutchinson.

Dworkin, Andrea. 1974. *Woman-Hating*. New York: E. P. Dutton.

Edwards, Anne. 1987. "Male Violence in Feminist Theory: An Analysis of the Changing Conceptions of Sex/Gender Violence and Male Dominance." In Hanmer and Maynard 1987, 13–29.

Ehrenreich, Barbara, and Deirdre English. 1976. *Witches, Midwives, and Nurses*. London: Writers and Readers.

Essex Pamphlets:

　1. *A Detection of damnable driftes, practized by three Witches arraigned at*

Chelmisforde in Essex, at the late Assizes there holden, whiche were executed in Aprill 1579. Copy in British Museum.

    2. *The examination and confession of certain Wytches at Chensforde in the Countie of Essex before the Quenes maiesties Judges, The xxvi daye of July Anno 1566.* Copy in British Museum; reprinted in *Miscellanies of the Philobiblon Society* 3 (1863–64).

Ewen, L'Estrange C. [1929]. *Witch Hunting and Witch Trials.* London: Frederick Miller, 1971.

Fraser, Antonia. 1972. *Mary Queen of Scots.* London: Book Club Associates.

Hanmer, Jalna, and Mary Maynard. 1987. *Women, Violence, and Social Control.* London: Macmillan.

_____, and Sheila Saunders. 1984. *Well Founded Fear.* London: Hutchinson.

Hester, Marianne. 1988. "The Dynamics of Male Domination." Ph. D. thesis (University of Leeds).

_____. 1992. *Lewd Women and Wicked Witches: The Dynamics of Male Domination.* London: Routledge.

Hill, Christopher. 1975. *The World Turned Upside Down.* Harmondsworth: Penguin.

Hole, Christina. 1947. *Witchcraft in England.* London: Batsford.

Jackson, Margaret. 1984. "Sexology and the Social Construction of Male Sexuality." In *The Sexuality Papers*, ed. Lal Coveney et al, 45–68. London: Hutchinson.

_____. 1987. "'Facts of life' or the eroticization of women's oppression? Sexology and the social construction of heterosexuality." In *The Cultural Construction of Sexuality*, ed. Pat Caplan, 45–58. London: Tavistoc.

Jeffreys, Sheila. 1983. "Sex Reform and Anti-feminism in the 1920s." In *The Sexual Dynamics of History*, ed. London Feminist History Group, 98–112. London: Pluto Press.

_____. 1985. *The Spinster and Her Enemies*. London: Pandora.

Kamen, Henry. 1976. *The Iron Century: Social Change in Europe 1550-1660*. London: Sphere.

Karlen, Arno. 1971. *Sexuality and Homosexuality*. London: Norton.

Karlsen, Carol. 1987. *The Devil in the Shape of a Woman*. New York: Norton.

Kelly, Liz. 1987. "The Continuum of Sexual Violence." In Hanmer and Maynard 1987, 46-60.

Kramer, Heinrich, and James Sprenger. 1971. *Malleus Maleficarum* [1486]. New York: Dover.

Larner, Christina. (1983). *Enemies of God*. Oxford: Blackwell.

Laslett, Peter. 1977. *Family Life and Illicit Love in Earlier Generations*. Cambridge: Cambridge University Press.

_____, and Richard Wall. 1972. *Household and Fmily in Past Time*. Cambride: Cambridge University Press.

Lea, Henry C. 1963. *The Inquisition of the Middle Ages*, vol. 1. [1906]. London: Eyre & Spottiswode.

Lewenhak, Sheila. 1980. *Women and Work*. London: Fontana.

London Rape Crisis Centre (LRCC). 1984. *The Reality for Women*. London: The Women's Press.

MacFarlane, Alan. 1970. *Witchcraft in Tudor and Stuart England: A Regional and Comparative Study*. London: Routledge.

Notestein, Wallace. 1968. *A History of Witchcraft in England from 1558 to 1718*. New York: Thomas Y. Crowell.

Pahl, Jan. 1980. "Patterns of Money Management within Marriage." *Journal of Social Policy* 9, no. 3.

Pennington, Donald, and Keith Thomas. 1978. *Puritans and Revolutionaries*. Oxford: Oxford University Press.

Sowernam, Ester. 1617. *Ester hath han'd Haman: or an Answere to a lewd Pam-*

phlet, entituled, "The Arraignment of Women" With the arraignment of lewd, idle, froward and unconstant men, and husbands. Copy in Fawcett Library, London.

Stanley, Liz (1985). "Accounting for the Fall of Peter Sutcliffe, and the Rise of the So-called Yorkshire Ripper." *Manchester University Occasional Papers* 15 (University of Manchester).

Stone, Lawrence. 1979. *The Family, Sex, and Marriage*. Harmondsworth: Penguin.

Swetnam, Joseph. 1615. *The Arraignment of Lewde, Idle, Froward and unconstant Women: or the vanitie of them, choose you whether. With a Commendacion of wise, vertuous, and honest Women. Pleasant for married Men, profitable for young Men, and hurtful for none*. Copy in Fawcett Library, London.

Thomas, Keith. 1978. *Religion and the Decline of Magic*. Harmondsworth: Penguin.

Trevor-Roper, Hugh. 1969. *The European Witch-craze of the Sixteenth and Seventeenth Centuries*. Harmondsworth: Penguin.

Walby, Sylvia. 1987. *Patriarchy at Work*. Cambridge: Polity.

Wall, Richard. 1981. "Women Alone in English Society." *Annales de Demographie Historique*, 25-40.

Wise, Sue, and Liz Stanley. 1987. *Georgie Porgie*. London: Pandora.

법률적 레즈비사이드 | 루샌 롭슨

Allen, P. G. 1981. "Lesbians in American Indian Culture." *Conditions* 7; reprinted in *Conditions: A Retrospective*, 1989.

Bailey, D. 1955. *Homosexuality and the Western Christian Tradition*. London: Longmans, Green.

Brown, J. 1986. *Immodest Acts*. Oxford: Oxford University Press.

Crompton, L. 1981. "The Myth of Lesbian Impunity." *Journal of Homosexuality*

6:11; reprinted in *The Gay Past: A Collection of Historical Essays*, ed. S. J. Licata and R. Petersen. New York: Haworth Press, 1985.

Ericksson, B., trans. 1981. "A Lesbian Execution in Germany, 1721: The Trial Records." *Journal of Homosexuality* 6:27; reprinted in *The Gay Past: A Collection of Historical Essays*, ed. Licata and Petersen, 1985.

Evans, A. 1978. *Witchcraft and the Gay Counterculture*. Boston: Fag Rag Books.

Faderman, L. 1981. *Surprising the Love of Men*. New York: William Morrow.

Grahn, J. 1984. *Another Mother Tongue*. Boston: Beacon Press.

Greenburg, D. 1988. *The Construction of Homosexuality*. Chicago: University of Chicago Press.

Ide, A. F. 1985. *Loving Women: A Study of Lesbianism to 500 CE*. Arlington, Tex.: Liberal Arts Press.

Jeffreys, S. 1985. *The Spinster and Her Enemies*. London: Routledge & Kegan Paul.

Katz, J. 1976. *Gay American History: A Documentary*. New York: Thomas Crowell & Co.

Monter, W. 1981. "Sodomy and Heresy in Early Modern Switzerland." *Journal of Homosexuality* 6:41.

Oaks, R. 1981. "Defining Sodomy in Seventeenth-Century Massachusetts." *Journal of Homosexuality* 6:79.

Robbins, R. 1959. *Encyclopedia of Witchcraft and Demonology*. New York: Crown.

Russell, J. B. 1972. *Witchcraft in the Middle Ages*. Ithaca, N.Y.: Cornell University Press.

미국의 페미사이드 린치 | 다이애나 E. H. 러셀

Giddings, Paula. 1984. *When and Where I Enter: The Impact of Black Women on Race and Sex in America*. New York: Bantam Books.

Ginzburg, Ralph. 1962. *100 Years of Lynchings: A Shocking Documentary of Race*

Violence in America. New York: Lancer Books.

Secrest, Williams B. 1967. *Juanita: The Only Woman Lynched in the Gold Rush Days.* Fresno, Calif.: Saga-West Publishing.

White, Walter. 1969. *Rope and Faggot.* New York: Arno Press.

불태워지는 여성들: 규범으로서의 사티 | 도로시 K. 스타인

Conti, Nicolo dei. 1857. *India in the Fifteenth Century: A Collection of Narratives of Voyages to India*, ed. R. H. Major, Hakluyt Society no. 22. London: Hakluyt Society.

Felton, M. 1966. *A Child Widow's Story.* New York: Harcourt, Brace & World.

Hart, G. 1975. "Ancient Tamil Literature: Its Scholarly Past and Future." *Essays on South India*, ed. B. Stein. Honolulu: University Press of Hawaii.

Mukhopadhyay, A. 1957. "Suttee as a Social Institution in Bengal." *Bengal Past and Present*, 99–115.

Sewell, R. 1962. "Chronicle of Fernato Nuniz." *A Forgotten Empire*, 1st Indian ed. New Delhi: Government of India.

Thompson, E. 1928. *Suttee.* Boston: Houghton Mifflin Co. 《캘커타 리뷰*Calcutta Review*》 46 [1868]: 221–26.

Peggs, J. 1831. "The Suttee's Cry to Britain." *Tracts*, vol. 694. India Office Library, London.

여성 제노사이드 | 마리루이제 얀센유라이트

Das, M. N. 1956. "Female Infanticide among the Bedees and the Chouhans: Motives and Modes." *Man in India*, vol. 36, no. 4.

_____. 1957. "Movement to Suppress the Custom of Female Infanticide in the Punjab and Kashmir." *Man in India*, vol. 37.

Freeman, Milton R. 1971. "A Social and Ecological Analysis of Systematic Female Infanticide among the Netsilik Eskimo." *American Anthropologist*, vol. 73.

Jungk, R. and J. H. Mundt, eds. 1971. *Hat die Familie noch eine Zukumft?*. Munich, Vienna and Basel.

Ploss and Bartels, 1963–64, 1968–69. *Anthropos*.

Pollak-Eltz, Angelina. 1963–64, 1968–69. *Anthropos*.

Population Division of the Department of Economic and Social Affairs, 1974, UN paper for the international women's conference in Mexico City, June 19–July 1, 1975, E/Conf. 66/3/Add.3.

Sherman. 1974. *Science*, vol. 184.

Tarn, W. W., and G. T. Griffith. 1964. *Hellenistic Civilization*. Cleveland and New York: Meridian Books, World Publishing Co.

Westoff, Charles F. and Ronald R. Rindfuss. 1974. "Sex Preselection in the United States: Some Implications." *Science*, vol. 184.

WIN(Women's International Network). 1975. vol. 1, no. 2. Lexington, Mass.

2부 가부장제 가정: 여성에게 가장 치명적인 장소

죽음이 우리를 갈라놓을 때까지 | 마고 윌슨·마틴 데일리

Atkins, S., and B. Hoggett. 1984. *Women and the Law*. Oxford: Blackwell.

Atthenborough, F. L. 1963. *The Laws of the Earliest English Kings*[1922]. New York: Russell and Russell.

Backhouse, C. 1986. "The Tort of Seduction: Fathers and Daughters in Nineteenth-Century Canada." *Dalhousie Law Journal* 10:45-80.

Barnard, G. W., H. Vera, M. I. Vera, and G. Newman. 1982. "Till Death Do Us Part: A Study of Spouse Murder." *Bulletin of the American Academy of Psychiatry and Law* 10:271-80.

Becker, G. S., E. M. Landes, and R. T. Michael. 1977. "An Economic Analysis of Marital Instability." *Journal of Political Economy* 85:1141-87.

Betzig, L. L. 1986. *Despotism and Differential Reproduction: A Darwinian View of History*. Hawthorne, N.Y.: Aldine de Gruyter.

Borgerhoff Mulder, M. 1988. "Kipsigis Bridewealth Payments." In *Human Reproductive Behavior: A Darwinian Perspective*, ed. L. Betzig, M. Borherhoff Mulder, and P. Turke, 65–82. Cambridge: Cambridge University Press.

Brett, P. 1955. "Consortium and Servitium. A History and Some Proposals." *Australian Law Journal* 29:321–28, 389–97, 428–34.

Brisson, N. J. 1983. "Battering Husbands: A Survey of Abusive Men." *Victimology* 6:338–44.

Bumpass, L. L., and J. A. Sweet. 1972. "Differentials in Marital Instability." *American Sociological Review* 37:754–66.

Carlson, C. A. 1984. "Intrafamilial Homicide." (unpublished B.Sc. thesis), McMaster University.

Chimbos, P. D. 1978. *Marital Violence: A Study of Interspouse Homicide*. San Francisco: R&E Research Associates.

Comaroff, J. L. 1980. *The Meaning of Marriage Payments*. New York: Academic Press.

Daly, M., and M. Wilson. 1988a. *Homicide*. Hawthorne, N. Y.: Aldine de Gruyter.

———. 1988b. "Evolutionary Social Psychology and Family Homicide." *Science* 242:519–24.

———. 1990. "Killing the Competition." *Human Nature* 1:83–109.

———. and S. J. Weghorst. 1982. "Male Sexual Jealousy." *Ethology and Sociobiology* 3:11–27.

Day, L. H. 1964. "Patterns of Divorce in Australia and the United States." *American Sociological Review* 29:509–22.

Dickemann, M. 1979. "The Ecology of Mating Systems in Hypergynous Dowry Societies." *Social Science Information* 18:163–95.

Dickemann, M. 1981. "Paternal Confidence and Dowry Competition: A Biocultural Analysis of Purdah." In *Natural Selection and Social Behavior: Recent Research and New Theory*, ed. R. D. Alexander and D. W. Tinkle. New York: Chiron Press.

Dobash, R. E., and R. P. Dobash. 1979. *Violence against Wives. A Case against the Patriarchy*. New York: Free Press.

_____. 1984. The Nature and Antecedents of Violent Events. *British J. Criminology* 24:269–88.

Dressler, J. 1982. "Rethinking Heat of Passion: A Defense in Search of a Rationale." *Journal of Criminal Law and Criminology* 73:421–70.

Edwards, J. Ll. J. 1954. "Provocation and the Reasonable Man: Another View." *Criminal Law Review* 1954:898–906.

Edwards, S. S. M. 1981. *Female Sexuality and the Law*. Oxford: Martin Robertson.

_____. 1985. "Male Violence against Women: Excusatory and Explanatory Ideologies in Law and Society." In *Gender, Sex and the Law*, ed. S. Edwards, 183–213. London: Croom Helm.

Elwin, V. 1950. *Maria: Murder and Suicide*. 2d ed. Bombay: Oxford University Press.

Fallers, L. A., and M. C. Fallers. 1960. "Homicide and Suicide in Busoga." In *African Homicide and Suicide*, ed. P. Bohannan, 65–93. Princeton N.J.: Princeton University Press.

Ford, C. S., and F. A. Beach. 1951. *Patterns of Sexual Behavior*. New York: Harper & Row.

Freeman, D. 1983. *Margaret Mead and Samoa*. Cambridge Mass.: Harvard University Press.

Glick, P. C., and S.-L. Lin. 1987. "Remarriage after Divorce: Recent Changes and Demographic Variations." *Sociological Perspectives* 30:162–79.

Guttmacher, M. S. 1955. "Criminal Responsibility in Certain Homicide Cases Involving Family Members." In *Psychiatry and the Law*, ed. P. H. Hoch and J.

Zubin, 73–96. New York: Grune and Stratton.

Handy, M. J. L. 1923. *Blood Feuds and the Payment of Blood Money in the Middle East*. Beirut: Catholic Press.

Hilberman, E., and K. Munson. 1978. "Sixty Battered Women." *Victomology* 2:460–70.

Hogbin, H. I. 1938. "Social Reaction to Crime: Law and Morals in the Schouten Islands, New Guinea." *Journal of the Anthropological Institute of Great Britain and Ireland* 68:223–62.

Hosken, F. P. 1979. *The Hosken Report*. Genital and Sexual Mutilation of Females. Lexington, Mass.: Women's International Network News.

Howell, P. P. 1954. *A Manual of Nuer Law*. London: Oxford University Press.

Mead, M. 1931. *Sex and Temperament*. New York: Morrow.

Mercy, J. A., and L. E. Saltzman. 1989. "Fatal Violence among Spouses in the United States, 1976–1985." *American Journal of Public Health* 79:595–99.

Morgan, S. P., and R. R. Rindfuss. 1985. "Marital Disruption: Structural and Temporal Dimensions." *American Journal of Sociology* 90:1055–77.

Mowat, R. R. 1966. *Morbid Jealousy and Murder. A Psychiatric Study of Morbidly Jealous Murderers at Broadmoor*. London: Tavistock.

Muller, W. 1917. *Yap*, band 2, halbband 1 (HRAF trans.). Hamburg: Friederichsen.

Rounsaville, B. J. 1978. "Theories in Marital Violence: Evidence from a Study of Battered Women." *Victimology: An International Journal* 3:11–31.

Russell, D. E. H. 1982. *Rape in Marriage*. New York: Macmillan.

Sachs, A., and J. H. Wilson. 1978. *Sexism and the Law*. Oxford: Martin Robertson.

Saran, A. B. 1974. *Murder and Suicide among the Munda and the Oraon*. Delhi: National Publishing House.

Showalter, C. R., R. J. Bonnie, and V. Roddy. 1980. "The Spousal-homicide Syndrome." *International J. of Law and Psychiatry* 3:117-41.

Sinclair, M. B. W. 1987. "Seduction and the Myth of the Ideal Woman." *Law and Inequality* 3:33-102.

Sohier, J. 1959. *Essai sur la criminalité dans la province de Léopoldville.* Brussels: J. Duculot.

Stephens, W. N. 1963. *The Family In Cross-cultural Perspective.* New York: Holt, Rinehart and Winston.

Sweet, J. A., and L. L. Bumpass. 1987. *American Families and Households.* New York: Russell Sage Foundation.

Symons, D. 1979. *The Evolution of Human Sexuality.* New York: Oxford University Press.

Thornhill, R., and N. Thornhill N. 1983. "Human Rape: An Evolutionary Analysis." *Ethology and Sociobiology* 4:137-73.

Varma, S. C. 1978. *The Bhil Kills.* Delhi: Kunj Publishing House.

Vergouwen, J. C. 1964. *The Social Organization and Customary Law of the Toba-Batak of Northern Sumatra.* The Hague: Martinus Nijhoff.

Wallace, A. 1986. *Homicide: The Social Reality.* Sydney: New South Wales Bureau of Crime Statistics and Research.

White, L. K., and A. Booth. 1985. "The Quality and Stability of Remarriages: The Role of Stepchildren." *American Sociological Review* 50:689-98.

Whitehurst, R. N. 1971. "Violence Potential in Extramarital Sexual Responses." *Journal of Marriage and the Family* 33:683-91.

Wilson, M. 1987. Impacts of the Uncertainty of Paternity on Family Law. *University of Toronto Faculty of Law Review* 45:216-42.

_____. 1989. "Marital Conflict and Homicide in Evolutionary Perspective." In *Sociobiology and the Social Sciences*, ed. R. W. Bell and N. J. Bell, 45-62. Lubbock, Texas: Texas Tech University Press.

_____, and M. Daly. 1992. "The Man Who Mistook His Wife for a Chattel." In

The Adapted Mind, ed. J. Barkow, L. Cosmides, and J. Tooby, 243-76. Oxford: Oxford University Press.

Wolfgang, M. E. 1958. *Patterns in Criminal Homicide*. Philadelphia: University of Pennsylvania Press.

"내가 가질 수 없다면 누구도 너를 가질 수 없다": 여성 파트너 살인사건에서의 권력과 통제 | 재클린 C. 캠벨

Berk, R. A., S. F. Berk, D. R. Loseke, and D. Rama. 1983. "Mutual Combat and Other Family Violence Myths." In *The Dark Side of Families*, ed. D. Finkelhor, R. J. Gelles, G. T. Hotaling, and M. A. Straus, 197-212. Beverly Hills: Sage.

Block, C. R. 1985. *Specification of Patterns over Time in Chicago Homicide: Increases and Decreases 1965-1981*. Chicago: Criminal Justice Information Authority.

Browne, A. 1987. *When Battered Women Kill*. New York: Free Press.

Campbell, J. C. 1981. "Misogyny and Homicide of Women." *Advances in Nursing Science* 3, no. 2:67-85.

Chimbos, P. D. 1978. *Marital Violence: A Study of Interspouse Homicide*. San Francisco: R & E Research Associates.

Counts, D., J. Brown, and J. Campbell. 1992. *Sanctions and Sanctuary: Cultural Influences on the Beating of Wives*. Boulder, Colo.: Westview Press.

Cowles, V. K. 1988. "Personal World Expansion for Survivors of Murder Victims." *Western Journal of Nursing Research* 10, no. 6:687-99.

Curtis, A. L. 1975. *Criminal Violence*. Lexington, Mass.: D. C. Health and Co.

Daly, M., and M. Wilson. 1988. *Homicide*. New York: Aldine De Gruyter

———, and S. Weghorst. 1982. "Male Sexual Jealousy." *Ethology and Sociobiology* 3:11-27

Daly, M. 1978. *Gyn/Ecology*. Boston: Beacon Press.

Farley, R. 1986. "Homicide Trends in the United States." In *Homicide among*

Black Americans*, ed. D. F. Hawkins, 13-27. New York: University Press of America.

Gilligan, C. 1982. *In a Different Voice*. Cambridge, Mass.: Harvard University Press.

Goode, W. 1971. "Force and Violence in the Family." *Journal of Marriage and the Family* 33:624-36.

Greenblat, C. S. 1985. "'Don't Hit Your Wife… Unless': Preliminary Findings on Normative Support for the Use of Physical Force by Husbands." *Victimology* 10:221-41.

Halloran, J. D. 1975. "The Mass Media and Violence." *Forensic Science* 5:209-17.

Hart, B. 1988. "Beyond the 'Duty to Warn': A Therapist's 'Duty to Protect' Battered Women and Children." In *Feminist Perspectives on Wife Abuse*, ed. K. Yllö and M. Bogard, 234-48. Beverly Hills: Sage.

Hawkins, D. F. 1986. "Black Homicide: The Adequacy of Existing Research for Devising Prevention Strategies." In *Homicide among Black Americans*, ed. D. F. Hawkins, 211-29. New York: University Press of America.

Humphrey, J. A., R. P. Hudson, and S. Cosgrove. 1981-82. "Women Who Are Murdered: An Analysis of 912 Consecutive Victims." *OMEGA* 12, no. 3:281-88.

Jason, J., J. Flock, and C. W. Tyler. 1983. "A Comparison of Primary and Secondary Homicides in the U.S." *American Journal of Epidemiology* 3:309-19.

Lockhart, L. L. 1987. "A reexamination of the Effects of Race and Social Class on the Incidence of Marital Violence: A Search for Reliable Differences." *Journal of Marriage and the Family* 49:603-10.

Lundsgaarde, P. H. 1977. *Murder in Space City*. Oxford University Press.

Mercy, J. A., and L. E. Saltzman. 1989. "Fatal Violence among Spouses in the United States, 1976-85." *American Journal of Public Health* 79, no. 5:595-99.

O'Carroll, P. W., and J. A. Mercy. 1986. "Patterns and Recent Trends in Black

Homicide." In *Homicide among Black Americans*, ed. D. F. Hawkins, 29–42. New York: University Press of America.

"7 Deadly Days." *Time*, 17 July 1989, 35.

Stanko, E. A. 1988. "Fear of Crime and the Myth of the Safe Home: A Feminist Critique of Criminology." In *Feminist Perspectives on Wife Abuse*, ed. K. Ylló and M. Bograd, 75–89. Beverly Hills: Sage.

Stuart, E. P., and J. C. Campbell. 1989. "Assessment of Patterns of Dangerousness with Battered Women." *Issues in Mental Health Nursing* 10:245–60.

Voss, L. H., and R. J. Hepburn. 1968. "Patterns in Criminal Homicide in Chicago." *Journal of Criminal Law, Criminology and Police Science* 59:499–508.

Walker, L. E. 1988. *Terrifying Love: Why Battered Women Kill and How Society Responds*. New York: Harper & Row.

Wallace, A. 1986. "A Typology of Homicide." In *Homicide: The Social Reality*, ed. A. Wallace, 83–109. New South Wales: Bureau of Crime Statistics and Research.

Wallace, M. 1978. *Black Macho and the Myth of the Superwoman*. New York: Dial Press.

Webster, W. H. 1979. *Uniform Crime Reports*. Washington, D.C.: U.S. Department of Justice.

Wilbanks, W. 1983. "The Female Homicide Offender in Dade County, Florida." *Criminal Justice Review* 8, no. 2:9–14.

———. 1986. "Criminal Homicide Offenders in the U.S.: Black vs. White." In *Homicide among Black Americans*, ed. D. F. Hawkins, 43–55. New York: University Press of America.

Wolfgang, M. 1957. "Victim Precipitated Criminal Homicide." *Journal of Criminal Law, Criminology, and Police Science* 48:1–11.

Desai, A. R. 1980. *Urban Family and Family Planning in India*, Chaps. I and II . Bombay: Popular Prakashan.

Goode, William J. 1982. "Why Men Resist." In *Rethinking the Family: Some Feminist Questions*, ed. Barrie Thorne and Marilyn Yalom. Orient Longman.

Goody, J. 1976. *Production and Reproduction: A Comparative Study of the Domestic Domain*. Cambridge: Cambridge University Press.

Government of India, Department of Social Welfare, Ministry of Education and Social Welfare. 1974. *Towards Equality: Report of the Committee on the Status of Women in India*.

Indian Express, 19 June 1983.

Indian Express, 20 May 1983.

Kulkarni, M. G. 1982. "Family Research in India." In *Sociology in India: Retrospect and Prospect*, ed. P. K. B. Nayar. Delhi: B. R. Pub. Corp.

Narain, Dhirendra ed. 1975. *Explorations in the Family and Other Essays*. Bombay: Thacker & Co., 1975. chaps I and II.

Patriot, New Delhi, 24 June 1983.

Police department document to Inspector General of Police NWP and Oudh, from Secretary to Government of NWP and Oudh, dated 15 October 1892. File No. 1544/VIII 661 A-4 of 1892. State Archives, Lucknow.

Ram, Kaplana. 1980. "Women's Liberation in India"(unpublished paper), June 1980.

Sarkar, Laktika. 1983. "Legal Aspects of Dowry." *How* 6, no. 3, 9 March.

Wilson, Elizabeth. 1979. *Women and Welfare State*. London: Tavistock.

친밀한 관계에서의 페미사이드: 법률제정과 사회복지의 효과 | 캐런 D. 스타우트

Colby, A. 1982. "The Use of Secondary Analysis in the Study of Women and Social Change." *Journal of Social Issues* 38:119-23.

Cox, M. 1981. "Austinite Dies from Battering." *Austin American-Statesman*, 23 April.

Dobash, E., and R. Dobash. 1979. *Violence against Wives: A Case against Patriarchy*. New York: Free Press.

FBI. 1984. *Uniform Crime Reports, 1980-1982: Supplemental Homicide Report*. Ann Arbor, Mich.: InterUniversity Consortium for Political and Social Research.

Harris, B. 1981. "Helping the Abused Jewish Wife or Child. *Sh'ma: A Journal of Jewish Responsibility* 11:145-46.

Lerman, I. G., and F. Livingston. 1983. "State Legislation on Domestic Violence." *Response to Violence in the Family and Sexual Assault* 6, no. 5:1-27.

National Institute of Mental Health. 1980. *National Directory: Rape Prevention and Treatment Sources*. Washington, D.C.: Government Pringting Office.

Norberg, C. 1982. *Model Programs: Working with Men Who Batter*. St. Louis, Mo.: Rape and Violence End Now.

_____. 1986. Personal communication, September.

O'Brien, R. M. 1985. *Crime and Victimization Data*. Beverly Hills, Calif.: Sage.

Okun, I. 1986. *Woman Abuse: Facts Replacing Myths*. Albany, N.Y.: State University of New York Press.

Pagelow, R. M. 1981. *Woman-battering: Victims and Their Experiences*. Beverly Hills, Calif.: Sage.

_____. 1984. *Family Violence*. New York: Praeger.

"Police Charge Elgin Man with Murdering Wife, Daughter." 1980. *Austin American-Statesman*, 25 February.

"Programs for Men Who Batter": Part I(1980a), 6-7 April; Part II(1980b), 6-7 May; suppl.(1980c), 3 June. *Response to Violence in the Family and Sexual Assault*.

Ross, S. D., and A. Barcher. 1983. *The Rights of Women*. Toronto: Bantam.

Roy, M., ed. 1982. *The Abusive Partner*. New York: Van Nostrand Reinhold.

Russell, D. E. 1982. *Rape in Marriage*. New York: Macmillan.

_____, and N. Van de Ven, eds. 1976. *Proceedings of the International Tribunal on Crimes against Women*. East Palo Alto, Calif.: Frog in the Well.

Schechter, S. 1982a. *In Honor of the Battered Women's Movement: An Appraisal of Our Work*. Paper presented at the Second National Conference of the National Coalition against Domestic Violence (August).

_____. 1982b. *Woman and Male Violence: The Visions and Struggles of the Battered Women's Movement*. Boston: South End Press.

Straus, M. A., F. J. Gelles, and S. K. Steinmetz. 1980. *Behind Closed Doors: Violence among Friends and Relatives*. Washington, D.C.: Government Printing Office.

U.S. Department of Justice. 1980. *Intimate Victims: A Study of Violence among Friends and Relative*. Washington D.C.: Government Printing Office.

Warrior, B. 1982. *Battered Women's Directory*. 8th ed. Cambridge, Mass.: Warrior.

Wilbanks, W. 1982. "Murdered Women and Women Who Murder: A Critique of the Literature." In *Judge, Lawyer, Victim, and Thief*, ed. N. Rafter and E. Stanko, 211-32. Boston: Northeastern University Press.

3부 페미사이드와 인종차별

살인과 미디어에 의한 소멸: 잊힌 애틀랜타 페미사이드 | 다이애나 E. H. 러셀·캔디다 엘리스

"Mass Murderers from the Past." 1985. *San Francisco Chronicle*, 10 June.

"The Other Unsolved Atlanta Murders." 1981. *San Francisco Chronicle*, 15 June.

페미사이드 강간범이 아시아인 여성들을 노린다 | 다이애나 E. H. 러셀

Benedict, Bruce. 1973. "His Record Goes Back to Kindergarten," *San Francisco Chronicle*, 24 April.

"Bunyard Guilty in Nob Hill Case." 1974. *San Francisco Chronicle*, 25 May.

Leary, Kevin. 1973. "The Neighbors Think Rape Suspect Is Innocent." *San Francisco Chronicle*, 24 April.

Petit, Charles. 1973. "'Nob Hill' Suspect Charged—Bail Is Set at 1 Million." *San Francisco Chronicle*, 24 April.

Powers, Keith. 1973. "Nob Hill Rapist's Four-Knife Attack." *San Francisco Chronicle*, 29 March.

"Woman Stabbed to Death-Nob Hill Rapist Feared." 1973. *San Francisco Chronicle*, 16 April.

Wood, Jim. 1977. "He Tells You Why Men Rape." *San Francisco Examiner*, 25 September.

여성 성노예와 페미사이드 | 다이애나 E. H. 러셀

Barry, Kathleen. 1979. *Female Sexual Slavery*. Englewood Cliffs, N.J.: Prentice-Hall.

"Black Women Report of Sex, Torture, Murder at Hands of White Philadelphia 'Bishop.'" 1987. *Jet*, 13 April.

"Grisly Philadelphia Slave Case Ends." 1988. *San Francisco Chronicle*, 2 July.

아메리카 원주민 여성 살해: 테와족 여성의 관점 | 베벌리 R. 싱어

Bonvillain, Nancy. 1989. "Gender Relations in Native North America." *American Indian Culture and Research Journal* 13 (2):1-28.

Boston Globe, 8 October 1985.

Brown, Dee. 1979. *Bury My Heart at Wounded Knee: An Indian History of the American West*. New York: Bantam.

DeBryun, LeMyra, Karen Hymbaugh, and Norma Valdex. 1988. "Helping Communities Address Suicide and Violence: The Special Initiatives Team of the Indian Health Service." *American Indian and Alaska Native Mental Health Research* (Journal of the National Center, University of Colorado Health Services Center, Denver, Colo.) 1(3): 56-65.

Forbes, Norman, and Vincent Van Der Hydge. 1988. "Suicide in Alaska from 1978 to 1985: Updated from State Files." *American Indian and Alaska Native Mental Health Research* 1 (3): 36-55.

Native American Women's Health Education Resource Center. 1990. "Native American Health Education Prevention Program" (a project of the Native American Community Board, Lake Andes, S.D.).

Old Dog Cross, Phyllis. 1982. "Sexual Abuse, a New Threat to the Native American Indian Woman: An Overview." *Listening Post: A Periodical of the Mental Health Programs of Indian Health Services* 6, no. 2 (April): 18.

Powers, Marla N. 1986. *Oglala Women: Myth, Ritual, and Reality*. Chicago: University of Chicago Press.

Weyer, Rex. 1982. *Blood of the Land: The Government and Corporate War against the American Indian Movement*. New York: Random House.

4부 매스미디어, 포르노그래피, 고어노그래피

비극적 영웅으로서의 여성살해자 | 샌드라 맥닐

Stendhal. 1824. *Life of Rossini*, trans. R. N. Coe. London: Calder, 1956, 207.

Telegraph and Argus, 25 July 1986.

Yorkshire Evening Post, 22 May 1986.

Yorkshire Evening Post, 25 July 1986.

Yorkshire Post, 25 July 1986.

그것은 오락?: 잭 더 리퍼 그리고 성폭력 판매 | 데버러 캐머런

Wilson, Colin, and Robin Odell. 1987. *Jack the Ripper: Summing Up and Verdict*. New York: Bantam.

스너프: 궁극적 여성혐오 | 베벌리 라벨

"Film of Violence Snuffed out by Angered Pickets' Protests." 1977. *San Diego Union*, September 29.

"Letters to the Editor." 1977. *New Woman's Times*. Rochester, New York. (이 정보를 발굴해준 데 대해 마사 게버Martha Gever에게 감사한다.)

"Obscenity Trial Ordered in Snuff Film Showing." 1977. *The Times Herald Record*, Wednesday, December 17.

"Snuff." *Sister Courage*, April 1976.

"Women's Group Picket Showing of Snuff." 1976. *The Times Herald Record*, Thursday, March 11.

백인 남성이 우리에게 말해주지 않는 것: 버클리 페미사이드 정보교환소의 보고서 | 크리스 도밍고

"Are Serial Killers on the Rise?" 1985. *U. S. News & World Report*, 9 September.

Baraback, Mark. 1985. "Mass Killer Lake Reportedly Linked Ng to S. F. Crimes." *San Francisco Chronicle*, 22 October.

Berkeley Clearinghouse on Femicide. Research Files: hate crimes, serial murder, snuff. P.O. Box 12342 Berkeley, Calif. 94701−3342.

Caputi, Jane. 1987. *The Age of Sex Crime*. Bowling Green, Ohio: Bowling Green State University Popular Press.

_____, and Diana Russell. 1990. "Killer for a Cause." *Sojourner: The Women's Forum*, January, 7.

Dashu, Max. 1991. Personal correspondence, 19 August.

Davis, Angela. 1983. *Women, Race, and Class*. New York: Random House.

Fimrite, Peter. 1900. "Fear of Killer Stalks East Bay Women." *San Francisco Chronicle*, 22 November.

Giddings, Paula. 1984. *When and Where I Enter: The Impact of Black Women on Race and Sex in America*. New York: Bantam Books.

Ginzburg, Ralph. 1962. *100 Years of Lynchings*. New York: Lancer Books.

Harris, Harry. 1991a. "Murder Victim IDd as Former Oakland Teacher." *Oakland Tribune*, 17 May.

Hays, Constance L. 1990. "Husband of Slain Boston Women Becomes a Suspect, Then a Suicide." *New York Times*, 5 January.

Hazelwood, Robert, and John Douglas. 1980. "The Lust Murderer." *FBI Law Enforcement Bulletin* 49, no. 4.

Johnson, Sonia. 1991. *The Ship that Sailed into the Living Room*. Estancia, N.M.: Wildfire Books.

Karsen, Carol F. 1987. *The Devil in the Shape of a Woman*. New York: Random House.

Kennedy, Dana. 1990. "Silence Shrouds Massachusetts Murder Case." *San Francisco Chronicle*, 1 April.

Lederer, Laura. 1980. "Then and Now: An Interview with a Former Pornography Model." In *Take Back the Night*, ed. Laura Lederer, 57–70. New York: William Morrow and Co.

Lerner, Gerda. 1972. "The Memphis Riot, 1865." In *Black Women in White America*, ed. Gerda Lerner, 173–79. New York: Vintage.

MacKinnon, Catherine. 1989. *Toward a Feminist Theory of the State*. Cambridge: Harvard University Press.

Sobel, Maxine. 1977–78. "SNUFF: The Logical Conclusion." *New Women's Times* 3:8.

Walker, Alice. 1980. "Porn at Home." *Ms*, February.

페미사이드 광고: 포르노그래피와 고어노그래피에서 여성에게 가해지는 치명적 폭력
| 제인 카푸티

Barry, Kathleen. 1979. *Female Sexual Slavery*. New York: Avon Books.

Belkin, Lisa. 1989. "Judge in Texas Is Cleared of Bias in Remarks about Homo-sexuals." *New York Times*, 2 November.

Bovée Courtland L., and William F. Arens. 1986. *Contemporary Advertising*. 2d ed. Homewood, Ill.: Richard R. Irwin.

Brownmiller, Susan. 1975. *Against Our Will: Men, Women, and Rape*. New York: Simon and Schuster.

Cameron, Deborah, and Elizabeth Frazer. 1987. *The Lust to Kill: A Feminist Investigation of Sexual Murder*. New York: New York University Press.

Caputi, Jane. 1987. *The Age of Sex Crime*. Bowling Green, Ohio: Bowling Green State University Popular Press.

_____. 1989. "The Sexual Politics of Murder." *Gender & Society* 3, no. 4:437-56.

_____. 1991. "The Metaphors of Radiation: Or, Why a Beautiful Woman Is Like a Nuclear Power Plant." *Women's Studies International Forum* 14, no. 5:423:42.

Cawelti, John G. 1976. *Adventure, Mystery, and Romance: Formula Stories as Art and Popular Culture*. Chicago: University of Chicago Press.

Clover, Carol J. 1987. "Her Body, Himself: Gender in the Slasher Film." *Representations* 20(Fall): 187-228.

Daly, Mary. 1984. *Pure Lust: Elemental Feminist Philosophy*. Boston: Beacon Press.

Donnerstein, Edward, Daniel Linz, and Steven Penrod. 1987. *The Question of Pornography: Research Findings and Policy Implications*. New York: Free Press.

Durgnat, Raymons. 1978. "Inside Norman Bates." In *Great Film Directors: A Critical Anthology*, ed. Leo Braudy and Morris Dickstein. New York: Oxford University Press, 499-503.

Dworkin, Andrea. 1981. *Pornography: Men Possessing Women*. New York: E. P. Dutton.

―――. 1989. *Letters from a War Zone: Writings 1976-1989* New York: E. P. Dutton.

―――, and Catharine A. MacKinnon. 1988. *Pornography and Civil Rights: A New Day for Women's Equality*. Minneapolis: Organizing against Pornography.

Gagnon, J. H. 1977. *Human Sexualities*. Glenview, Ill.: Scott, Foresman.

Galbraith, John Kenneth. 1976[1958]. *The Affluent Society*. 3d ed. Boston: Houghton Mifflin.

Gore, Tipper (Mary Elizabeth). 1987. *Raising PG Kids in an X-Rated Society*. Nashville: Abingdon Press.

Griffin, Susan. 1981. *Pornography and Silence: Culture's Revenge against Nature*. New York: Harper & Row.

Hazelwood, Robert R., and John E. Douglas. 1980. "The Lust Murderer." *FBI Law Enforcement Bulletin* 49 (April): 18-22.

Hughes, Beth. 1989. "Japan Frets at Kidporn Popularity: Experts See Link to Series of Slayings of Young Girls." *San Francisco Examiner*, 28 August.

Ingram, Erik. 1985. "Ex-Hooker Talks of Banker's Death Plot." *San Francisco Chronicle*, 4 September.

Jowett, Garth. 1987. "Propaganda and Communication: The Re-emergence of a Research Tradition." *Journal of Communication* 37 (Winter): 97-115.

Krafft-Ebing, Richard von. 1965. *Psychopathia Sexualis* [1906], 12th Germ. ed., trans. Franklin S. Klaf. New York: Stein and Day.

Lamar, Jacob. V. 1989. "I Deserve Punishment." *Time*, 6 February, 34.

Lanning, Kenneth V., and Ann Wolpert Burgess. 1989. "Child Pornography and Sex Rings." In *Pornography: Research Advances and Policy Considerations*, ed. Dolf Zillmann and Jennings Bryant, 235-55. Hillsdale, N.J.: Lawrence Erlbaum Associates.

Lederer, Laura. 1980. *Take Back the Night*. New York: Morrow.

Loder, Kurt. 1984. "Night Creatures." *Rolling Stone*, 19 July–2 August, 99.

Longino, Helen. 1980. "What Is Pornography." In Lederer, *Take Back the Night*, 40–54.

MacCullough, M. J., P. R. Snowden, P. J. W. Wood, and H. E. Mills. 1983. "Sadistic Fantasy, Sadistic Behaviors and Offending." *British Journal of Psychiatry* 143:20–29.

MacKinnon, Catharine A. 1983. "Feminism, Marxism, Method, and the State: Toward Feminist Jurisprudence." *Signs: Journal of Women in Culture and Society* 8 (Summer 1983): 635–58.

_____. 1987. *Feminism Unmodified: Discourses on Life and Law*. Cambridge, Mass.: Harvard University Press.

Malamuth, Neil. 1985. Testimony before the Attorney General's Commission on Pornography hearings, Houston, Texas. Unpublished transcript, 68–110.

_____, J. V. P. Check, and J. Briere. 1986. "Sexual Arousal in Response to Aggression: Ideological, Aggressive and Sexual Correlates." *Journal of Personality and Social Psychology* 50:330–40.

Marchand, Roland. 1985. *Advertising the American Dream: Making Way for Modernity 1920-1940*. Berkeley: University of California Press.

Marcus, Stephen. 1964. *The Other Victorians*. New York: Basic.

Maslin, Janet. 1982. "Bloodbaths Debase Movies and Audiences." *New York Times*, 11 November.

Michaud, Stephen G., and Hugh Aynesworth. 1983. *The Only Living Witness*. New York: Linden Press/Simon and Schuster.

Millett, Kate. 1970. *Sexual Politics*. New York: Ballantine.

Mills, Michael. 1983. "Brian De Palma." *Moviegoer*, 12 December, 8–13.

Morneau, Robert H., and Robert R. Rockwell. 1980. *Sex, Motivation, and the Criminal Offender*. Springfield, Ill.: Charles Thomas.

New Yorker. 1989. Editorial. 27 February, 23–24.

Norris, Joel. 1988. *Serial Killers: The Growing Menace*. New York: Dolphin/ Doubleday.

Pally, Marcia. 1984. "Double Trouble." *Film Comment*, October, 12-17.

Playboy Forum. 1989. "Ted Bundy's Original Amateur Hour." *Playboy*, June, 49-50.

Pope, Daniel. 1983. *The Making of Modern Advertising*. New York: Basic Books.

Queen, Joe. 1989. "Drawing on the Dark Side." *New York Times*, 30 April, 32-34, 79, 86.

Ressler, Robert K., Ann W. Burgess, and John E. Douglas. 1988. *Sexual Homicide: Patterns and Motives*. Lexington, Mass.: Lexington Books/D.C. Heath and Co.

Rothman, William. 1982. *Hitchcock—The Murderous Gaze*. Cambridge, Mass.: Harvard University Press.

Russell, Diana E. H. 1975. *The Politics of Rape: the Victim's Perspective*. New York: Stein and Day.

_____. 1984. *Sexual Exploitation: Rape, Child Sexual Abuse, and Workplace Harassment*. Beverly Hills: Sage.

_____. 1988. "Pornography and Rape: A Causal Model." *Political Psychology* 9: 41-73.

_____, ed. 1989. *Exposing Nuclear Phallacies*. New York: Pergamon Press (Athene Series).

Schudson, Michael. 1984. *Advertising: The Uneasy Persuasion: Its Dubious Impact on American Society*. New York: Basic.

Silbert, Mimi H., and Ayala M. Pines. 1984. "Pornography and Sexual Abuse of Women." *Sex Roles* 10:861-68.

Simurda, Stephen J. 1988. "75 Horror Films Found in Slay Suspect's Home." *Boston Globe*, 9 December.

Sjöö, Monica, and Barbara Mor. 1987. *The Great Comic Mother: Rediscovering the Religion of the Earth*. San Francisco: Harper & Row.

Slade, Joseph. 1984. "Violence in the Hard-Core Pornographic Film: A Historical Survey." *Journal of Communication* 34, no.3:148–63.

Spillane, Mickey. [1947]1975. *I, the Jury*. New York: New American Library.

Starr, Mark. 1984. "The Random Killers." *Newsweek*, 26 November, 100–106.

Von Beroldingen, Marj. 1974. "I Was the Hunter and They Were the Victims." *Front Page Detective*, March, 24–29.

Whitney, Steven. 1978. *Singled Out*. New York: Morrow.

5부 페미사이드와 모조 정의

여는 글

Kelly, Liz, Jill Radford, and Sibusiso Mavolwane. 1991. "Women Who Kill." *Rights of Women Bulletin* (London). Spring, 52–54.

요크셔 리퍼 재판: 미친 놈, 나쁜 놈, 짐승 혹은 수컷? | 루시 블랜드

Beattie, John. 1981. *The Yorkshire Ripper Story*. London: Quartet Books.

Campbell, Beatrix, and Anna Coote. 1982. *Sweet Freedom: The Struggle for Women's Liberation*. London: Pan Books.

Daily Express, 7 May 1981.

Daily Mail, 27 November 1980.

Daily Mirror, 7 April 1979.

Daily Mirror, 23 May 1981.

Fast, no. 3.

Guardian, 6 January 1981.

Guardian, 7 January 1981.

Guardian, 6 May 1981.

Guardian, 16 May 1981.

Guardian, 19 May 1981.

Guardian, 20 May 1981.

Guardian, 22 May 1981.

Guardian, 23 May 1981.

New Standard, 7 May 1981.

Observer, 24 May 1981.

Spare Rib, no. 103, February 1981.

Spare Rib, 1988.

Sunday Mirror, 15 April 1979.

The Times, 23 May 1981.

The Times, 25 May 1981.

Yallop, David. 1982. *Deliver us from Evil*. New York: Coward McCann.

Wootton, Barbara. 1978. *Crime and Penal Policy*. Allen & Unwin

여성우발살인: 살인면허? 제인 애셔 살인사건 | 질 래드퍼드

Barry, Kathleen. 1979. *Female Sexual Slavery*. New York: Avon Books.

Campbell, Beatrix, and Anna Coote. 1982. *Sweet Freedom: The Struggle for Women's Liberation*. London: Pan Books.

Cohen, Stan. 1979. *Crime and Punishment*. London: Radical Alternatives to Prison.

Coote, Anna, and Tess Gill. 1979. *Battered Women and the New Law*. London: National Council of Civil Liberties.

Criminal Injuries Compensation Board Scheme. 1964. London: Her Majesty's Stationery Office.

Criminal Statistics. 1980. London: Her Majesty's Stationery Office.

Dworkin, Andrea. 1981. *Pornography: Men Possessing Women*. London: Women's Press.

Hampshire Chronicle, 5 June 1981.

Hampshire Chronicle, 12 June 1981.

House of Commons. 1974-75. *Report on the Select Committee on Violence in Marriage*. 553

Newton, C. R. *Principles of Law*. London: Sweet and Maxwell, 1979.

잔소리꾼, 창녀, 여성해방론자: 남성의 살인 충동을 도발하는 여성 | 수 리즈

Adler, Z. 1987. *Rape on Trial*. London: Routledge.

Ashworth, A. J. 1975. "Sentencing in Provocation Cases." *Criminal Law Review* 1:3-46.

Atkins, S., and B. Hoggett. 1984. *Women and the Law*. Oxford: Blackwell.

Bacon, W., and R. Lansdowne. 1982. "Women Who Kill Husbands: The Battered Wife on Trial." In *Family Violence in Australia*, ed. C. O'Donnell and J. Craney. Melbourne: Longman Cheshire.

Benn, M. 1986. "Comment on Boyce Trial." *Rights of Women Unit Newsletter*, January.

Bochnak E. 1986. *Women's Self-defense Cases: Theory and Practice*. Melbourne: Mitchie Co.

Cross, R., and P. Jones. 1984. *Introduction Criminal Law*. London: Butterworths.

Dalton, K. 1983. "The Menstrual Cycle" [1971]. In Eaten 1983.

Eaten, M. 1983. "Mitigating Circumstances: Familiar Rhetoric." *International Journal of Law*. 11:285-400.

Edwards, S. 1986. *Gender, Sex, and the Law*. London: Croom Helm.

_____. 1986. In *Women on Trial*, ed. S. Edwards, 175-76. Manchester: Manchester University Press.

_____. 1987. "'Provoking Her Own Demise': From Common Assault to Homicide." In *Women, Violence, and Social Control*, ed. J. Hanmer and M. Maynard. London: Macmillan.

Kruttschnitt, C. 1982. "Respectable Women and the Law." *Sociological Quarterly* 23 (Spring): 221-34.

Lees, S. 1989. "Rape on Trial." *New Statesman and Society*, 23 November and 1 December.

Lever, L. A. 1986. "No-one Speaks for the Dead." Thames documentary (August).

Luckhaus, Linda A. 1986. "Plea for PMT in the Criminal Law." In Edwards 1986.

Mooney, B. 1981. "Has the Woman the Right to Fight Back?" (London) *Times*, 21 July.

Morris, T., and L. Blom Cooper. 1964. *A Calendar of Murder*. London: Michael Joseph.

Morrison, Blake. 1987. "The Ballad of the Yorkshire Ripper." London: Chatto and Windus.

Smith, J. 1989. *Misogynies*. London: Faber & Faber.

페이 스텐더와 살인의 정치학 | 다이애나 E. H. 러셀

Collier, Peter, and David Horowitz. 1981. "Requiem for a Radical." *New West* (March): 64-71, 133-47.

Congbalay, Dean, and L. A. Chung. 1989. "Top Security for Suspect in Huey Newton Slaying." *San Francisco Chronicle*, 30 August.

Daily Journal. 1987. "Two Folsom Convicts Guilty in Stabbing of Third." 8 September.

Isabel, Lonnie. 1983. "Convict Says He, Not Brooks, Shot Stender." *Oakland Tribune*, 23 June.

Jackson, George. 1970. *Soledad Brother: The Prison Letters of George Jackson*. New York: Coward-McCann.

Reiterman, Tim, and Don Martinez. 1979. "Prisonwork Link in Stender Shooting." *San Francisco Examiner*, 30 May.

Scott, Austin. 1979. "Did Prison-reform Pullout Nearly Cost an Activist's Life?" *Los Angeles Times*, 5 June.

San Francisco Chronicle. 1979. "Charles Garry Says He's on a 'Hit List.'" 23 June.

_____. 1984. "Fay Stender's Assailant Slain." 28 March.

Von Hoffman, Nicholas. n. d. "When Good Friends Fall Out." *San Francisco Chronicle*.

Wallace, Bill. 1979. "After the Stender Shooting: 'I'm No Hero!'" *Berkeley Barb*, 19 July–1 August.

Williamson, George. 1979. "Courtroom Brawl in Stender Case." *San Francisco Chronicle*, 19 June.

_____. 1980. "Drama in Court–Stender Testifies." *San Francisco Chronicle*, 1 January.

6부 페미사이드에 맞서 싸우는 여성들

애도하며 분노하며 | 수잰 레이시

Los Angeles Times, 18 December 1977.

Schwartz, Ted. 1981. *The Hillside Strangler*. Doubleday.

결론

이제 우리는 어디로 가나 | 질 래드퍼드

Caputi, Jane. 1987. *The Age of Sex Crime*. Bowling Green, Ohio: Bowling Green State University Popular Press; London: Women's Press.

Kelly, Liz, and Jill Radford. 1987. "The Problem of Men." In *Law, Order, and the Authoritarian State*, ed. Phil Scraton. Milton Keynes, England: Open University Press.

Lesbian and Policing Project. 1988. *Annual Report*. London: LESPOP.

선별된 참고문헌 | 다이애나 E. H. 러셀 엮음

• 책

Abrahamsen, David. 1985. *Confessions of Son of Sam.* New York: Columbian University Press.

Banks, Harold K. 1967. *The Strangler: The Story of Terror in Boston.* New York: Avon Books.

Barnard, Alan, ed. 1953. *The Harlot Killer: Jack the Ripper.* New York: Dodd, Mead & Co.

Bean, Constance et. al. 1992. *Women Murdered by Men They Love.* New York: Haworth Press.

Beattie, John. 1981. *The Yorkshire Ripper Story.* London: Quartet Books.

Biondi, Ray, and Walt Hecox. 1988. *All His Father's Sons: Inside the Gerald Gallego Sex-Slave Murders.* Rocklin, Calif.: Prima Publishing.

Blashfield, Jean F. 1990. *Why They Killed.* New York: Warner Books.

Cameron, Deborah, and Elizabeth Frazer. 1987. *The Lust to Kill: A Feminist Investigation of Sexual Murder.* New York: New York University Press.

Caputi, Jane. 1987. *The Age of Sex Crime.* Bowling Green, Ohio: Bowling Green

---

* (저자주) 이 참고문헌 목록을 수집하고 정리하는 데 도움을 준 로라 X, 제인 카푸티, 로베르타 함스, 질 래드퍼드, 그리고 특별히 크리스 도밍고에게 감사한다.

State University Popular Press.

Cheney, Margaret. 1976. *The Coed Killer*. New York: Walker & Co.

Chimbos, Peter D. 1978. *Marital Violence: A Study of Interspousal Homicide*. San Francisco: R & E Research Associates.

Crimes and Punishments: A Pictorial Encyclopedia of Aberrant Behavior. 1973. England: Phoebus Publishing.

Cullen, Tom A. 1965. *When London Walked in Terror*. Boston: Houghton Mifflin Co.

Daly, Martin, and Margot Wilson. 1988. *Homicide*. Hawthorne, N.Y.: Aldine de Gruyter.

Daly, Mary. 1978. *Gyn/Ecology: The Metaethics of Radical Feminism*. Boston: Beacon Press.

Dillman, John. 1986. *Unholy Matrimony: A True Story of Murder and Obsession*. New York: Macmillan.

Dworkin, Andrea. 1974. *Woman Hating*. New York: Dutton.

Ehrenrich, Barbara, and Deirdre English. 1976. *Witches, Midwives, and Nurses*. London: Writers and Readers.

Ewing, Charles Patrick. 1990. *When Children Kill: The Dynamics of Juvenile Homicide*. Lexington, Mass.: Lexington Books.

Farsen, Daniel. 1972. *Jack the Ripper*. London: Michael Joseph.

Frank, Gerold. 1966. *The Boston Strangler*. New York: New American Library.

Frondorf, Shirley. 1988. *Death of a "Jewish American Princess": The Story of a Victim on Trial*. New York: Villard Books.

Gaylin, Willard. 1982. *The Killing of Bonnie Garland*. New York: Simon & Schuster.

Gordon, Paul, and Phil Scraton, eds. 1984. *Causes for Concern*. London: Penguin.

Gore, Tipper (Mary Elizabeth). 1987. *Raising PG Kids in an X-rated Society*. Nashville: Abingdon Press.

Hanmer, Jalna, and Sheila Saunders. 1984. *Well-founded Fear: A Community Study of Violence against Women.* London: Hutchinson.

———, and Mary Maynard, eds. 1987. *Women, Violence, and Social Control.* London: Macmillan.

———, Jill Radford, and Elizabeth A. Stanko. 1989. *Women, Policing, and Male Violence.* London: Routledge.

Hawkins, Darnell F., ed. 1986. *Homicide among Black Americans.* New York: University Press of America.

Hester, Marianne. 1992. *Lewd Women and Wicked Witches: The Dynamics of Male Domination.* London: Routledge.

Holliday, Laurel. 1978. *The Violent Sex: Male Psychobiology and the Evolution of Consciousness.* Guerneville, Calif.: Bluestockings Books.

Holmes, Ronald M. 1989. *Profiling Violent Crimes: An Investigative Tool.* Newbury Park, Calif.: Sage Publications.

———. 1991. *Sex Crimes.* Newbury Park, Calif.: Sage Publications.

———, and James De Burger. 1988. *Serial Murder.* Newbury Park, Calif.: Sage Publications.

Kelly, Liz. 1988. *Surviving Sexual Violence.* Cambridge, England: Polity Press.

Kendall, Elizabeth. 1981. *The Phantom Prince: My Life with Ted Bundy.* Seattle: Madrona Press.

Klausner, Lawrence D. 1981. *Son of Sam.* New York: McGraw-Hill.

Krafft-Ebing, Richard von. 1965. *Psychopathia Sexualis.* New York: Sein & Day.

Larsen, Richard W. 1908. *Bundy: The Deliberate Stranger.* Englewood Cliffs, N.J.: Prentice-Hall.

Levin, Jack, and James A. Fox. 1985. *Mass Murder: America's Growing Menace.* New York: Plenum.

Leyton, Elliott. 1986. *Hunting Humans: Inside the Minds of Mass Murderers.* New York: Pocket Books.

Lindecker, Clifford L. 1990. *To Love, Honor, and Kill.* New York: Knightsbridge Publishing.

Lunde, Donald T. 1976. *Murder and Madness.* New York: W. W. Norton.

McGinniss, Joe. 1983. *Fatal Vision.* New York: New American Library.

Malette, Louise, and Marie Chalou. 1991. *The Montreal Massacre.* Trans. Marlene Wildman. Prince Edward Island: Gynergy Books.

Masters, R. E. L., and Eduard Lea. 1963. *Sex, Motivation, and the Criminal Offender.* Springfield, Ill.: Charles Thomas.

Mowat, Ronald R. 1966. *Morbid Jealousy and Murder: A Psychiatric Study of Morbidly Jealous Murderers at Broadmoor.* London: Tavistock.

Norris, Joel. 1988. *Serial Killers: The Growing Menace.* New York: Dolphin/Doubleday.

O'Brien, Darcy. 1985. *Two of a Kind: The Hillside Stranglers.* New York: New American Library.

Pagelow, Mildred Daley. 1984. *Family Violence.* New York: Praeger Publishers.

Ressler, Robert K., Ann W. Burgess, and John E. Douglas. 1988. *Sexual Homicide: Patterns and Motives.* Lexington, Mass.: Lexington Books.

Rhodes, Dusty, and Sandra McNeill, eds. 1985. *Women against Violence against Women.* London: Onlywomen Press.

Rule, Ann. 1980. *The Stranger Beside Me.* New York: New American Library.

Rumbelow, Donald. 1975. *The Complete Jack the Ripper.* Boston: New York Graphic Society.

Saldana, Theresa. 1987. *Beyond Survival.* New York: Bantam.

Schechter Harold. 1989. *Deviant: The Horrifying True Story of Ed Gein ― The Original Psycho.* New York: Pocket Books.

Schwartz, Ted. 1981. *The Hillside Strangler: A Murder's Mind.* Garden City, N.Y.: Doubleday.

Secrest, William B. 1967. *Juanita: The Only Women Lynched in the Gold Rush*

Days. Fresno, Calif.: Saga-West Publishing.

————, and Robin Odell. 1987. *Jack the Ripper: Summing Up and Verdict.* New York: Bantam.

Winn, Steven, and David Merrill. 1979. *Ted Bundy: The Killer Next Door.* New York: Bantam.

• 기사, 팸플릿, 책의 부분

Anony Ms. 1984. "Mr. Normal Meets the Beast, or How 'The Yorkshire Ripper' Became Peter Sutcliffe." *Women Studies International Forum* 7, no. 1.

Baig, Tara Ali. 1988. "Sati, Women's Status and Religious Fundamentalism." *Social Action* 38, no. 1.

Bal, Vidya. 1990. "Fighting Wife Abuse in India." *Off Our Backs*, March.

Barnard, George W., Hernan Vera, Maria I. Vera, and Gustave Newman. 1982. "Till Death Do Us Part: A Study of Spouse Murder." *Bulletin of the American Academy of Psychiatry and Law* 10.

Black Coalition Fighting Back Serial Murders. 1991. "Counting Women's Lives: Organizing for Police Accountability in Black Communities." Sample organizing packet.

Blue, Woody. 1991. "Billboard Action Delivers." *Off Our Backs*, February.

Bordewick, Fergus. 1986. "Dowry Murders." *Atlantic Monthly*, July.

Brownmiller, Susan. 1975. "Rape-murder." In *Against Our Will*, ed. Susan Brownmiller. New York: Simon & Schuster.

Burgess, Ann W., Carol R. Hartman, Robert K. Ressler, John E. Douglas, and Arlene McCormack. 1986. "Sexual Homicide: A Motivational Model." *Journal of Interpersonal Violence* 1, no. 3.

Campbell, Jacquelyn. 1980. "Misogyny and Homicide of Women." *Advances in Nursing Science* 3, no. 2.

Caputi, Jane. 1989. "The Sexual Politics of Murder." *Gender and Society* 3, no. 4.

_____. 1990. "The New Founding Fathers: The Lore and Lure of the Serial Killer in Contemporary Culture." *Journal of American Culture*, Fall.

_____. 1992. "To Acknowledge and to Heal: Twenty Years of Feminist Thought and Activism on Sexual Violence." In *The Knowledge Explosion*, ed. Dale Spender and Cherris Craneberry. New York: Teachers College Press.

Carpenter, Teresa. 1980. "Death of a Playmate." *Village Voice*, 5-11 November.

Clarke, D. A. 1982. "The Incredible Case of 'The Stack o' Prints Mutilations.'" *Quest: A Feminist Quarterly* 5, no. 3.

Clover, Carol J. 1987. "Her Body, Himself: Gender in the Slasher Film." *Representations* 20 (Fall).

Combahee River Collective. 1981. "Twelve Black Women: Why Did They Die?" In *Fight Back*, ed. Frédérique Delacoste and Felice Newman. Minneapolis: Cleis Press.

Cowles, Kathleen V. 1988. "Personal World Expansion for Survivors of Murder Victims." *Western Journal of Nursing Research* 10, no. 6.

Craft, Nikki. 1992. *Nemesis*. Rancho Cordova, Calif.: A.C.L.U. Nemesis Publishing Concern.

Crompton, Louis. 1980-81. "The Myth of Lesbian Impunity: Capital Laws from 1270 to 1791." *Journal of Homosexuality* 6, nos. 1-2.

Daly, Martin, and Margot Wilson. 1988. "Evolutionary Social Psychology and Family Homicide." *Science* 242.

_____. 1990. "Killing the Competition." *Human Nature* 1.

Davids, Diana. 1992. "Inside Story: The Serial Murderer as Superstar." *McCall's*, February.

Davis, Lisa. 1991. "I Remember: Daddy Did It." *This World, San Francisco Chronicle*, 29 September.

Dietz, Park E. 1985. "Hypothetical Criteria for the Prediction of Individual Criminality." In *Dangerousness: Probability and Prediction, Psychiatry and*

Public Policy, ed. Christopher Webster, Mark Ben-Aron, and Stephen Hucker. New York: Cambridge University Press.

_____. 1986. "Detective Magazines: Pornography for the Sexual Sadist?" *Journal of Forensic Sciences* 31, no. 1.

_____. 1986. "Mass, Serial, and Sensational Homicides." *Bulletin of the New York Academy of Medicine* 62, no. 5.

_____. 1987. "Patterns in Human Violence." In *American Psychiatric Association Annual Review* 6. Washington, D.C.: American Psychiatric Press.

Dobson, James. 1989. "Interview with Serial Sex Killer Theodore Bundy." Pamphlet distributed by CDL, copyright by Focus on the Family, March.

Domingo, Chris. 1990. "We Are More Than Fourteen." *Off Our Backs*, February.

Doubna, Christine. 1990. "Ending the Rape of Our Liberty." *McCall's*, May.

Dreschler, Debbie. 1979. "Silkwood Family Sues Nuclear Plant." *New Women's Times*, 16 February.

Dufresne, Martin. 1990. "Focus on Gynocide in Montreal." *Between the Lines*, 18-31 January.

Dworkin, Andrea. 1981. "The Marquis de Sade (1740-1814)." In Andrea Dworkin, *Pornography: Men Possessing Women*. New York: E. P. Dutton.

Edwards, Susan. 1986. "'Provoking Her Own Demise': From Common Assault to Homicide." In *Women, Violence, and Social Control*, ed. Jalna Hanmer and Mary Maynard. London: Macmillan.

Egger, Steven A. 1984. "A Working Definition of Serial Murder and the Reduction of Linkage Blindness." *Journal of Police Science and Administration* 12, no. 3.

Ehrenreich, Barbara, and Deirdre English. 1976. "Burn Witch, Burn." *Women: A Journal of Liberation* 3, no. 2.

Ericksson, Brigette. 1981. "A Lesbian Execution in Germany, 1721: The Trial Records." *Journal of Homosexuality* 6, nos. 1-2.

Firstman, Richard C. 1990. "The Last Year of April LaSalata." *Newsday Magazine*, 28 January.

Frenkel, F. E. 1964. "Sex-crime and Its Sociohistorical Background." *Journal of the History of Ideas* 25.

Friedman, Deb, and Lois Yankowski. 1976. "Snuffing Sexual Violence." *Quest* 3, no. 2.

Frye, Ellen. 1978. "Abused Women: Two Freed, Three Murdered, Wife-killer Walked." *Off Our Backs* 8, no. 2.

Goodman, Melissa. 1988. "Who's on Trial Here? Four Other Victims Who Were Blamed." *Redbook*, June.

Graysmith, Robert. 1986. *Zodiac*. New York: St. Martins.

Hazlewood, Robert R., and John E. Douglas. 1980. "The Lust Murderer." *FBI Law Enforcement Bulletin* 49, no. 4.

Heise, Lori. 1989. "Crimes of Gender." *World Watch*, March-April.

_____. 1989. "The Global War against Women." *Utne Reader*, November-December.

Holmes, Helen B., and Betty B. Hoskins. 1985. "Prenatal and Preconception Sex Choice Technologies: A Path to Femicide?" In *Man-made Women*, ed. Gena Corea et al. London: Hutchinson.

Humphrey, John A., R. Page Hudson, and Steven Cosgrove. 1981-82. "Women Who Are Murdered: An Analysis of 912 Consecutive Victims." *Omega* 12, no. 3.

Jarvis, Michaela. 1989. "The Meaning of Fear." *Express*, 8 December.

Jordan, Nick. 1985. "Till Murder Do Us Part." *Psychology Today*, July.

Kannabiran, Vasantha. 1986. "Report from SSS, a Women's Group in Hyderabad, Andhra Pradesh, India." *Feminist Studies* 12, no. 3.

Karkaria, Bachi J. 1972. "Raped Women of Bangladesh." *Illustrated Weekly of India*, 18 June.

LaFuente, Chris. 1991. "Stopping the War Against Women on the Homefront."

Off Our Backs, April.

Lastreto, Nikki, with William Winans. 1989. "The High Price of Marriage in India: Burning Brides." *This World, San Francisco Chronicle*, 2 July.

Laurino, Maria. 1987. "Prosecuting Jennifer Levin's Liller: A Sensational Homicide Presents a New Challenge for Assistant D.A. Linda Fairstein." *Ms.*, September.

Leidholdt, Dorchen. 1983. "Coalition Stops 'Snuff.'" *Newsreport (Women against Pornography)* 5, no. 2.

Levy, Jerrold E., Stephen J. Kunitz, and Michael Everett. 1969. "Navajo Criminal Homicide." *Southwest Journal of Anthropology* 25, no. 2.

Lindsey, Robert. 1984. "Officials Cite Rise in Killers Who Roam U.S. For Victims." *New York Times*, 21 January.

The Link — The McGill Daily; Joint Special Issue [on the Montreal Massacre]. 1989. Montreal: McGill and Concordia Universities.

Magnuson, Ed. 1976. "Death by Gun: America's Toll in One Typical Week." *Time*, 17 July.

Mahoney, Martha R. 1991. "Legal Images of Battered Women: Redefining the Issue of Separation." *Michigan Law Review* 90, no. 1.

Mani, Lata. 1990. "Contentious Traditions: The Debate on Sati in Colonial India." In *Recasting Women*, ed Kumkum Sangari and Sudesh Vaid. New Brunswick, N.J.: Rutgers University Press.

Matalene, Carolyn. 1978. "Women as Witches." *International Journal of Women's Studies* 1, no. 6.

Mercy, James A. Forthcoming. "Men, Women, and Murder: Gender–Specific Differences in Rates of Fatal Violence and Victimization." *Journal of Trauma*.

———, and Linda E. Saltzman. "Fatal Violence among Spouses in the United States." *American Journal of Public Health* 79, no. 5.

Patel, Vibhuti. 1989. "Sex Discrimination and Sex Preselection Tests in India: Recent Techniques in Femicide." *Reproductive and Genetic Engineering* 2, no. 2.

Pharr, Suzanne. 1990. "Hate Violence against Women." *Transformation* 5, no. 1.

Piers, Maria W. 1978. "About Wet Nurses." In *Infanticide Past and Present*, ed. Maria W. Piers. New York: W. W. Norton.

Pogrebin, Letty C. 1989. "Boys Will Be Boys?" *Ms.*, September.

Ressler, Robert K., Ann W. Burgess, Carol R. Hartman, John E. Douglas, and Arlene McCormack. 1986. "Murderers Who Rape and Mutilate." *Journal of Interpersonal Violence* 1, no. 3.

———, Ann W. Burgess, John E. Douglas, Carol R. Hartman, and Ralph B. D'Agostino. 1986. "Sexual Killers and Their Victims: Identifying Patterns through Crime Scene Analysis." *Journal of Interpersonal Violence* 1, no. 3.

Revitch, Eugene. 1990. "Gynocide and Unprovoked Attacks on Women." *Journal of Corrective Social Psychiatry* 26, no. 2.

Rimmel, Lesley. 1983. "Seeing Snuff." *Newsreport (Women against Pornography)* 5, no. 2.

Roggencamp, Viola. 1984. "Abortion of a Special Kind: Male Sex Selection in India." In *Test-Tube Women: What Future for Motherhood?*, ed. Rita Arditti, Renate Klein, and Shelly Minden. London: Pandora Press.

Ruether, Rosemary. 1974. "The Persecution of Witches: A Case of Sexism and Ageism?" *Christianity and Crisis* 34, no. 22.

Russell, Diana E. H. 1982. "Femicide: The Murder of Wives." In *Rape in Marriage*, ed. Diana E. H. Russell. New York: Macmillan.

———. 1989. "Sexism, Violence, and the Nuclear Mentality." In *Exposing Nuclear Phallacies*, ed. Diana E. H. Russell. New York: Pergamon Press.

Schwartz, Ted, and Kelli Boyd. 1981. "Kenneth Bianchi: Inside the Mind of the 'Hillside Stranger.'" *Hustler*, August.

Sedgwick, John. "A Case of Wife Murder." *Esquire*, June.

Sen, Amartya. 1990. "More Than 100 Million Women Are Missing." *New York Review of Books*, 20 December.

"7 Deadly Days." 1989. *Time*, 17 July.

Showalter, C. Robert, Richard J. Bonnie, and Virginia Roddy. 1980. "The Spouse Homicide Syndrome." *Bulletin of the American Academy of Psychiatry and Law* 8.

Smith, Joan. 1982. "Getting Away with Murder." *New Socialist*, May–June.

Smith, Pamela. 1989. "Perfect Murderers." *New Statesman and Society*, 7 July.

Soman, Alfred. 1986. "Witch Lynching at Juniville." *Natural History* 95, October.

Sonnenschein, Allan, and Hugh Aynesworth. 1985. "Serial Killers: Henry Lee Lucas, 'Killing Every Way Know to Man.'" *Penthouse*, February.

Stanko, Elizabeth. 1985. "The Rhetoric of Protection." In *Intimate Intrusions: Women's Experience of Male Violence*, ed. Elizabeth Stanko. Boston: Routledge.

Stanley, Liz. 1985. "Accounting for the Fall of Peter Sutcliffe, and the Rise of the So-called Yorkshire Ripper." *Manchester University Occasional Papers* 15.

Starr, Mark. 1984. "The Random Killers." *Newsweek*, 26 November.

Stuart, Ellen P., and Jacquelyn C. Campbell. 1989. "Assessment of Patterns of Dangerousness with Battered Women." *Issues in Mental Health Nursing* 10.

Summers, Anne. 1989. "The Hedda Conundrum." *Ms.*, April.

Swigert, Victoria L., Ronald A. Farrell, and William C. Yoels. 1976. "Sexual Homicide: Social, Psychological, and Legal Aspects." *Archives of Sexual Behavior* 5, no. 5.

"Symposium on Feminists Targeted for Murder: Montreal 1989." 1991. *Feminist Issues* 11, no. 2.

Walker, Lenore E. 1989. "Facing My Own Terror." In *Terrifying Love: Why Women Kill and How Society Responds*, ed. Lenore Walker. New York: Harper & Row.

Walkowitz, Judith. 1982. "Jack the Ripper and the Myth of Male Violence." *Feminist Studies* 8.

Weaver, Carolyn. 1984. "The Killing of Laura." *Mother Jones.* February–March.

West, Rachel. 1987. "U.S. PROStitutes Collective." In *Sex Work: Writings by Women in the Sex Industry*, ed. Frédérique Delacoste and Priscilla Alexander. Pittsburgh: Cleis Press.

Wilbanks, William. 1982. "Murdered Women and Women Who Murder: A Critique of the Literature." In *Judge, Lawyer, Victim, and Thief*, ed. Nicole Rafter and Elizabeth Stanko. Boston: Northeastern University Press.

Wolfgang, Marvin. 1956. "Husband–wife Homicides." *Journal of Social Therapy* 2.

Women We Honour Action Committee and Rosemary Gartner. 1990. *Annotated Bibliography of Works Reviewed for Project on Intimate Femicide.*

Women We Honour Action Committee and Rosemary Gartner. 1990. *Final Report to the Ontario Women's Directorate: Research Project on Homicides Related to Domestic Violence against Women.*

Wood, Chriss, Deborah Shug, Doug Smith, and Tom Regan. 1988. "Killers at Large." *Maclean's*, 18 July.

Wowk, Maria. 1984. "Blame Allocation, Sex, and Gender in a Murder Interrogation." *Women's Studies International Forum* 7, no. 1.

단체 | 크리스 도밍고·다이애나 E. H. 러셀 엮음

• **연쇄살인에 맞서 싸우는 흑인 연합**Black Coalition Fighting Back Serial Murders 1986년 1월 설립된 단체. 로스앤젤레스 중남부에서 발생한, 주로 흑인 여성들을 상대로 한 미해결 연쇄 페미사이드에 대한 관심과 우려에서 시작되었다.

• **《바디 카운츠***Body Counts***》**, 레즈비언 커뮤니티 프로젝트Lesbian Community Project 의 '도시의 아마존Urban Amazons'에서 출간하는 월간지. 1991년 처음 발간되었다. 오리건 주 포틀랜드 대도시 권역에서 발생한, 페미사이드를 포함한 여성에 대한 폭력행위를 연대기적으로 기록한 종합적 목록과 해설을 제공하는 것을 목적으

로 한다.

- **캠퍼스 폭력 예방단**Campus Violence Prevention 캠퍼스 폭력사건에 대해 전국적으로 조사한다. 리서치 전문가의 상담도 제공한다.

- **페미사이드 정보 교환소**Clearinghouse on Femicide 연구, 교육, 저항 행동에 참여하는 여성들이 느슨한 형태로 모여 있는 집단으로, 1989년에 설립되었다. 계간지 뉴스레터《기억과 분노*Memory and Rage*》를 발간한다. 리서치 자료를 사용할 수 있게 해주는 대규모 데이터 뱅크와 문서고를 운영한다. 페미사이드 때문에 가족이나 친구를 잃은 여성들의 네트워크에 대한 지원을 조율한다.

- **빨랫줄 프로젝트**Clothesline Project 1990년 설립된, 페미사이드를 비롯하여 여러 폭력에 희생된 여성들을 기리고자 하는 여성들의 연합 단체다. 피해자 여성을 기리는 의미에서 셔츠를 만들어 빨랫줄에 넌다. 폭력사건의 종류에 따라 셔츠의 색깔이 달라지는데, 페미사이드 피해자를 기리는 셔츠는 흰색이다. 12개 주 이상에서 여성들에게 셔츠 만들기에 동참할 것을 권하고 있다.

- **그린리버 연쇄살인을 멈추기 위한 연대**Coalition to Stop the Green River Murders 1983년 시애틀에서 결성되었다. 그린리버 연쇄살인범을 제지하려는 노력의 일환으로 교육과 정치적 행동을 펼치는 단체다. 국내와 국외 연쇄살인사건들에 대한 문헌조사를 실시하고 관련 정보를 색인으로 정리하고 있다.

- **도나 피츠제럴드 데이노 재단**Donna Fitzgerald Daigneau Fund 도나의 남편에게 살해된 도나와 그녀의 세 친구를 기리고자 설립되었다. 뉴햄프셔와 켄터키 지역의 여성 피난처를 위한 모금 활동을 벌인다.

- **가정폭력 네트워크**Family Violence Network 구타당하는 여성들을 위한 미네소타 연대Minnesota Coalition for Battered Women는 미네소타 전역의 페미사이드 관련 정보를 추적 관찰하여 가정폭력 네트워크의 뉴스레터《네트워커*Networker*》에 보도한다.

- **일카**I.L.K.A.(정보Information, 사랑Love, 지식Knowledge, 행동Action) 남자친구에게 살해된 후 강간당한 일카Ilka의 어머니 지젤라 디블Gisela Dibble이 설립했다. 디블은 사망한 여성에게 가한 성폭행 역시 범죄행위로 규정하여 범인을 1급살인 혐의로 기소할 수 있도록 하고자 메릴랜드에서 투쟁을 전개하고 있다.

- **모두를 위한 정의**Justice for All 1989년 입법활동을 통해 피해자의 권리를 증진시키고자 엘렌 러빈Ellen Levin과 데니스 홀랜드Dennis Holland에 의해 설립되었다. 러빈의 딸 제니퍼Jennifer는 뉴욕 센트럴파크에서 로버트 체임버스Robert Chambers에게 강간당한 후 살해되었다. 홀랜드의 누이 캐슬린Kathleen은 남자친구에게 살해되었다. 두 살인범의 변호사들은 모두 '거친 섹스'일 뿐이라는 변론을 취했다.

- **캠퍼스 안전**Security on Campus 19406. 코니 클레리Connie Clery와 하워드 클레리Howard Clery 부부에 의해 1986년 설립되었다. 두 사람의 딸 지니Jeannie는 대학 캠퍼스에서 동료 학생에 의해 강간과 고문을 당한 뒤 살해되었다. 캠퍼스 폭력의 피해자와 생존자를 위해, 대학 당국에 맞서 싸울 수 있는 법률 소송에 관한 정보를 제공한다. 로비 활동을 통해, 각 대학이 캠퍼스에서 벌어지는 범죄에 관한 통계를 공개하도록 하는 주 법률 제정에 성공했다.

- **철야 프로젝트**Vigil Project 창의적인 형태의 저항 방식을 고안하려는 여성들을 지원한다. 예를 들어 1980년에서 1990년 사이에 샌타바버라 카운티에서 일어난 페미사이드 피해자들인 53명의 여성들과 소녀들을 기리며 '최악의 공포를 마주하기Facing Our Worst Fears'라는 24시간 연속 프로젝트를 기획한 바 있다.

- **여성 기념비 프로젝트**Women's Monument Project 1989년 12월 6일, 몬트리올에서 발생한 대량 페미사이드의 희생자들에게 헌정되는 기념비 제작을 위한 모금 단체.

- **여성 프로젝트**Women's Project 아칸소 주에서 일어나는 페미사이드를 비롯한 증오범죄들을 기록하고 자료를 모아《트랜스포메이션스*Transformations*》라는 연감으로 출간한다. 또한 연례 저항행동(살해된 여성들을 위한 묘비 전시를 기획하는 등)도 벌인다. 주요 목적은 여성에 대한 폭력을 증오범죄 입법안에 포함시키는 것이다.

- **위민 위 아너 행동 위원회**Women We Honour Action Committee 캐나다에서 처음으로 재소자 페미사이드를 조사했다. 1974년에서 1990년에 이르는 기간 동안 온타리오 주에서 자료를 수집했다. 주된 정보는 검시관 사무실의 자료 파일 및 신문, 여성 피난처, 여성들의 변호인, 피해자들의 가족과 친구 등 비공식적인 출처에서 얻는다. 이 조사의 주된 목적은 세 가지다. 첫째, 재소자 페미사이드 사건을

기록하고 관련 자료를 수집하는 것. 둘째, 관련된 인물들의 특성과 배경을 기술하는 것. 셋째, 이런 방식으로 살해된 소수 여성들의 이야기를 제시하는 것.

몬트리올 대량 페미사이드에 관한 영화들 | 크리스 도밍고·다이애나 E. H. 러셀 엮음

- 〈학살 이후After the Massacre〉. 게리 로저스Gerry Rogers 감독. 이 다큐멘터리는 이 대량살인사건을 여성에 대한 남성 폭력과 관련짓는다. 페미니스트 작가, 학생, 기자, 사회학자, 그리고 당시 총을 맞고 회복한 한 여성의 해설과 논평이 포함되어 있다.

- 〈12월 6일을 넘어서Beyond the Sixth of December〉. 캐서린 폴Catherine Fol 감독. 사건 당시 중상을 입은 공대 학생 내털리 프로보스트Nathalie Provost의 체험에 초점을 맞춘 논쟁적 영화. 이 영화는 자신을 체계적 남성 폭력의 피해자로 보기를 거부하는 확신에 찬 여성으로서 내털리를 보여준다.

- 〈응급상황Emergency〉. 아델 브라운Adele Brown 감독. 이 영화는 젠더 편향적 폭력 문제들을 다루면서 몬트리올 대량살인을 강조한다. 영화에는 학습 가이드가 딸려 있다. 교실에서 시청하고 토론하는 용도로 제작되었다.

- 〈리포스테Riposté〉 쉬잔 베르튀Suzanne Vertue 감독. 프랑스어. 쉬잔 베르튀는 몬트리올 대량살인을 단지 여자라는 이유로 죽어간 "여성과 레즈비언에 대한 정치적 범죄"라고 부른다. 영화는 이러한 관점을 유지하면서, 오직 여성들만의 목소리를 담고 있다.

찾아보기

ㄱ

가드너, 트레이시 374

가부장제 사회 28, 35, 64~65, 153,
159, 185, 208, 379, 389, 499,
507~509, 680, 683

가정폭력 30, 38~39, 201, 261~262,
267, 269~270, 329, 490, 493~495,
501, 504, 595, 598~601, 604~607,
650, 678~679, 681

가톨릭교회 69, 71

간통 90, 167, 169~170, 172, 175,
178, 180~189, 193, 517, 520, 552

강간 17~18, 21~24, 26~27, 30, 32,
44~49, 52, 54, 59, 84~86, 122,
165~166, 168, 173, 192, 214, 216,
232, 260, 274, 276, 278, 281, 297,
307, 310, 315~316, 318~323,
328~329, 336, 341, 352, 365,
373~375, 381, 384, 387, 390, 392,
394, 406, 409~411, 413~414,
416~417, 452, 486, 499, 507,
511~512, 519~520, 532, 537~540,

554, 586, 601, 609, 613, 620, 623,
627, 631~632, 637~638, 641~642,
644, 647, 653, 657, 659, 664, 666,
681, 685, 692

강간위기센터 262, 265~266, 268~
269, 682

갤브레이스, 존 케네스 413

건스앤로지스 54

검열 635~636, 639~640, 650~651,
653, 659

격정범죄 552

계층 차이 302

고메스, 안토니오 91

고어노그래피 52, 55, 402~403, 407,
410, 414, 417~420

고어, 티퍼 396

공포소설 53

공포영화 360

관습법 100, 167~168

광고 395, 408~410, 412~417, 419~
420

구르딥 카우르 캠페인 581, 591~592,

598

구초네, 밥 658, 662, 665

구타 17, 44~45, 49, 55, 84, 101~102,
104~105, 110, 187, 189~191,
198, 200~203, 208, 213, 218~219,
259~262, 265~266, 278, 307, 322,
328, 343, 360, 372~374, 387, 402,
487, 491, 493, 504~505, 512, 519,
521, 525, 542, 581, 586~587, 601,
620, 655, 664

구타하는 남성을 위한 치료 서비스
261~262, 264~266

구트마커, 맨프레드 178

권력관계 28, 32, 71, 84, 229, 236, 680~
681, 683

권리장전 379

그랜트, 제이미 M. 273~274, 276

그레고리, 리키 158, 221

그리스 98, 131, 143, 169

근친상간 46, 55, 187~188, 328, 620,
655, 659, 662, 668, 692

글랫먼, 하비 377

글로버, 밀드러드 313

기딩스, 폴라 115

ㄴ

나바호 여성 329

낙태 31, 46, 79, 159, 285, 435, 661,

692

남녀평등 헌법 수정안 376

남성의 성 전유 171~174, 176~179,
183, 185, 189, 191, 194, 219

남성 지배 28, 34, 51, 86, 144, 390,
499, 506, 644

노리스, 로이 49, 377

노브힐 강간범 315~317

노예/노예제 57, 115, 321~322, 324,
379~380, 384, 420, 422

녹스, 존 74

누스바움, 헤다 50, 56, 59

뉴엄 세븐 600

뉴엄 에잇 600

뉴욕 365~367, 375, 386, 640

닐슨, 데니스 515

ㄷ

다나카, 요시코 315~318

대량 페미사이드 30, 43, 58

대슈, 맥스 371, 380

대중적 논란 74~76

더글러스, 프레드 버 377

데살보, 앨버트 87

데일리, 마틴 158, 167, 201

데임스, 리처드 368~370

도밍고, 크리스 5, 336, 371, 695

도발 26, 37, 44, 112~113, 167~169,

178, 426, 432, 436, 439, 458,
468~469, 489, 499, 508, 510,
516~520, 523~524, 526~527,
530~531, 534~536, 539, 542~545,
547, 549~551, 630, 643, 677~678
도발 변론 426, 511~512, 515~517,
519~522, 524~525, 535~537, 542,
544~545, 547, 549, 677
동성애혐오 43, 304
동성애혐오적 페미사이드 30, 32~33
〈드레스드 투 킬〉 585
드워킨, 앤드리아 393~394, 507~508
드 팔마, 브라이언 54, 397, 407
드퓨, 대니얼 T. 377
디오르, 크리스티앙 408~409

ㄹ

라벨, 베벌리 336, 359, 376
라틴아메리카계 미국인 여성 116, 302,
665
래드퍼드, 질 5, 13~14, 16, 21, 425,
428, 484, 675, 694~695
램비, 애슐리 377
러셀, 다이애나 E. H. 5, 13~14, 16, 19,
30, 39, 41, 46, 48, 64, 66, 115, 274,
312, 315, 321, 382, 411, 413~414,
426~427, 553, 583, 626, 680, 694,
697

레더러, 로라 376
레이시, 수잰 582, 609, 622
레이크, 레너드 377, 398
레저, 앨시어 651
레즈비사이드 30, 65, 89, 92~93, 97~
99
레핀, 마르크 19, 27, 40~43, 45, 58
로마제국 90, 98~99
로즈, 더스티 585
루이스, 허셜 고든 407~408
리드, 고든 534~535
리메모리 56~58
리스트, 존 55
리즈, 수 426, 510
리클러, 모데카이 42
리퍼 신화 473, 476, 479~480
리퍼학 349, 352~354
린치 43, 64, 66, 102, 115~118, 122~
123, 125~126, 129~130, 374~375,
381~384, 632
링크, 카타리나 마르가레타 93

ㅁ

마녀광풍 62, 65~70, 72, 74, 76~78,
82, 85~88, 93, 392, 394
《마녀의 망치》 70, 390
마천드, 롤런드 416~417
만화책 53~54, 396, 418

매춘부 45, 53, 172, 216, 273, 292, 372, 381, 392~393, 417, 443~445, 448, 450, 453~454, 461~464, 466~470, 472, 476, 480~481, 552, 616~617

매키넌, 캐서린 394, 400, 402, 408, 662, 696

맥닐, 샌드라 335, 337, 585

맨슨, 찰스 360

머피, 에디 54

멀티에이전시 접근법 600, 604~605, 607

메긴슨, 패멀라 521, 523~524

메러디스 코퍼레이션 663, 666

메리 여왕 74

메리 튜더 여왕 74

멕시코계 미국인 여성 118, 126~127

모런, 앤드리아 368~369

모리슨, 토니 57

모의살인 175, 263, 426, 432, 434, 439, 458~461, 464, 485~486, 488~490, 495~497, 502, 512, 515~517, 519~521, 523~527, 530, 539, 544, 546, 549~550, 590, 677

몬트리올 학살 19, 27, 41, 43, 58, 580

무센, 아이린 649

문학 54~55, 136, 406, 637

물한, 카타리나 마르가레타 93

미국 공공보건국 36

미국 국립보건통계센터(NCHS) 36

미드, 마거릿 186

미들레인, 스티븐 527~528

미디어 12, 15, 23, 29, 32, 42, 45, 52, 107, 128, 158, 215~219, 273, 275, 282, 287~290, 292, 296, 312, 314, 319, 321, 328, 334~339, 340~347, 350, 364, 369, 372, 374~381, 385, 414, 443~445, 450, 452, 455~456, 467, 469~470, 474, 477, 479~480, 482, 511, 515, 528, 581, 583, 586, 592, 595, 603, 609~614, 617~621, 623~624, 627~628, 632~633, 637~638, 640, 650, 652, 658, 661, 667, 671, 676~677, 679~680, 687~688

밀릿, 케이트 31, 389

ㅂ

바니클, 마이크 287~289

바지파이, 라젠드라 159, 238

방직업 72~73

배우자 페미사이드 30

백인 노예 321

버고, 트레버 540~541

버니어드, 존 318~320

버코위츠, 데이비드 52

버클리 페미사이드 정보교환소 5, 371, 377, 384, 626, 695

번디, 테드 52~53, 388~390, 415, 419

벌레인, 제인 367~368

범죄능력 458

법률체계 457~460

법 없이 미디어의 책임성을 추구하는 시민들 661

법을 통해 품위를 추구하는 시민들 661

법집행 기관 38, 397

베긴회 69

베이그, 뭄타즈 521~523, 544

벤카트라마니, S. H. 159, 241, 274

보스턴 45, 87, 156, 272~273, 276~281, 283, 285, 287, 289~291, 295, 297, 299, 301~303, 311, 334, 351, 381

《보스턴 글로브》 287, 289, 327

보스턴 스트랭글러 87, 351

보이스, 니컬러스 526, 530~533, 543~544

부오노, 안젤로 53, 377, 629

불임수술 46, 285, 331, 548

브라만 여성 132

브레이디, 이언 515

브루소, 셀레스트 45

브룩스, 에드워드 554~560, 562~563, 568~569, 571

브리스토, 메리 5, 14~15, 428~429, 431, 434~435, 437~438, 526

블랜드, 루시 426, 440

블루버드 파이브 636

비디오게임 352, 357

비디오테이프 318, 398, 670

비앙키, 케네스 48, 53, 377, 617, 628~629, 652

비터커, 로런스 49, 377

빈곤 218, 236, 420, 507, 601, 604

ㅅ

사드 후작 392~393

사모아 186

사우설 블랙 시스터스 582, 599

사이먼턴, 앤 629, 651

〈사이코〉 393, 406~407

사티 66, 131~134, 136~140, 159, 238~240

사형 28, 31, 65, 76, 86, 90~92, 96~98, 102, 125, 404, 516

사회복지 258, 260, 262~263, 265, 268~270, 366, 605, 681, 688

샌프란시스코 18, 43, 46, 274, 315~318, 371, 399, 401, 558, 580, 583, 633

《샌프란시스코 크로니클》 159, 312, 315, 319, 322, 563, 571, 632

샘의 아들 53, 278

생로랑, 이브 409

샤르마, 크리슈나 582, 602, 604, 606~607

샹게, 은토자케 58, 690

섀클턴, 앨런 366, 376

서트클리프, 피터 29, 84, 355, 426, 442~443, 446~448, 454, 460~466, 468~475, 477~482, 510~511, 515

선교사 96, 124, 139, 147

성노예 46, 321, 324~325

성별 선택 151~153

성비 141, 143~144, 148, 151, 153, 242, 250

성 정치학 12, 23, 44, 390, 675

성차별 28, 32, 41~42, 44~46, 54~55, 117, 156, 274, 278~280, 291, 294, 297, 300~301, 308, 311, 314, 331, 336, 373~375, 378, 385, 394, 407, 475, 509, 520, 545, 551, 567, 571, 575~576, 597, 627, 668, 675, 689

성차별적 테러리즘 41, 44, 46

성추행 46, 52, 232, 329, 378, 387, 601, 642, 668, 700

성폭력 5, 13, 16, 19, 21~23, 25, 27~28, 30, 32~33, 49, 52~53, 58, 64, 76, 157, 280~281, 336, 349, 366, 376, 381, 387, 390, 411, 426, 456, 507, 583, 613~618, 636, 655, 668, 677, 679~684, 694

성폭력 연속체 22~23

성희롱 507~509

셔드슨, 마이클 412, 420

소비젝, 로버트 641~643, 646~647

소설 403~406

소유물로서의 여성 39, 131, 171, 497, 551

수정헌법 1조 378, 649, 651, 653, 666

스너프 영화 25, 54, 336, 359, 365~366, 368, 376~378, 387, 391, 393, 397~398, 400~401, 408, 415, 418~419

스웨트넘, 조지프 75~76

스타우트, 캐런 D. 159, 258

스타인, 도로시 K. 66, 131

스타인버그, 조엘 50, 56

스텐더, 페이 426~427, 553~577

스튜어트, 찰스 381

스튜어트, 캐럴 45

스필레인, 미키 403~404, 406

슬래셔 영화 53, 374, 376, 402, 406, 408, 414, 418~419

시위 16, 232~234, 272, 279, 285, 292, 308, 356~357, 363~364, 365~368, 376~377, 391, 424, 456, 466, 475, 537, 585, 592~593, 600, 604, 629,

649, 650~651, 658~661, 663, 670~671, 688

신문 → 미디어

신부값 173

신부 화형 158~159, 227~228

〈13일의 금요일〉 403, 418

싱어, 베벌리 274, 326

ㅇ

아내 강간 18, 46, 678

아내 고문 100, 104~105

아내 구타 101~102, 104~105, 189, 191, 198, 218~219, 504, 586

아내 살해 39, 105, 112, 174~179, 181~185, 189, 191~194, 382, 392, 499

아담 69, 75~76

아랍에미리트 149

아메리카 원주민 여성 274, 326~329

아메리카원주민여성 보건교육자원센터 329

아시아인 여성 315, 319, 582, 597, 602~603, 656, 659, 662

아프리카계 미국인 12, 43, 45, 50, 57, 116, 208, 215, 218, 313~314, 321, 373, 378, 565

아프리카계 미국인 남성 115, 195, 218, 312~314, 323, 381

아프리카계 미국인 여성 64, 115~116, 118, 157, 195~196, 216~218, 273~274, 279, 312~314, 322, 381~382, 384

알비파 69

애덤스, 커티스 50~51

〈애도하며 분노하며〉 582, 619, 622~623

애셔, 고든 429, 484~486, 493, 495, 497~499, 502, 504, 525~526

애셔, 제인 15, 484~485, 493, 495, 497~498, 525

애틀랜타 274, 291, 312~313

얀센유라이트, 마리루이제 141

언론 → 미디어

에들린, 케네스 285

에르난데스, 리처드 377

에스키모 문화 144~146

에이즈 30, 676, 687

HIV 바이러스 30

FBI(미국 연방수사국) 39, 52, 54, 197~198, 259, 263~264, 313, 388

엘리자베스 1세 74, 77

여성대상범죄 국제재판소 17, 258

여성 비난 15, 23, 26, 28~29, 45, 74, 78, 86, 158, 180~181, 190~191, 216, 426~427, 465, 469, 473, 482, 521, 551, 583, 677~679, 682

여성 살인자 180, 184, 207

여성안전연합 280, 300~302, 305~309

여성에 대한 사회적 통제 65, 67~68, 76, 82, 88, 219, 498, 683

여성에 대한 폭력에 반대하는 여성들 (WAVAW) 15, 367~369, 442, 585, 609, 694

여성영아살해 64, 141~146, 159, 228, 241, 243~244, 246, 250~251, 253, 256~257

여성혐오 11~13, 16~17, 19, 21, 23~24, 30, 32~33, 40, 43~45, 47, 54, 74, 76, 116~117, 241, 274~275, 324, 337, 351~352, 354~355, 359, 362, 374, 378, 410, 425, 479, 481~482, 554, 576, 580, 627, 633, 638, 643, 646, 656, 668, 670~672, 679~680

여성혐오적 여성살해 21, 627

연쇄 페미사이드 30

영국매춘부집단 466

오를레앙 법전 91

요크서 리퍼 29, 84, 355, 440, 442~456, 465~468, 470, 473~482, 511, 515, 581, 585~586

《요크셔 포스트》 338, 342, 344~346, 447

우발살인 37, 104, 161, 164, 166, 201, 208, 210, 434, 439, 458~460, 464, 484, 486, 489~490, 496~498, 500, 504, 515, 517, 519, 523, 526~528, 530, 534~544, 546~547, 549, 552, 590, 595

워드 주브, 니콜 481

워커, 앨리스 56, 59

원주민보건국 329, 331

월경전증후군(PMS) 195, 547~549

위민스 에이드 24, 343, 493, 505

윌리엄스, 웨인 312, 314

윌슨, 마고 158, 167, 201

유니세프 242

유대인 학살 43

음악 54

음핵절제 31, 46, 216, 645, 691~692

응, 찰스 377~378, 398

의식 함양 284

이브 69, 75, 483

이성애 22, 33~34, 38, 46~47, 64, 84, 94, 299, 524, 675~676, 681, 683, 685~686, 689

이슬람 국가 149

이탈리아 91~92

이혼 39, 162, 165, 181, 185, 192~193, 210~211, 261, 340, 522, 528, 546, 588

인구정치학 145, 151

인도 11, 35~36, 44, 65~66, 131, 136, 139~140, 146, 148, 150, 158~159, 183, 227, 229, 230~232, 234~236, 238, 241~244, 587, 590

인종차별 12, 32~33, 42~43, 64, 116~117, 215, 273~275, 277~282, 289, 291, 293, 297~298, 300~301, 304, 307~308, 311, 314, 320, 324, 330, 336, 354, 373, 375, 379, 381, 507, 570, 582, 597, 600~601, 606~607, 675, 679~680, 683, 685, 689

인종차별적 페미사이드 30, 32~33, 118

ㅈ

자궁적출 31, 46

자기보존 37~38, 426

자민족중심주의 36

자살 42, 133, 140, 210~211, 220, 225, 228, 233, 238, 327~328, 330, 339~341, 346~348, 426, 603

자코메티, 알베르토 393

잔 다르크 69, 94~95

재거, 믹 54

잭 더 리퍼 336~337, 349~358, 381, 392~393, 401, 444, 447, 449, 476, 679

잭슨, 조지 165, 556~559, 562, 564, 566, 576~577

전국적 파괴행동 630, 655, 657~659, 661~662, 664, 667, 669

전미가정폭력반대연합(NCADV) 24

전미성폭행반대연합 24

전미여성기구(NOW) 367

전미흑인페미니스트기구(NBFO) 283

정당방위 37~38, 182, 207, 214, 217, 515~516, 536, 538~539, 544, 547

정상참작 103, 487, 527, 536, 547, 597

제3세계 229, 272, 420

제임스 1세 77

종교재판 69, 94~95, 380

지참금 146, 228, 230~234, 242~243, 245~246, 249~253, 257

질투 168, 171, 175~176, 178~179, 182~187, 189~191, 205~206, 209, 344~346, 429, 434, 437, 497, 513

ㅊ

참정권운동 381, 660

창세기 69

처벌 65, 89, 90~92, 96~98, 100, 187, 553

1959년 정신보건법 437, 459

1957년 살인법 432, 436, 458~459, 516

1976년 가정폭력 및 부부 간 소송절차법 494

1978년 가정 소송절차 및 치안판사법 원법 494

1984년 경찰 및 범죄증거법 599

1878년 이혼법 100

취한 상태 122, 205, 534

친밀한 관계에서의 페미사이드 158, 160, 202~203, 208, 217, 219, 258~260, 262~266, 268~270

침보스, 피터 179~180, 217

ㅋ

카를 5세 90

카우르, 발완트 582, 602~604, 606~607

카우르 산두, 구르딥 581, 587~598

카트린 드 메디시스 74

카푸티, 제인 24, 39, 41, 336, 386, 677, 695

칼슨, 캐서린 176

캐나다 42, 58, 175~176, 179, 181, 190, 192, 376, 544, 670~671

캐나다 통계청 175~176

캐머런, 데버러 23, 336, 349

캘리포니아 대학 샌타크루즈 캠퍼스 627, 631, 639

캠벨, 재클린 C. 158, 195

컴바히 강 집단 24, 280~286, 290~291, 294, 296~299, 301

컴퓨터게임 351~352, 670

켄들, 윈스턴 290

켈카르, 고빈드 158~159, 227

켐퍼, 에드먼드 52, 409, 415

켐프, 어설라 81

코브, 프랜시스 파워 100

코언, 스탠 503, 506

코튼, 존 96

쿠란 147

퀴넌, 조 397

크라이시스 280, 291~297, 303~305

크라프트에빙, 리하르트 392

크래프트, 니키 5, 583, 626~630, 634, 639~640, 647~648, 650~651, 654~656

크림스, 레스 633~634, 638, 640, 642, 644, 646~648

클라크, D. A. 628~639

클럭스톤, 재닛 537~540, 543

ㅌ

테러방지법 499

테일러, 레슬리 526, 533

'통밀 팬케이크 더미' 사진 627~628, 630, 633, 640, 643, 646~647

ㅍ

파워스, 키스 315

파커, 팻 157~158, 161, 687

판타지와 포르노그래피 54, 361, 388,
    409, 413, 415~419, 506, 610~611,
    643, 648, 680

팔리, 멜리사 371, 629~630, 655

페미니스트 11, 19, 23~27, 30, 32, 37~
    38, 41~42, 46, 52, 57~58, 63,
    67, 219, 234, 272~273, 275, 278,
    280~281, 284~286, 291, 297~300,
    302, 304~305, 309, 321, 324,
    335~337, 350, 354, 356~358,
    362~363, 365~366, 369, 374, 387,
    391, 394, 411, 421, 426~427, 452,
    456, 502, 505, 508, 543, 552~554,
    567~568, 571, 574~575, 619,
    623~624, 626~629, 639, 648~649,
    655, 657~658, 660~665, 676,
    678~679, 682~685, 695~696

페미니스트 분석 11, 22~23, 28, 33, 44,
    83, 280, 389, 505, 612, 676, 680

《펜트하우스》 391, 397, 630, 655~668

포르노그래피 12, 16, 22, 25, 32, 52~
    53, 55, 335~337, 359, 362, 365,
    368, 375~379, 386~388, 391~392,
    394~398, 402~403, 405~406,
    408, 410~422, 508~509, 583,

612~613, 617, 627, 631, 638, 650,
    652, 654~657, 659~661, 663~665,
    667~668, 679, 685

폭력적 포르노그래피에 반대하는 미성
    년자들 664

푀 드 주아 671

표준범죄보고서 197, 259, 263~265

프랑스 74, 90, 92~93, 552

프랜시스, 엘리자베스 78~81

프랭클린립스커, 에일린 56

프레이저, 엘리자베스 23

프레잉 맨티스 여성여단 421, 628, 649,
    651~652, 654

프로이트, 지크문트 392

프로젝트 R 452~453

프리먼, 데릭 186

프리먼, 밀턴 R. 144~145

《플레이보이》 391, 419

플린트, 래리 649, 651, 653

피난처 160, 260~262, 265, 268~269,
    301, 329~330, 343, 505, 603, 681~
    682

피학대여성증후군 38

피해자 비난 45, 291

피해자 유발 207~208, 214, 499, 511

피해자학 26, 38

ㅎ

하이드닉, 게리 50, 323~324

한정책임능력 38, 425~426, 432, 436, 438, 458~460, 463~465, 472, 489, 516~517, 548~549

〈할렘 나이츠〉 54, 407

합리적인 남자 167~169, 436, 512, 518, 531, 545, 677

합스부르크제국 74

해버스, 마이클 460~461, 466~468, 470~472

행형법 프로젝트 565~567, 569, 573

허드스페스, 신디 리 629, 638, 652

《허슬러》 628, 649~654, 661, 672

헤스터, 매리앤 64~65, 67

헤일브론 강간 법률자문단체 540

형량 경감 487, 686

호그, 피터 526, 528~530

홉킨스, 매슈 81~82, 85

화이트, 케빈 278, 289

황무지 살인범 515

휘트니, 스티븐 403

히치콕, 앨프리드 406, 408

힌두교 131, 135, 137

힌들리, 마이라 515

힐사이드 스트랭글러 48, 53, 582, 609~611, 614, 618, 628, 650, 652

엮은이 소개

- 다이애나 E. H. 러셀은 런던 정경대학London School of Economics과 하버드 대학 (Ph.D.)에서 공부했으며, 캘리포니아 오클랜드에 있는 밀스 칼리지Mills College에서 오랫동안 사회학을 가르쳤다.《강간의 정치학 *The Politics of Rape*》,《배우자 강간*Rape in Marriage*》,《성적 착취: 강간, 아동 성학대, 직장 성추행*Sexual Exploitation: Rape, Child, Sexual Abuse, and Workplace Harassment*》,《용기 있는 삶: 새로운 남아프리카를 위해 싸운 여성들*Lives of Courage: Women for a New South Africa*》,《폭력을 섹시하게 만드는 것 *Making Violence Sexy*》,《여성에 대한 범죄: 국제재판소의 소송절차 *Crimes against Women: The Proceedings of the International Tribunal*》(공저)를 비롯하여 많은 책을 썼고,《비밀 트라우마: 여성들의 삶에서 일어나는 근친상간*Secret Trauma: Incest in the Lives of Girls and Women*》으로 1986년 C. 라이트 밀스 상(사회연구 부문)을 받았다.

- 질 래드퍼드는 페미니스트 운동가, 연구자, 교사이며 지원 활동가이다. 런던에 있는 페미니스트 법률 프로젝트인 여성의 권리Rights of Women에서 활동했고, 런던의 개방대학Open University, 센트럴 런던 폴리테크닉Central London Polytechnic, 로햄프턴 대학의 전신인 로햄프턴 고등교육기관Roehampton Institute for Higher Education에서 일했다. 페미니스트 언론과 학술지에 남성 성폭력과 사법체계에 대한 여러 편의 논문을 썼으며, 잘나 핸머Jalna Hanmer, 엘리자베스 A. 스탠코Elizabeth A. Stanko와 함께《여성, 치안, 남성 폭력 *Women, Policing and Male Violence*》에 공동편집자로 참여했다. 폭력, 학대 범죄 이력이 있는 남성을 살해한 혐의로 기소된 여성 및 아동에 대한 변론을 성립시키려는 캠페인에서 적극적으로 활동했다.

옮긴이 **전경훈**

서울대학교에서 불어불문학을 공부하고, 같은 대학 국제대학원을 수료했다. 가톨릭교회의 수도자로 살면서 서강대학교에서 철학을 공부했다. 현재는 펍헙 번역 그룹의 번역자로 활동하며, 글을 읽고 쓰고 옮기는 일에 매진하고 있다. 옮긴 책으로 《레비와 프티의 바이블 스토리》 《20세기 이데올로기》 《알렉상드르 뒤마의 프랑스사 산책》(공역) 《모던 슈트 스토리》 등이 있다.

페미사이드

여성혐오 살해의 모든 것

초판 1쇄 발행 2018년 11월 15일
초판 2쇄 발행 2020년 7월 17일

엮은이 다이애나 E. H. 러셀 · 질 래드퍼드
옮긴이 전경훈

펴낸이 김현태
펴낸곳 책세상
등록 1975. 5. 21. 제1-517호
주소 서울시 마포구 잔다리로 62-1, 3층(04031)
전화 02-704-1250(영업), 02-3273-1334(편집)
팩스 02-719-1258
이메일 editor@chaeksesang.com
광고 · 제휴 문의 creator@chaeksesang.com
홈페이지 chaeksesang.com
페이스북 /chaeksesang **트위터** @chaeksesang
인스타그램 @chacksesang **네이버포스트** bkworldpub

ISBN 979-11-5931-319-6 03330

이 도서의 국립중앙도서관 출판예정도서목록(CIP)은 서지정보유통지원시스템 홈페이지
(http://seoji.nl.go.kr)와 국가자료종합목록 구축시스템(http://kolis-net.nl.go.kr)에서
이용하실 수 있습니다.(CIP제어번호 : CIP2018033053)